Siedler

Buch

Daß Adolf Hitler seit frühester Jugend ein begeisterter Verehrer des Opernkomponisten Richard Wagner war, ist bekannt. Sehr viel weniger bekannt ist – weil es verdrängt oder geleugnet, zumindest aber weit unterschätzt wurde –, wie sehr Hitler sich zeitlebens mit Wagner, dem revolutionären Ideologen und gnadenlosen Antisemiten identifiziert hat.
Joachim Köhler hat alle verfügbaren Quellen und die gesamte relevante Literatur ausgewertet. Seine Erkenntnisse und Thesen fallen radikaler aus als alles, was bislang zu dieser Thematik geschrieben wurde. Köhler zeigt uns einen Hitler, der durch und durch von Wagner geprägt ist, der sich aus dem Wagnerschen Gedankengut seine Ideologie geschmiedet hat. Die Visionen seines Propheten zu erfüllen, Wagners Gedanken in die Tat umzusetzen, betrachtete Hitler als seine Lebensaufgabe. Das gilt auch für die »Endlösung der Judenfrage«, wie Köhler eindringlich und überzeugend aufzeigt. Doch nicht nur weltanschaulich war Wagner das große Vorbild des Diktators: Hitlers Theatralik, seine rhetorischen Grundmuster, der Fest- und Weihespielcharakter seines politischen Inszenierungsstils – in verblüffender Anschaulichkeit dokumentiert Köhler, wie sehr darin die Dramatik und der Pomp der Wagnerschen Bühnenwelt nach- und weiterwirken.
Ohne das Vorbild Wagner wäre Hitler nicht möglich gewesen; das macht Joachim Köhler mit einer überwältigenden Fülle von Belegen deutlich. In einer Zeit, in der die Diskussion um die Kollektivschuld der Deutschen neu entflammt ist, kann sein Buch Entscheidendes zur Klärung beitragen.

Autor

Joachim Köhler, geboren 1952, studierte Philosophie in Würzburg, Tübingen, New York und Stanford und promovierte 1977 über Nietzsches »Fröhliche Wissenschaft«.
Er veröffentlichte 1989 eine Nietzsche-Biographie und 1996 eine Arbeit über Nietzsches Beziehungen zur Familie Wagner. Beide Bücher wurden in zehn Sprachen übersetzt.

Joachim Köhler

Wagners Hitler

Der Prophet und sein Vollstrecker

Siedler

Umwelthinweis:
Alle bedruckten Materialien dieses Taschenbuchs
sind chlorfrei und umweltschonend.

Siedler Taschenbücher erscheinen im Goldmann Verlag,
einem Unternehmen der Verlagsgruppe Bertelsmann.

1. Auflage
Vollständige Taschenbuchausgabe April 1999

Satz: Uhl + Massopust, Aalen
Umschlaggestaltung: Design Team München
Umschlagabbildungen: Archiv für Kunst und
Geschichte, Berlin
Made in Germany 1999
ISBN 3-442-75547-6

Inhalt

I.
Ein Heldenleben

Als Politiker hat Adolf Hitler versagt, als Feldherr ist er gescheitert. Bleibenden historischen Rang erwarb er sich als Massenmörder und größenwahnsinniger Herausforderer der Menschheit. Die hat denn auch über keinen der ihren ein vernichtenderes Urteil gefällt. Wer heute einen Namen für das Unmenschliche sucht, wird den Adolf Hitlers nennen müssen.

Er selbst sah das vermutlich anders. Mochte er als Politiker versagt haben – er sei es schließlich, versicherte er, gegen seinen Willen[1] geworden: Die Vorsehung habe ihn erwählt, die »Not des Volkes« zu beenden. Daß er dieses Volk in eine ungleich schlimmere geführt hatte, sei, so hätte er wohl entgegnet, nicht ihm, sondern der Übermacht jener Feinde zuzuschreiben gewesen, die schon die erste Not nach dem verlorenen Krieg verursacht hatten. Nicht er, sondern die erklärten Widersacher des Reiches hätten Deutschland in die Katastrophe getrieben, der schließlich auch er selbst zum Opfer gefallen sei.

Auch Feldherr sei er »wider Willen«[2] geworden. Da er als einziger den Krieg als unvermeidlich erkannt habe, sei ihm als deutschem Kanzler nichts anderes übriggeblieben, als ihn so bravourös wie möglich zu beginnen und durch welthistorische Siege zu rechtfertigen. Niemals hatte ein militärischer Laie, der es nicht über den Gefreitenrang hinausbrachte, ähnliche Erfolge verbuchen können. Daß sich die Triumphe bald in Niederlagen verwandelten, habe dem Kräfteverhältnis und den kriegstechnischen Möglichkeiten entsprochen. Wer Großes wagt, so mochte er geglaubt haben, könne auch groß scheitern.

Der Mann, der im April 1945 die Bilanz seines erstaunlichen Lebens zog, bevor er sein Testament machte und sich eine Kugel in den Kopf schoß, betrachtete sich nicht als Versager. Die Aufgabe, die ihm durch das Schicksal gestellt worden sei, habe er, soweit es die Umstände zuließen, gelöst. Sei ihm der letzte, der Endsieg verwehrt geblieben, so habe das auch an der mangelnden geschichtlichen Reife des Volkes gelegen, für das er ihn erringen wollte. Die Deutschen in ihrer Unzulänglichkeit, nicht er, hätten den Krieg verloren. Sollten sie zusehen, wie sie sich von diesem Weltenbrand wieder erholten.

Was ihn persönlich betraf, so war er immer nur der beispiellosen Sendung gefolgt, die ihn zum Führer des deutschen Volkes bestimmt hatte. Weder politische Macht noch militärische Erfolge konnten ihm genügen. Er verfolgte ein Ziel, das ihm seit Beginn seiner Laufbahn vor Augen schwebte, das seinem Leben Sinn gab und ihn zu Entschlüssen zwang, die keiner außer ihm selbst nachvollziehen konnte. Seit ihm dieses Lebensziel als überwältigende Vision aufgegangen war, wartete er auf die Gelegenheit, es zu verwirklichen. Irgendwann würde es dann seinem Volk und endlich der ganzen Menschheit wie ein strahlendes Gestirn den Weg in die Zukunft weisen.

Hitlers private Utopie, ohne deren Kenntnis seine Errungenschaften wie seine Greueltaten unbegreiflich bleiben, trug den Namen Richard Wagner. Sie schloß den Zauber von Wagners Musikdramen ebenso ein wie die revolutionär-antisemitische Weltanschauung seiner Schriften. Was sich schon dem Schüler Hitler in überirdischer Erhabenheit auf dem Linzer Theater offenbart hatte, transformierte der Berufspolitiker, gefördert und vergöttert von Gleichgesinnten, in ein schlagkräftiges Programm. Dessen zentrale Botschaft – in ihrer erträumten Erhabenheit und ihrer tatsächlich realisierten Entsetzlichkeit – wurde von ihm und den wenigen Eingeweihten wie ein Heiligtum gehütet. Was man verkündete, blieb verschlüsselt; das Entscheidende wurde verschwiegen.

Hitlers profane Lehre, der sogenannte Nationalsozialismus, stellte nur einen Reflex auf niederer Ebene dar, eine Art Volksausgabe der esoterischen Botschaft, die den Gläubigen erst ahnungsvolle Schauer, dann zunehmende Beklommenheit vermittelte, ohne sie doch je am eigentlichen Wissen teilhaben zu lassen. Deutschland unterwarf sich einer Religion, die es nicht kannte; es folgte Riten, die es nicht verstand; es jubelte und starb für ein Mysterium, in das es nie eingeweiht wurde. Wahres Wissen besaß, kein Nationalsozialist zweifelte daran, allein der »Führer«. Und der behielt für sich, was er nicht mit anderen teilen wollte.

Mochte er politisch und militärisch versagt haben, mit Pauken und Trompeten vor dem Weltgericht durchgefallen sein – als Vollstrecker des nur ihm und wenigen anderen offenbarten Glaubens war er, dies seine unwandelbare Überzeugung, der moralische Sieger geblieben: Er hatte Deutschland, wie sein Abgott ihn geheißen hatte, geeint und, leider nur ansatzweise, in das ersehnte »Kunstwerk der Zukunft« verwandelt. Er hatte die Götzenbilder der »Entartung« zerschlagen, dem Volk den verklärenden Spiegel der rassischen Vollkommenheit vor Augen gehalten. War Wagner, nach eigener Überzeugung, der »deutscheste Mensch«[3] des vorigen Jahrhunderts gewesen, so wollte Hitler sich als der seiner eigenen Epoche beweisen. »Deutschland« hieß sein Credo, aber was er meinte, war Wagner.

Auch dessen Herzenswünsche hatte sein Vollstrecker erfüllen können: Die Bayreuther Festspiele, das Kernstück der deutschen Kunst, standen den Volksgenossen erstmals kostenfrei offen – wer sich an der Ostfront im Kampf gegen den von Wagner so genannten »geborenen Feind der reinen Menschheit«[4] bewährt hatte, durfte das Symbolwerk des deutschen Kulturkampfes, »Die Meistersinger von Nürnberg«, auf Einladung des Führers erleben. Auch jenen anderen Herzenswunsch des Bayreuther Meisters, heimlich gehegt und nur selten ausgesprochen, den erst Wagners Schwiegersohn Houston Stewart Chamberlain zur kategorischen Forderung erhob, hatte er, Adolf Hitler, erfüllt. Es wurde seine die Weltgeschichte bleibend erschütternde Tat: die Vernichtung der europäischen Juden.

Über die Tragweite seines Millionenmassakers, das er den Deutschen nur andeutungsweise enthüllte, war er sich durchaus im klaren. Vermutlich hielt er es für sein eigentliches Verdienst. Man werde, so diktierte Hitler vor seinem Selbstmord, »dem Nationalsozialismus ewig dafür dankbar sein, daß ich die Juden aus Deutschland und Mitteleuropa ausgerottet habe«[5]. Auch deshalb war sein Untergang, vom Zusammenbruch seines Reiches dramatisch untermalt, für ihn selbst kein Scheitern gewesen.

Zwar zeigt das klassische Bild, von Augenzeugen überliefert, einen gebrochenen Greis von sechsundfünfzig Jahren, der, mit sich und der Welt zerfallen, dem Augenblick entgegenzittert, wo ihn sprichwörtlich »der Teufel holt«. Sein Testament jedoch spricht eine andere Sprache. Seit den Kampfpredigten des jugendlichen Volkstribunen hatte sich die Botschaft in Zielsetzung und Tonfall nicht geändert; das zwischenzeitlich Vorgefallene, für das er bis ins haarsträubende Detail verantwortlich war, hatte keinerlei Spuren hinterlassen. Das Vierteljahrhundert zwischen seinem antisemitischen Debüt in München und seinem antisemitischen Testament in Berlin schien ausgelöscht. Und noch kurz vor seinem Tod heiratete er die heimliche Geliebte, aus Dankbarkeit für ihre Treue, wie er schrieb, und war dabei fest überzeugt, ihr mit der Verleihung seines Namens vor der Geschichte einen Dienst zu erweisen.

Der gemeinsame Tod der Liebenden gehört, vom »Fliegenden Holländer« bis zur »Götterdämmerung«, zu Wagners Mytheninventar. Den Sterbenden verheißt er, was ihnen auf Erden verwehrt war, die ersehnte »Erlösung«. War von seinem Tod die Rede, griff Hitler unweigerlich zu dieser Denkfigur, die den Tod nur als Durchgangsstadium zu einem besseren Leben ansah. »Ich sterbe mit freudigem Herzen«, diktierte er am Vortag seiner Selbsterlösung, im Vertrauen auf die »strahlende Wiedergeburt der nationalsozialistischen Bewegung und damit Verwirklichung einer wahren Volksgemeinschaft.«[6] Das Ende seines sagenhaften Auf- und Abstiegs sollte mit einem schmetternden Wagner-Akkord gekrönt werden.

Auch die Topographie seines Untergangs hätte er als Wagnerianer nicht besser wählen können: Von der Neuen Reichskanzlei, in der er sich als »Herr der Welt«[7] gefühlt hatte, führte sein letzter Weg in den Tiefbunker, der Besucher an ein »verlassenes Leichenschauhaus«[8] erinnerte. Einen ähnlichen Abstieg von der »ragenden Götterburg« hinab in die »düsteren Klüfte«[9] der Unterwelt hatte Wagner in seinem »Ring des Nibelungen« beschrieben, aus Walhalls Höhe in die lichtlose Tiefe »Nibelheims«, die ihr Erfinder den »Schoß der Nacht und des Todes« nannte.

Ein Mann mit Totenkopf an der Mütze, Rattenhuber sein Name, hatte dem Führer den Umzug ins Bunkerlabyrinth wegen ständiger Luftangriffe empfohlen.[10] Seit Kriegsausbruch mit unterirdischen Quartieren vertraut, folgte Hitler anstandslos samt »Hof« und »Prätorianergarde« und kapselte sich, neigungsgemäß, vor der

Außenwelt ab. An allen Fronten hatte er sich – aus »Donquichotterie«[11], wie Intimus Speer spottete – bei Kunstlicht eingeigelt. Für die letzten Wochen seines seltsamen Lebens logierte er nun endgültig im Tiefbeton.

Mit dem Zeitgefühl kam ihm auch der letzte Wirklichkeitsbezug abhanden. Wie Wotan die Wilde Jagd, kommandierte er Totenheere, warf Divisionen in die Schlacht, die längst nicht mehr existierten, und beschleunigte durch seine Sandkastenspiele das Massensterben. »Das Programm, das der Führer mir hier entwickelt«, schrieb ein ratloser Goebbels in der Bunkergruft, »ist großzügig und überzeugend. Nur krankt es vorläufig daran, daß keine Möglichkeit zu seiner Verwirklichung gegeben ist«[12]; will sagen, »man hat manchmal den Eindruck, als lebte er in den Wolken«[13]. Wie Wotan eben, der Wagner-Gott, und das nicht erst seit seinen Niederlagen. Hatte er früher sein persönliches, der Realität weder angepaßtes noch vermitteltes Programm fast widerstandslos durchsetzen können, so weil man ihm »die Möglichkeit zu seiner Verwirklichung« geboten hatte. Damit war seit längerem Schluß, und der wahnhafte Charakter seiner Visionen, der hinter dem Schleier des Mysteriums verborgen geblieben war, trat jetzt unverhüllt ans Licht.

Verkrochen in seine Höhle, das wußte Hitler, nahm er nur noch die Schatten der Wirklichkeit wahr. Aber hatte die Außenwelt, die so kläglich an seinen geheiligten Idealen gescheitert war, nicht selbst Schattengestalt angenommen – war sie nicht seit Jahren nur noch ein schäbiges Abbild dessen, was hätte sein können? War nicht statt des Weltendramas, für das er die Bühne bereitgestellt hatte, nur Schmierentheater geboten worden? Der Verdüsterung seines Wahrnehmungsfeldes entsprach, jenseits der Stahltüren seines Bunkers, die hoffnungslose Kriegslage.

Während ihm das Außen zerfloß, bot nur noch sein Innenleben Stabilität, das Albert Speer als »hohl, leer«[14] durchschaut zu haben glaubte. Doch dieser Hohlraum füllte sich, als dunkler Projektionsraum seiner Theaterphantasien, mit einer seit Jugendtagen gehegten Vorstellung: Wagners tragischer Held, der sterbende Siegfried der »Götterdämmerung«, wies ihm den Ausweg aus der Untergangskatastrophe. An ihm hatte der Bayreuther das Wunder der geistigen Metamorphose demonstriert, der Verklärung im Tod, die

Hitler als »herrliches Mysterium des sterbenden Heros«[15] bezeichnete: Nur durch den Tod, so die mythische Logik der Wagner-Welt, war Unsterblichkeit zu erringen; nur wer als Kämpfer unterlag, hatte Anspruch auf Wiedergeburt – und sei es, so Hitlers testamentarische Variante, als Märtyrer einer Volksreligion der Zukunft.

Als Heiland würde er dereinst seinem Volk die Erlösung bringen, jenes von Wagner wieder und wieder propagierte Allheilmittel gegen die heillose Wirklichkeit; zwar nicht schon morgen, aber doch irgendwann, vielleicht im nächsten Jahrtausend, »so oder so«[16], wie sein Testament verhieß. Nur aus dieser Götterdämmerung des Nationalsozialismus und aus der Asche seines Scheiterhaufens würde die Morgenröte kommender Herrlichkeit aufgehen.

Vor dem Tod aber kam, wie bei Jesus und Siegfried, der Verrat: kein Sterbegesang ohne Hagens Speer, keine Gethsemanestunde ohne den Judaskuß. Auch Hitler führte bittere Klage, er sei seit Jahren verraten worden, und gerade von jenen, denen er größte Gunst gewährt hatte. In einem »Delirium von Verrat«[17], wie Goebbels dem Hitler-Testament anfügte, sollte Deutschlands Führer den tödlichen Streich empfangen. Schon 1942 hatte er seinem Architekten Hermann Giesler anvertraut, er »lebe und arbeite unter der bedrückenden Gewißheit, daß ich von Verrat umgeben bin!«[18] Nach dem Attentatsversuch von 1944 hatte er »einen völlig verzweifelten Eindruck«[19] hinterlassen – man wollte ihn, das Instrument der Vorsehung, töten! Aber damals war er, wie so oft zuvor, von seinem Geschick vor dem Untergang bewahrt worden. Stunden vor seinem Selbstmord bemerkte er mit dem Sarkasmus des Wohltäters, dem schlecht gedankt wurde, »man müßte mir auf meinen Grabstein setzen: Er war das Opfer seiner Generale!«[20] Aber eben zugleich, was keiner außer ihm selbst ahnte, das Opfer jenes schicksalhaften, von Wagner in Musik gesetzten Automatismus, der alle Welterlöser – solange es das Böse gibt – verschlingen wird. Und gerade diesem »Bösen« hatte Hitler seit Anfang seiner politischen Laufbahn den Kampf angesagt. Wie der, fast unbemerkt von der Welt, ausgegangen war, würde man nach seinem Tod sehen. »Sie wissen sehr vieles nicht«, raunte er an seinem letzten Tag einem Vertrauten ins Ohr. »Sie werden noch manches erfahren, was Sie wundern wird.«[21] Sprach's, dankte und ging in den Tod.

Das Bild von der Kreuzigung drängte sich ihm auf. Schon in den zwanziger Jahren, seiner sogenannten Kampfzeit, hatte Hitler das deutsche Reich von den Juden ans Kreuz geschlagen gesehen – wie sein Idol Wagner sich selbst ein halbes Jahrhundert zuvor. »Ich hänge«, so hatte der Meister tiefsinnig verkündet, »gleichsam am Kreuze des deutschen Gedankens«[22], angenagelt von niemand anderem als den traditionellen Heilandsmördern. Besessen von der Wahnvorstellung, das »Weltjudentum« trachte ihm nach Leben und Werk, sann Wagner über Möglichkeiten nach, dem zuvorzukommen. Nun war Hitler in die Verantwortung getreten, hatte diese Möglichkeiten, soweit es in seiner Macht stand, zur Wirklichkeit werden lassen und bereitete sich nun, in treuer Nachfolge, auf den vorgezeichneten Passionsweg vor.

Als sich der bolschewistische Feind, hinter dem, wie schon die Bayreuther Religion lehrte, der Jude steckte, seiner Hauptstadt näherte, begann ihn die Zwangsvorstellung zu quälen, man könne ihn vergasen, giftige Dämpfe in die Frischluftanlage seines Bunkers einleiten. Diesen Triumph wollte er dem Widersacher nicht gönnen und bestellte eine neue Filteranlage. Sterben wollte er von eigener Hand, und dies geschehe, so hielt sein »politisches Testament« fest, »aus freien Stücken«; allerdings, und hier endete die mythische Nachfolge, wolle er »nicht Feinden in die Hände fallen, die zur Erlustigung ihrer verhetzten Massen ein neues, von Juden inszeniertes Schauspiel benötigen«[23]. Was meinte Hitler damit? Daß mit ihm an Heilands Stelle ein zweites Golgatha veranstaltet werden sollte, ein schauriges Panoptikum, wie er ein andermal befürchtete, in dem der gemarterte Leib des Führers, lebendig oder tot, zu besichtigen sein würde? Dazu wollte er es nicht kommen lassen. Solange er zu bestimmen hatte, stand »Götterdämmerung« auf dem Programm.

Aber es mußte nicht sofort sein; Spielplanänderungen waren immer möglich. So unvermeidlich das mythische Ende schien, nachdem der Verrat geübt und die Übermacht des Untermenschen aufmarschiert war, blieb doch das Gegenteil ebensogut denkbar: die Rettung, die in Wagners Dramen verheißene, im Augenblick höchster Not eintretende Schicksalswende, das »Lohengrin«-Wunder. Ein solcher göttlicher Fingerzeig blieb natürlich nur für die Tapfersten aufgespart, die, wie Hitler von sich bis zum Schluß versicherte, »mit einer wahrhaft titanischen Kraft«[24] die »Herkulesarbeit«[25] der Reichsverteidigung auf sich nahmen – um am Ende, förmlich in letzter Minute, gerettet zu werden. »Durchhalten« war das Motto, um nicht nur für sich selbst, sondern auch für die Mission, mit der er betraut war, Zeit zu gewinnen. Im Berliner Tiefbunker wollte er dem Schicksal eine letzte Chance geben, auch an ihm dies Wunder zu vollbringen.

Er hätte, bevor die Falle zuschnappte, ins Berchtesgadener Land entkommen, sich, wie andere Geschlagene vor ihm, in ein fernes Exil absetzen können. Statt dessen hielt er, ganz Wagnerheld, im Unmöglichen aus, trotzte der Gefahr, in der, laut Dichterwort, auch das Rettende wächst, und verharrte am Ort des »Endkampfes«. Sollten die Nornen entscheiden.

Wer an ein solches Wunder nicht glaubte, da war er sich sicher, verstand nichts von der Wahrheit des Mythischen. Sie war ihm einst, in fernen Pennälertagen, durch Wagner-Opern aufgegangen; jetzt würde er mit ihr untergehen. Seit er im Keller Quartier genommen hatte, das Eiserne Kreuz aus Weltkriegstagen an der Brust, ließ er die Wirklichkeit immer häufiger hinter sich, um den welthistorischen Rahmen ins Auge zu fassen. Hatte die Geschichte nicht zahllose Schicksalswenden aufzuweisen? War nicht der Zusammenbruch Deutschlands 1918, herbeigeführt durch den von Wagner im »Ring« prophezeiten Verrat, durch sein, Adolf Hitlers, überraschendes Auftauchen in einen leuchtenden Neuanfang, eine revolutionäre Wiedergeburt umkorrigiert worden? Tiefste Zerrissenheit des Volkes, das damals unter »jüdischer Herrschaft« schmachtete, war durch ihn in den Jahrtausendtriumph nie gekannter Einheit verwandelt worden. Aber all das schien längst vergessen. Und erst zwölf Jahre lag dieses Wunder der nationalen Auferstehung zurück.

Nicht den verwirrenden Kriegsverlauf, sondern die Geschichte galt es im Auge zu behalten. Leichten Herzens tröstete der Sieger von einst seinen Propagandaminister, dessen Ministerium ausgebombt worden war, er werde ihm »nach dem Kriege« ein »neues Monumental-Ministerium«[26] an derselben Stelle errichten. Die Pläne für derlei Ewigkeitsbauten trug er schon seit Schultagen mit sich im Kopf herum. Wer, wie er, in epochalen Maßstäben dachte, dem schrumpfte die Gegenwart, zumal wenn sie so unerbaulich war, zur Bedeutungslosigkeit zusammen.

Nicht das Jetzt, sondern die Ewigkeit zählte. Drangen die alliierten Bombenteppiche als dumpfe Trommelwirbel in die Bunkertiefe, fühlte er sich an ein »weit entferntes Artilleriegefecht an der Front«[27] erinnert – nicht der aktuellen allerdings, die sich aus allen Richtungen auf ihn zubewegte, sondern jener flandrischen Schützengrabenfront, der er einst mit knapper Not entkommen war. Krümmte sich sein Rücken zum »Buckel«[28], wackelte der Kopf, zitterte die Linke so stark, daß sie mit der Rechten festgehalten werden mußte, und lahmte sein Bein, bis der Reichsparteitagsschritt zum Humpeln verkam – nichts konnte ihn an seiner Sendung irremachen, im Gegenteil: Endlich durfte er sich als getreue Wiederverkörperung jenes deutschen Nationalhelden fühlen, der gebeugt, doch ungebrochen, durch herbe Niederlagen zum Endsieg durchgehumpelt war.

Nun blickte er ihn von der Zellenwand herab an: Vor elf Jahren hatte Hitler das Ölporträt des Alten Fritz erworben und seitdem wie einen Talisman mit sich herumgeschleppt. Auf jede längere Reise begleitete ihn sein strategisches Vorbild in einer Sperrholzkiste und sprach ihm an allen Fronten Mut zu. Als Vorkämpfer des deutschen Reiches hatte sich Preußens Friedrich zum Vorläufer des Führers qualifiziert, war zudem mit gutem Beispiel vorangegangen, wie man auch gegen eine erdrückende Übermacht das Kriegsglück erzwingen kann. Beim Gedanken daran, wie in Preußens höchster Not der plötzliche Tod der Zarin die wundersame Rettung herbeigeführt hatte, traten Hitler im Bunker »die Tränen in die Augen«[29]. Als ihn die Meldung erreichte, der amerikanische Präsident sei gestorben, verfiel er, aus verfehltem Analogieschluß, in Hochstimmung.

Oft saß der Kriegsverlierer in seinem kargen Zimmer, das ihn an frühe Münchner Kampfzeiten erinnern mochte, und meditierte vor Friedrich, dem Überlebenskünstler. Offenbar schöpfte er Kraft aus dem Bild, in dem er sein mythisches Ich wiedererkannte. Gerieten die Lampen in Schwingung, weil Bomben in der Nähe fielen, belebten sich die Züge des Alten Fritz. Manchmal, in der Tiefe der Nacht, konnte man den schlaflosen Führer dabei beobachten, wie er beschwörend zu ihm emporblickte. »Da saß er«, berichtete ein Augenzeuge, »das Kinn in den Händen vergraben, regungslos wie in einem Trancezustand, und starrte bei flackerndem Kerzenlicht auf das Bild. Und der König«, so der unbemerkte Beobachter, »schien *ihn* anzustarren«.[30]

Auch die Zukunft bot Trost. Hitler hatte sich im Februar im Keller der Reichskanzlei von seinem Architekten Hermann Giesler ein Stadtmodell aufbauen lassen, das ihm wie ein Unterpfand für bessere Zeiten erschien: Es war die maßstabgerechte Donauuferbebauung seiner Heimatstadt Linz, wie sie, jenseits der betrüblichen Wirklichkeit, seit Schultagen in seinen Kunstträumen existierte. Dereinst, das fühlte er deutlich, würde die Donaustadt, dank seiner Planung, zum Kronjuwel unter Deutschlands Städten erhoben werden. Denn schließlich war es hier gewesen, wo er zum erstenmal dem Genius Richard Wagners begegnet war.

Vierzig Jahre später beugte er sich über die Spielzeugstadt, ließ sich mit kindlichem Entzücken die Details erläutern und flanierte in Gedanken die Prachtstraßen hinab, die dem Besucher einmal signalisieren würden, welcher Geist hier gewaltet hatte. Nach Laune konnte er, was die Wirklichkeit ihm umständehalber vorenthielt, die Tageszeiten mittels raffinierter Lichtregie simulieren oder über jene Nibelungenbrücke spazieren, die nach seinen Jugendplänen fertiggestellt worden war. Stundenlang starrte er auf sein Zukunftsmodell wie »auf ein verheißenes Land«, so Architekt Giesler, »in das wir Eingang finden würden«[31].

Wagner war immer um ihn, und der Beweis lag im Tresor. Hatte er sich einst den »Rienzi«-Komponisten in Linz zum Seelenführer erwählt, war er, kaum zwanzig Jahre später, durch dessen Erben zu Wagners Stellvertreter auf Erden ernannt worden. Nach dem Willen des Philosophen Houston Stewart Chamberlain, des geistigen Führers der Bayreuther Bewegung, sollte Hitler sein Nachfolger werden und zugleich, als Deutschlands Retter, die Zukunftshoffnungen des verstorbenen Meisters erfüllen.

Kaum einer wußte von dieser Mission, da Hitler ebensowenig wie die Bayreuther darüber sprach. Auch daß ihm, viele Jahre nach seiner Einweihung, ein Schatz übergeben wurde, der die geheime Sendung bestätigte, blieb unausgesprochen. Beiläufig erwähnte Hitler einmal gegenüber Goebbels und Himmler, er »besitze eine Reihe Originalpartituren Richard Wagners«[32], als handle es sich um Schallplatten. In Wahrheit stellten die ledergebundenen Bände eine kostbare Sammlung dar, wie sie sonst nur in den Tresoren

Wahnfrieds zu finden war: Neben den vollständigen Handschriften[33] der frühen Wagner-Opern gehörten Orchesterskizzen wie die des »Fliegenden Holländers«, eine Reinschrift von »Rheingold« und »Walküre« sowie weitere Teile des Nibelungen-»Rings« dazu. Es handelte sich also nicht allein um unersetzliche Dokumente, wie sie kein Museum, geschweige denn eine Privatperson vorweisen konnte, sondern um einen Teil des Wagnerschen Vermächtnisses.

Hitler war weder kraft Amtes noch der in seinem Imperium üblichen Usurpation zum Erben des Nibelungenschatzes geworden. Die Schwiegertochter des Meisters, Winifred Wagner, hatte, wie es heißt, die Transaktion betrieben.[34] Bei der Übergabe an Hitlers fünfzigstem Geburtstag gelangte die umfangreichste Wagner-Sammlung außerhalb Bayreuths in die Hände jenes Mannes, zu dessen Machtbereich Winifred selbst sich, einschließlich ihrer Festspiele, längst zählte.

Der Verband der deutschen Industrie übergab dem Führer die Autographen während des Festes, das wie ein Nationalfeiertag begangen wurde, und man registrierte staunend, wie dieser sogleich mit der kenntnisreichen Kommentierung[35] begann, als wäre, was ihm da ausgehändigt worden war, bereits sein geistiger Besitz. Die Folianten waren nicht lange in den Händen der Großindustriellen gewesen. Ursprünglich gehörten sie zum Nachlaß des Bayernkönigs Ludwig II., der sie vom Meister als Dank für monetäre Nachgiebigkeiten erhalten hatte. Später wurde der Schatz vom »Wittelsbacher Ausgleichsfonds« gehütet, bis Winifred ein Auge darauf warf und sich eigener Ansprüche erinnerte. Jedenfalls boten die Unternehmer, zu denen Bayreuth traditionell gute Kontakte unterhält, eine erkleckliche Summe, um die Münchner Besitzer zur Aufgabe ihres Hortes zu bewegen. Und Hitler, der sich als Schirmherr des Wagner-Erbes in Ludwigs Nachfolge wußte, nahm das großzügige Geschenk ohne weiteres an. Schließlich wußte er unter den Bänden auch jenen »Rienzi«, mit dem für ihn 1906 im Linzer Landestheater alles begonnen hatte.

Daß Hitler, wie Winifred sagte, »Wagner verfallen«[36] war, ja geradezu einen »Spleen«[37] entwickelt hatte, spielte bei der historischen Schenkung die geringere Rolle; entscheidend war, daß Bayreuth ihm verfallen war und um seine Person einen »spleenigen« Kult entfaltete. Der Linzer durfte sich, lange bevor er politisch reüssierte, als Hoffnungsträger, ja gesalbter Heiland der Wagner-Religion fühlen. Wenn also dem Generalbevollmächtigten Bayreuths zum Geburtstag unveräußerliches Wagner-Erbe übergeben wurde – »gezwungenermaßen«, wie die Wittelsbacher später klagten –, so konnte von Veräußerung keine Rede sein: Hitler war Bayreuth, in ihm hatte das Heiligtum seinen Herrn und Hortbewahrer gefunden.

Zur Weihe kam es kurz vor dem Novemberputsch 1923. Damals hatte der junge Volksredner, berüchtigt für seine rabiaten Predigten und zugleich gehätschelt von Bayreuth-nahen Unternehmern, das Herz von Deutschlands berühmtestem Kaiserzeit-Philosophen gewonnen. Der englische Feingeist und Rassengrobian Chamberlain, der Wagners Weltanschauung in ein System gegossen und als »Grundlagen des Neunzehnten Jahrhunderts« zum Bestseller gemacht hatte, galt als der Hohepriester des völkischen Erwachens. Zu seinen Verehrern zählte Deutschlands Geisteselite und Aristokratie, allen voran Kaiser Wilhelm II. Durch enge Freundschaft zur Wagner-Witwe und Heirat mit deren Tochter Eva war er in die Familie aufgenommen worden und bald zum Bevollmächtigten des Vermächtnisses aufgestiegen.

Als schwere Krankheit, vermutlich multiple Sklerose, ihn ans Bett fesselte, begann er, nach einem Nachfolger Ausschau zu halten. Wie Wagners siecher Gralshüter Amfortas, den nur ein »reiner Tor« erlösen kann, harrte Chamberlain des jungen Helden, der ihn von seinen Leiden, Bayreuth von seiner Machtlosigkeit und das Reich vom Fluch der Weimarer »Judenrepublik« befreien würde.

Da gewisse Ähnlichkeiten zwischen Chamberlains Bayreuther Krankenzimmer, das auch tagsüber abgedunkelt blieb, und Hitlers Berliner Bunkerzelle bestanden, mochte dieser sich gelegentlich seines sterbenskranken Lehrers erinnert haben, der ihm, vom Tode gezeichnet, zitternd im Rollstuhl gegenübersaß und kaum ein verständliches Wort über die Lippen brachte. Der Brite fühlte sich damals als Opfer des Krieges, gekreuzigt von der Übermacht der auf das Reich eindringenden Feinde.

Nun hatte das große Zittern Hitler erfaßt, die Lähmung, die Chamberlain zu Beginn des Ersten Weltkriegs befallen hatte, war jetzt, zu Ende des Zweiten, auf ihn übergegangen. Und wenn er sprach, hörte ihn keiner; seine heisere Tyrannenstimme drang nicht mehr zur Wirklichkeit durch. Auch er sah, wie damals der leidende Philosoph, das unaufschiebbare Verlöschen vor sich.

Und doch, durfte nicht auch er, wie damals der Todkranke, auf Rettung hoffen? Die Uhr seines Lebens stand, er betonte es, »zwei Sekunden vor zwölf«[38]. Die rechte Zeit also für das Auftauchen eines Retters. 1923 hatte er diese Rolle gespielt, war als Schicksalsbote zu dem siechen Denker getreten und hatte ihm den Blick auf das verheißene Land eröffnet. Der hatte ihn wie einen Gottgesandten empfangen und frohlockt, »daß Deutschland in der Stunde seiner höchsten Not sich einen Hitler gebiert«[39]. Der Kaiser-Freund hatte recht behalten. Für Jahre, die in die Geschichte eingingen, hatte sein Heiland die Deutschen herrlichen Zeiten entgegengeführt. Nun saß der einstige Erlöser selbst in einer Zelle fest, umgeben von einer feindlichen Übermacht, und konnte nur hoffen, daß die Vorsehung an ihm ein ähnliches Wunder vollführen würde.

Das Wunder der Gnade war allerdings verwirkt. Von der Menschheit, die er sich zum Feind gemacht hatte, war nichts mehr zu erhoffen. Allzu beflissen hatte Hitler sich an die Prophezeiungen Wagners und dessen Schwiegersohns gehalten, allzu zielstrebig in die Tat umgesetzt, was man von ihm als dem »Tatmenschen« erwartete. Lange hatte man »nach einem neuen Siegfried« gesucht, wie der spätere Bundespräsident Theodor Heuss schon 1932 wußte, »der mit Wagner und Chamberlain das deutsche Volk erlösen könnte«[40]; man hatte, wie Wolfgang Wagner, der heutige Festspielleiter in Bayreuth, bestätigte, die »Einsetzung« eines »arischen Messias«[41] erhofft.

Im vierunddreißigjährigen Parteiführer Hitler glaubte man ihn gefunden zu haben. Schon beim ersten Gespräch zwischen ihm und Chamberlain, bei dem die Wagner-Tochter Eva als Interpretin ihres sprachbehinderten Mannes auftrat, wurden die Weichen für Hitlers politische Zukunft gestellt. Bayreuth verfügte im konservativen Lager über eine Macht, die sich nicht nach Wählerstimmen, sondern nach einflußreichen Persönlichkeiten und Verbänden zählen ließ. Um das Ende der verhaßten Republik herbeizuführen, genügte es nicht, fanatischer Antisemit zu sein. Bayreuth brauchte einen Helden, der das rassische Ideal auch verwirklichen würde.

In einem Mahnschreiben, das Chamberlain, assistiert von seiner umtriebigen Gattin, drei Monate nach der Begegnung veröffentlichte, schwor er den Erwählten und mit ihm alle, die zwischen den Zeilen lesen konnten, auf seinen Radikalkurs ein. Vor allem aber präsentierte er den Deutschen ihren neuen Heiland. Hitler, so der Erfolgsautor, der zur Kaiserzeit an Schulen und Militärakademien zur Pflichtlektüre gehört hatte, sei eine jener »seltenen Lichtgestalten«[42], die an Mut nur einem Luther, an Staatskunst allenfalls Bismarck vergleichbar sei. Im Gegensatz zu den übrigen Politikern sei dieser »Gottessegen« kein »Phrasendrescher«, sondern einer, der »konsequent seine Gedanken zu Ende denkt und furchtlos seine Folgerungen daraus zieht«. Für die Kernfrage Bayreuths, seit 1850 im Mittelpunkt der Wagnerschen Bemühungen, hieß dies: »Man kann sich nicht zugleich zu Jesus bekennen und zu denen, die ihn ans Kreuz schlagen.«

Für den Gottgesandten aber bedeutete es, so Chamberlain mit dem Wagner-Clan, daß er nicht nur »unser aller Überzeugung über den verderblichen, ja über den todbringenden Einfluß des Judentums auf das Leben des deutschen Volkes« teile, sondern mit der »Zivilcourage«, die er in »überschwenglichem Maße« besitze, auch danach handle. Viele hätten die tödliche Gefahr bereits erkannt, wüßten längst, daß »schleunigst Maßregeln gegen sie ergriffen werden« müßten – »aber keiner wagt's auszusprechen, keiner wagt die Konsequenz von seinem Denken auf sein Handeln zu ziehen; keiner außer Adolf Hitler«.

Die selbsterfüllende Prophezeiung fand als Flugblatt weite Verbreitung. Auf ihren eigentlichen Adressaten, der seit Ende des Ersten Weltkriegs mit Judenhaßtiraden auf sich aufmerksam machte, wirkte sie wie ein Nornenspruch, der ihn lebenslang in seinem Bann halten sollte. Er war der Erwählte, sein Weg schicksalhaft vorgezeichnet. Nicht länger mußte er für andere den »Trommler« spielen – der, welcher kommen würde, das war er selbst. Und er hatte es seit seinen ersten rauschhaften Wagner-Erlebnissen in der Linzer Oper geahnt. Alles folgte nur der Vorsehung.

Wie weit der achtundsiebzigjährige Chamberlain den Heißsporn mit der Hundepeitsche wirklich kannte, bleibt ungewiß. Was er über ihn wußte, hatte er von der Wagner-Familie erfahren, die seit Jahren für ihn schwärmte. Was er über ihn schrieb, trug vielleicht nur seinen Namen. Gewiß scheint, daß er seine seit Jahrzehnten aufgestauten Heilserwartungen auf ihn projizierte und ihn wie eine mythische Bühnenfigur in die Phantasiewelt von Wagners »Parsifal« einfügte. Der Linzer Tor, seit seinem Auftritt in Bayreuth mit einer weltbewegenden Sendung betraut, soll sich darüber »wie ein Kind gefreut«[43] haben.

Bevor Parsifals Erdenweg im modrigen Bunker der Reichskanzlei endete, hatte er für seinen Glauben den Staatsstreich versucht, im Gefängnis gesessen, die Macht im Reich erkämpft, Bayreuth zum Mittelpunkt des deutschen Kulturlebens erhoben. Dem Judentum aber hatte er, in seiner angeblichen Formenvielfalt vom Bolschewismus bis zur Plutokratie, von der Kunstentartung bis zur Goldwirtschaft den heiligen Krieg erklärt und jene Europäer, die sich unter dem mythischen Begriff Judentum zusammenfassen ließen, zur Ausrottung bestimmt. Womit er »die Konsequenz von seinem Denken auf sein Handeln gezogen« hatte.

All dies geschah, ohne daß Hitler je das Geheimnis seiner Sendung preisgegeben hätte. So wie er ihren Ursprung in der Bayreuther Weltanschauung verschwieg, verschlüsselte er auch deren fürchterliche Konsequenz. Was mit erhabenem Schweigen über seine Anfänge als Erlöser begann, führte zur chronischen Lüge über die Endlösung. Nur indem er die Alleinherrschaft errang, konnte er seine Weltanschauung verwirklichen; nur als Massenmörder bewährte er sich als Heiland.

Die Huldigung Chamberlains, auf die Hitlers Einweihung in den Bayreuther Gralsbezirk und seine Aufnahme in die Familie folgten, löste bei ihm eine explosionsartige Steigerung seines Selbstbewußtseins aus. Hatte er seine Erfolgserlebnisse bislang vornehmlich in Bierdunstarenen sammeln können, wußte er nun Wagner mit dem eigenen Schicksal verknüpft: Sein »Rienzi« hatte ihn erweckt, seine fast vergessenen Schriften ihn bekehrt, das existenzielle Erlebnis der großen Dramen, vor allem des »Ring« und des »Parsifal«, hatte seiner Weltsicht zum »granitenen Fundament« verholfen. Hitler sah die Welt durch Wagners Brille. Und wurde, dank Bayreuther Segen, gesellschaftsfähig. Auf das Stück, das er gab, hatte man seit langem gewartet.

»Mein Kampf« wurde zum bleibenden Zeugnis seiner Berufung. Hitlers Selbstüberschätzung wirkte ansteckend, führte in Deutschland zu einer Art religiösen Epidemie, verbunden mit einer Applausekstase, wie sie sonst nur bei Festspielen üblich war. Hitlers metaphysische Sendung wurde zum nationalen Dogma erklärt. Nicht das, was er zu sagen bereit war, riß hin, sondern die Art, wie er es darstellte, und auch der Rahmen, den er dafür schuf; kurz: das Theater, das er veranstaltete wie kein anderer. Und da das Publikum dieser Inszenierung, in Kostüme gesteckt und zum Marschieren gedrillt, selbst auf die Bühne gebeten wurde, verwandelte sich die einst anrüchige Politik in ein kollektives Erweckungserlebnis.

Keiner ahnte, daß Hitlers Kunst- und Heldenstaat, aus Phantasiestücken seiner Wagner-Lektüre errichtet und von den Monumentalklängen des Nibelungen-»Ring« untermalt, nur über eine vorherige »Lösung« der »Judenfrage« zu erreichen war. Vor die Zukunft der Heldenrasse hatten Walhalls Götter den Untergang ihres »Todfeindes« gesetzt. Und den immerhin, war auch der Rausch verflogen, der Krieg verloren und das eigene Leben verwirkt, hatte Hitler weitgehend erreicht.

Als er unter dem apokalyptischen Donnern des »nicht mehr endenden Trommelfeuers«[44] sein Testament aufsetzte, wollte er die Genugtuung darüber nicht länger verschweigen. Seine Worte, der Sekretärin in den Stenoblock diktiert, klangen gerade so, als hätte sie ihm Chamberlain, der menschgewordene Judenhaß, ins Ohr geflüstert. Es ging, wie anders, um den »Weltvergifter aller Völker, das internationale Judentum«[45], gegen das noch sein letzter Satz, angesichts des eigenen Todes, »zum unbarmherzigen Widerstand« aufrief.

Der Kern seiner Botschaft aber blieb verschlüsselt. Nicht einmal seine im Testament bekräftigte »Liebe und Treue« zum deutschen Volk, die ihm die Kraft gegeben habe, »schwerste Entschlüsse« zu fassen, ließen ihn seine Bayreuther Prophetensprache ablegen und Klartext reden. Dabei hatte er am 29. April 1945, dem Tag vor seinem Selbstmord, keinen Grund mehr zur Geheimnistuerei. Außer eben den, daß sie untrennbar mit seiner geheimen Rolle, der messianischen Sendung, verknüpft war. Und diese würde nicht einmal mit seinem Tod erlöschen.

Als wollte Hitler um jeden Preis die Profanität der Wahrheit vermeiden, wählte er für Geständnis und versuchte Rechtfertigung seines Jahrhundertverbrechens Formulierungen, die ohnehin nur Eingeweihte verstehen würden. Nicht er, so beteuerte er, hätte den Krieg »gewollt und angestiftet«, sondern die Juden. Nicht er, sondern sie seien für »die Ruinen unserer Städte und Kunstdenkmäler« verantwortlich. Sie allein trügen die Schuld »an diesem mörderischen Ringen«.

Wenn er sich also gezwungen gesehen habe, »schwerste Entschlüsse zu fassen, wie sie bisher noch keinem Sterblichen gestellt worden sind«, so nicht aus persönlichem Antrieb, sondern allein aus »Liebe und Treue zu meinem Volk«. Schon die scheinbar mißglückte Formulierung von »Entschlüssen«, die ihm »gestellt« worden seien, offenbart die Lüge: Das »Volk« hatte bei seiner Entscheidung keine Rolle gespielt. Es war nie gefragt worden, und die wenigen, die sich beteiligten und wußten, waren zum Schweigen verpflichtet. Das »Volk« hätte sehr wohl ohne derlei Liebes- und Treuebeweise des Führers auskommen können.

Nicht aber die obskure Religion, die den erwählten Vollstrecker, wie tatsächlich noch »keinen Sterblichen« zuvor, in Zugzwang gebracht, vor Entscheidungen gestellt und ihm den einen, unausdenkbar grausamen Entschluß nahegelegt hatte. Nicht als Politiker oder Feldherr, am wenigsten aber als Interessenvertreter der Deutschen zog Hitler diese äußerste Konsequenz. Er tat es als Vollstrekker von Wagners Prophetien und Chamberlains Auftrag.

Die schauerliche Folge seiner »Entschlüsse«, der Massenmord durch Genickschuß und Blausäuregas, erschien ihm bei Abfassung seines Testaments geradezu als Gnadenakt. Hatte schon sein Idol Wagner den »Untergang«[46] der Juden als deren »Erlösung« in Aussicht gestellt, so erklärte sein Schüler nun, mit dem Judentum habe »der eigentlich Schuldige« am Krieg »durch humanere Mittel ... seine Schuld zu büßen«[47] gehabt – durch humanere Mittel wie Genickschuß und Blausäuregas. Nur der abgebrühteste Menschenfeind, der noch angesichts des eigenen Todes seine unschuldigen Opfer verhöhnt, hätte solche Worte finden können. Oder, welch unvorstellbarer Anachronismus, der Opferpriester, der zu Ehren seines Gottes heimliche Mordorgien veranstaltet, verborgen vor dem Licht des Tages, in tiefen Gruben, Schluchten, fensterlosen Kammern, im »Schoß der Nacht und des Todes«[48]. Hitler ist dieser Anachronismus, und er ist stolz darauf. »Es werden Jahrhunderte vergehen«[49], ruft er vor seinem Ende aus, bis der »Same aufgehen« wird zur »strahlenden Wiedergeburt«.

Vor der Verklärung kam die Selbstauslöschung. Erfolgte sie nicht umgehend, liefe er, laut Testament, Gefahr, in einem anderen Schauspiel, diesmal »von Juden inszeniert«, die unfreiwillige Hauptrolle zu spielen. Eine Woche lang, so wird berichtet, habe die Bunkerbesatzung, von »Untergangsstimmung«[50] erfaßt, »auf den Schuß gewartet«[51], den erlösenden Knall aus dem Führerzimmer. Seinen ursprünglichen Plan, kämpfend auf den Stufen der Reichskanzlei zu sterben, hatte Hitler aufgegeben. So blieb nur der Tod in der Betonkammer, mit der Wagnerschen Variante der zeremoniellen Leichenverbrennung. »Im Brande Walhalls möchte ich untergehen«[52], hatte der Komponist einst geschrieben, um dann doch auf einem venezianischen Plüschsofa dem Herzinfarkt zu erliegen.

Sein Nachfolger würde es besser machen. »Götterdämmerung« war angesagt, und schon am 12. April hatten die Berliner Philharmoniker, trotz laufender Bombenangriffe, bei ihrem »Abschiedskonzert« Siegfrieds Trauermarsch intoniert[53], wohl als Präludium für das, was folgen mußte. In Wagners Drama »Götterdämmerung« war es die Erlösung des Heldenpaares Siegfried und Brünnhilde; auf dem Flammenwege würden sie in die Ewigkeit eingehen. In Hitlers Finale sollte dasselbe geboten werden, mit den unvermeidlichen Abstrichen, die die Wirklichkeit forderte.

Von Heinrich Himmler hatte Hitler sich Blausäureampullen besorgt, die im KZ Sachsenhausen[54] abgefüllt worden waren. Seit Jahren schon war das Gift, eigentlich zur Ungezieferbekämpfung vorgesehen, in Hitlers Lagern als Menschenvernichtungsmittel eingesetzt worden: Wurden die Ampullen zerbissen, bildete sich im Mund ein Gas, das die Sauerstoffaufnahme der Zellen lähmte, worauf das Opfer erstickte. Zurück blieb bittermandelartiger Geruch.

Die Legende will es, daß der notorisch mißtrauische Führer an seiner Lieblingshündin Blondi die Wirkung des Giftes ausprobieren ließ, die er dann mit »ausdruckslosem«[55] Blick zur Kenntnis nahm. Da Hitler, wie sein Vorbild Wagner, fanatischer Gegner von Tierversuchen war, ist dies unwahrscheinlich. Vermutlich hat er seine Lebensgefährtin der letzten Kriegsjahre deshalb geopfert, weil er sie mit in den Tod nehmen wollte. Nicht nur Blondi sollte vor ihm sterben, sondern auch ihre fünf Welpen und sämtliche anderen Hunde, die sich im Bunker auftreiben ließen. Mit einer Dienstpistole wurde das Tiermassaker[56] von einem Feldwebel verübt.

Die sinnlose Tötung gehörte offenbar zu Hitlers Lebensabschiedszeremonie. Wie Brünnhilde ihr Luftroß Grane, so wollte auch er, nach germanischem Heldenbrauch, seine Gefährten mit in den Untergang nehmen. Auch jenen Lieblingsrüden aus Blondis Wurf, den er, trotz absehbaren Lebensendes, eigenhändig dressiert und bei den stummen Zwiesprachen mit Preußens Friedrich auf dem Schoß gehalten hatte. Kein anderer hatte seinen »Wolf«[57] auch nur berühren dürfen.

Der Name war eine Wagnersche Reminiszenz. Weil der Mythomane in seinem »Ring« dem wolfsfelltragenden Obergott Wotan den Decknamen »Wolf« gegeben hatte, benutzte sein Nachfolger ihn als nom de guerre: Als »Wolf« spitzelte er für die Reichswehr, als »Onkel Wolf« beherrschte er das Bayreuther Kinderrudel, seine Autostadt trat als »Wolfsburg« auf die Landkarte, und die diversen Quartiere, von denen er auf dem Kriegstheater Regie führte, erhielten zur Tarnung Wolfsnamen. Nun sollte der kleine »Wolf« dem großen vorangehen.

Die Opferung der Bunkerhunde war bereits der zweite Akt der Hitlerschen Inszenierung. Begonnen hatte das Trauerspiel eine Woche zuvor, als der Führer am 22. April 1945, entnervt von dem anschwellenden Artilleriegedonner, den Krieg für verloren erklärte und seinen Selbstmord ankündigte. »Der Führer ist zusammengebrochen«, berichtete ein General. »Wenn die Russen kommen, will er die Konsequenz ziehen und sich erschießen.«[58] Der Entschluß zum Abgang von der Weltbühne zeitigte irreversible Folgen: Gleichsam im Vorgefühl dieses welthistorischen Ereignisses, angeweht von den erhabenen Schauern eines Wagnerschen Dramenschlusses, entschied er, sich von seinem wertvollsten Besitz zu trennen.

Dazu gehörte nicht nur die umfangreiche Sammlung seiner architektonischen und künstlerischen Entwürfe, die er einmal als seinen »kostbarsten Besitz, sein Gehirneigentum«[59] bezeichnet hatte. Im Tresor ruhte auch das Unterpfand seiner Bayreuther Sendung, der Wagnersche Handschriftenschatz. Vielleicht hatte er ihn sogar in den nicht enden wollenden Zellennächten hervorgeholt und bei Kerzenlicht studiert, zusammen mit jenem Originalbrief Friedrichs des Großen, der ihm mit den Partituren geschenkt worden war. Er, Adolf Hitler, war nun der Erbe. Auch in der »Götterdämmerung«

geht es um das Erbe, den »Ring«, den Brünnhilde am Schluß an sich nimmt: »Mein Erbe nun nehm ich zu eigen«[60], singt sie und ergreift das Symbol der Weltherrschaft, bevor sie sich, auf Granes Rücken, in die Flammen stürzt.

Auch der Partiturenschatz war für ihn ein solches Symbol geistiger Weltherrschaft, und als Erbe konnte er, wie die pyromane Brünnhilde, nach Laune darüber verfügen. Hatte der Wagner-Hort ihm, in besseren Tagen, seine metaphysische Sendung bestätigt, so sollte er ihn nun auch im Augenblick der Niederlage begleiten, und zwar dorthin, wo Wagnerhelden, geschlagen, aber unbesiegt, ihr Ende finden. Von diesem gemeinsamen Autodafé würden nicht einmal Eingeweihte wissen.

Aber sie ahnten es, lange bevor der Führer das Feuer legen ließ. Vielleicht beschlich sie gelegentlich sogar der Argwohn, daß man auf den falschen Messias gesetzt hatte. Aber Bayreuth dachte praktisch. Unbeeindruckt von der Katastrophe, die über Deutschland hereingebrochen war, plante man, zu Hitlers Befriedigung, die Sommerfestspiele 1945.[61] Nahm außerdem, im Vorgriff auf bessere Zeiten, in der von Hitler begründeten Forschungsstelle eine Neuausgabe sämtlicher Wagner-Werke in Angriff. Da aber »ohne einen Führerbefehl unter den jetzigen Schwierigkeiten die große Aufgabe nicht durchzuführen sei«[62], wie Wagner-Enkel Wieland betonte, wollte er sich persönlich nach Berlin in die Reichskanzlei begeben, um seinen Paten gewogen zu stimmen. Mochten Ende 1944 die Russen und Amerikaner stehen, wo sie wollten – die neue Wagner-Ausgabe mußte Vorrang haben.

Gerade jetzt, das ahnte Wieland, war »die einmalige Gelegenheit gegeben« – nicht etwa, weil der Zusammenbruch des Reiches die Voraussetzungen für sein aufwendiges Projekt geboten hätte, sondern weil ihm die Neuausgabe den Vorwand lieferte, die Wagner-Partituren loszueisen. »Vielleicht«, so Winifred Wagner, hatte ja der Führer ohnehin im Sinn gehabt, »sie nach Bayreuth zu geben«.[63] In der Ruinenstadt dürfte Onkel Wolf kaum mehr Verwendung für den Schatz gehabt haben. Was lag näher, als ihn weiterzugeben?

Hier bot sich Wieland an. Von Hitler seit ihrem ersten Kennenlernen 1923 wie ein Sohn geliebt und laut Mutter Winifred »in jeder Weise bevorzugt«, zudem vom Wehrdienst befreit und früh mit Bayreuther Verantwortung betraut, hatte der älteste Wagner-Enkel aus Dankbarkeit seinen Sohn »Wolf Siegfried« genannt. Nun hoffte Wieland, für den Hitler ein »Vater-Ersatz«[64] war, auf eine Gegenleistung und machte sich, wie Winifred erinnerte, in »Erbschaftsangelegenheiten«[65] auf den gefahrvollen Weg in die ausgebombte Hauptstadt.

Wie einst Chamberlain das geistige Erbe dem Müncher Volkstribunen übergeben und Winifred ihm, vermutlich, die Wagner-Partituren zugespielt hatte, so sollte nun ihr Ältester das Erbe antreten. Hitler sah das anders. Er hatte der Welt, für alle Zeiten unauslöschlich, die Konsequenzen der Wagnerschen Weltanschauung eingeprägt, und es war sein Name, der hinfort mit deren Verwirklichung verknüpft sein würde. »Der Bayreuther Gedanke«, so hatte ein Wagner-Schriftsteller schon 1936 geschwärmt, »ist durch Adolf Hitler zum deutschen Gedanken geworden.«[66] Acht Jahre später war ganz Europa unter seinen Bann geraten. Als Wieland gegen Ende 1944 in der Reichskanzlei sein Anliegen vorbrachte, den Wagner-Schatz nach Bayreuth holen zu dürfen, fand er Onkel Wolf wenig geneigt. Bei einem Abendessen ließ Hitler den Günstling mit der Bemerkung abblitzen, »die Partituren liegen nirgendwo sicherer als hier bei mir«[67].

Das galt bis zum 22. April. An diesem Tag ließ Hitler seine Tresore leeren und wie an den folgenden Tagen in München und auf dem Berghof, wo seine Skizzen lagerten, alles verbrennen.[68] Sein kostbarster Besitz sollte niemandem in die Hände fallen. »Der Führer«, so berichtete ein Augenzeuge über die laufende Aktion im Garten der Reichskanzlei, »hat seine Akten, Dokumente und Papiere aus seinen Räumen zum Verbrennen auf den Hof hinausbringen lassen. Dies geschieht jetzt gerade.«[69] Mit dem Helden sollten auch dessen irdische Güter die Welt verlassen.

Den Bayreuthern, die nach der mißglückten Rettungsaktion ernsthaft um ihre Kronjuwelen bangten, blieb ein Hoffnungsfunke: Am Tag nach dem Autodafé hatte eine Transportmaschine »streng geheime und zumindest für Hitler äußerst wertvolle« Fracht[70] aus dem Kessel geflogen. Als bald darauf deren Absturz gemeldet wurde, soll Hitler dies als »Katastrophe«[71] beklagt haben, da nun »wichtigste Unterlagen, die der Nachwelt zum Verständnis meiner Handlungen und Entscheidungen dienen sollten« verloren seien.

Da das Flugzeug zwar abgestürzt, doch nicht ausgebrannt war, durfte man allerdings noch lange auf die glückliche Rückkehr des verlorenen Schatzes hoffen.

Vergebens, wie sich herausstellte. Denn nicht Wagners Werke sollten zur Verständnishilfe für die Nachwelt dienen, sondern die Monologe seines Vollstreckers: In den Zinkkisten, die mit der Maschine verloren gingen, heißt es, lagen die »Originale aller stenographischen Aufzeichnungen seiner Tischgespräche seit 1942«.[72] Der Hort aber blieb, trotz einer von Winifred nach dem Krieg erbetenen Interpol-Fahndung, »verschollen«[73] – vermutlich seit jener Aprilnacht in Berlin, in der Hitlers Träume endgültig in Rauch aufgegangen waren.

Der sinnlose Zerstörungsakt wäre durchaus folgerichtig gewesen, da schon der Meister selbst zu Zeiten seiner »Ring«-Dichtung »seine eigenen Partituren am liebsten verbrennen lassen wollte«[74]; ein Brauch, der auch nach seinem Tod in Bayreuth mit der Verbrennung wichtiger Briefwechsel und Dokumente fortgesetzt wurde. Der folgenreiche Hinweis auf Wagners Feuerphantasien findet sich nicht zufällig in jenem Buch, das Hitlers Bild von seinem Idol nachhaltig beeinflußt hat: Houston Stewart Chamberlains Wagner-Biographie.

Die Lebensbeschreibung des Meisters durch seinen Apostel, 1895 im selben Bruckmann Verlag erschienen, der in den zwanziger Jahren zu Hitlers wichtigsten Förderern gehörte, stilisierte Wagners Lebenswandel zur Märtyrerlegende. Dessen Gedanken offenbarten, so Chamberlain, ein Evangelium, das wegen seiner sublimen Geisteshöhe »auf eine Minderzahl« von Eingeweihten »beschränkt bleiben muß«[75]. Über Wagner verkündet er, als spräche er vom Auferstandenen, er sei »ein Mensch, der gelebt und gelitten hat, dessen Namen man deswegen nicht mißbrauchen, sondern ›in des Herzens bergendem Schrein‹ fromm aufbewahren soll«[76]. Wagner: ein »Allmensch nach dem Vorbild Jesu Christi«[77]. Sein letztes Ziel sei gewesen, den Menschen »den Weg ihrer Erlösung« zu zeigen aus einer »Welt des durch Lug, Trug und Heuchelei organisierten und legalisierten Mordes und Raubes«[78] und sie dem »demoralisierenden Einfluß«[79] des Judentums zu entziehen.

Dafür mußte dieser »makellos edle, gänzlich uneigennützige, immer nur für die reine, heilige Kunst entbrannte Mann«[80] zum

Märtyrer werden. Verkannt von seinem eigenen Volk, wurde er verfolgt von jenen, deren Missetaten er aufgedeckt hatte. »Noch niemals«, so Chamberlains Worte, die sich seinem Leser Hitler einprägten, »hat ein Künstler so unversöhnlichen Haß gegen sich erweckt.« Gequält von den Juden, saß er am Ende »trostlos traurig« und »einsam im abgelegenen Bayreuth«, bis die »Entbehrungen und Kämpfe eines ganzen Lebens den physischen Organismus« zerrüttet hatten und der »tiefe Schmerz, sein endlich errungenes ›Bayreuth‹ unverstanden zu sehen«, ihm den Rest gab. All das »trug dazu bei, sein Leben noch vor der Zeit, die ihm bestimmt schien, abzubrechen«.[81]

So tradierte der Bayreuth-Evangelist die Legende, und der Linzer Theaterfreund, vom Meldegänger außer Diensten zum Erwählten des Herrn avanciert, hatte mit dem Vermächtnis zugleich die Rolle seines Lebens gefunden. Auch die seines Sterbens. Nicht am Kreuze zwar, wo sein Idol sich allegorisch hängen sah, aber doch bedrängt von denselben Feinden, die einst auch des Meisters Leben »abbrechen« ließen.

Trostlos und einsam würde auch Hitlers Ende sein. Doch immerhin sollte der Held von seinem Hort und seinen Hunden begleitet werden – auch von seiner Geliebten, wie er bei Wagners sterbenden Paaren gelernt hatte. Ob der Holländer mit Senta, Tannhäuser mit Elisabeth oder Tristan mit Isolde, sie alle hatten, erst im Tode vereint, das »weite Reich der Weltennacht«[82] gemeinsam betreten. Nur Cosima brach die heilige Regel und folgte ihrem Gatten entgegen fester Absprache erst siebenundvierzig Jahre später – da hatte Hitler in Wahnfried längst seine Aufwartung gemacht.

Im Bunker dagegen hielt man sich an den Brauch, und Hitler starb als Bräutigam mit Braut. Trauen ließ man sich am 29. April nach Mitternacht von einem Mann namens Wagner, und zwar mit »allen vorgeschriebenen bürokratischen Formalitäten«[83] und anschließendem Sektempfang. Tags darauf würde man, wie Siegfried und Brünnhilde, die »lachende Lohe« besteigen, erfüllt von Wagnerschem Walhalla-Glauben: Eva Braun, so diktierte ihr Gatte, ginge auf »ihren Wunsch als meine Gattin mit mir in den Tod. Er wird uns das ersetzen, was meine Arbeit im Dienst meines Volkes uns beiden raubte«[84].

Auch der Rest der Zeremonie folgte Hitlers Planung »Punkt für

Punkt«[85]: Nach dem feierlichen Abschied von den »Getreuen« am 30. April 1945 betrat das Paar Hitlers Wohnzimmer. Unter den Augen des Alten Fritz und zum gedämpften Trommelwirbel der russischen Geschütze nahm man Himmlers Giftampullen in den Mund, schoß Hitler sich in die rechte Schläfe. Im Bunker atmete man auf.

Es war Bittermandelduft[86], der Kammerdiener Linge beim vorsichtigen Öffnen der Tür entgegenschlug. Dem Eintretenden folgten fünf Bunkerinsassen, die vor dem Sofa mit den Toten strammstanden und mit Hitlergruß salutierten. Dann trugen sie die Leichen in stummer Prozession vier Treppen hoch ans Tageslicht. Auch der gefällte Siegfried war, in Wagners »Götterdämmerung«, zu den Klängen des »Trauermarsches« in einer solchen Prozession von der Walstatt getragen worden.

In wenigen Stunden würde das Bravourstück für großes Orchester mit seinen explosionsartigen Doppelschlägen aus den Volksempfängern dröhnen. Ob Hitler das gewaltsame Tongemälde vor seinem Selbstmord angehört hatte? Oder war es Isoldes »Liebestod« gewesen, den er, wie seine Sekretärin wußte, »in seiner Todesstunde gern gehört hätte«[87]? Die Platten lagen in Reichweite.

Als der Kondukt aus dem Eingang trat, empfing ihn die feindliche Artillerie. Eilig wurden die beiden Leichen in Wolldecken gehüllt, in eine Grube gelegt und mit Benzin übergossen. Als die Einschläge näher kamen, suchten die Hinterbliebenen zunächst Schutz im Bunkereingang, kehrten dann aber zur Führergrube zurück, um die Leichen anzuzünden. Wieder standen die Uniformen stramm, entboten ein letztes Mal, durch aufsteigenden Rauch, den Cäsarengruß und huschten dann zurück ins Versteck.

Nachdem das Paar verkohlt war, verscharrte man es nächtens unter Schutt in einem Granattrichter – ein Ende, wie es sich erbärmlicher kaum vorstellen läßt. Und doch schien auch hier höhere Regie zu walten: Verbrannt und unter den Trümmern des Kapitols begraben, endete auch Wagners Volkstribun Rienzi, nachdem er sich mit seiner Schwester in die Flammen gestürzt hat. Nicht einmal im Tod, so scheint es, fiel Hitler aus der Rolle.

II.
Der letzte der Tribunen

Thomas Mann, vierzehn Jahre vor seinem »Bruder Hitler«[1] in die opernseligen Gründerjahre hineingeboren, hat 1908 den »Rausch«, die »Entgleistheit der Seele« beschrieben, in die ihn »diese moderne Kunst« versetzte – eine Kunst, »die man erlebt, erkannt haben muß, wenn man von unserer Zeit irgend etwas verstehen will«[2]. Er meinte »die Kunst Richard Wagners«, diese »innig schwerste und fruchtbarste Erfahrung meiner Jugend«[3], die ihm im Lübecker Stadttheater eine andere, unendlich reizvollere und sublimere Wirklichkeit vor die Sinne rückte als »Schule und Haus«, die »grau dahinten« lagen.

Zudem war es eine dezidiert »deutsche Kunst«. Die Superiorität des Geistes, die die ganze Welt im neunzehnten Jahrhundert der Nation Goethes und des Nibelungenliedes zugestanden hatte, drückte sich nirgendwo überzeugender aus als in Wagners Opern: Heldentum und Gottessuche, Ahnenkult und Menschheitsfortschritt schienen in diesen Dramen ihren universellen Ausdruck gefunden zu haben. »Deutsche Musik«[4] als Weltsprache – der zwanzigjährige Thomas Mann hörte sie in Rom, als bei einem Platzkonzert Siegfrieds Trauermarsch aus Wagners »Götterdämmerung« gespielt wurde. Ein Teil des Publikums pfiff wütend, forderte einheimische Klänge, die anderen applaudierten enthusiastisch. So wogte der Krieg der Welten auf der Piazza Colonna hin und her, bis Siegfrieds Schwertmotiv ertönte, »über dem Straßenkampf der Meinungen seine gewaltigen Rhythmen entfaltete«, so Thomas Mann, »und wie auf seinem Höhepunkt, zu jener durchdringend schmetternden Dissonanz vor dem zweimaligen C-Dur-Schlage, ein Triumphgeheul losbrach und die erschütterte Opposition unwiderstehlich zudeckte«. Als der Nobelpreisträger das, zwanzig Jahre später, niederschrieb und sich an die »nervösen Tränen« erinnerte, »die einst beim Siege des Nothung-Motivs jäh seine Augen überfüllend ihm über das kalte Gesicht gelaufen waren«, war gerade, wie eine Übersetzung des damals Erlebten in die Wirklichkeit, der Erste Weltkrieg ausgebrochen.

Doch nicht der blonde Recke, der die Mächte des Dunkels besiegt, um von ihnen im Gegenzug meuchlings ermordet zu werden, stand am Anfang von Thomas Manns »Passion« – »ich sage: ›Passion‹, weil schlichtere Wörter, wie ›Liebe‹ und ›Begeisterung‹, die Sache nicht wahrhaft nennen würden«[5] –, sondern der Lichtheld Lohengrin. Der Gralsbote, der in überirdischem Glanz zur gemeinen Welt herabkommt wie etwa eine Wagner-Oper ins Lübecker Stadttheater, hatte den Patriziersohn im Sitzparterre entzückt – dreißig Jahre zuvor war es, im roten Samt der Münchner Königsloge, Kronprinz Ludwig gewesen, der damals »Tränen höchsten Entzückens«[6] vergoß; zehn Jahre nach dem Märchenkönig wiederum war es der Dorfbub Adolf Hitler, der im Linzer Stehparkett von »Lohengrin« erweckt wurde.

»Mit einem Schlage war ich gefesselt«, schrieb Hitler über sich als zwölfjährigen Realschüler. »Die jugendliche Begeisterung für den Bayreuther Meister kannte keine Grenzen.«[7] Für den Außenseiter aus Leonding, der in der Stadt ohne »Freunde und Kameraden«[8] auskommen mußte, in der Schule versagte und bei den Lehrern als »widerborstig, eigenmächtig, rechthaberisch, jähzornig«[9] galt, kam Außenseiter Lohengrin wie gerufen. Ihm folgten bald die anderen Wagnerhelden, die ihm mit Siegschwert und heiligem Speer den Weg vom Schülerheim zur Gralsburg wiesen.

»Was mir seit meinem dreizehnten Jahre schon, als bisher unerfüllbarer verträumter Wunsch vorschwebte«, verriet er später Wagners Sohn Siegfried, war »ein Besuch der Festspiele«[10] von Bayreuth. Dankbar vermerkte er über Linz, daß ihm »durch die Bescheidenheit der provinzialen Aufführung die Möglichkeit einer späteren Steigerung erhalten blieb«[11]. Als Siebzehnjähriger konnte er sich in Wien Wagner-Inszenierungen auf Weltniveau gönnen: Es war eine »Tristan und Isolde«-Produktion des Dirigenten Gustav Mahler und seines Bühnenbildners Alfred Roller, die ihn so tief beeindruckte, daß die Dekorationen noch in den zwanziger Jahren durch Hitlers Skizzenbücher geisterten und der berühmte zweite Akt mit

Mond und Sternen auf Führers Geheiß auch den Nachthimmel der Bayreuther Inszenierung von 1938 erleuchtete.

Die souveräne Ironie, mit der Bildungsbürger Thomas Mann sich bei Bedarf von dem »schnupfenden Gnom aus Sachsen«[12] distanzieren konnte, stand dem Autodidakten Hitler nicht zu Gebote. Der Linzer Versager durchlebte in der Phantasie die rauschhafte Einswerdung mit jenen, die er gerne gewesen wäre. Wenn »die mächtigen Tonwellen durch den Raum fluten«, schwärmte er bei einem Wiener Opernausflug 1906, »und das Säuseln des Windes dem furchtbaren Rauschen der Tonwogen« weicht, »dann fühlt man Erhabenheit«[13]. Dann ist der Abgrund überbrückt zwischen Bühne und Zuschauerraum, Kunst und Wirklichkeit – auch zwischen dem Wagnerianer im Publikum und seinem schwertschwingenden Helden.

Für Hitler, der schon »mit dreizehn, vierzehn, fünfzehn Jahren«, wie er versicherte, »nichts mehr geglaubt« hat und im übrigen »der Meinung« war, »es müsse alles in die Luft gesprengt werden«[14], war dies der Ort rauschhafter Selbstfindung, der zudem – mit brennenden Scheiterhaufen und einstürzenden Götterburgen – seine Zerstörungsphantasien anschaulich verwirklichte. Nicht in der Kirche, sondern in der Oper fand der Katholik Hitler seine wahre Kommunion. Er gehe, sagte er Jahrzehnte später einem amerikanischen Reporter, in Wagner-Aufführungen »wie andere in die Kirche«[15].

Einen solchen Kirchgang hat ein Glaubensbruder aus dem Stehparkett, August Kubizek, beschrieben. Hitler war siebzehn Jahre alt und längst erfahrener Wagnerianer, als er im November 1906 erstmals »Rienzi« hörte. »Erschüttert erlebten wir den Untergang Rienzis ... Obwohl er sonst nach einem künstlerischen Erlebnis, das ihn bewegt hatte, gewohnt war, gleich zu sprechen und mit scharfem Urteil die Aufführung zu kritisieren ..., schwieg Adolf nach dieser Rienzi-Aufführung noch lange«[16], erinnerte sich Freund Kubizek. Etwas war anders gewesen als sonst. Der Held, mit dem sich die beiden Opernfans gewohnheitsmäßig identifizierten, war diesmal keine mythische Lichtgestalt wie Lohengrin, kein Kunst-Heiliger wie Parsifal gewesen. Rienzi entstammte der Geschichte, und auch er wollte die eigene Gegenwart am liebsten in die Luft sprengen. Aufstieg und Fall dieses die Massen bewegenden Revolutionärs, von Wagner mit prunkvollen Aufmärschen, Trommelgerassel und Siegesfanfaren in Musik umgesetzt, hatten stattgefunden. Wenn Hitler in »Mein Kampf« behauptet, er habe aus der »Weltgeschichte« seine Lehren gezogen und sei ebenso »frühzeitig zum politischen« wie zum künstlerischen »Revolutionär«[17] geworden, so spielte er damit wohl auch auf den Volkstribunen an, der beides in Personalunion verband.

Vor »Gustl« Kubizeks Auge vollzog sich, nachdem die beiden das Opernhaus verlassen hatten, eine unerwartete Verwandlung. Kaum waren sie, auf Hitlers Vorschlag, durch die Novembernacht auf den Freinberg über der Donau gestiegen, fiel ihm etwas »ganz Merkwürdiges«[18] auf, »das ich früher, wenn er in erregter Form zu mir gesprochen hatte, nie an ihm beobachtet hatte«: Aus »Adi«, dem arbeitsscheuen Hobbykünstler, drang eine fremde Stimme. »Es war«, so Kubizek, »als würde ein anderes Ich aus ihm sprechen, von dem er selbst mit gleicher Ergriffenheit berührt wurde wie ich.« Die Stimme gehörte, wie sich unschwer schließen läßt, zu Wagners Volkstribun, und was sie an Umwälzendem in die Nacht hinaus predigte, brach »wie eine angestaute Flut durch die berstenden Dämme«. Doch nicht wirr, sondern in »großartigen, mitreißenden Bildern« habe dieser wiedergekehrte Rienzi »von einem Auftrage« gesprochen, »den er einst vom Volk empfangen würde, um es aus der Knechtschaft emporzuführen zu den Höhen der Freiheit«. Nach Adolfs Rückverwandlung, erinnerte sich der Augenzeuge, habe schicksalhaft »von den Türmen die dritte Morgenstunde« geschlagen.

Dieses Jahrzehnte später niedergeschriebene Berufungserlebnis stieß auf Skepsis. Zu sehr paßte Kubizeks Geschichte zu Hitlers grandioser Eigendeutung. Doch die Führerlegende, von Gemeindesekretär Kubizek im österreichischen Eferding aufgezeichnet, scheint, zumindest im Kern, zu stimmen. Als der Jugendfreund 1939 dem Reichskanzler für eine von ihm erbetene Einladung nach Bayreuth dankte, verwies er zur Erinnerung auf »jene glühenden Jünglingsträume«, die »Sie mir nach den gemeinsamen Besuchen der Wagnerschen Musikdramen ... aufgerollt haben«[19].

Bei ihrer Begegnung in Wagners Altersresidenz »Wahnfried« stand das gemeinsame »Rienzi«-Erlebnis im Mittelpunkt. Kaum hatte der Gemeindesekretär den Führer »an diese nächtliche Stunde auf dem Freinberg«[20] erinnert, bewies der, daß er »alle Einzelheiten haarscharf im Gedächtnis behalten hatte«. Die Gastgeberin Winifred Wagner bestätigte später die Geschichte – wie auch Albert Speer, der schon 1938 von Hitler selbst erfahren hatte, er habe »bei dieser gottbegnadeten Musik« die »Eingebung« empfangen, »daß es auch mir gelingen müsse, das deutsche Reich zu einen und groß zu machen«.[21] Und noch im Kriegsquartier Wolfsschanze, das Hitler gern sein »Nibelungen-Heldenschiff«[22] nannte, betonte er 1942, daß ihm »bei einer Rienzi-Aufführung in Linz erstmals der Gedanke kam, auch so ein Volkstribun oder Politiker zu werden«[23].

Bei jenem Bayreuther Gedächtnistreffen 1939, kurz vor Hitlers Einfall in Polen, besuchten die beiden Jugendfreunde auch Wagners Grab im Garten der Villa; es sei dies, so Hitler, »die Stätte, die für uns beide immer die heiligste war«.[24] Danach fiel der lapidare Satz, mit dem der Führer den historischen Stellenwert seiner Linzer »Rienzi«-Vision festhalten sollte. »Unvergeßlich ist mir auch das Wort geblieben«, schrieb Kubizek, »mit dem Hitler seine Erzählung vor Frau Wagner schloß. Er sagte ernst: In jener Stunde begann es.«[25]

Dem Historienstück, das ihm die mystische Initiation beschert hatte, hielt Hitler zeitlebens die Treue. Wie der römische Volksheld des Mittelalters wollte auch er die unterdrückten Massen befreien, sie nach dem Vorbild ihrer vergessenen Ahnen einer herrlichen Zukunft entgegenführen – und zugleich Rienzis Fehler vermeiden. Wagners »große tragische Oper« von 1840 sollte ihm dabei als Lehrstück für die Politik des zwanzigsten Jahrhunderts dienen.

Bei einer seiner Fahrten im 100-PS-Kompressor-Mercedes durch beflaggte Ortschaften mit Jubelspalieren kam ihm der Einfall, den Abend mit Wagner zu verbringen. Da ihm der Sinn nach »Rienzi« in Weimar stand, fragte ihn sein Begleiter, der Funktionär Otto Wagener, erstaunt, ob es ihn nicht »unangenehm« berühre, »im Zuschauerraum zu sitzen, wenn aufgeführt wird, wie gerade ein Mann aus dem Volke, der sich zum Führer dieses Volkes aufgeschwungen hatte, am Ende doch an den Intrigen seiner Umgebung zu Grunde geht«[26]. Hitler, der die Anspielung verstand, obwohl er 1931 durchaus noch nicht »Führer seines Volkes« war, entgegnete mit »komischem« Lachen: »Ich sehe, im Gegenteil, vielleicht immer wieder, welche Fehler man machen könnte – um sie dann später zu vermeiden.«

Hitlers Bemerkung hatte aktuellen Bezug. Er befürchtete damals, so der Chronist Wagener, eine wie zu Rienzis Zeiten drohende Konterrevolution »von rechts«. »Der reaktionäre Umsturz«, dozierte der erklärte Revolutionär Hitler nach dem gemeinsamen Opernbesuch, »würde einen Verrat an uns« und »damit am deutschen Volk bedeuten.« Im Gegensatz zu seinem gescheiterten Vorbild Rienzi dachte er über Gegenmaßnahmen nach. Auch deshalb, so versicherte er, war er »doch froh, daß ich wieder den Rienzi gehört habe«.

Die Identifizierung mit dem Römer fiel um so leichter, als er schon im Leondinger Elternhaus mit umgehängter Tischtuchtoga den »römischen Senator«[27] gemimt hatte; als Parteiführer begeisterte er sich an Cesare Borgia, der im Jahrhundert nach Rienzi gerade jene Fehler vermied, die zu dessen Untergang geführt hatten. Hatte der Volkstribun, trotz Volksprotest, gegenüber der adligen Reaktion, die ihn verraten hatte, Gnade walten lassen, waren von Borgia, Macchiavellis »Principe«, derlei Generositäten nicht zu erwarten. Er lud, wie Hitler amüsiert erzählte, verfeindete Heerführer zum »Versöhnungsdiner«[28] ein. Nachdem sich »die Herren aus den großen führenden Adelsgeschlechtern« zu Tisch gesetzt hatten, ließ Borgia die wehrlosen Gäste von »schwarzgekleideten Männern« fesseln, bevor er sie »der Reihe nach« persönlich umbrachte. »Hitler«, so berichtete Parteigenosse Otto Strasser, »schwärmte geradezu davon.« Dessen Bruder Gregor, der bei der makabren Erzählung anwesend war, sollte Jahre später einer persönlichen Mordaktion des Borgia-Bewunderers Hitler zum Opfer fallen.

Daß in Wagners Oper die »Volksmassen«, im Gegensatz zum nachgiebigen Tribunen, den »Tod der Verräterbrut«[29] gefordert hatten, scheint bei dem Wagnerianer Hitler bleibenden Eindruck hinterlassen zu haben. Überall witterte er Verrat, dem er mit Borgia-Methoden zuvorkommen wollte. Beim Reichstagsbrand 1933, der dem »Rienzi«-Fan wie der Brand des Kapitols im Finale erschienen sein mochte, sei Hitler, so erlebte es Gestapochef Rudolf Diels, im Stil eines Racheengels aufgetreten. Diels beobachtete, daß »sein Gesicht flammend rot war vor Erregung und von der Hitze, die sich in der Kuppel sammelte. Als ob er bersten wollte, schrie er in so unbeherrschter Weise, wie ich es bisher nicht an ihm erlebt hatte: ›Es gibt jetzt kein Erbarmen; wer sich uns in den Weg stellt, wird niedergemacht.‹« Hitlers, vorläufig noch rhetorische, Ankündigung, nach der jeder kommunistische Funktionär »erschossen«, jeder kommunistische Abgeordnete »noch in dieser Nacht aufgehängt« werde, begründete er, realitätsfern, aber Wagner-nah, mit der Behauptung: »Das deutsche Volk wird für Milde kein Verständnis haben.«[30] Bis in die Wortwahl – im »Rienzi« ist von dessen fataler »Milde«[31] ausdrücklich die Rede – folgte Hitler der Vorlage.

Auch aus einem anderen politischen Fehlgriff des Römers hat sein Nachahmer die Lehre gezogen. Da der Volkstribun, wie Hitler nach dem Opernbesuch 1931 erklärte, »keine eigene Partei hinter sich«[32] hatte, sondern lediglich das Volk mit seiner schwankenden Loyalität, blieb er als Einzelkämpfer verwundbar. Um nicht »vom Adel, von den Größen des Besitzes und der Wirtschaft« verraten zu werden, denen Rienzi, wie Chronist Wagener sagte, »die Hand gereicht hatte«, gab es für Hitler nur ein Mittel: »Wir müssen die Partei noch stärker machen, innerlich festigen und sie immunisieren« gegen den »reaktionären Nationalismus von rechts«, der mit Putsch drohe. Die quälende Angst vor einem Treuebruch, dem der Wagnerheld zum Opfer gefallen war, folgte Hitler wie ein Schatten und ergriff schließlich Besitz von ihm. Überall lauerte schwärzester Verrat, und, um Rienzis Schicksal zu entgehen, befolgte er den Rat, den Wagner den Römern in den Mund gelegt hatte: »Tod treffe die Verräter!«[33]

Da andererseits der tragische Held seinem Schicksal gar nicht entgehen darf, vielmehr erst im Untergang seine Sendung erfüllt, wird das Unausweichliche, das den Zuschauer zugleich erschüttert und erhebt, auf der Bühne zum dramatischen Höhepunkt. Auch die Wagnerfigur Rienzi läuft im Finale zu unüberbietbarer Heldenform auf, läßt sich von raumdurchflutenden Tonwogen dem Inferno des Flammentodes entgegentragen. Und gibt, bevor er das »entartet Volk«[34] – auch Wagners Begriff der »Entartung« sollte bei Hitler bleibenden Eindruck hinterlassen – samt der treulosen Stadt verflucht, das Geheimnis seines Heroentums preis: Keiner sterblichen Frau dürfe er angehören; seit Jugendtagen habe er nur eine »hohe Braut« geliebt und »glühend« ihr sein Leben geweiht, »da ich sie tief erniedrigt sah, – schmählich mißhandelt, grauenvoll entstellt, geschmäht, entehrt, geschändet und verhöhnt!« – denn »wisse«, so ruft er im Angesicht des Todes aus: »Roma heißt meine Braut!«[35]

Rienzis Übertreibungen blieben haften. Auch für den neuen Rienzi, der sein Vaterland 1918 »in tiefster Erniedrigung« fand, kam Ehe nicht in Frage. Er müsse sich »dieses Glück versagen«, verriet er um 1930, da er bereits »eine andere Braut« erwählt habe: »Deutschland! Ich *bin* verheiratet: mit dem deutschen Volk.« Um so schmerzlicher empfand er, wie Wagners Volkstribun, dessen Not: »Ich sehe das Volk leiden, gequält von den unseligen Bestimmungen des Versailler Vertrages, geknechtet durch eine feindliche Besatzung«, und, als wollte er Rienzis Klagegesang fortsetzen, »ich sehe, wie es mißachtet, verleumdet und schlechtgemacht wird«; worauf er mit dem opernhaften Bekenntnis »diesem Volk gehört mein Herz« und der erneuten Versicherung schloß, »nein, ich kann nicht heiraten, ich darf es nicht«.[36]

Eine der populärsten Führerikonen zeigt Hitler als Wagners »letzten Tribunen« im historischen Kostüm. Der Auftraggeber selbst bestimmte das Ritterbild 1938 zum offiziellen Führergemälde. Es zeigt ihn, als wäre er Rienzi, der »in voller Rüstung und entblößten Hauptes«[37] vor dem Volk erscheint: Herbeigerufen von einem lang angehaltenen Trompetenton, sind die Römer zur Huldigung ihres neuen Messias zusammengeströmt und brechen, so will es der Dichter, in »freudiges Toben« und »ausgelassensten Enthusiasmus« aus. Nach den ersten Jubelstürmen schreitet der Tribun »feierlich auf die große Treppe vor«, bis ein nie gehörter Ruf gleichzeitig aus tausend Kehlen dringt: »Rienzi Heil!«[38] Konnte Wagners bühnenwirksame Massenszene auch keinen Anspruch auf historische Wahrheit erheben, sollte sie doch in die zukünftige Geschichte eingehen: Rienzis Triumphchoreographie mit ihren standartentragenden Marschblöcken bildete, von der Linzer Provinzbühne auf die Granitwüste des Nürnberger Zeppelinfeldes übertragen, ein Vorbild für Hitlers Reichsparteitags-Festivals.

Als Vorspiel zu seinem Volks-Theater hatte Hitler die »Rienzi«-Ouvertüre ausgewählt. Der langgezogene Trompetenton, in seinem bedrohlichen Anschwellen von Wagner als »schauerlich« charakterisisert, weckt die Nation aus ihrem weltanschaulichen Tiefschlaf und ruft zur Umkehr auf. Dann folgen in Wagners Vorspiel Rienzis

Gebet, die stolze Schlachthymne und schließlich der Jubelchor des Volkes – das Ganze mit Trommelgerassel und Trompetengeschmetter durchsetzt, bis sich die wellenartig ansteigende Spannung im »klingenden Spiel« eines schmissigen Marsches entlädt. So begannen Hitlers Parteitagsspektakel, von den meisten unbemerkt, mit einer musikalischen Kurzfassung seines weltanschaulichen Programms.

Gelegentlich endeten sie auch damit. Zur Schlußveranstaltung des »Reichsparteitags der Freiheit« 1935 waren, als beschwörender Höhepunkt der Sechstageveranstaltung, zu den Klängen des »Nibelungenmarsches«[39] die Standarten der Bewegung hereingetragen worden, worauf, in die »feierliche Stille« hinein, »Richard Wagners Rienzi-Ouvertüre« erklang. Als ein Minister ihm einmal das abgedroschene Stück ausreden wollte, um an seine Stelle etwas »Modernes« zu setzen, stieß er auf Unverständnis. »Das ist nicht nur eine musikalische Frage«[40], so belehrte ihn der »Rienzi«-Verehrer. An Wagners Bravourstück wurde als quasi offizieller Reichs-Ouvertüre festgehalten.

»Rienzi«, diese auf monumentale Wirkung abgestellte »Große Oper«, konnte durchaus – und zumal von einem siebzehnjährigen Anbeter militärischer Prachtentfaltung – als eine einzige wohlorganisierte Massenszene empfunden werden, deren Unterbrechung durch Ansprachen oder sentimentale Ergüsse nur den Vorwand für neue, noch pompösere Aufzüge lieferte. Vor allem aber wurde im »Rienzi« marschiert. Unter wehenden Bannern und blitzenden Waffen füllte sich das Bühnenrund, bis der Aufmarsch abgeschlossen war und sich in einen nicht minder atemberaubenden Abmarsch verwandelte. In keiner anderen Oper wurde die rhythmische Bewegung von Massen ähnlich ausgiebig gefeiert. Das Ritual, bei dem nacheinander das »Volk« und die weißgewandeten »Friedensboten«, »festliche Züge der römischen Bürgerschaft und Nobili«, das »glänzende Gefolge« der Städte, aber auch die »kampfgerüsteten Römertruppen« glänzten, verlieh auch den amorphen Hitlermassen abwechslungsreiche Gestalt. Deren Kostüme waren ebenso vom Hobbybühnenbildner Hitler mitentworfen worden wie die Standarten, die ihre römische Provenienz tausendfach zur Schau trugen. Daß Hitlers germanische Siegeszeichen mit einem Legionsadler bekrönt waren, erklärt sich vermutlich nur mit seiner

Leidenschaft für den Volkstribunen. Rienzi erweckte das Volk »aus seinem Schlaf«; unter Hitlers Cäsarenzeichen prangte dessen Schlachtruf »Deutschland erwache«.

Fahnen, hoch über den einzelnen hinausragend und im Wind der Begeisterung flatternd, waren das Sinnbild von Rienzis Machtergreifung, deren feierliche, »von den Zuschauern enthusiastisch begrüßte« Weihe war der sakrale Höhepunkt. Auch Hitler ließ immer neue Banner weihen, bis ein ganzer Wald aus Stoffbahnen über seinen Versammlungen wogte – blutrot, als entstammten sie alle jener heiligen »Blutfahne«, die wie Wagners Gral oder das Turiner Grabtuch nur selten vor der harrenden Gemeinde enthüllt wurde. Die Reliquie von Hitlers gescheiterter Revolution 1923, angeblich in das Blut erschossener Märtyrer getaucht, diente allen anderen Parteifahnen als magischer Kontaktstoff – durch schlichte Berührung, vom Führer selbst vollzogen, sollte sich das mystische Fluidum übertragen. Ein Regieeinfall, wie aus Wagners großer Oper übernommen.

Der Führer selbst hatte das Tuch zum politischen Symbol erwählt und versicherte noch 1944, er werde »immer ... als Träger der Fahne geradestehen«[41] – vielleicht auch in Erinnerung an Rienzi, den ein Trauma, der Mord an seinem Bruder durch die reaktionären Adligen, zum blutrünstigen Racheschwur getrieben hatte. »Ich tauchte diese Hand tief in das Blut, das aus dem Herzen meines Bruders quoll, und schwur einen Eid!« rief er dem Feind entgegen. »Weh dem, der mir ein verwandtes Blut vergossen hat!«[42] Nun wehte die »Blutfahne« den Hitlerschen Heerscharen voran.

Auch der Freinberg, auf dem der Wagnerianer seine Rienzi-Vision empfangen hatte, nahm einen festen Platz in Hitlers Zukunftsplanung ein: Hier sollte ihm Leibarchitekt Giesler, den der Führer mit der Monumentalisierung seiner Heimatstadt betraut hatte, den »Alterssitz«[43] errichten, eine Art gemütliches Staufer-kastell – von Hitler ausdrücklich mit der »Klarheit des kostbaren Castel del Monte Friedrichs II.«[44] verglichen –, von dessen Erkern er dann auf seine Idealstadt samt neuem Opernhaus hinabblicken könnte. Als Hitler 1943 das alte Landestheater besuchte, übermannte den Verlierer von Stalingrad die Erinnerung an ferne Rienzi-Nächte – vielleicht auch die Vorahnung der kommenden »Götterdämmerung«; jedenfalls beschied er seine Entourage mit einer knappen Geste, allein sein zu wollen. »Einige Zeit lang träumte er vor sich hin, sein Blick war abwesend.«[45] Das Leben, ein Theatertraum. Zwei Jahre später konnte er, kurz vor seinem Tod, im Führerbunker das Sperrholzmodell seines für die Zukunft geplanten Linzer Opernhauses bewundern.

Als Träumer mit Hang zur theatralischen Selbststilisierung war schon der echte Rienzi in die Geschichte eingegangen. Nicola di Lorenzo, ein Gastwirtssohn, der sich Cola di Rienzi nannte, brillierte mit klassischer Bildung, weniger dagegen mit politischem Verstand. Brachte ihm sein Sinn für historisierende Prachtentfaltung die Gunst der Römer ein, so verscherzte er sich die Macht durch Größenwahn. Auch seine prophetenhafte Lehre vom kommenden »Dritten Reich«, das die Welt in einen Paradiesgarten verwandle, vorausgesetzt dessen Widersacher seien zuvor eliminiert, zog ihm den Unwillen der Herrschenden, vor allem des Papstes, zu. Durch Gewalt an die Macht gekommen, die er phantastisch-schaustellerisch ausufern ließ, verlor er alles durch Gegengewalt.

Hitler erkannte sich schon früh in dem Emporkömmling wieder. »Dieser Sohn eines kleinen Gastwirts«, sagte er einmal im Bayreuther Führerbau, »hat mit 24 Jahren das römische Volk dazu gebracht, den korrupten Senat zu vertreiben, indem er die großartige Vergangenheit des Imperiums beschwor.«[46] Sein Lob, bei dem er sich in Rienzis Alter um zehn Jahre vertat, wäre vermutlich noch schwärmerischer ausgefallen, wenn er Wagners Vorlage, Edward Bulwer-Lyttons Schinken vom »letzten Tribunen«, gekannt hätte. Denn darin behauptete Rienzi, ihm fließe deutsches Kaiserblut in den Adern – kein Geringerer als Heinrich VII., der vergeblich versucht hatte, in Italien die verblichene Stauferherrlichkeit wieder aufzurichten, sei sein Vater, die Macht in Rom demnach sein rechtmäßiges Erbe.

Waren in ihm, dem »Ghibellinen« Rienzi, die ausgerotteten Hohenstaufer von Barbarossa bis Konradin wiedergeboren worden, jene Schutzheiligen des Heiligen Römischen Reiches also, die nach der Legende ihrer Wiederkehr entgegenharren, so trugen seine Feinde die Farben der »Guelfen«, der päpstlichen Partei, die für die Vernichtung des deutschen Kaisergeschlechts verantwortlich war. In seinem Kampf um Rom, so mochte der historische Rienzi glauben, schrieb die Geschichte ein weiteres Kapitel im jahrhundertelangen Ringen Germaniens und Roms um die Weltherrschaft. In Hitlers Wiener Zeit hing über seinem Bett der Spruch: »Ohne Juda, ohne Rom, wird gebaut Germaniens Dom.«[47]

Die Identifikation mit dem zwischen Heroentum und Hochstapelei, Herrschaftsgier und Heilandsgestus schwankenden Selbstdarsteller fiel auch dem Theatermann Wagner leicht: Rienzi, auf den Monat genau fünfhundert Jahre vor ihm geboren, ein »hochbegeisterter Schwärmer« wie er selbst, sei als »blitzender Lichtstrahl unter einem tiefgesunkenen, entarteten Volke« erschienen, »welches zu erleuchten und emporzuheben er sich berufen hielt. Es ist historisch«, so Wagner in einem Brief an seinen Rienzi-Darsteller Tichatschek, »daß Rienzi zur Zeit, als er sein großes Unternehmen ausführte, ein junger Mann von ungefähr 28 Jahren war.«[48] Wie Hitler nach ihm irrte auch der Meister. Das genannte Alter traf zwar nicht auf den Volkstribunen, sehr wohl aber auf seinen musikalischen Erwecker zu, der bereits sein nächstes Projekt[49] aus dem Umkreis des erloschenen Kaisergeschlechts vorbereitete. Die Beschwörung einer großartigen Vergangenheit war schon immer seine Sache gewesen.

Richard Wagner, 1813 als jüngster Sohn einer kinderreichen Familie ins Leipziger Bohememilieu hineingeboren, wuchs im Dresdner Haus seines Stiefvaters, eines Malers und Schauspielers, auf, der Wagners Schwestern schon im jungen Alter aufs Theater schickte. Richard entwickelte sich mangels elterlicher Zuwendung zum phantasievollen Autodidakten. Den kleinen Verhältnissen mit ihrem chronischen Geldmangel korrespondierte eine bei ihm schon in jungen Jahren ausgeprägte Großmannssucht, die durch eine Familienlegende noch genährt wurde. Mutter Johanna, eine Bäckerstochter, habe, wie sie ihren Kindern anvertraute, unter der Protektion eines »von ihr sogenannten ›hohen väterlichen Freundes‹« gestanden, »als welchen sie uns später einen weimarischen Prinzen nannte«[50], so Wagner ominös in seiner Autobiographie. Was er damit eigentlich gemeint hatte, machte erst Houston Stewart Chamberlain publik, der behauptete, Wagners Stammbaum lasse sich bis ins zwölfte Jahrhundert zurückverfolgen, da seine Mutter eine natürliche Tochter des Sachsen-Prinzen Constantin von Weimar[51], des Bruders von Goethe-Freund Karl August, gewesen sei. Weder Wagner noch sein Schwiegersohn konnten ahnen, was

Mutter Johanna mit ihrer mysteriösen Erzählung andeuten wollte: Sie war nicht die Tochter, sondern die Geliebte[52] des Aristokraten. So blieb die Legende von der fürstlichen Abstammung Wagners in Bayreuth jahrzehntelang lebendig und wurde zum Teil jenes Kultes, dem sich auch Hitler mit ganzer Seele anschließen sollte.

Wagners Lebenswirklichkeit, der wie sein Held Rienzi eingebildetes Herrscherblut in seinen Adern kreisen fühlte, sah anders aus. Kleinwüchsig seit Kindestagen, ohne geregelte Schulbildung oder Studienabschluß, von Haus aus mittellos, doch voll extravaganter Wünsche, setzte er, nachdem er beschlossen hatte, »Musiker zu werden«[53], alles auf den großen Opernerfolg. Nicht in der Provinz, wo er sein karges Brot mit Dirigieren verdiente, sondern in Paris wollte er den Durchbruch erzwingen. Die Stadt der Französischen Revolution, so hoffte er, würde ihm und seiner Revolutions-Oper »Rienzi« zujubeln. Leider fehlte ihm die nötige Protektion, und Wagner, der sich mit Gelegenheitsaufträgen durchschlug, begann wie Rienzi »mit seinem großen Gedanken im Kopfe und im Herzen unter einer Umgebung der Roheit und Gemeinheit«[54] zu leiden – auch er im Sumpf einer Weltstadt versinkend, an »allen mit dem Unbekanntsein verbundenen Schmerzen«[55] leidend, wie sein Kollege Berlioz spottete. Wagners Pariser Hoffnungen scheiterten; mittellos, wie er gekommen war, verließ er das schnöde Frankenreich, dabei, wie ihm Heinrich Heine nachhöhnte, »der Sprache der Vernunft und des Magens gehorchend«[56]. Weinend überschritt er, was noch Hitler erschüttern sollte, die deutsche Grenze. »Mit hellen Tränen im Auge«, so schrieb er, »schwur ich armer Künstler meinem deutschen Vaterlande ewige Treue.«[57]

Seinen Gegnern aber, die ihn angeblich seit Anfang seiner Laufbahn mit Neid verfolgt und in Paris durch Intrigen behindert hatten, jenen Widersachern, die er damals noch nicht beim Namen nennen wollte, schwor er ewige Feindschaft. Auch sie waren, wie er selbst, in »Rienzi« verewigt worden. Als »Nobili«, die unrechtmäßig Macht und Reichtum in Händen halten, waren sie nicht nur das ideale Angriffsziel für jeden Revolutionär, sondern boten sich mit ihren gesammelten Niederträchtigkeiten als Vorlage für den traditionellen Widerpart jedes Messias, den Antichrist, an. Wie der böse Feind die Welt in seinen Besitz gebracht und zugrundegewirtschaftet hat, so treten auch seine irdischen Stellvertreter in der Wagner-

Oper, die Nobili oder Adligen, als Usurpatoren auf. Sie haben die heiligen Herrscher Roms vertrieben, die Stadt unter sich aufgeteilt, sie ausgeplündert und erniedrigt, bis der Stolz des deutsch-römischen Reiches zum Pfuhl des Lasters verkam.

»Als zarte Knaben würgt ihr unsere Brüder«, klagt Rienzi die Ausbeuter an, »und unsre Schwestern möchtet ihr entehren! ... Das alte Rom, die Königin der Welt, macht ihr zur Räuberhöhle, schändet selbst die Kirche.«[58] Die Stadt, von ihren Tyrannen ausgesogen, liegt längst »verödet, arm, versiegt«, die Männer erschlagen, »entehrt die Weiber«. Gerade die Schändung der Frauen durch die Fremden scheint Wagner bei der Charakterisierung des Erzfeindes entscheidend: Die Oper beginnt mit einem Vergewaltigungsversuch an Rienzis Schwester und gipfelt in einer Notzuchtspantomime, in der Wagner das traumatische Urerlebnis aller Fremdherrschaft stumm darstellte: der »Raub der Lucrezia«. Naturgetreu läßt der Komponist hier einen qualvoll sich hinziehenden Ringkampf zwischen der edlen Römerin und dem fremden Eroberer darstellen, voll »ungestümen Verlangens« auf der einen und »bittenden Gebärden«[59] auf der anderen Seite – er endet mit dem Triumph des Schänders und dem Selbstmord seines Opfers.

Mit dem ungewohnt drastischen Intermezzo sollte nicht nur das wahre Gesicht der korrupten Unterdrücker gezeigt werden, gegen die der Volkstribun zu Recht aufbegehrte – Rienzi verrät dem Volk, daß mit seiner Rebellion die »Sühne tausendjähr'ger Schmach«[60] angebrochen sei, also die Abrechnung mit einem Frevel, der einst den Untergang des römischen Reiches bewirkt hatte. Gegen diesen durch die Jahrhunderte gleichgebliebenen Erzfeind stößt Rienzi in seiner »Schlachthymne« den Fluch aus: »Nie sei auf Erden ihm die Schmach verziehn, Tod seiner Seel, es lebt kein Gott für ihn!«

Wen konnte Wagner mit diesen gottlosen Widersachern meinen, die nicht erst im Mittelalter Rienzis, sondern schon lange vorher die Welt aus den Fugen gebracht, das Erbe der Antike sich angeeignet hatten? Der Ausspruch eines der Verfluchten, offenbar sei sein »ganzer Stamm« dem Tribunen »ein Greuel«[61], legt die Antwort nahe, Rienzi, als Wagners Sprachrohr, habe die Juden gemeint. Spricht er doch häufig von diesen »Fremden« als einem

»Stamm«, der in wechselnden Masken die Jahrhunderte hindurch der »reinen Menschheit« Unheil bringe; etwa als wandernder Jude Ahasver oder Wagners »weiblicher Ahasver«, die »Parsifal«-Heroine Kundry, die den Helden zur Sünde verführen soll. Die Juden waren es, die, nach Wagners und dann Chamberlains paranoider Überzeugung, mit Hilfe des Christentums das Reich der Cäsaren zugrunde richteten, das deutsch-römische Kaisergeschlecht der Hohenstaufen ausrotteten, Rienzis Rom ruinierten, um endlich, nachdem sie das deutsche Reich usurpiert hatten, den »Rienzi«-Komponisten Richard Wagner durch Intrigen und Verleumdungen zur Kümmerexistenz musikalischer Bedeutungslosigkeit zu verdammen – ein Wahnwitz, der sich Weltanschauung nannte.

Nähere Angaben über die Natur dieses »Stammes« hat Wagner im Entwurf einer komischen Oper hinterlassen, deren Titel »Männerlist gegen Frauenlist« zwar ihren Ursprung aus Tausendundeiner Nacht verrät, nicht aber den Grund, warum Wagner den burlesken Stoff aus dem sagenhaften Morgenland ins fast zeitgenössische Deutschland übertrug. Der »Stamm«, auf dessen Kosten sich die Komödie zur grausamen Satire entfaltet, wird von Wagner als »Gesellschaft« beschrieben, »die ich mir etwa aus der Elite der adelsstolzesten französischen Emigrés zur Zeit der Revolution bestehend dachte«[62]; als Entstehungsdatum des Werkes gibt er in seiner Autobiographie den Winter 1836/37 an. In Wahrheit entstand das seltsame Libretto im Juni 1838[63], gleichzeitig wie der Prosaentwurf des »Rienzi«, mit dem es zusammenhängt. Und jene angeblichen Emigranten kamen, wie das Textbuch verrät, durchaus nicht vom Hof in Versailles, sondern entstammten dem »Geschlecht«, das nur Wagnerscher Hohn als »adelsstolz« bezeichnen würde. Was Wagner in »Mein Leben« als Franzosen ausgab, waren in Wahrheit Juden.

Schon die Familiennamen dieser »feinen Gesellschaft« wie »Abendtau«[64] oder »Perlmutter« deuten ebenso auf diese Herkunft wie das verzweifelte, bei französischem Hochadel kaum verständliche Bemühen, in die deutsche Aristokratie einzuheiraten – gerade das wurde reichen jüdischen Familien damals vorgeworfen. Auch die Jammergebärden der »Emigranten« wiederholen die gängige Judenkarikatur. »O, ich Unglückseligster meines über alle Begriffe alten Geschlechts«[65], klagt Baron von Abendtau; »o du Stamm aller Stämme«, winselt er in Shylock-Manier, »o, o – trauere, du königliches Geschlecht, die Natur hat deinen Untergang zu verantworten!« Der fatale Begriff vom »Untergang« des »Stammes« würde Jahre später als Schluß- und Schlüsselwort von Wagners Kampfschrift »Das Judentum in der Musik«[66] wieder auftauchen.

Bei der Schilderung von Abendtaus heiratswilliger Tochter bietet der »Rienzi«-Autor neben sämtlichen Stereotypen des Antisemitismus auch jenes Attribut auf, das dem »Stamm der Stämme« traditionell nachgesagt wird: die lange Nase. Wagner, selbst damit behaftet, charakterisiert sie als »etwas rüsselhaft«[67]. Bei näherer Betrachtung entpuppt sich Fräulein Abendtau als »geputzter bucklichter Affe mit einer Pferdenase«, bei der auch »Pflaster usw. gegen die Vorurteile«, wie Wagner augenzwinkernd andeutet, vergebens sind. Die Spottgeburt eines Menschen gleicht nämlich einem »Ungeheuer«, das »alle Häßlichkeiten der verschiedenen Zeitalter und seiner Ahnen auf sich gebürdet hat«[68] wie einen vererbten Fluch. Welches Glück für die kerndeutsche Hauptfigur Julius, in der Wagner seinen jüngeren Bruder verewigte, daß sie dank des überraschend auftauchenden »Richard« vor der Verbindung mit diesem menschgewordenen »Teufel« bewahrt wird.

Wegen Wagners irreführender Angaben in »Mein Leben« blieb unbemerkt, daß er mit »Männerlist gegen Frauenlist« seiner Tragödie »Rienzi« eine Komödie mit ähnlicher Botschaft zur Seite gestellt hatte: Findet sein tragischer Held durch den fluchbeladenen »Stamm« der »Nobili« den Tod, so darf Komödienheld Richard den »Stamm« dieser ekelerregenden, ins deutsche Blut sich einschleichenden »Adligen« im Gegenzug durch Lächerlichkeit töten.

Wagner erhoffte sich für den Erfolg seines »Rienzi« die Unterstützung des jüdischen Komponisten Giacomo Meyerbeer. Vielleicht verzichtete er deshalb auf die Komposition seiner heute vergessenen Komödie, deren wahren Hintergrund er auch vor dem Auftraggeber seiner Autobiographie, dem judenfreundlichen Bayernkönig Ludwig II., nicht preisgeben wollte. So glücklos der Textdichter mit seiner Komödie von der häßlichen Jüdin blieb, die in einer Schublade der Wagner-Kuriosa verschwand, mit dem »Rienzi« konnte der Komponist nach seiner Rückkehr aus Paris den größten Bühnenerfolg seines Lebens feiern. Die Ironie wollte es, daß er dies vor allem Giacomo Meyerbeer zu verdanken hatte, der sich am Dresdner Hof für ihn einsetzte. Der »junge interessante Landsmann«, schrieb Meyerbeer, habe »die Teilnahme in seinem Vaterlande in jeder Beziehung verdient«.[69]

Die Teilnahme war überschwänglich. Wagners Römer-Oper, die eigentlich von Deutschlands Unterdrückung und vergeblich unternommener Befreiung handelte, wurde nämlich in einer Stadt uraufgeführt, deren Opernbühne traditionell von Italienern beherrscht war. Schon Carl Maria von Weber hatte in Dresden gegen die Diktatur des »welschen« Musiktheaters angekämpft, dessen Künstlichkeit er die deutsche Naturwüchsigkeit gegenüberstellte. Jetzt war es Wagner, der in der Nachfolge von Weber die Herrschaftsverhältnisse umkehren wollte. Dort, wo sonst Meyerbeers oder Gaspare Spontinis Kassenschlager zu sehen waren, debütierte nun ein »rein deutscher« Künstler, der, was bei seinen deutschen Zeitgenossen unbedingt zu seinen Gunsten sprach, aus dem Pariser Opernbabel geläutert in die Heimat zurückgekehrt war.

»Rienzi« traf den Nerv der Zeit. Deutsche Intellektuelle, die gegen den von der Restauration verordneten Dornröschenschlaf aufbegehrten, hatten sich seit der Revolution von 1830, bei der Gymnsiast Wagner »mit einem Schlage ... Revolutionär«[70] geworden war, in einer Bewegung zu sammeln begonnen, die sich als »Junges Deutschland« dem nationalen Erwachen und allgemeinen Menschheitsfortschritt verschrieb. Eine ihrer historischen Leitfiguren war der Volksführer Rienzi; eines ihrer jüngsten Mitglieder der genial-verlotterte Student Richard Wagner. Daß er nun, mit Unterstützung Meyerbeers und des konservativen Hoftheaterintendanten Wolf von Lüttichau, seine musikalische Anleitung zum Aufstand gerade an Deutschlands verschlafenstem Königshof zur Aufführung bringen konnte, war dabei die eigentliche Sensation. Nicht weniger erstaunlich war es, daß der ahnungslose Sachsenkönig Friedrich August den jungen Musikanten bald darauf zum königlich sächsischen Hofkapellmeister ernannte. Er konnte nicht wissen, daß in dessen silberbestickter Hofuniform mit der blinkenden Lyra am Kragenspiegel ein Volkstribun steckte, der nur auf die Gelegenheit zum Losschlagen wartete.

Dabei war Wagners »furor teutonicus«[71] bereits bei der Premiere der Revolutionsoper aufgeblitzt. »Die Dresdner«, so konstatierte ein Theatermann verblüfft, »waren nicht mehr Dresdner.«[72] Die Massenerweckung auf der Bühne sprang auf das Publikum über, vom ersten anschwellenden Ton der Ouvertüre an »herrschte tiefes Schweigen«, das bis zum Aktschluß anhielt; dann aber erhob sich »donnernder Beifall, der sich fort und fort steigerte..., um nach dem fünften Akt in umso tosenderen« Jubel überzugehen.

Schlagartig schien der lange ersehnte Aufstand ausgebrochen und hatte das sonst so gesittete Publikum aus den Plüschsitzen im königlichen Schmuckkästchen gerissen. Wagners Traum, den Abgrund zwischen Theater und Wirklichkeit zu überbrücken, war im tobenden Opernhaus zum erstenmal wahr geworden. Nur die Königsfamilie schien nicht zu bemerken, daß die Stadt nicht mehr um einer Oper, sondern um des Vorgeschmacks der Freiheit willen im Taumel lag.

Vom »Rienzi«-Fieber, mit dem, laut Clara Schumann, »ganz Dresden verrückt gemacht«[73] war, wurde der Komponist selbst am heftigsten geschüttelt. Überzeugt, daß die von ihm entzündete Volksbewegung nicht auf die »tumultuarischen« Szenen nach der Vorstellung begrenzt bleiben würde, erklärte er seine Vision kurzerhand zur Realität. »Es war eine Aufregung, eine *Revolution* durch die ganze Stadt«, schrieb er der Schwester, »Triumph! Triumph! ... Der Tag ist angebrochen! Er soll auf Euch Alle leuchten!«[74] Wagners Selbstzitat entstammte der ersten »Rienzi«-Szene, in der sein Volkstribun »in voller Rüstung und entblößten Hauptes« vor dem Volk erscheint, um ihm die Freiheit zu verkünden.

War Wagners mythisches Vorbild auch im bengalischen Feuer des Bühnenfinales untergegangen – in ihm selbst war Rienzi wiedergekehrt und hatte den Haß auf die »Nobili« den im Publikum versammelten Adligen wie den reichen Juden ins Gesicht geschrien; hatte dabei, von den meisten unbemerkt, jenen »Stamm«, der seine vergewaltigende, brandschatzende und alles Schöpferische vernichtende Spur durch die Geschichte zieht, vor aller Welt angeprangert – verschlüsselt natürlich, aber für die Eingeweihten des »Jungen Deutschland« verständlich, zumal das Werk in einem den »ausschließlichen Stempel der Deutschheit«[75] tragenden »Styl« komponiert war.

Gerade Meyerbeer, so hoffte sein Protegé, mußte durch den »Rienzi«-Erfolg tief getroffen sein. Der Mann, der ihm zu diesem

Triumph verholfen hatte, sei nun, so schrieb Wagner, »in die Flucht geschlagen«[76], dessen Oper »Die Hugenotten«, wie ein Freund ergänzte, durch das Volkstribunen-Stück »ganz eklipsiert«[77] und in den Schatten gestellt. Daß man zudem in Wagners Musik gewisse Anleihen und Abhängigkeiten von Meyerbeer entdeckt hatte, verstimmte Wagner bis zur Bitterkeit. »Gäbe es aber wirklich etwas Vorhandenes«, giftete er in einem Brief an Robert Schumann, »was ›Meyerbeerisch‹ zu nennen wäre ..., so gestehe ich, müßte es ein wunderbares Spiel der Natur sein, wenn ich aus *dem* Quelle geschöpft hätte, dessen bloßer Geruch aus weiter Ferne mir zuwider ist.«[78]

Obwohl Wagner mit seiner maskierten Judenhetze und dem Umsturzsignal, das er in die Historie verlegte, die Themen der Zeit getroffen hatte, verpuffte sein »Rienzi« wie ein Strohfeuer. Das Stück wurde fürs Repertoire zurechtgekürzt, seine schmissigen Melodien wurden als Schlager popularisiert, einzelne Leitmotive zu Militärsignalen verarbeitet. Der Weckruf der mahnenden Trompete hatte den Schlaf der Deutschen nicht beendet, sondern nur für einen kurzen Theaterrausch unterbrochen. Wagner selbst, seit seinem Bühnenerfolg Rebell mit Pensionsanspruch, mußte bis zum Ende des Jahrzehnts warten, um den Kampf gegen den »Erbfeind des Deutschtums« aufnehmen und das Signal zur wirklichen Revolution geben zu können.

Schon zuvor war dem Komponisten des »Rienzi« der Einfall gekommen, wie Sachsens Staatsminister Graf von Beust es ausdrückte, »einmal in eigener Person den Volkstribun spielen zu wollen«[79] – ein Gedanke, der rund sechzig Jahre später dem fleißigen Besucher des Linzer Stehparketts, Adolf Hitler, ebenfalls einleuchten sollte. »Wie Richard Wagners ›Rienzi‹«, so meinte Hitlers Adjutant über seinen Chef zu wissen, »glaubte er schließlich dazu berufen zu sein, das Vaterland zu retten.«[80]

III.
Dresdner Weltenbrand

Nur eine radikale Umwälzung, das wußte Richard Wagner, konnte das Vaterland aus den Fängen der Adels- und Geldherrschaft befreien. Den Umsturz, der kommen mußte, stellte sich der junge Komponist als »Daherschreiten eines großen Weltgeschikkes« vor, »welches in fürchterlicher Glorie über die zertrümmerten alten Verhältnisse ... dahinzieht«, bis die Menschen »mit offenen Augen ersichtlich eine neue Weltordnung eintreten sehen«[1]. So deutete er im Revolutionsjahr 1848 seinen Opernentwurf »Die hohe Braut«, den er schon vor »Rienzi«-Zeiten mit dem siegreichen Einmarsch der »französischen Revolutions-Armee« zu den Klängen des »Marseiller Marsches« gekrönt hatte.

Wie sein Volkstribun hätte auch die »hohe Braut« zuerst das revolutionäre Volk von Paris aus dem Häuschen bringen sollen. Doch die französische Opernwelt zeigte dem unbekannten Leipziger dieselbe kalte Schulter, mit der sie auch seinen »letzten Tribun« hatte abblitzen lassen. Nach Dresden immerhin hatte Wagner einen Hauch Rebellion tragen können. »Mit seinem ›Rienzi‹«, so rühmte ein Kritiker später, habe er »eine neue Ära der Musik eröffnet; der Geist, der in der Märzrevolution zur Erscheinung gekommen ist«, habe auch in dieser »Tonschöpfung«[2] pulsiert.

Zum aktiven Revolutionär hatte sich schon der siebzehnjährige Wagner berufen gefühlt. Angespornt vom Erfolg des Pariser Juli-Aufstands 1830, der zur Einsetzung des »Bürgerkönigs« Louis Philippe führte, war man auch in Leipzig »in ungeheuren Massen«[3] auf die Straße gegangen, hatte randaliert, »die Villen reicher Bürger zerstört«[4] und mit zweitägigem Volkszorn den Rücktritt des Polizeipräsidenten ertrotzt. Kaum sah der Schüler Wagner, mit lästigem Violinstudium beschäftigt, den Sieger von Paris, General Lafayette, »wie ein geschichtliches Märchen durch meine Imagination«[5] ziehen, hielt es ihn nicht länger am Notenpult. Den Befehlshaber der legendären Nationalgarde vor seinem inneren Auge, schloß sich der unbeaufsichtigte Schüler den rebellierenden Mitbürgern an.

»Die geschichtliche Welt«, bekannte Wagner später, »begann für mich von diesem Tage an; und natürlich nahm ich volle Partei für die Revolution«; was besagen wollte, daß er sich »vom Gebiete der Kunst ab zu unmittelbarer Beteiligung am Staatsleben« gedrängt fühlte – und wie ein Besessener mitwirkte: Er stürmte Häuser, zertrümmerte Mobiliar und wählte sich einen roten Vorhang zum Siegesbanner. Es sei, so räumte er rückblickend ein, »das rein Dämonische solcher Volkswutanfälle« gewesen, »das mich wie einen Tollen in seinen Strudel mit hineinzog«.[6]

Kaum ausgeschlafen vom Zerstörungsrausch, schlug Wagner sich auf die Gegenseite, stand mit denselben Bürgern, die eben noch in fremder Leute Wohnungen gewütet hatten, »zum Schutz des Eigentums« Wache, was ihm um so leichter fiel, als sein Schwager, der Verleger Friedrich Brockhaus, zum Vizekommandanten der Leipziger Kommunalgarde ernannt wurde. Zwar lief deren Funktion auf das Gegenteil ihres großen französischen Vorbildes hinaus, doch glaubte Wagner sich »schmeicheln« zu dürfen, in »dieser neuen Bürgerwehr die französische Nationalgarde und in meinem Schwager Brockhaus einen sächsischen Lafayette«[7] zu erblicken. Dabei schien ihm nicht weiter aufzufallen, daß es dem klugen Mann nur um die Sicherung seiner Schnellpressen für die moderne Buchproduktion ging. Truppen, die zur Niederschlagung des Aufruhrs herbeigerufen worden waren, staunten darüber, daß sie statt der erwarteten »Rotte Meuterer ... eine bewaffnete Bürgerschaft«[8] antrafen.

Weit spektakulärer und folgenreicher verlief eine Woche darauf der Dresdner Aufstand, bei dem es, wie Wagner in »Mein Leben« hervorhebt, »zu einem wirklichen Straßenkampfe« kam: Rathaus und Polizeigebäude wurden gestürmt, alles was brennbar war, aus den Fenstern geworfen. Unter Hurrarufen und Sturmgeläut flammten zwei riesige Scheiterhaufen in den Nachthimmel, auf denen die Symbole des verhaßten Polizeistaates samt Banknotenbündeln verbrannten.

Schüler Wagner, in Dresden aufgewachsen, fieberte aus der Ferne mit und feierte, einmal mehr die Seiten wechselnd, den Sieg der Revolution, die den Rücktritt des Königs und die Einsetzung jenes Friedrich August als Regenten erzwang, gegen den der Hofkapellmeister neunzehn Jahre später selbst revoltieren sollte. 1830 widmete er ihm eine »Friedrich und Freiheit« betitelte »politische Ouvertüre«, deren gleichnamiges Hauptthema sich aus einem »düstren Druck« emporarbeitet, um dann, zum jubelnden Finale hin, »immer größer und herrlicher bis zum vollsten Triumphe«[9] zu erstrahlen – womit sich der angehende Tonsetzer erstmals an der tönenden Darstellung seines Revolutionsideals versucht hatte.

Auch das Feuer in seiner zugleich vernichtenden und läuternden Gewalt gehörte fortan zu Wagners revolutionärem Arsenal. Schon beim Wartburgfest 1817 – er war damals gerade vier Jahre alt gewesen – hatte ein Scheiterhaufen das Signal zum Erwachen Deutschlands gegeben, waren im Umland »Freudenfeuer«[10] entzündet worden, was Wagner in den vierziger Jahren dazu inspiriert haben dürfte, sich als Musikkritiker den Decknamen »Freudenfeuer«[11] zuzulegen.

Den passenden Festgesang zur Revolte hatte Friedrich Schiller geliefert, der Schutzpatron der deutschen Freiheitsbewegung. Seine »Ode an die Freude« wurde, in Beethovens Vertonung, zur Hymne der nationalen Erhebung, für Wagner dann auch zum Eröffnungschoral seiner Bayreuther Festspiele. Mit dem »Götterfunken« der Freude, den Schiller beschworen hatte, sollte die heilige Flamme der Begeisterung entzündet werden; »feuertrunken« würde man ins Elysium der Freiheit eintreten und gemeinsam mit dem großen Ahnen schwören: »Unser Schuldbuch sei vernichtet! Ausgesöhnt die ganze Welt!«[12]

In Wagners Geburtsstadt, wo die Erweckungshymne einst gedichtet worden war, hatte man um 1840 einen »Schiller-Verein«[13] gegründet, der sich weniger der Verbreitung klassischer Poesie als der »Vernichtung des Schuldbuches« widmete, die man von einer zukünftigen Revolution erwartete. Angeregt hatte diesen Geheimclub mit dem harmlosen Decknamen ein ebenfalls harmlos scheinender Leipziger Bürger, der als Diener des Stadttheaters beschäftigt war und dessen Bibliothek organisierte. Auch im Schiller-Verein bekleidete dieser Robert Blum das Amt eines Bibliothekars, kümmerte sich aber in Wahrheit um die Vorbereitung der Revolution.

Einen Vorgeschmack auf diese Massenerhebung sollten die »Schiller-Feiern« geben, bei denen Tausenden, wie Blum sich erhoffte, die »historisch-prophetische Bedeutung« ihres Dichters aufgehen würde. »Und wär's auch einer Feuerflocke Wahrheit nur, in diese trübe Masse hingeworfen«, so paraphrasierte der Theaterdiener das Schillergedicht, »wie fruchtbar wirkt sie in den Schoß der Zeit!« Bei der ersten Kundgebung bildete denn auch, wie die »Leipziger Allgemeine Zeitung« berichtete, »die ›Festrede‹, gehalten von Robert Blum«, den »Hauptbestandteil«, in der er forderte, »daß die Feier Schiller's ein Nationalfest der Deutschen sein müßte«. Das zum Abschluß »gesungene ›Lied an die Freude‹, in welches das ganze versammelte Publikum einstimmte«, hinterließ in ganz Leipzig »einen gewaltigen Eindruck«.[14]

Der populäre Schiller-Verein, dieser »Tummelplatz der radikalen Richtung«, wie der Jungdeutsche Heinrich Laube ihn charakterisierte, war nicht die erste Leipziger Tarnadresse für den Umsturz. Schon 1828 hatte man, nach dem Vorbild des später durch Fontane bekannt gewordenen Berliner »Tunnels über der Spree«, ein Leipziger Pendant gegründet, in dem sich oppositionelle Künstler und Wissenschaftler trafen, um in einer satzungsgemäß festgelegten »Geheimsprache« ihre konspirativen Ideen auszutauschen. Nur »Eingeweihte« konnten verstehen, was im »Tunnel über der Pleiße«[15] gesprochen und geschrieben wurde, da sich jede politische Äußerung – von Spitzeln begierig kolportiert – hinter harmloser Wortspielerei verbarg. Auch hier leistete Robert Blum gründliche revolutionäre Vorarbeit, was ihm 1845 durch Verleihung der Ehrenmitgliedschaft »wegen mannigfacher Verdienste um den Tunnel« gedankt wurde.

Richard Wagner, dessen ganzes politisches Wirken im Zeichen des Geheimbündlerischen, einschließlich der konspirativen Sprachverschlüsselung, stehen würde, dürfte als junger Sympathisant bereits von der »Tunnel«-Luft geschnuppert haben: Sein Musiklehrer Weinlig war Mitglied des Geheimclubs, seine Lieblingsschwester Rosalie, eine Förderin von Richards künstlerischen Ambitionen, trat als Sängerin auf. Da Wagners Geschwister häufig auf Leipziger Bühnen zu sehen waren, könnte der musikbegeisterte Jungrevolutionär auch mit Blum bekannt geworden sein, worüber allerdings Wagners Lebensbericht keine Auskunft gibt.

Der Theaterbibliothekar Blum wäre nicht nur wegen seiner Musikbücher für Wagner interessant gewesen: Er galt als Kopf der sächsischen Freiheitsbewegung, die er dann 1845, zu Wagners Hofkapellmeisterzeit in Dresden, gegen den König auf die Barrikaden rief. Dank seines anfeuernden Redetalents wurde er in die Frankfurter Nationalversammlung entsandt, in der er zum Führer der Linken aufstieg. Seine politische Karriere als Verbreiter des »Götterfunkens« endete in Wien, wo er, im Oktober 1848 mit Aufständischen verhaftet, trotz seiner Paulskirchenmitgliedschaft standrechtlich erschossen wurde.

Aus Empörung über diesen Mord kam es überall in Deutschland zu Demonstrationen und Trauerkundgebungen. Wagner, der »von dem Siege der Revolution eine vollständige Wiedergeburt der Kunst, der Gesellschaft, der Religion«[16] erwartete, war schon im Juni 1848 nach Wien gereist, wo die in Deutschland gescheiterte Revolte einen hoffnungsvolleren Verlauf zu nehmen schien. Nun, nach ihrer Niederschlagung und dem Mord am Freiheitshelden, reagierte er auf poetisch-verschlüsselte Weise: Drei Tage nach Blums Tod verfaßte er die »Urschrift« einer Dichtung, deren erste Entwürfe schon während des Zusammenbruchs der Märzaufstände konzipiert worden waren und deren Endfassung dereinst unter dem Titel »Götterdämmerung« den »Ring des Nibelungen« abschließen sollte. Das am 12. November 1848 begonnene Gedicht, das sich in den kommenden Jahrzehnten zu Wagners deutschem Nationalmythos entfalten sollte, hieß »Siegfrieds Tod«.

Auch in seinem Amt als königlich sächsischer Kapellmeister konnte Wagner den Zielen von Blums Schiller-Verein nachgehen, vorausgesetzt, er bediente sich der seit »Tunnel«-Tagen üblichen Tarnung. Gegen den Widerstand seines Orchesters, das »Schaden« befürchtete, setzte er 1846 Beethovens Neunte Symphonie mit Schillers Schlußchor »An die Freude« ins Programm des populären Palmsonntagskonzertes. Die Noten dazu, die im streng monarchistischen Dresden nie benötigt wurden, lieh er sich »von der Leipziger Konzert-Gesellschaft aus«.[17] Wagner hoffte, daß Blums umstürzlerisches »Feuerflocken«-Ideal auch die »trübe Masse« seines Festkonzertpublikums entzünden würde. Er selbst hatte in

Schillers Ode längst die dichterische Vorwegnahme seiner eigenen Umsturzsehnsüchte entdeckt. »Die Erkenntnis der vollständigen Bodenlosigkeit meiner künstlerischen und bürgerlichen Existenz«, schrieb er rückblickend über seine Hofbeamtenzeit, »schlug nun dieser Symphonie gegenüber in helle Begeisterung aus«, die sich in »tobendem Schluchzen und Weinen«[18] Luft machte.

Um die Bürger in rechte Schiller-Begeisterung zu bringen, schickte er der Aufführung im »Dresdner Anzeiger« ein selbst entworfenes Programm voraus, aus dem auch Begriffsstutzige den tieferen Sinn der Veranstaltung herauslesen konnten: Der erste Satz des Beethoven-Werkes, so seine politische Deutung, schildere den »Kampf der nach Freude ringenden Seele gegen den Druck jener feindlichen Gewalt, die sich zwischen uns und das Glück der Erde stellt«. Die Auseinandersetzung werde, nach Wagner, erst im vierten Satz entschieden, in dem, angefeuert durch Schillers »Götterfunken«, der militärische Sieg über den »freuderaubenden Dämon« errungen wird: »Mutige, kriegerische Klänge nähern sich«, suggeriert der Interpret seinen Lesern; »wir glauben, eine Schar von Jünglingen daherziehend zu gewahren«, die »mutig sich in eine Schlacht stürzen«, an deren Ende als »Siegesfrucht« die ekstatische »Umarmung des ganzen Menschengeschlechtes«[19] winkt. Es war kein Zufall, daß im Jahr von Hitlers Machtergreifung die Bayreuther Festspiele, wie schon zu ihrer Gründung 1872, mit Beethovens Revolutionshymne eröffnet wurden.

Die Aufführungen von 1846 im Alten Opernhaus am Zwinger brachten ihrem Organisator einen »über alles Erwarten großartigen, noch nie dagewesenen Erfolg«[20], der einen der Zuhörer, den sechzehnjährigen Wagnerverehrer Hans von Bülow, zugleich zu Beethoven und dem Glauben an die Revolution bekehrte. Wagner bekräftigte ihm damals die gemeinsame Überzeugung mit dem vieldeutigen Albumspruch: »Glimmt für die Kunst in Ihnen eine echte, reine Glut, so wird die schöne Flamme Ihnen sicher einst entbrennen ...«[21] Im Zeichen von Schillers »Götterfunken« waren Kunst und Gesellschaftsveränderung eins geworden – drei Jahre später war auch die Wirklichkeit so weit: Wagners Palmsonntags-Neunte 1849, als Gedächtniskonzert für den ermordeten Blum begeistert applaudiert, bildete das musikalische Vorspiel zum Dresdner Maiaufstand.

Als einen Monat später der Aufführungsort, das Alte Opernhaus, in einem, von Wagner fasziniert beobachteten, »ungeheuren Flammenmeer« unterging, rief ihm einer der Aufständischen die Worte zu: »Herr Kapellmeister, der Freude schöner Götterfunken hat gezündet, das morsche Gebäude ist in Grund und Boden verbrannt.«[22] Offenbar, so erläuterte der Angesprochene später, »war dies ein begeisterter Zuhörer der letzten Aufführung der Neunten Symphonie gewesen«.

Während Wagner sich in seiner Autobiographie für König Ludwig II. jedes Gefühlskommentars enthielt, notierte er sich in den vertraulichen »Annalen«, welch »sonderbares Behagen«[23] ihn beim Untergang seiner Arbeitsstätte erfüllt habe. Zum sinnlichen Wohlgefühl dürfte noch die Hoffnung gekommen sein, daß der Götterfunke im Fluge der Begeisterung vom Opernhaus auf die ganze Stadt und ihr korruptes, der Vernichtung geweihtes Staatssystem überspringen könnte.

Nicht nur der Volkstribun in ihm, der die Welt vom Tyrannenjoch befreien wollte, hätte dann Grund zum Frohlocken gehabt, sondern auch die auf Kredite angewiesene Privatperson. »Selbst wenn es nicht zur Mai-Katastrophe gekommen wäre«, resümierte Wagner-Biograph Ernest Newman, »können wir uns heute schwer vorstellen, wie Wagner noch länger in Dresden hätte leben können, und zwar allein schon wegen seiner Schulden.«[24] Durch seine zum Stadtgespräch gewordene Samt- und Seidenwirtschaft, französische Tafelfreuden im Kreis der Genossen eingeschlossen, hatte der extravagante Höfling ein Schuldenkonto von einem Dutzend kapellmeisterlichen Jahresgehältern angesammelt, dessen Zinslast allein schon »ein Weiterleben unmöglich machte«.

Seine Position als privilegierter Beamter war unterminiert, sein Rauswurf eine Frage der Zeit. Hatte Wagner seit dem rauschenden »Rienzi«-Erfolg, an den seine Nachfolgeopern allerdings nicht anknüpfen konnten, die Gunst des Königs und den Ruf eines »Pfleglings des Hofes«[25] genossen, verspielte er sich dies durch aristokratische Anmaßung, die man einem Subalternen nicht durchgehen lassen wollte.

Dabei hatte er sich als einfallsreicher Schmeichler erwiesen, der »Festgesänge« bei der Einweihung eines Königsdenkmals oder einen »Gruß seiner Treuen an Friedrich August den Geliebten«

untertänig darbrachte. Sicher beflügelte ihn bei derlei Fleißarbeiten die Hoffnung, seinen bald schon verhaßten Gönner von Lüttichau bei Hofe auszustechen. Zwar hatte dieser dem »Vagabunden« eine »lebenslängliche Anstellung mit einem schönen Gehalte« samt »Aussicht auf steigende Vergrößerung desselben«[26] verschafft, war aber Vorgesetzter geblieben und somit natürlicher Feind des antiautoritären Kapellmeisters, für den nur eine einzige Autorität zählte: jene, die ihm durch Geburt und Genie verliehen worden war.

Wagner setzte seinen »eisernen Willen« ein, der sich, nach Beobachtung der Prinzessin Wittgenstein, die »Führer der revolutionären Bewegung« ebenso unterwarf wie »Könige und Herrscher«[27], und kämpfte mit wechselnden Waffen gegen den verhaßten Schranzen: Er erbettelte von ihm Kredite, erschwindelte sich Urlaub, ersann diverse Theaterreformen, die allesamt auf die Entmachtung Lüttichaus hinausliefen und Wagners Erhebung zum Hofkapellmeister als den neuen Herrn aller Künste. Als Wagner dann im Vorgefühl der ausbrechenden Rebellion seinen Musikern durch Aussicht auf radikale Verbesserung ihrer sozialen Lage die Absetzung des Intendanten schmackhaft machen wollte, kündigte der, längst von »erbittertem Haß«[28] gegen den Intriganten erfüllt, dessen Entlassung an.

Als Hauptursache seines Sturzes aber erwies sich Wagners antimonarchistisches Engagement. Allzu lebhaft waren die Auswirkungen der Französischen Revolution der Königsfamilie in Erinnerung geblieben. Doch gerade in diesem heiklen Punkt wollte der Rebell seinen sensibilisierten Arbeitgebern entgegenkommen. Gewiß hatte er, wie Eduard Devrient spottete, »große sozialistische Rosinen im Kopf«, denen ein »einiges Deutschland« längst nicht genügte. »Jetzt geht's auf's einige Europa, auf die einheitliche Menschheit los«[29], soll der enthusiastische Kapellmeister versprochen haben. Nur bestand Wagner darauf, daß die große Volksbefreiung in Händen eines gottgesandten Führers liegen sollte. Was nützte der Menschheit ihre Selbstbestimmung, solange ihr der überirdische Glanz eines Stauferkaisers, eines Volkstribunen oder eines Gralsboten fehlte? Seine Oper »Lohengrin«, die sich auch als politisches Manifest verstehen ließ, wonach das bedrohte Vaterland nur durch einen Gottgesandten zu retten sei, hatte Wagner im April 1848 in

Dresden vollendet. Doch gerade dieses effektvolle Werk, in dem ein Heiland in »glänzender Silberrüstung«[30] dem deutschen Reich zu gerechter Herrschaft verhilft, war von Lüttichau, zusammen mit dem ebenfalls silberglänzenden »Rienzi«, noch vor der Uraufführung abgesetzt worden. Lohengrins wundersames Erscheinen fand in Dresden nicht statt. Dabei hätte sich der sächsische König – wie später der Märchenkönig und der »Führer« – in der hehren Lichtgestalt wiedererkennen können.

In einem Vortrag, den Wagner im Juni 1848 im Dresdner »Vaterlandsverein« hielt, legte er seinem Monarchen diese Deutung ans Herz. Sein Gedankengang, tags darauf in der Zeitung veröffentlicht, war paradox genug: Da rief der vereidigte Hofbeamte öffentlich zum Sturz der Adelsherrschaft auf, an deren Stelle die Souveränität des Volkes treten solle – allerdings repräsentiert durch den mit allen monarchischen Vollmachten ausgestatteten König Friedrich August II., den er keck zum »Mann der Vorsehung«[31] ausrief. Dreitausend Zuhörer bejubelten Wagners Auftritt mit »wildem Enthusiasmus«[32], seine These wurde in den folgenden Tagen in der ganzen Stadt diskutiert. Denn das Thema seines Vortrags »Wie verhalten sich republikanische Bestrebungen dem Königtume gegenüber?« beschäftigte damals jeden anständigen Bürger, der das eine wollte, ohne vom anderen zu lassen. Wagners Patentlösung für die gesellschaftliche Glückseligkeit sah nach der Beseitigung der Aristokratie auch die Abschaffung der Geldwirtschaft vor, wodurch »dieser dämonische Begriff des Geldes« von der Menschheit weichen sollte »wie ein böser nächtlicher Alp«. Es wäre dies »der große Befreiungskampf der tief entwürdigten, leidenden Menschheit«, der mit »Wucher, Papiergaunereien, Zinsen und Bankierspekulationen« aufräumte und damit – die Stoßrichtung gegen die Juden war unüberhörbar – »die volle Emanzipation des Menschengeschlechtes« und »die Erfüllung der reinen Christuslehre«[33] brächte.

Erst nach dieser unverzichtbaren Flurbereinigung, die den Sachsen ihre »vollkommene Wiedergeburt«, ihm selbst die Befreiung von Lüttichau und Schuldenberg versprach, schien der Horizont für seine großdeutsche Zukunftsvision geöffnet. Ein »neues Geschlecht«, so rief er aus, werde heranwachsen, »in Schiffen über das Meer fahren, da und dort ein junges Deutschland gründen« und dabei die »edelsten, gottähnlichsten Kinder zeugen und erziehen«. Wagners prophetische Devise: »Wir wollen es deutsch und herrlich machen: vom Aufgang bis zum Niedergang soll die Sonne ein schönes, freies Deutschland sehen.« Sein Endziel aber war die »Beglückung des ganzen großen Menschengeschlechts«[34] unter der Führung eines gottgesandten deutschen Volkskönigs.

Wagners patriotische Proklamation von 1848 wäre unvollständig ohne jene Erläuterungen, die er seinem »großmächtigsten König« als Verständnishilfe nachreichte, ohne daß seine Vaterlandsfreunde dies auch nur ahnten. Eigentlich, so ließ er die Majestät wissen, gälten ihm, »wie jedem, dem es um das Edle zu tun ist, rohe Gewaltschritte der instinktmäßig fortdrängenden, stets aber irre geleiteten Masse als das höchste Unglück«; denn nicht das aufbegehrende Volk in seinem Unverstand, sondern einzig die »erhabenste, höchste Heiligkeit des Königtumes« garantiere auch »die freieste Staatsform«. Nur das »erbliche Königtum«, so versicherte der Brandredner in seiner Unterwerfungsbotschaft vom 21. Juni 1848, gewähre »seiner Natur nach jene Freiheit am Vollkommensten, weil der König in sich die Freiheit aller vereinigt«. Und um das Maß der Selbstverleugnung vollzumachen, unterzeichnete der Kapellmeister »in tiefster Demut« als »treugehorsamster Untertan«[35]. Der König, wohl wissend, daß Wagner eine Woche zuvor alle Untertanen abgeschafft hatte, glaubte ihm kein Wort.

Der Volkstribun, als Höfling kaltgestellt, rächte sich. In einer feurigen Rienzi-Rede, anonym in der Umsturzpostille »Volksblätter« veröffentlicht, verhöhnte Wagner zu Ostern 1849 seinen König als Hasenfuß, der »mit ängstlich klopfendem Herzen« und »stockendem Atem« angesichts der unaufhaltsamen Revolution »dennoch eine ruhige, kalte Miene zu erheucheln« sucht. Im selben Atemzug denunzierte der Pasquillant den verhaßten Lüttichau als Hofschranzen, der »mit emsiger Tätigkeit all seine kleinen Gaunerkünste, die ihm so manches Titelchen, so manches Ordenskreuzlein eingebracht« hätten, einsetze, um »den zähneklappernden Junkerchen Beruhigung einzuflößen« – vergeblich, wie sich versteht, da die Zeit der »jetzigen Staatsmaschine« längst abgelaufen ist; ein kleiner Stoß, »und in Nacht und Finsternis wird das Ganze spurlos versinken«.[36]

Wagners Vorfreude auf die Befreiung wurde, je näher der Aufstand rückte, von einer wahren Vernichtungslust überlagert, die er, in seinem »Volksblätter«-Manifest, dem Leben selbst als Haupteigenschaft zuschreibt. »Ich vernichte, was besteht«, so läßt er das »Leben« mit revolutionärem Elan verkünden, »und wohin ich wandle, da entquillt neues Leben dem toten Gestein«, fällt absterbendes Leben unter den unerbittlichen Sensenhieben des Fortschritts: »Die Saat aber ist gereift«, spricht Wagner, der Prophet, »und der Schnitter bin ich.«[37]

Auch in Wagners Lied von der »Not« aus dem Jahr 1849 wird das Ende der alten Herrschaft gewaltsam herbeigeführt. »Die Fakkel, ha! sie brenne helle«, wird da den zukünftigen Barrikadenkämpfern empfohlen, »sie brenne tief und breit, zu Asche brenn' sie Statt und Stelle, dem Mammonsdienst geweiht!« Um seine Adressaten nicht im unklaren darüber zu lassen, daß eine spezielle Fackel für jüdische Dachstühle reserviert ist, fügt der Dichter hinzu, »nicht sollen sie fortan mehr schänden mit kultiviertem Spott den hochlebend'gen Gott«. Nach der Legende war es der Jude Ahasver, der den Heiland höhnisch von sich stieß, und in Wagners »Parsifal« muß die Sünderin Kundry bekennen, daß sie Jesus einst »verlacht« hat. Ihrem Stamm also hat Wagner die Brandfackel vorbestimmt, und da sie schon einmal am Lodern ist, empfiehlt er im »Not«-Lied, »immer weiter« zu zündeln, bis auch alle irgendwie belastenden »Papiere« und Schuldbriefe der verdienten Vernichtung anheimfallen. »Verzehr' sie deine Glut!«[38] frohlockt der Brandstifter im Vorgefühl der anbrechenden Generalabrechnung.

Die Lust am Feuerlegen spürte Wagner lebenslang: Ob er Bismarck im Krieg gegen Frankreich riet, Paris[39] in Schutt und Asche zu legen, oder dem russischen Zaren, Sankt Petersburg[40] an allen vier Ecken anzuzünden – Feuerzauber mußte sein. Die Morgenröte der neuen Zeit, dies seine Überzeugung, würde nur als Widerschein des großen Zivilisationsbrandes aufgehen. Das Allheilmittel, »um die uns umgebenden Bedingungen unserer Krankheit zu heilen, d. h. zu vernichten«, bot für den Musiker allein die »Feuerkur«[41].

Die Pechkränze und Handgranaten, die dazu nötig waren, ließ er im Frühjahr 1849 herstellen. Wenn Joachim C. Fest in seiner Hitler-Biographie von Wagners Werk als »womöglich explosivstem Gemisch« im »Laboratorium des Neunzehnten Jahrhunderts«[42] spricht, so trifft dies auf die Monate vor dem Dresdner Aufstand im

Wortsinn zu. Der verschuldete Kapellmeister setzte alles daran, die Lunte ans gesellschaftliche Pulverfaß zu legen.

In der Wohnung des Hofbeamten fanden konspirative Treffs statt, bei denen die Strategie der »Volksbewaffnung« diskutiert wurde und Michail Bakunin über die Praxis des Aufruhrs referierte. Wagners eigenen Andeutungen zufolge könnte sogar der Tag des Losschlagens bei ihm zu Hause festgelegt worden sein. Erfüllt von dem Bewußtsein, der »Prophet des Herrn«[43] zu sein und damit aller kleinlichen Rücksichten enthoben, plante der »Rienzi«-Dichter den Putsch. Zum flammenden Fanal aber bestimmte er, in bester Operntradition, das Niederbrennen des Königsschlosses.

Die von Wagner selbst verbreitete Legende besagte, daß er allenfalls als harmloser Mitläufer und Beobachter an dem Volksaufstand in Dresden teilgenommen hatte. In Wahrheit trat er, wie sein Biograph Ernest Newman erkannte, als »einer der Anführer der Revolte«[44] auf; zwei andere Schlüsselfiguren, die nach dem Scheitern des Unternehmens abgeurteilt werden sollten, gehörten zu Wagners engstem Freundeskreis: August Röckel, den der Kapellmeister persönlich an den Dresdner Hof als Dirigent geholt hatte, und Michail Bakunin, der sich in der Nähe der beiden unter dem Decknamen des Schießpulvererfinders Schwarz einquartiert hatte. Zusammen mit mehreren Dutzend weiteren Verschwörern versammelten sie sich regelmäßig beim fanatisch predigenden Theatermann Wagner, um in einem abgedunkelten Gartenhäuschen den Sturz des Königs und der Verhältnisse in die Wege zu leiten.

Nach dem Mißlingen des Putsches wollte der Mitinitiator davon nichts mehr wissen. Bei seinen Mitkämpfern, die später die Rache der Sieger zu spüren bekamen – Röckel etwa büßte mit dreizehnjähriger Zuchthaushaft –, bedankte sich der Emigrant mit einer eleganten Verantwortungsabtretung: Während er selbst sich in die bescheidene Chronistenrolle zurücknahm, schob er die beiden Mitkämpfer Röckel und Bakunin ins helle Licht ihrer historischen Schuld. Sie seien die wahren Feuerköpfe gewesen, er selbst dagegen nur ein kleines Licht. Gegenüber ihren realpolitischen Umtrieben sei er immer der naive Künstler geblieben, der noch mitten im Aufruhr Muße für neue Opernprojekte gefunden habe. Womit er die Rolle, die er nachweislich gespielt hatte, bescheiden auf die beiden anderen Personen des Dramas verteilte.

Die literarische Selbstentlastung machte Schule. »Da sich in Wagners Dresdner Bibliothek«, so sein Biograph Martin Gregor-Dellin in kuriosem Trugschluß, »nicht eine einzige politische Schrift fand, aus der er seine Meinungen gewonnen haben könnte, so hatte er alles von ihm«, August Röckel nämlich. Zwar sei Wagners »Interesse« an der Revolution aus ihm selbst gekommen, »aber die Erleuchtung durch Röckel«.[45] Auch seien die Gespräche in Wagners Garten »über eine allgemeine Volksbewaffnung«[46] nicht von ihm, sondern von seinem Schützling geführt worden, der bekanntlich eine einschlägige Broschüre zum Thema veröffentlicht hatte. Daß Röckel von seinem Meister als »treuer Bannerträger benutzt«[47] wurde, wußten offenbar nur seine Zeitgenossen. Ebenso unberücksichtigt blieb Röckels spätere Aussage, daß die Beschaffung von Waffen seinem Mentor besonders am Herzen gelegen habe. Und wenn der Jüngere eine subversive Wochenschrift herausgab, in der Wagner seine Revolutionsappelle anonym veröffentlichen konnte, so nur, meint Gregor-Dellin, »um seine Familie wenigstens notdürftig zu ernähren«[48] – sein von Wagner angefeuertes Agitieren hatte ihn nämlich die Anstellung gekostet.

Was die paar hundert Handgranaten betrifft, die für den Aufstand vorbereitet wurden, ist man sich immerhin einig, daß Wagner und Adlatus Röckel gemeinsam als Auftraggeber zeichneten. Röckels spätere Aussage[49], Wagner habe das Sprengkörperdepot im Alleingang angelegt, fiel dabei nicht weiter ins Gewicht; wie es auch Röckels persönlichem Pech zugeschrieben wurde, daß er bei seiner Verhaftung ein konspiratives Schreiben des Kapellmeisters in der Tasche trug, das eine höchst kompromittierende Marschorder[50] an Röckel enthielt.

Auch Michail Bakunin alias Dr. Schwarz, der als zuvor glückloser Putschist nun in Dresden den großen Coup zu landen hoffte, wurde von Wagner als Projektionsfläche seines revolutionären Selbstporträts benutzt. Die seit »Rienzi« immer wieder in Wagners Opern aufflackernde Freude am bühnenfüllenden Feuerwerk erscheint in Wagners Autobiographie als Spezialität des Russen: dessen Vision, so Wagner, sei von »der kindisch-dämonischen Freude des russischen Volkes am Feuer« inspiriert gewesen und zielte auf den »großen Weltenbrand«.[51] Der sollte, ginge es nach Bakunin, »die ganze europäische Welt« bis zur vollständigen »Zerstörung aller Zivilisation« ergreifen. Und dieser Weltenbrand, meinte der Autobiograph, sei nahe daran gewesen, »von den Straßen Dresdens aus sich wirklich entzünden zu wollen«; Bakunin habe dabei »das Amt eines Oberfeuerwerkers übernehmen sollen«.

Ganz wohl war dem Memoirenschreiber Wagner bei seiner süffisanten Nacherzählung der damaligen Ereignisse, die Hunderte das Leben und vermutlich Tausende die Freiheit kosteten, durchaus nicht. Noch 1863, als ihm vom sächsischen König bereits straffreie Rückkehr gewährt war, beauftragte er einen Rechtsanwalt[52], in den Dresdner Akten nach belastenden Schriftstücken zu suchen. Sein Hauptinteresse galt einem angeblichen Schreiben, in dem Wagner sich, so der sächsische Minister Ferdinand von Beust, »der zum Glück ohne ernste Folgen gebliebenen Brandlegung im Prinzenpalais rühme«[53] – eine Tat, die dem vereidigten Hofbeamten Wagner durchaus, wie von Beust behauptete, ein »in contumaciam«, also in Abwesenheit ausgesprochenes Todesurteil hätte einbringen können. Auch wenn das belastende Schriftstück unauffindbar blieb, wurde doch der Vorwurf durch einen glaubwürdigen Zeugen bestätigt, der den Kapellmeister dabei beobachtet hatte, wie er Putschisten dafür gewinnen wollte, Prinzenpalais und Schloß mit leicht entzündbaren Flüssigkeiten zu besprengen und in Brand zu setzen.[54]

Für den entgangenen Feuerzauber – die Gardisten stellten sich quer – wurde Wagner tags darauf, am 7. Mai 1849, durch den Brand des Alten Opernhauses entschädigt, bei dem ihn jenes »sonderbare Behagen« erfüllte. Der Verdacht, Wagner habe für seine Brennstoffe und die eigens von Röckel angefertigen »Pechkränze«, die für das Schloß bestimmt waren, ein Ersatzobjekt gesucht, wurde oft geäußert, aber nie bewiesen. Natürlich hätte er allen Grund gehabt, ein Theater zu zerstören, das die von ihm gehaßte italienische Operntradition ebenso symbolisierte wie das Ancien Régime, dessen Tage in Dresden noch lange nicht abgelaufen waren. Zudem dürfte kaum ein anderer Aufständischer, Röckel ausgenommen, über bessere Kenntnis der Räumlichkeiten verfügt haben. »Von je«, so Wagner in »Mein Leben«, »war die Feuergefährlichkeit dieses mit Holz und Leinwand angefüllten, seinerzeit nur provisorisch errichteten Gebäudes der schreckende Gegenstand der Befürchtung von Feuersgefahr gewesen«[55] – eine überraschend ausführliche, den Brand hinlänglich erklärende Beschreibung, die eher eine Bruchbude erwarten ließ als das durchaus nicht als Provisorium geplante Opernhaus des berühmten Architekten Matthäus Daniel Pöppelmann, dessen »prachtvolles Inneres«, wie die Literatur noch heute preist, »alle Ansprüche des absolutistischen Hoflebens«[56] erfüllte.

Zwischen dem sinnlosen Niederbrennen dieses Schmuckkästchens und dem vom Kirchturm herab in das Gewoge der »wunderbar bläulichen Flammenwellen« starrenden Wagner schien dennoch kein Kausalnexus zu bestehen – es sei denn, der wortgewaltige Kapellmeister hätte seinen Wunsch nach Feuer im Opernhaus jenem »Rechtskandidaten« Leo von Zychlinsky mitgeteilt, der an Wagners konspirativen Versammlungen teilgenommen hatte, danach zum Adjutanten eines Kommunalgarde-Bataillons aufgestiegen war und, wie ein Wagner-Biograph meldet, »angeblich mit der Übermittlung des Befehls zur Brandlegung im Opernhaus«[57] beauftragt gewesen sei.

Die militärisch absurde, kulturgeschichtlich barbarische Tat blieb ein Einzelfall; das Feuer, das leicht auf die Zwingergebäude hätte übergreifen können, wurde gelöscht. Milizoffizier Zychlinsky, dessen Name mit der Wahnsinnstat verknüpft wurde, taucht am 5. Mai 1849 in Wagners Tagebuch auf und dann elf Jahre später in einem Geheimbericht des sächsischen Gesandten von Seebach in Paris, der den dort weilenden, nun berühmten Opernkomponisten in Zusammenhang mit dem unbekannten Zychlinsky bringt. Wagner, so der Diplomat, habe ihm »mit Tränen hoch und teuer zugeschworen«, nicht mehr »mit der Partei von 48 in Verbindung zu stehen. Nach langem Suchen hat er sich nur erinnert, den Maler von Zychlinsky ... bei sich zu Tisch vor sechs Monaten gehabt zu haben«.[58]

Auch August Röckel, der Mann mit den »Pechkränzen«, konnte als heimlicher Brandleger in Frage kommen: Wagner wies den alten Kampfgenossen, der nach verbüßter Haft wieder zu ihm stieß, in einem vertraulichen Schreiben auf seine nun achtzehn Jahre zurückliegenden »Königl. Sächs. Oberhofmordbrennereien«[59] hin. Offenbar hatte der Mann, der selbst nach dem »heil'gen Feuerbrand« gerufen hatte, weit weniger vergessen, als seine Memoiren vermuten ließen.

Wagner liebte es zu handeln, ohne dabei selbst in Erscheinung zu treten. Bei heiklen Unternehmungen ließ er am liebsten seine Freunde den Kopf oder zumindest ihren guten Namen hinhalten. Auch während des Dresdner Aufstandes war er weder in den Reihen der Kommunalgarde noch der provisorischen Regierung zu finden. Lieber wirkte er als Regisseur, der im Hintergrund die Fäden zog und damit, bei größtmöglichem Einfluß auf das Drama, nur selten Gefahr lief, persönlich Schaden zu nehmen. Mehrere Augenzeugen berichteten, wie der Kapellmeister in den Maitagen überall und nirgends gewesen sei, wie er die Rathaustreppe auf und ab hastete, wo die Revolutionsregierung tagte, wie er von Barrikade zu Barrikade eilte, dann wieder die Stadt verließ, um mit Verstärkungen aus dem Umland zurückzukehren. Für länger hielt er sich nur an jenem Ort auf, der unter Bewachung von Scharfschützen stand und deshalb dem Zugriff feindlicher Kräfte mit Sicherheit entzogen war: der Turm der Kreuzkirche.

Schon die Ouvertüre der Revolution war ganz im Sinne von Wagners Operndramaturgie verlaufen. Nach einem Treffen des Vaterlandsvereins hatte plötzlich die Glocke der St.-Annen-Kirche Sturm geläutet, wie der zufällig vorbeieilende Wagner, in dessen »Rienzi« ebenfalls eine Sturmglocke das Volk »zu den Waffen« ruft, staunend bemerkte. Tatsächlich gab das Dresdner Geläut das Signal zum Angriff auf das Zeughaus, wo die Menge sich mit Waffen einzudecken hoffte. Statt dessen flogen ihr Kanonenkugeln entgegen, und die Revolte hatte ihre ersten Märtyrer. Empört über diesen Anblick, rief die Sängerin Wilhelmine Schröder-Devrient, die in »Rienzi« brilliert hatte, »aus einem Fenster das Volk zur blutigen Rache gegen den König und die Regierung auf«.[60] Wagner, nach eigenem Bekunden »überall zugegen«[61], traf auch hier rechtzeitig ein, um zu seinem »fast angenehmen Erstaunen« die »leidenschaftlichen Auslassungen«[62] der Sängerin mitzuerleben. Er kam übrigens gerade vom Haus Joseph Tichatscheks, seines ersten Rienzi-Darstellers, wo er dessen Jagdgewehrsammlung requiriert hatte.

Wagner, der offenbar für die nötige Volksbewaffnung sorgte, hatte möglicherweise auch das Signal zum Angriff auf das Arsenal gegeben. »Bei Ausbruch der Revolution«, so die Tochter eines Aufständischen, soll »Wagner die Sturmglocke geläutet«[63] haben, und auch auf dem Kreuzturm, wie die »Neue Zeitschrift für Musik« berichtete, habe der Kapellmeister für das Sturm- und Signalgeläut den Einsatz[64] gegeben. »Noch werden vielen in Dresden«, meldete die »Leipziger Zeitung« Tage danach, »die Ohren von dem unaufhörlichen, zuletzt fürchterlich erschallenden Sturmgeläute gellen. Auf dem Kreuzturme saßen fortwährend einige der Führer des Aufstandes und schauten ringsum auf die Stadt und in den Umkreis hinaus; glaubten sie irgend etwas die Stadt Bedrohliches zu erblicken, so ließen sie Sturm läuten.«[65] Auch durch abgezählte Einzeltöne, wie beim Morsen, konnten Informationen weitergegeben werden, so daß die Freischärler immer wußten, was ihnen geschlagen hatte.

Am 9. Mai etwa »um acht Uhr tönte die große Glocke im Turm der Kreuzkirche neunmal; es war das Signal für die letzten tapferen Barrikadenkämpfer, sich in Sicherheit zu bringen«.[66] Hinter dem genial einfachen Kommunikationssystem stand niemand anderes als der ehemalige königliche Hofmusikant, wie Oberstleutnant Waldersee, Kommandant der preußischen Eingreiftruppe, berichtete; Wagner habe »die Glocken des Kreuzturms selbst geläutet«.[67] Das Seil, so Ernest Newman, hing jedenfalls »in Reichweite seiner Hand«.[68]

Zu den Wagnerschen Vertrauten beim Maiaufstand zählte auch der Architekt Gottfried Semper, der schon an Wagners Verschwörertreffen teilgenommen hatte. Der angesehene Baumeister, der das neue Hoftheater entworfen hatte, in dem »Rienzi« uraufgeführt wurde, trat im Gegensatz zu Wagner der Kommunalgarde bei und wurde als Scharfschütze ausgebildet. Memoirenautor Wagner hatte nur noch Spott für ihn übrig. »Zu meinem lächelnden Erstaunen«, so berichtet er in »Mein Leben«, habe er den »Hofbaumeister« in »voller Uniform« im Rathaus entdeckt. Als Semper ihn auf die »höchst fehlerhafte Konstruktion« einer Barrikade aufmerksam machte, habe Wagner ihn, so dessen ironische Nacherzählung, »angewiesen«, in das »Kabinett der für die Verteidigung ernannten militärischen Kommission einzutreten« und mit dessen Autorisierung im »künstlerischen Pflichtgefühl eines Michelangelo oder Leonardo da Vinci«[69] die Straßensperre auf den letzten Stand der Barrikadenbaukunst zu bringen. Wagners nachgereichter Humor, der den Bürgerkrieg als Schuljungenstreich darstellte, sollte nur darüber hinwegtäuschen, daß Deutschlands berühmtester Architekt auch in seinem Auftrag, wie Staatsminister Beust später festhielt, »den Bau der Barrikaden geleitet hatte«[70], die zum Schauplatz der blutigsten Zusammenstöße wurden. Wagner, der guten Zusammenarbeit eingedenk, holte den Architekten später nach München, wo er ihn, auf König Ludwigs Kosten, ein gewaltiges Richard-Wagner-Theater entwerfen ließ, das nur für des Meisters Werke reserviert sein sollte – die wichtigsten Ideen Sempers nutzte Wagner dann honorarfrei für sein Festspielhaus in Bayreuth.

Bei dem jungen Wagner- und Bayreuth-Verehrer Hitler scheint gerade diese Kooperation besonderen Eindruck hinterlassen zu haben. Als Hitler, ein begabter Architekturkopist, zwanzigjährig im Meidlinger Obdachlosenasyl auftauchte, freundete er sich mit einem gewissen Reinhold Hanisch an. »Architektur«, so erinnerte der sich später, »begeisterte Hitler besonders. Und wenn er von Gottfried Semper sprach, konnte man ihm stundenlang zuhören. Auch in Musik Richard Wagner brachte ihn in helle Flammen.«[71]

Die Metapher war kein Zufall. Als Hanisch, selbst ein künstlerischer Dilettant, 1933 einigen Parteifreunden Hitlers den Vorschlag machte, dem Führer mit einem Originalgemälde von seiner Hand eine Freude zu bereiten, schlug er als Sujet die beiden Dresdner Revolutionäre vor. »Hitler«, so erzählte er dessen Parteigenossen, »war ein großer Verehrer Richard Wagners sowie Gottfried Sempers. Diese beiden waren 1848 in Dresden an der Revolution beteiligt und in contumaciam verurteilt worden.« Eben deshalb könnte man dem Führer, der sich für »Wagneropern ... oft schon in der Nacht um einen Stehplatz« anstellte, eine »große Freude«[72] bereiten, wenn man ihn, Hanisch, das Erinnerungsbild malen ließe. Als Blickfang im Hintergrund hatte er sich das »brennende Hoftheater« vorgestellt – allerdings nicht Dresdens Altes Opernhaus, sondern jenen Semperschen »Rienzi«-Bau, der 1869 den Flammen zum Opfer fiel. Hitler, der Sempers Burgtheater in Wien bewunderte und dessen Skizzen für seinen Linzer Theaterneubau verwenden wollte, beschäftigte sich auch mit Sempers Plänen für einen Ausbau des Heldenplatzes – jener Aufmarschfläche im Herzen Wiens, auf der er beim Anschluß 1938 einen seiner größten Massentriumphe feiern sollte.

Der gescheiterte Volkstribun Wagner, der laut Joachim C. Fest

»bestimmender Lehrmeister Hitlers«[73] wurde, blieb auch im Züricher Exil seiner revolutionären Devise treu: Vernichtung. »Revolutionieren« wollte er, »durch Zerstören und Zerschlagen alles dessen, was zerstörens- und zerschlagenswert ist ... Nur Zerstörung ist jetzt notwendig.«[74] Sein Schüler hat die Botschaft wohl vernommen.

Als Hitler 1925 nach einem Besuch des Weimarer Schiller-Museums auf seine Wiener Jugendjahre zu sprechen kam, bestätigte er, »sämtliche (Wagner-)Opern, ich weiß nicht, wie oft, vom Stehparkett aus erlebt« zu haben, und auch, daß »das Erlebnis« immer noch in ihm nachwirke. »Wissen Sie«, so erklärte er dann seinem Gesprächspartner, dem Wagnerianer Hans Severus Ziegler, »Wagner ist nicht nur der geniale Künstler, sondern eben auch die starke Kämpfernatur, mehr noch, ein revolutionäres Genie.«[75] Nach Hitlers Definition bedeutete das, daß Wagner »den Mut hatte, an der Beseitigung von Übelständen auf staatspolitischem, kulturpolitischem und künstlerischem Sektor persönlich mitzuwirken«. Was Wagner in Dresden vergeblich versucht hatte – Hitler würde es, in seinem Sinn, zu vollenden wissen. »Zu diesem Dresdner Revolutionär vom Mai 1849«, so schloß er sein Bekenntnis, »habe ich mich von jeher hingezogen gefühlt.« Und er fügte, wie ein Versprechen für die Zukunft, hinzu, »daß sich Wagner später immer treu geblieben und nie von den einmal als richtig erkannten künstlerischen Zielen abgewichen ist«.

Vielleicht war es nicht der reine Zufall, daß Hitlers Einmarsch nach Österreich genau neunzig Jahre nach dem Ausbruch der 1848er Revolte in Wien stattfand – sah er sich doch als Erfüller jenes alten Traums von der »Nationalen Revolution« und damit des ersten Kunst-Revolutionärs Richard Wagner. »Das Werk, für das vor neunzig Jahren unsere Vorfahren kämpften und bluteten«, verkündete er im März 1938 in Frankfurt, »kann nunmehr als vollbracht angesehen werden.«[76]

Wagner selbst zog, was seine politischen Pläne betraf, nach dem Dresdner Debakel strikte Geheimhaltung vor. Er verschlüsselte seine Gedanken, offenbarte sich nur Eingeweihten und setzte ganz auf die Massenwirkung seiner Opern, in denen für Aufmerksame die ganze Botschaft enthalten war. Da er weiterhin per Steckbrief gesucht wurde, setzte er die Legende in die Welt, daß alles nur ein großes Mißverständnis gewesen sei: Er habe von Anfang an nur die Absicht verfolgt, »in einer gänzlich umgestalteten Welt den Boden für neue künstlerische Schöpfungen meines Geistes« zu finden. Das »Zerstören« dagegen habe ihn niemals reizen können, und deshalb, so schrieb er im klassischen Verräterton, »*scheide* ich mich von der Revolution«.[77]

Auch dem in Dresden zurückgebliebenen Regisseur Eduard Devrient, den er jahrelang in seine Umsturzpläne und das damit zusammenhängende »Ring«-Projekt eingeweiht hatte, versicherte er nachträglich die völlige Harmlosigkeit seiner Aktivitäten. Als »ruhiger Beobachter des Kampfes« habe er sich »in der objektivsten Stellung von der Welt«, nämlich »auf dem Turm der Kreuzkirche«, die Zeit vertrieben, weshalb er ohne Gewissensskrupel seinen bisherigen Arbeitgebern bei Hofe »von ganzem Herzen zu einer späteren Rückkehr nach Dresden die Hand biete«.[78] Doch Devrient ließ sich nicht täuschen. Er möge bitte nicht erwarten, schrieb der Regisseur zurück, »daß ich die Extreme Ihrer politischen Meinung, die unausgesetzt Gegenstand unseres heftigen Streites gewesen sind, jetzt versuchen soll zu beschönigen«[79] – ein höflicher Hinweis, daß er Wagner durchschaut hatte.

Wagners schlagartige Amnesie hing vor allem mit der realistischen Angst zusammen, wie Röckel im Kerker zu landen, aber auch mit der unrealistischen Hoffnung, der Hof könne ihn als »verführten Mitläufer« begnadigen und in sein hochdotiertes Amt zurückkehren lassen. Die atemberaubende Kehrtwende dagegen, die er in seinen politischen Ansichten vollführte, bezog sich eigentlich nur auf jenen Aspekt der Revolution, mit dem er sich allein aus Berechnung identifiziert hatte: der gleichmacherisch sozialistischen Botschaft, die ihm als Elitemenschen gründlich zuwiderlief. Den allgemein herbeigewünschten »Kommunismus«, den auch er im Munde führte, hätte er allenfalls als Vorstadium seines irdischen Kunstparadieses hingenommen – ein gewähltes Parlament niemals.

In späteren Jahren kannte Wagner nur noch Hohn für seine einstigen Kampfgenossen. Als es 1872 zu Arbeiteraufständen in Wien kam, wo er selbst 1848 agitiert hatte, empfahl er, deren »Anführer wie Engerlinge zu zertreten«[80]; 1878 hätte er, wie er gegenüber Cosima betonte, »nichts dagegen« einzuwenden gehabt, »wenn die Sozialisten ganz und gar unterdrückt würden«.[81] Der

Haß hatte weltanschauliche Gründe: Der Bayreuther Meister war überzeugt, daß, wie hinter dem »Börsenkapital«, auch hinter dem Kommunismus der »schleichende Dämon« des Judentums steckte. Ein halbes Jahrhundert später würde diese Wahnidee in Deutschland zur offiziellen Doktrin erhoben werden.

IV.
»Ring«-Lektionen

Elternlos, wie es sich für einen Helden gehört, war Adolf Hitler nach Wien gekommen. Mittellos, wie es seine Legende will, war er nicht, da der Beamtensohn eine Waisenrente und Zinsen bezog. Hoffnungslos, was eine berufliche Zukunft betraf, war seine Lage dennoch. Er war dreizehn, als sein Vater, ein passionierter Stammtischbruder, beim Frühschoppen starb, und hatte, da ihn nun keiner mehr wie einen Hund herbeipfiff und mißhandelte, nichts mehr zu befürchten. Die Mutter, ein vom Vater tyrannisiertes Wesen mit hellen kalten Augen, die ihr Sohn später auf einem »Medusen«[1]-Bild Franz von Stucks wiedererkannte, war einem langwierigen Krebsleiden erlegen, als Adolf achtzehn war.

Außer etwas Geld hatten die Eltern ihrem Sohn nichts hinterlassen, was ihm in der Hauptstadt hätte nützlich werden können; er selbst konnte dem wenig hinzufügen. Nüchtern betrachtet, war er nichts, konnte er nichts und hatte auch von der Zukunft kaum mehr zu erwarten. Gerade damit aber qualifizierte sich der Waisenknabe aus der Provinz, der bei einer Tschechin in der Stumpergasse untergekrochen war, für die mythische Rolle, die er sich seit »Rienzi«, kaum eineinhalb Jahre zuvor, vom Schicksal zudiktiert sah.

Ein Held, der die Ketten der Knechtschaft zu sprengen berufen ist, bedarf keiner Abschlußzeugnisse, keiner Ausbildung, keiner Protektion. Seine Hosen kommen ohne Taschen aus. Dafür steckt in seinem Gürtel, der Masse unsichtbar, das Schwert des Gerichts. Daß auf Eltern, samt Ohrfeigen und strafenden Blicken, keine Rücksicht mehr zu nehmen ist, bestärkt den berufenen Einzelgänger in seiner Sendung. Nicht zufällig hat Wagner seine Helden Tristan, Parsifal, Stolzing oder Tannhäuser schon in der Kindheit ihrer Erziehungsberechtigen beraubt.

Die beiden germanischsten Heroen, um deren Schicksal der »Ring des Nibelungen« kreist, mußten ebenfalls die Vorzüge familiärer Geborgenheit entbehren. Siegmunds Vater, der inkognito auftretende Wotan, ließ dem Sohn nur ein Wolfsfell zurück; Siegmunds Sohn Siegfried, »Wolfssohn«[2] genannt, kannte noch nicht einmal die Namen der Eltern. Sie alle traten, wie der angehende Volkstribun aus Linz, gänzlich ungebunden ins Leben hinaus, ihren Sinn nicht auf gemeinen Gelderwerb, sondern auf jene Taten gerichtet, mit denen sie sich ihren Ehrentitel als »Helden« erst verdienen müssen – durch Siege über Drachen und andere Bösewichter, die einer in Unterdrückung schmachtenden Menschheit Erlösung bringen.

Hitler hatte einen weiteren Grund, sich als Verkörperung seiner Lieblingsfiguren aus dem Reich der tönenden Phantasie zu fühlen: Im Reich der Wirklichkeit war kein Platz für ihn. Wanzen verleideten ihm das Zimmer, seine Spaziergänge mußte er, mangels Anschluß, alleine absolvieren, an der Kunstakademie, dem Ziel aller Berufswünsche, wurde ihm ein Ausbildungsplatz mit der deprimierenden Auskunft verweigert, man könne ihm »einwandfrei« seine »Nichteignung zum Maler« bestätigen.

Das Urteil übersah, daß der auf schöpferischem Gebiet Unbegabte über ein erstaunliches Talent als Kopist verfügte. Ohne sich lange mit der Natur aufzuhalten, übertrug er, maßstabgetreu und farbecht, Postkartenansichten auf größere Formate, die sich rahmen und an die Wand hängen ließen. Seine Imitationskunst, die sich gleichermaßen in Öl, Aquarell und Zeichenstift bewährte, hätte ihm eigentlich einen Platz an der Akademie sichern müssen; statt dessen überließ man ihn der autodidaktischen Ausbildung, die ihm allerdings einen auskömmlichen Broterwerb sicherte.

Die Nachahmungsgabe des Linzers beschränkte sich nicht auf Postkartenmalerei. Auch das täuschende Imitieren von Stimmen, Geräuschen und charakteristischen Gesten, womit er Bekannte unterhielt, stand ihm zu Gebote. Ob Hitler gegen Geld eine Wiener Parlamentsvedute für die Wohnzimmerwand aufbereitete, zum Vergnügen seiner Zuhörer authentischen Schlachtenlärm mit dem Mund erzeugte oder Lohengrins Gralserzählung pfiff – fehlerlos, wie Kenner einräumten –, immer gab er etwas Fremdes zum besten, als wär's ein Stück von ihm. Vor Publikum unbestritten die Nummer eins, lebte, fühlte und gestaltete er doch immer aus zweiter Hand. Zu Eigenständigem nicht aufgelegt, reproduzierte er dank glänzendem Gedächtnis mit der Präzision einer Maschine. Daten, einmal gespeichert, blieben lebenslang abrufbereit. Von Kopien, einmal hergestellt, ließen sich immer neue Abbilder ziehen. Zu jeder Vorlage lieferte Hitler die raumfüllende Vergrößerung.

Die Musik, die er als Lebensvorlage benötigte, wurde ihm in Wien reichlich geboten. Da ihm der Alltag der Stadt, abgesehen von regelmäßigen Besuchen im Parlament, wenig zu bieten hatte, wurde er nachtaktiv, schlief bis in den Mittag und nützte die verbleibenden Stunden, um sich auf das Zentralgestirn seines Daseins vorzubereiten, das nur im Dunkel leuchtete: Richard Wagner in der Hofoper. Auf die Hörorgien im Stehparkett stimmte er sich durch meditative Wanderungen, Museumsbesuche, Librettostudien und sorgfältige Toilette ein. Da er, nach seiner späteren Versicherung, ganze Partituren auswendig lernte, konnte er nach Ende der Vorstellung mit ausführlicher Manöverkritik aufwarten, wobei er besonderes Gewicht auf Szenerie und Beleuchtung legte.

Kulissen, ins rechte Licht gesetzt, waren seine Leidenschaft, und auch die architektonischen Fleißarbeiten, mit denen er seine Mappen füllte, die Gebäudeansichten, Fassadenentwürfe und Grundrisse in monumentalstem Maßstab, lassen sich wohl unter diesem Begriff zusammenfassen. Sie sollten die Bühnenbilder für die erträumte Zukunftsgesellschaft abgeben. Als er später die Macht dazu besaß, verlor er keine Zeit, sie in die Wirklichkeit umzusetzen. Das Gesicht des Dritten Reiches trug die Züge, die der junge Hitler beim Flanieren auf der Wiener Ringstraße und beim Besuch des Nibelungen-»Ring« im Hoftheater in seine Kreativpalette aufgenommen hatte.

Nutznießer von Hitlers frühen Kunstbetrachtungen war wieder einmal sein Linzer Freund vom Stehparkett, »Gustl« Kubizek, den »Adi«, unter Heimweh leidend, in seinem Zimmerchen erwartete. Dessen Garderobe, von Kubizek schon bei der Ankunft mit Erstaunen registriert, verriet mit ihrem »gediegenen Wintermantel«, dem dunklen Hut« sowie einem »Spazierstock mit Elfenbeingriff« den Theatergänger, der sich damit an der Garderobe »ausweisen« konnte. Noch am selben Abend schleppte er den Freund in die Oper. Nach der »ärmlichen Wohnung in der Stumpergasse«, so schrieb er, »kam es mir jetzt vor, als wäre ich auf einen anderen Planeten versetzt worden«.[3]

Es waren die Extreme, zwischen denen Müßiggänger Hitler sich einzurichten wußte. Stand Wagner auf dem Programm, mündete sein kümmerlicher Wartezustand in die rauschhafte Selbstfindung im Zuschauerraum. Wurde in der Hofoper gerade kein Wagner angeboten, wich er auf die Volksoper aus. Denn nur beflügelt durch den Meister, so Kubizek, gelang dem Freund »jenes in ein mystisches Traumland Entschweben, dessen er bedurfte, um die ungeheuren Spannungen seines eruptiven Wesens zu ertragen«.[4] Hier hatte Hitler für den Rest seines Lebens die Existenzform gefunden, deren gesteigerte Dynamik er an die Stelle jenes faden Alltags setzen wollte, den nur Gedankenlosigkeit als »Wirklichkeit« bezeichnen konnte.

»Wenn Adolf die Musik Wagners hörte«, so faßte Kubizek seine Wiener Erfahrungen mit dem Freund zusammen, »war er wie verwandelt. Dann fiel alle Heftigkeit von ihm ab, er wurde still, fügsam, lenkbar. Die Unruhe schwand aus seinem Blick. Was ihn tagsüber bewegte, versank ins Nichts. Das eigene Schicksal, so schwer es auf ihm lastete, wurde ausgelöscht. Er fühlte sich nicht mehr als ein von der menschlichen Gesellschaft Ausgestoßener, ein Verkannter, Einsamer. Wie ein Rausch, eine Ekstase kam es über ihn. Willig ließ er sich in jene mythische Welt emportragen, die für ihn wirklicher war als die reale Welt des Tages. Aus dem dumpfen, muffigen Kerker des Hinterhauses entrückte er in die seligen Gefilde der germanischen Vorzeit, in jene für ihn ideale Welt, die ihm bei seinen Bemühungen als höchstes Ziel vorschwebte.«[5]

Mit der überragenden Persönlichkeit der Hofoper war Hitler noch in Linz, im Sterbehaus der Mutter, in Kontakt gekommen: Professor Alfred Roller, den er seit seiner ersten Wienreise 1906 als »großen Meister der Bühnendekoration«[6] verehrte. Die Freundin seiner Wohnungsvermieterin war bei dem Akademiker vorstellig geworden, er möge sich für den vielversprechenden Waisenknaben verwenden. Dessen freundliche Antwort, »der junge Hitler soll nur kommen und soll Arbeiten mitbringen«[7], versetzte diesen in Verzückung. »Da hättest Du den Jungen sehen sollen«, berichtete die Vermieterin im Dankschreiben an die Freundin. »Langsam, Wort für Wort, als ob er den Brief auswendig lernen wollte, wie mit Andacht, ein glückliches Lächeln im Gesicht, so las er den Brief.«[8]

Obwohl der Achtzehnjährige, der bereits Rollers »Tristan und Isolde« erlebt hatte, von der »glücklichen Möglichkeit sofort Gebrauch« machen wollte, brachte er doch den Mut nicht auf, wie Roller sagte, »bei mir vorzusprechen«.[9] Hinterher fand er sich, statt in Rollers Zauberwerkstatt, bei einem bildhauernden Oberschullehrer wieder, dessen pädagogische Bemühungen nicht einmal ausreichten, seinen Schüler für das Probezeichnen an der Akademie zu qualifizieren.

Der Bühnenraumgestalter Roller, der die Sehgewohnheiten ganzer Generationen beeinflußte, blieb Hitlers bestimmendes bildnerisches Vorbild. Rollers Theatereffekte sollten von Hitler, wie alle seine frühen Prägungen, in immer monumentaleren Kopien vervielfältigt und endlich als einzig gültiger Gesellschaftsrahmen etabliert werden. Die Aufhebung des Widerspruches von Kunst und Wirklichkeit wie die Verschmelzung des Bühnen- und Publikumsraumes gehörten zu Rollers wichtigsten Zielen.

Wie der Bayreuther Meister, der die Gegensätze von Sprache und Musik, von Darsteller und Zuschauer in seinem »Gesamtkunstwerk« versöhnen wollte, so entwarf auch Wagnerianer Roller eine monumentale Welt, die das Drama nicht im Guckkasten abbildete, sondern eine ins Erhabene gesteigerte Wirklichkeit schuf. Wo früher bemalte Kulissen steifleinene Leblosigkeit verbreiteten, herrschte bei ihm das dämmernde Halbdunkel des Traums oder der grelle Schlagschatten, der die Katastrophe ankündigt – ein grenzenlos scheinender Raum, lichtdurchflutet oder mystisch abgeschattet, der in unendlichen Farbabstufungen eine Atmosphäre gestaltete, die nichts darstellt und alles in ihren Bann zieht. Nicht länger war die Bühne nur der Ort, an dem dramatische Handlungen stattfinden – sie selbst war zum Teil des Dramas geworden.

Bei seiner revolutionären »Entrümpelung« der Opernszene stand Roller als musikalischer Partner der komponierende Opernchef Gustav Mahler zur Seite. Auch er bekannte sich zu Wagners Gesamtkunstwerk, in dem alle Einzelkünste dem Ganzen untergeordnet werden, und setzte sich für die Durchsetzung seiner ästhetischen Visionen ein. Als Mitbegründer der Wiener Sezession bekämpfte Roller den akademischen Klassizismus, wie der Dirigent Mahler das große Wagner-Orchester vom romantischen Schwulst emanzipierte: Expressivität statt Routine. Durch das Zusammenspiel von

Wagners Tonmalerei mit Rollers »Lichtmusik«[10] anstelle des üblichen Märchenrealismus mit aufgesetztem Heldenpomp sollten die Opernaufführungen in »Weihefestspiele« verwandelt werden.

1903 brachte beider »Tristan und Isolde«-Inszenierung der neuen Richtung den Durchbruch. Zum zwanzigsten Todestag des Meisters hatten Roller und Mahler über einer kargen Szenerie »einen Rausch aus Musik, Farbe und Licht« entfesselt, wie ein Kritiker schwärmte, in dem »Frau Minnes Reich« als »schwül verführerisches Bild einer sternprangenden, blütenduftschweren Sommernacht«[11] lockte. Auch dank dieser impressionistischen Kühnheit sei »der endgültige Sieg eines neuen Opernstils erkämpft« worden, der »auf Jahrzehnte hinaus stilbildend«[12] wirkte.

Auch Adolf Hitler sollte dafür sorgen. In seinen Wiener Jahren, so erzählte er 1925, habe er Wagners »sämtliche Opern, ich weiß nicht, wie oft, vom Stehparkett aus erlebt ... jeden Heller und jeden Kreuzer gab ich dafür aus«.[13] Der Bayreuther stand häufig genug auf dem Spielplan. Im Juni 1908 etwa, als »Adi« und »Gustl«, nach dessen Auskunft, »jede Wagner-Vorstellung« besuchten, konnten sie an der Hofoper den »Fliegenden Holländer«, »Tannhäuser«, »Lohengrin«, die »Meistersinger«, den kompletten »Ring« und »Tristan«[14] sehen.

Auf Wagners Liebes-und-Todes-Drama war Hitler besonders versessen. Als er im Frühjahr 1913 den neunzehnjährigen Lehrling Rudolf Häusler kennenlernte, nahm er ihn sogleich in die Lehre: Der Linzer habe ihm damals »vor allem das Werk Richard Wagners erschlossen«, berichtete Häusler später, und ihn auch zum ersten Mal in seinem Leben in die Oper geführt – zu »Tristan und Isolde«, in der Mahler-Roller-Inszenierung und der Premierenbesetzung mit Anna Bahr-Mildenburg. Hitler, so erinnerte sich Häusler, sei »an diesem Abend sehr aufgeregt gewesen und habe ihm auch während der Vorstellung ständig die verschiedenen musikalischen Motive erklärt«.[15]

»Dreißig bis vierzig Mal«[16] will Hitler den Wiener »Tristan« gehört haben. Dabei setzte sich besonders das »veilchenblaue« Nachtbild des zweites Aktes, Schauplatz der berühmten »Liebesnacht«, in seiner Phantasie fest. Rollers baumbestandener Burghof, zu Anfang vom sternenübersäten Firmament, gegen Aktschluß vom bleichen Lichtstreifen am Horizont beschienen, tauchte erst in Hitlers

Skizzenbüchern der zwanziger Jahre, dann in den Bayreuther Regieanweisungen der dreißiger Jahre wieder auf – der Führer hatte »verlangt«, wie ein Mitarbeiter notierte, »daß im zweiten Akt ... am Himmel ein Mond und unzählige Sterne leuchten sollten«;[17] 1937 verwandte »Reichsbühnenbildner« Benno von Arent die Roller-Vorlage für einen von Hitler inspirierten Musterentwurf, und noch 1943 bestand Furtwängler bei einer Neuinszenierung an der Wiener Staatsoper darauf, »daß die Bühnenbilder Alfred Rollers aus dem Jahr 1903 benutzt wurden«.[18] Da auf den Bühnen des Reiches nichts Entscheidendes ohne Hitlers Zustimmung geschah, dürfte er auch hier die Anregung geliefert haben.

Als Hitler, wenige Jahre nach dem Wiener »Tristan«-Rausch, als Meldegänger im Ersten Weltkrieg Dienst tat, hat ihm, wie er berichtete, »der Klavierauszug des ›Tristan‹, den ich in großen Zügen im Kopf hatte, treue Dienste geleistet. Die Musik«, so verriet er einem Wagnerianer, »war mir so vertraut, daß ich alle wesentlichen Stellen aus den drei Akten vor mich hinsummen oder leise vor mich hinpfeifen konnte, oft Szene für Szene, wie es nur einer kann, der von der Materie erfüllt ist. Bei jedem Takt hatte ich die Vorstellung von der betreffenden Aktion auf der Bühne«[19] – was er auf seinem Dauerplatz in Rollers Inszenierung auch oft genug erlebt hatte. Noch in seinen Träumen[20] in Landsberger Gefängnishaft 1924 tauchten die Bilder der Liebestragödie auf, und nach seiner Entlassung hatte er keinen dringlicheren Musikwunsch, als von »Putzi« Hanfstaengl den »Liebestod« Isoldes am Klavier vorgetragen zu bekommen. Für Hitler, wie für alle eingefleischten Wagner-Kenner, blieb der »Tristan« bis zum Schluß Wagners »größtes Werk«.[21]

Sein monumentalstes aber, der »Ring des Nibelungen«, sollte den Linzer am nachhaltigsten beeinflussen. Wie »Rienzi« handelt das vierteilige Drama, mythologisch verschlüsselt, von der deutschen Geschichte. Ein Vierteljahrhundert lang hatte Wagner darin das Scheitern der Revolution verarbeitet, indem er das, am Ende vergebliche, Aufbegehren gegen die Adels- und Geldherrschaft in vorgeschichtlich-sagenhafte Zeiten verlegte. Mit seinem vierzehnstündigen Theatermarathon, dem gewaltigen Personalaufwand und dem universellen Anspruch, alle Weltbelange zwischen Himmel und Unterwelt erschöpfend zu behandeln, entsprach der

»Ring« Hitlers Idealvorstellung vom Kunstwerk. Der Bewunderer von Höchstleistungen rühmte sich einmal vor seiner Sekretärin, einzelne Teile daraus »bis zu 140 Mal gesehen« zu haben, was diese damit erklärte, daß der »Nibelungenring« bei ihm »den tiefsten Eindruck« hinterließ.[22]

Wenn der glücklose Akademiebewerber aus der Stumpergasse oder dem Männerheim, das er später bezog, in die Hofoper pilgerte, konnte er sich von den »phantastischen Wolken- und Lichtprojektionen« des Roller-»Rings« beflügeln lassen. Hier entdeckte er, aufgetürmt zu erhaben-elementarer Bühnenarchitektur, getaucht in das magische Spiel von Licht und Schatten, eine Welt, wie sie ihm sein Leben bisher vorenthalten hatte: »Schönheit« rührte ihn an, als Ebenmaß im Großformat, das Ganze umbraust von musikalischer Naturgewalt, aus der, schmetternd oder flüsternd, der Wohllaut der menschlichen Stimme emporstieg, vorgetragen von übermenschlichen Wesen, wie man sie schwerlich auf der Straße traf. Es waren Götter und Dämonen, Riesen und Zwerge, wollüstige Nymphen und feuerspeiende Drachen – aber auch wirkliche Menschen, urzeitlich gewandet, von denen sonst nur in Märchen- und Sagenbüchern zu lesen war. Hier, unter Rollers Lichtschauern und den von dem Mahler-Nachfolger Felix Weingartner entwickelten Tongewittern, standen sie leibhaftig vor ihm, und Hitler war ihnen verfallen fürs Leben.

Zur neuen Welt wurde die passende Weltanschauung gleich mitgeliefert. Wo immer in Wien Wagner stattfand, galt es der völkischen Erweckung und dem antisemitischen Kampf. Der »Neue Richard Wagner Verein«[23] etwa widmete sich der Pflege des Germanenkults und der Abwehr jüdischer Überfremdung; und wenn die Alldeutschen ihre Bismarck-Feier[24], nicht weit von der Stumpergasse, abhielten, bildeten die »Rienzi«-Ouvertüre und der »Tannhäuser«-Marsch die rechte Einstimmung. Auch bei seinen Parlamentsbesuchen erhielt Hitler Kostproben der alldeutsch-antisemitischen Ideologie, die so eng mit dem Namen des Meisters verknüpft war – doch nur in dessen »Ring des Nibelungen« fand er sie zu anschaulicher Wirklichkeit gestaltet. Denn der Abgrund zwischen Arm und Reich, zwischen seiner armseligen Budenexistenz und der blendenden Pracht des Opernhauses mit seinen hochadligen oder rassisch fragwürdigen Logenbesitzern – im »Ring«

wurde der Riß, der durch sein Leben ging, in einleuchtenden Zusammenhang gebracht. Wem, so lautete die Frage, gehört eigentlich die Welt? Wer besitzt das Gold samt den »holden Frauen«, und warum? Der »Ring« gab die Antwort. Um der »Welt Erbe«, so lehrte er, war seit Urzeiten ein erbitterter Kampf entbrannt. Aus den Tiefen der Unterwelt dringen abstoßende Wesen ans Licht, versessen auf Macht und schäbigen Lustgewinn, denen die Götter und ihre Heldensöhne aus schimmernder Höhe entgegentreten: Es kommt zur großen Titanenschlacht, in der sich das Schicksal der Welt entscheidet – leider anders, als der erschüttert lauschende Hitler sich erhoffen mochte. Denn der »Ring« endet tragisch, seine Helden, aus göttlicher Rasse geboren, gehen unter; Walhall selbst, der Wotanssitz, verglüht im Weltenbrand.

In einem der nächtlichen »Führermonologe«, deren nibelungische Dauer das »Wolfsschanzen«-Publikum auf harte Proben stellte, kam Hitler auch auf seine »Ring«-Erfahrungen zu sprechen. Der Kunst im allgemeinen, so sagte er nach der Niederlage vor Moskau 1942, gehöre seine Liebe, weil sie der »kommenden Menschheit den Weg«[25] weise. »Wenn ich Wagner höre«, erläuterte er dann, »ist mir, als seien das Rhythmen der Vorwelt!« Den Sätzen, deren Zusammenhang nicht unmittelbar einleuchtet, gab der Protokollant die Erklärung bei, der Bayreuther habe »im Nibelungen-Ring ein mythisches Leitbild für das deutsche Lebensschicksal geschaffen, das Hitler bejahte«. Aus dem Stenogramm eines zweiten Protokollanten[26] geht hervor, daß Hitler mit den »Rhythmen der Vorwelt« offenbar das Vorspiel zum »Rheingold« gemeint hatte, in dem Wagner lautmalerisch den Ursprung alles Seins schilderte: Aus einem nächtlich-abgrundtiefen Baßton erheben sich pulsierende Klangwellen, bauen sich zu immer heftigerem Gewoge auf, bis die Gischt des strömenden Rheins vom ersten Licht des Morgens erleuchtet wird.

Von dieser musikalischen Genesis meinte Hitler nun, er könne sich »denken, daß die Wissenschaft in den Verhältnissen der physikalisch wahrnehmbaren Schwingungen einer Rheingold-Musik eines Tages (die) Maße der Schöpfung findet«. Womit, wie Hitler meint, der Bayreuther schon zu Anfang seines »Ring« jene ewigen Wahrheiten des Lebens offenbart hätte, die nachträglich durch die »Erkenntnisse der exakten Wissenschaft wie der Philosophie« bestätigt worden seien. Und deshalb könne Wagner, an dessen Werk sich die heimlichen Gesetzmäßigkeiten des Lebens, die »Rhythmen der Vorwelt« eben, ablesen ließen, der »kommenden Menschheit den Weg« weisen.

Doch nicht nur den Blick auf das, was die Welt im Innersten zusammenhält, lernte der junge Hitler in seinen Hofopern-Nächten. Auch für das Nächstliegende wurden ihm die Augen geöffnet. Das Nebulöse seiner ziellosen Flaneurexistenz in einer fremden Umgebung verdichtete sich im »Ring« zur tieferen Bedeutung, die nicht nur das Theatererlebnis selbst, sondern auch die Zeit zwischen den Aufführungen mit Sinn erfüllte. Kam sich der zwanzigjährige Rentier, bei realistischer Einschätzung seiner Lage, wie ein gesellschaftliches Nichts in einem bedrohlichen Schmelztiegel vor, so half Wagner, die Trübnis aufzuhellen und säuberlich das Licht vom Dunkel zu scheiden. Was im Reich der Wettergötter und Erdgeister so spielerisch gelang, mußte auch im Wiener »Rassenchaos« möglich sein.

Nach einem seiner größten Triumphe als »Führer« – er hatte 1936 mit dem Heldenmotto »Dem Mutigen gehört die Welt« das Rheinland besetzt – fuhr Hitler im Zug durch das nächtliche Ruhrgebiet. Sei es, daß die glühenden Hochöfen ihn an Nibelheims Feuer im »Rheingold« erinnerten oder daß er sich dem Ziel seines Reichseinigungstraums aus »Rienzi«-Zeiten nahegerückt fühlte – es überkam ihn, wie Joachim C. Fest schrieb, »eine jener Stimmungen schweifender Selbstüberwältigung, die den Wunsch nach Musik in ihm weckten«.[27] Den Sieger verlangte, wie anders, nach Wagner. Bald knisterten das »Parsifal«-Vorspiel und Siegfrieds Trauermarsch aus dem Grammophontrichter, jene die Hochs und Tiefs von Hitlers Heldentaten begleitende Zusammenfassung der »Ring«-Musik, die das Klagelied auf den gefällten Helden mit dessen trotziger Apotheose verbindet.

»Ich habe ihn zuerst in Wien gehört. In der Oper«, monologisierte er dann, wohl in Erinnerung an jene Neuinszenierung Rollers unter dem Dirigenten Felix Weingartner, die im November 1910 Premiere hatte. »Und ich weiß noch, wie wenn es heute gewesen wäre, wie ich mich beim Nachhauseweg wahnsinnig erregte über einige mauschelnde Kaftanjuden, an denen ich vorbeigehen mußte. Einen unvereinbareren Gegensatz kann man sich überhaupt nicht denken. Dieses herrliche Mysterium des sterbenden Heros und dieser Judendreck!«

Eine traumatische Prägung, wie es scheint, die über Jahrzehnte hinweg ihre Unmittelbarkeit bewahrte. Bleibt die Frage, was an dieser Erfahrung so erschütternd war. Denn strenggenommen hat das eine mit dem anderen nichts zu tun – einen singenden Helden auf der Opernbühne kann man nicht mit realen Menschen auf der Straße vergleichen; Theater, und sei es noch so realistisch ergreifend, hält sich in einem unaufhebbaren Gegensatz zur Alltagswirklichkeit. Und eben dies, nicht die in einer Großstadt unvermeidliche Begegnung mit fremdartig scheinenden Menschen, dürfte es gewesen sein, was den jungen Theaterfreund so nachhaltig irritierte: Seine dramatischen Wagner-Nächte blieben ohne die geringste Auswirkung auf seine Hinterzimmerexistenz; mit dem Schlußvorhang fiel auch die ganze Zaubermachination in sich zusammen. Übrigblieb nicht nur die armselige Wirklichkeit der Ostjuden, die sich in Wien zurechtfinden mußten, sondern auch die des Postkartenkopisten aus der Stumpergasse, dem Meidlinger Obdachlosenasyl, dem Männerwohnheim in der Meldemannstraße, der seine steifen Aquarellversuche an Mäzene wie Josef Feingold oder einen Rahmenhändler names Samuel Morgenstern losschlug.

Doch der Linzer Eigenbrötler, am »unvereinbaren Gegensatz« von Oper und Wirklichkeit, eingebildeter Grandiosität und realer Dürftigkeit leidend, verleugnete Leiden wie Gegensatz und verschob die Extreme seiner Selbsterfahrung in die Wirklichkeit. Schon in »Mein Kampf«, zwölf Jahre vor Führers Rheinfahrt, hatte die Polarisierung zwischen dem sterbenden Germanenhelden und der »Erscheinung in langem Kaftan mit schwarzen Locken«[28] ein Kernstück seiner biographischen Selbstbeschäftigung abgegeben. Ganz Bühnendekorateur, der in Hell-Dunkel-Effekten schwelgt, malte er hier den Theaterprospekt des dolchstoßgefällten Vaterlandes, von dessen Verklärung der »Jude« sich mit seinem »fremden Gesicht« und »moralischen Schmutzflecken« wie schwärzester Schlagschatten abhob; schwarz war auch seine Seele, und die »geistige Pestilenz«, die er übertrug, »schlimmer als der Schwarze Tod«. Wer dann noch, mit Hitlers Bühnenscheinwerfer, in dies gräßliche Dunkel hineinleuchtete, fand, vergleichbar der

»Made im faulenden Leibe, oft ganz geblendet vom plötzlichen Lichte, ein Jüdlein«.[29] So dramatisch es klang, war doch alles nur Theater.

Die grelle Kontrastierung im Marionettenstil wurde nötig, weil der Gegensatz in der erfahrbaren Wirklichkeit schlechterdings nicht existierte. Hitler konnte gar nicht dick genug auftragen, um seinen unwahrscheinlichen Heldenmythos, mit dem ebenso schwer nachweisbaren »Weltjudentum« als dramatischem Widerpart, Glaubwürdigkeit zu verleihen. In endlosen Reden, Monologen, Schriftsätzen beteuerte er ein Leben lang, daß es diese Polarität wirklich gab, daß sie die Weltgeschichte seit Jahrtausenden bestimmte und daß er selbst sie, leibhaftig und mit allen Sinnen, in Wien erfahren hatte. Nur eben nicht, was ihm entgangen zu sein scheint, im wirklichen Leben. Denn das »herrliche Mysterium des sterbenden Helden« fand, wie die satanische Verschwörung der Unterwelt, der er zum Opfer fallen muß, in Richard Wagners »Ring des Nibelungen« statt. Hitlers Zwangsvorstellung, die ihn von seinen Hofopern-Nächten bis zum Tod im Bunker beherrschte, war Folge einer fatalen Verwechslung. Mochte der Antisemitismus in Wien grassieren und die Wortführer der deutschen Bewegung im Parlament die Juden für alle Übel Wiens verantwortlich machen – zur anschaulichen Wirklichkeit wurde dem Linzer Zugereisten das dämonische Untermenschentum in Wagners Nibelungenmythos. Als hätte er es geahnt, setzte er alles daran, der Fiktion, die ihm die Wirklichkeit verstehen half, selbst zur Wirklichkeit zu verhelfen.

Genau das entsprach Wagners Absicht. Sein »Ring« hatte mit Kunst und Theater im herkömmlichen Sinn nichts zu tun, im Gegenteil: »Ich bringe ja keine Versöhnung mit der Nichtswürdigkeit (des Kunstbetriebs)«, drohte er nach der Flucht aus Dresden, als er über dem »Ring«-Projekt brütete, »sondern den unbarmherzigen Krieg ... Hier ist nichts zu überzeugen und zu gewinnen, sondern nur auszurotten.«[30] Die Rede war vom zeitgenössischen Theater, an dessen Entartung er vor allem den Juden die Schuld gab. Gerade die zeitgenössische Oper, zur Belustigung der höheren Stände aufgeführt, galt ihm als Symbol einer Gesellschaft, in der nicht das »rein Menschliche«, sondern Adel und Geld im Mittelpunkt standen. Das Geld aber, für Wagner ein Synonym des verhaßten »Stammes«, hatte alles ruiniert; und der Adel, der dem Dresdner Kapellmeister das Leben verbitterte, profitierte noch davon.

Hatte Wagner 1848 auf die blutige Niederschlagung der Märzrevolution mit einem »neuen Opernplan aus der Siegfried-Sage«[31] und auf den Zusammenbruch des Wiener Aufstandes im Oktober mit der Dichtung »Siegfrieds Tod«[32] reagiert, so hielt ihn die Tragödie vom Untergang des Revolutionärs bis über die Reichsgründung hinaus in Bann. Erst 1876 wurde sie als Abschluß des »Ring« unter dem Titel »Götterdämmerung« uraufgeführt. Das Thema hatte sich, trotz der auf drei Opern verteilten Vorgeschichte, nicht geändert. Es hieß Siegfried, und der Name stand für das Deutschland der Zukunft. Sein »Tod« aber, dieses tragische Erlöschen der höchsten Menschheitshoffnung, dieses Verglimmen des arischen Götterfunkens, mußte in der Wirklichkeit um jeden Preis verhindert werden.

Was Wagner mit dem »Ring des Nibelungen« bieten wollte, war nicht nur die verschlüsselte Nacherzählung seiner Erlebnisse mit der Revolution, sondern auch deren Erhebung in eine höhere mythische Wirklichkeit. Dementsprechend forderte er für dessen Aufführung kein übliches Publikum, sondern eine andächtige Gemeinde, in der »wir als Jünger einer neuen Religion uns erkennen lernen«, so Wagner in Zürich 1849, »und durch gegenseitige Liebe uns im Glauben stärken«.[33] Wie die alten Athener zum Weihefest ihrer Theatervorstellungen strömten, um sich darin selbst in sagenhafter Vergrößerung wiederzuerkennen, so sollten die Bürger eines befreiten Deutschland im Nibelungendrama ihr eigenes Heldenporträt entdecken.

»Am Rheine«, prophezeite der geschlagene Revolutionär im Züricher Exil, »schlage ich dann ein Theater auf«, um »im Laufe von vier Tagen«[34], ganz dem »berauschenden Bild der athenischen Tragödienaufführungen«[35] folgend, das Titanenwerk zu spielen – und anschließend in Brand zu stecken. »Nach der Aufführung«, versprach er, »werfe ich mich mit der Partitur auf Brünnhildes Scheiterhaufen, so daß alles verbrennt.«[36] Womit Wagner seinem Ziel, Theater und Wirklichkeit zu verschmelzen, am nächsten gekommen wäre: Die Flammen, die ihn und sein Werk verzehren sollten, loderten schließlich auf seiner eigenen Bühne.

Erst durch das einmalige Festspiel, das dem Volk, einer kollektiven Vision vergleichbar, ein höheres Bewußtsein seiner selbst vermittelte, würde die befreiende politische Tat auch in den Köpfen nachvollzogen. Mit dem »Ring«, verriet Wagner 1851, »gebe ich den Menschen der Revolution dann die Bedeutung dieser Revolution, nach ihrem edelsten Sinn, zu erkennen«.[37] Allein die Geschichte kann diese Bedeutung liefern: Von den Uranfängen der Schöpfung, die Wagner zu Anfang des »Rheingolds« beschwört, über das goldene Zeitalter der Weltenharmonie bis zum ersten Eindringen des Bösen, das, mit dem Raub des Rheingolds, eine unaufhaltsame Entwicklung in Gang setzt: »Nachtalben« kämpfen mit »Lichtalben« um die Herrschaft, bis der Mensch erscheint und über dem Zeitalter düsterer Machtgier die Epoche der Freiheit und Liebeslust aufgehen läßt – ein strahlendes Gestirn, das über den gesamten qualvollen Geschichtsprozeß sein verklärendes Licht wirft.

Doch kaum ist dieser erlösende Weltenmorgen, begrüßt vom Jubelgesang des Heldenpaars Siegfried und Brünnhilde, angebrochen, brüten die alten Mächte neues Unheil aus, arbeiten Nibelungengier und Götterneid zusammen, um das Reich der Glückseligkeit zu Fall zu bringen. Die Schatten der Intrige und des Verrats fallen auf das Idyll, im Abendrot blitzt Hagens Mordstahl auf, und Siegfrieds Trauermarsch schmettert die Heldenklage in die anbrechende Nacht hinaus. Dann steigen die Nebel des Ursprungs aus dem Rhein, und es wird Zeit, den Scheiterhaufen zu errichten.

Die Kontrahenten dieser globalen Auseinandersetzung gehören nicht nur zum ewigen Mythenbestand der Menschheit – Wagner hatte sie auch selbst diesseits und jenseits der Revolutionsbarrikaden von 1848/49 erlebt. In seinem Dramenentwurf »Siegfrieds Tod« verkleidete er die Repräsentanten von Gut und Böse als Burgunderhelden und versetzte das aktuelle Geschehen in die Welt des Nibelungenliedes, bevor er, mit jedem neuen »Ring«-Teil, die zum Verständnis nötige Vorgeschichte nachreichte. Vor dem Auftauchen der um Freiheit kämpfenden Menschen herrscht Unfreiheit in der Schöpfung: Die Phantasiewesen, die das »Rheingold« bevölkern, haben es deshalb nur zur Menschenähnlichkeit gebracht. Hoch über der Erde thronen, in Schönheit, doch herzlos, die Götter. Ihre Herrschaft, durch Frevel an der Schöpfung gewonnen, sichern sie durch Gesetz und Gewalt.

Ein Abgrund trennt sie von ihrem augenfälligen Gegensatz, den Geschöpfen »der Nacht und des Todes«: Es sind die »Nibelungen«, die, häßlich und dunkel behaart, die Tiefen durchwühlen, um alles Gold der Welt zu horten. Ein fürchterlicher Herrscher namens Alberich treibt sie an, der, nicht anders als Göttervater Wotan, durch Vergewaltigung der Natur an die Macht gelangte. In diesen extremen Gegensätzen verkörperte Wagner den gesellschaftlichen Konflikt von 1848: Stehen die erhaben-selbstsüchtigen Götter, die, ohne zu arbeiten, die Früchte der Natur genießen, für die herrschende Aristokratie, so die abstoßenden, zwischen Gier und Angst hin- und hergerissenen Zwerge für das goldhortende Judentum.

Obwohl beide Fraktionen erbittert um die Weltherrschaft kämpfen, die Wagner mit dem titelgebenden »Ring« symbolisiert, haben sie sich doch, bei Auftauchen der freiheitsliebenden Menschen, auf die gleiche Seite der Barrikade geschlagen. Gemeinsam werden sie, wenn auch mit verschiedenen Mitteln, den »Götterfunken« der Lebensfreude und des allumfassenden Liebesgebots auslöschen. Als dessen Repräsentanten treten die Helden Siegmund und Siegfried auf, das Herz voll Freiheitssehnsucht und die Kehle voll melodiösen Gesangs. Sie besitzen nichts als ihren »eigenen Leib«[38], und da sie niemanden beherrschen wollen, dulden sie auch keine Herrschaft über sich. Nur eines erfüllt sie, die Lust am Dasein und deren Inbegriff, die Sehnsucht nach der Geliebten. Doch bald schon wecken sie, unvermeidlich, die Mißgunst des lieblosen Götterhofs, den Haß der machtbesessenen Nachtgeschöpfe.

Unbekümmert folgen die Menschen – wie Wagner in Dresden – ihrer Freiheitssehnsucht, räumen gewaltsam alle Hindernisse aus dem Weg und fallen, voraussehbar, ihren Feinden zum Opfer. Statt ein Reich der Liebe zu begründen, in dem auch die schuldverstrickten Licht- und Nachtalben »erlöst«, also abgeschafft, wären, finden die unvorsichtigen Idealmenschen, getrennt von ihren Geliebten, den Tod durch Verrat: zwei Heilandsfiguren, »am Kreuz des deutschen Gedankens hängend«. Am Ende brennt die ganze Welt, und Wagner, der in seinen Geschöpfen auferstandene Revolutionär, wäre am liebsten mitverbrannt. »Ja – im Brande Walhalls möchte ich untergehen!« rief er nach Beendigung des Textbuches aus. »Meine Dichtung – sie enthält der Welt Anfang und Untergang!«[39]

Für den Vordenker des Weltenbrandes, der sich gern als »Plenipotentiarius«, also Generalbevollmächtigter, »des Unterganges«[40] bezeichnete, bedeutete der »Ring« das »Größte, was je gedichtet«[41], und zugleich, in seiner »umfassenden Großartigkeit und Schönheit«, den »vollendetsten künstlerischen Ausdruck« seiner »ganzen Weltanschauung«.[42] Deren Ziel aber war, seit »Rienzi«, kein anderes als das seiner Bühnenstellvertreter Siegmund und Siegfried: der Umsturz der Verhältnisse und der Triumph des neuen Menschen.

Dieses Göttergeschöpf der Zukunft unterschied sich vom alten Regime und seinen Menschensklaven nicht nur durch ein verändertes, von allen Fesseln falscher Überzeugungen befreites Bewußtsein – es nahm auch biologisch einen höheren Rang ein. Denn das Heldengeschlecht, aus Wotans Lenden gezeugt, soll die Welt mit schöneren, stärkeren und gesünderen Leibern bevölkern. »So blühe denn, Wälsungen-Blut!«[43] lautet Siegmunds Devise, womit er den Auslesestamm kommender Germanengenerationen heraufbeschwört. Von dieser nachrevolutionären Elite, da war sich ihr Erfinder sicher, würde das »Ring«-Drama dereinst zum Nationalheiligtum erhoben. »Es ist gewiß das der arischen Rasse eigentümlichste Kunstwerk«, erklärte er dem »Ring«-Finanzier, Ludwig II. »Kein Volk der Erde konnte in dieser Deutlichkeit seiner Herkunft und seiner Anlage sich bewußt werden.«[44]

In Richard Wagner, dem »deutschesten« aller Künstler, hatte das arische Heldenvolk der Zukunft seinen Propheten gefunden; in seinem Bayreuther Festspielhaus, das ausschließlich für den »Ring« geplant war, seine nationale Weihestätte. Dieses Theater, geboren aus dem Geist der an der Wirklichkeit gescheiterten Revolution, war seit seiner Eröffnung 1876 selbst zu einer politischen Wirklichkeit geworden. »Mit dem Heil Deutschlands«, versicherte sein Begründer 1866, »steht und fällt auch mein Kunst-Ideal; ohne Deutschlands Größe war meine Kunst ein Traum: soll dieser Traum in Erfüllung gehen, so muß notwendig Deutschland auch zu seiner vorbestimmten Größe gelangen.«[45]

In diesem Traum hat sich Adolf Hitler, Stehparkettbesucher mit wechselndem Wohnsitz, eingerichtet. Mitgerissen von Wagners »mächtigen Tonwellen«, entzündet von Rollers Licht- und Feuerzauber, war ihm aufgegangen, was ihm das Leben bis dahin vorenthalten hatte: ein Sinn, der begreifbar, und ein Ziel, das erreichbar schien. Was der »Ring« an schroffen Gegensätzen vor Augen führte, war dem einsamen Spaziergänger täglich begegnet: droben im Licht die Prunkpaläste der Ringstraße, wo Adel und Reichtum hofhielten, unbeeindruckt von den Leiden des schmachtenden Volkes; drunten im düsteren Zwielicht das schwarzgelockte Judentum, dieser »im Schutze eines dämmerigen Halbdunkels« schleichende »Dämon der leidenden Menschheit«[46], wie Wagner schrieb, der das Volk durch Zinsknechtschaft und Laster zermürbte.

Die Rolle des Helden aber, der dieser Hydra furchtlos entgegentritt, war wie von selbst ihm zugefallen. Elternlos und ohne Besitz, als Künstler mißachtet und von den Futterkrippen des Beamtenstaates vertrieben, stand er scheinbar auf verlorenem Posten. In Wahrheit hatte ihm seine Ungebundenheit ermöglicht, Wagners Vision als heiligen Auftrag entgegenzunehmen, um dereinst Deutschlands »vorbestimmte Größe« zur Wirklichkeit werden zu lassen. In jenen Tagen, so erinnerte sich Mitfanatiker Kubizek, eignete sich Hitler »die Persönlichkeit Richard Wagners an, ja, erwarb ihn so vollkommen für sich, als könnte dieser ein Teil seines eigenen Wesens werden«.[47] Nur zwei Kategorien von Menschen habe Hitler damals gelten lassen: »Freunde und Gegner Richard Wagners«. Gegen diese aber, die Unterweltler mit den schwarzen Locken, die nach Wagners Überzeugung zu seinen verschworensten Feinden gehörten, sei es schon im Linzer Theater zu »rauhem Kampfe« gekommen. Sobald »eine Wagner-Aufführung in Sicht kam«, berichtete Kubizek, »bemächtigte sich unser eine Stimmung wie jene der Helden auf der Bühne«.[48] Höchstes Ziel der streitbaren Wagner-Inkarnation Hitler sei es gewesen, »nach einem Leben voll kühner, weitreichender Taten, einem möglichst heroischen Leben, nach Walhalla einzuziehen und für alle Zeiten zu einer mythischen Gestalt zu werden«.

Hatte er Wagner eigentlich verstanden? Das »Gesamtkunstwerk« des »Ring« gilt als hochkomplex und unendlich ausdeutbar. Der Dichter selbst hat variierende Textfassungen mit widersprüchlichen Schlüssen vorgelegt und zudem im Laufe seines Lebens verschiedene Auslegungen angeboten, die ihren Gegenstand noch an Kompliziertheit übertreffen. Einfache Erklärungen, so scheint es, sind beim »Ring« fehl am Platze. Dessen Exegese gilt bis heute als Ausweis musik- und literaturwissenschaftlicher Meisterschaft; kein Regisseur von Rang, der nicht schon mindestens einmal am »Ring« gescheitert wäre. Auch lehrt ein Besuch im heutigen Bayreuther Festspielhaus, daß Wagners Tetralogie scheinbar sehr viel mit Machtkalkül und psychologischer Feinarbeit zu tun hat, so gut wie nichts dagegen mit Adolf Hitlers Weltanschauung.

Allerdings ebensowenig mit der Richard Wagners. Denn alles, was man dem Bayreuther Vordenker heute an humanistisch-fortschrittlichem Ideengut nachsagt und in die »Ring«-Interpretationen einfließen läßt, beruht auf begrifflichen Mißverständnissen: Wenn Wagner »Demokratie« sagt, meint er einen führergelenkten Elitestaat; spricht er von »Sozialismus«, hat er jene kunstbegeisterten Massen im Sinn, deren höchster Lebenszweck im Besuch der Bayreuther Festspiele besteht; will er das »Kapital« vernichten – laut Eduard Devrient Wagners »Steckenpferd«[49] –, sollen dessen Besitzer gleich mitvernichtet werden; und plädiert er für eine »Veredelung des Christentums«[50], dann nur mit einem arischen Jesus, dessen Mitleidsgebot, von Wagner leidenschaftlich vorgetragen, auf Menschen reiner Rasse beschränkt bleiben soll. Für jene, die ihn ans Kreuz schlugen, bleibt nur der Untergang.

Hätte demnach die professionelle Auslegungskunst den eigentlichen Sinn des »Ring« übersehen oder gar unter den Tisch fallen lassen, der einem zwanzigjährigen Kulturneuling und Theaterdilettanten am Vorabend des Ersten Weltkriegs ins Auge gefallen ist? Hätte man sich seit dem Ende des Hitler-Reichs über Wagners Gewaltverherrlichung und Rassenkult, Intoleranz und großdeutschen Chauvinismus einfach hinweggetäuscht, die einem zeitgenössischen Publikum selbstverständlich waren? Und jenes fatalste Ingrediens der Wagner-Kunst, von dem – moderne Wagnerianer legen Eide dafür ab – im »Ring« nicht die geringste Spur aufzufinden sein soll: der Antisemitismus? Ein Mann vom Schlage Hitlers jedenfalls, und mit ihm wohl das gesamte krawallbereite Stehparkett der deutschen Opernhäuser, mußte es entdecken.

Vielen Gebildeten ging es nicht anders. Als etwa der französische Rassentheoretiker Arthur Gobineau, einer der Vordenker der NS-Doktrin, den »Ring des Nibelungen« in Berlin an der Seite des Meisters erlebte, so berichtete Wagner-Witwe Cosima, habe er darin »das vollkommen verwirklichte Ideal aller seiner Gedanken über Rasse ..., Bestehen und Untergang«[51] wiedergefunden. Und der Bayreuth-Autor Hans Alfred Grunsky schrieb 1924 im offiziellen Festspielführer, daß zwischen Siegfried und den Nibelungen

»heftigste rassische Abneigung« bestehe; daß das Zwergengeschlecht »zersetzenden Einfluß auf die übrige Welt« ausübe; und daß am Ende »Erlösung« winke – »doch werden wir gut tun«, so Grunsky, »nicht weiter in Worte fassen zu wollen, was es mit der Erlösung auf sich hat, worin sie besteht«.[52]

War der Judenhaß das irritierende Leitmotiv von Wagners Weltanschauung, so hatte er dieser, wie er erklärte, im »Ring« zu künstlerischem Ausdruck verholfen – und Deutschland sollte sich in dieser tönenden Philosophie wiedererkennen. Den Schlüssel zu seiner rätselhaften, aus Urwelttagen bis in die geschichtliche Epoche sich erstreckenden Geschichte bot der titelgebende Ring: Geschmiedet aus geraubtem Gold, verhalf er seinem Besitzer zur Weltherrschaft oder, in den Worten einer Repräsentantin des noch unschuldigen »goldenen« Zeitalters, das mit dem Raub des Rheingolds endet: »Der Welt Erbe«, so die Rheintochter, »gewänne zu eigen, wer aus dem Rheingold schüfe den Ring, der maßlose Macht ihm verlieh!«[53]

Die Geheimformel, von einer Wassernixe arglos ausgeplaudert, schnappt ein ekelhafter Zwerg namens Alberich auf. Er gehört zum Geschlechte derer, die »dem Schoße der Nacht und des Todes entkeimen«[54] und »gleich Würmern im toten Körper« die »Eingeweide der Erde« durchwühlen. Mit dieser abstoßenden Charakterisierung bedachte Wagner zur gleichen Zeit das »Judentum«, das alles Lebendige zersetze und »in wimmelnde Viellebendigkeit von Würmern«[55] auflöse. Alberich hört den Spruch von »der Welt Erbe« und greift gierig zu – bezahlen muß er mit seiner Liebesfähigkeit. Im Triumph des Goldraubes »entsagt« er nicht nur der »Liebe«, dem göttlichen Urprinzip der Schöpfung also, sondern er verflucht sie. Den Juden wurde von der christlichen Propaganda nachgesagt, sie hätten den Heiland verflucht; der haarige Zwerg ruft mit satanischer Schadenfreude sein »So verfluch ich die Liebe!« in die Welt, die sich in tiefste Nacht hüllt, während »Alberichs gellendes Hohngelächter«[56] aus der Tiefe schallt.

Den Begriff von »der Welt Erbe«, das sich, nach Wagners Überzeugung, nur durch Haß auf die Schöpfung erringen läßt, hat er nicht zufällig gewählt. Er stammt aus der Bibel. »Denn die Verheißung, daß er sollte sein der Welt Erbe«, heißt es in Luthers Übersetzung des Römerbriefs, sei Abraham und »seinem Samen« versprochen. Für Wagner hieß das, daß der Judenpatriarch und sein Volk Anspruch auf Weltherrschaft erheben. Das Gold aber, den »Eingeweiden der Erde entrissen«, benutzen sie als Machtmittel gegen den Rest der Menschheit: Sie verwandeln es in Geld, den »würgenden Dämon«[57], und errichten als schlaue Spekulanten Bankhäuser, mit denen sich, so Wagner, das »schauerliche Bild des gespenstigen Weltbeherrschers« rundet. Dies nun sei die Einsicht, verrät der Komponist, die er mit dem »verhängnisvollen Ring des Nibelungen« ausdrücken wollte. Bei einem Besuch in London 1877, im Jahr nach der Uraufführung des »Ring«, glaubte er, die Nibelungenwelt auch in der Wirklichkeit ausgemacht zu haben. »Der Traum Alberichs«, erläuterte er seiner Frau Cosima, »ist hier erfüllt, Nibelheim, Weltherrschaft«.[58]

Doch diese Welt, auch das gehört zur Botschaft des »Ring«, hat keine Zukunft. Durch Frevel entstanden, durch Unrecht am Leben gehalten, von allen erdenklichen Lastern angetrieben, geht sie unaufhaltsam ihrer Vernichtung entgegen. In seinem revolutionären Mythos, auch das verriet Wagner seiner Frau, habe er das »vollständige Bild des Fluches der Geld-Gier gegeben«, einschließlich »des Unterganges, welcher daran geknüpft ist«.[59]

Daß gerade die Geldgier Spezifikum des jüdischen Volkscharakters ist, hat der Dichter, verschlüsselt, in den Nibelungenzwergen und ihrer zwanghaften Jagd nach dem »Ring« dargestellt; ihren »Untergang« dagegen sollte er offen voraussagen. Im Jahr nach der Dresdner Katastrophe veröffentlichte er, anonym, den Artikel »Das Judentum in der Musik«[60], in dem die Abrechnung mit den lästigen Konkurrenten Giacomo Meyerbeer und Felix Mendelssohn-Bartholdy zum Ausgangspunkt einer welthistorischen Enthüllung wurde: Jene kulturelle Entartung, die im »Ring« durch Alberichs Erbsünde ausgelöst wurde, mußte nicht endgültig sein; dem unseligen Stamme konnte geholfen werden. »Aber bedenkt«, so ruft Wagner dem Judentum aufmunternd zu, »daß nur eines eure Erlösung von dem auf euch lastenden Fluche sein kann: die Erlösung Ahasvers, – der *Untergang*!«[61]

Welcher Fluch, der nur mit dem Tode erlischt, konnte gemeint sein? Der »Ewige Jude« Ahasver soll, der christlichen Legende nach, von Jesus selbst zur ruhelosen Wanderschaft verflucht worden sein; dessen Kreuzigung habe sich, so hörte man von den

Kanzeln, als Fluch auf das ganze Volk Israel gelegt; und hatte nicht Judas, der Verräter des Herrn, verzweifelt Hand an sich gelegt? Doch nicht die religiöse Unbelehrbarkeit der Ungläubigen, die sich trotzig der Taufe verweigerten, löste die Haßtiraden seiner »Judentum«-Schrift aus; es war deren vermeintliche Herrschaft über die moderne Welt, einschließlich des Musikbetriebs, die Wagner zu ihrem erbittertsten Feind werden ließ. In der deutschen Geschichte gibt es keine vergleichbare Persönlichkeit, die ihm diesen Superlativ streitig machte.

Der Jude, so predigte Wagner schon zu Anfang seines Pamphlets, »herrscht und wird so lange herrschen, als das Geld die Macht bleibt, vor welcher all unser Tun und Treiben seine Kraft verliert«.[62] Mit Geld also, dem geprägten Gold der Tiefe, übe er seine Macht aus – und keiner »merkt es den unschuldig aussehenden Papierchen an, daß das Blut zahlloser Geschlechter an ihnen klebt«. Statt dessen beschönige man das ruchlose Treiben und bedecke es mit dem Mäntelchen des »Dunkels, das wir gutmütigen Humanisten selbst« darüberbreiten, »um uns seinen Anblick minder widerwärtig zu machen«.

Dank Wagners publizistischer Entlarvung sollte damit nun Schluß sein. Denn schon »durch seine nackte Aufdeckung dürfen wir hoffen, den Dämon aus dem Felde zu schlagen, auf dem er sich nur im Schutze eines dämmerigen Halbdunkels zu halten vermag«. In seinem »Ring«-Theater heißt dieser Dämon Alberich: Dunkel von Aussehen und schwarz behaart, enttaucht er »Nibelheims Nacht«, um dämmeriges Zwielicht in den Schöpfungsmorgen hineinzutragen.

Das Rheingold, mit »furchtbarer Gewalt«[63] der Erde entrissen, entführt er »hastig in die Tiefe«, wo es zu Geld verarbeitet wird. »Die ganze Welt«, prahlt der Nachtalbe dann, »gewinn ich mit ihm mir zu eigen!«[64] Doch es kommt anders: Göttervater Wotan raubt ihm das Herrschaftszeichen des Ringes, und der entmachtete Unterdrücker stößt, seiner Natur entsprechend, einen neuerlichen Fluch aus: Wer den Ring besitzt, soll durch ihn den Tod finden. Erst den langsamen Tod der unersättlichen Gier – »so lang er lebt, sterb er lechzend dahin«[65] –, dann den plötzlichen, den der »Würger« bringt. Nichts anderes meinte Wagner, als er vom Fluch der Geldgier sprach und des Untergangs, der an ihn geknüpft ist. Der Fluch dieser Prophezeiung, der Bühnenfigur Alberich in den Mund gelegt und im anonymen »Judentum«-Artikel als Erlösung deklariert, geht auf Wagners Konto. Das Verdienst, als erster den »Untergang« der Juden herbeigeschrieben zu haben, macht ihm in der deutschen Geschichte keiner streitig.

Im »Ring« ist Siegfried dafür zuständig. Sein Erfinder hat in ihm den Revolutionär dargestellt, der mit der nächtlichen Alberichs-Welt und ihrem Fluch Schluß macht – einmal, indem er ihn erfüllt und den herrschsüchtigen Nibelungen Mime mit dem Schwert Nothung zur ewigen »Ruh« befördert; zum anderen durch den neuen Lebensentwurf, dessen klingende Weltbejahung er der trüben Unterwelt entgegenhält, die sich im Raffen und Gieren erschöpft. In Wagners Drachentöter, dem schon Jacob Grimms »Deutsche Mythologie« »deutliche Spuren des Übermenschlichen«[66] nachsagt, tritt der Mensch der Zukunft auf, der mit dem Götterfunken der Freude die Welt entflammen wird. Siegfried wird ohne Gott und Meister auskommen – Obergott Wotan schlägt er in die Flucht, seinen Lehrer Mime bringt er um –, dafür aber auch ohne jene Angst und Gier, die dem vorrevolutionären Menschen das Leben vergällen. Aus Siegfried, so will es sein Dichter, jubelt die Lust der Natur an sich selbst und bald auch die Sehnsucht nach der Braut. »Das Schicksal der Welt«, verkündet Wagner, »hängt von dieser göttlichen Einfalt und Einzigkeit des furchtlosen Einzelnen ab!«[67]

Nach dem durch Alberich verdorbenen Schöpfungsmorgen, so scheint es, bricht nun ein neuer Tag an, betritt ein verwandelter Mensch die Weltbühne: Das Nibelungengold bedeutet ihm nichts, weshalb auch der Fluch, wie der Nachtalbe grimmig bemerkt, »an dem furchtlosen Helden erlahmt«.[68] Herrschaft über andere kann ihn nicht reizen; selbst der Tod, vor dem die alte Gesellschaft aus Götteradel und Nibelungenniedertracht zitterte, hat für ihn den Stachel verloren. Mit seiner Geliebten Brünnhilde verschmolzen, lebt er in ihr und dem Heldengeschlecht weiter, das er mit ihr zeugen soll.

Doch der Freie hat längst seine Freiheit verloren. Zwar ahnt er nichts von seiner Vorgeschichte, um so mehr aber weiß sie von ihm: Noch bevor er geboren war, hatte Wotan ihn als Figur auf dem Schachbrett der Weltherrschaft verplant. Für seinen Adoptivvater Mime soll er den Drachen erlegen, unter dessen Bauch, wie im

Tresor einer Bank, das Nibelungengold samt Ring deponiert ist. Für seinen Ahnen Wotan dagegen, aus dessen Samen das Heldengeschlecht der Wälsungen einst entsprungen ist, soll Siegfried die Welt von den Nibelungen und zugleich – dies Wagners origineller Einfall – von ihm selbst, dem lebensmüden Gott, befreien. Sollte ihm bei dieser dramaturgisch ergiebigen Idee die Erinnerung an Dresdner Revolutionstage die Feder geführt haben, als er dem König die Selbstaufgabe und gleichzeitige Verwandlung in den Volksbefreier vorgeschlagen hatte? Im »Ring des Nibelungen« bahnt sich dieser Machtwechsel an. Wotan verzichtet, und Siegfried, an dessen Schwert bereits Nibelungen- und Drachenblut klebt, schlägt ihm dafür seinen Herrschaftsspeer in Stücke. Als Generalbevollmächtigter des Untergangs der alten Welt kann der neue Mensch auf Brutalität anscheinend nicht verzichten.

Kaum ist Wotan abgeschafft, hängt Siegfrieds Himmel voller Geigen: Unter gewaltigem Orchestergewoge hat er seine Braut Brünnhilde wachgeküßt und mit »Heil«-Rufen begrüßt, worauf der Fortpflanzung einer edelrassigen Menschheit nichts mehr im Wege zu stehen schien. Doch es kam anders. Wie der Dresdner Aufständische Wagner, so scheitert auch der Freiheitskämpfer Siegfried. Denn noch ist, rachsüchtig und haßerfüllt, der Fürst des Dunkels, Alberich, am Leben. Das Urprinzip des Bösen, dessen Fluch gellend durch die Jahrtausende der »Ring«-Geschichte dringt, wird, wie zu Anfang am Grund des Rheins, so am Ende an den Ufern des Zeitenflusses, triumphieren. Seine Schachfigur auf dem Brett des Machtspiels heißt Hagen. Gezeugt ohne Liebe und zu dem einzigen Zweck, den Ring zurückzuerobern, erzieht ihn der Nachtalbe nach dem Grundsatz »Hasse die Frohen«.[69] Den willfährigen Sohn schwört er auf das Ziel ein, das allen Nibelungengehirnen als fixe Idee eingeprägt scheint: »Wir erben die Welt.«

Dazu muß Hagen, »fahl und bleich« wie Ahasver, zum Verräter werden wie Judas und seinen Jagdgenossen Siegfried, den Ringbesitzer, töten. Im offenen Kampf ohne Chance, flößt er dem nichtsahnenden Helden einen Zaubertrank ein – auch die Schwarze Magie gehört schließlich zu den Geheimwaffen des Antichrist –, der ihn sich selbst entfremdet und seine eigene Geschichte vergessen läßt. Der Lichtheld, mit sich selbst entzweit, wird dem »Kaltblütigen« zur leichten Beute; Hagen stößt ihm den Speer in den Rücken.

Folgt der Trauermarsch, dessen Doppelschläge wie der Zornausbruch über die gescheiterte Revolution und das Ende des Menschheitstraumes klingen, aber auch wie ein Racheschwur, der irgendwann, vielleicht erst in ferner Zukunft, eingelöst werden wird. Folgt der Liebestod auf dem Scheiterhaufen, das Anschwellen des Rheins, in dessen Fluten der Ring samt seinem Räuber Hagen, nicht zufällig, »untergeht«. In den himmlischen Höhen darüber ist die Wotansburg Walhall in Brand geraten. »Als die Götter von den Flammen gänzlich verhüllt sind«, so Wagners Regieanweisung, »fällt der Vorhang.«[70]

In Hitlers mythischer Phantasie blieb er immer geöffnet. Noch als Reichskanzler, so berichtete Speer, habe er detaillierte Entwürfe für sämtliche Szenen der vier Nibelungendramen gezeichnet und »voller Genugtuung« erzählt, »drei Wochen lang Nacht für Nacht darüber gesessen«[71] zu haben. Das Drama der politischen Wirklichkeit, so scheint es, spielte sich für Hitler im Wechselrahmen der »Ring«-Kulissen ab.

V.
Beruf: Drachentöter

Siegfrieds Trauermarsch, die zornige Klage über den gemordeten Menschheitstraum, wird im Februar 1883 zu Wagners eigener Totenmusik. Deutschlands Schmerz um den »deutschesten« seiner Künstler, der in Venedig gestorben war, ertönt in den Doppelschlägen der »Götterdämmerung«, im schmetternden Triumph des Siegfried-Schwertes. Das Sterbelied des Helden, an den Stationen seiner Heimführung aus Venedig intoniert, wird zum Leitmotiv der kollektiven Wagner-Erschütterung. Auch Wien, seit Jahren im Bann des Bayreuthers, trägt Schwarz. Glocken läuten, spontane Versammlungen werden abgehalten, bei allen Konzerten kommt das tränenlösende Stück auf die Orchesterpulte. Immer wieder muß der blonde Held unter dem Mordspeer des schwarzgelockten Hagen fallen.

Wiens deutsche Studentenschaft, die im »Ring«-Komponisten den Erlöser von Österreichs Rassenchaos gefunden hat, strömte zu einem »Trauer-Commers für Richard Wagner« in den Sophiensaal. Nicht Musik stand auf der Tagesordnung, sondern Politik: Im Vielvölkerstaat fühlte man sich als bedrohte Elite – Wagner, Künder eines kämpferischen Deutschtums, bot sich als Schutzpatron an. Erwartungsgemäß hatte sich die Gedenkfeier, so die »Allgemeine Zeitung«, zu »einer imposanten deutsch-nationalen Kundgebung gestaltet«[1], was aus der Sicht des Studenten Theodor Herzl besagte, daß es zu einer »antisemitischen Demonstration«[2] gekommen war. Besonders ein Philosophiestudent namens Hermann Bahr trug dazu bei, daß die Trauer um das verstorbene Idol in Haß auf seine Feinde umschlug. Bahrs Hetztiraden wurden stürmisch bejubelt, weitere Volkstribunen riefen sinngemäß dazu auf, sich wieder »für den gelben Fleck des Mittelalters zu begeistern«.

Hermann Bahr, der Jahre später zu einem einflußreichen Förderer der Bayreuther Sache heranwachsen sollte, berichtete nach der Totenfeier, er habe lediglich »Wagner als Politiker, und zwar als großdeutschen Politiker, charakterisiert«, seine Heimat Österreich dagegen als tragische Sünderin Kundry, die bekanntlich im »Parsifal« »sehnsüchtig des Erlösers harrt«. Einer mußte kommen, der in Wagners Namen das Land von jüdischer Überfremdung und Kulturverfall befreit, am besten durch Heimführung ins deutsche Reich. Dazu sollten, laut Bahr und Genossen, Zeichen gesetzt werden. Auch der Bayreuther Meister, so verkündete Bahr vom schwarzdrapierten Podium, hätte 1849 in Dresden »offen in der Revolution ... für die heiligste Sache, die großdeutsche Republik« gekämpft, und zwar ohne »kleinliche Anhänglichkeit an den sächsichen Hof«. Das zielte gegen die verhaßte Donaumonarchie und ihre Liberalität, die nur durch beherzten Umsturz zu beseitigen war. Bahr beendete seine Rede im Sophiensaal mit der »Aufforderung zum Schwur, nicht eher zu ruhen und zu rasten, als bis Richard Wagners heiliges Vermächtnis, der großdeutsche Gedanke, erfüllt sei«.[3]

Der Trauerkommers artete zum Tumult aus. Die Polizei schritt gegen die Hetzredner ein, ein Regierungsvertreter untersagte weitere Agitation und drohte mit Abbruch der Veranstaltung. »Da begab sich«, laut »Neue Freie Presse«, »Ritter von Schönerer demonstrativ auf die Bühne. Seine jugendlichen Anhänger riefen stürmischen Beifall ... Er schrie mit donnernder Stimme in die Versammlung, aus der Hurrahs seinen Kampfesmut belohnten« – womit, sechs Jahre vor Hitlers Geburt, dessen zukünftige politische Leitfigur die Wagner-Bühne betreten hatte. Georg Ritter von Schönerer, leidenschaftlicher Wagner-Verehrer und Antisemit, stammte aus derselben Gegend wie Hitlers Familie und konnte mit seinen radikalen Ansichten angeblich sogar dessen Vater für sich einnehmen. Gutsbesitzer Schönerer, dessen Anhänger »an der Uhrkette das Antisemitenzeichen, das einen gehenkten Juden darstellte«[4], baumeln ließen, ging als der »mächtigste und konsequenteste Antisemit, den Österreich vor Hitler hervorbrachte«[5], in die Geschichte ein. Im Jahr vor seinem spektakulären Auftritt vor den Studenten hatte er seine »alldeutschen« Vorstellungen im »Linzer Programm« dargelegt, das für Separatismus und bald auch die Beseitigung des

»jüdischen Einflusses auf allen Gebieten des öffentlichen Lebens«[6] eintrat. Zur gleichen Zeit, als die Wiener Hofoper mit der Neuinszenierung von »Tristan und Isolde« durch Gustav Mahler und Alfred Roller ein Glanzbeispiel »jüdisch-deutscher« Zusammenarbeit lieferte – beide waren zudem begeisterte Wagnerianer –, verteilte der Ritter aus dem Waldviertel eine Propagandakarte mit Wagner-Konterfei und den »goldenen Worten: Der Jude ist der plastische Dämon des Verfalls der Menschheit«. Das Wagner-Zitat, das in Hitlers Reich zu Ehren kommen sollte, war unterzeichnet mit »Heil! Schönerer«[7].

Als Hitler 1908 in Kaiser Franz Josephs Residenzstadt unterschlüpfte, stand sie politisch unter dem Eindruck des radikalen Schönerer, neben dem sich auch der weit populärere Bürgermeister Karl Lueger als Antisemit profilierte. Hinter beiden aber ragte, als mythischer Gewährsmann, der Bayreuther Meister auf.[8] Schon die Wiener Erstaufführung der vier »Ring«-Teile zwischen 1877 und 1879 hatte, laut einer Hofopern-Chronik, einen »beispiellosen, durch die schwellende nationale Welle gesteigerten Erfolg« verzeichnet, während der Kritiker Eduard Hanslick darin einen bedrohlichen »vierläufigen Revolver«[9] erblickte.

Wagners Weltanschauung, im »Ring« unmißverständlich offengelegt und mit dramatischer Stringenz »bewiesen«, fand der Linzer Zugereiste im Parteiprogramm seines Landsmannes vertreten. Schon weil sich der Stammtisch seines Vaters »den Ideen Schönerers verschworen« hatte, fühlte Hitler »persönliche Sympathie« für den herrischen Politiker. Auch überzeugte ihn der Ritter im Vergleich mit Lueger als der »bessere und gründlichere Denker in prinzipiellen Dingen«.[10] Gab sich der Mann aus der Stumpergasse schon bald als Schönerers »Anhänger und Nachbeter«[11] zu erkennen, so auch, weil dessen im Parlament vorgetragenen alldeutschen Überzeugungen die Anwendung Bayreuther Glaubenssätze auf den österreichischen Grenzfall darstellten.

Die Frage, warum der Zollbeamtensohn zum Antisemiten werden mußte, wird gern mit der Gegenfrage beantwortet, ob sich das überhaupt hätte vermeiden lassen in dieser ressentimentgeladenen Stadt mit ihren hemmungslos auftrumpfenden Politikern; Juden zu hassen, so heißt es, sei damals für die breite Masse eine Selbstverständlichkeit gewesen, zu der es keines besonderen Anlasses bedurfte. Nur so scheint sich zu erklären, warum Hitler »als Grund für seinen Antisemitismus nur die in ihm gewonnene Erkenntnis von der allgemeinen Verderblichkeit des Judentums angibt«, wie seinem frühen Biographen Konrad Heiden aufgefallen war. »Niemals spricht er von einer konkreten schlechten Erfahrung«, nennt »keine Namen, beschuldigt keine Personen«[12].

Auch Brigitte Hamann, die Hitlers Wiener Jahre minuziös rekonstruierte, fand keinen Anhaltspunkt für einen Konflikt mit jüdischen Mitbürgern[13] – im Gegenteil: Dem jüdischen Hausarzt seiner Familie, Dr. Eduard Bloch, der sich um Hitlers todkranke Mutter kümmerte, zeigte er noch als Kanzler seine Dankbarkeit; den Juden Gustav Mahler bewunderte er für seine Wagner-Interpretation; seine Kopien verkaufte er fast ausschließlich an jüdische Händler und Sammler; seinen Freund Kubizek begleitete er sogar zu einem Hauskonzert bei dem jüdischen Musikliebhaber Dr. Rudolf Jahoda, für dessen Bibliothek sich Hitler besonders interessierte; auch im Männerheim waren mehrere seiner Freunde Juden – und selbst der Offizier, der ihm im Ersten Weltkrieg das Eiserne Kreuz an die Brust heftete, war jüdischen Glaubens. Keiner von ihnen scheint ihm auch nur den geringsten Anlaß zu Haß geboten zu haben, geschweige denn, ihnen den Tod zu wünschen.

Dem scheint allerdings eine Bemerkung Hitlers zu widersprechen, die von Helene Hanfstaengl überliefert wurde. »Sein Haß auf die Juden«, soll er ihr einmal anvertraut haben, »sei ›eine persönliche Sache‹.«[14] Also doch eine böse Erfahrung, ein unverzeihliches Unrecht, das in ihm Rachegelüste weckte? So, wie seine Münchner Bekannte den Satz verstand, war er vermutlich nicht gemeint: Hitler wollte damit nicht etwa eine Privatangelegenheit andeuten, was seinem messianischen Selbstverständnis ohnehin widersprochen hätte, sondern den simplen Umstand, daß sich darüber nicht reden ließ, weil es eben »seine persönliche Sache« war. Frau Hanfstaengl, obwohl zum Bayreuther Freundeskreis gehörig, hätte auch kaum verstanden, daß der rabiate Antisemitismus ihres Hausgastes, wie Konrad Heiden formulierte, eine Folge der »geistigen Hörigkeit Hitlers Richard Wagner gegenüber«[15] war.

Der Kampf gegen die Juden war in der Tat Hitlers ganz persönliche, mithin nicht weiter zu begründende oder zu diskutierende Grundüberzeugung – rückblickend betrachtet, sogar sein Lebensziel. Ausgelöst wurde diese monomanische Besessenheit durch Wagners, wie Biograph Heiden formulierte, »dualistische Kunstwelt«, in der »das Edle und das Unedle in deutlicher politischer Anspielung sich gegenüberstehen«. Und genau das, so Heiden, der seinen biographischen Gegenstand schon 1935 den »größten Massenerschütterer der Weltgeschichte«[16] nannte, prägte »die Welt Hitlers, wo der Fluch des Goldes die Zinsknechtschaft, der Zwerg Alberich die minderwertigen Rassenkräfte, also den Juden, Siegfried und Hagen den nationalen Zwiespalt und Wotan den tragischen Genius der germanischen Rasse verkörpern«[17]. Wagner, der sich wie kein zweiter aufs Massenerschüttern verstand, hatte die plastischen Vorbilder künftiger Helden- und Dämonenkämpfe auf die Bühne gebracht, und sein Schüler, wirklichkeitsflüchtig und theatersüchtig, sie ihm abgenommen. Die Wiener Hofoper hatte es ihm leichtgemacht: Zu Hitlers Zeit beherrschte die überlebensgroße Wagner-Heroine Anna Bahr-Mildenburg, einst Mahlers Geliebte, dann Gattin Hermann Bahrs, das schwere Walkürenfach, trompeteten von Cosima geschulte Krafttenöre Siegfrieds »Nothung! Nothung!« ins Volk, brauste kollektives »Heil!« durchs Haus wie in Vorfreude auf den kommenden Krieg.

Auch die Gegenwelt war vertreten. Zog in der Wirklichkeit Bürgermeister Lueger gegen den »Juden« Mahler vom Leder und forderte Schönerer die Abgeordneten auf, die »weitere Verjudung«[18] zu stoppen, konnte man das verborgene Treiben der Schädlinge im Rampenlicht des Opernhauses mühelos beobachten. Als Giftzwerg vom Dienst trat Hans Breuer auf, der dem Alberich-Bruder Mime zu grausiger Lebensnähe verhalf. Seine Judenkarikatur, die mit der Wirklichkeit nichts, mit Theatereffekten dagegen sehr viel zu tun hatte, war ihm in Cosimas Bayreuther »Stilbildungsschule« auf den Leib geschneidert worden. Deren Leiter Julius Kniese war für seinen »rigorosen Antisemitismus«[19] berüchtigt. Er hatte schon 1883 den »Parsifal«-Dirigenten Hermann Levi wegen dessen »verderblichem jüdischen Einfluß«[20] bekämpft. Nun ließ er seinen ganzen Haß in die Gestaltung der Rolle des Mime einfließen, der nach dem Wunsch ihres Erfinders alle Abscheulichkeiten dieser Rasse vor Augen führen sollte.

Breuers »mürrischen Zwerg«, der »streng nach Wagners Angaben« agierte, hat der französische Literat Romain Rolland in

Bayreuth wie die Hauptfigur eines Horrorfilms erlebt: »Schmutzig, zottig, mit einer struwweligen Perücke einem alten Affen ähnlich, rote Augen, ein Gesicht von einer grimassierenden Beweglichkeit«, dazu »fortgesetztes Tänzeln auf seinen verdrehten und hinkenden Beinen«, interpunktiert von jenen »verstohlenen und unanständigen Gesten«[21], die schon Wagner, Cosimas Tagebuch zufolge, seiner Höllenkreatur angedichtet hatte. Als der Meister selbst, bei den Festspielproben 1876, Mimes groteske Mimik vorführte, glaubte man, »den häßlichen Zwerg«[22] leibhaftig zu sehen. Seine nervösen Bewegungen drückten, nach Bayreuther Tradition, »finstere dämonische Gier« und »angsterfüllte Hast«[23] aus.

Dem jüdischen »Ring«-Dirigenten Mahler, den das »Alldeutsche Tagblatt« mit Wagners »bösem Zauberer Klingsor aus Parsifal«[24] verglich, entging nicht, wen Wagner mit dieser Spottgeburt aus Dreck und Feuer treffen wollte. Als ein Mime-Darsteller, wie üblich, in jüdischen Jargon verfiel, wurde Mahler wütend. »Das Ärgste an ihm ist das Mauscheln«, sagte er 1898. »Obwohl ich überzeugt bin, daß diese Gestalt die leibhaftige, von Wagner gewollte Persiflage eines Juden ist, ... so darf das hier um Gottes willen nicht übertrieben und so dick aufgetragen werden.«[25]

Doch derlei Übertreibung gehörte zum Antisemitismus wie der bocksfüßige Teufel zur Inquisition. So schwer die Ursprünge des Wagnerschen Ressentiments auszumachen sind, so läßt sich doch die Entwicklung dieses Vorurteils an der seiner Figuren nachzeichnen. Denn die Nibelungen, die Hitler das Grausen lehrten, waren nicht von Anfang an die abstoßenden Untermenschen, als die sie auf die Weltbühne traten. Erst Übertreibung ließ sie zu propagandatauglichen Typen erstarren. Von Entwurf zu Entwurf wuchsen die Erdzwerge in ihre Antirolle hinein, und zwar nicht nach der Logik des Gedankens, sondern der des Dramas. Bevor Alberich und Mime sich als weltbedrohende Ungeheuer entpuppten, verkörperten sie in Wagners Entwürfen die notwendigen Gegenspieler des Helden, der sich in seiner Auseinandersetzung mit ihnen zum Welterlöser emporsteigern konnte – denn dies, nicht die Erlösung von den Nibelungen, war ursprünglich seine Aufgabe. Noch im »Rheingold«-Entwurf von 1851 stand nichts von Alberichs weltanschaulichem »Fluch auf die Liebe«, mit dem alte Wunden aufgerissen wurden; und Brünnhilde durfte in »Siegfrieds Tod« den Zwergen gar Erlösung von ihrer Sklavenarbeit verkünden. »Ihr Nibelungen«, rief sie aus, »vernehmt mein Wort! eure Knechtschaft künd' ich auf: der den Ring geschmiedet...frei sei er, wie ihr!«[26]

Je länger Wagner über dem »Ring« brütete, um so mehr verblaßte sein 1848er Pathos, traten statt dessen die Gegensätze immer unversöhnlicher hervor. Der gefällte Held, der ursprünglich von seiner Braut zum ewigen Leben nach Walhall geführt wurde, muß in der letzten Fassung unversöhnt sterben, ein empörtes Publikum zurücklassend, das von den Hammerschlägen des Trauermarsches auf Rache eingeschworen wird – Rache an der zottigen Höllenbrut, die wegen des auf offener Bühne begangenen Heilandsmordes nicht mehr auf Gnade und Brünnhilds Erlösung hoffen darf. Für die Nibelungen bleibt nur die Vernichtung.

Vergleicht man Wagners Skizzen mit der vollendeten Partitur, drängt sich tatsächlich der Verdacht auf, daß sein gestalterischer Extremismus nicht die Folge, sondern umgekehrt die Ursache seines eskalierenden Antisemitismus war: Das Prinzip dramatischer Dialektik, das, um der deutlicheren Profilierung willen, die Gegensätze auf die Spitze treiben muß, war auf Wagners Vorurteil übergesprungen und hatte es, angeheizt durch Futterneid und Haß auf seine Kritiker, im »Ring des Nibelungen« zur Horrorvision verdichtet. Was auf der Bühne und zugleich in der nach Gegensätzen aufgebauten Musik die nötige Hochspannung erzeugt, führt in der Wirklichkeit zu katastrophalen Fehldeutungen. Wer Spannungen schafft, braucht für deren Entladung nicht zu sorgen.

Fiel Wagner seiner eigenen Dramaturgie zum Opfer? Wenn fanatischer Irrglaube die Psyche eines Menschen entstellen, ihn sich selbst entfremden und seinen Zeitgenossen unerträglich machen kann, liefert der Komponist ein anschauliches Beispiel. Hitler dagegen erlebte durch Wagners Tongewitter keine Selbstentfremdung – die Identität, die ihm durch diese theatralische Suggestion hätte abhanden kommen können, besaß er noch nicht. Erst durch Wagnersche Andachtsschauer und Racheschwüre bildete sich eine tragfähige Ich-Konstante. Wer Hitler lediglich als bürgerliches Subjekt oder historische Persönlichkeit betrachtet, darf dabei das Entscheidende nicht übersehen – seine Theateridentität. Das Stück aber, in dem Hitler seine Bombenrolle spielte, war Wagners »Ring«. Als großer Vereinfacher gliederte er die Welt nach dessen Kategorien und schuf sich eine Gesellschaftsordnung, in der das Kostüm für die Funktion, die Schminke für den Charakter standen. Für die Wirklichkeit blieb, zwischen Über- und Untermenschen, kein Platz mehr.

Nibelheims Zwerge und Wotans Helden bevölkern denn auch Hitlers Reden, als spräche er aus der Tiefe einer Roller-Kulisse ins abgedunkelte Opernrund. Ob in den zwanziger Jahren im Münchner »Sterneckerbräu« oder in den Dreißigern in der Berliner Krolloper – sobald er auf sein Standardthema kam, tauchten aus dem Dämmer einer fiktiven Unterwelt Alberich und Mime auf. An ihren Fratzen entzündete sich seine Arie, die er wie ein Heldentenor absang, bis es ihm, vor schluchzendem Mitleid mit der Figur, die er darstellte, die Stimme verschlug. Nicht von Menschen handelte sein Lied, sondern von den Masken aus Wagners »Ring«-Fundus. Dessen Fiktionen gab er für bare Münze aus.

Zu den Lieblingsgestalten von Hitlers rhetorischem Welttheater gehörte Mime, der tückische Zwerg, der seine Goldgier hinter einem Redeschwall verbirgt. Erst überredet er seinen Ziehsohn Siegfried wortreich, den »Hort« für ihn zu erkämpfen, um ihm dann den Kopf »abzuhaun«.[27] Auch Hitler denunzierte seine politischen Feinde als Meuchelmörder, die ihr eigentliches Ziel, den Macht- und Golderwerb, mit Geschwätzigkeit überspielen. So wetterte er 1934 gegen »alle die kleinen Zwerge«, die sich ihm in den Weg stellen, um, wie Mime, von seiner Heldenkraft »hinweggefegt« zu werden – das »wachgewordene Volk aber«, so der neue Siegfried, »sollen sie nimmermehr wieder in Schlaf senken«[28] – wie Mime wohl, der sein Opfer, vor der geplanten Bluttat, mit Gift lähmen wollte: »Wenig Tropfen nur braucht er zu trinken, sinnlos sinkt er in Schlaf. Mit der eig'nen Waffe ... räum ich ihn leicht aus dem Weg.«[29]

Zwar weiß sich Mime dem jungen Helden an Hinterlist überlegen, zittert jedoch vor dessen »Wildheit«. »Ein Zwerg mit nichts als Wissen«, sinniert Hitler einmal in der Wolfsschanze, »fürchtet die Kraft.«[30] Ebendies behauptet Hitler schon in seinen Wiener Jahren erlebt zu haben: Bei Streitgesprächen mit Juden, so erzählte er, hätten diese ihn durch ihre »Zungenfertigkeit« und »Kunst der Lüge« verwirrt, seien zudem, sobald er sie »gestellt« habe, »augenblicklich auf ein anderes Gebiet übergesprungen« und hätten es ihm schwergemacht, »der dialektischen Verlogenheit dieser Rasse Herr zu werden«.[31] Siegfrieds Erfahrungen, im Rededuell mit Mime gesammelt, hatten sich offenbar in Hitlers Gedächtnis festgesetzt, als wäre sein Unterschlupf im Männerheim die Höhle des Zwergen gewesen.

Siegfrieds Zorn über den »Schwätzer«, den er »beim Genick packen« möchte, um ihm »den Garaus zu geben«[32], hat sich Hitler bleibend eingeprägt. Noch 1942 behauptete er, der Jude »setzt den Nichtjuden Sprüche vor, die Unsinn sind, je dunkler der Sinn, desto mehr werden sie darüber grübeln und von der Betrachtung der Wirklichkeit abgehalten sein!« Das »Teuflischste« daran sei, »daß sich der Jude darüber nun auch noch lustig macht, wie ihm der Betrug gelungen ist«. Diese auf die Entstehung des Christentums, einer »jüdischen« Erfindung, gemünzten Worte klingen wie ein Kommentar zum ersten Akt des »Siegfried«, in dem Mime verzweifelt versucht, den Helden über dessen eigene Herkunft im Ungewissen zu halten. Dagegen klingt Hitlers unmittelbar im Anschluß geäußerter Gedanke, »wenn die anderen eine Ahnung« dieses Betrugs hätten, »so würden alle Juden erschlagen werden«[33], wie die Kurzfassung des zweiten Aktes: Nachdem Siegfried die wahre Absicht Mimes durchschaut hat, tötet er ihn auf der Stelle: »Listige Schlingen warf mir der Schlaue«, singt er zu seiner Rechtfertigung, »nun mußt ich ihn gar erschlagen!«[34] Erst jetzt kann der Totschläger befreit auf Brautschau gehen, und heiter bemerkte Hitler beim Gedanken an die »erschlagenen Juden«: »Ein unbeschwertes, freies Lachen kommt erst wieder in unsere Welt, wenn dieser Alp von ihr genommen ist!«[35] Auch dies ein Siegfried-Wort, der seinen Ekel in dem Satz zusammenfaßte: »Fort mit dem Alp! – Ich mag ihn nicht mehr sehn!«[36]

Das Bild vom Juden als »Alpdruck« stammt aus dem Gruselkabinett Wagnerscher Haßphantasien. Schon der Dresdner Revolutionär, für den der König als oberster Freiheitsheld figurierte, sah das Imperium der Goldgier als dessen finstersten Widersacher. Bei erfolgreicher Revolution, so versprach der Kapellmeister 1848 vor dem Vaterlandsverein, werde auch dieser Dämon des Geldes »wie ein böser nächtlicher Alp... von uns weichen, mit all seinem scheußlichen Gefolge ...« Erst dies, verkündete Wagner als Vorbote der Welterlösung, »wird die Erfüllung der reinen Christuslehre sein«.[37] Sein Schüler Hitler, dem die Kirche, wie seinem Vorbild, ein Greuel war, behauptete denn auch von sich: »Das Werk, das Christus begonnen hat, werde ich zu Ende führen.«[38]

In seinen Reden konzentrierte sich der Erfüller des Herrn auf dessen antichristlichen Widerpart, dem Wagner im Nibelungenfürsten Alberich zu beklemmender Lebendigkeit verholfen hatte. Anders als sein ängstlich-verschlagener Bruder Mime trumpft der Alp mit brutalem Machtanspruch auf. Da ihm das »Erbe der Welt« seit dem Fluch auf die Liebe zusteht, darf er sich guten Gewissens, ja mit sadistischem Genuß die Menschheit unterwerfen. Hohnlachend schwingt er die Geißel, zwingt sich die Männer zur Fron, die »schmucken Frau'n« aber »zur Lust«. »Habt Acht!« droht der Welttyrann, »habt Acht vor dem nächtlichen Heer.«[39] Für den Nachtalben ist es nur noch eine Frage der Zeit, bis er die ganze Welt in ein versklavtes Nibelheim verwandelt hat, in dem sich verdorbenes Nibelungenblut fortzeugt.

Gegen diesen Alptraum zog Hitler zu Felde. Er nannte ihn, ohne Umschweife, die »Alberichs-Herrschaft«[40], die in Rußland, wie unschwer zu erkennen, bereits angebrochen sei. Der Wagner-Zwerg wollte Wotans Heldengeschlechter vernichten, indem er die Männer tötete oder unterwarf, die Frauen aber durch Bastardisierung ruinierte; das im Osten revoltierende Judentum habe dementsprechend bereits die »dem Blute nach germanische Oberschicht ... umgebracht« und die »Intelligenzschicht ausgerottet«. Seit die »Judendiktatur des Bolschewismus«, wie Hitler schrieb, »sich so der Herrschaft in Rußland bemächtigte, hat sie sich« eine »blind ergebene hirnlose Masse herandressiert«, die mittels »brutaler Blutherrschaft« in Schach gehalten werde. Worauf Hitler, wie berauscht von der nur ihm offenbarten Parallele, die Schreckensvision aus dem »Rheingold« beschwört. Wie Alberich dort jubiliert: »die ganze Welt gewinn ich ... mir zu eigen!«[41], so sieht Hitler »diese Alberichs-Herrschaft, die heute nur in Rußland vollzogen ist, nunmehr auf die anderen Völker« sich ausdehnen. Die wahnhafte Angstvorstellung, das deutsche Siegfried-Land könne zu einem Alberichs-Reich entarten, verfolgte Hitler bis zum Ende.

So leicht es ihm fiel, in der blutigen Oktoberrevolution und ihren grauenhaften Folgen das vertraute »Ring«-Szenario wiederzufinden, so zwingend boten sich ihm Alberichs Goldraub und Hortakkumulation als ideale Verständnishilfe der Weltökonomie an – was schließlich Wagners Absicht entsprach. Für Hitler hielten allein die Juden »die Geldmacht in der Hand«[42], profitierten also von dem abstrakten Phantom »Geld«, dessen Selbstvermehrung ihnen Zinsen eintrug, ohne daß sie auch nur einen Finger rühren mußten. Dieser »Weltbetrug«, so Hitler, war ihnen nur möglich, weil sie die Menschheit »in den Fesseln einer geradezu hypnotischen Zwangsvorstellung« gefangen hielten. Sie behaupteten nämlich, daß Geld eine reale Macht sei.

Denselben Illusionszauber übte auch Wagners Alberich aus, als er das Gold, den eigentlich wertfreien Gegenstand interesselosen Wohlgefallens, zum Zwangssymbol des hemmungslosen Eigeninteresses schmieden ließ. Durch diese Fälschung zu Geld gekommen, kaufte er sich seine Nibelungenbrüder als billige Arbeitskräfte, die er nach seiner Peitsche tanzen ließ. Irgendwann würde er, dank der Eigendynamik seines schnell sich ausbreitenden Systems, der Welt Erbe in Händen halten – wie die Juden, nach Hitlers Überzeugung, die Herrschaft über die Welt und die deutsche Elitenation. Er allein ahne die Vernichtung, die dem Reich drohe, vertraute er noch 1944 seiner Sekretärin an. »Ich bin der einzige, der die Gefahr kennt, und der einzige, der sie abwenden kann.«[43]

Kaum aus Flanderns Schützengräben zurückgekehrt, begann Hitler 1919 über die »Rolle des Judentums«[44] auf dem Welttheater nachzudenken. Auf die Sprünge half ihm dabei der Ingenieur Gottfried Feder, der einen »Deutschen Kampfbund zur Brechung der Zinsknechtschaft« gegründet hatte. Durch den Kampfbündler, berichtete der Kriegsheimkehrer später, habe er Einblick in das »internationale Börsen- und Leihkapital«[45] genommen, das sich vor seinem staunenden Auge als verkapptes Zweigunternehmen der Alberichs-Herrschaft enthüllte. Ob Bolschewik oder Wallstreet-Kapitalist, hinter allem steckte der Nibelungenfürst, dem sein Schöpfer nicht zufällig die Tarnkappe beigegeben hatte, mit der er seine Gestalt beliebig wechseln konnte – ob Zwerg, Drache oder eklige Kröte, immer verbarg sich der lichtscheue Alp dahinter. Feders schlichte Weltformel, die dem »Ring«-Adepten Hitler unmittelbar einleuchten mußte, wurde 1932 von Theodor Heuss damit erklärt, daß der NS-Ökonom »von negativem Goldwahn besessen« sei, deshalb das Edelmetall »unfreiwillig zu ernst« nehme und seine Funktion als »Wertmaßstab« verkenne. »Indem er die Befreiung vom Golde fordert«, so Heuss, »glaubt er zugleich die Befreiung von der jüdischen Weltherrschaft zu erreichen.«[46]

Die Erlösung vom goldenen Machtsymbol, die im »Ring« durch die Rückgabe an die Natur erreicht wird, sollte in Hitlers Reich zum Dogma erhoben werden. Wirtschaftsminister Walther Funk erklärte 1940 zur »wirtschaftlichen Neuordnung Europas«, die Leitwährung richte sich nicht mehr nach dem Goldstandard, sondern allein nach der »faktischen Macht«[47] Großdeutschlands – sein Führer bestätigte 1942 das Erfolgsgeheimnis seiner Wirtschaft mit der Abschaffung des Nibelungenhorts: »Das Gold begann zu verblassen«, erklärte er in einer Geheimrede, wogegen sich sogleich »der Kampf des ganzen Weltjudentums« gerichtet habe, das nicht nur in Europa, sondern auch in anderen Gebieten, je nach Expansionskraft der goldfreien Zone, seine Herrschaft bedroht sah. Gegen den judengesteuerten Moloch Amerika, der das »Gold in ungezählten Milliarden aufzuhorten« begann, habe er nun seine »neue Welt« errichtet, »die den Begriff Gold nicht mehr kennt«.[48] Erinnerte sich der Goldverächter dabei an Siegfried, der den Hort, nachdem er ihn in der Drachenhöhle entdeckt hatte, einfach zurückließ? »Des Schatzes vergaß ich fast«, sang der Held, »so schätz ich sein müß'ges Gut!«[49]

Die Parallele zwischen Weltwirtschaft und Wagner-Mythos schien Hitler so weit zu gehen, daß er für den Ruin der Erde einen einzelnen, mit Alberichs Goldraub durchaus vergleichbaren Sündenfall verantwortlich machte: Bei einem Gespräch mit dem Wirtschaftsexperten Wagener Anfang der dreißiger Jahre stellte Hitler, in geschraubter Wagner-Prosa, die entscheidende Frage in den Raum: ob es neben dem Marxismus »wirklich keinen anderen Ausweg aus dem Labyrinth dieser aus einer anfänglichen jüdischen Großtat entstandenen Irrealität«[50] geben könne. Die Antwort lag auf der Hand. Der verbrecherische Sündenfall würde nur durch eine analoge Großrettungstat gesühnt und aufgehoben werden können.

Im Kriegswinter 1942, Hitlers Heere waren tief in die Alberichs-Welt eingedrungen, zog er vor dieser welthistorischen Singularität für einen Augenblick den Vorhang zurück. »Das Ergebnis dieses Krieges«, so verkündete er im Berliner Sportpalast, werde »die

Vernichtung des Judentums« sein. Und wie übermannt von der Erinnerung an das theatralische Urerlebnis, prophezeite er die Stunde, »da der böseste Weltfeind aller Zeiten wenigstens auf ein Jahrtausend seine Rolle ausgespielt haben wird«.[51] Dann ließ er den Vorhang wieder über Alberich hinabsinken, dem Richard Wagner die Rolle des Weltvergifters und superlativischen Menschenfeindes zugedacht hatte.

Im Kampf um der »Welt Erbe« war Hitler seit den Tagen des Wiener Stehparketts die Rolle des Drachentöters zugefallen. Seitdem arbeitete er, als gänzlich unheldenhafte Gestalt mit kümmerlicher Lebensbilanz und trüben Zukunftsaussichten, wie ein Maskenbildner an der eigenen Vollkommenheit. Zugleich verstand er es, jene Wirklichkeit zu inszenieren, die ihm, dem designierten Helden, wie eine Rollersche Theaterkulisse den Rahmen für seine Erlösermission bieten würde. Wer den Mann hinter der Maske, den »wahren« Hitler jenseits der Bühne sucht, wird ins Leere greifen. »Es war ein Irrtum von mir, anzunehmen, ich könnte das ›wahre Gesicht‹ von Adolf Hitler aufdecken«, schrieb seine Sekretärin nach dem Krieg. »Das ist einfach unmöglich, weil er derer so viele hatte.«[52]

Daß Hitler zur Rolle den Rahmen gleich mitlieferte, machte ihn wohl unwiderstehlich. Der Held, den er verkörperte, hieß Siegfried, wahlweise auch Wotan, der wolfsfelltragende Begründer des Wälsungen-Geschlechts. Im Haus der Münchner Verlegerfamilie Hanfstaengl, in deren Fotoatelier schon Wagner Porträt gesessen hatte, entdeckte Hitler zu Anfang der zwanziger Jahre das altvertraute »Ring«-Universum wieder. Was er einst nur auf der Bühne gesehen hatte, hielt er nun als Kunstdruckmappe in Händen: Die im Sturm durch die Luft reitenden Walküren, die sternenübersäte Nornennacht, Mörder Hagen als schwarzen Schatten, dessen Speer aus Siegfrieds Leiche ragt. Und auch den Tatmenschen, wie er mit selbstgeschmiedetem Schwert dem fauchenden »Riesenwurm« zu Leibe rückt, Augenblicke vor dem Kampf, aus dem er als Sieger und Welterbe hervorgehen sollte, vorläufig.

Noch eine weitere Hanfstaenglsche Kunstdrucksammlung weckte Hitlers Aufmerksamkeit. War er in der Villa seiner Förderer zu Besuch, ließ er sich von »Putzi«, dem Sohn des Hauses, die Gemälde Franz von Stucks reichen. Der Böcklin-Epigone mit Sinn fürs Plakative wurde zu einem seiner Lieblingsmaler. Auch Stuck legte, wie vor ihm Wagner und nach ihm Hitler, seine mythischen Phantasiegestalten in krassen Hell-Dunkel-Kontrasten an, verlieh ihnen durch Vereinfachung pralle Überwirklichkeit oder, wie ihm der Bayreuthianer Hermann Bahr nachrühmte, einen »mystischen Symbolismus primitiver Größe«[53]; womit Bahr zugleich die Epoche zwischen Wahnfried und Führerbunker auf den Begriff gebracht hätte.

Neben Stucks »Sünde«, die Hitler sich an die Wand hängte, und der »Meduse«, aus deren Augen ihn seine Mutter anstarrte, dürfte ihn ein Werk im besonderen angezogen haben. Merkwürdigerweise zeigte es sein eigenes Gesicht, maskenhaft, mit schwarzer Tolle und Bärtchen, dazu den finsteren Heldenblick und die geballte Rednerfaust. Auf dem Ölgemälde von 1889, das Stuck als sein »erstes« bezeichnete, gehört das grimmige Antlitz dem Kriegsgott Wotan, der seiner gespenstischen Wilden Jagd voranreitet. Sollte das rätselhafte Germanenbild, in dem sich der profillose Linzer unversehens zu mythischer Erkennbarkeit emporgeadelt sehen mochte, seine »Ring«-Fixierung noch verstärkt haben, könnte ihm der Gott, dem er wie aus dem Gesicht geschnitten war, zu seinem konspirativen Decknamen verholfen haben. Denn als »Wolf« tarnte sich auch Wagners Wotan, als er unerkannt die Welt »durchschweifte«. Auf Stucks Gemälde[54] wird er von jenem Wolfsrudel begleitet, das ihm schon in Grimms »Deutscher Mythologie« nachgesagt wurde. Neben den Wölfen, so weiß das Germanenbuch, das bereits Wagner eifrig benutzt hatte, wird Wotan von zwei Raben begleitet, die »Huginn und Muninn«[55] gerufen werden. Nicht nur im Hause Hanfstaengl genoß Hitler den Nimbus des wiedergekehrten Gottes. Sein »persönliches Gefolge«, berichtet Heiden, bestand aus »Otto Dietrich und Ernst Hanfstaengl, genannt Hugin und Munin«[56].

Daß Hitler sich zugleich als junger Siegfried und dessen Großvater Wotan fühlen konnte, lag an deren Aufgabenteilung im »Ring«, wo der Held die erlösenden Taten vollbringt, die der Gott ersonnen hat. Religionsstifter Wagner hatte seine beiden Protagonisten bewußt in Analogie zum biblischen Gott und dessen Heilandssohn entworfen. Wotan, frei von allem alttestamentarischen Makel, hegt für seine Wälsungen – und deren rassische Inkarnation, die Deutschen – diesselbe Vorliebe wie Jahwe für den Stamm

Abrahams. Immer wieder betonte Hitler deshalb den Sonderstatus dieses heldenblonden Volkes, das sich im Gegensatz zu jenem anderen, nachtdunklen, mit Recht das »erwählte« nennen durfte.

»Nicht Menschen haben dieses Volk geschaffen«, verkündete Hitler 1937 seiner Ariernation, »sondern jener Gott, der über uns allen steht. Er hat dieses Volk gebildet, nach seinem Willen ist es geworden.«[57] Auch »Wotans Wille« war es gewesen, der sich die Wälsungen schuf. Und wie der Göttervater über dem Geschick seines eingeborenen Geschlechts waltet, so thront auch über den Deutschen ihr Nationalgott, der sie zum Instrument seiner Vorsehung bestimmt hat wie Wotan seine Heldensöhne. Deren erhabene Sendung, die Weltherrschaft des satanischen Alberich samt seiner Zinsknechtschaft zu brechen, entsprach der Aufgabe, die Wotans Sprachrohr Hitler dem deutschen Volk zudachte.

Doch nicht der depressive Schlachtenlenker, der in den Flammen seiner Götterburg den Freitod sucht, sondern sein »helläugiger« Enkel Siegfried lieh Hitler die Züge, mit denen sich ein begeisterungswilliges Publikum identifizieren konnte. Statt wie der rabentragende Ahn zu grübeln, zog der elternlose Held es vor, munter dreinzuschlagen und die Sprüche der schicksalverkündenden Nornen, denen selbst Wotan unterworfen war, zu verspotten. »Kein Auf und Ab gibt es mehr für mein Volk«, soll der neue Siegfried 1935 geäußert haben, »ich greife in die Sterne und ändere das Gesetz der Götter.«[58] Nicht der helle Wahnsinn und ebensowenig divinatorische Inspiration, wie gemutmaßt wurde, haben derlei hybride Sprüche eingegeben – es war der Bayreuther Meister, der sie achtzig Jahre zuvor seinem Kunstgeschöpf in den Mund gelegt hatte. Jedem Opernsänger vertraut, wirkten sie doch, ekstatisch vorgetragen und durch Gegenwartsbezug verfremdet, wie Weisheiten eines unergründlichen Orakels. Was man für gottgegeben nahm, war Theaterdonner aus zweiter Hand.

Wer Masken trägt, fällt, wenn die anderen nicht mitspielen, leicht aus der Rolle. Hitlers dramatische Selbstinszenierung dagegen wurde durch den historischen Augenblick begünstigt, in dem er, siegfriedmäßig gerüstet, die Grenze nach Deutschland überschritt. Im Mai 1913 war das Kaiserreich, auch dank seines führenden Musikdramatikers und dessen philosophierenden Schwiegersohns, ganz auf diesen Heldentyp und die von ihm zu führende

Entscheidungsschlacht programmiert. Nur daß damals noch Kaiser Wilhelm das Siegfried-Kostüm trug.

Die Bühne für den Kampf des germanischen Gottesvolkes gegen seine minderwertigen Feinde stand bereit, und Hitler, begeistert vom Kriegsausbruch 1914, reihte sich bereitwillig ins Millionenheer anonymer Krieger ein, um seinen Beitrag zu leisten. Zugleich pflegte er, seine theatralische Sendung nie aus dem Auge verlierend, durch Schopenhauer-Lektüre und »Tristan«-Reminiszenzen der Innerlichkeit. Seine Auszeichnungen verdiente er sich als Meldegänger, der, dem Massenbetrieb und der Grabenmonotonie entronnen, individuellen Einfallsreichtum beim Übermitteln von Botschaften bewies. Befehle von höchster Stelle im Alleingang weiterzuleiten, war seine Sache; sie selbst zu geben, weniger. Der Mann, der sich als Bote bewährte, gab keinen Anlaß zur Beförderung. Obwohl er noch 1924 angab, er wolle »den Vorgesetzten achten, niemandem widersprechen, blindlings sich fügen«[59], scheint er sich im Feld durch Auffälligkeiten den Aufstieg verbaut zu haben. »Diesen Hysteriker«, spottete angeblich sein Kompanieführer, »mache ich niemals zum Unteroffizier!«[60] Bis zum Kriegsende blieb der Linzer Gefreiter.

Erst die Niederlage brachte ihm den Triumph. Seine heimliche Religion, die ihm das Leben im Unterstand mit höherer Bedeutung versehen hatte – schließlich lieferte man Germaniens Feinden die Endschlacht –, ließ sich nun als Wegweiser durch die chaotische Wirklichkeit benutzen. Was Siegfried widerfahren war, erlitt nun Deutschlands Heer. Was den anderen für »hysterische« Spinnerei gegolten hatte, entpuppte sich als nüchterner Realitätssinn. Jetzt, wo alles in Scherben fiel, durfte sich der Gefreite wundersam bestätigt fühlen: Wieder einmal hatte den welterlösenden Helden das tückische Schicksal ereilt, das ihm Wagner in der »Götterdämmerung« prophezeite.

Nicht nur dem Gefreiten drängte sich die mythische Parallele auf. Den Versagern in der obersten Heeresleitung bot sie eine willkommene Entschuldigung, ja Verklärung einer Katastrophe, die sich hätte vermeiden lassen. Als der für das Desaster mitverantwortliche General Erich Ludendorff mit der Hiobspost der Kapitulation vor seine Offiziere trat, weckte er einschlägige Erinnerungen. »Ich mußte an Siegfried denken«, notierte ein Oberst angesichts des

Kriegsverlierers, »mit der tödlichen Wunde im Rücken von Hagens Speer.«[61] Ähnlich wie Ludendorff, der fünf Jahre später Hitlers Putsch mit seiner Weltkriegsglorie schmückte, fühlte sich auch Generalstabschef Paul von Hindenburg auf die Nibelungen-Bühne versetzt. »Wie Siegfried unter dem hinterlistigen Speerwurf des grimmigen Hagen«, interpretierte er den Kriegsverlauf, »so stürzte unsere ermattete Front; vergebens hatte sie versucht, aus dem versiegenden Quell der heimatlichen Kraft neues Leben zu trinken.«[62] Wo selbst Feldherren zu Dichtern werden, darf es nicht wundern, wenn ein theatralischer Gefreiter die Welt zu seiner Bühne erklärt.

Wie bei Wagner war der Speerwurf, der schon bald durch den griffigeren »Dolchstoß« ersetzt wurde, nicht vom erkennbaren Feind gekommen – das deutsche Heer galt schließlich als »in offener Schlacht unbesiegt« –, sondern aus der Heimat: Verräter waren am Werk gewesen, hatten den Nachschub blockiert, die Moral zersetzt, schließlich, als »Novemberverbrecher«, die Revolution ausgerufen und damit die Niederlage besiegelt. Nicht aus französischen Kanonenrohren war die tödliche Breitseite gekommen, sondern, dem mythischen Vorbild entsprechend, aus dem »Schoß der Nacht und des Todes«.

Noch scheute man sich, die vermeintlich Schuldigen offen beim Namen zu nennen. Wer 1918 die Rolle des meineidigen Alberich-Sohns gespielt hatte, konnte man ein paar Jahre später in Hitlers Bekenntnisschrift »Mein Kampf« nachlesen: »Parlamentarische Strauchdiebe«, diese »hinterlistigen Meuchelmörder der Nation«, hätten gegen den bevorstehenden Sieg des Reiches so lange »gehetzt und gewühlt«, bis »endlich der kämpfende Siegfried dem hinterhältigen Dolchstoß erlag«.[63] Die Waffe dazu hatte niemand anderes geliefert als die moderne Inkarnation des nibelungischen Schmiedevolks, die Juden. »Sie sind es gewesen«, erklärte Hitler Anfang der dreißiger Jahre, »die damals den Dolch geschliffen haben, den die gewählten Vertreter des deutschen Volkes dann der Regierung des Volkes und seiner kämpfenden Front in den Rücken stießen.«[64]

Einer der von Hitler so gehaßten »parlamentarischen Strauchdiebe«, ein Jude obendrein, resümierte im Jahr der Niederlage Wagners Bedeutung als zeitgenössische Interpretationshilfe. Es sei, so Walther Rathenau, »kaum einzuschätzen, wie stark die letzte Generation vom Einfluß Richard Wagners gebannt war, und zwar nicht so entscheidend von seiner Musik, wie von der Gebärde seiner Figuren, ja seiner Vorstellungen.« Man wünschte, so der Politiker, der vier Jahre später als Außenminister einem antisemitischen Attentat zum Opfer fiel, »daß jedesmal von uns das erlösende Wort mit großer Geste gesprochen werde, man wünschte, historische Momente gestellt zu sehen, man wollte das Schwert klingen und die Standarten rauschen hören«.[65]

Auch Hitler hatte dies gewünscht, wie unzählige andere, und die Denkfigur vom »Dolchstoß«, mit der man sich nun über die Wirklichkeit hinweglog, die man mit schimmernder Wehr und rauschenden Standarten herbeigezwungen hatte, wurde zum Allgemeingut. Statt des erhofften »Siegfriedens« war »Siegfrieds Tod« auf den Spielplan gesetzt worden. Doch im Unterschied zu seinen Zeitgenossen, die bei diesem schicksalhaft ablaufenden Stück unter die Räder gekommen waren, erkannte sich Hitler in diesem Schicksal wieder: Der deutsche Heiland, den man nach bewährtem Muster gemeuchelt hatte, das war ja er selbst! Aus der Verschmelzung mit dem Helden entwickelte sich seine Identifikation mit Deutschland, aus Siegfrieds Mördern wurden die Todfeinde des Reiches. Und er, der Gefreite aus Linz, zwar ohne Arbeit, doch mit einem weltbewegenden Botengang beauftragt, hatte den Anschlag überlebt, war von den Wunden und der Gasvergiftung genesen, denen andere zum Opfer fielen. Man mußte ihm nur eine Bühne bieten – für das Stück würde er selbst zu sorgen wissen.

Den Erklärungsnotstand nach der Niederlage half nicht nur Siegfried, sondern auch dessen Schwert Nothung beheben: War nicht das Reich in Trümmer geschlagen worden wie das Schwert des Wälsungenhelden Siegmund? Und hatte nicht dessen Sohn Siegfried aus eigener Kraft die Stücke geschmolzen und zum Siegschwert Nothung neu geschmiedet? Nothung hieß seine Waffe, weil sie Hilfe in der Not brachte: Nothung spaltet den Amboß, tötet den tückisch ausweichenden Mime, durchbohrt des goldhütenden Drachen Fafner »hartes Herz«. Das Schwert, mit dem Wagner an die Revolutionszeit erinnern wollte, in der die »strenge Gottheit Not«[66] alles vernichtet, was sich der menschlichen Freiheitssehnsucht in den Weg stellt, wurde zum Symbol des erwachenden Nationalismus. Wie Siegfrieds Schwert, so sollte auch das Deutsche Reich aus der Zerteilung neu erstehen, um den vorübergehend unterbrochenen Kampf siegreich zu Ende zu führen. War auch »Siegfried durch des Freundes Speer gefallen«, wie das Kampfblatt »Stahlhelm« 1921 schrieb, und »durch Lug und Tücke das deutsche Heer«, so blieb den alten Kriegern dennoch die Hoffnung aus Wagners »Ring«: »Wir können's schmieden, das Siegfriedschwert!«[67]

Als die Bayreuther Festspiele 1924, sechs Jahre nach Kriegsende, wieder eröffnet wurden, sammelte sich die völkische Bewegung zum neuen »Ring des Nibelungen«. Ihr Schlachtruf lautete: »Nothung! Nothung! Neu und verjüngt, zum Leben weckt ich dich wieder!«[68] Was auf der Bühne geschah, vollzog sich längst wieder in der Wirklichkeit. Im Jahre des Bayreuther Neuanfangs legte Adolf Hitler gegenüber Siegfried Wagner das Bekenntnis ab, daß das »geistige Schwert«, mit dem »wir heute fechten«, erst »durch den Meister und dann durch Chamberlain geschmiedet wurde«.[69] Bayreuth, so erklärte der neue Siegfried bei dieser Gelegenheit dem alten, »liegt ja doch an der Marschlinie nach Berlin«.

Nachdem, Jahre später, die Heldentat vollbracht, der Drachentöter des Parlamentarismus und der Nibelungenrasse installiert war, wurde die offizielle Feierstunde zum 44. Geburtstag des Führers im Radio mit Siegfrieds »Nothung! Nothung! Neidliches Schwert!«[70] eingeleitet. Wer gehofft hatte, das Opernrequisit werde nun, da es neu »geschmiedet« war, dem Kunstinstitut zurückgegeben, aus dem man es entliehen hatte, mußte sich durch Siegfrieds »Schmiedelied« eines Besseren belehren lassen. Nachdem das Schwert »starr ward und steif«, frohlockt der Wagnerheld: »herrisch der harte Stahl, heißes Blut doch fließt ihm bald«.[71]

Ein Bild so recht nach Hitlers Geschmack. Schon zu Linzer Zeiten hatte er als »Krönung« einer Ehrenhalle die »Figur Siegfrieds« vorgesehen, »der sein Schwert Nothung in die Lüfte streckt«;[72] hatte dann in den Wiener »Ring«-Nächten dessen jauchzende Gewaltverherrlichung miterlebt, bis Siegfrieds hämmernder Schlagrhythmus mit seiner eigenen politischen Zukunftsvision, in der Deutschland aus seinen Trümmern neu zusammengesetzt würde, verschmolz: Zwar würden, wie er Anfang der dreißiger Jahre verriet, »Hammerschläge auf uns niederprasseln. Aber unter ihnen und durch sie wird das Eisen und das Erz, aus dem das deutsche Volk zusammengegossen ist, geschmiedet und gehämmert, und es wird hart werden, hart wie Stahl, stahlhart!« Und als sähe er vor sich den blonden Hünen, der ins Publikum schmettert: »schmiede, mein Hammer, ein hartes Schwert!«, um am Ende die blitzende Waffe triumphierend in die Höhe zu recken, so schwärmte er von »jenem herrlichen, blauglänzenden Schwert, das nie mehr bricht und nie mehr versagt: Deutschland, das deutsche Volk! Und dieses Volk wird das Schwert Gottes sein!«[73]

Siegfried blieb eine entscheidende Rolle seines Lebens, das »Schwert Gottes« gegen den Antichrist zu führen, seine Sendung. Kein Sieg, der nicht von Wagners strahlendem Blech überhöht, keine Niederlage, deren tragische Tiefe nicht vom Klageton der Wagner-Tuben untermalt wurde. Wohin Hitler sich auch verstieg, die vertraute Musik erwartete ihn bereits, und so tief er auch stürzen würde, immer schon lag Siegfrieds Trauermarsch bereit.

An einem Augustmorgen in den dreißiger Jahren, so berichtet Hermann Rauschning, sei man, umweht von Berchtesgadener Höhenluft, auf den verlorenen Ersten Weltkrieg zu sprechen gekommen und auf das, was der Chronist als »tragische Wendung aller deutschen Siege« festhielt, den Verrat am Helden. Der Führer, wie elektrisiert, habe hervorgestoßen: »Wir werden nicht kapitulieren, niemals«, und dann, wie übermannt von einer Erinnerung, hinzugefügt: »Wir können untergehen, vielleicht. Aber wir werden eine Welt mitnehmen. Muspilli, Weltenbrand.« Und er »summte ein charakteristisches Motiv aus der ›Götterdämmerung‹«.[74]

Als der ehemalige Danziger Senatspräsident Rauschning diese Erinnerung im Exil veröffentlichte, dauerte es noch fünf Jahre, bis Deutschland im »Weltenbrand« unterging. Zuvor aber hatte der Held dieser Tragödie nicht versäumt, »eine Welt mitzunehmen«, die des europäischen Judentums.

VI.
Die Zukunft als Kunstwerk

Als der Weltenbrand, voraussagegemäß, das Reich erfaßt und sein Kanzler sich in den Tiefbunker begeben hatte, um die Katastrophe und wohl auch sein eigenes Ende noch ein wenig hinauszuzögern, bot Tröstung nur die Vergangenheit: der Wagnerpartituren-Hort samt Grammophon, die Linzer Sperrholzstadt, das Ölporträt des Alten Fritz. Auch Goebbels half. In Stunden, in denen sein Führer seelischer Stärkung bedurfte, las er ihm, dessen zitternde Hand kein Buch mehr halten konnte, aus dem »Leben Friedrichs des Großen« vor.

Die Biographie des englischen Historikers Thomas Carlyle, die der Propagandaminister in den Bunker trug, zeichnete ein Heldenbild jener Art, in der auch Hitler seine Rolle gestaltet hatte: die historische Persönlichkeit als Übermensch im Welttheater. Zudem belegte die Königsgeschichte, wie das Schicksal dem Erwählten bei drohendem Untergang rettend unter die Arme greift – und brachte alte Erinnerungen zurück. Denn der Führer, so sein Vorleser, kannte »das Buch sehr genau«[1]. Carlyle, der Heldensänger, war für die völkische Weltanschauung selbst ein Held, der, wie Chamberlains Wagner-Biographie lehrte, »zu Bayreuth gehörte, ohne es gekannt zu haben«.[2]

Schon Wagner selbst hatte ein Faible für Carlyle entwickelt. Der Glaube des Geschichtsdenkers an deutsches Kulturerbe und Heroentum als Vorbild für die ganze Menschheit entsprach, verbunden mit einer Verachtung der Masse, Wagners eigenen Überzeugungen. Als der englische Biograph über die »demokratische Regierung« und Englands »dreißig Millionen Einwohner«, die »meist Dummköpfe« seien, spottete, amüsierte sich der Meister »sehr«.[3] Da Carlyle auch zum Thema Volksbefreiung eine dezidiert elitäre Meinung vertrat, wurde er von Wagner als Gewährsmann für eigene Glaubenssätze herangezogen.

Im Jahr des Sieges über Frankreich, in dem auch das Deutsche Reich neu gegründet wurde, gab der Bayreuther den dritten Band seines Lebenswerks, der »Gesammelten Schriften und Dichtungen«, heraus, in dem die Texte seiner revolutionären Phase zusammengefaßt waren. Im Vorwort stützte sich Wagner auf ein Zitat des Engländers, mit dem er zu seiner offensichtlich veränderten Einstellung hinführen und zugleich einen Bogen schlagen wollte von der Schillerschen Menschheitsutopie von 1848 zur großdeutschen Wiedergeburt von 1871.

Dank Carlyle gelang das Kunststück. Denn der klug gewählte Auszug stellt ein Naturphänomen in den Mittelpunkt, das den jungen wie den alten Wagner gleichermaßen faszinierte und auch den gemeinsamen Nenner von Dresden und Sedan bot: das Feuer. Carlyles Gedanke, von Wagner aus dessen Friedrich-Biographie exzerpiert, deutete die Geschichte so, wie Carlyle-Leser Hitler sie erleben konnte, wenn er die Stahltüren seines Berliner Bunkers öffnete. Mit der französischen Revolution, behauptet der Historiker, habe der »Akt der Selbstverbrennung einer in Lug und Trug dahinfaulenden Nation« begonnen, der bald die »ganze Welt auf viele hundert Jahre in anarchische Flammen«[4] einhüllen sollte. Denn nach allen Seiten breitete sich der Brand des Aufruhrs aus, den einst auch Kapellmeister Wagner im Turm der Kreuzkirche mit Glockenklang begrüßt hatte.

Für Carlyle, der in epochalen Zusammenhängen dachte, gehörte dies zum grausamen, doch unvermeidlichen Selbstreinigungsprozeß der Menschheit. Tausend Jahre, so prophezeite er, könne dieser »Entwicklungsgang« noch dauern, »ehe das Alte vollständig ausgebrannt ist und das Neue in erkennbarer Gestalt erscheint«. Doch lasse sich der Prozeß womöglich auch beschleunigen und das drohende »tausendjährige Reich der Anarchie« vorzeitig abwenden. Deshalb sein Appell an alle historisch denkenden Leser: »Kürzt es ab, gebt euer Herzblut hin, es abzukürzen, ihr heroisch Weisen, die da kommen!«[5]

Wagner, der sonst verklausulierte, wenn er geheiligte Glaubenssätze aussprach, schob hier als Autorität den berühmten Geschichtsschreiber vor und ließ ihn sagen, was er selbst meinte. Das von Carlyle beschriebene »allgemeine Aufbrennen des Luges und Truges, wie im Feuer der Hölle«, sei, so Wagner, seit Dresden sein eigentliches Ziel gewesen. Doch habe er, als steckbrieflich gesuchter Aufrührer, das Schicksal nicht herausfordern wollen und deshalb seine Botschaft ins unverfängliche Reich der Ästhetik erhoben, von Kunst als »lebendig dargestellter Religion« statt vom eigentlich herbeigesehnten Weltenbrand gesprochen.

»Lag es mir fern«, bekannte der Wagner von 1871 über den Züricher Asylanten von 1849, »das Neue zu bezeichnen, was auf den Trümmern einer lügenhaften Welt als neue politische Ordnung wachsen sollte«, so holte er dies nun in der Fußnote nach, in der er den englischen Historiker als Gewährsmann zitierte. Die Menschheit der Zukunft sei dadurch charakterisiert, daß »der lügende, phrasenhafte Lehrer des falschen Scheines eine erloschene Spezies geworden ist, von der man wohl weiß, daß sie hinabgegangen ist ins Nichts«.

Wen immer Wagner mit Carlyles dunklen Worten treffen wollte – dessen Art sei zum Verlöschen verdammt, in der vorauseilenden Schau des Polyhistors so gut wie vernichtet. Dies also habe der Barrikadenmann Wagner damals ausdrücken wollen und von »Kunstwerk« gesprochen, wo er die gereinigte Gesellschaft, von der Zerstörung der entarteten Kunst, wo er den Weltenbrand gemeint hatte. Jene von Carlyle angekündigten »heroischen Weisen« aber, so verriet Wagner, welche er »zur Abkürzung der Zeiten der grauenhaften Weltanarchie« heraufgerufen habe, würden dereinst, »urvorbestimmt«, im »deutschen Volke« geboren werden. Es sei ihm nämlich »aufgegangen«, so Wagner, daß sein »Kunstideal« sich zur »Realität unseres Daseins« ebenso verhalte wie die Deutschen zu der »in ihrer ›Selbstverbrennung‹ begriffenen«[6] Welt. Was im Klartext nur bedeuten konnte: Der Triumph, den seine Musikdramen bereits über die fade Wirklichkeit davontrugen, steht auch dem Deutschtum bevor, das aus dem Weltenbrand einer untergangsgeweihten Welt, durch die Vernichtung jener »Spezies« der Lüge und Falschheit, als die neue Menschheit hervorgehen wird.

Kannte Weltenbrandstifter Hitler den Wagner-Text? Bei einer 1942 gehaltenen Geheimrede vor dem »Führungsnachwuchs« scheint ihm die Carlyle-Prophezeiung vom »tausendjährigen Reich der Anarchie« das Stichwort geliefert zu haben. »Wäre im Jahre 1933«, so Hitler vor zehntausend Leutnants im Berliner Sportpalast, »dieser Sieg einer Weltanschauung nicht errungen worden«, dann hätte ein »neuer Dschingis Khan« aus Osten angegriffen und »hinter dieser Kraft als treibendes Element« der »internationale Jude gestanden«; der »glaubte, daß jetzt die Zeit gekommen war, sein tausendjähriges Reich aufzurichten«. Die wieder drohende Schreckensherrschaft gelte es nun abzuwenden, da der »Zusammenbruch des heutigen Europa« ein »vielleicht 2000- bis 3000jähriges Chaos bringen«[7] würde – nicht anders, als Wagners Gewährsmann Carlyle es vorausgesagt hatte.

Hitler kannte den Text. Schon zu Linzer Zeiten, als mit »Rienzi« alles »begann«, so berichtete Kubizek, habe der Freund sich mit Wagners theoretischen Schriften beschäftigt. Vor allem scheint ihn eben jener dritte Band des Gesamtwerks gefesselt zu haben, in dem der Autor seine Revolutionsschriften samt Carlylescher Einleitung präsentierte. Hier konnte der siebzehnjährige Schulflüchtling schwarz auf weiß nachlesen, daß es dem deutschen Volk »urvorbestimmt« sei, die Helden zu gebären, die mit der »grauenhaften Weltanarchie« Schluß machen. Jenes »andere Ich«, das Kubizek in der »Rienzi«-Nacht aus Hitler in »großartigen, mitreißenden Bildern« über Deutschlands Zukunft sprechen hörte, trug zwar die Züge des Volkstribunen vom Landestheater – die Worte aber stammten aus Wagners revolutionärer Anthologie.

»Es konnte geschehen«, berichtet Kubizek, daß der Freund ihm »auswendig den Text eines Briefes oder einer Aufzeichnung von Richard Wagner vortrug« oder auch »eine seiner Schriften, beispielsweise ›Kunstwerk und Zukunft‹ oder ›Die Kunst und die Revolution‹ vorlas.«[8] Beide Texte, im Schweizer Exil verfaßt, waren im dritten Band der Wagner-Werke abgedruckt, dessen Vorwort den deutschen Befreier ankündigte. Besonders das »Kunstwerk der Zukunft«, wie der korrekte Titel lautete, dürfte den Jung-Wagnerianer mit seinem verschlüsselten Aufruf zum Umsturz beflügelt haben. Und so widmete er sich, mangels anderer Beschäftigung, der Neuordnung des deutschen Reiches.

Daß Wagner in den »Kunstschriften« Utopie und Wirklichkeit, für ungeübte Leser verwirrend, miteinander verwob, vom erhabenen Künstlertraum zur revolutionären Gewalt und von den schönen Hellenen zur aktuellen »Not« des deutschen Volkes sprang, als handle es sich um musikalische Übergänge, folgte der Absicht, sein gefährliches Gedankengut zu tarnen. In Hitlers wagnerianischer Weltenschau könnte dies, ein für allemal, die Schranke zwischen Realität und Phantasie aufgehoben haben. Wagners Universum, so Kubizek, wurde »für ihn viel wirklicher« als die »reale Welt des Tages«.[9] Wo Bühne war, mußte Wirklichkeit werden. »Was für den Fünfzehnjährigen Plan war«, so sein Linzer Chronist, »führte der Fünfzigjährige aus.«[10]

Bei Wagners »Kunstwerk der Zukunft«, 1850 in Leipzig veröffentlicht, handelte es sich nicht, wie der Titel nahelegt, um eine ästhetische Abhandlung. Für den Autor ging es um dasselbe, was wenige Monate zuvor in Dresden auf dem Spiel gestanden hatte: die neue Gesellschaft befreiter Menschen – und der blutige Weg dorthin. »Kunstwerk« war nur ein Wort für diese von Grund auf verwandelte Welt voll Harmonie und Schöpferkraft, so wie Wagners Dramen nur deren theatralische Vorwegnahme bildeten.

Bemerkt hat das fast keiner. Vermutlich weil den modernen Lesern beim Gedanken an Wagners gewaltsame Vergangenheit nicht wohl zumute war, ließen sie sich von dessen metaphorischem Maskenspiel täuschen und nahmen die späteren Distanzierungen des Königsfreundes für Wahrheit. Zumindest einer durchschaute die Inszenierung, überlas die begrifflichen Spitzfindigkeiten des an Hegel geschulten Autors und hielt sich nur an das, was nach Umsturz, Gewaltanwendung und völkischem Erwachen klang. So erschloß sich laienhafter Lektüre, was wissenschaftlicher Analyse verborgen blieb.

Nimmt man Wagners »Kunstwerk der Zukunft« ohne den bildungsbürgerlichen Aufputz, umgeht die dialektischen Labyrinthe und liest die Endabrechnung zuerst, dann bleibt, was der junge Enthusiast darin finden wollte: eine Erklärung für die deprimierende Gegenwart, ein Hinweis auf die Schuldigen und die Ermunterung, mit ihnen abzurechnen; schließlich das Versprechen herrlicher Zeiten, die dann anbrechen würden – das Evangelium eines Arbeitslosen, für den mit Wagners »Kunstwerk« die Zukunft bereits begonnen hatte.

Wagners kompliziertem Buch lag ein simples Programm zugrunde: Der Mensch findet erst dann zu sich selbst, wenn er sein wahres Wesen erkannt hat. Und das besteht aus der unter Schichten zivilisatorischen Gerölls verschütteten Natur. Wer sich als Naturwesen begreift, durchschaut die Entartung der Gesellschaft und entdeckt sein wahres Schöpfertum. Zuvor aber muß er seine naturgemäße Volkszugehörigkeit begreifen, durch die ihm Sprache und Gefühlswelt vermittelt werden. Nur als Teil seines Stammes kann der Mensch schöpferisch wirken; nur wenn er dessen wahres Wesen darzustellen vermag, wird er echter Künstler.

Das Wesen eines Volkes aber besteht in der gemeinsamen »Not« und der von allen empfundenen Sehnsucht, sie zu beheben: eine Notgemeinschaft, in der jeder einzelne aufgerufen ist, Abhilfe zu schaffen – als Künstler, indem er seinem durch Lug und Trug geblendeten Volk die wahre Not vor Augen führt; als Held, indem er wie »Rienzi« die Menschen aus ihrer tückisch erzeugten Lethargie reißt und zum Kampf gegen ihre Unterdrücker führt. »Gemeinsam werden wir aber den Bund der heiligen Notwendigkeit schließen«, schreibt der Künstler nach der Flucht aus dem Dresdner Revolutionsdebakel, »und der Bruderkuß, der diesen Bund besiegelt, wird das gemeinsame ›Kunstwerk der Zukunft‹ sein.« Erst dann, wenn das Volk, aus seiner Not befreit, sich selbst als Kunstwerk erkannt hat, »werden wir eins sein ... glückliche Menschen«.[11]

Die Gemeinschaft, die dem verkappten Umstürzler dabei vorschwebte, war seine eigene; nicht die sächsische allerdings, deren Not er hinreichend kennengelernt hatte, sondern das deutsche Volk, dies einzig wahrhaft schöpferische Menschentum auf Gottes Erdboden. Seine Not war es, die in ihm, dem »deutschesten« aller Künstler, zu Bewußtsein kam und in seinen Musikdramen zur naturgemäßen Darstellung fand. Doch erst im »Ring des Nibelungen«, an dem er während der Abfassung seiner Revolutionsschriften arbeitete, würde er dem Deutschtum seine wahre Natur vor Augen führen, die sich, definitionsgemäß, in der »gemeinsamen Not« offenbarte. Indem der »Ring« den Ausweg aus dieser Not wies, wurde er wahrhaft »notwendig«.

Bevor Wagner mit dem Jahrhundertdrama vom geraubten Gold und der versklavten Natur ein Kunstwerk schuf, das sich nicht dem kreativen Zufall, sondern der geschichtlichen Notwendigkeit verdankte, rekonstruierte er den Werdegang dieses idealen Volkes und die tieferen Ursachen seiner Not. Wagners Beitrag zur deutschen Geschichtsschreibung, die 1848 veröffentlichte Abhandlung »Die Wibelungen«, offeriert eine derart verstiegene Phantastik, daß die Wissenschaft nachsichtig auf Kenntnisnahme verzichtete, während sie der Volksgemeinschaft, zu deren Erleuchtung sie verfaßt war, völlig unbekannt blieb.

Wagners Märchenbuch mit dem überraschenden Titel verknüpfte, frei assoziierend, die Hohenstaufen, die er »Wibelungen« nannte, mit dem Trojaner Äneas, den Lichthelden Siegfried, der den »düsteren« Drachen schlug, mit den Juden, an denen »wir noch heute ... Christus rächen«[12], den sagenhaften Goldhort des arischen Urkönigs mit dem mystischen Gral. Die Geburtsstätte des Germanentums verlegt Wagners Phantasmagorie aparterweise in den Himalaja, ihre Wiedergeburt, metaphorisch verschlüsselt, ins revolutionäre Deutschland.

Ursprünglich hatte Wagner ein Drama über Friedrich Barbarossa schreiben wollen, weil ihn in der »anregungsvollen letzten Vergangenheit« die »von so vielen ersehnte Wiedererweckung«[13] des Kaisers beschäftigt hatte, der aus seiner Versenkung im Kyffhäuser oder im Untersberg auftauchen sollte, um die Entscheidungsschlacht gegen den Antichrist zu schlagen – eine Metapher für die revolutionäre Erhebung der Deutschen gegen ihre volksfremden Unterdrücker. Aus der Namensähnlichkeit zwischen Friedrich und dem Drachentöter Siegfried leitete Wagner nun, in mythologischer Improvisation, deren Identität ab: »Wann kommst du wieder, Friedrich, du herrlicher Siegfried!« rief er am Ende seiner »Wibelungen«-Phantasie aus, »und schlägst den bösen nagenden Wurm der Menschheit?«[14]

Mit dem »Wurm« bezeichnete Wagner den Widersacher der Wibelungen, die goldhortende Nibelungen-Rasse, hinter der sich, wie anders, das Judentum verbarg. In Friedrich Rotbart, der sie in seinem Kreuzzug vernichten würde, sah er dagegen den Sonnenhelden wiedergekehrt, der seit Urzeiten den Kampf gegen den »Riesenwurm« aufnimmt, um ihm am Ende doch, durch Verrat, zu erliegen. Dies also das Schicksal der staufischen Wibelungen, das der Kapellmeister den zukünftigen Revolutionären mahnend vor Augen führte.

Zwischen Wagners Sagenbuch und dem »Kunstwerk der Zukunft« lagen der gescheiterte Dresdner Aufstand und seine Flucht nach Zürich. Der alte Gedanke von den Himalaja-Germanen, die erst die antiken Kulturen begründen, um dann der Welt Erbe, symbolisiert im Goldhort, an die Nibelungen zu verlieren, zeitigte nicht das erwünschte Resultat: Weder war Rotbart aus der Unterwelt zurückgekehrt noch die jüdische Geldwirtschaft von der schöpferischen Volksgemeinschaft abgelöst worden.

An seinen Hauptthesen hielt Wagner dennoch fest. Nur in einem Volk, das sich »von einem gemeinsamen Stammvater«[15] ableitet, finde der einzelne sein wahres Wesen; nur aus der Entdeckung gemeinsamer Not, die, laut den »Wibelungen«, das Germanenvolk seit Jahrtausenden betroffen hat, weil ihm die Weltherrschaft entrissen wurde, könne der Volksgenosse die »notwendigen« Schlüsse ziehen: Das unterdrückte Reich muß von seinem Sklavendasein befreit werden, damit das Deutschtum seine metaphysische Identität als der »Welt Erbe« wiederfinden kann. Aus der »Not« der Vergangenheit soll das »Kunstwerk der Zukunft« erwachsen.

Dazu müssen erst einmal seine Feinde aus dem Weg geräumt werden. Für Wagner gehören »alle diejenigen« dazu, »die keine Not empfinden«, schon weil sie, ebenso »herzlos« wie »unmenschlich«, im »Luxus« schwelgen. Die Verschwendung erscheint ihm als reinste Unnatur, da sie, statt schöpferisch zu wirken, immer nur verzehrt und vernichtet. Das volksfeindliche Verschwenderleben, nach dem der Privatmensch Wagner so süchtig war wie sein Alberich nach dem Gold, wird von ihm im »Kunstwerk der Zukunft« als Hölle auf Erden geschildert: Es »martert, verzehrt, verbrennt und peinigt stets ungestillt, läßt Geist, Herz und Sinne vergebens schmachten, verschlingt alle Lust, Heiterkeit und Freude des Lebens«.[16]

Die Gegenwelt zum schöpferischen Deutschtum wird von Wagner in grellen Farben als Domäne des Egoismus ausgemalt, der seinen »Lebenssaft aus der vergeudeten Kraft des Volkes saugt«. In diesem Vampir hat der Autor das Judentum ausgemacht. Um den Blutsauger unschädlich zu machen, müsse das Volk, so Wagner, nur seinem natürlichen, also notwendigen Instinkt folgen. »Es braucht dabei nur zu wissen, was es nicht will«, deutet der Autor an, »und dieses lehrt ihn sein unwillkürlicher Lebenstrieb«, über den sich, da naturgegeben, nicht weiter rechten läßt. Er allein leitet den Menschen zur notwendigen Tat, oder, wie Wagner verklausuliert, »er braucht dieses Nichtgewollte durch die Kraft seiner Not nur zu einem Nichtseienden zu machen, das Vernichtungswerte zu vernichten, so steht das Etwas der enträtselten Zukunft auch schon von selbst da«.[17]

Was Wagner mit diesem »Etwas« meinte, das sich erst durch die »Vernichtung des Vernichtungswerten« erreichen läßt, offenbarte er im »Ring des Nibelungen«: Indem Siegfried, der deutsche Held, seinem unwillkürlichen Lebenstrieb folgt und das, was er nicht mag, das Nibelungenwesen Mime nämlich, zu einem Nichtseienden macht und den vernichtungswerten Drachen, der Menschen frißt und Gold hortet, vernichtet, wird er zum Erben der Welt: Er gewinnt den Ring und auch die Braut, mit der er das Heldengeschlecht der Zukunft zeugen soll. In die Umgangssprache übersetzt hieß das: Räumt das Judentum aus dem Weg, und schon habt ihr das neue Heldenreich.

Rätselfreund Wagner, immer in Angst, nicht verstanden zu werden, und zugleich bemüht, undurchschaubar zu bleiben, schickte dem Vernichtungsrat eine Verständnishilfe hinterher: »Nur wenn die herrschende Religion des Egoismus«, so schrieb er, »aus jedem Momente des menschlichen Lebens unbarmherzig verdrängt und mit Stumpf und Stiel ausgerottet ist, kann aber die neue Religion, und zwar ganz von selbst, in das Leben treten, das auch die Bedingungen des Kunstwerks der Zukunft in sich schließt.«[18] Das Wörterbuch des Unmenschen war auch mit Wagnerschem Vokabular bestückt.

Die alte Religion aber, die es, um der deutschen Selbstfindung willen, auszurotten galt, war die jüdische. Wie Wagner mit seinem »Kunstwerk der Zukunft« eigentlich die kommende Gesellschaft meinte, so diente in seiner Schrift vom »Judentum in der Musik« die Kunst nur als Vorwand für eine rassistische Generalabrechnung. Gleich zu Anfang des 1850 anonym veröffentlichten Textes versichert Wagner, daß seiner Abneigung gegen diese Gruppe keinerlei persönliche Ressentiments zugrunde lägen – der völkische Instinkt selbst, die innere Notwendigkeit der Gemeinschaft also, fühle sich von den Juden »stets unwillkürlich abgestoßen«;[19] das »unangenehm Fremdartige« ihres Wesens, so der Komponist, wecke in jedem Deutschen den Wunsch, »mit einem so aussehenden Menschen nichts gemein zu haben«. Da dies für die Realität kaum Allgemeingültigkeit beanspruchen konnte – auch Wagners eigene Beziehungen zu Juden gestalteten sich für ihn zumeist höchst nützlich –, bot er weitere Argumente auf, die über den Geschmacksbereich hinausgingen. Gemäß seiner These, daß sich eine Gemeinschaft durch gemeinsame Not definiere, mußte der Jude, der diese Not durch Ausbeutung erst erzeugte, zwangsläufig deren genaues Gegenbild abgeben. Selbst wenn er es wollte, könnte er, »Schmarotzer« von Geburt, nicht dazugehören.

Durfte man ihn überhaupt als Menschen bezeichnen? Wagner war sich da nicht so sicher. Später prägte er für ihn den kuriosen Ausdruck, der dann im Hitler-Reich zum geflügelten Wort avancierte: Der Jude sei, so der »Bayreuther Blätter«-Feuilletonist, »der plastische Dämon des Verfalls der Menschheit«.[20] Der traurige Rest folgte daraus: Da dieser »Parasit« nur vom Diebstahl lebe, schrieb Wagner im »Judentum in der Musik«, erwiesen sich auch die Musiker seines Stammes als Plagiatoren. Gerade Felix Mendelssohn-Bartholdy und Giacomo Meyerbeer, seine direkten Konkurrenten, von denen er erheblich profitierte, werden von ihm als Vertreter dieser »Papageien«-Kunst[21] entlarvt. Daß die Musik »dem Judentum nichts Ursprüngliches zu verdanken hat«, behauptete auch sein Schüler Hitler: »Was es auf dem Gebiet der Kunst leistet, ist entweder Verballhornung oder geistiger Diebstahl.«[22]

Sobald Wagner auf die spezifischen Eigenschaften dieses »Dämons« zu sprechen kommt, der das »dämmerige Halbdunkel«[23] als Lebensraum vorzieht, fühlt man sich in sein Nibelungen-Theater versetzt: Die jüdische Sprechweise charakterisiert er, für »Ring«-Freunde leicht wiederzuerkennen, als »zischenden, schrillenden, sumsenden und murksenden Lautausdruck«[24], ihren Satzbau als »unerträglich verwirrt« und den religiösen Gesang als »Gegurgel, Gejodel und Geplapper, das keine absichtliche Karikatur widerlicher zu entstellen vermag«[25] – es sei denn, die seiner eigenen Phantasie entsprungene, die er dem Nibelungenporträt zugrundelegte.

Mit dem wirklichen Leben hatte diese Karikatur allerdings ebensowenig gemein wie das »Judentum in der Musik«. Wagners persönliche Erfahrungen hätten ohnehin eher das Gegenteil erwarten lassen: Von Heinrich Heine entlieh er sich Themen wie den »Fliegenden Holländer« und die spöttische Brillanz, die seine Pariser Schriften auszeichnete; von Giacomo Meyerbeer borgte er sich neben Bargeld auch dessen dramatische Bühnenwirkungen, die er bei seinem verleugneten Vorbild als bloße »Effekte« kritisierte; Felix Mendelssohn lehrte ihn die lautmalerische Eleganz des Orchesterklangs; von seinem Pariser Freund Samuel Lehrs ließ er sich in die Welt der Hohenstaufen einführen und von Vollblutmusikern wie Karl Tausig, Hermann Levi oder Joseph Rubinstein die eigenen Werke aufführen – von all den Juden zu schweigen, die ihn finanziell unterstützten, für ihn Propaganda betrieben oder ihn als Musikkritiker in den Himmel hoben. Juden füllten die Wagner-Vorstellungen, zeichneten Bayreuther Patronatsscheine, gaben Spenden für Wagners völkische Festspiele. Es war der Bayernkönig Ludwig II., der seinen Lieblingsmusiker als erster auf diesen bemerkenswerten Umstand aufmerksam machte.

Nicht die Wirklichkeit zeichnete der Theatermensch Wagner in seinem Judenbild, sondern ein verhaßtes Phantom, das sich als Quelle aller Übel und zugleich als kontrastreiches Mittel zur Selbstdarstellung anbot. Gewohnt, Phantasie für Wirklichkeit zu nehmen, räumte er den Mimes und Alberichs einen bevorzugten Platz in seinem Leben ein. Bevor sie im »Ring« auf die Bühne und von dort ins kollektive Bewußtsein traten, hatten sie ausgiebig in Wagners Hirn gespukt.

Erst am Schluß der Hetzschrift vom »Judentum in der Musik« gab der Autor das wahre Ziel seiner schöpferischen Anstrengung preis. Als spräche er von seinen Nibelungen, die er 1848 die Erde »gleich Würmern im toten Körper« durchwühlen ließ, bescheinigte er ihnen zwei Jahre später, diesmal unter dem Namen »Juden«, sie hätten sich als Künstler auf den leblosen Kadaver der abendländischen Kunst gestürzt, um ihn »zu zersetzen; dann löst sich wohl das Fleisch dieses Körpers in wimmelnde Viellebendigkeit von Würmern auf«, die anstelle der Kultur eine »würmerzerfressene Leiche«[26] hinterlassen.

Auf das abstoßende Bild folgt, wie zwangsläufig, Wagners vernichtendes Urteil: Die Juden müssen begreifen, daß sie keine Existenzberechtigung haben, und deshalb an ihrer eigenen Abschaffung mitarbeiten. Nur durch einen, so Wagner, »selbstvernichtenden Kampf« können sie den Spuk, der mit ihnen in die Welt gekommen ist, selbst beenden. Durch diese »Selbstvernichtung«[27] kehre der Jude in den Schoß der Natur zurück, aus dem er dann, geläutert, wiedergeboren werden könne. In diesem Leben bestünde allerdings kein Anlaß zur Hoffnung – »Erlösung« biete ihnen nur der »Untergang«.

Die Verschärfung des Widerspruchs zwischen Deutsch- und Judentum, die durch die Logik des »Ring«-Dramas nahegelegt wurde, nahm in dem von Neid diktierten »Judentum in der Musik« den Charakter einer politischen Handlungsanweisung an. »Aber bedenkt«, so schließt Wagner seine Schrift im Ton des guten Ratgebers, »daß nur eines eure Erlösung von dem auf euch lastenden Fluche sein kann: die Erlösung Ahasvers, – der *Untergang*!«[28] Der lapidare Satz, von einer für die Mitte des neunzehnten Jahrhunderts beispiellosen Radikalität, markiert einen Sprung in der Entwicklung des deutschen Judenhasses, den Hartmut Zelinsky als »Vernichtungsantisemitismus« bezeichnete.

Dessen eifrigster Vertreter im folgenden Jahrhundert erwies sich als kundiger Verwerter der »Judentum«-Schrift. Wenn überhaupt ein Jude jemals Zugang zur »deutsch-arischen Kultur gefunden hat«, sagte Hitler auf dem Reichsparteitag 1938, dann höchstens, weil »in den Stammbaum dieses Ahasver ... ein Tropfen fremdes Blut kam«. Ansonsten sei »die große Masse des Judentums ... als Rasse kulturell gänzlich unproduktiv«.[29] Die Menschheit, so gab Hitler zu verstehen, werde deren Untergang zu verschmerzen wissen.

Nachdem Wagner die Juden-Schrift 1869, unter vollem Namen und mit zusätzlichen Gehässigkeiten versehen, neu aufgelegt hatte, nahm er in seiner Einleitung zum dritten Band der Gesamtausgabe den Vorschlag von der jüdischen »Selbstvernichtung« wieder auf. Erfreut, in Carlyles »Selbstverbrennung« des »tausendjährigen Reichs der Anarchie« einen verwandten Gedanken entdeckt zu haben, rückte er das Zitat in den Mittelpunkt seines Textes, der zugleich die Folgen dieses kollektiven Selbstmordes in leuchtenden Farben schilderte: Erst wenn das Judentum in der Nacht versunken ist, kann die Morgenröte des Deutschtums aufgehen.

Als einziges historisches Vorbild ließ Wagner die Kunst der Griechen gelten: »Auf diese Kunst der Lieblinge der alliebenden Natur, der schönsten Menschen«, die je die Erde bevölkerten, sollen wir sehnsuchtsvoll blicken, »um aus ihrem innigen Verständnisse zu entnehmen, wie das Kunstwerk der Zukunft beschaffen sein müsse!« Den Inbegriff der griechischen Kunst wiederum fand Wagner in der Tragödie, dem szenisch-musikalischen Drama, das den im Untergang vergöttlichten Helden darstellt.

Dem griechischen Publikum bot die Tragödie, nach Wagner, die »Feier der Erinnerung ihrer gemeinschaftlichen Herkunft«[30] und damit das Bühnenweihfestspiel des griechischen Kollektivgedächtnisses. In »Die Kunst und die Revolution«, dem Vorläufer der »Kunstwerk«-Schrift, hat Wagner diese Selbstfindung als Volksfest beschrieben, bei dem der »freie, starke und schöne Mensch die Wonnen und Schmerzen seiner Liebe feiern, würdig und erhaben das Liebesopfer seines Todes vollziehen«[31] wird, das der tragische Held stellvertretend für alle darbringt. Sobald aber, nach Jahrtausenden der Entfremdung, die Zeit für eine Wiedergeburt dieser Nationalfeier auf deutschem Boden gekommen sei – Nietzsche nennt es die »Geburt der Tragödie aus dem Geiste der Musik« Wagners –, erfülle sich auch Schillers Vision von der befreiten Menschheit: Aus der »Fülle des Weltherzens«, schreibt Wagner, werde der »erlöste Weltmensch« dann das Wort ausrufen, das einst auch den Funken der Dresdner Freiheitsbewegung entzündet habe: »Freude!« Und mit ihm »ruft er den Menschen zu: ›Seid umschlungen, Millionen!‹ ... Und dieses Wort wird die Sprache des Kunstwerks der Zukunft sein«.[32]

Bis dorthin blieb noch ein langer Weg. Denn noch herrschte, in der Vorstellung des Propheten, nicht das Volk, sondern dessen vampirischer Unterdrücker; und noch wurde die allgemeine Not zwar erlitten, doch keineswegs begriffen. Wagner, als aktiver Aufständischer gescheitert, wuchs jetzt in die Rolle des geistigen Erweckers hinein. An die Stelle der Sturmglocken traten die Züricher Revolutionsschriften, die, als scheinbar ästhetisch ausgerichtete Privatansichten, die politische Zensur mühelos passierten. Dabei steckten sie voller Andeutungen und metaphorisch verfremdeten Gewaltaufrufen, mit denen sie Eingeweihten zu verstehen gaben, daß aus der Not endlich die rechten Schlüsse gezogen werden mußten. Was das Reich brauchte, war ein kollektiver Kraftakt.

Die Deutschen müßten sich endlich ihrer »Not« bewußt werden, so der Prophet aus dem Exil, und aus »dem unverjährbaren Rechte ihres absoluten Bedürfnisses die Kraft zum Widerstand, zur Empörung, zum Angriff gegen den Bedränger dieser Natur« schöpfen. Nur wer zur Tat bereit sei, »gehört jetzt zum Volke, denn er und alle ihm Gleichen fühlen eine gemeinsame Not«.[33] Als Adolf Hitler die Programmschrift Wagners zur Befreiung des Vaterlandes seinem Freund Kubizek vorlas, identifizierte er sich, in »Rienzi«-Manier, so weit mit den Worten des Meisters, daß er noch ein Vierteljahrhundert später auf dessen Gedankengänge direkten Bezug nehmen konnte. »Ich begreife heute«, erklärte er als Reichskanzler, »weshalb mir in meiner Jugend gerade Wagner und sein Schicksal mehr sagten als so viele andere große Deutsche. Es ist wohl die gleiche Not eines ewigen Kampfes gegen Haß, Neid und Unverstand.«[34] Das Ermächtigungsgesetz, durch das er 1933 seinen Generalangriff auf die »Bedränger« des Volkes vorbereitete, trug den offiziellen Titel: »Gesetz zur Behebung der Not von Volk und Reich«.[35]

Seine zukunftsträchtige »Kunstwerk«-Vision ließ Wagner nicht mit politischen Parolen schließen, sondern, wie es seinem Ideal vom Künstler als Nothelfer entsprach, mit einem Kunstwerk von tieferer Bedeutung. Die Sage von »Wieland, dem Schmied«, die er den Deutschen »zur Deutung«[36] empfahl, habe er, wie er eigens betonte, »aus keinem anderen Grunde als dem innerer Notwendigkeit gedichtet«; weshalb ihr Inhalt, nach der Theorie der Schrift, die sie beschloß, der Not des Volkes und, notwendigerweise, auch deren Behebung gewidmet war.

Wieland, die alte Sagenfigur, tritt bei Wagner als kunstschaffender Germane auf, der von König Neiding überfallen, in Ketten gelegt und zur Sklavenarbeit gezwungen wird. Was Wieland zuvor »aus Lust und Freude« geschaffen hatte, muß er jetzt im Frondienst produzieren. Als sinnfälligen Ausdruck seines gelähmten Willens hat der neidische König ihm die Fußsehnen durchtrennen lassen. Zum Krüppeldasein verdammt und der Gier des plastischen Dämons der Ausbeutung ausgeliefert, gibt ihm die Not den entscheidenden Gedanken ein: »Rache, Rache an diesem Neiding, der ihn aus niederträchtigem Eigennutz in so endlosen Jammer gebracht hatte! Wenn es ihm möglich wäre, diesen Elenden mit seiner ganzen Brut zu vernichten!«[37]

Der »geknechtete Künstler« schmiedet sich, von »furchtbarer, allgewaltiger Not« getrieben, ein Paar Flügel, mit dem er sich aus eigener Kraft über sein verzweifeltes Leben erheben kann – nicht ohne zuvor die ersehnte Rache geübt zu haben: »Getragen von dem Werke seiner Kunst«, so der Dichter, »flog er auf zu der Höhe, von da herab er Neidings Herz mit tödlichem Geschosse traf.« Ebendies schärft Wagner seinen Deutschen in immer neuen Varianten ein: Rächt euch! Trefft mit tödlichem Geschoß! »O einziges, herrliches Volk!« lautet die Schlußwendung seiner modernen Sage, »das hast du gedichtet, und du selbst bist dieser Wieland! Schmiede deine Flügel und schwinge dich auf!«

Zuvor aber wollte Wagner seinen »Wieland« schmieden. Der Entwurf, als leicht zu deutende Parabel seinem »Kunstwerk der Zukunft« angehängt, wuchs sich bald zu einem Drama aus, das er, mit Sinn für praktische Umsetzung, für das Pariser Publikum ausarbeitete. Was dereinst die Deutschen erlösen würde, sollte ihn vorweg von seinen chronischen Schulden befreien. Die Hauptstadt der Revolution, die ihn als glanzvolle Opernmetropole ebenso anzog, wie sie ihn als Hochburg Meyerbeerscher Triumphe abstieß, bot die rechte Bühne für seine in der Kunst ausgetragenen Selbstwidersprüche.

Als Wagner am Ende des Dresdner Unglücksjahres 1849 seinem dort lebenden Jünger Theodor Uhlig brieflich über den »fertigen Opernplan« berichtete, stellte er klar, daß mit seinem »Wieland« kein gewöhnliches Stück Amüsiertheater geplant war, sondern ein tönender Umsturzmythos, der die Pariser, die im Vorjahr erfolgreich eine Revolution hinter sich gebracht hatten, noch einmal richtig auf den Geschmack bringen sollte. »Denn meine Sache ist«, so offenbarte Wagner in ungebrochenem Barrikadengeist, »Revolution zu machen, wohin ich komme.« Da die Zeit für sein Gesellschaftskunstwerk noch nicht reif sei, gelte es jetzt, zu »revolutionieren, durch Zerstören und Zerschlagen alles dessen, was zerstörens- und zerschlagenswert ist«. Dabei soll sein »Wieland«, den Wagner sich für die Grande Opéra erträumt, ein »Affirmationszeichen der Zerstörung« geben, nicht mehr. Denn nur die Vorbereitung, so verrät er Uhlig, »ist unser Werk, und ganz andere Leute als wir werden erst die wahren schaffenden Künstler sein«.[38]

Das muß auch Adolf Hitler im Hinterhaus der Stumpergasse so empfunden haben. Entzündet von einem Lesestoff, den die meisten als unverdaulich empfanden, begann er, in den langen Pausen zwischen den Wagner-Aufführungen in der Oper, »sehr viel, vor allem Schauspiele, aber auch Novellen« zu verfassen, wie sich Mitbewohner Kubizek an den Kreativschub des Neunzehnjährigen erinnert. »Ich wußte, daß nahezu alles, was er schrieb, bei Richard Wagner beheimatet war, also in der Welt des Germanentums.«[39]

Als Beispiel führt Kubizek einen Hitlerschen Tragödienentwurf an, angesiedelt in den »bayerischen Voralpen«, in dem sich die Urbevölkerung zur »Zeit der Christianisierung« verschworen hatte, die »christlichen Sendboten zu erschlagen«, was unbedingt die Sympathie des Autors fand. Überlebt hat, dank Kubizeks Gedächtnis, die symbolische Schlüsselszene, die es an düsterem Kolorit mit einschlägigen »Ring«-Tableaus aufnehmen kann; auch das bärenfelltragende Personal hat Hitler von dort ausgeliehen und in einer Landschaft »mit heiligem Berg im Hintergrund« angesiedelt. Im Vordergrund plazierte der Bühnendekorateur einen »mächtigen Opferstein, von riesigen Eichen überschattet. Zwei gewaltige Rekken« sind gerade dabei, einen »schwarzen Stier« zur Opferung zu führen. Sie halten ihn an den Hörnern und »pressen das mächtige Haupt des Opfertieres gegen die Höhlung des Steines. Hinter ihnen steht, hoch aufgerichtet, der Priester in hellem Gewande. Er hält«, beobachtet von »bärtigen« Männern mit aufgerichteten Speeren, »das Schlachtschwert in seinen Fäusten«.[40]

Ungewiß, ob hier Erinnerungen ans Leondinger Landleben oder Rollers »Götterdämmerung« Pate gestanden hatten; sicher scheint nur, daß die rituelle Opferung des Stiers als Vorwegnahme jener Tötungsaktion gemeint war, in der, von Dramatiker Hitler unausgeführt oder von Zuhörer Kubizek vergessen, naturnahes Germanentum über judäo-christliche Verführung triumphieren sollte. Ritter von Schönerers Devise »Ohne Juda, ohne Rom« verschmolz dabei unversehens mit Wagners »Götterdämmerungs«-Appell: »Starke Stiere sollt ihr schlachten; am Weihstein fließe Wotan ihr Blut!«[41], wie Rollers Hofopernszenario mit den Politparolen im Wiener Parlament.

Im Zuge seiner Fortsetzung Wagners mit eigenen Mitteln mußte Hitler auch auf den liegengebliebenen »Wieland« stoßen. War ihm als eifrigem Leser des »Kunstwerks« der Stoff ohnehin geläufig, konnte er das von Wagner ausgeführte Theaterstück im selben dritten Band der Schriften wiederfinden, der ihm auch die Anleitung zu notwendiger Revolution und Selbstverbrennung geliefert hatte. Der Theaterenthusiast fühlte sich herausgefordert. Zudem erlebte der »Wieland« damals eine überraschende Auferstehung: Zum 25. Todestag des Meisters trug Josef Kainz, der legendäre Schauspieler und Freund König Ludwigs, am Burgtheater den Entwurf in einem »Wagner-Festspiel« vor, das sich die beiden Linzer, die auch für Kainz' »Faust« um Karten anstanden, wohl schwerlich entgehen ließen.

Kaum war der Stoff vom Flügelschmied für Hitler zum Thema geworden, entdeckte Kubizek den Freund am Klavier. »Du, Gustl«, soll der auf dessen erstaunten Blick geäußert haben, »aus dem ›Wieland‹ mache ich eine Oper.« Zwar verstand er vom Klavierspiel noch weniger als von der Aquarellkunst, doch half ihm offenbar sein Wille, ein »Vorspiel« fertigzustellen. Wie zu erwarten, war es »völlig von der Tonwelt Richard Wagners beeinflußt«. Es bestand nämlich »aus einer Aneinanderreihung einzelner Themen«, über deren kompositorische Gediegenheit Konservatorist Kubizek Stillschweigen bewahrte. Dagegen blieb ihm als Detail erinnerlich, daß bei einem Hochzeitsfest, für das Wagner in der »Götterdämmerung« Stierhörner verwendet hatte, sein Nachfolger ganz auf den Urklang »mächtiger Luren« setzte, die erst noch gebaut werden mußten.

Hitlers gesamtkunstwerkliche Wagner-Imitation – er »entwarf« auch »das Szenarium, zeichnete die Kostüme und skizzierte mit Kohlestift den Helden der Handlung mit seinen am Rücken befestigten Flugschwingen«[42] – mißlang wie alles andere, zu dem er sich, bar jeglicher Vorkenntnis, verstieg; und so warf er sich, der einmal mehr als Stümper dastand, auf lohnendere Gegenstände. Konnte er sich nicht auf künstlerischem Gebiet als Vollender Wagners präsentieren – denn nicht weniger hatte er mit der Vertonung des Wagner-Librettos angezielt –, so stand ihm immer noch der Weg offen, der ihm durch »Rienzi« und die Revolutionsschriften gewiesen war: Er wollte zu Wagners politischem Vollstrecker werden.

Das Handwerkszeug dazu hatte er sich bereits angeeignet. Wie sich seine polare Weltdeutung an den Extremen des Nibelungen-»Rings« ausrichtete, so sein Aktionsprogramm am »Kunstwerk der

Zukunft«. Die erschreckende Konsequenz, mit der sich Hitler bei seinem Weltunterwerfungsversuch von spätpubertären Prägungen und bei seinem Menschenvernichtungsprogramm von spätromantischen Phantasien leiten ließ, wurde von vielen seiner Biographen indirekt nahegelegt. Joachim C. Fest, dem Hitlers »eigentümliche Starrheit« auffiel, die keinen Entwicklungsprozeß kannte, sondern »nahezu von Beginn an über der Erscheinung lag«, konnte sich dabei auf dessen eigenes Zeugnis berufen. »In der Tat«, so Fest, »hat Hitlers Weltbild sich seit Wiener Tagen, wie er zu versichern pflegte, nicht verändert.«[43]

Seine späteren Erfolge, so zitiert Biograph Max Domarus Hitlers Selbsteinschätzung, habe er »nur erzielt, weil ich mich niemals durch Schwächlinge von einer mir einmal gewordenen Erkenntnis wegschwatzen oder wegbringen ließ«.[44] Mit dem gewählten Ausdruck von der »ihm gewordenen Erkenntnis« wollte er vermutlich andeuten, daß es sich hierbei nicht um banale Denkvorgänge, sondern um Akte geistiger Begnadung handelte. Über die mysteriöse »Sendung«, die sich daraus ergab, meinte Domarus, »seine geheimen Ziele« seien »nicht einmal engen Mitarbeitern« bekannt gewesen, weshalb über die »nationalsozialistische ›Weltanschauung‹ immer eine ziemliche Unklarheit und Unsicherheit«[45] herrschte. Sicher war nur, so Domarus, daß Hitler sich seine Ziele sehr früh in den Kopf gesetzt hatte und dann »starr bis an sein Lebensende an diesen Thesen« festhielt.

Die Quelle der Hitlerschen Weltanschauung, die sich in seinem Staat verwirklichte, erschloß sich Unvoreingenommenen ohne Mühe. Als der australische Historiker Stephen H. Roberts in den dreißiger Jahren im »Haus, das Hitler erbaute«[46] seine Nachforschungen anstellte, kam er dem »Rätsel Hitler« schnell auf die Spur. Er entdeckte, »daß alles, was er tut, Wagners Vorbild folgt – das ist das Leitmotiv des ganzen Hitler-Stücks«. Die »Spektakel«, so bemerkte dieser neutrale Beobachter, der sein Studienobjekt persönlich in Augenschein nehmen konnte, »sind nicht mehr als die Vergrößerung einer Wagnerschen Schlußszene, verbessert durch die Errungenschaften der modernen Technik«.[47]

Roberts, dessen Recherchen von Hitlers Partei unterstützt wurden, sah sich durch ein scheinbar marginales Erlebnis bestätigt: In München sah er, im Olympiajahr 1936, »Farbporträts mit Hitler in der Silberrüstung eines Gralsritters, die jedoch bald wieder entfernt wurden. Sie verrieten zu viel von der Pointe, da sie Hitlers wahrer Mentalität zu nahe kamen«.[48] Zwei Jahre später veröffentlichte Peter Viereck in der amerikanischen Zeitschrift »Common Sense« 1939 seine Analyse des Nationalsozialismus. Darin bezeichnet er Wagner als ersten, der einen »begnadeten Führer« erwartet hatte – »als Personifikation des deutschen Volkes aber hat er Teil an dessen Göttlichkeit« – und sieht die »unglaublich einflußreichen«, dabei den »meisten Deutschen unbekannten« Schriften Wagners als die »wohl wichtigste Einzelquelle, ja als den Urquell der Nazi-Ideologie schlechthin«.[49]

Deren Vordenker sprach nur selten über die Quelle, aus der er schöpfte. Gelegentlich versicherte er, »die Werke Wagners schließen alles in sich, was der Nationalsozialismus erstrebt«[50], oder man müsse »Wagner lesen, um zu verstehen, was Nationalsozialismus sei«.[51] Doch kaum einer, so scheint es, wollte ihn verstehen. Auch Hitlers Reden, die Libretti seiner effektvoll instrumentierten Bühnenauftritte, boten unbemerkt die Früchte seiner frühen Lektüre. Die oft beklagte Monotonie dieser stundenlangen, von aufrüttelnden Gefühlsausbrüchen interpunktierten Predigten hing mit der gleichbleibenden Botschaft zusammen. Deren Kern, dessen geistige Uniformität mit der Uniformierung seines Publikums korrespondierte, blieb bis zum Ende unverändert.

Hitlers rhetorische Grundfiguren orientierten sich an ihrem auf Massenwirkung spezialisierten Vorbild: Gesellschaftsphilosoph Wagner, an Schelling und Hegel geschult, kultivierte ein Denken in Widersprüchen, deren sich aufschaukelnde Polarität zu immer intensiverer Spannung führt, die wiederum immer höhere Synthesen erzeugt. Auch sein Schüler deutete sich die Wirklichkeit nach diesem auf Konflikt, Zusammenstoß und Sieg basierenden Modell zurecht.

Zerfiel die Menschheit für Hitler, nach dem Vorbild des »Ring«, in die Extreme von Held und Untermensch, die sich unablässig bekriegen, so tendierte für ihn der gesamte Geschichtsprozeß von der qualvollen »Zersplitterung« zur endlichen »Vereinigung«, die nach der Überwindung des feindlichen Pols eintritt. Die abstrakte Dynamik, die auf der »Überwindung« des »Zersetzenden« basierte, drängte machtvoll vom Rassenchaos zur völkischen Gemeinschaft, von der Zerteilung des Reichs zu dessen Einheit –

und eignete sich zugleich, dank ihrer dialektischen Überzeugungskraft, als rhetorisches Grundprinzip.

Die dramaturgische »Weltformel«, deren Stempel Hitler allem aufprägte, führte zwangsläufig zu ständigen Wiederholungen und der oft bemerkten »charakterlichen Erstarrung«. Hatte Vorbild Wagner aus der angeblichen »Zersplitterung der Einzelkünste« deren höhere Einheit im »Gesamtkunstwerk« geformt, wie er analog aus der durch jüdischen Egoismus zersetzten Gesellschaft ein einig Volk von Brüdern hervorgehen lassen wollte, so offerierte Hitler denselben Mechanismus in unzähligen Variationen, entdeckte überall die seit Jugendtagen vertrauten Gegensätze und drängte zwanghaft auf deren im »Ring« offerierte Patentlösung: das Schwert. Wo immer sich »Widerspruch regte«, wurde er, zu vermeintlich höherer Synthese, aufgehoben; Widerstand wurde, um der erstrebten Einigkeit willen, gebrochen; überall lockte das Aufgehen alles Widerstrebenden, »Gleichschaltung« genannt, in der umfassenden Einheit. Man mußte nur, wie im Drama, die Extreme auf die Spitze treiben, die Erregung hochpeitschen, bis es, im Augenblick höchster Spannung, zur erlösenden Vereinigung kam, in der das Individuum unterging.

Auch das Deutschland der Weimarer Republik deutete Hitler mit diesem Universalschlüssel. Durch das Judentum, so behauptete er, herrsche eine innere Zerrissenheit, in der das Einzelinteresse über die Gemeinschaft triumphiere, das Parteienchaos über das Gemeinwohl; und zur inneren Gespaltenheit paßte der Versailler Schandvertrag, der das Reich auch von außen zerteilte. »Was ist aus Deutschland geworden?« mahnte er 1929. »In zehn Jahren hat man uns diese stolze Zuversicht aus dem Herzen gerissen, hat uns niedergezüchtet zu erbärmlichen Sklaven.« Doch der bevorstehende »Untergang der Nation« werde, wie jedes Auseinanderfallen in Gegensätze, zwangsläufig eine höhere Einheit, eben das »neue kommende Reich« hervorbringen. »Was Richard Wagner dem deutschen Volke für die Kunst der Zukunft gab«, so erklärte er, »das geben wir als Reich der Kraft und Macht der Zukunft.« Das Reich und die Kraft und die Herrlichkeit, die, nach Hitlers Anspielung, in Wagners göttlichem »Kunstwerk der Zukunft« vorbereitet wurden, können aber nur über den Kampf mit dem Gegensatz errungen werden. Und der wurde von Wagner hinlänglich aufgezeigt. »Was der Meister der Töne einst nicht zu ertragen vermochte«, so Hitler in Anspielung auf dessen »instinktmäßige« Ekelreaktion, »das wollen wir, die wir Kämpfer sind, auskämpfen.«[52] Was für den Meister »Mein Leben« hieß, wurde beim Schüler zu »Mein Kampf«.

Vier Jahre später fiel Hitler, wie zur Bestätigung seiner Denkfigur, das in sich zerfallene Reich als Ganzes in die Hände, verschmolzen die Individualinteressen zur »totalen Macht« des einigen Deutschland. Die Zeit des Parteienhaders und des zerstörerischen Rassenchaos, so schien es, war wie ein Spuk vergangen, und eine neue Epoche an deren Stelle getreten. Am 1. Februar 1933 verlas Hitler, zur Einstimmung auf seine Machtergreifung, einen »Aufruf an das deutsche Volk«, bei dem er »streckenweise am ganzen Körper bebte und schütterte«. Vor seinen Hörern zeichnete er, überwältigt von der eigenen Leistung, »das Bild einer herzzerbrechenden Zerrissenheit«, die, vom »Gewirr politisch-egoistischer Gegensätze« verursacht, das Reich ruiniert hätte und bald schon die »reichsten und schönsten Kulturgebiete der Welt« durch die zersetzende Kraft des Bolschewismus »in ein Chaos und Trümmerfeld verwandeln« wollte. Dieser allgemeinen Atomisierung habe er nur die »geistige und willensmäßige Einheit unseres Volkes«[53] entgegenzusetzen.

Nach erfolgter Machtergreifung stellte der triumphierende Erlöser deren Vorgeschichte in denselben mythischen Zusammenhang. »Der Deutsche«, so verkündete Hitler im März 1933, »in sich selbst zerfallen, uneinig im Geist, zersplittert in seinem Wollen und damit ohnmächtig in der Tat«, habe in seiner Kraftlosigkeit den »Weg nach innen« angetreten, das Volk von einer besseren Zukunft nur noch träumen können. »Erst, wenn die Not und das Elend es unmenschlich schlugen, erwuchs vielleicht aus der Kunst die Sehnsucht nach einer neuen Erhebung, nach einem neuen Reich und damit nach neuem Leben.«[54]

Wagners Name für den Menschen, der sich aus eigener Kraft aus dem Elend »erhebt«, war »Wieland«. Die »Not« ließ ihn seine Flügel schmieden, mit denen er, »getragen vom Werke der Kunst«, einer leuchtenden Zukunft entgegenfliegen würde. »O einziges, herrliches Volk!« hatte der Dichter prophetisch ausgerufen. »Du selbst bist dieser Wieland!«[55] Sein Schüler, der die Botschaft aufnahm, wurde nicht müde, das Bild vom geknechteten »Wielands«-Volk zu beschwören. Während es in seiner Selbstentfremdung schmachtete, war es immer, so Hitler, von der »Sehnsucht nach einer wahren Gemeinschaft« erfüllt.

»Uns hat das Schicksal die große Aufgabe gestellt«, verkündete der Mann, der einst Wagners »Wieland« vollenden wollte, »die Zerrissenheit des deutschen Volkes, die Wurzel seines Elends, zu beseitigen.« Und das hieß, nach dem sagenhaften Vorbild, dessen Ausbeuter zu töten. Da seine Bewegung, so Hitler im Januar 1933, das Volk zu der »schicksalhaften Aufgabe« erziehen wolle, »sich zu einigen und damit die Nation zu befreien«, bleibe ihr für diese »große Mission« keine Alternative, als daß sie »unduldsam ausrottet, was unser Volk zerreißt«. Erst dann stehe der Weg offen, »der uns emporführt zur deutschen Freiheit!«[56]

Dort oben wartete, auch das hatte der Meister vorausgesagt, das wiedergeborene Griechenland: marmorschimmernde Städte, für Jahrtausende erbaut; göttliche Leiber, in Stein gehauen; Wagners Musikdramen, in gigantischen Kunstkathedralen als Weihefestspiele einer kommenden Religion zelebriert; todesverachtende Krieger, deren eiserne Phalanx die fernen Grenzen des Großreichs »Germanien« schützt, nachdem sie reihenweise Perserkriege samt Thermopylenschlachten absolviert hat, an die finstere »Totenburgen« erinnern. Ein Volk, gehauen aus dem Stoff der Ewigkeit; ein Reich, in dem die Sonne nicht untergeht; ein Führer, der sich seine Unsterblichkeit schon zu Lebzeiten errungen hat: er, inmitten dieser alle Rekorde brechenden Vollendung, der Wagnerianer aus Linz. So hatte er es sich schon mit fünfzehn erträumt.

Alle Hitlerschen Superlative, die Triumphstraßen mit qualmenden Pylonen und die Zeppelinfelder mit rhythmisch bewegten Massen, die Breker-Monster und die Flaklichtdome, wuchsen aus dem Bildungshumus des Autodidakten, dem Wagners Werke die Welt bedeuteten. »Ich möchte«, so verriet er mitten im Krieg Berliner Rüstungsarbeitern, »daß wir die schönste und die beste Kultur bekommen. Ich möchte, daß das Theater ... und überhaupt die ganze Kultur dem Volke zugute kommt.«[57] Wie in Athen eben, diesem ersten Gesamtkunstwerk der Geschichte – und wie, nach dem Sieg, in Deutschland. »Ich will«, verkündete er bei anderer Gelegenheit, »daß einst die Menschen in tausend Jahren, wenn sie über deutsche Erde gehen und zu den Zeugen unserer Baukunst wandern, mit der gleichen Ehrfurcht vor den Offenbarungen einer mächtigen germanisch-deutschen Kultur verharren, wie wir Heutigen auf dem Boden Athens und Roms.«[58] Die Ähnlichkeit sei ohnehin schon frappierend. »Niemals«, so hatte er bereits 1937 konstatiert, »war die Menschheit in Aussehen und in ihrer Empfindung der Antike näher als heute.«[59]

Fast hätte er sich selbst einmal aufgemacht, die Zeugnisse der hellenischen Ahnen in Augenschein zu nehmen. Der Einfall war ihm und Goebbels 1936 bei den Bayreuther Festspielen gekommen, von denen sich der Meister einst die Wiedergeburt der griechischen Tragödie erhofft hatte. Doch sosehr sie auch, wie der Propagandaminister notierte, »ganz stark unter dem Bann von Wagner«[60] standen, nahm der Führer, vermutlich aus chronischer Fremdenscheu, von der Reise in die Vergangenheit Abstand.

Dabei war Hitler, wie vor ihm sein Idol, fest überzeugt, daß es sich bei den Nachfahren Achills gar nicht um Fremde handelte. Auch die Hellenen waren, selbstverständlich, Germanen; wie sonst hätte sich ihre kulturelle Schöpferkraft erklären lassen. »Wenn man uns nach unseren Vorfahren fragt«, resümierte er einmal, »müssen wir immer auf die Griechen hinweisen«.[61] Weshalb der Führer auch, im ukrainischen »Werwolf«-Hauptquartier, empfahl, »daß wir uns eine ganz neue Geschichtsschau zu eigen machen müßten«, in der wir »anknüpfen an das römische Weltreich und an die griechische Antike«.[62]

Schon Wagner hatte gern in eigenwilligen Geschichtsperspektiven gedacht. Ein besonders phantasievolles Beispiel ließ sich über dem Eingang der Bayreuther Villa »Wahnfried«, in der Hitler seit 1923 regelmäßig zu Gast war, entdecken. In einem Graffito hatte der Hausherr seine Vorstellung vom »Kunstwerk der Zukunft« und der Verschmelzung von Griechen- und Germanentum allegorisch darstellen lassen. Vier Gestalten, charakteristisch kostümiert, repräsentieren dabei Vergangenheit und Zukunft des Wagnerschen Menschheitstraumes. »Die Mitte«, so erklärte der Meister selbst, »nimmt der germanische Mythos ein«, verkörpert in Wotan, dem Hugin und Munin ums bärtige Haupt flattern. Ihm zur Seite sind zwei Frauengestalten arrangiert, »von denen die eine die antike Tragödie«, die andere die Musik des Meisters darstellt. Zu ihren

Füßen findet sich das Symbol des »Kunstwerks der Zukunft«:[63] Sohn Siegfried, der das Siegschwert schwingt. Noch steckt die kommende Gesellschaft wie ihr Repräsentant in Kinderschuhen – dereinst aber soll sie das Deutsche Reich und, dank Siegfrieds Schwert, die ganze Welt beherrschen.

VII.
Ein königlicher Versager

Hitler war nicht das erste Staatsoberhaupt, dessen Leben im Zeichen Richard Wagners stand. Auch Ludwig II. von Bayern hatte alles darangesetzt, die Welt in eine Wagner-Oper zu verwandeln. Was ihm, trotz Nachhilfe des Theatermannes, auf politischem Gebiet gründlich mißlang, verwirklichte er in Stein. Seine populärste Umsetzung von Bühnen- in Baukunst, das Märchenschloß Neuschwanstein, komponierte er aus Szenenbildern, die dem Kulissenfundus der Münchner Hofoper entstammten. Einzige Funktion des Phantasiegebildes, das zum Bewohnen fast zu schade war: Wagners Visionen der Flüchtigkeit des Theaterbetriebs zu entheben und mit dem Stempel der Ewigkeit zu versehen.

Seine Lieblingsfigur Lohengrin hatte der Wittelsbacher schon vor Baubeginn zu neuem Leben erweckt: In Silberrüstung wurde der Held, von Wagnerklängen begleitet und elektrisch angestrahlt, im Schwanennachen über den Alpsee gefahren. Über der Stelle, an der die »Ankunft des Gralsritters« 1869 stattgefunden hatte, erhob sich später das Schloß, das Ludwig, neben Lohengrin, dessen Kollegen Tannhäuser und Parsifal weihte.

Das Kernstück der gemauerten Wagner-Bühne, deren Zimmerfluchten zur Wanderung durch die Bayreuther Mythenwelt einluden, bildeten zwei der Kunst und dem Heiligtum geweihte Säle: der »Sängersaal«, der der Wartburgkulisse im »Tannhäuser« nachgebildet war, und der den Gralstempel aus Wagners »Parsifal« darstellende »Thronsaal«, unter dessen goldschimmernder Kuppel Wagners Held sein welterlösendes Werk vollendete. So wurde das Schloß, wie sein Erbauer stolz verkündete, »ein würdiger Tempel für den göttlichen Freund«.[1]

Ein halbes Jahrhundert nach Fertigstellung dieser Prunksäle hielt

Deutschlands neugewählter Kanzler Einzug. In der steingewordenen, von Bühnenmalern dekorierten Hofopernkulisse wehten Hakenkreuzfahnen, sammelten sich Hitlers Getreue zu einem »Richard-Wagner-Gedächtniskonzert«. Nachdem Hitler im Thronsaal als dem »Hüter des deutschen Grals«[2] die Ehrenbürgerwürde von Hohenschwangau verliehen worden war, ließ dieser sich, wie der »Völkische Beobachter« vermerkte, in der Sängerhalle neben den schweren Kandelabern nieder, um »vornübergebeugt« dem »Liebestod Isoldes« und dem »Wahngesang« aus den »Meistersingern« zu lauschen – leuchtenden Auges »hingegeben den Klängen vom deutschen Schicksal«.

Von den heiligen Schauern seiner eigenen Vorgeschichte angeweht, umgeben von den Wagnerhelden, die einst des Meisters und dann seine eigenen Phantasien bevölkert hatten, legte er sein Bekenntnis als »Vollender« Ludwigs ab. Dessen architektonische Sendung, so erklärte er, sei »der Protest eines Genies gegen die erbärmliche parlamentarische Mittelmäßigkeit gewesen«. Erst mit ihm, Adolf Hitler, sei der Königstraum erfüllt worden, indem er »diesen Protest heute verwirklicht und dieses Regiment endgültig beseitigt« habe. Als der zum Kanzler gewordene Wagnerianer aus der kerzenerleuchteten Gralsburg trat, brandeten ihm aus dem Hof die »Heil«-Rufe seiner Gläubigen entgegen.

An weniger geweihtem Ort, im Bierdunst des Müncher Hofbräuhauses, hatte der Vollender des Märchenkönigs schon Jahre zuvor dessen vermeintlichen Kulturkampf mit eigenen Mitteln fortgesetzt. Als der berühmte Regisseur Max Reinhardt, ein Freund Alfred Rollers, 1929 zu Gastinszenierungen an die Isar geladen wurde, protestierte der Linzer Zuwanderer im Namen der Münchner Lokalgötter Ludwig und Richard – Reinhardt war Jude. »Es handelt sich um den Versuch«, enthüllte der Volkstribun seinem Maßkrugpublikum, »uns jüdische Kunst aufzuoktroyieren«[3], die den Deutschen – Lesern von Wagners »Judentum in der Musik« mußte das vertraut sein – ewig »fremd« bleibt.

Dieser »Kunstwille«, so Hitler, »ist überhaupt nicht deutsch«, sondern »entstammt jenem Volk, das aus sich heraus überhaupt gar kein Kunstempfinden hat«, ja »niemals überhaupt eine eigene Kunst gehabt hat, das grundsätzlich unproduktiv ist« und in der Kunst nur »eine Geschäftsmöglichkeit« sieht. Wenn heute, so ließ

Hitler seine »lebhaft« applaudierenden Zuhörer wissen, »Ludwig II., oder wenn Richard Wagner käme ... Ich kenne ihr Urteil, ich weiß, hinter wem sie stehen würden«. Wenn diese »Menschen«, da war sich der Redner sicher, »heute kämen, das Urteil würde vernichtend sein«.

Um wieviel herrlicher sei es zu König Ludwigs Zeiten zugegangen, erklärte der Prediger dann, immer wieder von anfeuernden Zwischenrufen unterbrochen; einen »Mann« habe der König damals berufen, der »gegen den ganzen Geschäftsgeist seiner Zeit revolutionierte: Richard Wagner«. Doch schon damals »hat sich diese Stadt schwer versündigt. Was ein königlicher Geist damals wollte und was überlegenste Genialität eines grandiosen Künstlers der Stadt schenken wollte« – das monumentale, von Semper entworfene Wagner-Festspielhaus nämlich –, »das hat der unpolitische Sinn, in Wirklichkeit der Irrsinn dieser Stadt verhindert«. Es wäre, so der Architekturfachmann, vielleicht »das größte Kunstwerk« entstanden, »das es überhaupt gegeben haben würde und das heute ein Tempel deutscher Kunst sein könnte und sicherlich sein würde«.

Dies nun endlich nachzuholen, das Vermächtnis der beiden Großen zu erfüllen und »das Steuer des Deutschen Reiches« in die Faust zu nehmen, gelobte Hitler feierlich, zum »stürmischen, lange anhaltenden Beifall« der Hofbräuhausgemeinde: »Es wird einst die Stunde kommen«, so der Parteiführer, »in der die deutsche Kunst wieder eine Auferstehung feiern wird«, und zwar, »wenn das deutsche Volk noch einmal zu einer nationalen, völkischen Wiedergeburt kommt«, einer »inneren, geistigen Revolution«. Aus ihr aber werde die Kraft erwachsen, »dem großen deutschen Werk der Befreiung auch die äußeren Denkmäler zu sichern«.[4] Zuvor aber mußten Max Reinhardt und seinesgleichen aus dem Land der künftigen Kulturblüte verschwinden.

Die von Hitler nicht nur im Hofbräuhaus angekündigte »Wiedergeburt« des deutschen Wesens nach langem »Verfall« hatte auch sein Abgott Richard Wagner erwartet, als er 1864 von Ludwig als Gastkünstler an die Isar gebeten wurde. Da nur von einer »deutschen Politik«, wie sie Wagner insgeheim in München zu gestalten hoffte, »für die europäischen Gesamtvölker das Heil zu erwarten«[5] sei, begab sich der fünfzigjährige Kulturphilosoph und

Tonsetzer unter die Obhut des achtzehnjährigen Königs; der sollte ihm nicht nur die Vollendung des Nationaldramas »Der Ring des Nibelungen« finanzieren, das dem deutschen Reich den Weg in die Zukunft weisen würde, sondern auch die Vorbereitung einer Revolution ermöglichen, die, von Bayern ausgehend, das Reich und schließlich Europa ergreifen sollte. Wagner, der sich nie mit Halbheiten zufriedengab, wollte alles auf einmal.

Und Ludwig hätte es ihm am liebsten gegeben. Wagners alter Menschheitstraum war längst in des Königs opernhafte Weltdeutung eingegangen. Obwohl streng katholisch und monarchistisch erzogen, war ihm der vom heidnischen Griechenland inspirierte Rebell bereits im »zarten Jünglingsalter«, wie Ludwig gestand, sein »bester Lehrer und Erzieher«[6] gewesen. Mit fünfzehn Jahren von Lohengrin, dem aus der Gralssphäre in die Niederungen der Politik entsandten Lichthelden, unter »Tränen höchsten Entzückens« erweckt, hatte er Wagners »Prosaschriften« mit »brennender Gier«[7] verschlungen. Das »Kunstwerk der Zukunft«, das nebenbei auch mit einer Hymne auf die antike Männerliebe aufwartet, wurde zu seinem Lieblingsbuch.

Wagners Philosophie, so die Schweizer Wissenschaftlerin Verena Naegele, »wurde für den König schon in den Jugendjahren zur bestimmenden Kraft«.[8] Kaum auf den Thron gelangt, nutzte er seine neue Macht, um die Lesefrüchte in die Wirklichkeit zu übersetzen. Enttäuschungen waren vorhersehbar: Schon die Versprechungen, mit denen er sein bankrottes Idol an den Hof lockte, kosteten ihn Millionenbeträge und seine Glaubwürdigkeit. Doch Ludwig ließ sich weder durch die Intrigen seiner Hofschranzen noch durch die charakterlichen Defizite des Meisters beirren. Für ihn zählte nur eines: »Die Träume meines Knaben- und Jünglingsalters werden erfüllt!«[9]

Nichts anderes erwartete der Meister von ihm. Obwohl der Dresdner Barrikadenkampf fünfzehn Jahre zurücklag, waren Volksbefreiung und Führer-Utopie in ihm lebendig geblieben. Was mit dem Tribunen Rienzi begonnen und sich, in den Vorstellungen des königlichen Kapellmeisters, zum gottgesandten Volksfürsten entwickelt hatte, wandelte sich bald schon in die mythische Figur eines deutschen Heilands, der als drachentötender Siegfried oder dessen historische Reinkarnation Barbarossa die erhoffte Welterlösung bringen würde. Daß der Weg dorthin nur über einen blutigen Kampf zu erreichen war, gehörte zur sagenhaften Botschaft mit dazu.

Die Feinde waren allerdings weniger geworden. Zwar hatte noch Rienzi mit derselben Radikalität gegen Adels- wie Geldherrschaft Krieg geführt, doch ließ der spätere Wagner, auch mit Rücksicht auf seine Sponsoren, den Adel ungeschoren und konzentrierte sich ganz auf den Erzfeind, das Judentum. Dem war, als einer ebenso realen wie metaphysischen Macht, mit Volksaufstand samt Sturmgeläut nicht beizukommen. Fürsten ließen sich stürzen, Schlösser in Brand setzen – das Judentum dagegen blieb, wie das Böse, ungreifbar, ein Phantom hinter Masken.

Unvermeidlich hatte sich dieser Dämon, wie Wagner klagte, auch in die Reihen der Revolutionäre geschlichen und mit sozialistischen Parolen den Befreiungskampf der Deutschen zur »lärmenden Bewegung«[10] von Demagogen verkommen lassen. Deren »erstaunliche Erfolglosigkeit« – so umschrieb Wagner das Scheitern des Aufstandes von 1848 – erklärte er damit, daß die angestrebte »Demokratie« gänzlich »undeutsch« sei und den deutschen Freiheitskämpfern damals die »Lust« gefehlt habe, »mit ihrem Blute zu unterschreiben, was die preußischen und österreichischen Juden ihnen als demokratisch-deutsches Reichsrezept empfahlen«.

Gerade weil jene die Revolution unterwandert hätten, gegen die sie sich, jedenfalls in Wagners Planung, richten sollte, sei ihr Ziel nur noch durch eine gottgesandte Messiasgestalt zu erreichen, an deren Unschuld auch die perfidesten Machinationen des Todfeindes scheitern mußten. Dem schlechthin Bösen konnte nur ein sündenloser Held entgegentreten, den Endkampf mit dem Antichristen nur ein Gottessohn bestehen.

Im Mai 1864 hatte Wagner einen Aspiranten für das Heilandsamt gefunden. Ein jugendlicher König trat in strahlender Schwanenritterschönheit in sein Leben und legte jene Unschuld an den Tag, die für die heikle Rolle nötig war. Per Gnadenakt wurde der Schuldenflüchtling vom ahnungslosen König zum Seelenfreund und spirituellen Führer erhoben, dem hinfort jeder Wunsch von den Lippen abgelesen werden sollte. Noch in den »Wolfsschanzen«-Nächten des Zweiten Weltkriegs rühmte Hitler dem König nach, der »von den Kritikern jahrzehntelang fertiggemachte« Meister hätte in Ludwig »einen gefunden, der für ihn restlos eingetreten sei«.

Wurde für Wagner der Griff in die königliche Schatulle zur täglichen Übung, blieb dessen Lebensstil inmitten von Dienern und Pfauen für Ludwig Nebensache: Entscheidend für die Berufung und finanzielle Ausstattung des komponierenden Denkers waren die erhabenen Ziele gewesen, denen der Meister sein wort- und tatenreiches Leben geweiht hatte, das er, Ludwig von Bayern, hinfort mit ihm zu teilen gedachte. Schließlich war die Ermöglichung des Zukunfts-Kunstwerks auch sein eigenes Herzensanliegen, sehnte er sich seit Kindheitstagen danach, wie Lohengrin der Menschheit das Heil zu bringen. Die passende Silberrüstung hatte er sich bereits schmieden lassen.

Der alte Revolutionär und der junge Schwärmer lagen sich wie verliebt in den Armen, erklärten sich gegenseitig zu gottgesandten Kunstheiligen, die selbst der Gattenliebe hochherzig abschwören wollten, um sich nur noch auf dem Wege des ästhetischen Genusses Erlösung zu verschaffen. Ihre von pianistischen Einlagen untermalten Vier-Augen-Treffs durchlebten sie, zumindest in der Kennenlernphase, als »heftig erregte, fieberhafte Zusammenkünfte«[11]; ihre umfangreiche Korrespondenz klingt, in der Mischung aus Liebesgestammel und gestelztem Zeremonialstil, philosophischem Tiefsinn und kleinlicher Intrigensucht, wie ein Briefroman aus der »Gartenlaube«.

Dennoch verloren beide ihre sehr realen Ziele nie aus dem Auge: Ludwig, der vom Regieren nichts verstand und auch der auf seine Kosten vollzogenen Reichseinigung wenig entgegenzusetzen hatte, wollte Wagner verwirklichen, wollte jenseits des banalen Politikgeschäfts, das ihn anwiderte, die Ideale der Zukunftskunst vor aller Augen aufrichten. Sein »Heißgeliebter« wiederum konnte sich dem nur anschließen, verstand aber unter »Wagner verwirklichen« weit Umfassenderes, als der Mäzen sich träumen ließ. Im Gegensatz zu Ludwig, der weltfremd seine Phantasien mit dem Leben verwechselte und sich beleidigt zurückzog, wenn das Leben vom Libretto abwich, hatte sein Mentor die Diskrepanz am eigenen Leib erlebt. Sie würde, davon war er überzeugt, nur durch Gewalt aufzuheben sein. Vor der Kunst kam für Wagner der Kampf.

Zum ausführenden Helden seiner suggestiven Phantasmagorien

war hinfort der Bayernkönig bestimmt. »Dieser Jüngling«, vertraute er seiner Freundin Mathilde Maier an, »ist mein Sohn wie irgend je ein Sohn des Vaters war: Er ist meine Zukunft, meine Nachwelt«, weshalb ihm selbst als einziger Wunsch bleibe, »aus dem den wahren Messias der Deutschen zu machen«.[12] Mit derlei Ankündigungen, die auch den hochpathetischen Briefwechsel von Musiker und König durchziehen, verdrehte Wagner seinem »Sohn« Ludwig den Kopf. »Es ist ein Geheimnis«, raunte Wagner in einer seiner Heilsbotschaften, »welches meinem erhabenen, holden Freunde erst in meiner Sterbestunde eröffnet werden kann«, nämlich, »daß nur Er der Schöpfer und Wirker alles dessen ist, was von jetzt an die Welt noch meinem Namen zuschreiben wird. Der einzige wirkliche Grund, zu leben, ist für mich die wunderbare Liebe, welche aus dem Herzen meines königlichen Freundes – wie aus dem Schoße Gottes – auf mich herniedertaut und neue Lebenskeime in mir befruchtet«, kurz: Ludwig ist der neue »Heiland, der mich zu einer neuen Religion führt«.[13] Was wie triefende Schmeichelei klingt, um das liebesbedürftige Knäblein gehörig einzuseifen, entsprach, unabhängig von der für Wagner typischen Heuchelei, dessen sehr realen politischen Absichten. Da er sich über seine Einflußmöglichkeiten auf das Weltgeschehen keinen Illusionen mehr hingab, setzte er alles auf den potenten Stellvertreter, der ihm das zur Verfügung stellte, was ihm sein Schicksal vorenthalten hatte: Macht.

Das mythische Vorbild eines ferngelenkten Vollstreckers lieferte ihm sein eigener »Ring«: Obergott Wotan, durch Schulden und fragwürdigen Lebenswandel kompromittiert, erschafft sich einen Helden, der aus eigenem Antrieb das vollführt, was Wotan will. Dessen anfängliches Ziel, das er nicht aus eigener Anstrengung erreichen kann, ist der Sieg über die Nibelungen und die Rückgewinnung des Rings, der Weltherrschaft verleiht. Auch die Erwekkung Brünnhildes, die Wotan seinem Sproß Siegfried ermöglicht, damit er mit ihr das Heldengeschlecht der Zukunft zeuge, entsprach, aus der Mythologie in die Politik übersetzt, Wagners eigener Absicht.

Im selben Sendschreiben, in dem Wagner seinen »innig geliebten König« zum »Heiland« salbt, der eine »neue Religion« begründen wird, liefert er die Erklärung, was er sich unter einem solchen

Welterlöser vorstelle, gleich mit: Gott Wotan, mit dem er sich selbst identifizierte, wisse jetzt, »daß er in Siegfried fortlebt«[14] und dementsprechend an dessen Taten beteiligt sei. Der Held, so Wagner über Ludwigs Zukunft, »wirkt eine große Tat. Er erschlägt Fafner«, worauf er, wie sein Opernvorbild, zur »Erweckung der hohen Braut« schreiten darf. Doch hat der Meister dabei keine Frau im Sinn. Denn »Deutschland – ist ihm Brünnhilde!«[15]

Wagner ging es, anders als seinem verträumten Musensohn, um die Tat, genauer: um deren sagenhaften Inbegriff, den Drachenkampf, durch den der Held die gefangene Jungfrau befreit. Seit ihren ersten Treueschwüren – »Er liebt mich mit der Innigkeit und Glut der ersten Liebe«[16], frohlockte der Ältere – hatte Wagner dem König die Rosinen göttlicher Erwähltheit, an die er selbst nur allzu gern glaubte, in den Kopf gesetzt und mit einem Trommelfeuer glühender Instruktionsbriefe bekräftigt.

War Ludwig von Anfang an, wie der Gesangslehrer Julius Hey bemerkte, »von tatendurstiger Willenskraft geschwellt..., den Wagnerschen Kunstbestrebungen ohne jedes Bedenken die vollste Verwirklichung zu sichern«[17], so bemühte sich sein Mentor in endlosen Darlegungen, den königlichen Kunsteifer aufs politische Terrain auszudehnen. Was halfen, so gab der Exrevolutionär seinem hochmögenden Schüler zu verstehen, die schönsten Operngalas mit den bestgewachsenen Tenören, solange Deutschland wie eine gefesselte Jungfrau seines Befreiers harrte. Selbst die Theater, auf denen das Volk zumindest von seiner Zukunft träumen konnte, waren durch Machwerke der jüdisch-französischen Operndekadenz entweiht worden. Was nutzte, so Wagners unterschwellige Klage, der schönste König, solange er nicht zur erlösenden Tat schritt.

Wagner schärfte seinem Liebling ein, daß er nicht nur zum bayerischen Monarchen bestimmt sei, sondern darüber hinaus zu einem »das ganze deutsche Volk erlösenden Fürsten«[18] – womit der »Wibelungen«-Autor die entscheidende Frage, wann der mythische Kaiser Friedrich wiederkäme und den bösen Wurm erschlüge, selbst beantwortet hatte. War der bergentrückte Barbarossa nur eine Inkarnation des »Ring«-Heros Siegfried gewesen, so sollte nun Ludwig in seinem Weltenplan diese Rolle übernehmen und vorab »sich vom deutschen Volk zum Kaiser wählen lassen«.[19]

»Der König«, so vertraute er seinem Dresdner Kampfgefährten August Röckel an, den er nach München geholt hatte, »kennt jetzt mein ganzes politisches Programm genau: Wie heilig und ernst glüht er für seine Verwirklichung. Glaub' mir, er ist der Heiland des deutschen Volkes!«[20] Nicht der christliche Erlöser war damit gemeint, der zu Nächstenliebe und Gotteskindschaft aufruft, sondern dessen germanische Variante, die mit der blanken Waffe würgenden Drachen zu Leibe rückt. »Er ist göttlich«, rief der Prophet über seinen designierten Vollstrecker aus. »Bin ich Wotan, so ist er mein Siegfried!«[21]

Fortan setzte Wagner alles daran, den zerstreuungssüchtigen Herrscher auf die rechte Fährte zu setzen. In mehreren politischen Programmschriften, die Ludwig selbst erbeten hatte, sprach sich der Seelenführer vorbeugend vom Verdacht frei, er könne Umstürzlerisches im Sinn haben, um seinen Adressaten, im Gegenzug, mit einer revolutionären Mission zu betrauen: Deutschland zu einen und von seinem Erzfeind zu befreien. War der Traum vom Heiligen Römischen Reich fester Bestandteil von Ludwigs romantischer Selbstinterpretation, so sah Wagner es als seine besondere Aufgabe an, dessen unheilige Widersacher dem König in grellen Farben vor Augen zu führen. Denn dieser, so klagte Wagner, hatte von seinem wahren Gegner nicht die geringste Ahnung.

In Tagebuchaufzeichnungen für den Schüler, der sie »abschreiben ließ und seinen Ministern zur ›Ausführung der darin niedergelegten Ideen‹ übersandte«[22], berief er Ludwig zur »Rettung der deutschen Nation«[23] aus rassischer Not, die durch das »Aufkommen der Juden« verursacht sei. Wie »Parasiten«, so Wagner 1865 an den König, seien sie über den »sterbenden Leib« der deutschen Kultur hergefallen, um ihn »sich zu assimilieren«.[24] Die Beute, die sie sich schmarotzend angeeignet hätten, gäben sie nun als ihr rechtmäßiges Eigentum aus, schlimmer noch: »Das widerwärtige Zerrbild des deutschen Geistes« werde von ihnen dem deutschen Volk als sein eigenes Spiegelbild vorgehalten. Entartete Kunst und zersetzender Geist brächten die ahnungslosen Germanen um Verstand und Erbe. »Es ist zu fürchten«, mahnte der Lehrer, »daß das Volk mit der Zeit in diesem Spiegel sich wirklich selbst zu sehen glaubt: dann wäre eine der schönsten Anlagen des menschlichen Geschlechtes für immer ertötet.«[25] Jahre später versicherte Wagner seinem widerstrebenden König, »daß ich die jüdische Race für den geborenen Feind der reinen Menschheit und alles Edlen in ihr halte: daß namentlich wir Deutschen an ihnen zugrundegehen werden, ist gewiß, und vielleicht bin ich der letzte Deutsche, der sich gegen den bereits alles beherrschenden Judaismus als künstlerischer Mensch aufrecht zu erhalten wußte«.[26]

Solange die Zeit für die große Abrechnung noch nicht reif war, hetzte der sächsische Wotan seinen bayrischen Siegfried auf kleinere Übel. Da Wagner sich mit seinem exklusiven Anspruch auf den König dessen Kabinett zum Feind gemacht hatte und dieses folglich die zahlreichen Schwachpunkte des Günstlings nach Kräften bloßlegte, konzentrierte sich sein Einfallsreichtum auf die Abschaffung der Ministerrunde. Um seine drastischen, im liberal-verschlafenen München unpopulären Maßnahmen für den König annehmbar zu gestalten, versetzte Wagner sie aus der Wirklichkeit in sein Nibelungen-Drama. Kabinettssekretär Franz Seraph von Pfistermeister wurde fortan nicht mehr als Mensch, sondern als »Mime« bekämpft, Kabinettskassier Julius von Hofmann als Drache »Fafner«, während der Intrigenschmied als »Wotan« auftrat, der »ruhig lächelnd«, von seinem Göttersitze aus, »dem Teuren zuschaue, wie er im Walde mit Fafner und Mime fertig wird ... Seht den Holden, den Kühnen!« stimmte er die neue Heldenweise an, »vertraut ihm! Schon hält er das selbstgeschmiedete Schwert am Griff. Der Ekel wird ihm den Augenblick der Tat eingeben.«[27] Ludwig, der seinen »faden« Repräsentationsalltag mythisch aufgebessert sah, antwortete enthusiastisch: »Jubelnd und mutentbrannt will ich dem tückischen Mime und Fafner entgegeneilen, unter Jauchzen will ich sie besiegen ... Ich spotte der Ohnmacht Mimes und Fafners, der Wurm wird sich aufbäumen und winselnd zugrunde gehen.«[28]

Zu einem »Wurm« besonderer Art ernannte Wagner den bayrischen Politiker Ludwig von der Pfordten: Der von großdeutschen Gedanken erfüllte Außenminister, der schon 1849, in derselben Funktion am Dresdner Hof Friedrich Augusts angestellt, dem Umstürzler Wagner entgegengetreten war, zog nun als Ludwigs Vertrauter den Haß des Komponisten auf sich. Um Pfordtens Ablösung zu erzwingen, gab er dem Minister die Rolle Hagens, der finstersten »Ring«-Figur, die als Siegfrieds heimtückischer Mörder den vernichtenden Aspekt des Nibelungenspektrums vertritt. Wagner schrieb dem Politiker damit all jene Züge zu, die er sonst für die Juden reserviert hatte.

Ludwig von der Pfordten, so Wagner, sei der »fremdartigste Mensch«, der den König insgeheim »verhöhnt und verspottet, haßt und verrät«, der mit »trügerischer Kunst« ihn in seinen Netzen fange und die »Fäden an jenen Verleumdungsmarionetten«[29] ziehe. Diese ferngesteuerten Figuren in Ludwigs Umgebung flüsterten dem König wohl jene Indiskretionen zu, die Wagner lieber unter der Decke gehalten hätte – seine ehebrecherische Liaison etwa mit der Gattin seines Leibdirigenten Hans von Bülow, der auch als »Vorspieler seiner Majestät des Königs«[30] figurierte.

Damit hatte Wagner den Außenminister zum Repräsentanten des Bösen, zum Ränkeschmied Hagen, zum Heilandsverkäufer Judas bestimmt. Zwar gehörte von der Pfordten nicht direkt zum Stamme Ahasvers, doch dürfte Wagner, mit Leipziger Verhältnissen bestens vertraut, von einer dort gebürtigen Bankierstochter Adelgunde Marx[31] gewußt haben, die sein Widersacher 1844 geehelicht hatte. Vermutlich ausgestattet mit jüdischem Wuchergeld, war der Außenminister damit zum »Judengenossen« geworden, der sich, wie Wagner dies des öfteren konstatierte, von den üblen Eigenschaften des Stammes habe anstecken lassen. Zwar ging die erste Runde des erbitterten Machtkampfes an von der Pfordten, der 1865 Wagners Verbannung aus München initiierte, doch setzte sich am Ende der größere Hasser durch, der mit seiner Kampagne gegen den »Verräter« ein Jahr später erfolgreich war. Wie die beiden anderen Kabinetts-Nibelungen Pfistermeister und Hofmann wurde auch von der Pfordten durch Wagners Siegfried kaltgestellt.

Mit reichlichen Weihrauchspenden, aber auch Wutausbrüchen, bei denen er »mit der Faust auf den Tisch schlug«[32], zog Wagner seinen »Sohn« Ludwig zum Drachentöter heran. Lange blieb verborgen, was Ludwigs Minister offenbar schnell durchschaut hatten: daß der zugereiste Opernkomponist den bayerischen König als Instrument seiner Machtambitionen mißbrauchte. Zwar hat man sich damit abgefunden, daß der Komponist seinen jugendlichen Förderer nach Kräften ausplünderte – nach heutigem Geldwert zog er ihm ein zweistelliges Millionenvermögen aus der Tasche –, doch gilt schon der Verdacht, Wagner habe sich politischer Manipulationen schuldig gemacht, als abwegig. Es sei, so heißt es, nur um Kunst gegangen.

Wagner selbst sah das anders. Teils offen, teils verschlüsselt gab er seine wahren Absichten gegenüber Vertrauten zu erkennen. In einem konspirativen Brief vom Juli 1865, dessen Inhalt allein genügt hätte, ihn für alle Zeiten aus Bayern zu verbannen, empfahl er dem Dresdner Genossen Röckel, er solle sich mit »politischer Agitation« zurückhalten, da diese »jetzt – hier – nicht zu befriedigen« sei, »ohne vorzeitig grenzenlose Verwirrung anzustiften«. Während der Verschwörer seinen König mit seitenlangen Huldigungsschreiben eindeckte, verriet er Röckel, daß er Ludwigs »schwärmerische Liebe zu mir« erst »vollkommen befriedigen« müsse, »um ihn weiter gehen lassen zu können. Übereile daher ... nichts! lieber sei man ... noch eine Zeit im Unklaren über diesen jungen Helden«. Gelte dieser in der Öffentlichkeit als verträumter »Musikenthusiast« oder »Zukunftskunstfreund«, wie Wagner mit ironischem Zungenschlag formulierte, so käme dies nur seinen eigenen Plänen zupaß: Wer da glaubte, es ginge ihm und seinem hermelintragenden Jünger um »Musik«, der war als politischer Gegner schon ausgeschaltet. Deshalb legte es der Taktiker auf dieses Mißverständnis geradezu an. »Ich liebe diese Brutusmaske für ihn«, offenbarte er Röckel in Anspielung auf die harmlose Tarnung. Denn hinter dieser Maske, so Wagner weiter, »soll etwas ganz Kurioses ruhig wachsen und sich entfalten«[33] – Deutschlands Befreier eben, der ferngelenkt das Reich unter seine Herrschaft bringen und dessen Feind vernichten sollte.

»Hör'«, schreibt er drei Monate später an Röckel, was »ich ... dem König prophezeit habe: Zehn Jahre der größten Erniedrigung und des härtesten Druckes. Und dies wird *seine* Zeit sein, das dem Volke zu werden und zu sein, wozu er bestimmt ist« – ein »begeisterter junger König« nämlich, der »für die deutsche Freiheit Alles wagen würde«; und dies, Wagner läßt hier keinen Zweifel aufkommen, bedeutet nur eines: den Kampf gegen den Drachen. »Der Deutsche hat ein zähes Fell«, fährt er im Röckel-Brief vom Oktober 1865 fort, »und die ganze Hälfte davon gehört bereits den Juden! – O Himmel: begreift doch, um was es sich hier handelt, um welch ungeheuren Kampf.«[34]

Diese Entscheidungsschlacht, die Cosima dereinst ihren Rittern als »grauenhaften Kampf«[35] ankündigen würde, blieb ein Dogma des Bayreuther Glaubens, so wie auch die Hoffnung auf den Messias, der sie ausfechten würde, zur festen Doktrin der Wagner-Religion wurde. Leider erwies sich die Müncher Majestät mit ihrer Vorliebe für Champagner und homophile »Lohengrin«-Maskeraden als denkbar ungeeignet, auch wenn es ihrem eigenen, von Wagner hochgeschmeichelten Selbstverständnis entsprach. Der suggerierte Größenwahn gehörte zum Wunschbild des Reichsheilands – für die Lebenswirklichkeit des geistig Gefährdeten zog er fatale Folgen nach sich. »Daß ich hier«, so prahlte Wagner einmal wie ein Hypnotiseur, »durch meine Kunst einen König luzid und völlig clairvoyant«, also hellseherisch, »zu machen imstande bin, der sonst das Gewöhnlichste des realen Lebens nicht richtig zu erkennen vermag«, lege ihm die sichere Aussicht nahe, »daß ich diesen König, durch seine begeisterte Liebe zu mir, zu den großartigsten und weitreichendsten Entschlüssen zu treiben hoffen darf.« Wodurch Wagner wiederum »fast mit bedeutungsvoller Ahnung« erfüllt wurde, »in welchem Sinne und auf welche Weise ich auf Deutschland selbst zu wirken berufen sein möchte«. Denn, wie er 1866 nicht müde wurde zu betonen, »ohne Deutschlands Größe war meine Kunst ein Traum«.[36]

Vor der Macht in Deutschland galt es, die in München zu erobern. Nachdem Wagner sich vom König fast unbegrenzte Geldmittel – allein 1865 waren das umgerechnet über achtzig Jahresgehälter[37] eines Gymnasialdirektors – hatte aushändigen lassen, drängte er auf die Einrichtung zweier Institutionen, mit denen er seine Machtposition ausbauen wollte. Zugleich sollte der Geschmack der Residenzstadt seinem eigenen und dem ihres Herrschers angeglichen werden.

Zuerst mußte das städtische Konservatorium als angebliches Zentrum musikalischer Irrlehren geschlossen, sämtliche Professoren sollten entlassen und alle Andersdenkenden vom öffentlichen Konzertleben ausgegrenzt werden. Dann sollte Ludwig, zum Auftakt des künstlerischen Neubeginns, eine Musikschule im Geiste Wagners begründen, an der ausgewählte Jünger die Tonkunst nach Art des Meisters lehren sollten. Als Direktor war jener Wagnersche Lieblingsdirigent Hans von Bülow vorgesehen, dessen Gattin Cosima bereits mit Wagner-Tochter Isolde schwanger war. »Es handelt sich«, charakterisierte der Kapellmeister das Projekt, »um eine Organisation der Musik von oben, in gouvernementalem Wege, die jede Partei ausschließt ... In unserer, in der Wagnerschen Organisation wird es keine anderen als die Wagnerschen Ideen geben.«[38]

Im neuen Festspielhaus, der künftigen Wirkungsstätte der Wagnerschen Musikschüler, sollten dafür auch nur des Meisters Werke gespielt werden. Die Gleichschaltung des Musiklebens, durch die Wagner »die ganze Geschmacksrichtung mindestens der Stadt«[39] beherrschen würde, sollte durch dieses Bauwerk gekrönt werden: ein monumentaler Musikpalast, vom Dresdner Opernhaus- und Barrikadenbauer Semper entworfen, der, hoch über der Isar aufragend, das Stadtbild prägen und das benachbarte Parlament, nicht zufällig, in den Schatten stellen würde. Zusammen mit einer Prachtstraße, die als Zentralachse die Königsresidenz über eine Brücke mit der Oper verbinden sollte, hätte die großzügige Planung den Städtebaustil des Semper-Bewunderers aus Linz vorweggenommen, der denn auch das Scheitern des Jahrhundertplans bitter beklagen sollte.

In Sempers Wagner-Oper, neben der die Hofoper wie eine bescheidene Filiale gewirkt hätte, sollten, in Ludwigs Worten, ausschließlich »meines Teuren und Einzigen gottvolle Werke zur Aufführung kommen«. Das historisch einmalige Großprojekt, das München auch äußerlich zur Wagnerstadt erhoben hätte, versetzte den König in einen wahren Taumel der Vorfreude: »Ich sehe die Straße gekrönt vom Prachtbau der Zukunft«, schrieb er dem »Heißgeliebten«, »es strömt das Volk zur Vorführung der Nibelungen, des Parzival!« Worauf den ekstatischen Monarchen die Erinnerung an jene Schillersche Freiheitsvision überkam, die einst die Dresdner Aufständischen beflügelt hatte: »Alle Menschen werden Brüder, wo Dein sanfter Flügel weilt!«[40] – der Wagnersche selbstverständlich.

Die Anspielung auf Schiller war nur zu berechtigt. Kaum hatte sich Wagner in München mit Nobelvilla und Equipage etabliert, berief er, in Königs Namen und auf Königs Kosten, seine Freunde aus Dresdner Revolutionstagen zu sich. Neben Gottfried Semper und August Röckel kamen Julius Froebel und Friedrich Pecht, die mit dem Kapellmeister schon 1848 in der »Montagsgesellschaft« den Umsturz geplant hatten. Mitten im streng katholischen Bayern siedelte sich, gleich neben dem Thron, Wagners subversive »Kolonie« an, zu der sich auch Hans von Bülow zählen durfte, der schon mit achtzehn den Dresdner »Vaterlandsverein« unterstützt hatte.

Vielleicht würde Wagner die damals gescheiterte Umwälzung nun, unter geänderten Vorzeichen, im zweiten Anlauf gelingen – im Namen der Kunst und mit dem König selbst als Speerspitze. Das nötige Feuer der Begeisterung würde er erst im Kreis der Vertrauten und dann im ganzen Land zu entfachen wissen. »Während Deutschland politisch sich vielleicht in einen langen Winterschlaf unter preußischer Obhut begibt«, schrieb Wagner dem König 1866, »bereiten Wir wohl und ruhig und still den edlen Herd, an dem sich einst die deutsche Sonne wieder entzünden soll.«[41] Den Begriff der »Flamme«, der nähergelegen hätte, schien Wagner als typische Revolutionsmetapher lieber aus dem Spiel zu lassen.

Die zweite Revolution scheiterte, bevor sie begonnen hatte. Wagners rigoroser Durchsetzungswille, der selbst vor Erpressung seines Gönners nicht zurückschreckte, kostete ihn bald seine Münchner Machtposition; Ludwig, den am welterlösenden Heldentum weniger der Vernichtungswille als die Kostümierung interessierte, versagte in der Rolle, die ihm sein Lehrer zugeschoben hatte. Statt, wie geheißen, »zur Tat zu schreiten« und das Judentum zu ächten, nahm er den Erzfeind in Schutz und erklärte seinem Einflüsterer, ihm sei »nichts widerlicher, unerquicklicher«[42] als der Judenhaß. Ludwig erlaubte sich dem Meister gegenüber sogar die Anzüglichkeit, es scheine ihm »recht eigentümlich ..., daß die Ihnen, geliebter Freund, so gründlich zuwideren Juden, mit so zäher, Sie oft belästigender, durch nichts irrezumachender Anhänglichkeit Ihnen zugetan bleiben«.[43] Wie zur Bekräftigung dieser Einsicht bestand er später darauf, daß Wagner für seinen »Parsifal« den jüdischen Dirigenten Hermann Levi einsetzte – nur unter dieser Bedingung stellte er ihm sein Münchner Orchester für die Bayreuther Festspiele zur Verfügung.

Doch meist gab Ludwig gegenüber dem Älteren klein bei. Sobald Wagner etwas forderte, beeilte sich der König, es zu erfüllen, und geriet prompt mit seinen Ministern, seiner Familie und bald auch der öffentlichen Meinung in Konflikt. Dennoch konnte er sich niemals wieder von dem grandiosen Rahmen lösen, den ihm das Theatergenie als Wirklichkeit vorgezeichnet hatte. Auch nach dem

Ende der gemeinsamen Weltbeglückungspläne klammerte Ludwig sich an den Jugendtraum, Wagners Mythen zur Wirklichkeit werden zu lassen. Der deprimierenden politischen Lage, die ihn erst die Souveränität über sein Reich, dann auch die über sein eigenes Leben kostete, setzte er Baukunst-Inszenierungen entgegen, die keinem anderen Zweck dienten, als seine, von der Wirklichkeit widerlegte, Weltanschauung zu bestätigen. Die verschwenderischen Privataufführungen der Hofoper waren nur für seine Augen, die kaum finanzierbaren Schlösser nur für seinen Gebrauch bestimmt. So war es nur konsequent, daß der König, dem die Welt abhanden gekommen war, sein ganz persönliches Universum mit in den eigenen Untergang nehmen wollte. Nach seinem Tod, so verfügte er, sollte die steingewordene Opernwelt in die Luft gesprengt[44] werden.

Wagners Bruch mit München führte zum Plan von Bayreuth. Schon 1866, zehn Jahre vor den ersten Festspielen, war vom Meister und seinem königlichen Schüler die alte Kaiserstadt Nürnberg als eine alternative Residenz ins Auge gefaßt worden, hatte der König für den Freund gereimt: »Von hier aus wollen Deutschland wir erlösen ... in Trümmer sinkt das nicht'ge Werk des Bösen«[45], und Wagner daraufhin dekretiert: »Dort – ist Deutschland zu retten«, wenn man nicht Gefahr laufen will, es »gänzlich zu verlieren«.[46]

Fernab von der verhaßten Isar-Metropole sollten im Fränkischen jene beiden Nationalinstitutionen, das Festspieltheater und die Musikschule, gegründet werden, die man dort verhindert hatte. Von hier aus würden Wagners Erben Jahrzehnte später nach einem gottgesandten Führer Auschau halten, der die welthistorischen Visionen des Meisters in die Wirklichkeit umsetzen konnte.

In den Augen des Bayreuthianers Friedrich Nietzsche, der sich als hochbegabter Festspielpropagandist empfahl, nahm der Meister selbst zeitweise diese erhabene Stellung ein. Schon in seiner »Geburt der Tragödie aus dem Geiste der Musik«, in der er das Wagnersche Werk als Modell einer zukünftigen Gesellschaft vorstellte, verkündigte er die bevorstehende »Wiedergeburt des deutschen Mythus«.[47] Wer sich nun »nach einem Führer umblicken sollte, der ihn wieder in die längst verlorene Heimat zurückbringe«[48], der müsse ihn auf dem Bayreuther Festspielhügel suchen. Nur hier, so der musikberauschte Jünger 1872, werde der deutsche Geist wieder zu sich selbst finden und an die Taten seiner heroischen Vergangenheit anknüpfen – »dann wird er Drachen töten, die tückischen Zwerge vernichten und Brünnhilde erwecken«.[49]

Dasselbe hatte Wagner sieben Jahre zuvor dem Bayernkönig nahegelegt. Doch während Ludwig der antisemitischen Suggestion widerstand, lief der Pastorensohn Nietzsche mit fliegenden Fahnen über. So verkündete er in für Bayreuth typischer Verschlüsselung, das »Schmerzlichste« für alle Deutschen sei die »lange Entwürdigung, unter der der deutsche Genius, entfremdet von Haus und Heimat, im Dienst tückischer Zwerge lebte. Ihr versteht das Wort ...« Man verstand. Wagners kompromißlose Haltung, die Nietzsche erst jahrelang verbreitet, dann aber erbittert bekämpft hatte, machte in Bayreuth Schule. Eine polemische These, aus Neid, Ressentiment und dramatischem Bedürfnis geboren, wurde zum Dogma erhoben. Schon die folgende Generation der Wagnerianer, die sich »Gralsritter« nannten, verzichtete zunehmend auf metaphorische Umschreibungen und propagierte, wie der Meister in den »Regenerationsschriften«, die Radikallösung.

Nach Wagners Tod 1883 wurde der Ton auf dem Hügel schärfer, die politische Ausrichtung, einst völlig hinter der ästhetischen Fassade verborgen, trat mit auftrumpfender Geste in den Vordergrund. Nietzsche hat auch das vorausgesehen. Über die Generationen, die in der Zukunft Wagners Geist verwirklichen würden, schrieb er, »jenes Geschlecht« werde vielleicht »sogar böser erscheinen, als das jetzige, – denn es wird, im Schlimmen, wie im Guten, *offener* sein«; die Stimme dieser Neugermanen aber werde – Nietzsche hörte sie aus der Zukunft herüberschallen – »unsere Seelen in ähnlicher Weise erschüttern und erschrecken ..., wie wenn die Stimme irgend eines bisher versteckten bösen Naturgeistes laut geworden wäre«. Aus ihrem Klang aber, so weiß Nietzsche als Herold einer künftigen Gesellschaft, »wie schrill und unheimlich« sie auch tönen möge, spreche das kommende Reich »der auch im Menschlichen wiederhergestellten Natur«. Sobald sie ihr Recht erlangt habe, finde ihr Gegenteil, die Lüge und die Zersetzung, auch keinen Nährboden mehr. »Der Unnatur«, so Wagners Propagandist, der als Künder des Übermenschen in die Geschichte einging, »bleibt nur die Sehnsucht ins Nichts übrig.«[50]

Was bedeutete Bayreuth für seinen Gründer? Zum einen die

Wiederkehr des griechischen Amphitheaters, auf dessen Bühne die Geburt der »rein menschlichen« Tragödie aus dem Geiste seiner Musik stattfinden würde; vor allem aber, nach Jahren der Entwicklung eines eigenen Inszenierungs- und Gesangsstils, die Verwirklichung des »Kunstwerks der Zukunft«, realisiert in musterhaften Aufführungen des Nibelungen-»Rings«, mit denen einem politisch erwachten Publikum die Befreiungsgeschichte seiner Vorfahren veranschaulicht würde.

Bayreuth, das war, in Nietzsches Griechen-Pathos, »die Morgen-Weihe am Tage des Kampfes ... der Einzelnen mit Allem, was ihnen als scheinbar unbezwingliche Notwendigkeit entgegentritt ... Die Einzelnen können gar nicht schöner leben, als wenn sie sich im Kampfe um Gerechtigkeit und Liebe zum Tode reif machen und opfern.«[51] Denn in den Taten wie dem tragischen Sterben des Helden erkennen sich die Eingeweihten wieder, was nach Wagner dem hingabefreudigen Nationalcharakter der Deutschen entspricht. »Wir sind kein Volk des Friedens«, rief er 1873 zum Jahrestag des Sedan-Sieges aus, »wir sind ein Krieger-Volk und haben eine Krieger-Kultur.«[52]

Zur Feier der ersten Nibelungen-Festspiele 1876 versammelten sich, angeführt von Kaiser Wilhelm I., Deutschlands kriegserprobte Aristokraten – »es war fast ein Fürstentag«[53], schrieb Martin Gregor-Dellin –, die sich als Sieger von 1870/71 und Nutznießer der französischen Milliardenreparationen betrachten konnten. König Ludwig, der zwar noch zahlen, doch nicht mehr über das Zukunfts-Kunstwerk mitbestimmen durfte, spielte nur noch eine Nebenrolle. Wagners Hauptinteresse hatte sich in die Reichshauptstadt verlagert, von wo aus Wilhelm, der »Kartätschenprinz« von 1848, und Bismarck die Franzosen niedergeworfen und Deutschland geeint hatten.

Ein nächtlicher Traum Wagners von 1871, der seinen »Ring« dem Bayernkönig teuer verkauft hatte, illustriert die Loyalitätswende. Laut Cosimas Tagebuch träumte Wagner, »daß er durch Bismarck seine Nibelungen-Partituren dem Kaiser anbieten ließ und um 4000 Taler Vorschuß bat«.[54] Nicht nur der Hohenzoller, sondern das Kaisertum selbst als Symbol gottgesandter Herrschaft spukte ihm damals im Kopf herum. Seiner Frau Cosima vertraute er an, er denke immer noch an Friedrich Barbarossa[55], den »herrlichen Siegfried«, der Deutschland vom »bösen nagenden Wurm« befreien würde. Bismarck allerdings, von Wagner zeitweise als Hoffnungsträger favorisiert, lehnte dankend ab.

Mit seinem Tod hinterließ Wagner neben der Villa Wahnfried und dem Festspielhaus eine Zeitschrift, die sich der Verbreitung seiner Weltanschauung widmete. 1878 gegründet, stellte sie ihr Erscheinen erst sechzig Jahre später ein, nachdem ihre Aufgabe erfüllt war. Die »Bayreuther Blätter«, zu deren erstem Chefredakteur Nietzsche bestimmt worden war, bevor er vom Wagner-Zug absprang, präsentierten den Lesern bereits in ihrer zweiten Nummer Exklusives: Wagners für den König bestimmte Tagebucheinträge von 1865, mit denen er diesem die rechte Politik beibringen wollte, erschienen nun unter dem Titel »Was ist deutsch?« als öffentlicher Nachhilfeunterricht.

Was Wagner einst dem Bayernkönig über die jüdischen »Schmarotzer« und den drohenden Untergang des Abendlandes ans Herz gelegt hatte, offerierte er nun dem breiten Publikum. In den fünf Jahren, die ihm bis zu seinem Tod blieben, ließ der um sein geistiges Erbe besorgte Wagner einen politischen Leitartikel auf den anderen folgen. Immer unverblümter forderte er, die todgeweihte Judenkultur ihrem Schicksal zuzuführen und deren Gegenbild, das Gesellschafts-Kunstwerk, endlich in der Wirklichkeit zu ermöglichen. Wagners hemmungslose Sektenpredigten schienen so wenig zu seinen erhabenen Tonschöpfungen zu passen, daß Musikfreunde sie bis heute zu ignorieren suchten. Für Bayreuthianer dagegen rückten sie bald in den Mittelpunkt.

Die Texte, in denen Wagner seine polare Weltsicht als Religion offerierte, erhielten später, im zehnten Band seiner Werke vereinigt, den Sammeltitel »Regenerationsschriften«. Er brandmarkte darin sämtliche Hindernisse, die einer deutschen »Wiedergeburt« im Wege standen: Dazu gehörte das judaisierte Christentum[56], das für die Greuel der Kirchengeschichte und die Verfälschung des arischen Jesus zum Judenmessias verantwortlich sei; der Verzehr von Fleisch wiederum, das heißt von »bis zur Unkenntlichkeit hergerichteten Leichenteilen ermordeter Haustiere«[57], habe die »Entartung« des menschlichen Vegetariergeschlechts nach sich gezogen; durch die »Vermischung der Rassen«[58] sei der »Adel« des germanischen Blutes verloren gegangen; seitdem herrsche jener »plastische«

Verfalls-Dämon, dem durch seinen »Stammgott« die »Beherrschung der ganzen Welt, mit allem, was darin lebt und webt, verhießen«[59] sei. Abstruse Ansichten, die dereinst als Hitlers geheiligte Glaubenssätze Geschichte machen sollten.

Dem weltbeherrschenden Dämon, so Wagners Wille, müsse nun durch die Deutschen ein Ende bereitet werden. Hatte er schon im »Judentum in der Musik« erstmals den »Untergang Ahasvers« an die Wand gemalt, forderte er jetzt offen zu dessen tatkräftiger Herbeiführung auf. »Uns Deutschen«, so verkündigte er im Predigerton der »Bayreuther Blätter«, könnte »diese große Lösung« – nach der es »keinen Juden mehr geben« wird – »eher als jeder anderen Nation ermöglicht sein.« Ob diese Endlösung auf Vertreibung oder Vernichtung hinauslief, überließ der Prophet der Phantasie seiner Leser. Jedenfalls hätten sie, so gab er ihnen zur Gewissensberuhigung mit auf den Weg, »nach der Überwindung aller falschen Scham die letzte Erkenntnis nicht zu scheuen«.[60] Der fatale Text trug nicht zufällig den Titel »Erkenne dich selbst«.

Daß diese Selbst-Erkenntnis der Deutschen, durch Wagner schicksalhaft mit der »großen Lösung« verknüpft, die entscheidende Voraussetzung für deren nationale Wiedergeburt darstellte, gehörte zu den Eckpfeilern der Bayreuther Wagner-Religion. In ihr wiederum, von Wagner und Jüngern in den »Bayreuther Blättern« verkündigt, ließen sich, wie der Musikkritiker Hans Heinz Stuckenschmidt 1933 feststellte, »die Grundbegriffe der modernen nationalsozialistischen Philosophie, Politik und Kulturpolitik finden«; dieser »Zeitschrift« sei es daher zu danken, »wenn heute Bayreuth unter dem Zeichen des Hakenkreuzes steht«.[61] Dank Hitlers glaubensbedingter Geheimnistuerei und, nach 1945, Bayreuths überlebensnotwendiger Verdrängung blieb dieser Zusammenhang bis heute fast unbemerkt. Noch 1993 konnte eine von dem angesehenen Wagner-Kenner Peter Wapnewski betreute Doktorarbeit das Resümee ziehen, den Bayreuther Meister »durch die Optik Hitlers wahrzunehmen«, sei »wissenschaftlich unhaltbar und, wofern gegen bessere Einsicht unternommen, moralisch infam«[62] – es führe »kein direkter Weg von Wagner zu Hitler«.

Der Aufstieg der »Bayreuther Blätter« von der Winkelpostille zum offiziellen Mitteilungsblatt verschiedener völkischer Kampforganisationen wie dem »Richard Wagner Verband deutscher

Frauen« oder dem »Bayreuther Bund der deutschen Jugend« verlief parallel zur Entwicklung der Festspiele: Was als Privattheater eines durchsetzungsfähigen Künstlers begonnen hatte, das für lange Anfahrtswege mit sublimen Musikgenüssen entschädigte, avancierte nach Wagners Tod zum Nationalheiligtum der völkischen Erwekkungsbewegung. Den mythischen Kristallisationspunkt, zu dem das regenerationsbedürftige Volk pilgerte, bildete Wagners Witwe Cosima. Sie verkörperte, was der Meister verkündet hatte.

Mit ihrer Meister-Gläubigkeit und deren strenger Observanz widmete sich die »Meisterin« dem Aufbau eines Kultes, dessen Jünger sie zu Gralsrittern ernannte, im Falle von Insubordination aber mit lebenslangem Bann belegte. Anders als ihr Mann, dessen hastiges Komödiantenwesen sich durch Wutausbrüche Respekt verschaffen mußte, strahlte die in Paris erzogene Cosima eine theatralische Würde aus, vor der sich selbst ihre aristokratischen Freundinnen beugten. Das Urbild der »Hohen Frau«, dem alle Würdenträgerinnen im Hitler-Reich nacheiferten, erfüllte die Schlagworte der Bayreuth-Publizistik mit Leben: Ließ Wagners aufgeputzte Gnomenhaftigkeit eher an eine Figur von E. T. A. Hoffmann denken – vom eigenen »Mime« ganz zu schweigen –, so repräsentierte die hoch aufgeschossene Herrin mit den dunkelblonden Haarflechten alles, was man mit der Vorstellung einer überlegenen Rasse verband. Forderte Wagner vom Kunstfreund religiöse Andacht, so führte die Tochter des Abbé Liszt ihrer Gemeinde vor Augen, wie sich gedämpfte Kunstekstase mit sakraler Weihe und der Strenge eines Ordensreglements verbinden ließ. Vor allem aber war Cosima, die sich gerne schwarz verschleiert gab, Antisemitin. Ihr ganzes Leben, so der Wagner-Biograph Ernest Newman, könnte unter dem Motto gestanden haben: »Cherchez le Juif« – »Der Jude ist an allem schuld«.[63]

Als geschickte Diplomatin wußte Cosima, daß die Auseinandersetzung nicht offen geführt werden durfte – das primitive Ressentiment paßte nun einmal schlecht in den erhabenen Tempelbezirk; auch mußte unbedingt vermieden werden, daß man in einer eher liberal gesinnten Öffentlichkeit den Verdacht reaktionärer Demagogie auf sich zog. Mit Wagner fürchtete sie die »jüdische Presse« und jene unheimliche Macht, von der sie, wie sie ihrem Tagebuch anvertraute, sogar einen Mordanschlag auf den Meister erwartete.

Aus dem Judenhaß wurde Verfolgungswahn; man vermied es sogar, wie beim Gottseibeiuns, den Namen der grauenerregenden Rasse auszusprechen. Wenn in Cosimas Korrespondenz Begriffe wie »Phönizier« oder »Dalmatiner« auftauchen, kann man getrost schließen, daß sie wieder einmal bei ihrem Lieblingsthema angekommen ist. Auch Nietzsche, den sie noch zu Wagners Lebzeiten als Vorkämpfer des neuen Glaubens favorisiert hatte, wurde in die Sprachregelung des Hauses eingeweiht. Als der Heißsporn offen die »Juden« attackierte, bremste ihn die »Hohe Frau«: »Nun habe ich aber eine Bitte an Sie, die ich eine mütterliche nennen möchte«, mahnte sie im Gouvernantenton, »nämlich die, ja nicht in das Wespennest zu stechen. Verstehen Sie mich wohl? Nennen Sie die Juden nicht, und namentlich nicht en passant; später, wenn sie den grauenhaften Kampf aufnehmen wollen, in Gottes Namen, aber von vornherein nicht.«[64] Fortan sprach Nietzsche nur noch von den »internationalen Geldeinsiedlern« oder den ruchlosen »Optimisten«.[65]

Der Erfolg ihres Kampfes, an dem sie mit der Hartnäckigkeit einer Sektengründerin bis zu ihrem Tod 1930 festhielt, hing auch von der Anerkennung Bayreuths als religiösem Zentrum ab. Das Festspieltheater, so wurde stillschweigend akzeptiert, sei kein übliches Opernhaus, sondern ein Weihetempel. Dadurch bot sich der Hügel als politischer Freiraum an, der jeglicher Kontrolle entzogen war. Stellte der Gedanke »Bayreuth«, wie der Musikwissenschaftler Oscar Bie 1931 schrieb, »eine Tat und eine Mission« dar, der »Ring des Nibelungen« nicht eine »gewöhnliche Opernfolge, sondern eine Philosophie und ein Bekenntnis«, so »waltete Cosima als Priesterin« in »dieser Religion der Isolierung für die eine ungestörte heilige Aufgabe«.[66]

Durch das Gütesiegel der Glaubensgemeinschaft sollten nicht nur die Heiligsprechung des Meisters und die Erhebung seiner Weltanschauung zur religiösen Doktrin erreicht werden, sondern auch die Tarnung seiner politischen Ziele, mit denen sich kein Staat machen ließ. Der Doppelcharakter der Bayreuther Ideologie zeigte sich am deutlichsten in Wagners letztem Drama »Parsifal«. Das »Bühnenweihfestspiel« unterschied sich kaum von anderen Werken des Opernfachs, war zudem von König Ludwig und einem Musikverlag teuer bezahlt worden – und sollte doch, nach Meisters

Willen, niemals auf öffentlichen Bühnen aufgeführt werden. Wagners Begründung, es handle sich nicht um ein Werk des Theaters, sondern des Glaubens, biete also statt der üblichen Handlung ein Mysterium, wurde von Cosima stillschweigend auf sein gesamtes Œuvre ausgedehnt. Doch das »Bühnenweihfestspiel«, mit dem einst Ludwig auf seine Erlöserrolle vorbereitet werden sollte, blieb der Mittelpunkt des Heiligtums.

Neben den wirtschaftlichen Vorteilen, die das »Parsifal«-Monopol mit sich brachte, bedeutete dessen Sakralisierung auch den Ausschluß von Kritik: Andersdenkende waren auf dem Hügel nicht mehr willkommen, in den Wirtshäusern wurde mit Bierseideln geworfen. Im Gralstempel dagegen brach Andacht, ja Anbetung aus, und das Publikum, das als Gemeinde sakramentaler Gnaden teilhaftig wurde, geriet regelmäßig in einen »unnatürlich gesteigerten, hysterisch verzückten Zustand«[67], der mit dem mirakulösen Erscheinen der Taube vom Heiligen Geist seinen Höhepunkt erreichte. Nach dem Finale wurde der Vorhang noch einmal geöffnet, um den Gläubigen das Schlußbild mit dem erhobenen Abendmahlskelch wie eine wundertätige Ikone zu enthüllen.

War die streng katholisch erzogene Cosima von Wagner zum »Konfessionswechsel« überredet worden, so erwartete sie im Gegenzug, daß ihr neuer Glaube auch Wagnersche Züge annehmen sollte. Zum ersten Jahrestag seines Todes verlangte sie, daß in der Bayreuther Stadtkirche beim Abendmahl dessen Wagnersche Vertonung aus dem »Parsifal« ertönen sollte: »Der Glaube lebt; die Taube schwebt.«[68] Als das Konsistorium ablehnte, beschwerte Cosima sich direkt bei Ludwigs Ministerium, das ihr allerdings nur mitteilen konnte, »daß die Kirche die hehren Gesänge des Meisters nicht als Bestandteil des evangelischen Gottesdienstes gelten lassen will«.[69] Gerade darauf aber war es der Witwe angekommen.

Am »Parsifal« als musikalischer Glaubensfeier, die für gewöhnliche Bühnen tabu bleiben sollte, entzündete sich auch die erste politische Auseinandersetzung um Bayreuth. Als 1901 im Reichstag über eine Verlängerung des Urheberrechts beraten wurde, wandte sich Cosima mit einer Eingabe an die Abgeordneten, damit »die heiligen Mysterien des Christentums nicht gewöhnlichen Bühnen preisgegeben werden«.[70] Da ihre Hoffnung auf eine Lex Cosima vergeblich war und schon 1903 die Oper in New York aufgeführt wurde, ergriff die Witwe 1912, als die Schutzfrist für alle Wagner-Werke ablief, erneut die Initiative. Unterstützt von ihren fanatischen Anhängern, veranstaltete sie eine weitere »Parsifal«-Eingabe, die, gerade indem sie den religiösen Charakter unterstrich, zur aufsehenerregenden politischen Manifestation geriet. »Die völkische Formierung des Bayreuther Kreises«, schrieb der Historiker Michael Karbaum, »fiel ziemlich genau zwischen die beiden Parsifal-Kampagnen, die in ihrer Tendenz bereits ausgesprochen weit über das bloße Festspielgeschehen hinauswiesen.«[71]

Das Bayreuth Cosimas, so Karbaum in seiner Studie, die 1975 erst nach einer »Textrezension«[72] von Wolfgang Wagner genehmigt wurde, »begriff sich in steigendem Maße als eine politische Größe und benutzte die Festspiele als ästhetischen Vorwand. Der grüne Hügel wurde anerkannter Sammelplatz der Reaktion.«[73] Gerade die »Parsifal«-Kampagnen, für die selbst der Kaiser mobilisiert wurde, bewiesen die Effizienz der Hilfstruppen. Zwar fand sich für eine Privilegierung Bayreuths keine Mehrheit, doch weckte die publizistische Begleitmusik großes Aufsehen. Die »Bayreuther Agitatoren«, so Karbaum, verhalfen dabei »der Wagner-Gemeinde zu jener ›Straffheit und methodischen Disziplin‹«, wie sie sonst nur »schlagkräftige Organisationen auszeichnet«.[74]

Wiens Opernchef, der wagnerbegeisterte Gustav Mahler, war schon 1901 von der Witwe um Schützenhilfe angegangen worden. Mit Bedauern hatte er geantwortet, er könne »die Wege, wie eine Agitation für eine so gerechte ... Sache mit Erfolg ins Werk gesetzt und betrieben werden könnte ... nicht auffinden. Doch stehe ich Ihnen mit Leib und Seele dafür zur Verfügung.«[75] So wie Cosima den Hofopernchef für ihre Zwecke zu benutzen suchte, obwohl sie ihn als »Semiten« verachtete und nie ans Bayreuther Pult ließ, versuchte sie auch auf ein Parlament Einfluß zu nehmen, das sie am liebsten abgeschafft hätte. Das »allgemeine Stimmrecht«, klagte sie in einem »Parsifal«-Werbebrief, sei »wie das Geschwür am Reichskörper, in welchem alle üblen Säfte zusammenlaufen. Wer wird der kühne Chirurg sein, der die Operation vollzieht?«[76]

Nachdem Ludwig, von Wagner voreilig zum Parsifal ausgerufen, in dessen Augen als »Cretin« entlarvt war, hielt man in Bayreuth nach einem neuen Erlöser und Chirurgen Ausschau, der den gequälten Leib des deutschen Reiches von seinem Geschwür befreien würde. Er sollte, wie die Opernfigur des Bühnenweihfestspiels, die »trügende Pracht« des Bösen in »Trümmer« stürzen und damit die Tür zu einem neuen Zeitalter der Wagner-Religion aufstoßen.

Einer bot sich an. Fünf Jahre nach Wagners Tod begegnete die Witwe ihm auf einer Propagandatournee in der alten Revolutionsstadt Dresden. Als sich der Engländer Houston Stewart Chamberlain bei ihr mit den Worten einführte, »er sei kein Wagnerianer, sondern Bayreuthianer, da hatte er bereits ihr Herz gewonnen«. Beide brachten, wie die Gralshüterin entzückt berichtete, »fünf Stunden miteinander ohne Unterbrechung« zu, »und keiner von uns war müde«.[77] Der Draufgänger erwies sich als Cosimas Alter ego. Wie Wagners Ideen sich in ihrer Person anschaulich verkörperten, so fand ihr autoritäres Kulturmanagement in dem bekennenden Bayreuthianer die aktuelle philosophische Umsetzung. Der verstorbene Meister war »Mittelpunkt« und »Sonne«[78] seines Lebens, dessen Kunst, so schrieb er Kaiser Wilhelm II., »der ideale Lebensnerv eines wiedergeborenen Deutschland« – vorausgesetzt, es gelänge, das Reich »aus der zermalmenden Umarmung der Juden ... zu erlösen«.[79]

Mit dem Kaiser und der Witwe wußte er sich einig, daß Deutschland nur durch einen Gewaltstreich gerettet werden konnte. Seinem Bewunderer Wilhelm II. empfahl er deshalb, »daß Sie sämtliche Mitglieder aller Parteien des Reichstages zusammenberufen, und dann sprengen Sie das ganze sogenannte Hohe Haus mit Dynamit in die Luft«.[80] Elf Jahre und einen von Wilhelm verschuldeten Weltkrieg später rief Houston Stewart Chamberlain als Wagners Schwiegersohn einen Wagner-Fanatiker in Bayreuth zum neuen »Parsifal« aus. Daß der auch mit Dynamit umgehen konnte, sollte er noch unter Beweis stellen.

VIII.
Die »Zentralhexenküche«

Um den Bayreuth-Kult zu verstehen, muß man seine Sprache entschlüsseln. Nimmt man sie wörtlich, sitzt man Falschmünzern auf. Oft genug drückt das Gesagte das Gegenteil des Gemeinten aus, verhüllt die scheinbar eingängige Botschaft ihren Sinn hinter kunstvollen Drapierungen. Nicht Vernunft herrscht hier, sondern Verstellung. Wer die Sprache Wahnfrieds als Mittel zur Verständigung auffaßt, über das sich bequem kommunizieren ließe, setzt nur die Täuschung fort, der er selbst bereits erlegen ist. Was in den Briefen, Sendschreiben und Artikeln des Inneren Kreises vermittelt wird, sind nicht Gedanken, die verbinden, sondern Chiffren, die trennen – und zwar jene, die zu verstehen glauben und dabei für dumm verkauft werden, von denen, die begreifen und damit zu den Eingeweihten gehören.

Statt profaner Kommunikation bietet Cosimas Bayreuth sakrale Kommunion. Hatte Wagner, ein Meister des Sprachspiels, seine konspirativen Botschaften ähnlich in die Satzungetüme der »Prosaschriften« eingeflochten wie die berühmten »Leitmotive« in seine Tongemälde, so läßt sich das kompositorische Versteckspiel, vom Bayreuther Kreis kultiviert, bis in Adolf Hitlers Predigten nachweisen. In deren meist banalem Schwall, von seiner Stimme massenwirksam orchestriert, finden sich die entscheidenden Motive oft nur angedeutet, durch plötzlich verwandelte Mimik oder eine überraschende Geste akzentuiert, die als Wink für Eingeweihte gemeint ist: So wird etwa die unergründliche Weisheit der Vorsehung beschworen, die Sendung, die ihm zuteil wurde, aber auch die Erfüllung von Prophetien, für die der menschlichen Sprache die Worte fehlen.

Über die kultische Kommunikation wurde in Bayreuth selten

gesprochen; wenn überhaupt, dann nur in Andeutungen, dem Gegenstand entsprechend. Als Houston Stewart Chamberlain für seine Wagner-Hagiographie dessen Schriften studierte, konnte er von seinen Einsichten als »Bayreuthianer« profitieren: Über den »demoralisierenden Einfluß« der Juden, so verrät er, habe Wagner in einem für König Ludwig bestimmten Text »sehr ausführlich – wenn auch sous entendu«[1], also zwischen den Zeilen, gesprochen. Wegen dieses kategorischen Imperativs der verbergenden Umschreibung zog Chamberlain es sogar vor, in seinem wagnerianischen Hauptwerk, »Die Grundlagen des Neunzehnten Jahrhunderts«, das Erkennungswort »Wagner« kaum zu erwähnen – aus »diplomatischer« und »Herzensklugheit«[2], wie er verriet; auch Hitler wird das geheiligte Wort in seiner Bekenntnisschrift »Mein Kampf« auffällig meiden.

Daß die eigentliche Botschaft nur andeutend preisgegeben werden durfte, betonte auch Wagners Assistent Hans von Wolzogen, der Chefredakteur der »Bayreuther Blätter«, zu dessen Aufgabe auch die Zensur allzu freimütiger Äußerungen gehörte. Weil Bayreuth hoch pokerte, hielt es von Anfang an seine Karten bedeckt: Es sei durchaus nicht »zweckdienlich«, so mahnte Wolzogen 1894 den eifrigen Rassisten Ludwig Schemann, »jetzt schon, beim Beginn der Propaganda, gerade vor einem größeren Leserkreise es allzu sehr merken zu lassen, wohinaus die Sache läuft«. Schließlich könnten die »Juden und ihre Freunde« schon »vorzeitig aufmerksam werden und ihre Gegenminen«[3] legen.

Dem noch vom Meister selbst geförderten Agitator Schemann, der mit Wagner-Vorträgen durch die Lande zog und Antisemiten um die Fahne sammelte, gestand Cosima 1887, wie sehr die Veröffentlichung der »Bayreuther Blätter« von den Getreuen als Profanierung empfunden werde; doch »wenn wir an die Existenz einer Gemeinde glauben«, so entschied sie, sei es nur »natürlich, sich an diesselbe öfters zu wenden«. Geheimnisse seien schon deshalb nicht gefährdet, weil »die Sprache nur Eingeweihten gilt«.[4] Viele sind berufen, nur wenige erwählt.

Als Erwählter durfte sich auch Schemann betrachten, der, wie für Wagnerianer typisch, schon in früher Jugend dank »Lohengrin« dem Meister verfallen war und bei den ersten Festspielen 1876 endgültig zum Kult bekehrt wurde. Der als reisender Rassist weithin bekannte Privatgelehrte schrieb Beiträge für Wolzogens »Blätter« und fand endlich, 1894, mit der Gründung der »Gobineau-Gesellschaft« die Aufgabe fürs Leben. Schon Jahre zuvor hatte Cosima ihn zur Übersetzung von Gobineaus Hauptwerk, dem vierbändigen »Versuch über die Ungleichheit der Menschenrassen«, gedrängt, in dem der Franzose das Blut der Arier von einer »Aufsaugung« durch minderwertige Rassen bedroht sieht.

Der damals noch kaum bekannte Gobineau habe sich laut Cosima »in den Kreis, der um Richard Wagner sich zu schließen vermochte ... eingereiht« und sei durch dessen »enthusiastische Aufnahme« für die »allgemeine Unbeachtung«[5] seiner Rassenvision entschädigt worden. Auch dank Wagner wurde der Franzose zum Gewährsmann des künftigen reinrassigen Arierstaates. Daß hinter der Popularität Gobineaus wie der Chamberlains der Bayreuther Meister stand, wurde allerdings bald vergessen.

Schemanns Gesellschaft, mit Cosimas Segen gegründet, stellte sich dem Untergang des Heldenblutes nicht allein entgegen – mit ihr kämpfte der mächtige »Alldeutsche Verband«, dessen Führer Heinrich Claß ähnlichen Einfluß auf Winifred Wagners geistige Entwicklung nehmen würde, wie der Chef der österreichischen Alldeutschen, Ritter von Schönerer, auf diejenige Adolf Hitlers. Schon 1877 war der Gobineau-Propagandist Schemann von Hans von Wolzogen in die Struktur des Bayreuther Geheimbundes eingeweiht worden, der später zum Vorbild zahlreicher Vereinigungen dienen sollte. »Ich wünschte«, so Wolzogen, »daß innerhalb der großen Gemeinde mit ihren vielen, so sehr gemischten Elementen und Interessen eine engere, gegen außen geheime Verbindung, ein geistiger Orden, ein *inneres Bayreuth* entstünde, das sich zunächst die Aufgabe stellt ..., vorbereitend die Kräfte für ein späteres öffentliches Wirken zu bilden.«[6]

Schemann war von der Hohen Frau persönlich an den engeren Kreis herangezogen und in die Ordensregeln eingeführt worden. »Als Wagnerianer«, so rüstete sie ihn für die »Arbeit der Propaganda«[7] zu, müsse er sich als »von innen und von außen unerschütterlicher Kämpfer für unsere gute Sache« bewähren, eingegliedert in ein »wohlgeordnetes Heer von Helden unter dem König, dem Genie«.[8]

Daß diese zum Kampf geweihten Ritter, so erklärte Cosima ihrer

Tochter Daniela, nur wenig mit Wagners Musik, fast ausschließlich dagegen mit dessen Weltanschauung befaßt seien, unterscheide sie eben von den gewöhnlichen »Wagnerianern«: Die wahren Getreuen erfüllen eine Mission, »zum Unterschied von denen, welche ›O du mein holder Abendstern‹« mögen. Echte »Wagnerianer wird es immer ebenso wenige geben, als es viele Besucher der ›Opern‹ Wagners geben wird«.[9] Zu jener Elite, die, nach Cosima, »kämpferisch die Wagnerschen Ideen verwirklicht«, zählten sich mit Sicherheit auch die beiden Linzer Jünglinge Hitler und Kubizek, die es nicht beim Opernhören bewenden ließen, sondern den Widersachern, nachlesbar in »Gustls« Aufzeichnungen, manch »rauhen Kampf«[10] lieferten.

Gralsritter Schemann entwickelte sich zu einem der fruchtbarsten Missionare, der nach Cosimas Motto »Gehet hin in alle Welt«[11] als Vertrauensmann der »Antisemitischen Vereinigung« auftrat, Deutschland mit Gobineaus Bluttheorien versorgte und für Zulauf in den völkischen Organisationen warb. Nach seinem Tod bestätigte seine Tochter Bertha stolz, im Werk ihres Vaters sei »die Saat, die Frau Wagner gesät ... reich und fruchtbringend aufgegangen«.[12]

Keiner der zahlreichen nationalistischen Verbände, die das Kaiserreich mit Aufmärschen, Fahnenweihen und Hetzpredigten belebten, besaß auch nur annähernd die magische Anziehungskraft der Bayreuther Gemeinde, die mit hochkultureller Aura auch die Geisteselite lockte. Außerdem verfügte sie über ein prachtvolles Festspielhaus, intern »Gralstempel« genannt, zu dem, in Wolzogens Weiheton, »mit tiefen, lauten Glockenklängen« der »deutsche Geist« in das »ihm gebaute Heim und Haus«[13] gerufen wurde. Auch bot man ein Theaterprogramm, das mit unwiderstehlicher Wucht jedermann zur persönlichen Identifikation einlud – kaum eine Vorstellung, die nicht ihr Publikum in eine ehrfürchtig lauschende Gemeinde und jeden einzelnen in einen übermenschlichen Siegfried oder Parsifal verwandelte. Wer sich darüber hinaus, vom Kulissenzauber gefangen, in die Prosaschriften des Meisters versenkte, entdeckte den Ursprung all dessen, was von den deutschnationalen Aposteln breitgetreten wurde. Las man Wagner, konnte man auf die Epigonen verzichten.

Der Bayreuth-Kult funktionierte, weil er von der Gralshüterin

»mit der größten Konsequenz« beherrscht und seine Ritterschaft im »Geist der totalen Unterwerfung«[14] gehalten wurde. Von Cosima allein ging die Zentralgewalt aus, der sich die Jünger zu beugen hatten. Wie in einer modernen Sekte drängte sich alles um den innersten Kreis, zu dem nur Erwählten Zugang gewährt wurde, wetteiferte man um die Gunst der Herrin und verachtete alle, die nicht dazugehörten. Bayreuth wurde zum idealen Vorbild einer politischen Partei, die, aus der Tradition diverser Geheimgesellschaften hervorgegangen, Deutschland mit religiösem Charisma ganz auf Wagners geheiligte Weltanschauung einstellen sollte.

Daß man in Wahnfried einen Kult betrieb, war von Anfang an bekannt, auch daß man missionierte und fleißig Geld beschaffte. Nur wurde es nicht ernst genommen. Die Kritik spottete über den »Götzendienst«, der einem offensichtlich »größenwahnsinnigen« Musiker dargebracht wurde. Über die »internationale Bruderschaft der Wagnerianer, die sich als besonders mit dem Bayreuther Gedanken getaufte Sekte« verstand, bemerkte der Journalist Ernst von Wolzogen um die Jahrhundertwende, sie beziehe »ihre Begeisterung aus zweiter Hand und hypnotisiere sich in Reliquiendienst und Weihrauchnebel«; den Wagner-Jüngern bescheinigte er etwas »Derwisch- oder Fakirhaftes«.[15] Der pathologische Befund einer Massenpsychose, wie sie später ein ganzes Volk ergreifen und mit »Begeisterung aus zweiter Hand« versorgen sollte, wurde von den Betroffenen selbst als religiöse Ergriffenheit, die oft belächelte Servilität als Ordensdisziplin gedeutet.

Den Wagner-Gläubigen war der Stern über dem Hügel erschienen, die frohe Botschaft verkündet, und so sammelten sich die Berufenen zu den Taten der Zukunft. Was sie erlebten, bedeutete ihnen die »Vollendung des arischen Mysteriums in Bayreuth«[16], wie der Titel eines vielgelesenen Buches lautete. Sein Autor, Leopold von Schroeder, lehrte als Professor der Indologie an der Wiener Universität und galt als Koryphäe. Der leidenschaftliche Wagnerianer und Freund Chamberlains, der zum hundertsten Geburtstag des Meisters 1913 als Festredner der Universität aufgetreten war, erklärte in dem Geschichtswerk, daß die »arischen Völkerstämme«, seit fünftausend Jahren zerstreut, nun endlich wieder zusammengefunden hätten, um ihre alten »Mysterien« zu feiern. Gewisse Anklänge an Wagners »Wibelungen« waren unüberhörbar. Durch den Meister, so der Professor, der 1914 zwei Bände »Arische Religion« nachlegte, »ist Bayreuth zum idealen Mittelpunkt aller arischen Völker geschaffen worden«; es sei gerade »diese geweihte Stätte, wo des Grales Wunder sich enthüllen, der Drache dem Schwert des furchtlosen reinen Helden fällt und über dem dunklen Grunde urzeitlicher Gedanken sich strahlend die rettende Idee der Erlösung erhebt«.[17]

Um das arische Mysterium auch in der Wirklichkeit zu »vollenden«, bedurfte es nur eines »furchtlosen reinen Helden«, der das Schwert führte. Schon die gescheiterten »Parsifal«-Eingaben hatten gezeigt, wie wenig Bayreuth in einem parlamentarischen Deutschland ausrichten konnte. Für Eingeweihte war dies schon deshalb nicht weiter verwunderlich, weil der Meister selbst das demokratische Prinzip als »undeutsch« entlarvt hatte. Was dem Reich und seinem Bayreuther Heiligtum allein helfen konnte, waren, wie die »Bayreuther Blätter« 1886 feststellten, »nicht durch allgemeines Stimmrecht zu suchende, sondern sich von selbst und durch sich selbst legitimierende Geisteshelden und Führer«.[18] Als deren Elitekorps stand der Wahnfried-Kreis bereit: eine verdeckte Organisation, streng ausgerichtet und zur Zerstörung der demokratischen Entartung entschlossen, von einer Partei nur durch die Geheimhaltung ihrer eigentlichen Ziele unterschieden. Was die »Bayreuther von anderen Cliquen unterscheidet«, bemerkte ein Kritiker 1912, sei »die Straffheit und methodische Disziplin ihrer Organisation, die in Wagner-Vereinen eine über ganz Deutschland verbreitete, bis ins Ausland reichende feste Grundlage findet«.[19] Jeder konnte die Gemeinde bei ihren alljährlichen Hochämtern in Bayreuth beobachten; doch kaum einer wußte, worauf das Spektakel hinauslief. Und solange der Held nicht gefunden war, der die verborgenen Ziele in die Tat umsetzte, entsprach das ganz dem Bayreuther Interesse.

Die Waffe, die er führen sollte, lag im Gralstempel bereit. Wagner selbst hatte, wie Ludwig Schemann schrieb, »aus der deutschen Musik ein zweischneidiges Schwert geschmiedet«[20], und dessen Witwe verkündet, daß »aus Bayreuth nicht eine Lehre bloß« ans Reich ergehe, »sondern eine Weisung zur Tat«.[21] Womit sie keineswegs, wie behauptet wird, den »kunstphilosophischen« Ansichten ihres verstorbenen Mannes eine von ihm unbeabsichtigte politische Stoßrichtung verliehen hätte: Der Meister hatte nie etwas anderes im

Sinn gehabt. Sein Volkstribun Rienzi wollte Rom von den Unterdrückern befreien wie der Volkstribun Wagner Dresden; und war der Kapellmeister auch als Aufrührer gescheitert und von der politischen Bühne verbannt worden, so setzte er den Kampf doch mit seinen verschlüsselten »Kunstschriften« fort – den Kampf gegen Deutschlands »Todfeind«, das Judentum.

Wolfgang Wagner sieht das anders. Für ihn stellen die »Äußerungen« seines Großvaters das »Gegenteil eines etwa fanatischen Antisemitismus«[22] dar, und er glaubt dies mit dem von Cosima zitierten Satz Wagners belegen zu können, »wenn ich noch einmal über die Juden schriebe, würde ich sagen, es sei nichts gegen sie einzuwenden, nur seien sie zu früh gekommen«. Womit der Enkel zu übersehen scheint, daß Wagner hier nicht seine Meinung, sondern die Strategie seiner Meinungsäußerungen offenlegte. Wie Wagner wirklich über sein Aktionsprogramm dachte, ließ er 1879 durchblicken, als er sich mit Cosima über das rapide Anwachsen des Antisemitismus unterhielt. »Wir lachen darüber«, notierte seine Frau, »daß wirklich, wie es scheint, sein Aufsatz über die Juden«, also das »Judentum in der Musik« von 1850, »den Anfang dieses Kampfes gemacht hat«.[23]

Wagners »Kampf«, den sich dereinst Hitler als »Mein Kampf« an die blutroten Fahnen heften sollte, wurde nach außen durch das turbulente Festspielgeschehen, nach innen durch das Nonnengehabe seiner Witwe im Kloster »Monsalvat« überdeckt. Manche Beobachter indes ließen sich nicht täuschen. Als Hitler 1921 den Kampf bereits aufgenommen hatte, beschrieb der Schriftsteller Jakob Wassermann seinen »Weg als Deutscher und Jude« und kam dabei auch auf die Stätte zu sprechen, die diesen in einen Passionsweg verwandeln sollte. Dem noch demokratischen Deutschland empfiehlt der fränkische Autor, »die vielfältigen und in ihren Folgen verhängnisvollen antisemitischen Machenschaften aufzudekken, mit denen in den siebziger und achtziger Jahren« des vergangenen Jahrhunderts »die eingeschworenen Wagnerianer in einem seltsamen Zustand von Bezauberung und geheimnisvoller Unruhe über das Mißverhältnis zwischen Wagner, dem expressiven Deutschen« – so Wassermanns vorsichtige Umschreibung von dessen Judenhaß – »und Wagner, dem Musiker, hinwegzutäuschen wußten; denn dort war die Zentralhexenküche«.[24]

Als Zentralhexenmeister aber wirkte ein Engländer. Der 1855 geborene Admiralssohn Houston Stewart Chamberlain, der in Frankreich aufwuchs und von seinem Privatlehrer zum Deutschtum bekehrt wurde, übte von allen Wagner-Propagandisten die durchschlagendste Wirkung aus: Er beeinflußte maßgeblich Kaiser Wilhelm II. und bekehrte das reichsdeutsche Bürgertum zum »Propheten von Bayreuth«, dessen Gedankenwelt er in seinem Bestseller »Die Grundlagen des Neunzehnten Jahrhunderts« allgemeinverständlich aufbereitete. Erst durch ihn wurde die »Regeneration« populär.

Erwählt hatte ihn die Gralsherrin. Von ihrer ersten Begegnung 1888 bis zu seinem Tod 1927 – sie überlebte ihn um drei Jahre – war Chamberlain der Mann, der nach Wagner kam. Was Nietzsche sich erträumt hatte, der das Erbe Wagners mitsamt der Witwe übernehmen wollte, gelang dem Privatgelehrten auf Anhieb. Bevor er, als meistgelesener Kulturphilosoph und schließlich meistzitierter Hitler-Vorläufer, das Reich eroberte, hatte er Cosima Wagner erobert. Noch die letzten Worte der in Wahnfried dahindämmernden Greisin galten nicht ihrem verewigten Gatten, sondern dem Nachfolger, dessen Tod man ihr verschwiegen hatte. »Wie geht es Houston?« fragte sie ihre Tochter Eva, Chamberlains Witwe. »Willst du ihm sagen, daß ich viel an ihn denke?« Oder sie erklärte ihr: »Houston hat dich abgeholt und mir damit eine solche Freude bereitet.«[25] Ihren einst vergötterten Ehemann hatte sie, laut Evas Journal, seit einem halben Jahr nicht mehr erwähnt; statt seiner fühlte sie sich mit dem Briten »immer beisammen«.

Bayreuths Graue Eminenz, die aus Cosimas Schatten heraus die Fäden zog, hatte schon als Knabe die klassische Wagner-Erwekkung durchlebt: Wie Ludwig II. oder Adolf Hitler geriet das nervlich labile Kind in einen euphorischen Zustand, wenn es dessen Musik hörte. »Sie wirkte auf mich elektrisierend«, schrieb er in seiner Autobiographie. »Sobald sie ertönte, war es mir unmöglich, auf meinem Stuhle sitzen zu bleiben.«[26] Eines der Wagnerschen Leitmotive durchdrang ihn wie das Wecksignal seines Lebens. »Da, plötzlich durchzuckt eine Tonfolge mein ganzes Wesen wie ein Aufruf zu Tat und Kampf«[27], erinnerte er sich an die Knabenzeit. Um das aufrüttelnde Musikstück – es handelte sich um »das sogenannte Schwertmotiv« – möglichst oft hören zu können, ließ er sich an der Dorforgel einweisen. Das Klangsymbol, »eigentlich«, so Chamberlain, »der blitzartig auftauchende Gedanke Wotans, durch Heldentum die Welt zu beherrschen«[28], gehört zu den markantesten Tonfiguren des »Ring«. Dieses Schwertmotiv taucht erstmals im »Rheingold« auf, als der Obergott die Vision des zukünftigen Drachentöters empfängt – noch unausgesprochen zwar, aber im auftrumpfenden Motiv präsent, bei dessen Erklingen Wotan, nach Wagners Wunsch, ein Schwert zum Himmel recken muß.

Nur durch Gewalt, so die Botschaft, läßt sich die Weltherrschaft des »nächtlichen Heers« verhindern. »Ohne jede Übertreibung darf ich behaupten«, schreibt Autobiograph Chamberlain, »daß mir in diesen wenigen Noten der Charakter der Musik des ›Rings‹ – ihre Monumentalität, oder soll ich sagen, ihre Naturgewalt? – aufging und mich begeisterte. Tag für Tag pflegte ich frühmorgens« ins Dorf zu eilen, hin zur Orgel, »und immer begann ich mit dem Wotansgedanken, an dem ich mich nicht satt hören konnte«.[29] Er wurde zum Leitfaden seines Lebens: Der göttliche Gedanke, so wußte er fortan, bedurfte zu seiner Ausführung eines Helden; nicht das Wort allein, sondern die Schärfe des Schwertes würde die Welt vom »nagenden Wurm« erlösen.

Chamberlains Weg als Wagner-Missionar war vorgezeichnet. In München trat er 1879 dem Patronatsverein bei, bot sich den »Bayreuther Blättern« an, empfing 1882, beim ersten Betreten des Festspielhauses, einen der »großen, heiligen Eindrücke meines Lebens«[30], publizierte ab 1885 fleißig Wagner-Broschüren und krönte das zehn Jahre später mit seiner großen Biographie. Doch nicht seine heftige Liebe zur Musik prädestinierte ihn zum Chefpublizisten Wahnfrieds, sondern seine Begabung, Wagners wenig leserfreundliche Schriften in eine gebrauchsphilosophische Umgangssprache zu übersetzen und mit neuesten »Forschungsergebnissen« zu unterfüttern.

Dank Chamberlain nahmen Wagners »Regenerationsschriften« mit ihren Satzungetümen eingängige Form an, gewannen pseudowissenschaftliche Dignität, ließen sich zu Thesen zusammenfassen, mit denen sich auch am Stammtisch hantieren ließ. Selbst der Kaiser würzte seine Einsichten mit dem beiläufigen Hinweis: »Das meint Chamberlain auch.«[31] Vor allem meinte dieser, daß seine Wahlheimat Bayreuth nicht »bloß eine Stätte des Strebens«, sondern »eine

Stätte der Verwirklichung« sein müsse, eine »Schule der Tat«.[32] Jeder Novize, so Chamberlain als Volkslehrer, muß »an die siegende Kraft eines auf hohe Ziele gerichteten Willens glauben«. Durch einen solchen Willen werde dereinst auch das Versprechen von Wagners Schwertmotiv eingelöst. Denn »jeder, der Wagners Schaffen und Sehnen erfaßt hat, weiß, daß sein Tag erst künftigen Geschlechtern aufdämmern kann«.[33]

Die Wege dazu wollte Chamberlain bereiten. Bayreuth bot sich ihm als geistige Heimat an wie Cosima als Seelenfreundin. Gemeinsam traten sie vor den ehrfürchtig harrenden Wahnfried-Kreis, erteilten Weisungen, sprachen Bannflüche aus. Die Hohe Frau, die noch dreizehn Jahre nach des Meisters Tod – Romain Rolland hat es beschrieben – auf ihrem Witwenschleier bestand, erschien neben dem blonden Engländer, dessen lange Beine in glänzenden Reitstiefeln[34] steckten, um die Huldigungen der Gemeinde entgegenzunehmen. In dieser, so Rolland, »mediokren« Gesellschaft zu Ehren der »unnatürlichen«[35] Gastgeberin wirkte der ausgezeichnet deutsch parlierende Chamberlain wie der Weise vom Berge. Den devoten Gralsrittern wie Wolzogen oder Schemann intellektuell überlegen, dazu mit der Aura des Denkers versehen, bildete er die ideale Entsprechung zum Wahnfried-Orakel Cosima. War sie fürs Mystische zuständig, zeichnete er für dessen verstandesmäßige Umsetzung verantwortlich.

Vermutlich lag es an der majestätischen Stellung, die das Paar bei den Zeitgenossen einnahm, daß der rein menschliche Aspekt dieser Beziehung, dem 1908 mit Chamberlains Einzug in Wahnfried und Einheirat in die Familie dauerhafter Charakter verliehen wurde, völlig außer Betracht blieb. Auch der Wink des offiziellen Cosima-Biographen Richard Du Moulin Eckart, die »Herrin von Bayreuth« habe sich »immer mehr und immer enger an ihn angeschlossen«[36], blieb unbemerkt.

Dabei wies die rege Korrespondenz der beiden schon kurz nach dem ersten Kennenlernen 1888 unübersehbare Züge von Verliebtheit auf. Zwischen den Zeilen ihrer weltanschaulichen Sendschreiben wurde heftig geflirtet. Schon zwei Tage nach ihrem stundenlangen Dresdner Gedankenaustausch übersandte Chamberlain der »hochverehrten Meisterin«, die mit Anfang Fünfzig für den Dreiunddreißigjährigen noch eine begehrenswerte Frau darstellte, den wehmütigen Seufzer, »könnte ich Ihnen nur alles sagen, was ich auf dem Herzen habe, Ihnen zu sagen! Aber ich *kann* es nicht: zum Glück haben wir beide Augen.«[37] Worauf sie nicht nur gesteht, wie eng sie sich ihm bereits verbunden fühlt, sondern seinen Annäherungsversuch mit dem Erstrahlen der Sonne vergleicht. »Ähnlich ist es mir, mein Freund, mit Ihren Zeilen ergangen«, gesteht sie ihm. »Ich bin einer solchen Teilnahme so lange entwöhnt, daß mein Herz zuerst wie scheu davor war. Nun ist sie aber wie das wärmende Licht darin eingedrungen, und ich freue mich ihrer, und es wird mir wohl dabei.«[38] Derlei Sätze aus der Feder einer unnahbaren Hohenpriesterin, die sich seit ihrem legendären Ehebruch mit Wagner als Muster herber Frauenzucht präsentierte, verwandelten den verheirateten Philosophen in einen werbenden Kater.

»Das Empfinden von Ihrer großen Einsamkeit«, so gesteht er ihr, habe ihn tagelang verfolgt – »selbst im Traume weinte ich darüber. Vielleicht war dies sehr überflüssig, und empfinden Sie als Weib manches anders, und nicht so männlich verzehrend?«[39] Auf derlei Geständnisse reagierte die Umworbene ihrerseits mit leicht deutbaren Träumen; etwa, daß sie »den Kaiser zu empfangen« hatte, sich statt dessen mit ihrem neuen Liebling in »derartigen Gesprächen« verlor, daß »absolut nichts zu seinem Empfang« vorbereitet war. Den Etikettebruch, Alptraum jeder Gesellschaftsdame, empfand sie als beglückend. »Dieser Traum«, so verriet sie ihm, »hat mir sehr gute Laune gemacht.«[40] Bald gestand sie Chamberlain, daß sie beim Besuch eines Palmengartens in »wollüstige Schwermut« geraten sei, während der »Duft der schweigsam erhabenen« Palmen mit dem »sehnsüchtigen Klang« ferner Musik »ihre Vermählung in meinem Herzen«[41] gefeiert habe – ihr amouröser Korrespondent erwiderte darauf, das Palmenbild »macht buchstäblich die Saiten meines Wesens erzittern«.[42]

Die postalische Vermählung zweier Kultfiguren, die dank metaphorischer Umschreibung selbst dem Herausgeber ihres Briefwechsels entgangen war, trug für Bayreuth reiche Früchte. Chamberlain stellte sich ganz in den Dienst der gemeinsamen Sache, und Cosima wußte, wen sie hinfort mit publizistischen Aufträgen eindecken konnte. An eine offizielle Verbindung war allerdings nicht zu denken, sowenig wie ein halbes Jahrhundert später zwischen ihrer Schwiegertochter Winifred und Adolf Hitler – Gralswitwen mußten dem Wagner-Blut Treue bewahren. Auch wenn Cosima den Wahlverwandten zu immer neuen Herzensergießungen anstachelte, am Mythos der weltentsagenden Priesterin durfte nicht gerüttelt werden.

Cosima blieb die Unnahbare, und der Verehrer, den ein Freund als »a man and a woman rolled up into one«[43] charakterisierte, begnügte sich mit ihrer Zuneigung, die zwischen versteckter Lokkung und gouvernantenhafter Rigidität schwankte. »Ein wunderbares Zeugnis Ihrer Lebenskraft«, schrieb er der »hochverehrten Meisterin«, sei »die Art, wie Sie es verstehen, einen zu züchtigen, wenn einer es eben verdient hat, gezüchtigt zu werden.«[44] Die Herrin, kaum weniger frustriert als er, verschob die inopportune Liaison auf eine unverfängliche Ebene: »Inzwischen beschäftigt mich der Gedanke viel«, schrieb sie ihm wie beiläufig in einem Postskriptum, »wie wir es am besten anfingen, den Samen eines pangermanischen Gedankens auszusäen?«[45] Etwa, indem sie es zu »arrangieren wußte«, daß ihr verhinderter Galan seine kinderlose Ehe scheiden ließ und mit der vierzigjährigen Jungfer Eva, die als »Cosimas rechte Hand« galt, den Bund fürs Leben schloß. Die emsige Helferin in allen Lebenslagen bewährte sich auch hier als Mamas Stellvertreterin und ermöglichte dem reifen Paar das Vergnügen täglichen Zusammenseins, bei dem sich auch die reichsdeutsche Zukunft im Namen Wagners planen ließ.

Berühmt wurde Chamberlain mit seiner Wagner-Biographie – der Vertrag mit dem Bruckmann Verlag wurde in Wahnfried geschlossen –, die ihn in den Augen der Herrin endgültig zum »Kämpen für die Idee und die Sache Bayreuths« stempelte. Fortan würde er durch die »Gewalt seiner Begeisterung, durch die Schärfe seiner Beredsamkeit, durch seinen allumfassenden Sinn Klarheit über unsere Sache und ihre Bedeutung«[46] verbreiten. Also sprach Cosima in den »Bayreuther Blättern«, nachdem das Schlüsselwerk erschienen war.

Hymnisch von der Presse aufgenommen, etablierte sich Chamberlains Biographie bald als Wagner-Bibel, die noch 1924 Hitlers Landsberger Bücherbord[47] zierte. Schon das Motto »Reden ist Silber, Schweigen ist Gold« verriet Parteigängern, daß das Entscheidende nicht ausgesprochen, sondern allenfalls angedeutet würde. Wer den Sinn nicht fühlte, konnte ihn auch nicht erjagen.

Chamberlains Absicht, die er in seine Lebensbeschreibung eingehen ließ, ohne sie wirklich preiszugeben, bestand darin, die Weltanschauung des Meisters als Handlungsanweisung für die Zukunft anzubieten.

Chamberlain entwickelte ein besonderes Geschick, provozierende Pointen zu formulieren, deren Sinn sich oft erst beim zweiten Lesen erschließt. Kunstvoll gedrechselte Satzperioden wie im »Kunstwerk der Zukunft« wechseln mit knappen Zynismen ab, aus deren metaphysischer Umkleidung der Vernichtungswille blickt, der sie eingegeben hat. Der Schriftsteller, der sich seines abgründigen Hasses auf die Juden rühmte und das Siegfried-Schwert zum Lebenssymbol erwählt hatte, schildert Wagner als »Heerführer und Sieger in der zweiten Völkerschlacht«[48] oder als den »Künstler, den Schiller herbeisehnte: ›eine fremde Gestalt in seinem Jahrhundert‹, gekommen ›furchtbar wie Agamemnons Sohn, um es zu reinigen!‹« Die Anspielung auf den grausamen Rächer Orest kam nicht zufällig: Wer die Welt regenerieren will wie der Sohn des meuchlings ermordeten Agamemnon oder wie der Dichter des verratenen Siegfried, der darf auch vor extremen Mitteln nicht zurückschrecken. »Auch in Wagners Herzen wohnte Haß«, weiß Chamberlain, »der Haß gegen eine prostituierte, ›zur Industrie gewordene‹ Kunst«.[49] Um wieviel stärker mußte ihn der Haß auf jene erfüllen, die für diese Entartung verantwortlich waren.

Erst im letzten, dem »Bayreuther Gedanken« gewidmeten Kapitel öffnet der als Biograph getarnte Kreuzzügler ein wenig das Visier und erklärt, wie Wagners Unternehmen auf darwinistische Weise zu deuten sei: Es ist »ein Kampfsymbol, eine Standarte, um welche sich die Getreuen kriegsgerüstet sammeln, und das ist gar nicht die übelste Bedeutung des ›Bayreuther Gedankens‹, denn nur im Kampf stählen sich die Kräfte«. Sollte auch diese Aufforderung überhört werden, bietet Chamberlain des Rätsels Lösung mit einem unmittelbar anschließenden Wagner-Satz: »Muß jemand zugeben«, so zitiert der Schwiegersohn, »daß ich richtig sehe, so ist er verloren, wenn er nicht die Kraft auf Leben und Tod hat.«[50] Wer, mit anderen Worten, die Ursache des Verfalls durchschaut hat, kann gar nicht anders, als sie, um des eigenen Überlebens willen, zu vernichten. Oder in Hitlers Worten, in dessen Reich Chamberlains biographische Kampfschrift zehn Auflagen erlebte: »Erst durch den Meister und dann durch Chamberlain« wurde »das geistige Schwert geschmiedet ... mit dem wir heute fechten.«

Die schneidende Schärfe aber verlieh Chamberlain dieser Waffe erst mit seinem Hauptwerk »Die Grundlagen des Neunzehnten Jahrhunderts«. Um den Erfolg der Wagner-Biographie fortzusetzen, hatte Verleger Hugo Bruckmann dem Autor ein neues Projekt vorgeschlagen, das die zu Ende gehende Epoche darstellen sollte – und Richard Wagners Genie im rechten welthistorischen Zusammenhang. Hatte der Meister einst in seiner »Wibelungen«-Chronik das schöpferische Genie der Menschheit im Himalaja entspringen lassen, um dessen tragischen Erdenweg, vorläufig, in der symbolhaften Tiefe des Untersbergs zu beenden, so wollte auch sein Nachfolger die Geschichte der kulturtragenden Rasse – seiner eigenen nämlich – von ihren künstlerischen Ursprüngen über den fatalen »Eintritt der Juden in die abendländische Geschichte« bis zur Entscheidung in diesem Jahrhundert darstellen. Dabei sollte das Werk Richard Wagner als den »überragenden Genius« dieser Schicksalsepoche ausrufen, in der sich die Wende vom globalen Unheil zur Wiederkehr des Heils ankündigt.

Cosima, die sich über den Plan »ganz erregt«[51] zeigte, verfolgte mit Spannung den Fortgang dieser »Bayreuther Arbeit«[52] und lieferte eigene Ideen zu. Obwohl im fertigen Buch, das 1899 erschien, die angekündigte Wagner-Apotheose ausblieb und der Name der Hauptperson kaum aufschien, feierte Cosima die Veröffentlichung als »Markstein«. Sie »haben«, so würdigte sie Chamberlains Buch, »mit bewunderungswürdiger Bestimmtheit das Wertvolle, ja Unentbehrliche dieser Erbschaft hingestellt«; zudem sei er »der erste, der die Kühnheit hat, die Wahrheit auszusprechen, daß der Jude ein wesentlicher Faktor unserer jetzigen Kultur ist«.[53]

Chamberlain, von der Bayreuther Sympathiewelle getragen, erzielt mit den »Grundlagen« einen bei philosophischen Werken nie gekannten Erfolg, der seinem Namen schon bald gediegenen Klassikerglanz verleiht. Auch dank der massiven Propaganda der Wagner-Verbände, die in dem Werk ihre »Bayreuther Weltanschauung«[54] wiedererkennen, erreicht der bildungsbefrachtete Wälzer rund dreißig Auflagen, darunter preiswerte Volks- und Kriegsausgaben. In hunderttausenden Exemplaren verbreitet, bietet Chamberlains Bestseller den »wissenschaftlichen Beweis« für Wagners Wahnvorstellungen. Kaiser Wilhelm II., der sich bereits für den Bayreuther »Parsifal« eingesetzt hatte und der an Wagners Grab seine Gardetrompeter einen »Weihegruß«[55] entbieten ließ, war von der »Grundlagen«-Lektüre so angetan, daß er dem Autor ein »Gedenkblatt«[56] überreichen ließ. Außerdem ordnete er an, daß in jeder preußischen Schulbibliothek ein Pflichtexemplar ausliegen sollte; auch seinem Offizierskorps wurde das Studium empfohlen. In Berliner Hofkreisen war das Buch lange Zeit »Tagesgespräch«, ein katholischer Bischof empfahl es seinen Priestern, und Cosima bemerkte befriedigt: »Jedenfalls sind Ihre ›Grundlagen‹ das gelesenste Buch in allen Ständen.«[57]

Zur schnellen Popularisierung trug das Lob von Prominenten bei, die, wie Hermann Graf Keyserling, das Buch zum »Kunstwerk«[58] ernannten oder es mit dem Basler Philosophen Karl Joël als »interessantestes Buch des letzten Jahrzehnts«[59] hochlobten. Auch die Presse fachte das Begeisterungsfeuer an, pries, wie die »Neue Zürcher Zeitung«, die »Pracht des Werkes«, das man mit einem »unsäglichen Gefühl der Befreiung« lese, oder konstatierte, wie die »Christliche Welt«, daß der Autor an den Bayreuther Meister erinnere: »Er hat, wie Wagner, seine Leitmotive; das Rassenmotiv, das Germanenmotiv, das Judenmotiv.«[60] Und alle ergaben, zusammengenommen, eine nicht zu überhörende Botschaft.

Auch seine Kaiserliche Majestät reagierte überschwänglich und gestand dem Autor als sein »treu dankbarer Freund«, er habe »mit einem Zauberschlage ... Ordnung in den Wirrwarr« seiner germanischen Ahnungen, »Licht in die Dunkelheit« seiner Kraft gebracht und Wege aufgezeigt, »die verfolgt werden sollen zum Heil der Deutschen und damit zum Heil der Menschheit!« Denn, so Wilhelm im Ton religiösen Schwärmertums: »Ihr Buch dem Deutschen Volk und Sie persönlich mir sandte Gott.«[61]

In einer ähnlich erregten Neujahrsbotschaft würde zweiundzwanzig Jahre später Chamberlain das Heil auf den Wagner-Vollstrecker Hitler herabflehen: »Gott, der ihn uns geschenkt hat, möge ihn uns noch viele Jahre bewahren zum Segen für das deutsche Vaterland.«[62] Die Führergestalt, die der Engländer in dem fanatischen Österreicher erweckte, hatte Wahnfried zuvor in ihm zu entdecken geglaubt: Der Leser, so die »Bayreuther Blätter«, »gewinnt Vertrauen zum Genius eines Führers, der zu diesem Beruf aufs glücklichste veranlagt ist«.[63]

Daß Chamberlain seinen geistigen Vater allzusehr in den Hintergrund rückte, brachte Cosimas anderen Schwiegersohn, Henry Thode, einen angesehenen Kunsthistoriker, in Rage. Wohl aus Neid auf die beherrschende Stellung des Engländers warf er ihm öffentlich vor, beim Meister schamlos abgeschrieben zu haben. Die »Grundlagen« seien nur »eine Ausführung ... von Richard Wagners ausgesprochenen Ideen«.[64] Die schnell entbrannte Debatte, die ein ratloses Wagner-Publikum über ein Jahr beschäftigte, entsprang einem Mißverständnis. Denn eigentlich war Übeltäter Chamberlain nur der seit Bayreuther Gründungstagen gültigen Sprachregelung gefolgt, nach der Wagners Name niemals im Zusammenhang mit der »Judenfrage« zu erwähnen sei. Da Chamberlain aber, als Tatmensch, entschlossen war, in das »Wespennest« zu stoßen, hatte er nur Cosimas Doktrin entsprochen, den Meister aus dem Spiel zu lassen – und ihn dennoch, durch Andeutungen und eingestreute Zitate, die Thode übersehen zu haben scheint, für Eingeweihte allgegenwärtig gehalten.

Bereits in der Einleitung der »Grundlagen« taucht die »Mahnung ›*Erkenne dich selbst*‹«[65] auf, die es ernst zu nehmen gelte. Jeder Wagner-Leser wußte, daß dies nicht auf den delphischen Tempelspruch, sondern auf Wagners Kampfschrift gegen die Juden Bezug nahm – in ihr taucht erstmals die furchtbare Formel vom »plastischen Dämon des Verfalls«[66] auf. Was Thode als Plagiat denunzierte, war bewußt als Wagner-Nachfolge inszeniert worden. Der Brite kopierte nicht, sondern verleibte sich Wagner ein.

Chamberlains eigenwillige, nach modernen Begriffen abwegige Geschichtstheorie sollte nur das Vorspiel abgeben zur großen erlösenden Tat. Zieht man von den tausend Seiten eloquenter Gelehrsamkeit das Wibelungenhaft-Phantasmagorische ab, also die Fiktion der germanischen Kreativ-Rasse und ihres Todfeindes, des kulturzerstörenden Judentums, dann bleibt als simple Botschaft nur ein Ziel übrig: Damit der Germane das durch »Blutvermischung« ausgebrochene »Völkerchaos« überwinden und das Erbe der klassischen Antike antreten könne, muß er, so Chamberlain, »die agonisierende«, also todgeweihte, »Menschheit aus den Krallen des Ewig-Bestialischen«[67] retten; alle diejenigen, »die nicht zu uns gehören ... schonungslos zu Boden werfen;[68] deren »Kaperschiffe in den Grund bohren«;[69] das »phönizische Volk ... ausrotten«[70] und endlich begreifen, daß »dieser Jude, der so ewig unveränderlich« erscheint, »doch geworden ist«, was immerhin die tröstliche Aussicht bietet, er werde, wie alles Gewordene, »vergehen. Schon das bringt ihn uns menschlich näher.«[71] Und so konnte es der Bayreuther Mephistopheles kaum erwarten, daß endlich der Tatmensch erscheinen würde, der mit seinem »glühenden Herz« erst »Millionen taghell aufflammen«[72] ließe, um dann den großen Scheiterhaufen zu entzünden.

Auch in Wahnfried brannte es. Seit der Jahrhundertwende und Chamberlains biographischer Wagner-Verklärung wurde von Cosimas »rechter Hand«, der Tochter Eva, das schillernde Bild des Meisters bereinigt, indem sie alles in den Kamin warf, was nicht zur Heiligenlegende paßte. Vermutlich im Auftrag der Mutter, die mit fortschreitendem Alter inquisitorische Neigungen zeigte, vernichtete sie bei symbolischen »Autodafés«, wie die Feuerchen intern genannt wurden, Wagners Briefwechsel[73] mit Heinrich Heine, Hector Berlioz, Gottfried Semper, Charles Baudelaire und zahlreichen anderen illustren Zeitgenossen, schließlich sogar, im Jahr nach Chamberlains Einheirat, Cosimas Briefe an Wagner und nach ihrem Tod auch dessen Briefe[74] an die Frau – unersetzliche Dokumente allesamt, deren Verlust eine lückenlose Rekonstruktion seines Lebens unmöglich macht. Und darauf war es wohl auch abgesehen.

Während Teile des Wagner-Erbes sinnlosen Zerstörungsakten zum Opfer fielen, wurden andere in den Vordergrund geschoben. Chamberlain sorgte dafür, daß Wagners fürstliche Abkunft vom Hause Sachsen-Weimar für den Bayreuther Kreis verbindlich wurde. Seine Behauptung, der Stammbaum des Komponisten lasse sich »lückenlos bis ins zwölfte Jahrhundert zurückverfolgen«[75], wurde von Biographen übernommen, die verbreiteten, Wagners Großvater sei »der Weimarische Prinz Constantin« gewesen. Wagner selbst, so wurde 1939 bestätigt, »hat an diese Abstammung geglaubt«[76], die Chamberlain sogar von der »Heiligen Elisabeth«[77] herleitete.

Die Ursprungslegende, die den Meister in die Nähe seines Lohengrin rückte, war nicht der einzige Beitrag Chamberlains zur Familie. »Im Jahre 1908«, klagte Cosima-Tochter Daniela Thode, »begann unser Elend – mit Evas Heirat.«[78] Damals zog Chamberlain in die Wagner-Villa ein und begann umgehend mit der Gleichschaltung. Assistiert von seiner ihm blind ergebenen Gattin, die »mit äußerst weitreichenden Kompetenzen und Vollmachten ausgestattet war«, konzentrierte er sich, so Michael Karbaum, auf »die Manipulation von und mit Dokumenten und Autographen des Wahnfried-Archivs sowie die Steuerung der Bayreuther Blätter und der Bayreuther Publizistik im weitesten Sinn« – eine »folgenreiche Machtverschiebung«.[79]

Chamberlains Machtergreifung führte auch zu einer Verschärfung der schwelenden Konflikte innerhalb des Clans, der im Jahr seiner Einheirat über ein Barvermögen von über vier Millionen Mark[80] verfügte. Als Folge der Querelen ließ sich Thode von Daniela scheiden, wurde Wagner-Tochter Isolde nach einem, angeblich von Chamberlain angeheizten, Erbschaftsprozeß aus Bayreuth verbannt. Jedenfalls lag es in seinem Interesse, den Kreis der Erben möglichst zu beschränken, um neben Wagners einzigem Sohn Siegfried als Cosimas, von ihr selbst so genannter, zweiter »Sohn« das Unternehmen zu beherrschen. Hinfort blieb dem Jüngeren, der sich durch Männerliebschaften erpreßbar machte, die künstlerische, dem Älteren die politisch-weltanschauliche Seite vorbehalten – erst in Hitler, der beide beerbte, sollten sie wieder zusammenfallen.

Verglichen mit dem weichen Siegfried, der nicht lange nach dem Tod der Mutter einundsechzigjährig starb, entsprach der hünenhafte Brite viel eher dem von Wagner prophezeiten Schwertschwinger. Ausgestattet mit der »Kraft des Hasses«, für die ihn die Wagnerianer bewunderten, und vom Kaiser selbst dem Volk als »Gesegneter des Herrn«[81] empfohlen, trat er ins öffentliche Leben »wie einer, der Vollmacht hat von oben«. Vor dem Führer war Chamberlain Bayreuths »Führerpersönlichkeit«[82] gewesen.

Doch auch ihm stellte sich, wie vor ihm Wagner, die Frage nach der politischen Umsetzung. Man verfügte über Einfluß, nicht über Macht. Was lag näher, als auf jene Einfluß auszuüben, die über Macht verfügten. Glaubte Wagner im Bayernkönig sein Instrument gefunden zu haben, so nahm Chamberlain dies von Kaiser Wilhelm II. an. Der Hohenzoller, wie Ludwig II. ein Verehrer kerniger Männlichkeit und »schimmernder Wehr«, der Flottenaufmärsche gern in Öl verewigte, hatte es sich ebenfalls in den Kopf gesetzt, Wagners Germanenwelt zur Wirklichkeit werden zu lassen. Nicht durch märchenhafte Schloßbauten allerdings, sondern durch seine alljährlichen Yachtausflüge in die Welt Wotans und Siegfrieds. Auf seinen »Nordlandfahrten«, die Hitler mit echten Kriegsschiffen wiederholen sollte, träumte Wilhelm vom wiederkehrenden Heldentum und dichtete Skaldengesänge in Wagnerscher Manier.

Es war sein Busenfreund Fürst Eulenburg gewesen, Mitglied in Schemanns »Gobineau-Gesellschaft« und Autor der »Bayreuther Blätter«, der ihn mit Chamberlains Weltanschauung bekannt machte. 1901 traf man sich persönlich, und der Bestsellerautor gewann, wie er Cosima meldete, »einen beglückenden Einblick ... in das Familienleben der Hohenzollern«.[83] Bald stand der Kaiser unter dem »Zauber dieser Persönlichkeit« wie die Sommerausflüge in die Fjorde »unter dem Banne der Chamberlainschen Gedanken«.[84]

Durch die »Grundlagen« war dem Kaiser auch der Blick auf die arische Edelrasse und »das Germanentum in seiner Herrlichkeit« eröffnet worden. Bald entwickelte Wilhelm II. zum blonden Admiralssohn eine persönliche Neigung, die dank Eulenburgs Einfluß zur »brennenden Flamme« wurde. Chamberlain wiederum redete dem komplexbeladenen Monarchen – wie einst der Meister dem Traumtänzer auf dem Bayernthron – seine göttliche Sendung ein und stempelte ihn zum Tatmenschen, der wie »Siegfried den Wurm besiegt«, was in Wilhelms Worten hieß, daß der »Stamm Juda ... vom deutschen Boden vertilgt und ausgerottet«[85] werden mußte.

Wilhelm deutete sich die Welt nach Chamberlains Vorstellungen: Das von Gott erwählte germanische Volk war umgeben von haßerfüllten Minderrassen, hinter denen das internationale Judentum steckte. Hatte er auf seinen Nordlandfahrten mit einflußreichen Persönlichkeiten ausdrücklich gewünscht, daß »eine Art Kultus« mit Chamberlains »Person und seinem Werk getrieben wurde«[86], so drückten sich dessen Ansichten in kaiserlichen Äußerungen aus, die für die Zukunft Schreckliches ahnen ließen. »Es gibt zu viele Juden in meinem Land«, sagte er 1907. »Sie müssen ausgemerzt werden.«[87] Und 1929 forderte er gar aus dem Exil, man müsse Juden wie Mücken vergasen. Einer der ersten, die 1888 seine Thronbesteigung bejubelt hatten, war nicht zufällig Hitler-Vorbild

Ritter von Schönerer gewesen. Wilhelm, so hatte der Wiener 1888 prophezeit, werde »die Rettung vom jüdischen Joch«[88] bringen.

Dem in die Rolle des Drachentöters gedrängten Kaiser war 1914, wie er sagte, »das Schwert in die Hand gedrückt« worden. Was blieb ihm übrig, als es zu führen? Das Bayreuther Festspielpublikum, das sich Ende Juli 1914 auf dem Hügel zum »Siegfried« versammelt hatte, empfand das genauso. Es fühlte mit dem Helden, der sich in der Macht des tückischen Mime fand, ohne Freunde oder Bundesgenossen, und deshalb das Zauberschwert Nothung schmieden mußte. Als der Bühnenheld das berühmte Schmiedelied »Nothung! Nothung! neidliches Schwert!« anstimmte, geschah im Gralstempel Unerhörtes: Das Volk stand auf, der Sturm brach los; Siegfrieds trotziges Aufbegehren gegen seinen Rassenfeind griff auf den Zuschauerraum über. »Welch ein Augenblick!« berichtete ein Wagnerianer begeistert, »das ganze deutsche Publikum erhob sich von den Plätzen. Das hohe Haus auf dem Hügel durchbrandete ein Sturm, in dem die Seele des deutschen Volkes aufstieg zu dem Sitz seiner heiligen Helden.« Theater hatte sich zur Wirklichkeit verdichtet, war, wie Wagner es sich nach griechischem Vorbild ersehnte, zur Stätte kollektiver Selbsterkenntnis geworden. »Jung Siegfried war Deutschland«, so kommentierte der Augenzeuge den Theateraufstand, »das in Begeisterungsgluten sein Schwert schmiedete. Es war Deutschland, welches sein Schwert schwingen würde. Es war Deutschland, welches mit seinem Schwert siegen würde und das wider eine Welt von Feinden.«[89]

Das Reich geriet in einen Mobilisierungsrausch. Wie der Wagnerianer Hitler auf dem Münchner Odeonsplatz verfielen Millionen Deutsche der mythischen Vorlage vom Helden, der mit blinkender Waffe dem unmenschlichen Drachen entgegenschreitet. Für den Kaiser, auf den sich die messianischen Hoffnungen konzentrierten, erfüllten sich die Bayreuther Prophezeiungen: Was er auf der Wagner-Bühne oder in Chamberlains »Grundlagen« gelernt hatte, fand er nun im wirklichen Krieg wieder. »Der Krieg«, so pflegte er zu sagen, »ist der Kampf zwischen zwei Weltanschauungen; der germanischen-deutschen für Sitte, Recht, Treu und Glauben, wahre Humanität« gegen die andere Seite, die mit »Mammonsdienst, Geldmacht, Genuß, Landgier, Lüge, Verrat,

Trug und nicht zuletzt Meuchelmord« offenbar alle Merkmale der Wagnerschen Nibelungen aufwies. Deshalb kam er, wie der »Ring«, zu dem Schluß, daß beide Seiten sich nicht »versöhnen« oder »vertragen« können – »eine muß *siegen*, die andre muß *untergehen!*«[90]

Daß Kriege notwendig zum »Untergang« eines der Kontrahenten führen, hatte Wilhelm kaum aus der neueren Geschichte lernen können – für Bayreuth dagegen stellte es eine Selbstverständlichkeit dar: Wilhelms Vielfrontenkrieg mußte die prophezeite Endschlacht sein. Und Cosima wie Chamberlain konnten sagen, sie waren dabeigewesen. »Heute vor vierzehn Tagen«, meldete Fürst Hohenlohe seiner Freundin Cosima von der Ostfront, »war ich noch im lieben Bayreuth gewesen«, jetzt aber sei er »mit Kriegsvorbereitungen beschäftigt« und dabei ganz vom Bewußtsein durchdrungen, »daß uns der Kampf in ruchloser Weise aufgezwungen wurde, und daß wir für unsere heiligsten Güter kämpfen.«[91]

Wahnfried kämpfte mit. Hatte Richard Wagner zum 1870er Krieg ein Preisgedicht auf das »deutsche Heer vor Paris« verfaßt, so komponierte Sohn Siegfried 1914 einen »Fahnenschwur«, ermutigte Cosima die Generalität mit Glückwunschtelegrammen. Die Blitzsiege schienen das Bayreuther Dogma von der Rassenüberlegenheit der Deutschen zu bestätigen – die Erfahrungen mit dem Feind dessen düstere Kehrseite. Frankreich warf schwarze Untermenschen in die Schlacht, und im Osten begegnete man dem Widersacher des Deutschtums leibhaftig. Fürst Hohenlohe verschlug es bei einer Polenfahrt in eine »fast ausschließlich von den scheußlichsten Juden bevölkerte Gegend. Feldmarschall Hindenburg meinte neulich, es käme ihm vor, als ob dort aus jedem Fenster ein Judas Ischarioth heraussähe.«[92]

Am Krieg von 1870/71 hatte Bayreuth nur mit guten Wünschen wie jenem teilgenommen, »der Brand von Paris«, den Wagner forderte, »würde das Symbol der endlichen Befreiung der Welt von dem Druck alles Schlechten«[93] bedeuten. Im Ersten Weltkrieg dagegen spielte Wahnfried eine aktive Rolle: Der Mann, der so wirkungsvoll für die Wagner-Welt Propaganda betrieb, sollte auch Wilhelms Schlachtenglück mit flammenden Aufrufen herbeischreiben. Vom preußischen Kultusministerium aufgefordert, den Krieg gegen sein Geburtsland auch an der Heimatfront zu eröffnen, bot

Chamberlain dem Kaiser als »gnädigem Förderer meiner Arbeiten« weltanschaulichen Flankenschutz und entlud sein Haßpotential auf Albions »Rassenverrat«.[94]

Chamberlains Kriegsaufsätze, allesamt mit dem Gütesiegel »Bayreuth« versehen, erschienen zuerst in Zeitschriften, dann im Bruckmann Verlag als Buch. England, so erklärte der Autor, trage »die Schuld an dem jetzigen Krieg«. Die Nation der »Hehler, Heuchler, Lügner, Falschspieler«[95] – der allerdings auch er selbst entstammte – habe sich mit anderen Ländern zusammengeschlossen, um mittels einer »verbrecherischen Verschwörung Deutschland – das friedfertige, arbeitsame, niemanden bedrohende – zu überfallen und zu vernichten«.[96] Der Weltkrieg bedeutete nach Wahnfrieds Lesart »ein teuflisches Attentat, einen in allen Einzelheiten ausgearbeiteten Raub- und Mordzug«. Ähnlichkeiten mit dem Alberich-Komplott und Hagens Mordplan zur Rückgewinnung des Rings waren nicht zufällig, wie Chamberlain dem Kaiser erläuterte. Hinter allem stand, natürlich, die alte Nibelungenmacht.

»England«, so erklärte der Brite dem Obersten Kriegsherrn, »ist ganz und gar in die Hände der Juden und der Amerikaner geraten. Deswegen versteht keiner diesen Krieg, wenn er nicht die deutliche Vorstellung besitzt, daß es im tiefsten Grund der Krieg des Judentums und des ihm naheverwandten Amerikanertums um die Beherrschung der Welt ist.«[97] England, eigentlich arische Brudernation der Deutschen, sei von diesen Todfeinden jeder »idealen Lebensauffassung ... verführt, vergiftet, in Wahnsinn gejagt« worden und endlich, so Kreuzzugsprediger Chamberlain, »dem Satan verfallen«.

Nichts Neues also seit Alberichs Griff nach dem Gold. Wie dessen mörderischer Kampf um »der Welt Erbe« zum Tod des Wälsungenhelden geführt hatte, so war er auch für das sinnlose Massensterben in den Schützengräben verantwortlich. Der Fluch des Nachtalben, gegen alles Liebende und Edelrassige ausgestoßen, sollte sich in Verdun erfüllen. Doch nicht nur von außen, so verrieten die Kriegsaufsätze aus Bayreuth, wühlte der dämonische Feind. Im Herzen des Vaterlandes saßen die Lügner, die Deutschland vor der Welt denunzierten und, so Chamberlain, »gehängt«[98] werden mußten. Im Reichstag selbst wollte »die angebliche Volksvertretung ... nichts weiter, als die eigentliche Volkskraft vernichten und ein Chaos herbeiführen«[99], womit Chamberlain den »Dolchstoß« schon lange vor der Niederlage in die Welt gesetzt hätte.

Chamberlains aktuelle Umsetzungen der Wagnerschen Theatermythen, die eine vermeidbare Weltkatastrophe zum gottgewollten Kreuzzug umfälschten, wurden begeistert aufgenommen. Als Pflichtlektüre für jeden Deutschen, als Unterrichtsstoff in den Gymnasien und Propagandamaterial an allen Fronten prägten sie ein Bild vom Krieg, das weit über dessen katastrophales Ende hinauswirken sollte. Der große Hasser machte Schule. Politik als Kunst des Möglichen wurde, da man nach dem Unmöglichen trachtete, zum Schimpfwort.

Chamberlain, vom Kaiser als »neuer Prophet«[100] ausgerufen, lieferte die weltanschauliche Wunderwaffe, mit der der Vernichtungskrieg metaphysisch gerechtfertigt wurde. Selbst Thomas Mann schloß sich dem allgemeinen Jubel über die Kriegsaufsätze des Bayreuthers an, indem er dessen »geistig-leidenschaftlichen Anteil am Kampfe« seines »Wahl-Vaterlandes« rühmte. Auch von der Generalität und dem »Vater der Flotte«, Admiral Tirpitz, trafen Dankschreiben ein, und der Kaiser ließ es sich nicht nehmen, den geistigen Kampfeinsatz Chamberlains mit dem Eisernen Kreuz zu würdigen. Cosima notierte selig, die Schriften »von meinem Sohn« erfreuten »sich der größten Verbreitung und der bedeutendsten Zustimmung«.[101]

Als dann 1918 die Katastrophe eintrat, die gottgesandten Feldherren bedingungslos kapitulierten und dem steckrübengenährten Herrenvolk die Niederlage dämmerte, als es eigentlich zu Ende hätte sein müssen mit Wagnerschem Germanenkunstwerk und Chamberlainscher Rassenarroganz, weil sie sich selbst widerlegt hatten – in diesem Augenblick des peinlichsten Scheiterns also, der von der Flucht des Kaisers gekrönt wurde, erwies sich Bayreuths Unverwüstlichkeit: Zusammenbruch und Weltenbrand folgten dem altvertrauten Muster, statt Siegfried hatte Hagens nächtiges Heer triumphiert, auf den erfolgreichen Drachenkampf, sprich: die Siege, die niemand ableugnen konnte, war, programmgemäß, der Meuchelmord erfolgt. Hindenburg und Ludendorff, die Hauptverantwortlichen, stimmten den Klagegesang vom »Dolchstoß« an, dessen Partitur ihnen Bayreuth lieferte.

Als gelte es, Wagners »Ring«-Prophetie auch im entscheidenden Punkt zu erfüllen, wurde das Nibelungenvolk der Juden als Hauptschuldiger an der Niederlage ausgemacht. So fühlte der entlaufene Kaiser, so fühlte die geschlagene Generalität; so fühlte auch der dolchstoßgläubige Kriegsverlierer Adolf Hitler, der 1920, eben aus der Armee entlassen, Vorträge über den mythologischen Geheimaspekt des Zusammenbruchs hielt. Vom dem mit »jüdischem Gold« bestochenen »Judensozi« sei die »todesmutige« Armee »von hinten erdolcht« worden. Die ganze Kriegspolitik, die auf eine Niederlage des Reichs zielte, sei »nicht alldeutsch, sondern alljüdisch«[102] gewesen. Über die nach der Revolution eingeführte Demokratie äußerte er zwei Jahre später in getreuer Wagner-Nachfolge, sie sei »grundsätzlich nichts Deutsches«, sondern etwas »Jüdisches«, bestimmt »zur Vernichtung der arischen Führerschaft«[103] – Demokratie, das war für den Linzer Befehlsempfänger »die Bresche, die das Judentum in das deutsche Herz geschlagen« hatte.

Die Tragödie des deutschen Heldenvolkes erlebte Houston Stewart Chamberlain am eigenen Leib. Während des Krieges überfiel ihn eine »unaufhaltsam fortschreitende vollständige Lähmung«[104], die ihn an Rollstuhl und Bett fesselte und, laut Cosima[105], den Tod herbeisehnen ließ. Obwohl selbst durch Krankheit geschwächt, suchte die Herrin den Freund fast täglich im Nachbarhaus auf, wo die beiden stundenlang Konversation hielten. Später, als er kaum mehr die Lippen bewegen konnte, war es »die wunderbar schöne Stimme der hohen Frau«, so der Cosima-Biograph Du Moulin Eckart, die ihn, »gütig wie eine Mutter und tröstend und erhebend wie ein Engel«[106], unterhielt.

Nach Bayreuther Überzeugung war Chamberlain von keiner gewöhnlichen Krankheit befallen worden – es war das Leiden seines Vaterlandes, das er, gleichsam am Kreuz des deutschen Gedankens hängend, wie ein Heiland erdulden mußte. Auch in einem späteren Brief an Hitler verklärte er seine Lähmung zum mythischen Gleichnis: Es sei der Kriegsausbruch gewesen, der Augenblick, in dem das Reich in das mörderische Ringen hineingezogen wurde, jener »verhängnisvolle Augusttag 1914« also, »wo das tückische Leiden mich befiel«.[107]

Während Deutschland zu hungern und auszubluten begann, um schließlich, nach dem Dolchstoß, auseinandergerissen zu werden, hatte die Krankheit fortschreitend von dem Märtyrer Besitz ergriffen und den Leib seiner Kontrolle entzogen: ein böser Zauber, der ihn wie Wagners Gralskönig Amfortas befallen hatte, eine Wunde, die nicht mehr heilte und ihm nur noch eine Sehnsucht eingab – die nach dem Erlöser. »In den nächsten Tagen«, schrieb seine Frau Eva an einen der Gralsritter, »wird ein letzter Kriegsaufsatz des Kriegsinvaliden Houston Stewart Chamberlain erscheinen ... Er wird Sie wie der verzweifelte Notschrei eines Propheten berühren.«[108]

War das Reich auch besiegt, der Kaiser verjagt, die Macht usurpiert – im mythischen Bild: Nothung zerschlagen –, so bot der »Ring« immer noch die Hoffnung, daß ein Held die Stücke wieder zusammenschmieden könne. Einer, der sich vom verzweifelten Notschrei eines Propheten berühren ließe und das Siegschwert, neu und verjüngt, wieder schwingen würde; etwa, wie der Märtyrer Chamberlain in seiner Bayreuther Matratzengruft schon 1916 ganz unverschlüsselt geweissagt hatte, ein »Mann aus dem Schützengraben« – »gewiß kommt der Erlöser daher!«[109]

IX.
Ein »tödliches Thema«

Daß Bayreuth in Hitler Wagners Vollstrecker gefunden hatte, blieb von Anfang an Geheimnis; als seine Mission gescheitert war, wurde selbst die Beziehung zum Tabu. »Von Wolfgangs Standpunkt aus ist es unerwünscht«, sagte Winifred Wagner über die Einstellung ihres Sohnes, »daß diese Dinge noch mal zur Sprache kommen.«[1] Denn nach offizieller Lesart hatte Wahnfried ebensowenig mit der Reichskanzlei gemein wie der Meister mit dem Massenmörder. Dessen »Schwärmerei für Wagner«, so Wolfgang Wagner, habe nur »zur Legitimation der eigenen politischen Mission«[2] gedient. Nicht der Musikdramatiker, sondern jene, die ihn »mißverstanden und mißbrauchten«, seien schuld, daß er zum künstlerischen Leitbild des Dritten Reiches wurde. »In Wahnfried«, beteuert Wolfgang, »liegen keine Leichen im Keller.«[3]

Wer dennoch die Tür zum Souterrain öffnet, muß mit Schwierigkeiten rechnen. Als Wolfgangs Schwester Friedelind, bei Kriegsausbruch in die Schweiz emigriert, die Bayreuth-Verbindung des Führers aus der Familiensicht offenlegte, reiste ihr Mutter Winifred alarmiert nach. Mit Theaterpathos drohte sie, wenn Friedelind nicht mit ihrem »Gerede« aufhöre, würde »der Befehl erteilt, daß du bei der ersten Gelegenheit vertilgt und ausgerottet wirst«.[4]

Doch auch Winifred selbst, die nach dem Krieg »alles« auf ihren »Buckel genommen« hat, sollte der Bann ereilen. Obwohl sie den »Sündenbock« spielte und »dadurch die beiden Jungs reingewaschen hat«[5], wurde ihr, nach allzu hitlerfreundlichen Äußerungen, von einem der Jungs 1975 das Festspielhaus verboten. Ihr anderer Junge, der 1966 verstorbene Wieland, dem Winifred sein »Nutznießertum« vorwarf, ging ebenfalls scharf mit »Verrätern« ins Gericht. Wer nicht schweigen konnte, wurde bestraft.

Der von Hitler als Bayreuth-Chef favorisierte Wieland, der 1951, nach kurzer Schamfrist, als Architekt »Neu-Bayreuths« wieder auftauchte, zeigte für Alt-Bayreuther, die seine Kehrtwende nicht mitvollzogen, kein Verständnis. Als der Wahnfried-Vertraute Hans Severus Ziegler, dessen Großeltern bereits das Wagner-Unternehmen unterstützt hatten, über Hitlers Nähe zu Bayreuth plauderte, herrschte Wieland ihn an, er habe den Festspielen »einen sehr schlechten Dienst geleistet« – derlei »in der Öffentlichkeit breitzutreten«, sabotiere seine Absicht, »dieses für die Bayreuther Festspiele tödliche Thema vergessen zu lassen«.[6] Da sich auch die eigene Mutter gegen die Wende verschloß, die Wieland noch zu Lebzeiten seines Förderers Hitler vollzog, als er im April 1945 in der Schweiz um politisches Asyl nachsuchte, errichtete er zwischen dem Grundstück der Mutter und seinem eigenen eine Mauer – sinnfälliges Symbol seiner hermetischen Abschließung.

Wahnfrieds Verdrängungstechnik funktionierte: Die »Verräterin« Friedelind, die nach dem Krieg in den Schoß der Familie zurückkehrte, wurde der Irrlehre bezichtigt; Wissenschaftler, die Wahnfrieds Vergangenheit unter die Lupe nahmen, wurden zensiert; Wagners Urenkel, die Bayreuther Verantwortung am Holocaust anmahnten, wurden vom Hügel verwiesen; der umfangreiche Briefwechsel zwischen Wahnfried und Hitler blieb im Tresor verschlossen; die entscheidenden Chamberlain-Briefe an Hitler tauchen in den offiziellen Darstellungen nicht oder nur mit Retuschen auf; selbst Hitlers gegenüber Wagner-Sohn Siegfried abgelegtes Bekenntnis, das Schwert des Nationalsozialismus sei von Wagner und Chamberlain geschmiedet worden, wird in Wolfgang Wagners lückenhaften Lebenserinnerungen nur noch auf seinen »Onkel Chamberlain«[7] bezogen. Von Wagners Anteil kein Wort mehr.

Folgt man dem heutigen Festspielleiter, den seine Mutter Winifred »Wolf« nannte, war sein Großvater ein harmloser, »der nationalsozialistischen Weltanschauung unbehaglicher Musikdramatiker«[8] gewesen. Die angebliche »Wagnerfeindlichkeit der Partei«, von Michael Karbaum als »zynische Phrase«[9] dekuvriert, war nach der Niederlage Hitler-Deutschlands von Wahnfried als Parole der »Vergangenheitsbewältigung« ausgegeben worden. Als hätte Bayreuth, das dem Vorkriegsdeutschland die völkischen Aufputschmittel geliefert hatte, nun den Wagnerschen Vergessenstrank nachgereicht, beugte man sich dem Frageverbot und bestaunte, bis heute, das Theater der wiedergewonnenen Unschuld.

Jene, die es anders erlebt hatten, Wolfgangs Cousin Franz Wilhelm Beidler etwa, der Sohn der aus Bayreuth verbannten Wagner-Tochter Isolde, sind längst gestorben; vergessen auch Beidlers Appell, der schon 1951 vom Trubel der wiedergeborenen Festspiele und dem Brausen von Beethovens »Götterfunken«-Hymne übertönt worden war. »Die Festspiele«, so begründete der Wagner-Enkel damals seine »Bedenken gegen Bayreuth«, waren »mit ihrem obligaten Zubehör an Weltanschauung immer ein Politikum hohen Grades. 1933 ist lediglich die Drachensaat aufgegangen, die vorher während Jahrzehnten vornehmlich von dort ausgesät worden war. Wenn im Nationalsozialismus überhaupt eine Ideologie, eine Gesinnung enthalten ist, so ist es zu einem erschreckend großen Teil Bayreuther Gesinnung.«[10]

Wer, wie der Publizist Erich Kuby oder die Wissenschaftler Michael Karbaum und Hartmut Zelinsky, Beidlers These aufzunehmen wagte, wurde niedergebuht; die 1968 von Wolfgang Wagner ausgegebene Devise: »Die politische Vergangenheit Bayreuths ist bewältigt und abgeschlossen«[11] wurde als historischer Schlußakkord beklatscht. Dabei lag Wolfgang Wagner nicht einmal ganz daneben: Abgeschlossen war die politische Vergangenheit des Wagner-Imperiums tatsächlich, wenn auch nicht aus besserer Einsicht, sondern weil Bayreuths Heiland Hitler gescheitert, sein Theater-Reich samt dem Wahnfried-Heiligtum in Trümmer gestürzt war. An eine Neuauflage des »Kunstwerks der Zukunft« mochte seitdem keiner mehr denken.

Als »bewältigt« indes konnte der neue Bayreuth-Chef seine Unternehmensgeschichte kaum bezeichnen. Dazu hätte man sie nämlich kennen müssen. Doch dank der Verdunklungstaktik Wahnfrieds und seiner akademischen Helfer blieb das Wissen um die frühe »Wahlverwandtschaft« zwischen dem arbeitslosen Kriegsveteranen und der seit 1914 lahmgelegten Denkschmiede fragmentarisch. Was Winifred und Sohn Wolfgang zum Thema streuten – von den ihnen hörigen Biographen und Chronisten zu schweigen –, könnte den Verdacht aufkommen lassen, auch sie selbst hätten über das Vorgefallene nur vage Vorstellungen.

Regelmäßig bediente das Haus Wahnfried die allgemeine Neugier mit Anekdoten und versicherte, was vorgefallen war, hätte rein privaten Charakter bewahrt. Schon bei Ahnfrau Cosima war die Verstellung zur zweiten Natur geworden, da es die esoterische Lehre gegenüber Unberufenen zu schützen galt. Zwar bestand Wahnfrieds Geheimnis nach 1945 nicht länger aus Wagners Regenerations-Wahn – der hatte vor der Weltgeschichte schändlichen Schiffbruch erlitten –, doch ein Geheimnis ganz anderer Art war an dessen Stelle getreten: das der untrennbaren Verknüpfung zwischen den rassistischen Mysterien der Gralsreligion und den Massenschlächtereien des neuen Messias, der familiären Beziehung zwischen der seit 1930 vaterlosen Erbengemeinschaft und ihrem über alles geliebten »Onkel Wolf« – ein schauderhaftes, in Wahrheit niemals zu »bewältigendes« Geheimnis, das sich, der Öffentlichkeit bekannt gemacht, in der Tat für das Operngeschäft zum »tödlichen Thema« entwickelt hätte.

Ein in der Bayreuther Tradition bewährter Kunstgriff schien zu genügen, um das Geheimnis endgültig aus der Welt zu schaffen: Hitler, so versicherte man, sei ganz anders gewesen. Der brutale Parteichef und Erfinder der industrialisierten Völkervernichtung habe nicht das mindeste gemein gehabt mit dem sensiblen Wagnerkenner, der sich laut Wolfgang Wagner als »Kavalier altösterreichischer Schule«[12] empfohlen habe. Gegenüber der profanen Hitler-Sicht der Außenwelt zeichnete man das Genrebild vom schüchternen Ästheten, der, so Wolfgangs launiges Aperçu, »keine Teppiche durch Bisse entwertete«.

Auf die sektenübliche Trennung zwischen dem äußeren und dem inneren Bereich, zwischen offizieller Interpretation und konspirativer Botschaft, folgte die Aufspaltung Hitlers in den profanen Bösewicht, über den, so Wieland, »nach Auschwitz keine Diskussion mehr«[13] nötig war, und den inneren Wagner-Freund, der, laut Wolfgang, »in unserem Kreise einen Ersatz für die ihm fehlende Harmonie, die man gemeinhin in der Familie erwartet, suchte«. Da man sie ihm gastfreundlich bot, konnte es nicht ausbleiben, daß er »oft und gern über die Werke unseres Großvaters und über deren Deutungsmöglichkeiten« sprach. »Manchmal erläuterte er auch seine eigenen Ideen dazu.«[14] Wer allerdings mehr veröffentlicht als die Familienidyllen, die Wolfgang in seinen Memoiren auftischt, muß sich von ihm den Bruch »jedweden Urheber- und Persönlichkeitsrechts«[15] vorwerfen lassen. Was einst geheim war und nicht über den vertrauten Kaminzirkel um den Onkel hinausdrang, soll auch heute noch unter Verschluß bleiben.

Dabei gehörte die Aufspaltung des Diktators in den schlimmen Politiker einerseits und den privaten Bayreuth-Liebhaber andererseits, die Wolfgang Wagner als apologetischen Kniff einsetzt, von Anfang an zu Hitlers bewußt gepflegter Identität. Er lebte diese Gegensätze, pendelte zwischen der Äußerlichkeit seiner Auftritte und der Innerlichkeit seiner Sendung hin und her und definierte sich durch diese Extreme, die ihn gegen Widerspruch unempfindlich machten: Als Politiker wußte er sich unangreifbar, da er seine Ziele im mystischen Dunkel verborgen hielt; als Gläubiger des Wagner-Kultes entzog er sich der Festlegung, weil er immer schon mit dessen Verwirklichung beschäftigt war. Hitler gab sich unfaßbar und blieb es bis heute.

Doch entzog er sich dem Begreifen nicht etwa, weil er, in Winston Churchills Worten, »ein Wahnsinniger von dämonischer Wildheit«[16] gewesen wäre, sondern weil er, wie es dem mythischen Bild vom Dämon entsprach, seine Identität wechseln konnte. Er war sich niemals gleich und blieb doch immer derselbe. Er schlüpfte, je nach Bedarf, von der äußeren in die innere Existenzform, ließ den Geist über sich kommen oder schien wie von allen guten Geistern verlassen, glitt stufenlos aus der Rolle des Erwählten einer Geheimreligion in die des Vollstreckers unaussprechlicher Ziele. Wer Hitler sagt, meint immer auch sein Gegenbild; jeder Aussage über ihn läßt sich ihr Gegenteil zur Seite stellen. Nicht als Mensch in seinem Widerspruch ging Hitler in die Geschichte ein, sondern als Verkörperung einer Weltanschauung, die die unvermittelbaren Extreme des Erhabenen und des Entsetzlichen gleichermaßen ausbildete.

Als der Schriftsteller Carl Zuckmayer den Radauredner Hitler 1923 in Brauhaus- und Bierstubenversammlungen erlebte, fühlte er sich an einen »heulenden Derwisch« erinnert, der es durch »Brüllen und Kreischen«, das »betäubende Hämmern der Wiederholungen« in ihrem »ansteckenden Rhythmus« verstand, »jene dumpf im Virginia- und Würstl-Dunst zusammengedrängten Mengen aufzuputschen«.[17] Andere beobachteten, wie er seine Hundepeitsche auf den Tisch knallen ließ, Gefolgsleute anschrie, daß der Geifer flog, und seine Begleittruppe animierte, jeden mit Fäusten zu traktieren, der die fällige Devotion vermissen ließ. Immerhin, so konzedierte Zuckmayer, der 1938 vor Hitler fliehen sollte, waren seine Auftritte »gelernt und gekonnt und hatten eine furchterregende, barbarisch-primitive Wirksamkeit« – wie Wagnerheld Siegfried beispielsweise, dessen Karriere ebenfalls mit Handgreiflichkeiten und rhythmisch wiederholten Kampfparolen beginnt.

Dem tobenden Ein-Mann-Spektakel, das sich in der Menschen-Tiere-Sensationen-Atmosphäre des Zirkus Krone besonders wohl fühlte, steht der andere Hitler fremd gegenüber: ein stiller, bedächtiger, in sich gekehrter Einzelgänger mit »leuchtenden Augen« und angenehm dunkler Stimme, der, wie nur Vertraute ahnten, das »Geheimnis einer Weltanschauung« in sich trug. So erlebte ihn Anfang der dreißiger Jahre der Danziger Senatspräsident Hermann Rauschning, der bei seinen wenigen Begegnungen mit dem rabiaten Metaphysiker mehr begriff als viele, die jahrzehntelang in seiner Umgebung lebten – vielleicht, weil der Parteigänger auch Bayreuth-Gänger war.

Das »eigentliche Geheimnis« der nationalsozialistischen Elite lag, nach Rauschning, »in der ›Heimlichkeit‹, wie es der deutsche Ritterorden nannte, die nur für die Berufenen und eingeweihten Brüder geltende eigentliche Lehre. Es war der Stufencharakter der Einweihung in verborgene Ziele«, die Hitlers Bewegung einem Orden so ähnlich machte. Die »Masse« dagegen, schrieb Rauschning, der 1936 vor Hitler floh, »verstand und versteht die Zusammenhänge nicht, ihr wird ein Ritus vorzelebriert. Der Einzelne hält sich an das ihm Begreifliche, ihn angehende Einzelne. Was darüber hinaus berührt und zündet, ist immer der Rhythmus, das neue Tempo, die Aktivität ... mit der man die Masse toll und rasend machen kann.«[18]

Rauschning konnte nicht wissen, daß jene Hitler-Paladine, die er – wie diese sich selbst – den »eingeweihten Brüdern« zurechnete, sehr weit vom »eigentlichen Geheimnis« ihres Führers entfernt gehalten wurden. Gelegentlich, wenn dieser nicht befürchten mußte, allzu wörtlich genommen zu werden, lüftete er den Schleier. »Für mich«, so verriet er dem amerikanischen Journalisten Frederick Oechsner, »ist Wagner etwas Göttliches. Seine Musik ist meine Religion. Ich gehe in seine Aufführungen, wie andere in die Kirche gehen.«[19] Auch Hitlers Sekretärin Christa Schroeder, die nach dem

Krieg über ihren Chef berichtete, betonte den religiösen Charakter seiner Wagner-Verehrung. Die Werke des Bayreuthers, den er für den »Wiedererwecker der deutschen Kultur aus dem Geiste der Musik« hielt, klangen »in seinen Ohren wie eine göttliche Offenbarung«.[20] Bereits Jahrzehnte früher, im Wiener Männerheim, hatte er seinem dortigen Kumpanen anvertraut, »daß Oper wirklich der beste Gottesdienst«[21] sei.

Wer aber wußte, außer seiner Wahlfamilie in Bayreuth, was Hitler damit meinte? Und wie sollte etwa seine Leipziger Zuhörerschaft bei der Grundsteinlegung zum Richard-Wagner-Nationaldenkmal 1934 die Führer-Worte verstehen, eine »undankbare Zeit« sei über Meisters »Wunsch und Willen« hinweggegangen, während er nun, mit »tränenerstickter Stimme«, das »wahrhaftige Gelöbnis« ablegte, hinfort »dem Wunsch und Willen des großen Meisters zu entsprechen«. Meinte er damit wirklich nur die »werktreuen« Aufführungen seiner Opern? Wer außer der anwesenden Schwiegertochter Wagners konnte ahnen, was Hitler, »sichtlich ergriffen«[22], damit ausdrücken wollte? Oder wie sollten seine Anhänger das bei anderer Gelegenheit abgelegte Bekenntnis aufnehmen, in Wagner habe »die Sehnsucht nach der endlichen Einheit symbolische Gestalt gewonnen«; er sei es gewesen, »der an einem gigantischen Beispiel gezeigt hat, daß echtes Schöpfertum scheinbar unüberwindliche Widerstände doch zu bezwingen vermag«?[23]

Meinte er, wie ein Laie annehmen mochte, Wagners notorische Finanzprobleme? Oder nicht vielmehr doch, was nur Bayreuthianern geläufig war, dessen von Chamberlain aufgenommenen Kulturkampf gegen seinen persönlichen Feind, den er zugleich zum Todfeind der gesamten Menschheit erklärt hatte? Wollte Hitler darauf anspielen, daß auch ihm, wie er schon in »Mein Kampf« angekündigt hatte, die Überwindung dieses scheinbar unüberwindlichen Widersachers in einem »riesenhaften Kampf« aufgetragen war? Die Vieldeutigkeit ließ alles offen, und er wollte es so. Sublim oder haarsträubend – nicht die Zeitgenossen, sondern allein die Zeit würde über die rechte Deutung entscheiden.

Immerhin mochte er auch von sich selbst annehmen, in seinem Lebensgang unüberwindliche Widerstände niedergekämpft zu haben. Als der Wagnerianer 1918 geschlagen aus dem Feld zurückkehrte, schien er seine Zukunft, so ihm je eine bestimmt war, bereits hinter sich zu haben. In einem Reich, das von jüdischem »Dolchstoß« niedergeworfen und von jüdischen »Novemberverbrechern« beherrscht war, fühlte er sich auf dem Tiefpunkt seiner gesellschaftlichen Existenz angekommen. Mehrfach verwundet und dekoriert, saß er doch mit leeren Händen in der Wagnerstadt München, die jetzt in Feindeshand gefallen war. Ohne Beruf oder Ausbildung, ohne Vermögen oder Familienanschluß, fand sich der knapp Dreißigjährige an jenem Punkt wieder, den er vier Jahre zuvor mit höchsten Erwartungen verlassen hatte.

Da im Nachkriegs-München kaum mit Abnehmern für Aquarellkopien zu rechnen war, setzte der Heimatlose sich in der Kaserne fest, lebte vom Sold und fütterte, wie er schrieb, mit Kommißbrot die Stubenmäuse. »Als ich Hitler das erste Mal traf«, erinnerte sich sein »Entdecker«, Hauptmann Karl Mayr, »glich er einem müden, streunenden Hund, der nach einem Herrn suchte.«[24] Natürlich, das wußte Hitler, brauchte er eine sinnvolle Beschäftigung mit Perspektive – doch was hätte sich Vorteilhaftes in ein Bewerbungsschreiben aufnehmen lassen?

Er beschloß, daß der Krieg in Wahrheit gar nicht vorüber war, behielt die Uniform an, schob Wachdienst auf dem Bahnhof und durfte sich im übrigen, was seine Weltanschauung betraf, eindrucksvoll bestätigt fühlen. Denn das ganze Arsenal des Grauens, das über sein Vaterland hereingebrochen war, vom Verrat über die Revolution bis zur bevorstehenden Zerstörung der Kultur, war ihm längst durch Wagner und Chamberlain offenbart worden. Und wer, wie Hitler, ins Theater wie in einen Gottesdienst ging, hatte all das, musikdramatisch veranschaulicht, auf der »Ring«-Bühne in seiner höheren Wahrheit durchleben können.

War der Linzer am Boden zerstört, so teilte sein Volk dieses Schicksal. Und hatte das Reich, wie die Mythen lehrten, noch einen Götterfunken an Hoffnung auf Revanche und Regeneration, so durfte auch er hoffen. »Wo unsere undeutschen Barbaren sitzen«, hatte Wagner in seinem Artikel »Wollen wir hoffen?« erklärt, das »wissen wir«; man treffe sie »in dem Parlamente an, das von allem weiß, nur nichts vom Sitze der deutschen Kraft«. Sei diese erst einmal entdeckt, könne aus »einem starken inneren Müssen« heraus »einzig die Notwendigkeit zum Handeln erwachsen; ohne solche Notwendigkeit kann aber nichts Echtes und Wahres begründet werden«.[25]

Die Wagnersche »Not«, seit Dresdner Revolutionstagen als Auslöser der Volkserhebung beschworen, war für seinen Jünger zur Wirklichkeit geworden. Der unbekannte Soldat, dessen Name in den Akten ständig falsch geschrieben wurde und der, in kümmerlicher Selbstverleugnung, mit roter Armbinde am Trauermarsch für den ermordeten Präsidenten Kurt Eisner teilnahm, lauerte nur auf den rechten Augenblick, in dem die Not ihn zum Handeln treiben würde.

Vorerst mußte er noch im »Chaos« ausharren und die Zukunftswelt ersatzweise im Stehparterre erleben. Im Februar 1919 war ihm und seinem Kriegskameraden Ernst Schmidt von der zweiten Demobilmachungskompanie die Aufgabe übertragen worden, Gasmasken zu überprüfen. Im selben Monat, als der Antisemit Graf Arco-Valley den Sozialisten Kurt Eisner erschoß und damit, wie Hitler später formulierte, eine »vorübergehende Judenherrschaft«[26] auslöste, schraubten Hitler und Schmidt, im Rahmen ihrer Arbeitsbeschaffungsmaßnahme, die Filtereinsätze aus den Masken, um »nachzusehen, ob etwas nicht in Ordnung war«. Eine langwierige Beschäftigung, da, wie Schmidt erinnerte, »ganze Berge von diesen Dingern« zu bewältigen waren.

Mit den drei Mark, die Hitler pro Tag dafür bekam, finanzierte er sein Doppelleben: Er ging in die Oper – und als »richtiger Opern-Fan« versuchte er, auch den Freund dafür zu gewinnen. »Wir kauften nur die billigsten Plätze«, berichtete Schmidt, »aber das machte nichts. Hitler verlor sich in der Musik bis zur letzten Note und war blind und taub für alles um ihn herum.«[27] Die Charakterisierung traf nicht nur auf den Theatergänger zu. Hitler verschloß sich auch vor der Wirklichkeit, um sich ganz auf seine innere Wahrnehmung zu konzentrieren, wo eine höhere Existenzform, die Phantasie vom »Kunstwerk der Zukunft«, ihre Saturnalien feierte.

Vor seinem verblüfften Kameraden verwandelte sich der Gasmaskenprüfer in einen Musikekstatiker. Den Übergang vom Alltags- zum Wagner-Hitler, der diesem wie ein Emporschweben in elysische Gefilde vorkommen mochte, hat sein Freund Ernst »Putzi« Hanfstaengl später miterlebt: Der Parteichef, häufig »verdüstert oder nervös zerfahren«, war wegen einer politischen Intrige in »pure

Verzweiflungsstimmung« geraten. Deshalb bat er den Pianisten um musikalische Tröstung. »Ich begann also auf dem schwer verstimmten Piano«, das Hitlers Zimmerwirtin zur Verfügung stellte, »eine Bachfuge«, erzählte der ausgebildete Musiker, die sein Zuhörer »recht desinteressiert« zur Kenntnis nahm. Erst als Hanfstaengl zum »Meistersinger«-Vorspiel überleitete, änderte sich das Bild. Hitlers »musikalischer Nerv« war »an der richtigen Stelle« getroffen, schon »im nächsten Augenblick war er auf den Beinen und begann, im Zimmer hin- und herschreitend und die Arme in Dirigentengesten schwingend, in einem merkwürdig durchdringenden, doch völlig zutreffenden Vibrato jede Note mitzupfeifen«. Er »kannte das ganze Vorspiel von A bis Z auswendig«. Kaum war das Stück »mit Schwung beendet, stand ein strahlender, völlig verwandelter Hitler vor mir«.[28]

Es war das Grundmuster seines Massenerfolgs: Aus düsteren, stockenden Anfängen erhob sich seine Rede, bewährten Leitmotiven folgend, zu rauschhaften Höhenflügen, bei denen er sich zugleich als Dirigent und Vortragender produzierte, dabei dem Lauf des Geschehens folgend, »blind und taub für alles um ihn herum«. Es folgte auch das Publikum, das, neben der eintönigen Botschaft der immer gleichen Leitmotive, ein Gesamtkunstwerk aus dramatischer Schauspielkunst, Wagnerschem Sprechgesang und raumgreifenden, Redner wie Zuhörer beherrschenden Gesten erlebte. Wie im Theater brach es in Entzückensschreie und Szenenapplaus aus, um am Schluß, wenn der Held mit durchschwitztem Hemd, aber strahlend und völlig verwandelt vom Podium eilte, die lärmende Ekstase zum Höhepunkt zu treiben.

Hitler, der nichts besaß und wenig konnte, hatte im revolutionären München, diesem Großforum für politische Straßenprediger, sein Talent entdeckt. Er konnte, kraft dramatischer Selbstentfaltung, Menschenmengen inmitten prosaischster Umgebung in ein hocherregtes, hysterisch mitgehendes Opernpublikum verwandeln. Das entdeckte auf dem Podium nicht länger den Durchschnittsmenschen vor seinem Bierkrug, sondern ein Sprachrohr höherer Gewalten, von einer schicksalhaften Botschaft wie von elektrischen Schlägen geschüttelt, einen Visionär, der am Schluß, umbraust von Ovationen, wie vernichtet scheint von der Wahrheit, der er zum Durchbruch verholfen hat. Durch ihn hindurch fanden die erhabenen Botschaften den Weg zum einfachen Manne. Was Außenstehende als das Fratzenschneiden einer Spottfigur erlebten, überkam das Publikum wie eine religiöse Erleuchtung. Hitler, darüber herrschte in München bald Einigkeit, war sein Eintrittsgeld wert.

Das Bombentalent, das ihm den Weg aus der Kaserne ebnete, war gespeist durch die Bayreuther Weltanschauung. Wäre Hitler nicht zutiefst von deren religiöser Bedeutung überzeugt gewesen und hätte sie nicht mit allen Fasern seines Wesens in sich aufgenommen, sein wenig imposantes Erscheinungsbild allein hätte kaum die Massen zu bewegen vermocht. Aber er überzeugte durch seine inbrünstig vorgetragene Überzeugung; er gab explosionsartig wieder, was er in jahrelanger Lektüre in sich aufgestaut hatte. Das Reservoir lief über, und die Flut riß alle mit.

Doch die Botschaft allein, von ihm ohne Mühe auf niedrigstes Verständnisniveau transponiert, hätte ebensowenig genügt, die Massenerschütterungen hervorzurufen, die sonst nur von Sektenkongressen oder Wagner-Aufführungen her bekannt waren. Seinen demagogischen Erfolg verdankte er der Umsetzung von bühnendramatischen Prinzipien auf das Podium des politischen Tagesgeschäfts. Wie ein Heldentenor bot er wundergleiches Erscheinen, die Geschichte seiner Leiden und Kämpfe, schließlich, symbolisch ersterbend, den tragischen Untergang, aus dem er sich trotzig wiederaufrichtete zu überlebensgroßer Wirklichkeit. Wie Hitler sich im Verlauf seines Auftritts vom verstockten, gegen eine belegte Stimme ankämpfenden Parteiobmann in einen wie von Zauberkraft berührten Hohenpriester des Rassenglaubens verwandelte, einen singenden, wirbelnden, von überraschenden Eingebungen durchbebten Propheten einer großen Zukunft, die allein seinem Auge offenbart war – so sah sich die Bierkellergemeinde aus der alkoholbenebelten Routine in einen Rausch ganz anderer Art versetzt, einen ästhetischen, die Sinne kitzelnden, den Körper in rhythmische Bewegung versetzenden Rausch, der sich in Klatschen und Grölen entlud. Sobald Hitler erschien, öffnete sich ein unsichtbarer Vorhang, und das fahnengeschmückte Lokal entpuppte sich als tönendes Festspielhaus.

Die Botschaft, so bemerkte der Frankfurter Journalist Konrad Heiden, der 1933 vor Hitler floh, blieb sich immer gleich. »Alle seine Betrachtungen«, schrieb er, führen »immer zu demselben

Ergebnis, nämlich, volkstümlich gesprochen, daß der Jude an allem schuld sei.«[29] Die monotone, von Wagner und Chamberlain vorgebetete Lehre entfaltete sich als endlos variiertes Grundthema, immer wieder vom Histrionen einfallsreich orchestriert. Als folgte der dem Duktus Wagnerscher Bravourstücke, die ihm in Fleisch und Blut übergegangen waren, komponierte er seine Vorträge in grellen Gegensätzen und mit abrupten Tempowechseln. »Wohltemperiert einsetzend«, so erlebte ihn ein Zuschauer, »führt er seine Hörer langsam ansteigend auf den Höhepunkt einer Periode, die er mit einem blitzenden scharfen Schlußsatz beendet«[30] – musikalische Schwerthiebe, wie sie aus den Aktschlüssen des »Ring« vertraut sind.

Schon vor Beginn seiner Schauspielkarriere war Hitlers sonore Stimme dem Geschichtsprofessor Karl Alexander von Müller aufgefallen, der sie als einen »rednerischen Naturtenor« lobte. »Da scheint *es* weiterzureden« bemerkte der Historiker, »wenn er einmal in Schuß kommt.«[31] Hanfstaengl, Müllers Doktorand, erklärte das »besondere Geheimnis« von Hitlers Wirkung mit der »unerhörten Kraft seiner Stimmbänder« und einer »einzigartigen Stirnhöhlenresonanz. So konnte er mit seiner Stimme spielen wie auf einem Instrument.« Zudem habe ihm »ein ganzes Register melodramatischer Untermalungen zur Verfügung« gestanden: »War es eben noch ein Vibrato, mit dem er das unverdiente Schicksal eines gequälten und vielfach verratenen Volkes beklagte, so kündigte sich in der nächsten Periode schon das Heraufkommen eines reinigenden Gewitters an, um dann aufbrandend zu Darlegungen von vulkanisch-ungestümer Kraft die Zuhörer unwiderstehlich in eine Massenekstase zu reißen«; bis seine Stimme, in einem »einmaligen Klangeffekt«, mit »einem glucksenden und wie verzweifelt klagenden Laut in ein Schluchzen überkippte«.[32] Wer des meuchlings durchbohrten Siegfried Sterbegesang in der »Götterdämmerung« kennt, wird ahnen, was »Putzi« Hanfstaengl meinte. Die gefühlserregende Stimmartistik, bei der Hitler sich des sogenannten Bayreuther Konsonantenspuckens bediente, verlieh ihm, weit mehr als das in Worten Ausgedrückte, einen Nimbus, wie ihn in Deutschlands Nachkriegsdepression kein zweiter Politiker aufzuweisen hatte. Während seine Gegner nur redeten, gab Hitler sich als Sänger des deutschen Schicksals zu erkennen.

»Man pilgerte zu Hitler«, erinnerte sich Hanfstaengl, »wie zu einem grandiosen Theaterereignis. Bei ihm wurde etwas Einzigartiges geboten: Das Stück hieß Hitler. Der Autor hieß Hitler.«[33] War also alles nur Theater, teuflisch kalkulierter Bühnenzauber, dessen Inhalt, wie ein Polizeispitzel 1921 rapportierte, »eigentlich nichts anderes war als der gewaltsame Kampf gegen das Judentum, wenn sich einmal die Gelegenheit dazu biete«?[34] Theater war es, und aufgeführt wurde es von einem Mann ohne erkennbare Eigenschaften, der sich ebendeshalb vorzüglich als Medium eignete. »Etwas«, so begriff jeder aufmerksame Beobachter, »sprach aus ihm«; seine »Ideen«, bemerkte sein Kampfgefährte Gregor Strasser, den Hitler 1934 ermorden ließ, »kommen irgendwie aus dem Jenseits. Sie sind ihm selbst nicht greifbar.«[35] Und sein lebenslanger Bewunderer Otto Wagener bemühte noch nach dem Zusammenbruch 1945 Bayreuther Gralsvokabular, um dem Phänomen gerecht zu werden: »Er war nur ›Wort‹ und sprach mit leuchtenden Augen und strahlendem Blick. Und ich nahm nur das Auge und jenen Logos in mir auf, der aus ihm sprach.«[36]

Doch war es nicht, wie Wageners Bibelanspielung nahelegen soll, Gott, der ihm die Botschaft eingab, sondern sein Abgott Richard Wagner. Denn das Stück, das er aufführte, mochte wohl Hitler heißen – das Drehbuch wie die Bühne entstammten der Bayreuther Dramenwelt. Theater also, doch nicht nur. Es ging von Anfang an um dessen Verwirklichung. Die Wagnersche Weltanschauung, im Drama vergegenwärtigt, mußte zur politischen Realität werden. Schon Wagner hatte diesen Übergang gesucht, vom Bühnenhelden zum machtbewußt handelnden Bayernkönig, und hatte fehlgegriffen; sein Nachfolger im ideologischen Entscheidungskampf, Chamberlain, hatte den Befreier im deutschen Kaiser zu finden gehofft und war ebenfalls enttäuscht worden. In den vakanten Kulissen des Drachenstücks fanden nun Hitlers melodramatische Schaukämpfe statt, die Wagners Visionen in welthistorische Dimensionen übersetzen sollten.

Hitlers Ein-Mann-Festspiel, in dem jener Münchner Polizeispitzel ein »Judenpogrom« mit »Raub, Mord und Plünderung« angekündigt sah, verstand sich als Vorspiel zur Tat. Joseph Goebbels, hingerissen von Hitlers Heldendarstellung, die ihn »tief und mystisch, fast wie ein Evangelium« anmutete, notierte 1926 in sein

Tagebuch: »Schaudernd geht man mit ihm an den Abgründen des Seins vorbei.«[37] Meinte er die Abgründe, die sich auftun, wenn Spiel unvermittelt in Ernst, Theater in Wirklichkeit umschlägt? Wenn das im »mystischen Abgrund« des Bayreuther Orchestergrabens geschmiedete Siegschwert wirkliche Menschen erschlägt?

Eben darin bestand die Tat, die Bayreuth vom kommenden Messias erwartete. Schon die Gründung der Festspiele 1872, die, nach Chamberlain, auch als Bollwerk gegen die 1869 vollzogene Judenemanzipation gemeint waren, sollte der Weltanschauung zur gesellschaftspolitischen Durchschlagskraft verhelfen. Bayreuth, so schrieb Hermann Bahr, sei ein »Wille, über das deutsche Land hin ausgerichtet«; dieser Wille zwinge jeden in seinen Bann, »leert ihn aus und füllt ihn an, der Wille hat ihn bald verwandelt. Keiner kann sich wehren.«[38]

Es war Wagners Wille, wie er sich seit der Revolution von 1849 in ihm gebildet hatte, Deutschland gewaltsam zu verändern. Der »Götterfunke« des Brandstifters war nie erloschen; nach seinem Tod hütete ihn die Gralsritterschaft. Und Cosima, die Vestalin, wartete nur noch auf einen zukünftigen »Führer«, der erkennen würde, wie sein Land »von Juden vollständig ausgesogen«[39] wird, und als Konsequenz, so ihr verschlüsselter Appell, den »sich regenden Instinkt zu einer guten Gestaltung bringt«. Gegenüber dem wachsenden Chaos forderte auch ihr Seelenfreund Chamberlain, »muß der Gedanke zu einer Tat werden«.[40]

Mit der Novemberrevolution schien die Prophezeiung des »Grundlagen«-Autors endgültig eingetreten, das von der Witwe Wagners schon zu Kaiserzeiten beklagte »Deutsche Reich jüdischer Nation«[41] Wirklichkeit geworden. Hatte Siegfried Wagner über die französischen Revolutionäre Robespierre und Marat böse gescherzt, sie hießen eigentlich »Rubinstein und Marx«[42], bedurfte es bei den deutschen Umsturzführern keiner solchen Enttarnung mehr. Der »Todfeind« hatte seine revolutionäre Visitenkarte abgegeben – blieb nur noch die Frage, wer ihm mit dem Siegschwert in Händen entgegentreten würde.

Anfangs hatte Cosima auf den durch »Dolchstoß« außer Gefecht gesetzten Weltkriegsfeldherrn Hindenburg oder dessen »Generalquartiermeister« gehofft: »Ach wäre doch Ludendorff unser Diktator«[43]; dagegen setzte Schwiegersohn Chamberlain vom Siechbett aus einzig auf die Jugend, von der er Genesung für sich und das kranke Reich erwartete. Bayreuth, dessen Tore seit Kriegsausbruch offiziell geschlossen blieben und sich 1921 nur für eine »deutsche Heldenfeier« – im »Sinne dessen, der einst diese Stätte begründete«[44] – öffneten, wurde für Eingeweihte zum Symbol der kommenden Erneuerung; Wagners Kunst wurde, so Chamberlain, zum »magischen Weckrufer des Willens«.[45] Würden durch ihre Zauberklänge, mit denen vom »Ring« bis zu den »Meistersingern« das Erwachen aus tückisch herbeigeführtem Schlaf beschworen wird, der deutsche Siegfried geweckt? »Eine begründete Hoffnung greifbarster Art«, schrieb der kranke Denker 1918, »flößt mir die Tatsache ein, daß Deutschland nicht arm an tüchtigen und starken Männern ist: gelänge es nur, diese an die Spitze zu bringen, das jetzige Chaos würde über Nacht wie ein böser Traum entschwinden.«[46]

Natürlich dachte niemand in Bayreuth daran, offen Flagge zu zeigen. Sosehr man die »Novemberverbrecher« und »Erfüllungspolitiker« des Versailler Vertrags haßte, sowenig wollte man, als Gralstempel der Eliterasse, ihre Aufmerksamkeit auf sich ziehen. Man hielt sich bedeckt und zog im Hintergrund die Fäden. Siegfried, Wagners einziger Sohn und Erbe, hatte in Wahnfried gelernt, die innere Mission streng von der geäußerten Meinung zu trennen. Machte er gegenüber Eingeweihten aus seiner Judenverachtung kein Hehl, da er, wie Kurt Lüdecke schrieb, Wagners Antisemitismus »voll teilte«[47], so gab er sich Außenstehenden gegenüber liberal, weil es den Interessen seines Unternehmens entsprach: Durch die Wiedereröffnung der Festspiele 1924 war Bayreuth auf die künstlerische Mitwirkung wie die finanzielle Unterstützung der traditionell wagnerfreundlichen Juden angewiesen.

Die Zweigleisigkeit, die sich seit Gründung der Festspiele bewährt hatte, bewahrte die konspirative Zelle Wahnfried vor Enttarnung und das Festspielhaus vor Schließung. Es war Siegfrieds Witwe Winifred, die nach dem Krieg die Rolle ihres scheinbar unpolitischen Mannes zurechtrückte. So erklärte sie, er sei »absolut deutsch-bewußt« gewesen, habe »maßlos unter der Niederlage von 1918 gelitten und suchte überall Kontakte zu Menschen, die Deutschland wieder aufzubauen bereit waren«.[48] Deshalb habe er mit dem NSDAP-Führer, so Siegfrieds Vertrauter Franz Stassen, einen »Freundschaftsbund«[49] geschlossen und sich, wie ein Bayreuthianer schrieb, »zu Adolf Hitlers Freiheitskampf bekannt«.[50] Daß nur Winifred heute als Hitler-Freundin gesehen wird, widerspricht, wie auch ihr Sohn Wolfgang Wagner konzediert, den Tatsachen. Seine Mutter sei »stets von einer Gleichheit der Gesinnung zwischen ihrem Mann und sich selbst«[51] ausgegangen.

Siegfried, den man seit »Neu-Bayreuth« der bewahrungswürdigen Tradition zurechnet, während man Cosima, Chamberlain und Winifred am liebsten aus den Annalen tilgte, war durchaus kein Freund der Weimarer Republik. Er sah die Wagnerstadt als kulturelles Zentrum eines wiedererstarkten Reiches, für das er einen von Wagners Lehren erfüllten Führer suchte. Was Wahnfried, im Schutz der scheinbaren Weltabgeschiedenheit, als heilige Flamme hütete, sollte irgendwann das Feuer der nationalen Revolution entzünden. Und der gottgesandte Führer stand schon vor der Tür.

X.
Die »Vorkämpfer«

Wie kam gerade Adolf Hitler zur Rolle des Erlösers? Der unauffällige Soldat, der sich gegen eine Rückkehr ins zivile Leben sperrte und lieber Wache schob oder Gasmasken prüfte, als ins feindliche Leben hinauszutreten und Geld zu verdienen? Was prädestinierte den blassen Meldegänger a. D. zum Hoffnungsträger des reichsdeutschen Elitekults, den zugereisten Autodidakten zum Messias der Bayreuther Theater-Religion? Warum wurde Hitler zu »Hitler«?

Vermutlich, weil alles an ihm Theater war. Die eigene Identität bedeutete ihm nichts, die Maske alles. Und wo eine Maske ist, sind viele Masken. »Er hatte ohne Zweifel großes schauspielerisches Talent«, bemerkte seine Sekretärin, »und die Fähigkeit, Menschen zu imitieren«[1] – nicht nur andere, sondern eben auch das Bild, das er sich, nach vorgegebenem Ideal, von sich selbst gemacht hatte. Dies wiederum entsprach vollkommen der Rolle, die seit Wagners Zeiten auf ihre Verkörperung wartete. Und gerade weil Hitler selbst nichts darstellte, konnte er ganz in diese Rolle eingehen.

Vorausgesetzt, er lief zur rechten Form auf. Unter den »drei Gesichtern«, die der französische Botschafter in Berlin, André François-Poncet, an Hitler bemerkte, war eines »naiv, plump, gewöhnlich« – kurz: »eines jener tausend und abertausend Gesichter, wie man sie auf der ganzen Welt findet«. Dieses Durchschnittsgesicht konnte sich nun, so entdeckte der Diplomat, in eine Maske verwandeln: »ein undurchsichtiges Gesicht, beunruhigend wie das eines Mediums oder eines Nachtwandlers« – »ausdruckslose, ein wenig vorstehende Augen, die abwesend blickten, gaben ihm etwas Fernes«. Und schließlich erlebte er eine dritte Verwandlung der Hitlerschen Physiognomie, die ihm »von Sturm und Wildheit gezeichnet, das Gesicht eines Rasenden« bot: »die Augen schossen Blitze«.[2]

Nur in der Ekstase, musikalisch induziert oder rhetorisch aufgeschaukelt, erreichte die Verschmelzung ihre suggestive Vollkommenheit. Dann gab Hitler den Helden und auch das Schwert, und wenn man ihm die Regie übertrug, verwandelte er die Welt in seine Bühne, auf der die anderen nur als Statisten zählten. »Wir brauchen wieder ein deutsches Schwert!« rief einer von ihnen, seherisch entrückt, bei einer Hitler-Veranstaltung 1920 aus, und »diesmal soll es nicht Nothung heißen, sondern es muß heißen: Deutsche Arbeiterpartei, und Hitler ist dieses Schwertes Spitze.«[3] Jahre später, im Haus von Cosimas Favorit Ludendorff, erkannte man in ihm, trotz dunkler Haartolle und schlechter Haltung, den »jungen Siegfried«[4] wieder. Wo Hitler auftauchte, so schien es, war immer auch Bayreuth gegenwärtig.

Den entscheidenden Schritt vom Mannschaftsquartier am Oberwiesenfeld aufs politische Parkett vollzog Hitler nicht aus eigenem Antrieb. Er mußte geschoben werden. Zwar hatte er vor Freunden wie Kubizek oder Kasernengenossen den Geist über sich kommen gefühlt, als sei er, wie Friedrich Nietzsche, »bloß Inkarnation, bloß Mundstück, bloß Medium übermächtiger Gewalten«[5], doch fehlte ihm zum öffentlichen Auftritt die nötige Selbstsicherheit. Wäre er im Krieg als Menschenführer mit Befehlsqualitäten aufgefallen, man hätte ihn schwerlich auf seinem Mannschaftsrang sitzenlassen; statt dessen zeichnete er sich als zuverlässiger Befehlsempfänger und, wie das Eiserne Kreuz belegt, entschlossener Überbringer von Botschaften aus.

Es war der Befehl eines Vorgesetzten, der ihn zum historischen Nachhilfeunterricht an der Münchner Universität, zur Schulung als Propagandaredner und zum ersten Besuch im Gasthaus »Sterneckerbräu« führte, wo seine zukünftige Partei den Aufstand probte. Was Hitler auch unternahm, bevor er zu »Hitler« wurde – er folgte einem Kommando. Ausgegeben wurde es von Hauptmann Karl Mayr, der das spektakuläre Redetalent des Gefreiten zur »antibolschewistischen« Umerziehung des alten Kaiserheeres einsetzen wollte. Der Generalstabsoffizier, der 1945 als Hitler-Gegner im Konzentrationslager Buchenwald ums Leben kam, schrieb sich als erster in die lange Liste der politischen Förderer des Linzers ein.

Mayr war es, der in dem heimatlosen Kasernenhocker den »müden streunenden Hund« erkannt hatte und bereit war, dessen »Herrn« zu spielen.

Da dem Hauptmann nach Niederschlagung der Münchner Räterepublik im Mai 1919 die »politische Neuorientierung des Übergangsheeres« anvertraut war, ließ er seinen Zögling zum Entbolschewisierungslehrer ausbilden und behielt sich ehrgeizigere Schritte vor. Schon im September 1920 berichtete er dem in Berlin gescheiterten Putschisten Wolfgang Kapp von einigen »tüchtigen jungen Leuten«, die er »auf die Beine gebracht« habe, darunter ein »Herr Hitler«, der bereits zur »bewegenden Kraft geworden« sei – ein »Volksredner ersten Ranges«. Dessen »nationale Arbeiterpartei« müsse »die Basis geben für den starken Stoßtrupp, den wir erhoffen«.[6] Sein Protegé, der sich gern als »Bildungsoffizier« ausgab, war erst ein Jahr zuvor zum Gasthaus kommandiert worden, hatte sich, erwartungsgemäß, in die Diskussion gemischt, um bald darauf als Mitglied der »Deutschen Arbeiter Partei« zurückzukehren.

Dieser »entscheidendste Entschluß meines Lebens«[7], wie Hitler den Beitritt später kommentierte, erfolgte ferngesteuert. Mayr hatte, im Zuge seiner »Drahtziehertätigkeit«[8], wie er selbst es nannte, der Hinterzimmerpartei zu einer unverwechselbaren Galionsfigur verholfen. Doch auch er selbst bewegte sich dabei an unsichtbaren Fäden: Er habe, so versicherte er später, nur »genau das getan, was mir (vor Zeugen) von meinen Vorgesetzten vorher befohlen war«; tatsächlich sei es, so Mayr, »auf persönliche Veranlassung des damaligen Reichswehrbefehlshabers, des Generals von Möhl«, geschehen, »der sich den Mann auch hatte vorstellen lassen«[9]. So war der Gefreite, unverhofft, von der »Nachrichtenabteilung« als »Vertrauensmann« aufgebaut und schließlich, in die Hinterzimmerpartei verpflanzt, zur »bewegenden Kraft« geworden. Das lahme Fahrzeug DAP hatte einen leistungsstarken Motor bekommen.

V-Mann Hitler, der im Sommer 1919 seine Aufklärungstätigkeit im Durchgangslager Lechfeld aufgenommen hatte, war dabei schnell zum Thema gekommen, das ihn mehr als alle anderen beschäftigte, und prompt mit einem Vorgesetzten in Dissens geraten. Entzündet hatte der sich an der Frage, »ob man klar und unverblümt seine Meinung äußern solle, oder in etwas verschleierter Form«. Da der Vortragende als bekennender Wagnerianer »die Judenfrage in ganz klarer Form unter besonderer Berücksichtigung des germanischen Standpunktes dargestellt hatte«, empfahl der Führungsoffizier, allzu »deutliche Hinweise auf die dem deutschen Volke fremde Rasse nach Möglichkeit zu vermeiden«.[10]

Weder Hitler, der an diesem Augusttag 1919 in Lechfeld seinen öffentlichen Kampf gegen den eingebildeten Feind begann, noch sein Dirigent Mayr, der laut Ernst Röhm »bei den Kreisen, die scharf nationalistisch eingestellt waren«[11], im Wort stand, ließen sich davon beeindrucken. Verschlüsselung war nicht ihre Sache, gekämpft werden sollte mit offenem Visier. Als den damals noch antisemitischen Hauptmann eine briefliche Anfrage erreichte, wie sich die »Regierungssozialdemokratie« unter Friedrich Ebert zur jüdischen »Gefahr für das Volkstum« stelle, ließ er, stellvertretend, einen Berufeneren sprechen.

Hitler antwortete, mit neugewonnener rhetorischer Sicherheit, als Propagandist der Bayreuther Weltanschauung. Hatte der Meister in seinem »Judentum in der Musik« die »instinktmäßige Abneigung« gegen die Fremd-Körper zum Ausgangspunkt gewählt, beginnt auch der Schüler seinen Traktat mit dieser »nicht wegzuleugnenden Abneigung«[12]. Allerdings, so Hitler mit seinem Meister, müsse vom bloßen Gefühl zur objektiven Erkenntnis fortgeschritten werden, daß es sich hierbei um eine Rasse handle, die ihre »Eigenart schärfer bewahrt« habe als andere Völker – Wagner hatte es »das erstaunlichste Beispiel von Rassenkontinenz«[13] genannt. Das auffälligste Merkmal des Judentums, weiß Hitler, sei das »Streben nach Geld, nach Macht«; der Angehörige dieser Rasse »winselt« um die »Gunst der ›Majestät‹ des Fürsten und mißbraucht sie als Blutegel an seinen Völkern« – Worte, die wie Lesefrüchte aus Wagners »Regenerationsschriften« klingen. Auch die Vorstellung, die »Macht des Geldes ... in Form des Zinses« sei das »gefährlichste Joch« der Völker, war vom Meister übernommen – ein Joch, »das sie seines anfänglichen goldenen Schimmers wegen so schwer in seinen späteren traurigen Folgen zu erkennen vermögen«.[14] Denn Wagner hatte, von den Anfängen des »Ring« bis zum Gründerzeit-Pamphlet »Erkenne dich selbst«, den »Fluch des Goldes« zum Ursprung allen Übels erklärt, zum jegliche »Unschuld würgenden Dämon der Menschheit«.

Das »schauerliche Bild des gespenstigen Weltbeherrschers«[15], von Wagner dramatisch ausgemalt und von seinem Schüler begierig aufgenommen, läßt die von Hitler empfohlene Konsequenz zwingend erscheinen, sich nicht mit vereinzelten »Pogromen« zufriedenzugeben, sondern das Problem bei der Wurzel zu packen: »Letztes Ziel«, so der Nachhilfelehrer Hitler zwanzig Jahre vor seinem Angriff auf Polen, muß »unverrückbar die Entfernung der Juden überhaupt sein.« Nach Wagners Regenerations-Vorstellungen konnte dies »überhaupt« nur eine Entfernung aus Raum und Zeit bedeuten. Erst dann, so hatte der Bayreuther versichert, wenn der Dämon »kein Wo und Wann zu seiner Bergung unter uns mehr aufzufinden vermag, wird es auch – keinen Juden mehr geben«.[16] Daß Wagner diese »große Lösung« noch am ehesten den Deutschen zutraute, dürfte seinen Schüler nicht wenig beeindruckt haben.

Wagners Regeneration, die Hitler in seinem Aufsatz als »Wiedergeburt« bezeichnet, könne nur »durch rücksichtslosen Einsatz national gesinnter Führerpersönlichkeiten mit innerlichem Verantwortungsgefühl« herbeigeführt werden – womit der ferngesteuerte V-Mann des Herrn Mayr, wenige Tage nach seiner ersten Fühlungnahme mit der »Deutschen Arbeiter Partei«, die Grundzüge seiner gesamten politischen Karriere umrissen hatte. Daß diese bis ins Detail Bayreuther Vorstellungen folgten, war, als Folge seiner jahrelangen Leidenschaft, kaum verwunderlich. Und da sie untrennbar mit der Heldenrolle verknüpft waren, die er sich auf den Leib geschneidert fand, mußte er bis an sein Lebensende hartnäckig daran festhalten. Das Wort vom »granitenen Fundament«, das er dafür in »Mein Kampf« prägte, kam dem Sachverhalt nahe.

Der Mann, der bis zu seinem dreißigsten Lebensjahr keinerlei nennenswerte Spuren hinterlassen hatte und sich, mangels Aussichten, vor der Demobilisierung drückte, geriet nun in einen Zustand permanenter Mobilmachung, die ihn bald aus der Anonymität in den Rang eines »bekannten Antisemitenführers«[17] erhob. Sein grandioses, nie an der Wirklichkeit erprobtes Selbstverständnis als Volkstribun und Drachentöter, das sich in schmerzlichem Kontrast zu seinem Hinterzimmerdasein hielt, durfte sich endlich bestätigt fühlen; die peinliche Kluft zwischen idealem Traumtheater und realer Unzulänglichkeit, zwischen tosender Orchesterpracht und einer sang- und klanglosen Versagerexistenz begann sich zu schließen.

Die Gewalt des musikalischen Ausdrucks, die er an Wagner studiert hatte, drang nun durch seine eigene Stimme, seinen zuckenden Körper, seine suggestive Mimik nach außen. Die sonst abweisende Masse Mensch verwandelte sich in einen Chor jubelnder Zustimmung. Jeder Auftritt mußte ihm wie Lohengrins Ankunft in Brabant erscheinen, jeder Abgang wie Siegfrieds und Brünnhildes Schlußgesang von »leuchtender Liebe und lachendem Tod!«[18]

Selbst die Niederungen der Münchner Bierkultur, von denen sich der »Schriftsteller« Hitler bis dahin ferngehalten hatte, gewannen durch sein Erscheinen Züge nie gekannten, gleichsam religiösen Hingerissenseins. Zugehörig fühlte der Prediger sich allerdings nicht. Er kam als Bote aus einer anderen Welt, »unnahbar euren Schritten«, der, wie Wagners Gralsritter, zwar die frohe Botschaft überbringt, doch lästigen Fragen – und auch der Gemeinde – aus dem Weg geht. Hitler war kein Prophet zum Anfassen. Er tauchte auf, um wieder wegzutauchen, und ließ eine Gemeinde im Bann seines Charismas zurück.

Hitlers gesellschaftlicher Ort, das spürte er seit Jugendtagen, lag nicht im Reich des Bier- und Wurstverzehrs, sondern in den »besseren Kreisen«; auch in den Foyers der Theater, vor den Kaminen des Adels, dereinst im Bayreuther Festspieltempel oder im selbst erbauten »Haus der Deutschen Kunst«. Die »Arbeiter«, die den Namen seiner Partei zierten, gehörten nicht zu seinem Umgang; trotz schluchzender Beteuerungen verstand er sich auch nie als deren Interessenvertreter. Mochten sie am Ende von seinen politischen Siegen profitieren – nicht sie, die Jubelkulisse seiner Kundgebungen, die dereinst das Kanonenfutter seiner Kreuzzüge abgeben würde, stand im Mittelpunkt seines Interesses, sondern ein Ideal, ein Traum, von dem sich keiner, außer Wagner- und Chamberlain-Leser Hitler, einen Begriff machte. Sowenig seine schwielenhändige Claque jemals das »Kunstwerk der Zukunft« verstehen würde, sowenig konnte man ihr den Weg dorthin, der nur über die »große Lösung« führte, vermitteln. Und so ließ allenfalls sein gestischer Exzeß ahnen, was seine Worte verschwiegen.

Auch die Auftraggeber des Spektakels, das in seiner Mischung aus Hysterie und Brutalität nüchterne Beobachter abstieß, blieben im Dunkel. War schon beim Bayreuther Weltbekehrungswerk die Öffentlichkeitsarbeit streng vom Sakralbereich getrennt geblieben, so ließen sich auch zwischen Hitlers politischer Missionstätigkeit und deren Organisatoren keinerlei Verbindungen nachweisen. Geheimhaltung, das hatte schon Cosima gepredigt, bildete die Voraussetzung des subversiven Kampfes. Sie vermittelte zugleich den Eingeweihten ein Gemeinschaftsgefühl, das sie, als verschworene Elite, unendlich über die gemeine Menschheit hinaushob.

Hitlers Hintermänner gehörten zu einem Geheimorden, folgten logenartigen Ritualen, bedienten sich verschlüsselter Sprache, drohten Abtrünnigen mit Fememord. Selbst der Name der Organisation, »Germanenorden«[19], unterlag strengster Geheimhaltung. Wegen des Schweigegebots wurde wenig darüber bekannt. Doch schon der Name ließ vermuten, daß mit dieser Rassenbezeichnung jene heldenhaften Hochgewächse gemeint waren, die sich in Wagners »Ring« und Chamberlains »Grundlagen« schöpferisch tummelten.

Dementsprechend schmückte der 1912 in Wagners Geburtsstadt Leipzig gegründete Orden sein Propagandamaterial mit Wagner-Ikonen: Auf einem Flugblatt[20] eilen Wotan und Brünnhilde, die Bayreuther Flügelhelme auf dem Kopf, dem unsichtbaren Feind entgegen. Eine der zahlreichen »Provinzgründungen« des Geheimbundes nannte sich »Walvater«, ein Wagnersches Synonym für Wotan, das nur Kennern vertraut war; nach dessen Lieblingsstamm wiederum, dem auch Siegfried entsproß, hieß ein befreundeter, später mit den »Germanen« zusammengeschlossener Kreis »Wälsungenorden«. Als der »Germanenorden Walvater« während des Krieges »deutschblütige Männer« anwarb, tarnte er sich mit dem Phantasietitel einer »Loge z. h. Gr.«, was Insider, die mit Wagners Erlösungswerk vertraut waren, als »zum heiligen Gral« entziffern mochten.

Das Aufnahmeritual in den »Germanenorden« war durch und durch wagnerianisch geprägt. »Die Zeremonie begann mit leiser Harmoniummusik«, so berichtet ein Dokument aus dem Jahr 1912, »während die Brüder den ›Pilgerchor‹ aus Wagners ›Tannhäuser‹ sangen... Dann wurden die Novizen mit verbundenen Augen, Pilgermäntel tragend, vom Weihemeister in den Raum geleitet.« Danach entzündete der »Barde« das »heilige Feuer«, den Novizen wurden Mäntel und Augenbinden abgenommen und »der Meister hob Wotans Speer und hielt ihn vor sich«. Schwerter wurden gekreuzt und »eine Reihe von Rufen und Antworten, begleitet von Musik aus dem ›Lohengrin‹, vervollständigten den Eid«. Schließlich durften, die neuen Brüder in den »Gralshain« mit dem »heiligen Feuer« eintreten.[21]

Die entscheidende Abhängigkeit des Ordens von Wagners Lehre zeigte sich jedoch in dessen zentralem Dogma: Es verlangte, die Macht »der Dämonie... zu bekämpfen, sowie die Vermischung mit Fremdrassen zu verhindern«.[22] Vermied man auch den Begriff »Judentum«, so war doch nichts anderes als Wagners »plastischer Dämon« gemeint. Die »Feinde«, so verkündeten die »Großmeister«, mußten genau studiert werden, »um sie in richtiger Weise angreifen und ausmerzen zu können«. Nicht Kampf, sondern Vernichtung war das Ziel. Eines der Flugblätter des Ordens verriet, eine »Weissagung« aus dem Alten Testament zitierend, daß das Gottesvolk der Juden dereinst von einem nordischen Kriegerstamm »vernichtet«[23] werden würde. Als Symbol des Geheimordens zur Auslöschung des Judentums und Errichtung eines Wagnerschen Germanenreiches hatte man das Hakenkreuz[24] gewählt.

So grotesk die Mystifizierungen und Rituale wirken mochten, deren düsterer Pomp den einzelnen auf das gemeinsame Ziel einschwor, so ernst war es den »Germanen« mit dessen Verwirklichung. Fast alle Attentate, die gegen führende Persönlichkeiten der Weimarer Republik verübt wurden, lassen sich mit dem Geheimbund oder seinen Zweigstellen in Verbindung bringen. Die Verwirklichung der rassistischen Ideale, die Chamberlain so leidenschaftlich angemahnt hatte, wurde ab 1918 in Angriff genommen und mit Pistole, Handgranate und Blausäurespritze vollstreckt.

Die Drahtzieher der Morde an Kurt Eisner, Matthias Erzberger, Walther Rathenau, der Anschläge auf Philipp Scheidemann oder Maximilian Harden sahen sich dabei als Werkzeuge einer geheiligten Mission; ihre Untaten, die fast nur an Juden verübt wurden, fielen, da sie dem Todfeind der Menschheit galten, nicht unter ein moralisches Verdikt. Seit die Ordenslehre in Terror umgesetzt wurde, verschärfte man die Geheimhaltung, da man sich hinfort »vor jüdischer Rache zu schützen«[25] hatte.

Berühmtheit erlangte die Münchner Filiale des Mord-Ordens unterm Hakenkreuz. Im Jahr von »Dolchstoß« und Novemberrevolution gegründet, errichtete sie hinter den Kulissen eine Front gegen die »Judenherrschaft«. Als Decknamen hatte man das unverfängliche Wort »Thule« gewählt, angeregt vermutlich durch die populäre Sammlung »altnordischer Helden- und Götterdichtung«, die der radikalkonservative Verleger Eugen Diederichs unter diesem Titel herausgab. Eine Besonderheit der Thule-Bibliothek bestand in den, bei Edda-Ausgaben durchaus nicht selbstverständlichen, Verweisen auf Richard Wagners »Ring«-Poem. Diederichs durfte auch deshalb im Kriegsjahr 1916 mit Cosimas Segen die Briefe des Meisters an Hans von Bülow herausgeben.

So tarnte sich die »Thule-Gesellschaft«[26] als Liebhaberkreis für die germanische Überlieferung. Zum Emblem hatte man, auch das unschwer als Wagner-Anspielung zu erkennen, Siegfrieds Schwert Nothung, zum Gruß die »Ring«-Formeln »Sieg und Heil« bestimmt. Die Versammlungsräume waren mit Hakenkreuzfahnen geschmückt. Mitglieder mußten den Ariernachweis bis in die dritte Generation erbringen. Vermutlich weil dem germanophilen Grafen Arco-Valley[27] eine blutfremde Großmutter die Bilanz verdarb, erschoß er, zum Beweis seiner Tauglichkeit und wohl auch in Ausführung eines Plans des Thule-Ordens, den bayrischen Ministerpräsidenten Kurt Eisner. Ohne Zweifel hätte der rabiate Graf, den Cosima als »Märtyrer« rühmte – sein Opfer verhöhnte sie dagegen als »galizischen Semiten«[28] –, bestens in die Gesellschaft gepaßt.

Ihre Mitglieder rekrutierten sich aus dem bayerischen Adel, der Großindustrie, aber auch aus Akademiker- und Künstlerkreisen. Getagt wurde in Räumlichkeiten des Nobelhotels »Vier Jahreszeiten«, dessen Besitzer ebenfalls zum Orden gehörten und das während der Hitler-Herrschaft die Traditionsherberge für Parteigrößen blieb. Im hochherrschaftlichen Ambiente traf sich seit dem Krieg eine feine Gesellschaft, die unter dem Zeichen des Hakenkreuzes den Terror befahl. Als im November 1918 die Republik ausgerufen wurde, gab Thule-Führer Rudolf von Sebottendorf die Devise aus, »daß der Jude unser Todfeind ist. Von heute ab werden wir handeln.«[29]

Der Orden, von einflußreichen Bürgern getragen und durch das Flair des Prominentenhotels geschützt, bot sich als Organisationsplattform gegen Räterepublik und Weimarer »Erfüllungspolitiker« an. Er finanzierte Privatmilizen, die sich an der Niederschlagung der »Judenherrschaft« besonders grausam beteiligten, gründete Tochterorganisationen wie die Ortsgruppe des »Deutschvölkischen Schutz- und Trutzbundes«, die ebenfalls im »Vier Jahreszeiten« tagte, und unterstützte die Kampfzelle »Organisation Consul«, die völkische Mordaufträge an jüdischen Politikern ausführte. Wegen des Schweigegelöbnisses blieben die Hintermänner selbst vor Gericht ungenannt.

Auch die ersten Märtyrer der Bewegung entstammten dem Thule-Bund. Während des Kampfes um die Räterepublik überfielen »Rote Garden« das Büro des Geheimordens, über dessen Rolle sie offenbar im Bild waren, nahmen sieben Geiseln und erschossen sie am 1. Mai 1919. Zu den Opfern zählten ein Fürst Thurn und Taxis und eine Gräfin von Westarp, die als Organisatorin von sich reden gemacht hatte. Mit dem Geiselmord, der weit mehr Aufsehen erregte als die gleichzeitigen Massaker der Freikorps, begann der Totenkult der Rechten, dessen Faszination mit den »Blutzeugen« des »Hitler-Putsches« ihren Gipfel erreichen sollte.

Noch 1936 erinnerte der Reichskanzler an die »zehn Männer und eine Frau, die ganz bewußt eine neue Idee vertreten haben, die niemals irgendeinem Gegner etwas zuleide taten, die nur ein Ideal kannten«, das einer »neuen und gereinigten besseren Volksgemeinschaft: die Mitglieder der Thule-Gesellschaft. Sie wurden in München als Geiseln barbarisch hingeschlachtet.« Und er fügte, wie zur vorauseilenden Rechtfertigung eigener Barbareien, die Drohung an: »Die Auftraggeber sind uns bekannt. Sie sind ebenfalls Angehörige dieser verhängnisvollen Macht gewesen, die verantwortlich war und ist für diesen Brudermord in unserem Volke«; will sagen: »die haßerfüllte Macht unseres jüdischen Feindes... Wir begreifen die Kampfansage, und wir nehmen sie auf.«[30]

Der Geheimbund der besseren Gesellschaft lernte von der »Roten Revolution«, daß verdeckt operierende Stoßtrupps nicht genügten – ohne eine Mobilisierung der Straße war der Umsturz nicht zu verwirklichen. Auch der Kapp-Putsch im März 1920 war mangels Masse kläglich zusammengebrochen, da, wie die Thule-Gesellschaft bemerkte, die Arbeiterschaft »von den jüdischen Ideen des Kommunismus und des Internationalismus vergiftet«[31] war. Wie die Reichswehrsoldaten durch Mayrs »Bildungsoffiziere« mußte auch die Bevölkerung von volksfremdem Gedankengut gereinigt und zur völkischen Raison gebracht werden. Das Ziel war Umerziehung, und als Mittel bot sich die Gründung einer Partei an, durch die man die nötige Propaganda betreiben konnte.

Ein Thule-Bruder, der Journalist Karl Harrer, wurde beauftragt, einen Debattierklub für Arbeiter ins Leben zu rufen. Schon bald ging daraus, von ihm und dem »echten« Proletarier Anton Drexler gegründet, die »Deutsche Arbeiter Partei« hervor, die sich nach dem Willen der Geheimgesellschaft der »Adelung des deutschen Arbeiters«[32] widmen sollte. Hatte ein Thule-Mitglied im Juni 1919 per Flugblatt verbreitet, man wolle die »Vorarbeiten« leisten, »bis der Mann kommt, der uns alle führen wird« – und gewiß »wird er uns erscheinen«[33] –, so konnte Hauptmann Mayr, ein Vertrauter des Ordens, im September den passenden Kandidaten präsentieren.

Mayrs Schützling wirkte wie ein Prolet und war außerdem politisch ein unbeschriebenes Blatt. Zugleich jedoch glaubte er an die Elite, den Blutadel der Herrenrasse und vertrat mit unwiderstehlichem Pathos die Dogmen des Antisemitenordens, als wäre er Gründungsmitglied. Der Arbeitermissionar, der sich offenbar zur Geistes- und Rassenaristokratie hingezogen fühlte, wurde fortan auf allen Ebenen unterstützt: Geld strömte ihm von der Gesellschaft zu, aber auch neue Mitkämpfer, unter denen Heinrich Himmler, Alfred Rosenberg, Hans Frank oder Thule-Waffenbeschaffer Rudolf Heß herausragten. Über eine Umwegfinanzierung konnte Hitler sogar das Thule-Blatt »Völkischer Beobachter« übernehmen, mit dem seine Umerziehungskampagne auch jene erreichte, die seine anrüchigen Kundgebungen mieden.

Hitlers theatralische Selbstsicherheit, die auf dem »granitenen Fundament« seiner Weltanschauung basierte, wurde durch das Bewußtsein, die wohl »mächtigste Geheimorganisation Deutschlands«[34] hinter sich zu haben, noch weiter verstärkt. Deren verschworenen Mitgliedern, die gleich ihm ein Doppelleben führten, tags ihrem Beruf nachgingen und nachts den Terror planten, fühlte er sich weit enger verbunden als den uniformierten Rüpeln an seiner Seite oder der brüllenden Masse zu seinen Füßen. Der Wagnerianer wußte, wo er hingehörte. Im Jahr seiner Machtergreifung 1933 schrieb sein einstiger Förderer, der Thule-Gründer Sebottendorf, ein aus Hoyerswerda gebürtiger Hochstapler, der sich 1945 im Bosporus ertränkte, sein Orden habe Hitler die »Rüstung« geliefert, die er zum Kampf brauchte. »Thule-Leute waren es, zu denen Hitler zuerst kam, und Thule-Leute waren es, die sich mit Hitler zuerst verbanden!«[35]

Hatte der »Germanenorden« die Weimarer Republik mit Morden erschüttert, so war es sein Protegé, der sie zerschlug; daß dieser dann, als politischer Massenmörder, die ganze Welt erschüttern sollte, war auch das Verdienst eines Thule-Mitglieds, das dessen ideologischem Fanatismus die praktische Ausrichtung gab. Dieser Mann, der in dem gelenkten Demagogen den allmächtigen »Führer« erkannte und ihn zugleich als Instrument der Judenvernichtung formte, hieß Dietrich Eckart. »So oft Hitler von Dietrich Eckart erzählte«, berichtete Hitlers Sekretärin Christa Schroeder, »trübten sich seine Augen.«[36] Über zwanzig Jahre älter als sein Zögling, wurde er dessen »väterlicher Freund«, und wie kein anderer verkörperte er das Wesen ihrer gemeinsamen Weltanschauung.

Eckart war Dichter und Journalist, zugleich aber, wie Hauptmann Mayr bemerkte, »blindwütiger Antisemit«.[37] Und glühender Wagnerianer. Seine seit Kaisers Zeiten glänzenden Kontakte zu führenden Kreisen nutzte er für die Geheimgesellschaft, später für die Hitler-Partei, indem er völkischen Putschwillen mit der Bayreuther Messias-Erwartung zusammenführte. Auch sein Lebenswandel folgte der Strategie des Antisemitismus: Zweigleisig wie der »Germanenorden« oder Cosimas Gralsritter, zeigte er sich nach außen als »aufgekratzter Saufpoet«[38], der seine Tage in der Weinstube »Brennessel« und seine Nächte in der »Fledermausbar« verbringt; vor Eingeweihten dagegen entpuppte er sich als Graue Eminenz, als wohl erfolgreichster Kontaktknüpfer des völkischen Lagers, auf dessen Wort gehört wurde. Der an Schopenhauer und Wagner geschulte Radikaldenker, der als Verseschmied nach Art der »Meistersinger« eine gewisse Popularität erreichte, erwies sich auch als Menschenkenner mit Gespür für extreme Anlagen.

Von Eckarts Verbindungen zu Bayreuth und zu Berliner Hofkreisen, zum Generalstab und zur Industrie sollte keiner nachhaltiger profitieren als Hitler. War der Gefreite von Eckart-Freund Mayr entdeckt und dem Thule-Ableger »Deutsche Arbeiter Partei« zugeführt worden, so bedurfte es des weltläufigen Originals, um aus dem Linzer den Parteichef zu formen, der zum Diktator des deutschen Reichs avancieren sollte. Eckart korrigierte die augenfälligen Schwächen des Autodidakten, wirkte als Impresario dieses Wagnerhelden, ebnete ihm alle Wege und wurde zum Propagandisten des Führerkults, als dessen ersten Gläubigen er Hitler selbst gewann. Und er war es auch, der ihn auf die Salbung in Bayreuth vorbereitete.

Als der Eckart-Schüler vor seinem Selbstmord im Tiefbunker von seiner dienstältesten Sekretärin, der »Wölfin«, Abschied nahm, muß er auch an jenen Mann gedacht haben, dem sie vor ihm gedient hatte, Dietrich Eckart. Auch Christa Schroeder, die sich zugleich mit Johanna Wolf von ihrem »Chef« verabschiedete, wußte um dessen sentimentale Abhängigkeit. »Nie mehr«, so vertraute Hitler ihr einmal an, habe er »in seinem späteren Leben einen Freund gefunden«, mit dem ihn »eine ähnliche Harmonie des Denkens und Fühlens verbunden hätte«.[39] Schon nach ihrer ersten Begegnung habe der Ältere erklärt: »Das ist der kommende Mann Deutschlands. Von ihm wird die Welt einmal sprechen.«[40]

Hitler sorgte dafür, daß man von Dietrich Eckart sprach. Sein Erinnerungswerk »Mein Kampf« widmete er dem »Märtyrer« des Novemberputsches, der »sein Leben dem Erwachen seines, unseres Volkes gewidmet hat im Dichten und im Denken und am Ende in der Tat«.[41] Eckarts Name taucht, gesperrt gedruckt, am Ende des Buches auf, als wäre er Hitlers letztes Wort zum Thema. Der geistige Führer des »Führers«, 1923 in Berchtesgaden gestorben, unweit des Untersbergs und Hitlers späterem Berghof, blieb im Dritten Reich immer gegenwärtig. Er war einer der Ahnen, dessen Name heiliggehalten wurde.

Im »Braunen Haus«, Hitlers Parteizentrale, hing Eckarts Bild über dem Führertisch; in den Lehrbüchern tauchte er als Klassiker der deutschen Dichtkunst auf; bei der »Ermächtigungs«-Sitzung des Reichtstags hielt dessen Präsident Göring eine »anlaßlose Gedenkrede«[42] auf den Mentor; im selben Jahr weihte Hitler in dessen oberpfälzischem Geburtsort Neumarkt ein Dietrich-Eckart-Denkmal ein; in Berlin wurde eine Freilichtbühne, die seinen Namen trug, errichtet, wo im Jahr des Kriegsausbruchs zehntausende Volksgenossen mit »Rienzi« aufgerüstet wurden; und 1943, als die von Eckart geforderte Abrechnung mit dem »Todfeind« in vollem

Gange war, wurde dessen Genius vom Vollstrecker selbst gewürdigt.

Wenn man heute, so proklamierte Hitler zum Parteigründungsjubiläum 1943, »befähigt« sei, »der jüdischen Weltgefahr nicht nur Einhalt zu gebieten, sondern sie am Ende zu zerschmettern«, so sei dies auch dem Vorläufer zu verdanken. »Das Sturmlied unseres unvergeßlichen alten, treuen Dietrich Eckart erweist sich in diesen Monaten wieder als eine Fanfare, die die Menschen aufwecken kann, um ihnen den Blick zu öffnen für das Schicksal, das uns ... drohen würde, wenn es nicht gelänge, den teuflischen Plan der jüdischen Weltverbrecher zum Scheitern zu bringen.« Aber gemach, so gab er, drei Wochen nach der Katastrophe von Stalingrad, zu verstehen, alles sei bereits in die Wege geleitet. Der Kampf, den er ausfechte, werde nämlich nicht, »wie man es beabsichtigt, mit der Vernichtung der arischen Menschheit, sondern mit der Ausrottung des Judentums in Europa sein Ende finden«.[43]

Der von Hitler angedeutete Zusammenhang zwischen der »Endlösung« und Eckarts »Sturmlied«, dessen Refrain »Deutschland erwache« jedem Pimpf vertraut war, erschließt sich nur mit Hilfe Wagnerscher Mythologie. Hatte der »Ring«-Dichter bereits seinen Germanengott Wotan einen »Weckrufer«[44] genannt, so verkündete er in den »Meistersingern«, daß die geistig-kulturelle Nacht, die das deutsche Reich verdüstere, nun dem neuen Völkermorgen weichen müsse; der beginnt, in seiner Oper jedenfalls, mit der Austreibung der Judenkarikatur Beckmesser. »Wach' auf, es nahet gen dem Tag«, jubiliert der »Meistersinger«-Chor, das alte Reformationslied aufnehmend, und meint das Deutschland der Gegenwart, das sich, wie Wagners Butzenscheiben-Nürnberg, von allen Beckmessern trennen möge.

Der Vieldeutigkeit dieses Wagnerschen Liedes, das im Hitler-Reich als Hymne Verwendung fand, stellt Alt-Wagnerianer Eckart seine radikal-eindeutige Variante zur Seite: Deutschland müsse erwachen, da »Judas erscheint, das Reich zu gewinnen«, wie er zum Klang der Feuerglocken warnt. »Läutet Sturm, daß die Erde sich bäumt unter dem Donner der rettenden Rache. Wehe dem Volk, das heute noch träumt, Deutschland erwache!«[45] Wagners Morgengesang, der die Deutschen gegen die Fremdherrschaft wachrufen sollte, hatte sich in Eckarts Stolperpoem zum Kampflied für

Rollkommandos weiterentwickelt; die böse »Meistersinger«-Prophezeiung über den entlarvten Kunst-Dieb Beckmesser, »bald hängt er am Galgen«[46], wurde von Reimschmied Eckart als »rettende Rache« zur Verwirklichung empfohlen. Der Oberpfälzer meinte es, bis zur letzten, unausdenkbaren Konsequenz, todernst. Schon bei Hitlers Antrittsbesuch in Eckarts Wohnung im Januar 1920 verriet ihm der Gastgeber seinen heimlichen Herzenswunsch: »Am liebsten« würde er »sämtliche Juden in einen Eisenbahnzug verladen und ins Rote Meer damit fahren«.[47]

Das war es, was der Auschwitz-Betreiber Hitler meinte, wenn er an Eckarts »Fanfare« erinnerte, die ihn zur vorbeugenden Ausrottung wachgerufen habe. In »Worten höchsten Ruhmes« wiederholte Hitler vor Goebbels, wie dankbar er seinem Mentor sei, den er »als Vorkämpfer eines klaren und geistig überlegenen Antisemitismus«[48] bezeichnete. In der Stufenleiter, über die Hitler die Ausrottungs-Order erreicht hatte, nahm Eckart nach dem Propheten Wagner und dem wissenschaftlichen Begründer Chamberlain die dritte Stelle als »Vorkämpfer« ein, auf den nur noch der Vollstrecker folgen konnte; die danach kamen, zählten als bloße Befehlsempfänger.

Wie Hitler hatte auch Dietrich Eckart, der noch 1939 als eine der »bekanntesten Figuren des Wagner- und Bayreuther Kreises«[49] galt, in einer Heldenoper sein geistiges Erweckungserlebnis gefunden. Seit er als 26jähriger Zeitungskritiker die Wagner-Festspiele besucht hatte, war er dem Gralstempel treu geblieben und befolgte Cosimas Missionsauftrag bis zu seinem Tod. Er verfaßte »Bayreuther Briefe«, ließ 1895, im Jahr seiner Wagner-Weihe, eine politische Betrachtung über den »Tannhäuser« folgen, in der er das »mißhandelte Volk« aufforderte, wie Wagners Minnesänger gegen »Unnatur, Hinterlist, Lüge« anzukämpfen, vor allem aber gegen jenes »gewöhnliche Ungeziefer«, das »von hohen Geldsäcken herab die Luft verpestet«.[50]

Das nächste Stück in Eckarts Bayreuther Publikationsreihe bildete 1899 die Einführung in Wagners Kultoper »Parsifal«. Wenn sein Zögling Hitler, Jahrzehnte später, über »Bayreuth, Wagner und Dietrich Eckart«[51] zu »schwärmen« begann, so meist in Zusammenhang mit dem »Bühnenweihfestspiel«, wie ein Vertrauter notierte. Eckart, der »früher als Kritiker in Bayreuth gewesen« sei, habe ihm »immer vorgeschwärmt: Weißt du, die Atmosphäre in Bayreuth ist schon etwas Wunderbares!« Einmal habe er berichtet, so Hitler, wie sie eines Morgens »auf eine Wiese« hinter dem Festspielhaus gezogen seien, »um dort den Karfreitagszauber zu spielen, es sei ganz wunderbar gewesen«.[52] Mit der Erwähnung dieser Schlüsselszene des »Parsifal« hatte Eckart wohl auf die zukünftige Rolle seines Schülers anspielen wollen: Auf der Blumenaue vor der Gralsburg wird Parsifal, der das Reich vom Übel erlöst hat, zum neuen König gesalbt.

Vor Hitler hatte Eckart, wie Chamberlain, seine Hoffnungen auf Kaiser Wilhelm II. gesetzt. Als dieser zur Hochzeit seiner Tochter bei ihm ein Historienstück bestellte, fiel die Themenwahl auf den Barbarossa-Sohn Heinrich VI. Diese »vom deutschen Sendungsbewußtsein durchdrungene Monarchengestalt« sei einzig bemüht gewesen, »Deutschlands Größe zu mehren«.[53] Nach dem Krieg begann Eckart, im Sinne der Wagnerschen Weltanschauung journalistisch-holzschnittartig zu agitieren. Überzeugt, daß der Mißerfolg seiner Theaterstücke auf die Mißgunst jüdischer Rezensenten zurückzuführen sei, die schon Wagner für jegliches Ungemach verantwortlich gemacht hatte, verzichtete er auf Verschlüsselung und attackierte den Todfeind, dem Titel seines 1918 gegründeten Wochenblattes entsprechend, »auf gut Deutsch«.

Die erhoffte Breitenwirkung erzielte Eckart auch durch Flugblätter, die hunderttausendfach »alle Werktätigen« in Münchens Roter Republik zum »Kampf gegen das Judentum«[54] aufriefen. Die enormen Kosten seiner Kampagne wurden teils aus eigenen Tantiemen, teils von Spendern wie Wolfgang Kapp und Karl Mayr bestritten, dürften aber auch aus der Kampfkasse der Thule-Gesellschaft geflossen sein. Unvermeidlich war der »eifrige Propagator der Dolchstoßlegende« und Warner vor einer »weltweiten Verschwörung des Judentums«[55] zum Geheimorden gestoßen; es war selbstverständlich, daß die Mitgliedschaft des idealen Multiplikators verschwiegen wurde.

Eckarts wichtigster Beitrag zur Thule-Philosophie bestand in der alten Bayreuther Idee, daß Rettung nur von einem charismatischen Führer, einer Mischung aus schwertschwingendem Siegfried und speertragendem Parsifal, zu erwarten sei: der werde, da er vermutlich der Arbeiterschaft entstamme, die breite Masse gewinnen und damit der nationalen Revolution zum Sieg verhelfen. Nach der Enttäuschung mit dem Kaiser setzte Eckart zuerst auf einen »Alldeutschen«, den ostpreußischen Generallandschaftsdirektor Kapp, mit dem er sich bei konspirativen Treffs, etwa in Wagners »Rheingold«[56], austauschte. Kapps Berliner Umsturzversuch hatte Eckart unter anderem mit der Empfehlung unterstützt, alle Juden in ein Konzentrationslager – er nannte es »Schutzhaft« – zu sperren. Im März 1920 war Eckart, begleitet von Hitler, in die Hauptstadt geflogen, vielleicht, um zu retten, was noch zu retten war. Doch der glücklose Kapp hatte sich bereits abgesetzt, und Eckart wußte, wen er bei dieser Gelegenheit dem legendären Ludendorff und manch anderer Persönlichkeit von Einfluß als neuen Hoffnungsträger vorstellen würde.

Hatte Wagner in seiner Rassenmythologie das Judentum »dem Schoß der Nacht und des Todes«, seine Wälsungenhelden dagegen dem lebenspendenden Licht zugeordnet, so feierte Eckart seinen Schüler bald als »Kraft... vor der die Nacht entflieht«.[57] Dank solcher Überhöhungen wurde Eckart, so der frühe Hitler-Biograph Heiden, zum »geistigen Urheber des Führer-Mythos in der nationalsozialistischen Partei«.[58]

Dazu bedurfte es jahrelanger Anstrengungen. Man mußte dem Linzer die provinzielle Unbeholfenheit und den breiten Dialekt abgewöhnen, seine abgetragene Uniform gegen dezente Garderobe austauschen – von Eckart bekam er den legendären Trenchcoat –, außerdem seinen Schnauzer, der die fleischige Nase betonte, zurechtstutzen und ihm durch regelmäßige Restaurant- und Cafébesuche Parkettsicherheit beibringen. Auch bemühte sich Eckart, Hitlers syntaktisches Chaos per Nachhilfeunterricht zu entwirren und seinen Redeschwall wirkungsvoll zu kanalisieren. Der »väterliche Freund«[59] sorgte für alles. Hatte er, als Gelegenheitsdramatiker, seine Heldenfiguren nur für die Bühne ersonnen, so gestaltete er den »Erlöser« nun in der Wirklichkeit.

Auch für Hitlers Anpassung an den gehoben-konservativen Lebensstil bezahlte Eckart. Einmal bestätigte er, »was Hitler zur Ausgestaltung der Partei an Geld zufloß, ging auf mich zurück«; er fügte allerdings hinzu, »woher ich selbst die Mittel hatte, geht die Sozialdemokraten einen Dreck an«.[60] Zum Bildungsprogramm gehörte auch die Erweiterung von Hitlers Horizont. Laut Peter

Viereck unterwies Eckart ihn in der »Chamberlain-Wagnerschen Lehre« und führte ihn auch ins Theater, etwa in Ibsens »Peer Gynt«, dessen Übersetzung Eckart Ruhm und kaiserliches Lob eingebracht hatte. Das nordische Stück blieb eines von Hitlers Lieblingsdramen, das ihn ebenso in Griegs Musik wie in der modernen Opernfassung von Werner Egk 1938 begeisterte.

Den Wiener Kultautor Otto Weininger führte Eckart seinem Schüler als Beispiel für tatkräftige Überwindung des Judentums vor. Der Jude Weininger, der »Wagner vergötterte«[61], hatte sich auch durch den Meister und Chamberlain, zu dessen Wiener Kreis er gehörte, zu seinem antisemitischen Buch »Geschlecht und Charakter« inspirieren lassen, das alles Übel der Welt gleichermaßen in den Juden und den Frauen verkörpert sah. In seinem Bestseller, der reichlich aus dem »Judentum in der Musik« und den »Grundlagen« schöpfte, wies Weininger auch nach, wie sehr Wagners Weltanschauung sich in seinen Opern niedergeschlagen hatte. Im »Fliegenden Holländer« wie in »Lohengrin« oder »Parsifal«, so Weininger, habe der Bayreuther »das Problem des Judentums offen formuliert«; auch Drachentöter Siegfried sei »von Wagner in seinem Gegensatze zu allem Jüdischen gedacht worden«.[62]

Zwangsläufig geriet Weininger dadurch auch in Gegensatz zu sich selbst. Mit dreiundzwanzig Jahren erschoß er sich 1903 im Sterbehaus Beethovens. »Nur zu gern berief sich Eckart«, so dessen Biographin Margarete Plewnia, »auf den Juden Weininger«, der »an dem furchtbaren Gegensatz zwischen dem von ihm geahnten Lichtschimmer«, so Eckart, »und der Nacht seines Judentums«[63] zerbrochen sei. Judenmörder Hitler wiederum berief sich nur zu gern auf Eckart. »Viele Juden«, so erzählte er im Dezember 1941 in der Wolfsschanze, seien sich des »destruktiven Charakters ihres Daseins nicht bewußt gewesen. Aber wer Leben zerstört, setzt sich dem Tod aus, und etwas anderes geschieht auch ihnen nicht... Dietrich Eckart hat mir einmal gesagt, er habe nur einen anständigen Juden kennengelernt, den Otto Weininger, der sich das Leben genommen hat, als er erkannte, daß der Jude von der Zersetzung anderen Volkstums lebt!«[64] Ob dies tatsächlich der Grund seines Selbstmords war, ist ungewiß; sicher scheint nur, daß Weiningers Verzweiflungstat bei seinem Leser[65] Hitler auf eine »Lösung« für das »Problem des Judentums« vorauswies.

Eckart gab nicht nur zukunftsweisende Anregungen, sondern knüpfte auch entscheidende Kontakte. Als wäre er die Zentralschaltstelle eines reichsweiten Netzwerks, brachte er Hitler mit Wirtschaftsführern zusammen, etwa mit dem Berliner Industriellen Emil Ganser oder, am Montagsstammtisch im Münchner Café Neumaier, mit Hans Ulrich Klintzsch, der als Mitarbeiter der »Organisation Consul« an den Weimarer Politikermorden beteiligt war und sich anschließend »maßgeblich« dem »Aufbau der SA«[66] widmete. Eckart empfahl Hitler an Adolf Bartels, einen rassistischen Literaturwissenschaftler, und führte ihm den baltischen Chamberlainianer Alfred Rosenberg zu.

Da Hitlers Apparat, samt Knüppelgarde und »Völkischem Beobachter«, erhebliche Summen verschlang, erschloß ihm Eckart immer neue Quellen, und bald flossen auch aus dem Ausland Mittel in die NS-Kassen. Es gelang Eckart sogar, über den Traktorenvertreter Warren C. Anderson[67] an den amerikanischen Motorenbauer Henry Ford heranzukommen. Den notorischen Judenhasser, der aus Boykottangst am liebsten im geheimen wirkte, konnte er als Parteispender für Hitlers NSDAP gewinnen. Die generösen Zuwendungen aus dem Ford-Imperium sollte der Führer nie vergessen.

So legte der vermeintliche Stammtischschwadroneur Eckart, den der nicht eingeweihte »Putzi« Hanfstaengl als »gutgläubigen Idealisten mit Kindergemüt«[68] erlebte, das gesellschaftliche Fundament für Hitlers Aufstieg. Auch die für sein Selbstbewußtsein entscheidende Weichenstellung verdankte Hitler dem Mentor. Durch seine Fürsprache wurde der rang- und namenlose Bierkellerdemagoge lange vor seinem Durchbruch als Parteidiktator in den exklusiven Zirkel wohlhabender Wahnfried-Sympathisanten aufgenommen. Hier sah sich Hitler unvermittelt wie ein »Adoptivsohn« gefördert, umsorgt, angehimmelt. Das Familienleben, das ihm, laut Wolfgang Wagner, in Bayreuth offeriert wurde, hatte er zuvor schon bei den Bayreuthianern genießen können.

Eckart, Besitzer des völkischen Hoheneichen Verlags, brachte schon 1920 zwei der führenden Verlegerpersönlichkeiten Münchens ins Hitler-Lager: Der 1864 geborene Julius Friedrich Lehmann, der mit medizinischen Fachbüchern, rassistischen Broschüren und offizieller Marineliteratur zu Reichtum gekommen war, zählte zu den aktivsten Mitgliedern der Thule, trat als Förderer der

»Alldeutschen« auf und wurde, überzeugt von Hitler als Deutschlands Retter, zahlendes Mitglied in dessen Kleinpartei. Auf der fränkischen Burg Hoheneck unterhielt er außerdem ein Ausbildungslager für Freikorpskämpfer. Putschteilnehmer Lehmann war zudem Schwiegervater des Hitler-Kumpanen Friedrich Weber, der das von der Thule-Gesellschaft unterstützte Freikorps »Oberland« kommandierte und beim Umsturzversuch 1923 Bayerns Ministerpräsidenten von Knilling als Geisel in Schwiegervaters Großhesseloher Villa[69] festsetzte. Später saß Weber mit Hitler in Landsberg ein.

Lehmanns Verbindung mit Bayreuth läßt sich schon für die Zeit vor dem Ersten Weltkrieg nachweisen. Er war es, der 1911 die »Vollendung des arischen Mysteriums in Bayreuth« aus der Feder des Chamberlain-Verehrers Leopold von Schroeder, dann, vom selben Autor, Chamberlains Lebensabriß veröffentlichte, um diesen selbst 1917 als Herausgeber der Kampfpostille »Deutschlands Erneuerung« zu gewinnen. Auch Heinrich Claß von den Alldeutschen war an der »Monatszeitschrift für das deutsche Volk« beteiligt.

Ungleich wichtiger für Hitler war die Bekanntschaft mit dem Verlegerehepaar Bruckmann, dessen Kunstbände in ganz Deutschland gefragt waren. Der 1863 geborene Hugo Bruckmann war ein alter Vertrauter Cosima Wagners, der sich, auch auf ihre Fürsprache hin, zur Herausgabe von Chamberlains Wagner-Biographie entschloß; gemeinsam mit der Herrin von Wahnfried wurde er Jahre später zum Geburtshelfer der »Grundlagen des Neunzehnten Jahrhunderts« und durfte zum Dank 1911 Richard Wagners von der Witwe zensierte Autobiographie edieren. Obwohl der Verleger zu den »Altparteigenossen«[70] zählte und 1941 mit einem von Hitler angeordneten Staatsbegräbnis geehrt wurde, zeichnete für den Umgang mit dem Umstürzler Hitler, wohl mit Rücksicht auf das angesehene Unternehmen, Gattin Elsa, eine 1856 geborene Rumänin, verantwortlich.

Offiziell war es die Verlegerin, die den dreiunddreißig Jahre jüngeren Politneuling in ihre Prachtvilla am Karolinenplatz einlud und mit jener »etwas überspannten Wertschätzung« umsorgte, die dem Kunstverlegersohn Hanfstaengl unangenehm auffiel. Für den österreichischen Hoffnungsträger veranstaltete sie Abendgesellschaften, finanzierte ihn mit Bargeld und Preziosen. »Ich habe die beiliegende Armbanduhr übrig«, schrieb Elsa ihrem Lohengrin 1925 und lud ihn ein, ob er nicht zu Hause »das eventuell für Sie Verwendbare«[71] aussuchen möchte. Während seines Redeverbots wurden ihm die Verlagsräume für Vorträge geöffnet, mit denen er gerade bei der gehobenen Gesellschaft zur Attraktion wurde.

Die Bruckmanns ließen auch ihre Finanzkontakte für den Hoffnungsträger spielen und vermittelten ihm etwa die Bekanntschaft mit dem 1847 geborenen einflußreichen Industrieführer Emil Kirdorf, der dem blauäugigen Schönredner 1927 verfiel. »Ich hatte für die Partei einen Wechsel über 40 000 Mark unterschrieben«, erzählte Hitler einmal seiner Sekretärin, »und der Fälligkeitstermin rückte immer näher, ohne daß ich die Hoffnung hatte, das Geld noch zusammenzubringen. Ich erwog bereits den Gedanken, mich zu erschießen, denn mir blieb kein anderer Ausweg. Vier Tage vor dem Fälligkeitstermin erzählte ich Frau Geheimrat Bruckmann von meiner mißlichen Lage, die sofort die Sache in die Hand nahm, Geheimrat Kirdorf anrief und mich veranlaßte, zu ihm zu fahren.«[72] Kirdorf zahlte.

Dabei war es weder der gesellschaftliche Unterhaltungswert noch gar, wie vermutet wurde, die heimliche Zuneigung der alten Dame, die Hitler die Portale und Portemonnaies der Reichen öffnete; es war , so Ernst Hanfstaengl, die »gemeinsame Verehrung für Wagner und Bayreuth sowie der Umstand, daß Wagners Schwiegersohn Houston Stewart Chamberlain, der Verherrlicher des ›arischen Geistes‹, zu den Autoren des Bruckmann Verlages gehörte«, die »für diese ideologische ›Wahlverwandtschaft‹ begreiflicherweise ausschlaggebende Faktoren«[73] darstellten. Begreiflich vor allem für ihn selbst, dessen Elternhaus zu den führenden Traditionsunternehmen des Münchner Wagner-Kults gehörte und gerade deshalb dem eigenartigen Manne offenstand.

Waren die Kontakte angebahnt, zog sich Eckart, Nachtschwärmer und Dunkelmann, in die »Brennessel« oder die »Fledermausbar« zurück oder versteckte sich, wenn er etwa wegen »schwerer Beleidigung«[74] polizeilich gesucht wurde, in einem Berchtesgadener Bauernhof, wo auch »Wolf« bei Gefahr unterkroch. Man erzählt, Eckart sei gegen Ende seines Lebens an seinem Protegé irre geworden, da diesem der Erfolg zu Kopf gestiegen war. Geradezu wütend habe ihn, so Hanfstaengl, Hitlers Äußerung gemacht, er werde in Berlin aufräumen »wie damals, als Christus in den Tempel kam und die Wechsler davonjagte!« Der Alte soll das mit den Worten kommentiert haben, das sei »doch schon Größenwahn auf der halben Strecke zwischen Messiaskomplex und Neronismus!«[75]

Ob Eckart dies tatsächlich so gemeint hatte, wie Hanfstaengl 1970 zu erinnern glaubte, ist zweifelhaft. Denn gerade die Vertreibung der jüdischen Wechsler aus dem germanischen Tempel gehörte zu seinen Herzensanliegen; und jener, der sie durchführen sollte – durchaus nach dem Vorbild des Wagner-Chamberlainschen Arier-Jesus modelliert –, war von ihm selbst dazu bestimmt worden. Hatte der »schlaue Fuchs« den womöglich unsicheren Kantonisten zu unvorsichtigen Bemerkungen provozieren wollen? Sein politisches Testament jedenfalls, im November 1923 in einer Stadelheimer Gefängniszelle in Gedichtform gebracht, bekennt sich eisern zum gescheiterten Schüler. Auch in der Niederlage blieb Hitler schließlich sein Geschöpf.

»Blödes Volk!« so adressiert Eckart nach dem gescheiterten Putsch die Deutschen, die »Hitlers Güte« mit »gotteslästerlichen Reden« gedankt hätten, um sich sklavisch dem hebräischen »Gebieter« – »Peitschenhiebe um die Ohren« – zu unterwerfen. »Gott sei Dank«, schließt er die bittere Abrechnung, »was Hitler plante, wurde jäh ihm abgegraben, und ihm blieb erspart die Schande, dich, du Pack, befreit zu haben!«[76] Ähnliche Gefühle scheinen, zweiundzwanzig Jahre später, auch seinen Schüler beschlichen zu haben.

Als Eckart im Dezember 1923 starb, sah er sich und seinen Schüler als politisch gescheitert an; er konnte nicht wissen, daß der Untergang durch Verrat und nackte Gewalt, nach mythischem Vorbild, auch für Hitler zum Garanten der politischen Wiedergeburt werden sollte. Gerade der Bayreuther Zirkel scheint Hitlers Verschwinden von der Bildfläche so gedeutet zu haben. Der Einsatz für den verurteilten Hochverräter wurde verdoppelt, die interne Propaganda intensiviert, Bayreuther Bekennerschreiben zirkulierten in der Presse. Nach dem Motto: Jetzt erst recht, arbeitete man an Hitlers Regeneration. Da über die Untergrundaktivitäten der Hitler-Partei striktes Schweigeverbot verhängt war, kann man nur vermuten, daß Wahnfried eine Schaltstelle seiner siegreichen Rückkehr bildete.

Mit Hitlers konjunktureller Berg- und Talfahrt bleibt auch der Name Bechstein untrennbar verknüpft. Edwin Bechstein, Erbe der legendären Pianofabrik, deren Gründer den Opernkomponisten Wagner ab 1864 mit erlesenen Instrumenten versorgte, führte in Berlin ein glänzendes Haus, in dem sich Deutschlands Elite unter musikalisch-völkischen Vorzeichen traf. Zu den Hausheiligen gehörte neben dem »Ring«-Komponisten Cosimas Vater, der Pianist Franz Liszt, aber auch Cosimas erster Ehemann, Hans von Bülow, der mit dem Firmengründer befreundet war, und Karl Klindworth, der für Wagner Klavierauszüge fertigte. Er war, 1830 geboren, der älteste überlebende Wagner-Recke und stand auch mit Bayreuth noch in engem Kontakt.

Im März 1920, Kapps nationalistischer Umsturzversuch war gescheitert, betrat dessen heimlicher Förderer Dietrich Eckart die Bechsteinsche Villa, gefolgt von einem düster blickenden, linkisch wirkenden Mann im Trenchcoat, der Dialekt sprach. Eckart stellte ihn als Deutschlands kommenden Befreier vor. Auf den hoffte man im Hause Bechstein nicht weniger als in der Villa Wahnfried. Da sich Hitler als firm in der Bayreuther Weltanschauung erwies und dazu entschlossen, diese in der Wirklichkeit durchzusetzen, entschied man, in ihm, wie Edwins Frau Helene formulierte, »Deutschlands jungen Messias«[77] gefunden zu haben. Für »Wolf«, wie ihn das Ehepaar, laut Winifred, vertraulich nannte, setzten sie ihr Vermögen, ihre Beziehungen, ihren Ruf aufs Spiel.

Vor allem mußte man ihn, womit sich schon Eckart abgemüht hatte, den konservativen Kreisen präsentabel machen. Wie im Fall Bruckmann trat auch hier der Herr des Hauses in den Hintergrund, um seiner Frau, die nicht unmittelbar mit dem Unternehmen befaßt war, die heikle Aufgabe zu überlassen. Denn Hitler, der offen gegen die Juden predigte und heimlich den Staatsstreich plante, war, als potentieller Hochverräter und Terrorist, ein Fall für die Geheimpolizei. Eine Gesellschaftsdame wie Helene Bechstein konnte da sehr viel für ihren Schützling bewirken, ohne Verdacht zu wecken. Mit ihrer Aufgabe, den Wolf zu domestizieren, den verbissen wirkenden Junggesellen in einen gelassenen Herrn zu verwandeln, identifizierte sich Frau Bechstein so weit, daß sie sich sogar als seine Adoptivmutter ausgab, um in seine Gefängniszelle gelassen zu werden.

Helene hat ihm, wie Winifred Wagner erzählte, »zu essen gegeben, ihn angezogen und ihm Unterricht in den elementarsten Manieren erteilt«, an denen es dem Dorfkind offenbar fehlte. Natürlich habe sie ihn auch »ins Opernhaus mitgenommen«, wo er aus der Loge ins Stehparkett hinunterlächeln konnte, habe ihn »mit Geld versehen und Gesellschaften veranstaltet, um ihn einflußreichen Leuten vorzustellen«.[78] Ein Selfmademan, wie die Legende behauptet, ist Hitler nie gewesen; aber für die Rolle, in die man ihn mit vereinten Kräften hineinschob, brachte er die ideale Voraussetzung mit: Sie war ihm nicht fremd, er hatte sie längst verinnerlicht, sie war zu seiner wahren Identität geworden. Die es entdeckten, und der Bayreuther Kreis zählte zu den ersten, sprachen von einem Wunder.

Auf das »Essen«, das dem Emporkömmling in der Charlottenburger Villa oder im Privatappartement der Bechsteins in Münchens »Bayerischem Hof« von livriertem Personal auf Silbertellern serviert wurde, reagierte er »mit Lobeshymnen«:[79] Champagner sei geflossen, man habe ihn sogar gelehrt, mit der Artischocke umzugehen. Und im Bade, man stelle sich vor, sei aus den Hähnen warmes Wasser geströmt, regulierbar. Bald steckte man ihn in Smoking und gestärkte Hemden mit Manschettenknöpfen, ließ ihn Lackstiefel tragen, dazu, von Helene überreicht, eine Hundepeitsche, wie sie auch von Wagner getragen wurde. Die Verwandlung vom Gefreiten zum Herrn dauerte nicht sehr lange; den Adoptiveltern scheint sie sogar Vergnügen bereitet zu haben. Man nahm ihn jedenfalls überallhin mit.

Auf die »kultivierte Gesellschaft«, spöttelte Verlegersohn Hanfstaengl, hätte er »mit einiger Naivität« reagiert – und doch schien gerade darin sein Erfolgsrezept zu bestehen. Er wirkte wie der junge Siegfried, der nichts kann und wenig weiß und dennoch das Siegschwert schmieden wird; oder wie Parsifal, Wagners »reiner Tor«, der noch nicht einmal seinen Namen kennt und doch erwählt ist, das Land vom Bösen zu befreien. Hitler lernte Umgangsformen, Höflichkeitsfloskeln, ritterliche Gesten und die Liebenswürdigkeiten, mit denen man gerade ältere Herrschaften gewinnt. Als geübter Kopist und Gedächtniskünstler prägte er sich alles ein. Schon bald, so wird berichtet, machte er auch in gehobensten Kreisen gute Figur. Seine Handkußmentalität hinterließ selbst bei dem jungen

Wolfgang Wagner bleibenden Eindruck – nur daß sie nicht »altösterreichisch« war, sondern in den Häusern Bruckmann, Hanfstaengl und Bechstein abgeguckt.

Helenes Niveauhebung gelang. Dank Benimmkurs und Sprechunterricht rückte der Außenseiter in den Mittelpunkt; ab 1921 firmierte die Bechsteinvilla, wie Joseph Goebbels schrieb, als »Hitlers Salon«[80]; ihr Anwesen am Obersalzberg wurde später als »Bechsteinhaus« der Berghof-Siedlung einverleibt. In den zwanziger Jahren konferierte der NSDAP-Führer im Charlottenburger Domizil über eine von Bechstein, Eckart und Claß empfohlene Ausdehnung seiner »Bewegung« nach Norden[81]; sprach, laut Heiden, mit dem Grafen Yorck von Wartenburg[82] über eine Verlegung der Parteizentrale nach Berlin; empfing 1933, auf dem Sprung zur totalen Macht, Schleichers Abgesandten, General von Hammerstein, ebenfalls »im Haus von Hitlers Gönner, Carl Bechstein«.[83]

Laufend unterstützten die Bechsteins Hitlers Unternehmen mit Geld und Kunstgegenständen »von höherem Wert«, schickten ihm, wenn auch zu spät, nach dem Scheitern des Novemberputsches ein Fluchtauto, hielten während der Landsberger Zeit engen Kontakt, der sicher auch der Kommunikation mit den führerlosen Parteifunktionären diente. Zum Dank erhielt Dame Helene das dort verfaßte Originalmanuskript von »Mein Kampf«, dessen Papier von Wahnfried gestellt worden war. Auch Hitlers Berchtesgadener Refugium, nahe dem Untersberg und der rettenden Grenze, war von den Berlinern finanziert worden.

Hitler war nicht das einzige Adoptivkind der Bechsteins. In einem Brief Winifred Wagners an den Landsberger Häftling findet sich der beiläufige Satz: »In Berlin werden wir bei unseren gemeinsamen Freunden B...n wohnen – daß Sie im Geiste bei uns weilen, wissen Sie!«[84] Die gemeinsamen Freunde waren für Winifred mehr: Edwin Bechstein war ihr Vormund. Was sie und ihre Söhne verschwiegen, läßt sich beweisen. Zwar hatte offiziell der alte Klindworth die Erziehung des englischen Waisenkinds übernommen, doch dürfte er, der bei ihrem ersten gemeinsamen Besuch in Bayreuth vierundachtzig Jahre zählte, kaum für diese Aufgabe geeignet gewesen sein. Zwar verbrachte Winifred die meiste Zeit ohnehin in Schulen und Internaten, doch brauchte sie ein Zuhause mit gleichaltrigen Kindern, das nicht wie ein urgroßelterliches Museum wirkte. Bechsteins waren wohlhabend, hatten Erfahrung in der Kindererziehung und auch die strenge Bayreuth-Ausrichtung, die Klindworth, »intimer Freund des Hauses C. Bechstein«[85], für die kleine »Senta« erwartete. Die von der Literatur übersehene, weil von Wahnfried unterdrückte Beziehung taucht an prominenter Stelle auf: Cosimas offizieller Biograph Du Moulin Eckart bestätigt, Winifred sei »nach Berlin gekommen und bei Klindworth und dann im Hause von Edwin Bechstein erzogen worden«.[86]

Wäre demnach die Frau, die nach Bayreuth geholt wurde, um dem Wagner-Sohn Siegfried einen Stammhalter zu schenken, im selben Haus und im selben Geist erzogen worden wie der Mann, der nach Bayreuth gebracht werden sollte, um Wagners Geist zur politischen Wirklichkeit werden zu lassen? Die Schlüsselrolle der Bechsteins wird von Winifreds Tochter Friedelind bestätigt: »Edwin Bechstein, der bekannte Klavierfabrikant, war Mutters Vormund, und bei einem Besuch in seinem Haus in München war sie von dem Fieber angesteckt worden.« Seit damals wurde in Wahnfried vom »Retter Deutschlands«[87] geschwärmt.

XI. Ein Auftrag wird erteilt

Was Wagner für Hitlers Persönlichkeit war, das bedeutete Wahnfried für seine Karriere. Hatte sich die Innenstruktur von Hitlers Bewußtsein am Koordinatensystem des Wagnerschen Universums ausgerichtet, so folgte seine politische Laufbahn der Weichenstellung des Bayreuther Kreises. Nicht das »Braune Haus« in München oder die Berliner Reichskanzlei bildeten den Mittelpunkt seiner Welt, sondern die Gründerzeitvilla und das Opernhaus des vergötterten Meisters – was wohl, wie er gegenüber der Wagner-Familie andeutete, auch seine Feinde wußten. »Ich hoffe, Sie sind sich darüber im klaren«, hörte die Wagner-Enkelin Friedelind ihn sagen, »daß im nächsten Krieg die erste Bombe auf das Festspielhaus und die zweite auf Wahnfried fallen wird.«[1]

Über die erste Begegnung zwischen dem Wagnerianer und seiner Wahlverwandtschaft kursieren widersprüchliche Versionen. Laut Hausherrin Winifred habe man sich am 1. Oktober 1923 im Haus Wahnfried kennengelernt; bis dahin, so versicherte sie nach 1945, war Hitler ihr »völlig unbekannt«.[2] Dagegen behauptete ihre Tochter Friedelind, die Mutter sei schon lange davor bei ihrem Vormund Bechstein »von dem Fieber angesteckt worden«[3] und mit dem neuen »Schwarm« im Kopf nach Bayreuth zurückgekehrt.

Friedelinds Bericht wird von der mit Wahnfried-Interna bestens vertrauten Bertha Geissmar bestätigt: Es müsse, so schrieb die Assistentin des Dirigenten Wilhelm Furtwängler, »für Hitler ein großes Erlebnis gewesen sein, als er die junge und schöne Schwiegertochter Richard Wagners im Hause von Frau Bechstein in München kennenlernte«.[4] Da Ernst Hanfstaengl außerdem zu wissen glaubte, Dietrich Eckart[5] habe Hitler mit den Wagners zusammengebracht, läßt sich als Schauplatz der historischen Fühlungnahme ein Bechsteinscher Plüschsalon vorstellen, in dem der Hoffnungsträger der Wagner-Religion von Eckart dem Bechstein-Mündel Winifred zugeführt wurde.

Auch der Zeitpunkt des Kennenlernens ist strittig. Wolfgang Wagner, der wie seine Mutter »das erste Zusammentreffen«[6] auf den 1. Oktober 1923 datiert, wird vom Führer-Fotografen Heinrich Hoffmann um ein Jahr, von Friedelind gar um mehrere unterboten: Als Winifred »1920 oder 1921 in die Partei eingetreten war«, so schrieb ihre Tochter im amerikanischen Exil, habe sie »zu den ersten paar hundert«[7] Parteigenossen gezählt; erst bei der Neugründung nach dem Verbot habe sie 1925 eine Mitgliedsnummer »in den achtzigtausend« erhalten – schwer vorstellbar, daß eine so prominente und selbstbewußte Frau in die Partei eines als Phänomen beschriebenen Mannes eintrat, ohne ihn zuvor kennenzulernen. Schließlich war man in Bayreuth selbst Partei.

In Winifreds Rechtfertigungsschrift für das Spruchkammerverfahren, mit dem sie sich 1946 reinwaschen wollte, behauptete sie, erst 1926, auf »Zureden Hitlers«, in die Partei eingetreten zu sein. Zwar habe man, so Winifred, bereits 1922 in Bayreuth eine »Ortsgruppe der NSDAP gegründet, ein Beitritt der Wagnerschen Familienmitglieder« fand jedoch »*nicht* statt«.[8]

Er wäre auch überflüssig gewesen. Denn die Weltanschauung, die durch die Hitler-Partei verbreitet werden sollte, stammte von hier. Hitlers Glaube war Wahnfrieds Glaube. Alles, »was der Nationalsozialismus erstrebe«, sagte der Führer »im kleinen Kreise« der Bayreuther Ortsgruppe, »schlössen die Werke Wagners in sich«.[9] Und Wagners Enkel Franz Beidler schrieb nach dem Krieg, wenn die NSDAP überhaupt eine Ideologie hatte, so war es »zu einem erschreckend großen Teil Bayreuther Gesinnung«.[10]

Daß in Wagners musealer Residenz der Name des Linzers bereits zu einem Zeitpunkt fiel, als noch kaum einer von der Existenz einer »Deutschen Arbeiter Partei« wußte, wurde von Winifred selbst bestätigt. »Bereits im Sommer 1919«, so schrieb ihr Vertrauter Erich Ebermayer, Verteidiger im Spruchkammer-Verfahren, »haben der Münchner Dichter Michael Conrad und der bekannte Musikkritiker Josef Stolzing-Czerny bei einem Besuch in Wahnfried von der Gründung einer neuen Partei auf nationaler und sozialer Grundlage« sowie über einen »mitreißenden Feuerkopf namens Adolf Hitler« erzählt. Die Wagners hätten »aufgehorcht«, den Namen allerdings »bald wieder vergessen«.[11]

Das indessen scheint unwahrscheinlich: Denn die beiden Münchner Sendboten, die die frohe Botschaft von Eckarts Entdeckung überbrachten, genossen in Wahnfried hohes Ansehen. Der 1846 geborene Schriftsteller Michael Georg Conrad, ein Förderer junger Talente wie Thomas Mann und Siegfried Wagner, war als Vertrauter des Meisters seit den siebziger Jahren für die Belange Bayreuths öffentlich eingetreten, hatte 1903 mit antisemitischer Stoßrichtung gegen die Aufführung des »Parsifal« in New York polemisiert und eine Geldstrafe bezahlen müssen. Conrads Credo, die Deutschen sollten »Richard Wagners Sendung als göttlich annehmen«[12], um »als neugeborenes Volk mit Wagners Geist und Kunst und ehernem Willen die Führerschaft«[13] in der ganzen Welt zu erringen, wies ihn als einen der rigorosesten Gralsritter aus. Für seine Treue zu Bayreuth wurde dem »mutigen Verteidiger des Grales«[14] sogar die silberne Bürgermedaille verliehen.

Auch der andere Hitler-Werber hatte sich bereits als Wagnerianer bewährt. Der Autor des Lehmann Verlags war mit einer Schrift über das »unerlöste Deutschland« hervorgetreten, in der er den Weg aus »arischer Weltanschauung zur deutschen Wiedergeburt« wies; hauptamtlich sollte es Josef Stolzing-Czerny zum »Schriftleiter« beim »Völkischen Beobachter« bringen; ab 1933 zeichnete er gar als Vorsitzender des Landesverbandes der bayerischen Presse.[15]

Daß die Bayreuther Ortsgruppe im November 1922 nicht ohne Wissen der Wagners, der einflußreichsten Familie der Stadt, gegründet wurde, liegt nahe – immerhin bedankte sich Hitler für ein gutes Wahlresultat im April 1924 bei Siegfried mit den Worten, es sei »doch gerade dies nur der Dank für eine Arbeit, die in erster Linie Ihnen und Ihrer Frau Gemahlin zuzuschreiben ist«.[16] Ob Haus Wahnfried auch zu jener Delegation gehörte, die die Bayreuther NSDAP im Januar 1923 zum ersten Reichsparteitag entsandte, ist nicht überliefert. Allerdings bestätigte ein Vertrauter, daß nicht nur die Hausherrin zu den aktiven Sympathisanten gehörte. »Siegfried und Winifred Wagner, Houston Stewart und Eva Chamberlain und Daniela Thode«, so Paul Bülow in der offiziellen Chronik »Der Führer und Bayreuth«, »traten damals schon mit furchtlosem Bekennermut und aus ehrlich überzeugter Begeisterung für Adolf Hitler ein, dessen überragende, staatsschöpferische Führerpersönlichkeit von ihnen erkannt wurde.«[17] Dies mochte mit dem Wissensstand des Jahres 1936 gelten, nachdem der Günstling sich zum Reichskanzler emporgearbeitet hatte – 1923 konnte das keiner ahnen; und das elitäre Bayreuth, ganz mit dem Wiederaufbau der Festspiele beschäftigt, war nicht der Ort, an dem junge Talente obskurer Herkunft entdeckt wurden.

Was also »erkannte« Wahnfried in dem zugelaufenen Radikalpolitiker? Nichts, was es nicht zuvor in ihn hineingelegt hätte. Denn die »staatsschöpferische Persönlichkeit«, jene Rolle also, die Hitler schon bald erschreckend realistisch zu spielen verstand, war lange vor seinem Auftauchen von Wagner, dann von Chamberlain und Cosimas Gralsrittern festgelegt und durch Münchner Sympathisanten wie Eckart, Conrad und Stolzing-Czerny propagiert worden. Der stellungslose Linzer mußte sich nur noch auf die vakante Stelle bewerben, und ein mythisches Modell hatte seinen Träger gefunden. Familien von Rang wie die Bechsteins, Bruckmanns und Hanfstaengls übernahmen den erzieherischen Feinschliff, gewöhnten den Kasernenhocker ans diplomatische Parkett und statteten ihn mit den nötigen Mitteln aus. 1923 konnte Wahnfried die fertige Lichtgestalt in Empfang nehmen.

Nach den Hymnen zu schließen, die man dort anstimmte, war man tatsächlich überzeugt, dem Erscheinen des neuen Messias beizuwohnen. Berauscht von der eigenen Wunschvorstellung, glaubte man an das, was man glauben wollte. Die religiöse Erregung, die den gelähmten Philosophen wie die junge Mutter Winifred, die altjüngferlichen Tanten wie den homophilen Siegfried ergriff, war echt und in Winifreds Fall unübersehbar erotisch gefärbt. Ihre Verliebtheit wurde ansteckend, auch die Stadt sollte am Rausch der Operndynastie teilhaben; bald war Hitler wirklich der von allen herbeigesehnte Heilsbringer, und es schien gleichgültig, was er vorher gewesen war. Wahnfried und der Wagner-Kreis bemühten sich, in ihm den erhofften Erlöser, im Blau seiner Augen und der Feingliedrigkeit seiner Hände dessen übermenschliche Qualitäten zu erspüren, um ihm, der in Wahrheit recht wenig nach einer arischen Lichtgestalt aussah, das seit Lohengrin bekannte Fluidum der Gottgesandtheit zusprechen zu können.

Hitler, der außer seiner jahrelang erprobten Rolle nichts zu bieten hatte, setzte alles daran, dem Wunschbild zu entsprechen. Er mied das »Menschliche«, um dem »Göttlichen« gewachsen zu sein, das man in ihm sah; und er ließ nur einen Maßstab gelten, an dem er gemessen sein wollte: seinen einzigen »Vorläufer«, Richard Wagner. Noch 1927, als er sich längst in der schwerttragenden Führerrolle durchgesetzt hatte und auf niemanden mehr hörte als seine »innere Stimme«, warb er um die Anerkennung seiner Bayreuther Familie. Es werde »die Zeit kommen«, schrieb er Winifred, »in der der Stolz auf Deinen Freund Dank sein soll für so vieles, was ich Dir heute gar nicht vergelten kann«.[18] Wahnfried sollte stolz auf ihn sein. Er war schließlich der Erwählte, und sein Meister, diese »größte Prophetengestalt, die das deutsche Volk besessen«[19] habe, hatte sein Erscheinen geweissagt: Er verkörperte den von Wagner beschworenen Deutschen, diese im Musikdrama veranschaulichte Mischung aus Held und Heiligem, dem die »große Lösung« gelingen würde. »Nach der Überwindung aller falschen Scham«, so hatte der Meister versprochen, habe er »die letzte Erkenntnis nicht zu scheuen« – eben jene, die zu Entschlüssen führe, nach denen es »keinen Juden mehr geben«[20] wird. Er aber, Adolf Hitler, hatte alle falsche Scham überwunden. Er wußte sich als »Drachentöter«. Und um sich dies bestätigen zu lassen, kam er in die Stadt seiner Träume.

Es sei an einem »strahlenden Maimorgen des Jahres 1923« gewesen, so erinnerte sich Friedelind Wagner, als Hitler zum ersten Mal in Wahnfried aufgetaucht sei. Ihrer Großmutter Cosima im Obergeschoß habe man ihn als »Retter Deutschlands« angekündigt, den Winifred »in München kennengelernt«[21] hatte. Da aber Hitlers Antrittsbesuch erst am 1. Oktober stattfand, glaubte man, damit Friedelind Unzuverlässigkeit nachweisen zu können. Doch ihr Versehen läßt sich erklären; Hitler war tatsächlich schon früher im Gralsbezirk aufgekreuzt.

Nach einem Besuch in der Berliner Bechstein-Villa hatte es ihn schon im April 1923 nach Bayreuth gezogen. Da der Hausherr mit Gattin verreist war, beschlossen er und sein Begleiter Ernst Hanfstaengl, das Festspielhaus aufzusuchen. Inmitten der verstaubten Kulissen des »Fliegenden Holländers«, die seit Kriegsausbruch 1914 nicht abgebaut worden waren, erlebte »Putzi« Hanfstaengl einen »seltsam veränderten Hitler«: Der »Schwadroneur« hatte sich »überraschend in einen dankbaren, aufmerksam lauschenden

Zuhörer verwandelt, dem ich nicht genug von dem erzählen konnte, was ich über die Anfängerjahre Wagners als Hofkapellmeister in Dresden wußte«. Gebannt hörte sich der Parteichef die Geschichten an, die Hanfstaengl über seinen mit Wagner befreundeten Urgroßvater, den »Rienzi«-Ausstatter Ferdinand Heine, aber auch die Wagner-Porträtisten in seiner Familie zu erzählen wußte. Gestern noch, so der Verlegersohn, ein »unerfreulicher, rechthaberischer und unbelehrbarer Besserwisser – und hier und jetzt ein dankbarer Zuhörer«, der jedes Wort über seinen Theatergott mit »fast andachtsvoller Ergriffenheit«[22] aufnahm.

Der einstige »arme Teufel« aus der Stumpergasse, der tags für jüdische Kundschaft aquarellierte, um nachts seiner Nibelungen-Leidenschaft frönen zu können, konnte damals schon auf eine erstaunliche Karriere zurückblicken. Dank seiner orchestralen Redegabe, jahrelanger Nachhilfe und allerhöchster Protektion hatte sich der Mythomane selbst in einen Mythos verwandelt, an den man so blind glaubte wie einst der Stehparkettbesucher an die Wirklichkeit der Wälsungen. Nicht um seiner Fähigkeiten oder Errungenschaften willen wurde er auf den Schild gehoben, sondern um einer Zukunft willen, in der sich diese Fähigkeiten und Errungenschaften von selbst einstellen würden. Nicht woher er kam, zählte, sondern daß er der Kommende war.

Um das seit Wagner unveränderte Ziel, die Erlösung vom Judentum, zu erreichen, ebnete man ihm so unauffällig die Wege, als hätte die Vorsehung die Hand im Spiel; und allein seiner Willenskraft sollte zu verdanken sein, was doch Ergebnis geschickter Planung war. Man verschaffte ihm das Image, keiner Unterstützung zu bedürfen, und half ihm, vor die Öffentlichkeit als ein Mann zu treten, der keiner Hilfe bedarf. Wie Wagners Helden sollte er mit nichts begonnen haben, um alles erreichen zu können.

Hitlers »unaufhaltsamer Aufstieg«, kurioserweise synchron zur inflationären Preisentwicklung, ließ ihn selbst an ein Wunder glauben; und es fiel dem Zauberlehrling, der sich als Inkarnation des Opernhaften präsentierte, nicht schwer, dies auch seinem ekstasesüchtigen Publikum zu vermitteln. Hatte er im Juli 1921, dank der tätigen Mithilfe Dietrich Eckarts, in der NSDAP die diktatorische Macht ergriffen und im September 1923 das Kommando über eine kleine Privatarmee erhalten, zu der sich von Thule gesponsorte

Kampfverbände zusammenschlossen, so stellte sich bald die Frage, ob sich in Adolf Hitler nur der Anführer einer politischen Bewegung oder bereits der Führer des ganzen deutschen Volkes offenbart hatte. Vor allem er selbst, dem die Massen »wie einem Heiland«[23] zuströmten, scheint sich damit beschäftigt zu haben.

Angesichts seines wenig präsentablen Vorlebens mochten ihn gelegentlich Zweifel an der eigenen Echtheit überkommen haben; zudem dürfte er sich gefragt haben, ob sich nicht andere der Aufgabe würdiger erwiesen: General Ludendorff, der ruhmbedeckte »Dolchstoß«-Märtyrer, der 1920 nach München gezogen war und sein Haus in eine nationale Pilgerstätte verwandelte, bot sich förmlich an; Justizrat Heinrich Claß, Chef der Alldeutschen, wiederum prägte seiner zahlreichen Gefolgschaft seit Kriegsende ein: »Wir warten auf den Führer!«[24] und meinte vermutlich sich selbst. Zeitweise scheint sogar Hitler den über zwanzig Jahre Älteren in dieser Rolle gesehen zu haben. Im Mai 1922 versicherte der NSDAP-Chef, er selbst sei »nicht der Führer und Staatsmann«, der »das im Chaos versinkende Vaterland zu retten vermöge«; er »brauche den Größeren hinter sich«[25] – was als Anspielung auf Claß verstanden wurde.

Im Jahr darauf war es nicht länger der Alldeutsche, sondern ein ungleich Gewaltigerer, der sich in Hitler ankündigte. »Wir sind alle ganz kleine Johannesnaturen«, verkündete er 1923, weniger in Erinnerung an die Bibel als an Richard Wagner, und erläuterte es mit dem verblüffenden Bekenntnis: »Ich warte auf den Christus!«[26] Der Johannes, den der Bierkellerprophet hier zitierte, war nicht der Täufer im härenen Gewand, sondern die mythologische Schlüsselfigur der »Meistersinger«: In Johannes, der laut Textbuch »an der Pegnitz Hans«[27] hieß, sah der Dichter das Vorbild seines kerndeutschen Helden Hans Sachs. Wie der biblische Prophet den Gottessohn, verkündete der Wagnersche Meistersinger das Erwachen der unterdrückten Nation und zugleich den Triumph des germanischen Künstlers Walther von Stolzing. Dementsprechend wartete Hitler auch nicht, wie er sein Publikum glauben machte, auf den Christus der Kirche, sondern den arischen Erlöser, der nach Wagners Lehre durch sein Blut der bedrohten Rasse »zu göttlichster Reinigung«[28] verhelfen werde. Wagners Erlöser war vom Jesus der Evangelien so weit entfernt wie der Nationalsozialismus vom Christentum.

Wer aber würde sich als neuer Heiland erweisen, der die Juden aus dem Tempel des Reiches vertreiben und das »Blut der edelsten Rasse regenerieren« konnte? Den feierlichen Rahmen für dessen Ankunft bot Regisseur Hitler bereits 1923 beim ersten Reichsparteitag in München, der mit sakralem Pomp zelebriert wurde. Wer geglaubt hatte, dies sei eine politische Veranstaltung, wurde eines Besseren belehrt. Nicht Programme wurden vorgestellt, sondern Prophetien, und wer konkrete Maßnahmen erwartete, sah sich auf die Zukunft der arischen Menschheit verwiesen.

»Niemand beschreibt das Fieber, das in dieser Atmosphäre um sich griff«, notierte Karl Alexander von Müller, als der Führer die Halle betrat und ihn der »Gluthauch hypnotischer Massenerregung« anwehte. »Mitten durch die schreienden Massen und die schreienden Fahnen kommt der Erwartete mit seinem Gefolge, raschen Schritts, mit starr erhobener Rechten.« Dann sieht der Historiker ihn ganz nah, »die schmalen, bleichen Züge wie von einem besessenen Ingrimm zusammengeballt, kalte Flammen ausschleudernd aus den vorgewölbten Augen, die rechts und links nach Feinden auszuspähen schienen, um sie niederzuwerfen« – ein Opernheld, der auszieht, Drachen zu töten, und von seinem Publikum auf »Stürmen des Beifalls« zu seiner Erlösungstat getragen wird. »War es die Masse, die ihm die rätselvolle Kraft eingab?« fragte sich der Chronist, oder »strömte sie von ihm aus zu ihr?«[29] Als Höhepunkt dieser Verschmelzung von Theater und Wirklichkeit wurden dann die ersten von Hitler selbst entworfenen »Rienzi«-Standarten geweiht, die schon bald, mit Hakenkreuz und »Deutschland erwache«-Motto, ihren Siegeszug durch das Reich antreten sollten.

Zu weiteren weltverändernden Kirchentagen versammelte sich die Hitler-Gemeinde 1923 in Nürnberg, Coburg und Bayreuth, wo das Hakenkreuz als neues religiöses Symbol von Abertausenden ergriffen begrüßt wurde. Der »Deutsche Tag«, wie die Wanderveranstaltung mit Gottesdiensten, Predigten, Festmärschen und Fahnenweihen genannt wurde, glich der Massenerweckung charismatischer Sekten, bei der mit dem Feuer des heiligen Geistes getauft wird. Wie eine erleuchtete Christenschar erwartete man, endlos in Reih und Glied ausgerichtet, die Ankunft des Messias, der die »Befreiung aus Knechtschaft und Not«[30] bringt. Und selbst Hitlers »Deutscher Kampfbund«, der mit flatternden Fahnen und klingendem Spiel übers fränkische Kopfsteinpflaster paradierte, verkündete in bewußter Anspielung auf die Ursprünge des Christentums, »daß wir die nationale Revolution wollen ... mit dem Hakenkreuz! Und in diesem Zeichen werden wir siegen!«[31]

Mit seinem an Wagners Religionsoper »Parsifal« geschultem Weiheton erzeugte Hitler eine Atmosphäre, in der sich der einzelne, des unmittelbar bevorstehenden Heils gewiß, kollektiver Erschütterung hingeben konnte. Nicht weniger treffsicher beschwor er den entgegengesetzten mythisch-emotionalen Bereich, den Siegfrieds Schwert symbolisiert. Wie bei einem Kulissenwechsel, der an die Stelle von Wagners Gralsburg »Monsalvat« mit ihren entrückten Sphärenklängen plötzlich die wild-heroische Felslandschaft des Nibelungen-»Ring« mit den harten Rhythmen des Walkürenritts setzt, ließ Hitler auf seine Pfingstverheißung den Appell an Willenshärte und eiserne Entschlossenheit folgen.

»Was Deutschland retten kann«, verkündete er im Mai 1923, »ist die Diktatur des nationalen Willens«, die nur der ausüben könne, der kommen werde. »Unsere Aufgabe ist es nicht, nach der Person zu suchen. Die ist entweder vom Himmel gegeben oder ist nicht gegeben. Unsere Aufgabe ist es, das Schwert zu schaffen, das die Person brauchen würde, wenn sie da ist. Unsere Aufgabe ist, dem Diktator, wenn er kommt, ein Volk zu geben, das reif ist für ihn! Deutsches Volk, wach auf! Es nahet gen dem Tag!«[32]

Selbst wenn nur wenige seiner Zuhörer das »Meistersinger«-Zitat verstanden – daß hier, durch inspiriertes Prophetenwort, das Anbrechen eines Gottesreichs verkündigt wurde, war unüberhörbar. Nach einer dieser pseudomystischen Hitler-Offenbarungen, so erinnerte sich Karl Alexander von Müller, sei unvermittelt »der untersetzte, kurzhalsige Dietrich Eckart rotglühenden Kopfes« auf einen Tisch gesprungen, um »mit den Gebärden eines Rasenden sein Lied ›Deutschland erwache!‹ in die Menge« zu schreien, »die es bei dröhnender Blechmusik wie im Paroxysmus aufnahm: Es war das Bild eines Wahnsinnigen, zur Tobsucht entfesselt.«[33] Es war, nüchtern betrachtet, der Urknall des Hitler-Universums.

Hatte Hitler bei seiner Erweckungstournee 1923 mit der Hartnäckigkeit des Religionsgründers vom »Schwert« gepredigt, das nur der Erwählte, der Kommende, der »Mensch, den uns der Himmel geben wird«, führen könne, so hielt er am 30. September Einzug in die Stadt, in der das »geistige Schwert geschmiedet wurde, mit dem wir heute fechten«. Natürlich konnte mit dieser mythischen Waffe – auch das gehörte zu Hitlers Geheimnissen – nur einer umgehen, der sie kannte: Nur wer den Bayreuther Geist in sich aufgenommen hatte, trug dieses Schwert bei sich; und wer es trug, der wußte, daß es nichts anderes war als eben diese Weltanschauung. Ihren wahren Sinn wiederum erhielt sie erst, wenn sie sich mit schneidender Schärfe der Wirklichkeit aufzwang; wenn sie vom Gerede zum Gefecht überging.

Bayreuth hatte sich schon lange vor Hitlers Auftauchen als geistige Waffenschmiede etabliert, in der für den Endkampf gerüstet wurde. Schon 1901 war der Ort des Wagnerschen Triumphes von Chamberlain zum »Kampfsymbol« erklärt worden, um das sich seine »Getreuen kriegsgerüstet sammeln«[34]; hier hatte 1914 das Festspielpublikum das »Nothung, Nothung!« bejubelt, als der feldgraue Siegfried nach Flandern zog; hier hatte zwei Jahre später der völkische Künstler Franz Stassen ein »Bayreuther Kriegswahrzeichen« entworfen, auf dem Wagners Wälsungenschwert »neu und verjüngt«[35] von den Siegen über den französischen Drachen künden sollte; und hier erlebte, wie ein Zeitgenosse schrieb, die »junge nationalsozialistische Bewegung« des Ortes am 30. September »ihren ersten Höhepunkt«:[36] Der Führer kam und mit ihm der blutrote Flaggenwald, die schwankenden Standarten, die Hakenkreuzhelme des Kampfbundes, die knüppeltragenden SA-Stürme, die Verdun-Veteranen der »Schwarzen Reichswehr« – alle von Tausenden bejubelt, mit »Heil«-Schreien gesegnet und mit Blumenkränzen überschüttet; ein singender und klingender »Meistersinger«-Aufzug, alten Bayreuthern bis heute unvergeßlich. Der »Trommler«, wie Hitler sich in wirkungsvoller Selbstbescheidung nannte, hatte gerufen, um in der Wagnerstadt Heerschau zu halten. Und sich dabei, umgeben von seiner todesmutigen Kreuzritterschar, für ein Amt empfohlen, zu dem er nur hier, im Bannkreis des Meisters, die Weihe empfangen konnte.

Ob Hitler nur »Trommler« und »Johannes« eines Größeren oder bereits der ersehnte, »vom Himmel gegebene« Heiland war, konnte nicht er selbst entscheiden. Sosehr er es fühlen mochte, noch fehlten das Wort und der Segen eines Höheren. Nur ein Mann besaß die Autorität, in Hitler den von Wagner prophezeiten Retter zu erkennen: das geistige Oberhaupt der Wagner-Erben, Houston Stewart Chamberlain. Als Schwiegersohn des Meisters und Autor jener »Grundlagen des Neunzehnten Jahrhunderts«, die Hitler schon »als ganz junger Mann«[37] verinnerlicht hatte, verfügte er über die Vollmacht, den redseligen Chef einer Splitterpartei zum Erlöser der germanischen Rasse auszurufen. »In den ersten Jahren nach dem Zusammenbruch«, so schrieb Winifreds Freund Ebermayer, hielt man in der Wagner-Hochburg »verzweifelt nach dem ›Retter‹ Ausschau«.[38] Nun stand er an der Pforte.

Am Abend des »Deutschen Tages«, so lautete später die Parteilegende, »kam es ganz in der Stille zu einer der denkwürdigsten Begegnungen der Bayreuther Geschichte und – man darf wohl auch sagen – der Geschichte der nationalsozialistischen Bewegung: Adolf Hitler und Houston Stewart Chamberlain reichten sich die Hände ... der geniale Seher und Künder des Dritten Reiches fühlte, daß sich in diesem einfachen Mann aus dem Volke das deutsche Schicksal beglückend erfüllen wird.«[39] Eine weniger hymnische Einschätzung lieferte der damalige Politikdozent Theodor Heuss, der in dem englischen Philosophen einen »alternden Mann« mit sinkender Popularitätskurve sah. Durch Hitlers Erscheinen, so Heuss, erlebte Chamberlain die »Genugtuung, daß der rein publizistische Erfolg seines frühen Auftretens« in diesem Augenblick »eine politische Verdichtung erfuhr«, will sagen: aus Gedanken formten sich Taten. Wie Bayreuth nach einem »neuen Siegfried Ausschau gehalten« hatte und ihn im Münchner Volkstribun zu erkennen glaubte, so durfte dieser sich von Wahnfried »bestätigen und tragen lassen. War sein Antisemitismus Wiener Herkunft bis jetzt wesentlich gefühlsbetont«, so die Analyse des Politikwissenschaftlers Heuss 1932, »fand er ihn nun einem sozusagen geschichtsphilosophischen Werk zugeteilt.«[40]

Der spätere Bundespräsident der Nachkriegsrepublik übersah, daß Hitler sich diese Untermauerung längst angeeignet hatte, und er täuschte sich auch über die Ursprünge von Hitlers Judenhaß. Dennoch lag er mit dem Thema, das den Österreicher mit dem Engländer verband, richtig. Chamberlain sah, im Gegensatz zum gängigen Antisemitismus, im Judentum kein gesellschaftspolitisches, sondern ein metaphysisches Problem, das nicht nur die Deutschen, sondern die ganze Menschheit anging. Nicht Macht und

Einfluß, sondern Sein und Nichtsein standen für den Philosophen auf dem Spiel. Anders läßt sich auch nicht erklären, wie der Goethe-Liebhaber jene Worte finsterster Verbohrtheit niederschreiben konnte, die Hitlers fatale Einstellung zum Judentum vorwegnahmen: »Mit allen Kräften meiner Seele«, so bekannte der Engländer gegenüber dem Theologen Adolf von Harnack, »hasse ich es und hasse es und hasse es!«[41] Denn das »Dasein« dieser Wesen, hatte er schon in den »Grundlagen« erklärt, stelle ein »Verbrechen gegen die heiligen Gesetze des Lebens« dar. Und sibyllinisch fügte er hinzu, daß die Juden nur durch ein »unbewußt begangenes Vergehen« wieder »reingewaschen«[42] werden könnten. Wem dies Vergehen unbewußt bleiben würde, den Tätern oder dem Volk, in dessen Namen sie es durchführen sollten, ließ der große Haßprediger bewußt offen. In ihrer gemeinsamen Entschlossenheit gegenüber dieser »Verbrecherrasse« und der Hoffnung auf eine endgültige »Reinwaschung« dürften sich Hitler und Chamberlain in dessen abgedunkelter Matratzengruft schnell gefunden haben.

Über den Inhalt des Austauschs wurde Stillschweigen bewahrt. Doch läßt sich aus den Briefen, die in der Folge von den Beteiligten gewechselt wurden, mit Sicherheit schließen, daß es um das Thema ging, dem beide verfallen waren. Wenn Hitler seinen Gesprächspartner später als einen Mann charakterisierte, »der, losgelöst vom äußerlich Menschlichen, nur mehr seinem Volke lebt, für dessen Zukunft bangt, auf seine Erlösung und Befreiung hofft«, so meinte er damit die Erlösung vom eigentlichen Widersacher, dem »Haupt- und Todfeind« der Deutschen; und der ist, so Hitler aus der Landsberger Haft an seinen Bayreuther Freund Siegfried Wagner, »der Marxismus und sein Träger«.[43]

Auch an einer weiteren Stelle seines Briefes nach Wahnfried vermied Hitler bewußt das verfängliche Wort, mit dem er die unerwünschte Aufmerksamkeit der Zensur geweckt hätte. Er habe, so schreibt der verurteilte Putschist dem Festspielchef, die Villa Wahnfried lange gemieden, »da ich fürchtete, auch Ihnen, Herr Wagner, die Feindschaft jener Kreise ins Haus zu tragen, unter deren Mißgunst Ihr hochseliger Herr Vater, unser aller ›Meister‹, so sehr zu leiden hatte«. Um so dankbarer sei er nun, daß Siegfried und Winifred dennoch »freiwillig diese sicher kommende Feindschaft auf sich nahmen«.[44]

»Unser aller ›Meister‹« hatte wohl auch das Thema vorgegeben, um das sich das Gespräch zwischen Hitler und Chamberlain drehte – jene »Feindschaft«, unter der Wagner, wie alle reinen Deutschen, »so sehr zu leiden hatte«; und deshalb dürfte auch die Erinnerung an ihn gegenwärtig gewesen sein. Vielleicht nicht nur die Erinnerung: Zehn Jahre nach dem Besuch bei Chamberlain saß Hitler einer anderen historischen Persönlichkeit des neunzehnten Jahrhunderts gegenüber: Im Herbst 1933 war der Reichskanzler in Weimar mit der 87jährigen Elisabeth Förster-Nietzsche, der Schwester Friedrich Nietzsches, zusammengetroffen, und diese hatte ihr Entzücken über Hitlers »wundervolle, geradezu phänomenale Persönlichkeit«[45] ausgedrückt; eine Hochschätzung, von der die alte Dame versicherte, daß auch ihr Bruder, der Künder des Übermenschen, sie unbedingt geteilt haben würde. Der Führer, so gab sie zu verstehen, stelle die Erfüllung der Zukunftsvision ihres Bruders dar, der den »Willen zur Macht« propagiert hatte.

Ergriffen von der Ovation der Nietzsche-Erbin, berichtete Hitler seinem Vertrauten Ziegler über ein eigenartiges Gefühl, das ihn beim Gespräch im Nietzsche-Archiv überkommen hätte: Er habe dabei »hinter dieser Persönlichkeit alle bedeutenden Menschen jener weit zurückliegenden Epoche zu sehen«, ja selbst »sprechen zu hören« geglaubt, »denen sie je begegnet ist«; also auch den von ihm hochgeschätzten »Zarathustra«-Autor, vor dessen Marmorbüste er zuvor Andacht gehalten hatte und dessen prophetische Stimme er dann durch seine greise Schwester hindurch zu sich sprechen hörte. Genau dasselbe, so fügte der Erwählte hinzu, sei ihm bei seinem Bayreuther Antrittsgespräch widerfahren: »So stark wie hier habe ich das nur erlebt, als ich Houston Stewart Chamberlain gegenübersitzen konnte.«[46]

Daß Hitler in der wagnergesättigten Atmosphäre des Chamberlain-Haushalts den Meister selbst zu vernehmen glaubte, konnte sich auch Joachim C. Fest vorstellen. Chamberlains Worte, so schrieb er über dessen späteren Brief an Hitler, seien für »den von Unsicherheiten bewegten, nur in jähen Phantasien zur Gewißheit seines Ranges durchstoßenden Demagogen« wie »ein Zuruf durch den Bayreuther Meister selber«[47] gewesen. Verstärkt wurde dieser Eindruck einer Schicksalsstunde durch die Anwesenheit von Chamberlains Gattin, der jüngsten Wagner-Tochter Eva. Die strenge

Frau, mit Leib und Seele der Bayreuther Weltanschauung verhaftet, trat als Interpretin ihres sprechbehinderten Mannes auf, dem sie die Worte teilweise von den Lippen ablesen mußte. Natürlich teilte sie, als geborene Gralshüterin, dessen extreme Ansichten über das, wie Hitler es ausdrückte, »tief ernste, für die Wissenschaft in dieser Form völlig neue und die Weltgeschichte in ganz anderem Licht zeigende Problem«; in ihrer kompromißlosen Art dürfte sie das Gespräch der beiden noch zusätzlich angeheizt haben. Selbst ein Mann von der Abgebrühtheit Goebbels' sollte 1933 über Evas radikale Ansichten befremdet notieren, sie sei zwar eine »feine, zarte Frau, aber doch etwas hart in den Anschauungen«.[48] Hitler dagegen, der in ihr das Vermächtnis ihres Vaters verehrte, empfand den Austausch als so anregend, daß er noch als Kanzler das Gespräch mit ihr suchte.

Eine Woche nach Hitlers Besuch beim alten Denker wußte das völkische Deutschland, daß die Stunde der Erlösung geschlagen hatte. Chamberlain verkündete vom Bayreuther Gralsbezirk herab die frohe Botschaft, bei der sein persönliches Empfinden ebenso nahtlos in die nationale Zukunftsschau überging, wie sich einst der Weltkrieg in seiner Krankheit niedergeschlagen hatte. Seit dem »verhängnisvollen Augusttag 1914, wo das tückische Leiden mich befiel«, schrieb er in seinem offenen Brief an Hitler, habe er nicht mehr »einen so langen, erquickenden Schlaf« erlebt, ja, er »durfte billig einschlafen und hätte auch nicht nötig gehabt, wieder zu erwachen«.[49] Als Wahrer des Wagnerschen Heiligtums, so wollte er damit sagen, konnte er getrost sterben, da er sein Amt übergeben hatte; mit dem Erscheinen des verheißenen Vollstreckers war seine Aufgabe als Vorläufer erfüllt. Sollte dennoch jemand bezweifeln, daß der Münchner Hitzkopf tatsächlich zu Bayreuths Gralshüter und Deutschlands Erlöser bestimmt sei, mußte er sich von dem, der es wissen mußte, belehren lassen: Denn Hitler, so sein Anbeter Chamberlain aus persönlicher Erfahrung, war ganz anders.

»Sie sind ja gar nicht, wie Sie mir geschildert worden sind, ein Fanatiker« oder gar »Gewaltmensch«, schrieb Chamberlain am 7. Oktober 1923 über den Mann, der einen Monat später eine Kugel in die Decke des »Bürgerbräukellers« schießen sollte; »vielmehr möchte ich Sie als den unmittelbaren Gegensatz eines Fanatikers bezeichnen. Der Fanatiker erhitzt die Köpfe, Sie erwärmen die

Herzen.« Doch nicht nur »Liebeskraft«, wie Winifred Wagner es nennen sollte, strahlte der junge Parteichef aus, sondern auch die Gelassenheit dessen, der mit heiligem Charisma begnadet ist. »Daß Sie mir Ruhe gaben«, schrieb Chamberlain, »liegt sehr viel an Ihrem Auge und an Ihren Handgebärden. Ihr Auge ist gleichsam mit Händen begabt, es erfaßt den Menschen und hält ihn fest ... Und was die Hände betrifft, sie sind so ausdrucksvoll in ihren Bewegungen, daß sie hierin mit den Augen wetteifern.« Die schwärmerische Liebeserklärung der höchsten Bayreuther Autorität war dem Wahnfried-Paar Siegfried und Winifred, wie auch den Bechsteins, Bruckmanns und Hanfstaengls, vermutlich aus dem Herzen gesprochen: Wer in Hitler den Radaubruder sah, kannte ihn nicht – nur vor Vertrauten offenbarte der Gottgesandte sein wahres Wesen.

So sehr sich Chamberlain für Hitlers Ausstrahlung begeisterte, dessen Tatkraft schien ihm noch bedeutender. Als das »Gegenteil eines Politikers« sei er nicht zu gewöhnlichen staatsmännischen Verrichtungen, sondern zu universaler Herrschaft berufen. Es »gibt eine Gewalt, deren Wesen es ist, Kosmos zu gestalten«, schrieb Chamberlain, und in »solchem kosmosbildenden Sinne meine ich es, wenn ich Sie zu den auferbauenden, nicht zu den gewaltsamen Menschen gezählt wissen will«. Was Deutschland von diesem kosmischen Weltbeweger noch erwarten durfte, hat der kranke Philosoph bereits an sich selbst erfahren: »Sie haben den Zustand meiner Seele mit einem Schlage umgewandelt«, schrieb er wie von einem Wundertäter. »Daß Deutschland in der Stunde seiner höchsten Not sich einen Hitler gebiert, das bezeugt sein Lebendigsein.« Deutschland, dies vage Idol der Bayreuther Weltanschauung, hat den Mann aus jener »Not« hervorgebracht, in der der Meister den Geburtsschoß aller Erlösung erkannt hatte. Hitler, so versicherte Chamberlain, war kein Zufallsgeschenk – er verkörperte die Not-Wendigkeit selbst.

Die hohe Bedeutung, die Hitler der Huldigung des Philosophen beimessen sollte, blieb unter seinen Anhängern kein Geheimnis. Das weihevolle Schreiben, so verbreitete 1934 eine Broschüre aus dem Bruckmann Verlag, habe Hitler, »dem vom Schicksal Erkorenen, seine Berufung von höchster Stelle geradezu verbürgt ... Indem Chamberlain die Lebensaufgabe Adolf Hitlers von Anfang an mit klarem Blick erfaßt hat, ist ihm die Ehrenstelle als Seher des kommenden Reiches von vorherein zuerkannt«.[50]

So hymnisch wie in diesem Brief an Hitler hatte Chamberlain zuletzt in die Harfe gegriffen, als er Kaiser Wilhelm II. zum deutschen Kriegs-Messias ausrief. Nun aber war einer gekommen, der zum Haß auf den Antichrist die persönliche Ausstrahlung mitbrachte, die zur Bekehrung der Massen unverzichtbar war. Denn nur, wenn das ganze Volk hinter seinem Heiland stand, würde dieser die Weimarer Judenrepublik beseitigen können. Für Chamberlain war Hitler deshalb, laut Konrad Heiden 1936, »die entscheidende Gestalt der deutschen Gegenrevolution«.[51] Dies sollte die erste Tat des neuen Heilands werden: Nachdem er die nationale Revolution ausgerufen hatte, würde er die rechtmäßige Herrschaft antreten und sich den Massen als das offenbaren, was der greise Seher als erster in ihm erkannt hatte – als »Erwecker der Seelen«, den den kommenden arischen Menschheitsmorgen heraufführt. Der Mann für das Reich, die Kraft und die Herrlichkeit.

Dazu mußte erst der Tempel gereinigt werden. In einem zweiten offenen Brief, den Chamberlain an das Thule-Mitglied Ernst Boepple schrieb, präzisierte er Wesen und Aufgabe des designierten Führers – eine Zielvorgabe, von welcher der Berufene nie wieder abweichen sollte. Hitler, so erklärte Chamberlain in dem Sendschreiben, das als Flugblatt der »Großdeutschen Zeitung« zum Neujahrstag 1924 weite Verbreitung fand, sei eine der seltenen »Lichtgestalten«, die »Gott uns geschenkt hat«.[52] Was zuerst der Erwählte selbst und dann seine Gläubigen gespürt hatten, hier wurde es von erhabenster Stelle, aus der Höhe der Bayreuther Gralsritterschaft, bestätigt: Hitler, eine Lichtgestalt wie Rienzi, Siegfried oder Parsifal; ein Bote, von Gott zur Rettung des in Not geratenen Volkes gesandt wie Lohengrin. Der erstaunliche Schritt vom Linzer Stehparkett auf die politische Weltbühne war damit vorgezeichnet.

Denn keiner, so der Prophet von seinem Krankenlager, könne dessen »faszinierendem Blick widerstehen« oder sich der Kraft seiner Worte entziehen, da sie sich, siehe Brief eins, »immer unmittelbar an das Herz wenden«. Wie ein »Gottessegen« habe er gewirkt, und in seinem Herzen, dem eigentlichen »Hauptorgan dieser Persönlichkeit«, die »Glut entfacht« und die »Gedanken geschmiedet« – jenes Schwert nämlich, das schon Siegfried aus den zerschlagenen Stücken neu erschaffen hatte, um es seinem Feind ins Herz zu stoßen.

Nur Hitler, so sein raffinierter Propagandist, besitze das Rüstzeug zu diesem Kampf. Denn er »liebt sein deutsches Volk mit inbrünstiger Leidenschaft«; und aus ihr, nicht aus irgendeinem Vorurteil oder niedrigem Antrieb, »erfließt« sein »viel beklagter Antisemitismus«. Der Heiland also haßt aus Liebe. Und wer ihn liebt, muß hassen lernen. Was Hitler dereinst in seinem Testament beteuern würde, daß allein »die Liebe und Treue zu meinem Volk« ihn zu den »schwersten Entschlüssen« geführt hätte, war ihm durch Chamberlains Neujahrsadresse souffliert worden: Nur aus Liebe zu Deutschland denke Hitler »konsequent seine Gedanken zu Ende« und ziehe »furchtlos seine Folgerungen daraus«. Die nach Chamberlain grundlegende Konsequenz aber lautete, man könne sich »nicht zugleich zu Jesus bekennen und zu denen, die ihn ans Kreuz schlagen«.

Der Gedanke hatte Tradition in Bayreuth. Wenn der Atheist Wagner gegen seine »geborenen Feinde« predigte, berief er sich mit Vorliebe auf den Gottessohn. Ein Vertrauter berichtete über einen Streit, in den der Meister mit seinem Finanzberater Friedrich von Feustel, einem nationalliberalen Reichstagsabgeordneten, geraten war. Da der Parlamentarier der These von der »Verderblichkeit und Gefahr« der Juden für Deutschland nicht folgen mochte, »brach Wagner in schmerzliche, tiefste Erregung aus und tat den Ausruf, in dem er alles, was er zu sagen hatte, zusammenfaßte: ›Kinder, Kinder, denkt Ihr denn gar nicht an – Jesus Christus?!!‹«; Worte, die er, wie der Chronist berichtete, »mit so unbeschreiblichem Ausdruck seiner Augen und seiner Stimme« hervorbrachte, »daß wir Alle aufs Tiefste berührt waren. Alle, auch Feustel, fühlten, daß damit das letzte Wort gesprochen war, gegen das es keinen Widerspruch geben konnte.«[53]

Dank Chamberlains Vermittlung wurde es auch zu Hitlers letztem Wort. Was er in einer späteren Rede als »höchste Pflicht« bezeichnete, »*alles* einzusetzen, damit nicht auch Deutschland den Kreuzestod erleidet«[54], meldete er in seinem Testament als erfüllt an. Kein Sterblicher habe sich je einer solchen Aufgabe stellen müssen; aber seit der Begegnung mit Chamberlain wußte Hitler eben auch, daß er kein gewöhnlicher Sterblicher war.

Durch den rassistischen Philosophen wurde die Weihe zum Messias untrennbar mit der Lösung des Judenproblems verknüpft. »Das ist das Großartige an Hitler«, schrieb Chamberlain am 1. Januar 1924, der Zeit vorauseilend, die er damit prägen sollte, »sein Mut! Die Zivilcourage ... besitzt er in überschwenglichem Maße. In dieser Beziehung gemahnt er an Luther. Und woher kommt diesen beiden Männern der Mut?« fragte der Engländer, der damit seinen katholischen Günstling unbekümmert auf eine Stufe mit dem protestantischen Reformator stellte. Seine Antwort: Weil beide ihre Sache »heilig ernst« nähmen und nicht nur predigten, sondern ihre Gemeinde vor ein existenzielles Entweder-Oder stellten. Und weil Hitler dieser religionsstifterische Ernst erfülle, so weiß Chamberlain, sei es ihm schier »unmöglich, unser aller Überzeugung über den verderblichen, ja über den todbringenden Einfluß des Judentums auf das Leben des deutschen Volkes zu teilen und nicht danach zu handeln«. Hatte Richard Wagner 1881 über die Juden resigniert geschrieben, »daß namentlich wir Deutschen an ihnen zu Grunde gehen werden, ist gewiß«[55], so konnte nun, zweiundvierzig Jahre später, sein Schwiegersohn die Hoffnung auf eine Wende durch jenen »Lichthelden« ausdrücken, dessen Testament dann, weitere zweiundzwanzig Jahre später, Vollzug melden würde.

Chamberlains Wort von »unser aller Überzeugung« bezog sich auf den Bayreuther Kreis und seine konspirativen Bundesgenossen. Deutschlands Durchschnitts-Antisemiten teilten sie nicht. Ohne Wagners radikal polarisierende Weltanschauung von Goldraub und Götterdämmerung, Blutverderb und Welterlösung ergab sie auch keinen Sinn. Denn Sein oder Nichtsein war hier nie die Frage – viele mochten die Juden nicht, manche haßten sie gar und wünschten sie, aus Neid und Unsicherheit, ins Land, wo der Pfeffer wächst. An Massenmord dachte im Ernst wohl keiner; das hätte auch den Rahmen des Denkbaren gesprengt. Man verfluchte sie, wünschte manchem von ihnen die Pest an den Hals – aber Genickschuß und Gaskammer standen auf einem anderen Blatt. Dies aufzuschlagen lag auch für den verbiestertsten Deutschen jenseits aller Wünschbarkeit.

Erst Wagners großes Welttheater vom metaphysischen Nibelungenkampf, von Verrat und Meuchelmord, vom Untergang der arischen Göttersöhne und der Heraufkunft der Alberichs-Herrschaft verhalf dem Undenkbaren zu sinnfälliger Anschaulichkeit. Die Bühne für die Welterlösung stand bereit, und das düstere Motiv von der kollektiven Vernichtung entfaltete sich aus kaum vernehmbaren Anfängen im Orchesterabgrund über verschlungene, immer geräuschvoller auftrumpfende Variationen bis zu den explosionsartigen Fanfarenstößen und Paukenwirbeln, mit denen die Schmerzgrenze überschritten wurde.

Chamberlain aber gab den Einsatz. »Erkennt man die Gefahr« des Untergangs der deutschen Schöpferrasse, schrieb er in seiner Neujahrsbotschaft weiter, »so müssen schleunigst Maßregeln gegen sie ergriffen werden, das sieht wohl jeder ein, aber keiner wagt's auszusprechen; keiner wagt die Konsequenz von seinem Denken auf sein Handeln zu ziehen; keiner außer Adolf Hitler.«[56] Der las und verstand. Was er zu tun hatte, wußte er nun. Was geschehen würde, war programmiert.

Wer Hitlers mißglückten Rechtfertigungssatz von den »Entschlüssen, wie sie bisher noch keinem Sterblichen gestellt worden sind«, verstehen will, muß ihn in Zusammenhang mit Chamberlains Auftrag lesen. Er war es, der den jungen Volksredner zur letzten Konsequenz drängte und ihn dafür zum gottgesandten Erlöser weihte. Keinem Sterblichen sollte dieser Auftrag erteilt werden, so deutet Selbstmörder Hitler 1945 an, sondern einem, den »Gott uns geschenkt« hat. Er allein konnte dem Antichrist in einer apokalyptischen Endschlacht jenen Untergang bereiten, den seine Idole herbeigeredet hatten. Im Geist unzählige Male durchgespielt, führte er das Stück als Separatvorstellung auf, während das Weltpublikum abgelenkt war. Phantasie blieb es für ihn auch dann noch; den Anblick von Leichen hat sich der Erlöser zeitlebens erspart. Doch scheint sich im versteinerten Ernst seiner Züge jenes Grauen bereits anzukündigen, vor dem er dann die Augen verschloß.

Unheimlich auch die Vorstellung, das Jahrtausendverbrechen könnte von jener Chamberlainschen Dunkelkammer im Haus Wahnfriedstraße Nummer eins, inmitten von Wagner-Memorabilien und Arzneifläschchen, seinen Ausgang genommen haben. Zwar hütete der Drachentöter selbst alles, was mit diesen unsäglichen »Entschlüssen« zusammenhing, als Geheimnis; über die Bedeutung des Propheten Chamberlain aber ließ er vor Eingeweihten keinen Zweifel. Auch Joseph Goebbels, der den Kranken 1926 besuchte, wußte um dessen Schlüsselstellung im Nationalsozialismus. Seinem Tagebuch vertraute er die »erschütternde Szene« an, wie er Chamberlain auf dem Ruhebett gegenübertritt, der »gebrochen, lallend« und mit Tränen in den Augen nach seiner Hand greift, »und will mich nicht lassen«. »Im Tiefsten aufgewühlt«, nennt Goebbels ihn den »Vater unseres Geistes«, den »Bahnbrecher« und »Wegbereiter«. Und ruft ihm inbrünstig die fast religiösen Worte nach: »Du bist bei uns, wenn wir verzweifeln wollen.«[57] Was Chamberlain für Hitler wirklich bedeutete, dürfte Goebbels damals dennoch kaum geahnt haben.

Weder der Philosoph, der 1927 von Hitler und dessen SA-Männern zu Grabe getragen wurde, noch seine Frau Eva, die fünfzehn Jahre später mit Führerkranz beerdigt wurde, haben die Erfüllung der gemeinsamen Hoffnungen erlebt. Siegfried Wagner folgte 1930 seiner Mutter Cosima ins Grab. Winifred, die den Tod ihres Führers und die Aufdeckung seines Millionenmassakers verwinden mußte, überlebte als Zeugin des einstigen Liebesbundes. Unbeirrt liefen die Wagner-Festspiele nach dem Holocaust weiter; Winifred starb 1980, als wäre nichts passiert.

Was an jenem Abend des 30. September 1923 in Chamberlains Krankenstube wirklich gesprochen wurde, blieb das Geheimnis der Beteiligten. Selbst die beiden Chamberlain-Briefe, in denen Hitler als Deutschlands Befreier präsentiert wurde, lassen die Folgerungen im Nebulösen. Gewiß ist nur, daß Hitler, wie er in seinem Testament zugab, die von Chamberlain suggerierte Konsequenz von seinem Denken auf sein Handeln gezogen hat, sobald ihm die Möglichkeit dazu geboten war.

Als er 1923 beim Philosophen auftauchte, war er bereits Wagnerianer und überzeugter Antisemit; damit sich diese Ingredienzien aber zu dem welthistorischen Gifttrank mischten, der ganze Dörfer, Städte und Landstriche entvölkerte, um schließlich, wäre der grausame Spuk nicht gewaltsam beendet worden, einen ganzen Kontinent zu dezimieren, bedurfte es eines höheren Auftrags. Als gottgesandter Führer der Deutschen durfte er sich nur dann fühlen, wenn er den Mut zur großen Lösung aufbrachte. Was ihm seit dem Linzer »Rienzi«-Erlebnis als unerfüllbarer Traum vor Augen schwebte, hing von der Erfüllung dieser Wagner-Prophezeiung ab. Nur als Messias durfte er zum Massenmörder werden; nur als Liebender durfte er seinen Haß in anonymen Schlächtereien entladen.

Weder sein Volk noch dessen Nachbarn hinderten ihn daran, den Plan voranzutreiben und, fast unbemerkt, auszuführen. Denn keiner war bereit gewesen, dem gräßlich Absurden, das er in seinen Predigten vor jauchzenden Massen andeutete, Glauben zu schenken. Man hielt für Theater, was Theater war – und übersah, daß dies Schauspiel sich längst auf den Weg in die Wirklichkeit begeben hatte. Beschwichtigend meinte man, daß dieser schmachtende, gurgelnde und schluchzende, dann wieder in heiseres Bellen ausbrechende Massenbezauberer nicht im Ernst meinen konnte, was er da im Wirbel des Außersichseins von sich gab; und wenn er höhnisch lächelnd künftige Grausamkeiten beschwor und mit überquellenden Augen die Vernichtung der Feinde ankündigte, so hielt man das für exzessiven Wählerfang.

Alles, so spürte die vernünftig gebliebene Mehrheit der Weimarer Republik, war doch nur Schaustellung, Mummenschanz, Totenbeschwörung. Und so unterschätzte man Hitler, wie man Wagner belächelt hatte. Was da in den überfüllten Arenen der Parteiversammlungen geschah, es war Theater, gewiß, doch als Regisseur zeichnete der Meister von Bayreuth: Sein Drama von hypnotischer, massenbewegender Kraft, das längst an die Wirklichkeit rührte, begann jetzt unüberhörbar in sie einzudringen. Wo Alltag war, sollte Kunstwerk werden. Auch Chamberlains Haus, in dem Hitler zum Heiland berufen wurde, und die benachbarte Wahnfried-Residenz, in die er am nächsten Morgen Einzug hielt, waren nur Nebengebäude von Wagners großem Festspielhaus, in dem die Wotanskinder und Alberichs nächtliches Heer ihren ewigen Kampf ausfochten.

Noch am selben Abend war der Gesalbte von seinen Förderern Bechstein in einer »kleinen Abendgesellschaft im Hotel Anker«[58] mit Siegfried und Winifred zusammengeführt worden. Am 1. Oktober 1923 betrat er dann die Wagner-Villa, ging, wie Friedelind erinnerte, »auf Zehenspitzen« durch den seit Meisters Zeiten unveränderten Salon, ehrfürchtig, »als besichtige er die Reliquien einer Kathedrale«; und erzählte, wie er seit seinem ersten »Lohengrin« den Komponisten als »größten Deutschen, der je gelebt«[59]

hatte, verehrte. Die Hausherrin, vom blauen Heilandsblick gefesselt, begriff sogleich, daß dieser Mann »seit Linz Wagner verfallen«[60] war, und dieser fühlte sich am Ziel seiner Jugendsehnsucht. »Ach«, sagte er noch in der Wolfsschanze über sein Wahnfried-Debüt, »ich war so bewegt!«[61]

Zum Höhepunkt seiner Aufnahme in den heiligen Gralsbezirk wurde für ihn der Besuch an Wagners Grab. Seit 1883 lag der Meister hinter Wahnfried unter einer mächtigen, efeuumrankten Granitplatte. Der schmucklose Stein hatte sich längst zum Wallfahrtsort der völkischen Bewegung entwickelt; unter den Bayreuther Andachtsstätten bildete das schlichte Monument das Allerheiligste. Der Gast, von den Freunden durch den Garten zum baumbeschatteten Weiheort geführt, bat, die letzten Schritte allein gehen zu dürfen. »Lange steht er dann schweigend mit dem Rücken zu den Wagners vor dem Grabe des Meisters«, berichtet Erich Ebermayer. »Als er sich wieder umwendet, hat er Tränen in den Augen.«[62]

Zurückgekehrt, legte er das Versprechen ab, die »Parsifal«-Frage »im Sinne des Wagnerschen Vermächtnisses» zu lösen, vorausgesetzt, er gewinne den nötigen »Einfluß auf die Geschicke Deutschlands«.[63] Wie er sich den verschaffen wollte, soll er, laut Friedelind Wagner, ebenfalls offengelegt haben. »Er erzählte den Eltern von dem Staatstreich, den seine Partei für Ende des Jahres plane, ein Schritt, der, wenn er gelinge, die sofortige Machtergreifung bedeute.«[64]

War Hitler am Vorabend zu Deutschlands Retter bestimmt worden und hatte am Grab des Meisters in dessen Gedenkstein das »granitene Fundament« seiner Weltanschauung entdeckt, so wollte er sich nun als »Tatmensch« der Bayreuther Religion beweisen. Sein Ziel sei es, so wird er Tage später verkünden, »Wegbereiter zu sein der großen deutschen Freiheitsbewegung«; und »dabei will ich mich auf niemand stützen als auf meinen ungeheuren Tatwillen und mit ihm und durch ihn siegen oder untergehen«.[65]

Hinter diesem Tatwillen aber stand, Chamberlain hatte ihn überzeugt, die Vorsehung. Aus der Not des Volkes geboren, war Hitler zu dessen Erlöser bestimmt. Nicht er handelte, »es« handelte durch ihn. Unfehlbarkeit war die zwangsläufige Konsequenz, Widerspruch erschien fortan wie Blasphemie. Seit der Bayreuther Erleuchtung fielen seinen Bekannten die zunehmenden »Messias-

Allüren«[66] auf. Da er »den Beruf zur Rettung Deutschlands in sich fühle«, blieb den Anhängern nur die Wahl, sich seinem unergründlichen Willen blind unterzuordnen oder seine Feindschaft ertragen zu müssen. Hatte er noch im Frühjahr 1923, wie General von Lossow sagte, »betont, er wolle nur Propaganda machen und das Feld bearbeiten für den, der kommen soll«, so gab er sich nun als »der Berufene« aus, und »seine Gefolgschaft ... bezeichnete ihn als deutschen Messias«.[67]

Sowenig er als gewöhnlicher Parteichef auftrat, sowenig ließ sich seine Bewegung als politische Gruppierung verstehen. Wo eine Partei war, gab es viele Parteien – die NSDAP machte sie alle überflüssig; jede politische Meinung rief entgegengesetzte Meinungen hervor – der Führer, der den Willen des Volkes verkörperte, würde sie alle zum Schweigen bringen. »Nicht für eine Wahl sind wir gegründet worden«, rief er seinen Wählern zu, »sondern um als letzte Hilfe in der größten Not einzuspringen ... Von unserer Bewegung geht die Erlösung aus, das fühlen heute schon Millionen. Das ist fast wie ein neuer religiöser Glaube geworden!«[68]

XII.
Der verratene Heiland

Wie Hitler anstelle von Meinungen ewige Wahrheiten verkündete, appellierte seine Weltanschauung auch nicht an die Vernunft, sondern an den Glauben. Und glauben, an Hitler und die gemeinsame, von Wagner begründete und von Chamberlain wissenschaftlich »bewiesene« Weltanschauung, wollte auch Siegfried Wagner. Der 1869 geborene einzige Sohn des Meisters, der als glückloser Komponist und eifriger Mitarbeiter der Festspiele hervorgetreten war, stand, wie seine Mutter Cosima und die anderen Gralsritter, mit der Weimarer Republik auf Kriegsfuß und wartete auf jene glückhafte Wende, wie sie der Vater so überzeugend in seinen Dramen geschildert hatte: Da erschienen, gerade wenn die Not am höchsten war, der schwanengezogene Lohengrin-Nachen oder die auf dem Luftroß reitende Walküre Brünnhilde, die den ungeborenen Siegfried rettet. Das Wunder war im Festspielhaus die Regel.

Auch Bayreuth wartete dringend auf Erlösung. Seit Kriegsausbruch 1914 waren die Tore geschlossen, und seit dem Zusammenbruch hatte sich, in Siegfrieds Worten, das Reich in einen »Schweinestall«[1] verwandelt. Nur eine Revolution, wie Vater Richard sie 1849 in Dresden versucht hatte, konnte noch Rettung bringen. »Gottlob gibt es noch deutsche Männer!« schrieb er einem Vertrauten vor dem Novemberputsch. »Hitler ist ein prachtvoller Mensch, die echte deutsche Volksseele. Er muß es fertig bringen!«[2] Vermutlich meinte er damit ebenjene Freiheitsbewegung, die einst der königliche Kapellmeister in Dresden vorangetrieben hatte und die nun in Händen jenes Mannes lag, der sich am Telephon in Wahnfried gern als »Kapellmeister Wolf«[3] meldete.

Vorsichtig arbeitete Siegfried Wagner auch in der Öffentlichkeit auf den Sturz der »Judenrepublik« hin. In Vorträgen, bei denen er

Geld für die Wiedereröffnung seiner Festspiele sammelte, verglich er die kulturelle Dekadenz der Weimarer Republik mit dem Niedergang der klassischen Antike. »Betrachtet man unsere jetzige Zeit«, erklärte er im Frühjahr 1923, »so fällt einem unwillkürlich das Schicksal Athens ein. Die Ähnlichkeit zwischen den Deutschen und den Athenern, das ist frappant.« Und kühn verglich er, ganz im Sinne des großen Vaters, die »Aufführungen des Aischylos und Sophokles« mit der »Blüte der Bayreuther Festspiele«. Wie es dort, »am Ende des politischen Krieges«, zur Dekadenz gekommen sei, habe auch Deutschland nach dem Zusammenbruch seine kulturelle Blüte eingebüßt – ohne die Bayreuther Festspiele war das Land für ihn eine kulturelle Wüste. Und um die letzte »Vergleichsparallele« nicht zu scheuen, stellte Siegfried Wagner die Frage, was denn aus dem hellenischen Menschheitsideal geworden sei – eben das, was Deutschland bevorstand: »Es ging unter.«[4]

Kaum von seiner kulturpessimistischen Vortragsreise zurückgekehrt, setzte der Komponist seine Hoffnung auf radikalen Wandel in Töne um. Das Programm der »symphonischen Dichtung«, die er »Glück« betitelte, erinnert an die theatralische Deutung, die Richard Wagner im Vorfeld des Mai-Aufstandes der »Götterfunken«-Symphonie Beethovens verlieh. Erscheint in Schillers Ode die »Freude« als höchstes Göttergeschenk, so winkt der schmachtenden Menschheit in Siegfried Wagners Tonpoem die Himmelsgabe des Glücks. Doch nur den Würdigsten, so der Komponist, wird die »holde Göttin« Fortuna ihren Segen spenden. Diese jagen nicht wie gewöhnliche Erdenkinder nach Macht, Gold oder Lustgewinn, sondern reiten auf »feurigen Rossen« in die Schlacht. »Wir ziehen zum Kampf«, rufen die Helden der Glücksgöttin zu, »der Feind will uns das Heiltum rauben! Das soll ihm nicht gelingen!«[5] Und dies, die Abwehr der frevlerischen Feinde, bildet das eigentliche Thema der Komposition »Glück«.

Auch in Richard Wagners Dramen »Ring« und »Parsifal« wird das Heiligtum von satanischen Menschheitsfeinden geraubt – hier das Gold durch den Nibelungen Alberich, dort der heilige Speer durch den Hexenmeister Klingsor –, bis es von heldischen Lichtgestalten, nach Vernichtung der Widersacher, zurückgebracht wird. Für Siegfried hieß das, auf die kulturelle Gegenwart und seine Komposition angewandt: Nur wer das Bayreuther »Heiltum« und mit ihm das vom Untergang bedrohte Reich vor seinen Feinden schützt, verdient die Göttergabe. Und deshalb »jauchzt« Fortuna den Helden ihren »Heil«-Gruß entgegen und spendet reichlich vom Siegespreis. Am Ende demonstriert der Komponist mit strahlendem Trompetengeschmetter, was er für das wahre Glück hält: die der »Menschheit segenbringende Tat«. Und »Tatmensch« Hitler wußte, was gemeint war.

Sicher hatte der Parteichef bei seinem Besuch in Wahnfried am 1. Oktober erfahren, daß die Uraufführung der Kulturkampf-Symphonie am 10. November in der NSDAP-Hochburg München vom Komponisten selbst dirigiert werden sollte. Da auch Hitler eine Premiere bevorstand, deren Ziel mit dem Programm der Tondichtung nicht zufällig übereinstimmte, könnte es beim Frühstück in Wahnfried zu einer Terminabsprache gekommen sein. Der Entschluß zur Revolution stand für Hitler lange fest, und nach Friedelinds Bericht waren seine Bayreuther Freunde eingeweiht.

Als »erster Zeuge und Bote dieser kommenden Erhebung«, so schrieb der Putschist später aus der Haft an den »Glücks«-Komponisten, sei er bei Chamberlain erschienen, »um dem schwer leidenden Manne das beste Heilmittel zu bringen, das diese Welt heute wohl für Ihn haben kann«.[6] Hatte Hitler dem Kranken sein Projekt vorgetragen und war von diesem gesegnet worden, so dürfte ihm Siegfrieds geplante Uraufführung wie ein Schicksalswink vorgekommen sein: Wagner-Klänge würden das Startsignal zur nationalen Revolution geben, Hitlers »segenbringende Tat« in den Siegesfanfaren ihre musikalische Apotheose finden.

So setzte Hitler den Augenblick seines Eintritts in die Geschichte auf denselben Tag fest, an dem seine Bayreuther Freunde ihr neuestes Opus vorstellen würden. Der Umsturzstratege plante, nach einer »großen Nachtübung«[7] seines Kampfbundes am nächsten Morgen – »es nahet gen dem Tag« – in die Landeshauptstadt einzumarschieren und, wie in Erfüllung seiner alten »Rienzi«-Vision, die »nationale Diktatur« zu errichten. Daß er dann doch um zwei Tage vorzog, lag an einer Propagandaveranstaltung seines Widersachers, des machthabenden »Generalstaatskommissars« Ritter von Kahr, der Hitlers Geheimplan den Wind aus den Segeln zu nehmen drohte. Als der NSDAP-Chef am Abend des 8. November 1923 mit seiner Browning bühnenreif in die Decke des »Bürgerbräukellers«[8] schoß, wußte er seine Bayreuther Gewährsleute in der Nähe: Für den nächsten Tag war die Generalprobe des Wagnerschen »Glücks« angesagt.

Hitlers versuchter Staatsstreich ging als dilettantisch vorbereiteter und jämmerlich gescheiterter Operettenputsch in die Historie ein. Geschichte hatte der Hauptakteur mit seinem Unternehmen auch schreiben wollen; doch nicht die Farce, als die es sich schnell entpuppte, sondern Deutsche Heldensage war geplant gewesen. Was der Putschist wirklich wollte, war eine große, massenbewegende Wagner-Revolution: Wie Rienzi, der im Namen des Heiligen Geistes das Volk gegen die Usurpatoren führt, oder wie der Dresdner Brandredner Wagner, der mit dem »Götterfunken« der Neunten Symphonie die Flammen des Aufstands entzündet, hoffte er, auf einer Woge nationalen Erwachens an die Spitze des Reiches getragen zu werden, auf jenen vakanten Herrscherthron, der einem Staatsheiland zukam.

Wie der biblische Messias, der kam, um mit dem Schwert Gericht zu halten, so würde auch er »revolutionär sein gegen die fremde Rasse, die uns bedrückt und aussaugt, und wir werden nicht eher ruhen und rasten, als bis diese Sippe aus unserem Vaterland draußen ist«.[9] Erst dann konnte er, wie Wagner schon ein halbes Jahrhundert vor ihm gefordert hatte, »eine Erneuerung des ganzen deutschen Volkes, ja – weiterhin der Welt«[10] ins Auge fassen. Was der Meister prophezeit hatte, sollte sich jetzt erfüllen. Dessen Weissagung, so erkannte damals der Bayreuthianer Richard du Moulin Eckart, war »wie ein Menetekel« an der Wand zu lesen.

Der Zeichen waren viele, und da auch das Freundespaar aus Wahnfried die »Tat« erwartete, gab Hitler das Signal, drang in den verqualmten Bierkeller ein und rief vor der Geschichte das entscheidende Wort aus: »Die nationale Revolution ist ausgebrochen.«[11] Und Joseph Stolzing-Czerny sollte in der Redaktion des »Völkischen Beobachters« etwas voreilig in den »Meistersinger«-Jubel ausbrechen: »Deutschland erwacht aus seinem wüsten Fiebertraum, eine neue große Zeit bricht in strahlendem Glanze durch die Wolken, die Nacht lichtet sich ...«[12]

Fünf Jahre nach der jüdisch-»internationalen« Revolution, die das Reich ins Unglück gestürzt hatte, war Hitler an die Spitze der nationalen Revolution getreten, um das Reich einem neuen

Menschheitsmorgen entgegenzuführen. Dazu bediente er sich, seltsam genug, des gleichen Rezepts, mit dem seine Todfeinde, die »Novemberverbrecher«, die Macht an sich gerissen hatten. »Die jüdische Revolution«, so war Hitler schon 1922 aufgegangen, sei »von einer entschlossenen kleinen Gruppe gemacht« worden, »die dann als Stoßtrupp die breite lethargische Majorität mit sich fortriß.«[13] Ebendas hatte er nun selbst vor. Auch er würde der deutschen Erhebung voranschreiten, und dem Stoßtrupp seiner Getreuen würde bald das ganze Volk nachströmen. Dann konnte der Sturm der Vergeltung losbrechen, das neue Reich in alter Herrlichkeit wiedergeboren werden.

Als wollte Hitler seine von Chamberlain öffentlich bestätigten Wunderkräfte auf die Probe stellen, platzte er in die »Bürgerbräu«-Versammlung, um mittels Charisma dem Matador von Kahr, den er elf Jahre später erschießen lassen würde, die Schau zu stehlen. Nicht mit Waffengewalt, sondern durch Seelenmassage und sanfte Erpressung würde er das in München herrschende Triumvirat – Ritter von Kahr, Reichswehrmann von Lossow, Polizeichef von Seisser – auf seine Seite ziehen. Die dramatische Wende schien sogar zu gelingen: Seine politischen Gegner, in ein Nebenzimmer komplimentiert, gaben klein bei, und der Wundermann, der sich sein Eisernes Kreuz an den schwarzen Frack geheftet hatte, zeigte, überwältigt von der eigenen Kraft, »eine Art kindlicher Freude«.[14]

Zuletzt hatte er über Chamberlains Ergebenheitsadresse »wie ein Kind«[15] frohlockt. Es war wohl jener kindliche, zu keiner Entwicklung fähige Kern seiner Psyche, der nicht nur an Wunder glaubte, sondern auch daran, sie selbst wirken zu können. Als Symbol dieser übermenschlichen Gabe diente ihm, wie dem Wälsungen Siegfried das Siegschwert, sein allzeit bereiter Revolver. Seit Anfang seiner politischen Aktivitäten trug er ihn bei sich, präsentierte ihn Gastgebern an der Garderobe, legte ihn bei konspirativen Treffen demonstrativ auf den Tisch und zog ihn bei seinen mitternächtlichen Besuchen in Wahnfried vor den staunenden Wagner-Kindern[16] aus der Tasche. Immer wieder spielte er mit dem Gedanken, sich zu erschießen, doch gab er ihm erst nach, als das Spiel aus war.

Mit dem »Ausdruck freudvoller Selbstüberhebung«[17], so beobachtete ein Augenzeuge, hielt Hitler an diesem Abend eine seiner ekstatischen Theaterreden, mit der er, laut Karl Alexander von

Müller, ein »rednerisches Meisterstück« ablegte, »das jedem Schauspieler Ehre gemacht hätte«. Noch nie in seinem Leben, so erinnerte sich der Münchner Historiker, der aus einer altwagnerianischen Familie stammte, habe er »einen solchen Umschwung der Massenstimmung in wenigen Minuten, fast Sekunden erlebt«. Der bleiche Mann im Trauerfrack hatte »die Stimmung der Mehrheit ... mit einigen Sätzen umgedreht wie man einen Handschuh umdreht. Es hatte fast etwas von einem Hokuspokus.«[18]

Immerhin war es, was von Müller nicht ahnen konnte, seine Antrittsrede als Reichsheiland; und dessen göttliche Kraft hatte sich bereits bewährt, als sich die drei bayerischen Machthaber mühelos aus dem Weg räumen ließen. »Ich will jetzt erfüllen«, so rief er im Bibelton, die Hände beschwörend zum Himmel erhoben, »was ich mir heute vor fünf Jahren als blinder Krüppel im Lazarett gelobte: Nicht zu ruhen und zu rasten, bis die Novemberverbrecher zu Boden geworfen sind, bis auf den Trümmern des heutigen jammervollen Deutschlands wieder auferstanden sein wird ein Deutschland der Macht und der Größe, der Freiheit und der Herrlichkeit. Amen!«[19] So stellt sich ein neuer Jesus vor. Ähnliches mochte auch jenem Besucher durch den Kopf gegangen sein, der später, als eine tränenselige Bierkellergemeinde das Deutschlandlied anstimmte, einem Polizeibeamten zuflüsterte: »Das einzige, was hier noch fehlt, ist ein Psychiater.«[20]

Die Magie war schnell verflogen. Das überrumpelte Triumvirat widerrief; der Hitler-Zug, der sich am nächsten Tag »mit Deutschlandlied und wehenden Fahnen«[21], aber ohne Konzept durch Münchens Straßen bewegte, mußte entweder die Massen mobilisieren oder sich an der ersten Straßensperre schmählich auflösen: Sieg oder Untergang. An der Spitze zeigten sich, eher Desperados als Helden, Parteichef Hitler und »Dolchstoß«-General Ludendorff. Der »Sieger ruhmvoller Schlachten«, so beobachtete von Müller kopfschüttelnd, ging »in einem verknitterten Zivilmantel, einen schäbigen weichen Hut auf dem Kopf, an der Spitze eines trostlos revoltierenden Haufens«. Der hatte, aus Zivilisten und gewehrtragenden Soldaten »ohne Ordnung durcheinandergewürfelt«, den »Charakter einer Horde«.[22]

Kein Volk stand auf, kein Sturm brach los. In wenigen Augenblicken war alles vorbei. An der Feldherrnhalle, vor der Hitler schon als Aquarellist und später als Hurrarufer bei Kriegsausbruch gestanden hatte, wurde seine »Rotte mit Helmen« von der Polizei gestoppt und, wie diese reportierte, in ein »20 bis 25 Sekunden«[23] dauerndes Feuergefecht verwickelt. Von Müller hörte aus der Ferne nur ein paar Schüsse, die »wie eine unregelmäßige Salve«[24] klangen. Innerhalb von »höchstens dreißig Sekunden«, so die Polizei, »ergriffen die Hitler-Truppen die regellose Flucht«.

Zurück blieben neunzehn Sterbende. Hitlers Theatercoup, dem die Regie fehlte, hatte in einem Blutbad geendet. Ludendorff war festgenommen worden, der verletzte Göring wurde in ein Innsbrukker Krankenhaus gebracht; andere Putschisten versteckten sich bei österreichischen Parteigenossen oder, wie Hans Frank, in Mussolinis Italien. Hitler, der den kopflosen Zug in ein sinnloses Massaker geführt hatte, ließ sich zur Villa seiner musikalischen Freunde Hanfstaengl nach Uffing am Staffelsee chauffieren. Dort wurde er, wenige Minuten vor Eintreffen eines Bechsteinschen Fluchtwagens, am 11. November verhaftet.

Der Putschführer ohne Fortune hatte alles gewagt und alles verloren. Sein Ansehen als Stratege war beschädigt, und da das Volk seiner Volkserhebung ferngeblieben war, mochte auch keiner länger vom neuen Messias reden. Hitler, einmal mehr als Versager bloßgestellt, erwartete nur noch, »daß er erschossen werde«.[25] Da seine Partei verboten und sein Propagandablatt »Völkischer Beobachter« eingestellt wurde, schien die nationale Erweckungsbewegung wieder einzuschlafen; es »verschwanden die Hakenkreuze, die Sturmtrupps«, schrieb Stefan Zweig, der 1938 vor dem Führer fliehen sollte, »und der Name Adolf Hitlers fiel beinahe in Vergessenheit zurück«.[26]

Das Revolutionsstück hatte, wie 1849 in Dresden, mit der Katastrophe geendet. Und doch kündigte sich schon bald die bei Wagner-Dramen unvermeidliche Verklärung an. Von politischen Beobachtern fast unbemerkt, war das Leitmotiv für ein neues Stück erklungen. Der Vorhang, kaum gefallen, begann sich zögernd wieder zu heben. Wie im »Ring des Nibelungen« war der Untergang des Helden durch Verrat herbeigeführt worden. Auf dessen Sieg im »Bürgerbräu« mit triumphaler Arie und Chorfinale, das die einstigen Gegner einträchtig im eigenen Lager versammelt sah, war der tückische Umschlag erfolgt, der Abfall der Bundesgenossen und schließlich der Meuchelmord. Nur um Haaresbreite war Hitler der tödlichen Kugel entgangen, die seinen untergehakt gehenden Seitenmann Max Erwin von Scheubner-Richter traf. Wie in Erinnerung an den biblischen Judasverrat machte in München das Wort vom »Kahrfreitag« die Runde, versammelten sich »große Menschentrupps, darunter viele Studenten«, die »mit lauten Schmährufen gegen den ›Judas Kahr‹ und den ›Verräter Lossow‹ durch die Straßen zogen«.[27]

Gerade durch sein Scheitern erwies sich Hitler als wahrer Messias. Was wie die endgültige Niederlage erschien, so spürte Hitler in seiner Landsberger Gefängniszelle, brachte ihm seine mythische Bestätigung. Als Erlöser war er unverwüstlich. »Der erste Teil der nationalen Revolution ist vorüber«, so verkündete ein konspiratives Schreiben im Hitler-Ton, das unter Parteigenossen kursierte. »Er hat die wünschenswerte Klärung für unsere Freiheitsbewegung gebracht. Unser hochverehrter Führer Adolf Hitler hat für das deutsche Volk wiederum geblutet. Schändlicherer Verrat, als ihn die Weltgeschichte jemals sah, ist an ihm und dem deutschen Volk begangen worden. Durch Hitlers Blut und das auf unsere Kameraden gerichtete Eisen aus Verräterhand sind die vaterländischen Kampfverbände auf Gedeih und Verderb zusammengeschweißt. Der zweite Teil der nationalen Revolution beginnt.«[28] Erst im Scheitern sollte sich Chamberlains Prophezeiung bewahrheiten. Denn nur wer untergeht, kann auferstehen.

Dafür würde auch Haus Wahnfried sorgen. Hitlers Freunde Siegfried und Winifred Wagner waren am entscheidenden Tag nach München gekommen, vermutlich in Begleitung anderer Clanmitglieder, die sich die Uraufführung des »Glück« ebensowenig entgehen lassen wollten wie die des Hitlerschen Revolutionsstücks. Nach offizieller Bayreuther Leseart, von Erich Ebermayer überliefert, wohnte das Paar »bei Freunden in der Widenmayerstraße«[29], wo auch die begüterte Familie des Hitler-Freundes Scheubner-Richter lebte; doch die Wagners, so der Chronist, »denken nur an ihr Konzert, nicht an Politik«. Am Abend des 8. November, als Hitler sich anschickt, die »Bürgerbräu«-Veranstaltung umzufunktionieren, spazieren sie angeblich »ahnungslos« durch die Stadt und erfahren erst bei einer Ausweiskontrolle, was gerade in der Nähe vorgefallen ist. Als Winifred am nächsten Tag »auf dem Weg zu

Verwandten in eine Volksmenge geriet«, hörte sie zufällig vom Blutbad an der Feldherrnhalle. »Voll Ungewißheit« über den Ausgang der Revolte sei sie noch am Abend nach Bayreuth zurückgeeilt, während ihr Mann, dessen Konzert abgesagt worden war, nach Innsbruck weiterreiste. Zufällig erfuhr er, daß Göring hier behandelt wurde, und besuchte ihn, »aus einer spontanen Entscheidung heraus«.[30] Die Wagners, diesen Anschein erweckt ihr Geschichtsschreiber, wußten von nichts, bekamen aber irgendwie alles mit und fanden Wege, sich nützlich zu machen.

Etwa, indem Siegfried die Rechnungen des verwundeten Göring bezahlte. Dies behauptet Friedelind, deren Version des Münchenaufenthalts ihrer Eltern auch in anderen Punkten von Ebermayers Bericht abweicht: Beide, so die Tochter, hätten den Demonstrationszug gesehen, und zwar von ihrem günstig gelegenen Hotelzimmer aus. Hitler und Ludendorff seien »in der Mitte der Straße an der Spitze einer Abteilung von SA-Männern in Windjacken marschiert«. Der Zug sei »näher und näher« gekommen, »Schritt haltend mit dem General, neben dessen gebieterischer Gestalt Hitler kläglich unmilitärisch aussah. Plötzlich, als der Zug gegenüber der Feldherrnhalle aufmarschieren wollte, wurde er durch Maschinengewehrfeuer auseinandergetrieben«[31] – eine Beschreibung, die, zumal was Hitlers Erscheinung und die heftige Salve betrifft, authentisch klingt.

Entsetzt über das Blutbad, so Friedelind weiter, konnte Winifred ihren Mann »überreden, nach Innsbruck zu fahren, wo Göring, der über die Alpen geflohen war«, in einem Hospital von seiner schwedischen Frau gepflegt wurde. Daß Siegfried Wagner ihnen Geld gab und sie, so die Tochter, in einem venezianischen Hotel unterbrachte, klingt glaubhaft, da ihr Vater dem Weltkriegshelden auch bei anderer Gelegenheit aushalf.

Sowenig der Bericht Friedelinds die vielen Zufälle erklären oder einen Hinweis liefern kann, woher ihre Eltern Görings geheimen Aufenthaltsort kannten, bietet er doch eine schlüssige Widerlegung von Winifreds Angabe, sie habe alles nur aus der Ferne mitbekommen. Die Tochter weiß nämlich, daß ihre Mutter, kaum aus München zurückgekehrt, den Bayreuther Parteigenossen über den gescheiterten Staatsstreich Bericht erstattete. Sinnvoll war das nur, wenn sie, wie eine offizielle Darstellung 1936 festhielt, »der durch die Ereignisse verstörten, aber dadurch nur umso enger verbundenen Ortsgruppe« als Augenzeugin des Marsches ihre Erlebnisse erzählen konnte. Am 17. Dezember 1923, so hieß es weiter in dem Bericht, »sprach auch Frau Geheimrat Daniela Thode«, also Siegfrieds Halbschwester, vor der Hitler-Gemeinde »über ihre Erfahrungen«.[32]

Damals hatte Bayreuth bereits offen Flagge gezeigt. Für den inhaftierten Freund, den sie als »Wagnerbekenner, wie ihn Bayreuth noch nie zuvor gesehen hat«[33], charakterisierte, unternahm die Hausherrin nämlich, wenige Tage nach Hitlers Gefangensetzung, einen aufsehenerregenden Schritt. Am 12. November übergab sie der Presse einen offenen Brief, der die Stellung der Wagner-Erben zum Münchner Hochverräter zur allgemeinen Kenntnis brachte und deshalb, so Ebermayer, »weit über Bayreuth hinaus Aufsehen erregte«. Das Sendschreiben, ausdrücklich im Namen der ganzen Familie, also auch des hochangesehenen Siegfried, verfaßt und durchgehend im Chamberlain-Ton gehalten, dürfte auch gemeinsam aufgesetzt worden sein. Daß die Gralsrunde damit in die brisante Auseinandersetzung um den Weimarer Staat eingriff, läßt sich allenfalls mit der politischen Risikobereitschaft des Dresdner Kapellmeisters vergleichen, der allerdings Anonymität vorgezogen hatte. Indem Bayreuth so unverblümt für den geschlagenen Helden Partei nahm, bereitete es zielstrebig dessen Auferstehung vor.

»Ganz Bayreuth weiß«, so beginnt das Bekennerschreiben mit dem magischen Ortsnamen, »daß wir in freundschaftlicher Beziehung zu Adolf Hitler stehen.« Doch wer da glaube, man sei deshalb auch in seinen Putschversuch verwickelt, der täusche sich. »Wir waren an den verhängnisvollen Tagen gerade in München und sind die ersten gewesen, die von dort zurückkamen. Begreiflicherweise wandten sich Hitlers Anhänger an uns, um von Augenzeugen sich berichten zu lassen.«[34] Während Winifred die Exkursion ihres Mannes nach Innsbruck verschweigt, wehrt sie sich gegen gewisse »übertriebenste Gerüchte und Aussagen«, nach denen, wie Ebermayer erläutert, »ihre unmittelbar bevorstehende Verhaftung wegen Teilnahme am Münchner Putsch«[35] anzunehmen war.

Man habe sich keinesfalls strafbar gemacht, beteuerte Winifred, aber zum Lager des gefangenen Staatsfeindes zähle man sich nach wie vor. »Seit Jahren«, so fährt das politische Manifest fort, »verfolgen wir mit größter innerer Teilnahme und Zustimmung die aufbauende Arbeit Adolf Hitlers.« Dieser Mann, der »sein Leben seiner Idee eines geläuterten, einigen, nationalen Großdeutschland zum Opfer bringt«, verheiße damit »Tausenden und Abertausenden Verzweifelnder die frohe Hoffnung auf ein wiedererstehendes, würdiges Vaterland«. Es folgt der Lobpreis seiner »moralischen Kraft und Reinheit«, der in dem erneuten messianischen Hinweis gipfelt, er versuche seine Idee »mit der Inbrunst und Demut einer göttlichen Bestimmung zu verwirklichen« – das klang verdächtig nach Chamberlain, nur daß diesmal die gesamte Wagner-Familie einstimmte.

Dieser Heiland also, der »so unbedingt für das Gute eintritt, muß die Menschen begeistern, hinreißen, mit aufopfernder Liebe und Hingebung für seine Person beseelen«, weshalb die Unterzeichnerin »unumwunden« zugibt, »daß auch wir unter dem Banne dieser Persönlichkeit stehen, daß auch wir, die wir in den Tagen des Glücks zu ihm standen, nun auch in den Tagen der Not ihm die Treue halten«.[36]

War Wahnfried noch bei Sinnen? Oder wollte man ganz bewußt, da endlich der gesuchte Drachentöter erschienen war, von Sinnen sein? Man trieb sich gegenseitig bis zur völligen Identifikation mit einem Idol, in das sich der Linzer Assimilationsvirtuose seinerseits, mit offensichtlichem Erfolg, hineinversetzte. Und man tat, was Hitler wollte. Selbst der kranke Philosoph bot sich der Ortsgruppe »mit seinem Rat und seinem Ansehen«[37] an, wie der »Illustrierte Beobachter« ihm 1927 nachrühmte, und half der jungen Bewegung in ihren »schwersten Stunden« – nach dem Verbot also – mit »größtem Bekennermut«.

Dank der gemeinsamen Missionsarbeit des Wagner-Clans forderten zehntausend Bayreuther in einer Unterschriftenaktion[38] die Freilassung ihres Führers. Und auch Siegfried, der sich mit guten Gründen von der Schußlinie fernhielt, arbeitete an der Rückkehr der Hitler-Partei und ihres verratenen Helden mit. Neben mehrfachen Zahlungen[39] an Hitlers Geldbeschaffer Göring griff er, um seinem Freund zu helfen, sogar in den Bayreuther Spendentopf und ließ durch Winifred an dessen Mitstreiter Ludendorff auch eine amerikanische Schenkung[40] weiterreichen.

Alle halfen mit, daß der Heiland bald auferstehen konnte: Winifred stellte Weihnachtspäckchen für den Landsberger Häftling zusammen und erheiterte ihn mit einer »rührend-putzigen Zeichnung« ihrer »goldig lieben Kleinen«[41]; Siegfried griff seinerseits zur Feder und bestärkte eine Freundin in ihrem Führerglauben: Wir »halten treu zu ihm«, schrieb er als Weihnachtsbotschaft, »wenn wir auch dabei ins Zuchthaus kommen sollten«. Aber vielleicht, so fügte er im besten Chamberlain-Ton hinzu, »verrechnet sich der Satan diesmal. Sollte die Deutsche Sache wirklich erliegen, dann glaube ich an Jehova, den Gott der Rache und des Hasses.« Aber aufgeben werde Wahnfried niemals. »Meine Frau kämpft wie eine Löwin für Hitler!« bekannte er mit unverhohlenem Stolz. »Großartig!«[42]

Man hat die Echtheit dieses Bekennerbriefes angezweifelt, weil er das gängige Bild vom reservierten Festspielchef widerlegte. Dabei entsprach der Inhalt nicht nur Siegfried Wagners Überzeugung, sondern auch zahlreichen dokumentierten Äußerungen, in denen er aus seinem Antisemitismus keinen Hehl machte. Und wenn er im selben Schreiben beklagt, daß mit der Niederschlagung der Hitler-Revolution »Meineid und Verrat ... heilig gesprochen« wurden und »Jude und Jesuite ... Arm in Arm gehen, um das Deutschtum auszurotten«, so nimmt Siegfried damit nur einen Gedanken seines Vaters und des von ihm verehrten Generals Ludendorff auf. Der verkündete, die Niederschlagung der Erhebung habe »in den Händen der Juden und der Jesuiten«[43] gelegen.

Tatsächlich entwickelte sich zwischen Wagner-Sohn und Wagnerheld eine freundschaftliche Beziehung; aus »rein menschlicher Sympathie«, so erzählte Winifred, habe ihr Mann einmal, »herzlich lachend«, dem zwanzig Jahre jüngeren Protegé die Hände auf die Schultern gelegt und ausgerufen: »Weißt du, du gefällst mir!«[44] Hitler hat dem 1930 Verstorbenen seine Unterstützung nie vergessen. »Auch Siegfried ist zu mir gestanden«, sagte er 1942, »in der Zeit, wo es mir am schlechtesten ging.«[45]

Wie sehr Hitlers Nationalsozialismus und Bayreuth miteinander verschmolzen waren, zeigte sich drei Monate nach der gescheiterten Revolution: Zusammen mit einem von Hitlers Geldbeschaffern, dem SA-Führer Kurt Lüdecke, reisten Siegfried und Winifred in die Vereinigten Staaten, um Spenden einzutreiben – für die im selben Jahr anstehende Wiedereröffnung der Bayreuther Festspiele und zugleich die Finanzierung der verbotenen, unter Tarnnamen weiterexistierenden Hitler-Partei.

Am 4. Januar 1924 hatte der inhaftierte Führer seinen Vertrauensmann Lüdecke beauftragt, »für die Interessen der deutschen Freiheitsbewegung in Nordamerika zu werben und besonders finanzielle Mittel hierfür zu sammeln«.[46] Vor allem den Automobilhersteller Henry Ford scheint Hitler dabei ins Auge gefaßt zu haben; der war laut Hanfstaengl der »einzige Amerikaner, für den Hitler sich interessierte. Er sah in ihm einen Antisemiten und einen möglichen Geldgeber für die Partei.«[47] Die Zahlungen, die Dietrich Eckart 1921 über den Traktorenvertreter Anderson herbeigeschafft hatte, waren bei ihm in bester Erinnerung geblieben.

Um den Magnaten für ihr Anliegen zu gewinnen, planten die Wagners mit Lüdecke gleich nach ihrer Ankunft in New York am 28. Januar 1924 das gemeinsame Vorgehen. Das Paar, so schrieb Lüdecke später, war »auf einer Mission hier, die sich von meiner nicht sehr unterschied«.[48] Als er mit Siegfried im Hotel zusammensaß, wurde »fast gar nicht über Musik« geredet – »wir sprachen«, so der Emissär, »über Geld. Genauer gesagt, wir sprachen über die Möglichkeit, Henry Ford ... an der Nazi-Bewegung zu interessieren.«

Zwei Tage später trafen die Spendensammler in der Autostadt Detroit ein, wo die Wagners von Henry Ford auf sein Landgut eingeladen wurden. Das lebhafte Gespräch führte vom Meister und Bayreuth zur modernen deutschen Politik und schließlich, wie geplant, zu Adolf Hitler. Es folgte, unvermeidlich, die »Judenfrage«, die zwischen dem Großindustriellen und seinen Bayreuther Gästen ausgiebig debattiert wurde. »Die Philosophie und Ideen Fords und Hitlers«, so erinnerte sich Winifred, »waren sehr ähnlich.«[49]

Als die Finanzierung der Untergrund-NSDAP angeschnitten wurde, verwies der Amerikaner auf die bereits geleisteten Zahlungen »aus dem Verkauf von Automobilen und Lastwagen, die er nach Deutschland geschickt hatte«. Worauf Winifred einwandte, daß gerade jetzt eine generöse Unterstützung nötiger sei denn je. Ford soll daraufhin lächelnd versichert haben, daß ein Mann, der Deutschland von den Juden befreien wolle, allemal auf seine Hilfe rechnen könne. Womit für Winifred das Stichwort gefallen war, den Geldbeschaffer Lüdecke ins Spiel zu bringen. Ford stimmte einem Treffen sofort zu.

Während Siegfried sich auf sein Abendkonzert in der Orchestra Hall vorbereitete, das Wagnersche Bravourstücke, aber auch Liszts »Les Préludes« – mit der Siegesfanfare des nächsten Krieges – zu Gehör brachte, eilte seine Frau in Lüdeckes Loge, um ihn für die entscheidende Begegnung zu präparieren. Schon beim Öffnen der Tür, so Lüdecke, »sagte mir ihr charmantes Lächeln, daß sie Erfolg gehabt hatte«. Wenn er später allerdings behauptete, sein Werben um Ford sei vergeblich gewesen, geschah dies vermutlich nur, um den Spender zu schützen: Als Förderer einer judenfeindlichen Radikalenbewegung hätte Ford mit einem Boykott seiner Fahrzeuge rechnen müssen. Auch der Nutznießer von Fords Generosität, sein Bewunderer Adolf Hitler, zog es vor, die Zuwendungen des amerikanischen Großkapitalisten geheimzuhalten. Dafür verlieh er dem diskreten Freund zum 75. Geburtstag 1938 das Großkreuz des deutschen Adlerordens, die höchste deutsche Auszeichnung, die Ausländer erhalten konnten.

Nach Ende der Spendentour, die sich auch für die Bayreuther Festspiele günstig entwickelt hatte, schiffte man sich auf einem Dampfer nach Italien ein, wo das Paar, vermutlich von Lüdecke, dem dort herrschenden Nietzscheaner Benito Mussolini vorgestellt wurde. Man plauderte über das alte Rom, und Winifred, die den römischen Volkstribun mit dem Münchner verglich, vermißte die »Liebeskraft«[50], die ihr aus Hitlers Augen entgegenstrahlte. Siegfried dagegen entdeckte eine erstaunliche Parallele: Mussolinis Machtergreifung, so verriet er dem Diktator, erinnere ihn an jene des Wagnerhelden Rienzi.

Nach Bayreuth zurückgekehrt, dürften die beiden Weltreisenden auch Cosima von ihrer neuen Bekanntschaft berichtet haben, da die greise Dame schon lange für dessen »staatsmännische Persönlichkeit« geschwärmt hatte. »Was man von ihm vernimmt«, schrieb sie 1923, »läßt auf eine *Kraft* schließen.«[51] Auch Hitler sah im italienischen Gewaltherrscher ein politisches Vorbild, dessen »Marsch auf Rom« im Oktober 1922 er als Aufforderung zum eigenen »Marsch auf Berlin« verstand, der in München beginnen sollte.

Als Verbindungsmann der NSDAP zum Faschistenführer hatte Hitler den umtriebigen SA-Führer Lüdecke ernannt, der später als

Häftling im KZ Oranienburg landen sollte. Hitler, so der Spendenbeschaffer, sei besonders von Mussolinis Gewaltbereitschaft fasziniert gewesen. »Seine Augen weiteten sich nachdenklich«, so Lüdecke, »als er hörte, wie die Schwarzhemden in kommunistisch beherrschte Städte marschiert und von ihnen Besitz ergriffen«[52] hatten. Ein Gutachten, das der Reichswehrmann Otto von Lossow, ein »Verräter« des Hitlerputsches, über den NSDAP-Chef anfertigen ließ, zog denn auch das Resümee, dieser halte sich »für den deutschen Mussolini«.[53]

Die schwere Niederlage, die der nationale Revolutionär in München hatte einstecken müssen, verwandelte sich bereits im folgenden Frühjahr für den nationalen Märtyrer in einen Triumph. Drei Monate war der verratene Heiland in der Versenkung verschwunden, dann feierte er seine glänzende Auferstehung vor den Augen der Öffentlichkeit. Der Prozeß, der dem Hochverräter für seinen versuchten Staatsstreich gemacht wurde – immerhin waren dabei auch drei Polizisten ums Leben gekommen –, wurde vom Angeklagten in einen Prozeß gegen die »Hochverräter« in der Berliner Reichsregierung umfunktioniert.

Da die Novemberrevolution 1918, so Hitlers advokatenhaftes Argument, Verrat am deutschen Volk begangen habe, kann der Versuch, die Folgen dieser unrechtmäßigen Machtergreifung zu beseitigen, nicht selbst wieder Verrat sein. Einzig das Interesse des Reiches habe ihm sein Handeln diktiert, weshalb die mit Gewalt erstickte Erhebung »das moralische Recht vor Gott und der Welt« beanspruchen durfte, »die Nation zu vertreten«.[54]

Wäre die Revolution gelungen, so warb Hitler im Gerichtssaal wie auf einer Parteiveranstaltung, dann hätte das erniedrigte Vaterland sein Erweckungswunder erleben können. »In München, Nürnberg, Bayreuth wäre ein unermeßlicher Jubel, eine ungeheure Begeisterung wäre im Deutschen Reich ausgebrochen«, phantasierte der Angeklagte mit Seherblick; »die Leute hätten erkennen müssen, das deutsche Elend hat ein Ende, die Erlösung konnte nur kommen durch eine Erhebung«, die »vollständig unmoralische Regierung in Berlin hätte im Sturm weichen müssen«.[55] Dann wäre es ihm ergangen wie dem Faschistenführer, dessen Staatsstreich nicht durch »die Ergreifung der Macht an sich, sondern die ungeheure Reinigungsarbeit, die Mussolini in Italien einsetzte«, legalisiert wurde. »Das ist die Legalisierung dieses Hochverrats«, dozierte der Angeklagte, »und damit ist er dann erst gelungen.«[56]

Wer im Gerichtssaal verstand schon, was Hitler mit der »ungeheuren Reinigungsarbeit« meinte? Welchen Schmutz galt es zu beseitigen? Ahnte jemand, daß man es hier mit einem politischen Metaphysiker zu tun hatte, der seine pseudoreligiösen Visionen mit raffiniertem Machtkalkül verfolgte? Tatsächlich bildete die biblische Variante dieser »ungeheuren Reinigungsarbeit«, die »Erlösung vom Übel«, das Kernstück von Hitlers Abschlußpredigt. Mit ihr verwandelte er den ehemaligen Speisesaal, in dem der Prozeß tagte, in den Gerichtsplatz der Weltgeschichte. Zugleich enthüllte er, daß die politischen Ereignisse von der Novemberrevolution 1918 bis zu seiner nationalen Revolution 1923 als Stationen eines Heilsplans zu verstehen seien, mit denen die Vorsehung das deutsche Volk prüfen wolle. Hitlers Plädoyer, das wie der weltentrückte Abschiedsgesang eines Wagnerhelden klang und in der Anrufung der »ewigen Göttin des ewigen Gerichts« gipfelte, sollte das Putschdebakel endgültig in einen welthistorischen Sieg verwandeln. Während sich der Angeklagte, zu suggestiver Selbstentfaltung ermutigt, als Prophet in Szene setzte, sah sich das Gericht, das einen gewöhnlichen Hochverräter aburteilen sollte, in die Rolle einer andächtig lauschenden Gemeinde versetzt. Die Strafe fiel denn auch so milde aus, als hätte man sie nicht über einen gesellschaftlichen Brandstifter, sondern den zukünftigen Führer der Deutschen verhängt.

Daß er diesen Anspruch erhob, hatte allerdings jeder im Gerichtssaal begriffen; auch, daß er denselben Weg wie Mussolini einschlagen würde, wenn man ihm die Gelegenheit gab, und seine geplanten Gewaltaktionen durch die Reinigungsarbeit legitimieren würde, die er mit ihnen vollbringen wollte. Ohne seinen Einsatz, so lautete die Botschaft, war Deutschland verloren. Erlösung war unumgänglich. Schon der Weltkrieg, so interpretierte Hitler, war ein Versuch gewesen, das Land Luthers und Goethes zugrunde zu richten, von außen wie von innen. Das »Kriegsziel« der Feinde, so der Angeklagte am 27. März 1924 vor Antritt seiner neunmonatigen Komfortstrafe, hieß eindeutig: »Deutschland vernichten! Und so ist dieser Krieg schon geführt worden als Vernichtungskrieg, als Rassenkampf, und wird in der Folgeerscheinung geführt mit dem ausgesprochenen Ziele Clemenceaus, 20 Millionen Deutsche auszurotten aus Europa.«[57]

Der tödlichen Bedrohung von außen, die mit dem Kriegsende nicht abgenommen habe, entspreche die von innen: Hier sei allerdings, so versicherte er, jede »Aufklärung zwecklos ... solange der Vernichter Deutschlands sein Wesen an uns treibt« – womit Hitler von der französischen Gefahr nahtlos zur jüdischen übergeleitet hatte. Wie Chamberlain, der Prophet des »Rassenkampfes«, in seiner Neujahrsbotschaft desselben Jahres statt »Phrasendreschens« die Konsequenz vom Gedanken zur Tat gefordert hatte, so lehnt auch sein Schüler bloße »Aufklärung« als unzureichend ab. Notwendig zur Rettung Deutschlands sei statt dessen die »Propaganda zur Vernichtung der Vernichter des Vaterlandes« – eine dialektische Formel, die Hitler noch 1941 anwandte, als er den Judenmord mit den Worten rechtfertigte, »wer Leben zerstört, setzt sich dem Tod aus, und etwas anderes geschieht auch ihnen nicht!«[58] Erst dann, so der Angeklagte 1924, werde das Volk wieder »auferstehen«, wenn die »marxistische Welle gebrochen« ist und das Reich von der »Rassentuberkulose der Völker«, dem »internationalen Judentum«, erlöst ist. Dann aber werde Deutschland, »vom flammenden Willen beseelt, wieder in die Weltgeschichte« eintreten.

Wie Hitlers nationale Revolution sich durch das Endziel einer rassischen »Reinigungsarbeit« – »Vernichtung der Vernichter« – legitimiert, so rechtfertigt er den eigenen Anspruch, als Führer dieser Revolution aufzutreten, mit dem Hinweis auf sein Vorbild. Eigentlich, so räumt er ein, sei er weder durch Rang noch Titel zur Führerschaft bestimmt; doch derlei Äußerlichkeiten wie etwa »die Erringung eines Ministerpostens« erschienen ihm ohnehin nicht »erstrebenswert«. Was ihm dagegen »als Ziel vor Augen stand, war vom ersten Tag an tausendmal größer«, verkündet er mit Imperatorengestus: Er wolle als »Zerbrecher des Marxismus« in die Geschichte eingehen – und überwältigt vom Vorgefühl seiner übermenschlichen Leistung, die Welt von dessen »Träger«, dem Judentum, zu befreien, wagt er eine Prophezeiung: »Das ist meine Aufgabe, und ich weiß, wenn ich diese Aufgabe löse – und ich werde sie lösen –, dann wäre der Titel eines Ministers eine Lächerlichkeit.« Um diese Lösung durchzuführen, mußte man in der Tat zum Messias geweiht sein.

Erst dann, wenn ihm diese »große Lösung« gelänge, wäre er seines Vorbilds würdig, als dessen Vollstrecker er sie »vom ersten Tage an« geplant hatte. Auch der Bayreuther Meister, der Visionär der »Götterdämmerung« und Warner vor dem deutschen Untergang, war ohne Rang oder Titel gewesen. Wagner hatte es auch nicht nötig, sich darum zu bemühen – denn was er durch sich selbst erreicht hatte, da war Hitler sicher, erwies sich allen Auszeichnungen, die andere ihm verleihen konnten, unendlich überlegen.

In ihm aber, so erklärte der Angeklagte den »hohen Herren« mit der Souveränität seiner Sendung, habe er sich wiedererkannt. »Als ich zum ersten Male am Grabe Richard Wagners stand«, so verriet er seinem Publikum, »da quoll mir das Herz über vor Stolz, daß da unter dieser Steinplatte ein Mann ruht, der sich verbeten hat, hinaufzuschreiben vielleicht: ›Hier ruht der Geheime Musikdirektor Exzellenz Baron Richard von Wagner‹.«[59] Und wie er damals am Granitstein Tränen vergossen hatte, so überkam ihn neue Erschütterung. Denn nun wußten es alle, daß auch der »größte Deutsche, der je gelebt hat«, als einfacher Mann gestorben war. Und diese Entdeckung war es, die ihn, Adolf Hitler, seinen von Chamberlain geweihten Nachfolger, über all die Geheimräte, Exzellenzen und Barone hinaushob, die über ihn zu Gericht saßen. Die »ewige Göttin des ewigen Gerichts«, so konnte er zum Abschluß weissagen, wird deren Urteilsspruch ohnehin »lächelnd zerreißen«.

Gegen Ende seiner Offenbarungen bittet er das Gericht um einen Gefallen: Das »Republikschutzgesetz«, nach dem straffällig gewordene Ausländer aus Deutschland ausgewiesen werden müssen, möge nicht auf ihn angewandt werden; und zwar nicht nur um seiner selbst willen, sondern auch, weil eine solche Tat »für das deutsche Volk dereinst schmachvoll und schändlich sein würde«. Es wäre eine Schande für das Reich, da ist sich der künftige Führer ganz sicher, wenn es ihn jetzt über seine Grenzen beförderte – so wie einst Richard Wagner das Land habe verlassen müssen, den er prompt als Gewährsmann anruft. »Erinnern Sie sich«, beschwört Hitler seine Richter, »daß die Größten und Besten unseres Volkes fast alle einst als Flüchtlinge im Auslande bitter traurig leiden mußten, erinnern Sie sich der Worte, die Richard Wagner ausrief, als er zum erstenmal wieder an den Rhein kam ...«[60]

Zwar hatte der Komponist, wie Hitler wohl im Rausch des

Augenblicks entfallen war, die Heimat aus eigenem Antrieb verlassen, um als Schuldenflüchtling in Paris eine neue Existenz zu gründen; doch konnte der historische Autodidakt davon ausgehen, daß keiner im Gerichtssaal dessen Lebensgeschichte, von den Meister-Worten am Rheine ganz zu schweigen, in der nötigen Detailschärfe präsent hatte. Was also hatte Wagner gesagt? »Zum ersten Male sah ich den Rhein«, schrieb er über seinen Auszug aus Frankreich; und »mit hellen Tränen im Auge schwur ich armer Künstler meinem deutschen Vaterlande ewige Treue.«[61] Daß der Angeklagte, ein armer Künstler mit vaterländischer Träne im Auge, damit sich selbst meinte, dürfte keiner bemerkt haben.

XIII. Selbstporträt als Wagnerheld

Die Wiedergeburt des Nationalsozialismus aus dem Geiste der Musik fand im Bayreuther Festspielhaus statt. Zehn Jahre war der Hügel verödet gewesen, die Lehre unverkündigt geblieben. Doch während Hoffnungsträger Hitler, von dem man sich ein neues Bayreuth in einem neuen Reich erhofft hatte, bei seinem Durchmarsch aufgehalten worden war, sollten seine Freunde in Wahnfried, auch dank jüdisch-amerikanischer Generosität, ihr Ziel erreichen: die Rückkehr der Wagnerhelden ins Heiligtum. Mußte der Erwählte vor der Welt schweigen, seine Bewegung sich selbst verleugnen, so würden nun, sobald sich der Vorhang hob, an ihrer Stelle die Opernrecken, gezückten Schwertes und erhobenen Speeres, den unwandelbaren Herrschaftsanspruch vor der Welt geltend machen. Die Bayreuther Weltanschauung, die sich mit Hitlers Erscheinen aus dem Theaterdunkel in die Helle des Tages begeben hatte, um vom Rednerpodium aus aufgewühlten Massen gepredigt zu werden, war nun, zwangsläufig, zu ihrem Ausgangspunkt zurückgekehrt.

Das Schwert, das man Hitler aus der Hand geschlagen hatte, prangte auf der Titelseite des Festspielführers, um den völkischen Pilgerscharen, die sich im Sommer 1924 zum Hügel hinbewegten, die Fortdauer des Kampfes zu signalisieren. »Nothung! Nothung! neu und verjüngt!«, so hatte Siegfried Wagners Freund Franz Stassen das kriegerische Emblem betitelt, »zum Leben weckt ich dich wieder.«[1] Das galt für das Wagner-Fest nicht weniger als für den eingesperrten Wagner-Messias und seine verbotene Partei; doch eigentlich bestand zwischen beiden kein Unterschied, und auch die Erwartung des kommenden Gerichts, die Künstler Stassen neben dem gereckten Schwert in einem Menschenfries symbolisiert hatte, war beiden gemeinsam: Zur Rechten der programmatischen Grafik sieht man arische Lichtgestalten zur leuchtenden Gralsburg emporblicken, während auf der Linken, durch Nothungs Schneide getrennt, verkniffene Untermenschen gesenkten Hauptes ihrem Untergang entgegenbangen. Wer Augen hatte, zu sehen, wußte nun, daß der schwerttragende Arm des Wagner-Kultes vorübergehend nach Bayreuth zurückgekehrt war.

In Wagners Heiligtum entsprang nicht nur die Quelle der Kraft, sondern auch des ewigen Wissens, das der Seher in seinen letzten Schriften offenbart hatte. Alles was seitdem geschehen war, hatte er geweissagt, und auch das, was noch geschehen mußte, damit erfüllt werde, was geschrieben stand, war von ihm enthüllt worden. So vage und rätselhaft sich der Meister dabei, nach Orakelart, ausgedrückt hatte, auch seine Erben gaben ihre nationalsozialistische Überzeugung nur verschlüsselt preis. Richard Wagner, so erinnerte der Festspielführer das auf dem Hügel versammelte Gralsritterheer, »hat vom Jahre 1878 an alles kommen sehen, wie es mit erschrekkender Folgerichtigkeit eingetroffen ist, Weltkrieg, Börsenelend, Hungersnot und den Sturz des Reiches«. Vor allem aber habe der Weise der »Bayreuther Blätter« vor den »beiden Richtungen« gewarnt, die den Untergang herbeigeführt hätten: die eine, so die offizielle Broschüre, sei »die entfesselte Bestie, welche, die Lehre des Heilands umkehrend, in schlecht verhehlter Raubgier brüllt: ›Was dein ist, ist mein!‹ und sich dabei ›kommunistisch‹ wähnt. Ein anderer Geist streckt in unersättlicher Raffgier eines sich national dünkenden Ahasverdranges seine Klauen über Länder und Meere: ›Dies alles ist mir untertänig‹«[2] – das internationale Judentum.

»Was kann uns retten?« fragt der Bayreuther Aufklärungstext und antwortet, nur für Eingeweihte verständlich: »Die neu erstehenden Bayreuther Festspiele rufen uns ein machtvolles ›Deutscher, erkenne dich selbst‹ zu.« Die Wagner-Schrift gleichen Titels, auf die hier angespielt wird, nimmt bereits das Ergebnis dieser Selbsterforschung vorweg: Es wird, so der Meister, »nach der Überwindung aller falschen Scham«, die »letzte Erkenntnis« sein, die »uns Deutschen« aufgespart ist; die »große Lösung« nämlich, nach der es »auch – keinen Juden mehr geben«[3] wird. Der Augenblick dafür, so deutet das Festspielbuch von 1924 an, ist nahe herbeigekommen, da sich der Vollstrecker des Auftrags bereits zu erkennen gegeben hat. »Ich bin nicht gekommen, Frieden zu bringen«, verspricht er, »sondern das Schwert! Das ist der Schlachtruf des Heilands... Nur wenn wir mit solchem Heldentum in der Brust als Gralsritter in den großen, deutschen Befreiungskampf ziehen, wenn er dereinst anbricht, werden wir das Nothungsschwert aus dem Stamme reißen, und kein Weltengott wird es uns zerschmettern können! Die Kraft dazu schöpfen wir aus dem Geiste von Bayreuth.«[4]

Das entsprach vollständig, von der Stimme Wahnfrieds in Wagnersche Metaphorik getaucht, Hitlers Programm, und als Gralsritter des bevorstehenden Freiheitskrieges versammelten sich seine Anhänger bereits in ihrem Heiligtum. Tatsächlich waren die »verbotenen Nationalsozialisten«[5] hier zusammengeströmt, um statt ihrem Führer nun dessen Führer Wagner zuzujubeln. Anstelle des Hakenkreuzes, das schon bald über dem Festspielhaus wehen sollte, war das republikfeindliche Schwarz-Weiß-Rot aufgezogen worden, und vor der alten Reichsflagge salutierte, wie sich Franz Wilhelm Beidler erinnerte, »die ganze Fronde des gestürzten Kaiserreiches mit Ludendorff an der Spitze«, die sich im Festspielhaus »demonstrativ gegen die ›Judenrepublik‹ zusammenfand«.[6]

Auch Siegfried wußte, was die Stunde geschlagen hatte. Mit seiner Parteinahme für die Hitler-Bewegung war er in offene Opposition zur Weimarer Republik getreten. Nur wenn der Heiland aus seiner Gefangenschaft wiederkam und, das Siegschwert in Händen, die Zukunft der Festspiele wie die des Reiches sichern würde, konnte aus dem Neuanfang von 1924 das erhoffte »Kunstwerk der Zukunft« erwachsen. Ein endgültiges Scheitern des von Bayreuth aufgebauten Revolutionärs hätte für seine Förderer unabsehbare Folgen nach sich ziehen können; laut Bayreuths künstlerischem Leiter, Heinz Tietjen, »bestand die dringende Gefahr, daß die Bayreuther Festspiele zusammenbrechen würden, da die Musik Richard Wagners bei der früheren Regierung nicht beliebt war«.[7]

Siegfried Wagners Freude am Neubeginn wurde durch Hitlers Niederlage getrübt. Noch bestand kein Grund zum Feiern – Siegfried setzte auf das Prinzip Hoffnung. Erst 1933, als der Heiland in der Reichskanzlerglorie seinen Einzug hielt und im Festspielführer neben das Porträt des Meisters gerückt wurde, konnte die wahre Wiedergeburt Bayreuths gefeiert werden. Es wurde dazu jene Hymne angestimmt, die vorher erst einmal, nämlich bei der Gründung des Festivals 1872, erklungen war: Beethovens »Götterfunken«-Symphonie, von Richard Strauss dirigiert. Wieder sollte der Erwählte, nun im Hochgefühl seines Sieges, am Grab des Meisters verharren und auch an jenem des glücklosen Siegfried ein Blumengebinde niederlegen, mit schwarzweißroter Schleife und dem goldgestickten Namenszug des neuen Kanzlers.[8]

Als Siegfried Wagner die ersten Nachkriegsfestspiele neun Jahre zuvor eröffnete, war all dies kaum vorstellbar. Nicht Kunstgenuß und Selbstfeier einer elitären Institution waren angesagt, sondern eine Demonstration des Durchhaltewillens. Statt ein Musikfest zu zelebrieren, so ermahnte der Festspielleiter seine Mitarbeiter, gelte es, die Opernaufführungen »als Befestigungsspiele des deutschen Geistes«[9] zu begehen. Wer wankend geworden war im Glauben, sollte ihn hier wiederfinden; wer mit dem heiligen Feuer der Erhebung getauft war, dem wurde hier die Konfirmation erteilt. Derart »befestigt« konnte er dann zum Abendmahl des reinen Blutes im »Parsifal« schreiten. »Er glaube an einen Gott«, habe Siegfried im Predigerton hinzugefügt, »und hunderttausend Teufel.« Doch werde diesmal, wie im Märchen, der deutsche »Hans den Teufeln ein Schnippchen«[10] schlagen. Er konnte sicher sein, daß seine märchenhafte Anspielung verstanden wurde.

Der deutsche Bilderbuchheld, der den teuflischen Heerscharen mit dem Siegschwert Nothung zu Leibe rücken sollte, saß derweil »auf Festung« und sehnte sich dorthin, wo man sich nach ihm sehnte. In einem Brief an Siegfried Wagner offenbarte Hitler den »großen Schmerz«, den ihm der »heurige Sommer« bringe. »Was mir seit meinem dreizehnten Jahre schon, als bisher unerfüllbarer verträumter Wunsch, vorschwebte«, werde nun erneut, umständehalber, verhindert – »ein Besuch der Festspiele. Leider«, so der Fatalist Hitler weiter, »scheint mich das Schicksal noch nicht für würdig oder reif genug zu halten. Eines von beiden wird es wohl sein...«[11] Als dann Mitte Juli, wie ein antisemitischer Publizist schrieb, »wir Gralsritter... nach langer banger Entbehrung zur neuen Grals-Enthüllung« in »hellen Scharen herbeieilten«, marschierte Hitler im Geiste mit.

Schon am Eröffnungsabend, als die »Meistersinger« in den traditionellen Vorkriegskulissen der Cosima-Inszenierung gespielt wurden, erwies sich der abwesende Führer als allgegenwärtig. Wie Siegfrieds Schmiedelied das Publikum zehn Jahre zuvor zur Raserei gebracht hatte und die Stimme des Sängers in den Schreien der kriegsfrohen Besucher untergegangen war, so sollte diesmal die Ansprache des Hans Sachs das Auditorium, allen voran Hitlers Mitstreiter Ludendorff, von den Sitzen reißen. Zwar, so der Meistersinger in Wagners Oper, zerfalle das Reich »in falscher welscher Majestät«, doch überdauere das, »was deutsch und echt«, in der »heiligen deutschen Kunst«[12] – prophetische Worte, die sich in diesem Augenblick zu bewahrheiten schienen, wo der zum Schweigen gebrachte Nationalsozialismus durch die Musik Wagners zu den Getreuen zu sprechen schien. Beim letzten Bekenntnis des »deutschen Hans« zur heiligen deutschen Kunst, so berichtete eine Freundin von Siegfried Wagner, »erhob sich das ganze Haus wie Ein Mann und hörte stehend den Schluß an, und zuletzt, nach endlosen brausenden Jubelstürmen, wurde noch das Deutschlandlied von allen gesungen«.[13]

Was die Altwagnerianerin mit dem »übermächtigen, nicht mehr zu bannenden allgemeinen Empfinden« erklärte, erlebte der anwesende Kritiker der »Frankfurter Zeitung« als »ergreifendes Schauspiel, das den wirklich Hörenden die Rede« verschlagen habe; doch erst, nachdem sämtliche Strophen des »Deutschland über alles« im hehren Musiktempel abgesungen waren und das Festspielhaus in ein völkisches Versammlungslokal umfunktioniert war, kam der Rausch zu seinem eigentlichen Ziel, dem Inbegriff der aufgestauten Sehnsüchte: Die verbotene Partei gab sich trotzig zu erkennen, »Heilrufe« brandeten auf, grüßten in kollektiver Ergriffenheit den eingekerkerten Führer, und das, so der perplexe Journalist, öffnete »dem kritischen Beobachter vollends die Augen«.[14] Die Wirklichkeit hatte sich, wie von Wagner vorhergesagt, ins Theater begeben, um sich wie in einem Spiegel wiederzufinden. Auf Hans Sachsens Proklamation der »heiligen deutschen Kunst« hatte das Publikum mit der Hymne auf das heilige deutsche Reich geantwortet, dessen Ideal in schweren Zeiten von der Kunst bewahrt wurde. So konnte sich, wie ein NS-Chronist 1933 schrieb, die »Aufführung der deutschen Erlösungsspiele« zu einer »großartigen Kundgebung des neu erwachenden deutschen Geistes« erheben. Wagners »Meistersinger« aber hatten sich, ihrer historischen Einkleidung ledig, erstmals

als das politische Lehrstück bewährt, das der Dichter beabsichtigt hatte.

Das Fanal wurde bemerkt. Wer Bayreuth für eine Stätte weltfremder Kunstausübung gehalten hatte, erkannte spätestens jetzt, daß es sich zur Hochburg einer republikfeindlichen Partei und zum Tempel eines kompromißlosen Antisemitismus entwickelt hatte. Wagners Werke, bisher zumeist von Schöngeistern für das kunstliebende Volk zurechtgedeutet, gaben ihren Aktualitätsbezug zu erkennen. Die »Meistersinger«-Demonstration von 1924, so der »Völkische Beobachter« im Jahr der Machtergreifung 1933, »wirkte auf die neuen Götter Deutschlands« – dies die höhnische Umschreibung der »Judenherrschaft« – »wie der Hornruf Siegfrieds auf jenen Räuber des Hortes«, den Wagner als Unterweltsherrscher Alberich genügend charakterisiert hatte. »Es zuckte wie ein Blitzstrahl in das Lager derer, die da wähnten, Deutschland für ewig in ihrer Kralle zu halten.«[15]

Der Ausbruch von Massengesang und Heilgebrüll, der nicht nur von den ausländischen Besuchern als deplaziert empfunden wurde, war von höchster Stelle provoziert worden. »Wenn wir das Volk hätten«, so verkündete die Gralshüterin Cosima ihre politische »Meistersinger«-Sicht, »um in den letzten Schlußvers einzufallen ..., dann – hätten wir eine Kunst!«[16] Nur Wagnerianer wußten, daß sich die Witwe damit in die Nachfolge ihres Mannes begeben hatte, der mit ähnlichen Worten die Erstaufführung des »Ring« kommentiert hatte: »Sie haben jetzt gesehen, was wir können«, sprach der Kunstrevolutionär zur jubelnden Masse, »nun ist es an Ihnen, zu *wollen*. Und wenn Sie wollen, so haben wir eine Kunst!«[17] – oder, wie er tags darauf präzisierte, »eine *neue* Kunst«.[18] Kein Theater im abgegrenzten Raum also, ängstlich vor den Einflüssen der Außenwelt bewahrt, sondern ein gesellschaftliches Symbol, das in die Wirklichkeit hinauswirkt und das Volk zur Regeneration ermuntert. Nichts anderes meinte die greise Herrin von Wahnfried, und auch das entfesselte »Meistersinger«-Publikum von 1924 wollte eine Brücke bauen vom fensterlosen Theatersaal hinaus in jenes Deutschland, das sie vielstrophig und zu Tränen gerührt besangen. »Nicht im Bild nur ward der Gral entschleiert«, stimmte auch der ergraute Wolzogen, im Vorgefühl der Erfüllung seiner Wagnerschen Hoffnungen, in den Jubel ein, »nicht im Spiel nur ward das Schwert geschweißt«, weshalb jeder Berufene nun den »Götterfunken« als »Fackel in die dunkle Zeit«[19] hinaustragen solle. Nicht um zu erhellen, sondern den großen Brand zu legen.

Siegfried Wagner, so will es die Legende, sei über den Ausbruch politischer Leidenschaften auf dem Bayreuther Hügel erbost gewesen. Zwar räumte man ein, daß der Festspielchef »nicht nur mit seinem Namen, sondern mit Wagners Werk und seinen Festspielen« sich »schützend vor die illegale Hitler-Partei geschoben«[20] habe; doch wies man zugleich auf das unübersehbare Faktum hin, daß der Hausherr sich derlei zweckfremde Ausuferungen für die Zukunft verbat. Darin folgte ihm allerdings auch Hitler, der ab 1933 jegliche Kundgebung im Festspielhaus untersagte, da schließlich in Wagners Werken bereits alles ausgedrückt sei. Ob Siegfried Wagners Distanzierung von der politisch aktiven Bayreuth-Gemeinde des Jahres 1924 seiner Überzeugung entsprach, ist ohnehin fraglich. Es scheint vielmehr, als hätte er in bewährter Wagnerscher Zweigleisigkeit all jenen damit Versöhnung anbieten wollen, auf die er zur Weiterführung der Festspiele angewiesen war. Nicht nur die Reichsregierung, die er bereits durch das Hissen der Kaiserflagge provoziert hatte, galt es durch die Geste zu besänftigen, sondern auch die vielen jüdischen Mitwirkenden und Patrone, Geldgeber und wagnerfreundlichen Publizisten, für die sich der Meister nicht auf Hitler reimen wollte. Schon Richard Wagner und seine Frau hatten demonstriert, wie man sich Menschen, die man eigentlich verachtete, wenn nicht haßte, um ihrer Nützlichkeit willen gewogen stimmte; auch Siegfried und selbst die »fanatische« Winifred hielten sich, solange Freund »Wolf« es noch duldete, ihre Juden. Der hatte zudem für die politische Ängstlichkeit des Wagner-Sohnes immer Verständnis gezeigt und die Festspiele gemieden, solange er sie mit seiner Anwesenheit hätte kompromittieren können – bis zu seinem triumphalen Einzug als Kanzler war der Wahnfried-Protegé nur im Festspielführer und bei der Familie, nicht aber in den Vorstellungen gegenwärtig.

Das scheinbar illoyale Verhalten Siegfrieds war Hitler, als intimem Freund des Hauses, durchaus erklärbar. »Persönlich war er mir befreundet«, erzählte er 1942 in der Wolfsschanze, »politisch war er passiv. Die Juden hätten ihm das Genick abgedreht, er konnte nicht anders.«[21] Damit meinte er allerdings nicht die Verrisse von dessen epigonalen Opern in der kritischen Presse, sondern jene Schwachstelle in dessen Lebensführung, die Hitler dereinst selbst bei seinen Gegnern vernichtend bloßstellen sollte. »Siegfried Wagner«, so verriet er Goebbels im selben Jahr, »hat einmal eine sehr schwere Krisenzeit durchgemacht, als er wegen Homosexualität ziemlich kompromittiert war« – damals, während des Ersten Weltkriegs, habe er »schnellstens heiraten«[22] müssen. Für Siegfried, der jahrelang Erpressern zum Opfer gefallen war, bestand bis zu seinem Lebensende die Gefahr einer Denunziation durch die Presse, die sich auf das Ansehen der Festspiele verheerend ausgewirkt hätte. Auch deshalb war, wie sich Notgattin Winifred 1926 bei Goebbels beklagte, ihr Siegfried »so schlapp«. Und das Tagebuch ihres Gastes hielt auch fest, wie »eine junge Frau weint, weil der Sohn nicht ist, wie der Meister war«.[23]

Der wahre Held und Wagner-Erbe, dem Winifred, laut Goebbels, schwärmerisch ergeben war, saß derweil in Haft und ließ sich von Boten aus Wahnfried über die Entwicklungen in seiner Hochburg berichten. Wie sich seine Apostel zu den Festspielen versammelt hatten und seinen Geist über sich kommen fühlten, so sollte dereinst allen Deutschen ein Bayreuth-Besuch »gleichsam in nationaler Wallfahrt«[24] ermöglicht werden. War seine Weltanschauung aus Wagners Werk geboren, so fand ihre Verwirklichung, das »Seid umschlungen, Millionen« der arischen Menschheit, zuerst im Wunderreich der Klänge statt: Die drangen, als politisch-religiöse Botschaft, aus der flüsternden, tönenden und donnernden Kehle des Massenbezauberes Hitler und verwandelten sein Publikum in ein gleichgestimmt mitschwingendes Instrument, auf dem, wie der amerikanische Journalist H. R. Knickerbocker bemerkte, »Hitler eine Symphonie der nationalen Leidenschaft spielte ... Millionen Deutsche bilden das Hitler-Orchester im ganzen Reich.«[25] Zehn Jahre zuvor, in seiner Landsberger Vorzugszelle, mußte Hitler sich die Bayreuther Jubelstürme im Geiste vorstellen und ansonsten mit Wagner-Arien aus dem Grammophon oder Träumen von »Tristan« vorliebnehmen. So oder so, der Meister war immer gegenwärtig.

Denn was als mystischer Himmelschor reinblütiger »Parsifal«-Knaben oder heroisches Wotans-Grollen seine innere Wahrnehmung geprägt hatte, entsprach, in Begriffe gegossen, der nationalsozialistischen Weltanschauung – wobei die Begriffe, wie ihr musikalisches Vorbild, alles ausdrückten und am Ende doch nichts sagten. Was Hitler dachte, hörte er in Wagners Musik; was er fühlte, bewegte sich zwischen den Extremen einer ekstatisch bejubelten Lohengrin-Ankunft und einem erschütternden Wotans-Abschied, zwischen funkensprühendem Feuer- und tauglänzendem Karfreitagszauber; was ihm in Wagners Dramen um Sein oder Nichtsein plastisch vor die Sinne getreten war, fügte sich in einen scheinbar logischen Zusammenhang von dämonischer Suggestivkraft, der sich wiederum, begrifflich ausgearbeitet und mit prophetischer Autorität versehen, in Wagners Philosophie wiederentdekken ließ. Im Bayreuther Festspielführer von 1924, der sich wie ein verschlüsseltes Parteiprogramm liest, findet sich auch der Satz: »Richard Wagner ist ein Führer zu nationalem Sozialismus«.[26]

Den lahmgelegten Wagnerhelden nahm bald auch die Satire aufs Korn. Auf der Titelseite des »Simplicissimus« etwa parodierte Thomas Theodor Heine die reale Niederlage des NS-Chefs mit seinem fiktiven Triumph: Hitler zieht, wie Volkstribun Rienzi hoch zu Roß, mit Siegerkranz durchs Brandenburger Tor, den Reichspräsidenten Ebert in Sklavenketten mit sich führend; dem Imperator zur Seite reitet Kreuzzugskaiser Barbarossa, während, unter wehendem Hakenkreuz, ein Jude von einem Bühnengermanen erschlagen wird, dessen Augen gebannt auf Hitler starren. Die Ironie wollte es, daß die Karikatur von Hitlers Wunschtraum seine wahren Absichten wiedergab. Als man ihm in Landsberg das Heft mit dem völkischen Karnevalszug zeigte, blickte er das Juxbild »lange Zeit versonnen« an und sagte dann: »Das kann alles noch passieren, wenn wir nur zäh genug bleiben.«[27] Ahnungsvoll hatte der jüdische Karikaturist Heine, der 1933 vor Hitler floh, die Selbstinszenierung des Dritten Reiches vorweggenommen, dessen mörderische Seite eingeschlossen.

Mit der Arbeit am Textbuch für seine Volksoper begann der Landsberger Häftling ungefähr gleichzeitig mit Bayreuths Vorbereitungen auf die regenerierten Festspiele. Klagte Hitler einmal darüber, wie wenig die »Menschheit« bereit gewesen war, »ein Genie wie Richard Wagner auf den Händen«[28] zu tragen, so konnte man Wahnfried in Sachen Führer-Betreuung diesen Vorwurf nicht machen: Man behandelte ihn wie einen Prinzen, verwöhnte ihn mit

Geschenkpaketen, stellte ihm, als Wagner-Zögling, auch Hausaufgaben wie das Studium der neuesten Wolzogen-Schrift oder eines Opernlibrettos aus Siegfrieds Feder, das Hitler, so Winifred, »bitte im Sinne Richard Wagners als Drama, das nur *durch die Musik* Anspruch auf Verständnis in sämtlichen Punkten macht, auffassen«[29] möge. Diesselbe Winifred, die sich um die Bildung des Freundes kümmerte, war auch, laut Peter P. Pachl, »Hitlers Anstifterin«[30] zu »Mein Kampf«.

Wie sich einst die junge Cosima als »Brieftaube« von Wagners Interessen gegenüber dem Bayernkönig angeboten hatte, so dürfte auch Winifred, ohne offizielle Funktion bei den Festspielen, als unverfängliche Botin des Wagner-Clans aufgetreten sein. Obwohl Hitler ihrem Gatten gerade gestanden hatte, er sei »kein Mann der Feder und schreibe nur schlecht«, sei dem Volke im übrigen »weniger Worte als Werke schuldig«,[31] schickte ihm Winifred alles, was zum Bücherschreiben nötig war. »Im Papierladen in der Hauptstraße Bayreuths«, so berichtete Friedelind, »kaufte sie große Quantitäten Schreibmaschinenpapier, Kohlepapier, Bleistifte, Federn, Tinte und Radiergummi... Solange er sich auf Festung befand, versorgte sie ihn mit allem, was ein vermeintliches Genie benötigen konnte.«[32] Ebendies, so mochte man gehofft haben, würde beim Abfassen des Buches strahlend zutage treten. Schon Hitlers geniale Vorläufer Wagner und Chamberlain hatten ihren weltanschaulichen Kampf autobiographisch flankiert. Wer die Welt bewegen wollte, mußte sein eigenes Leben zu deren Maßstab erheben, da die Prüfungen, die der Held bereits absolviert hatte, der Menschheit noch bevorstanden. Daß gerade aus Wagners Schrein das Papier kam, das Hitler sich ebensogut in Landsberg hätte besorgen lassen können, unterstrich die Bedeutung dieser Selbstbeschreibung für seine nationale Sendung: Aus Herrn Hitler sollte endgültig der Retter der Deutschen werden.

Als der Historiker Albrecht Tyrell 1975 dem »Wandel von Hitlers Selbstverständnis zwischen 1919 und 1924« nachging, fiel ihm auf, daß sein Gegenstand sich in diesem Zeitraum »vom Trommler zum Führer« entwickelte; doch die Frage, welche Gründe ihn bewogen hatten, »die bisherigen Grenzen seines Selbstverständnisses zu überschreiten und in ›Mein Kampf‹ einen geradezu universalen politisch-ideologischen Führungsanspruch anzumelden«,[33] konnte auch er nicht befriedigend beantworten. Ohne Wagners Auftrag, Chamberlains Weihe, den Untergang im Putsch und die literarische Auferstehung als Wagnerheld in »Mein Kampf« war dieser Maskenwechsel auch nicht zu verstehen. Aus dem Leondinger Zollbeamtensohn war das nicht gekommen, und ebensowenig hatten die Wiener »Ring«-Ekstasen oder Regenerations-Erleuchtungen allein genügt, um ihm das Gefühl zu vermitteln, die Weltgeschichte sei in seine Hände gelegt. Wenn der bei seinem Revolutionsversuch kläglich Gescheiterte nicht an sich und seinen Idealen vezweifelte, dann weil jene, die seine Ideale repräsentierten, nicht an ihm verzweifelten. Bayreuth glaubte an ihn, wie er an Wagner glaubte. Und stellte er sich, im Jahr der Wiedergeburt der Festspiele, nach dreimonatiger Feinarbeit am eigenen Lebenslauf, als Wiedergeborenen dar, obwohl jeder zu wissen glaubte, daß er seine politische Zukunft hinter sich hatte, dann nur, weil man es von ihm erwartete. Man hatte ihn zum kommenden Führer der Deutschen bestimmt, und die Biographie, die ihm in die Feder floß, entpuppte sich, nach einiger Nachbesserung, als dessen Vorgeschichte. Der neue Messias, in Chamberlains Krankenzimmer konzipiert, war nun, kaum ein Jahr später, auf einer Gefängnisschreibmaschine in Landsberg geboren worden.

Das Buch, dessen stilistische Unbeholfenheit den trügerischen Eindruck erweckt, hier sei ein Dilettant am Werk, sollte den Mythos Hitler endgültig etablieren. Wurden seine holzschnittartigen Bekenntnisthesen auch mitleidig belächelt, nahm man den seltsamen Mann, der mit solch größenwahnsinnigem Anspruch aufzutreten wagte, doch zur Kenntnis. Mochte der Parteichef Hitler versagt haben, der Volksmagnetiseur, erst aus Haftgründen, dann kraft Redeverbots 1925, verstummt sein – das Buch verlieh ihm einen Nimbus, den kaum ein anderer Politiker seines Alters aufzuweisen hatte: Wer schrieb, und gar über sich selbst, konnte nicht mehr von Polizeikarabinern aus der Öffentlichkeit verjagt, von »Simplicissimus«-Federn ins Nichts der Lächerlichkeit zurückgestoßen werden.

Der Erfolg gab ihm, wie der zynische Ausdruck lautet, recht; rund zehn Millionen Exemplare wurden bis Kriegsende unter die Leser gebracht – ob diese auch zum Lesen gebracht wurden, ist umstritten. Immerhin spendeten Rezipienten so unterschiedlicher

Couleur wie Elisabeth Förster-Nietzsche – »Hitlers wundervolles Buch«[34] – oder der emigrierte Hitler-Kritiker Konrad Heiden gleichermaßen hohes Lob. Dieser räumte 1933 fast widerwillig ein, »daß es ein vorzügliches Buch ist, voll scharfer Überlegungen und oft ausgezeichneter Formulierungen. Freilich auch ein Buch ohne Ordnung, das sich endlos wiederholt.« Und »natürlich« sei es, unvermeidlich, »das Buch eines internationalen Antisemiten«.[35] Für die Massenklientel des schreibenden Messias aber galt das Buch, das Hitler neben Nietzsches »Zarathustra« im Grabgewölbe des Tannenberg-Denkmals deponieren ließ, als neue Bibel. Hermann Rauschning sprach 1938 im Exil von »jenem merkwürdigen Buch, dem nunmehr die Heiligkeit der Verbalinspiration zugesprochen« sei – obwohl es, wie der einstige Parteigenosse wohl wußte, unter »den alten PG's« keine »besondere Achtung genossen« habe. »Niemand nahm es ernst, konnte es ernst nehmen oder verstand diesen Stil überhaupt.«[36] Das bekannteste Buch des Nationalsozialismus, über das Hitler noch 1942 stolz bemerkte, es habe »nach der Bibel wohl die höchsten Auflagenziffern der Welt«[37], blieb auch das unverstandenste. So spurlos, wie die zehn Millionen Exemplare nach Kriegesende verschwanden, löste sich auch ihre Botschaft in nichts auf.

Als Hitler während des Rußlandkrieges auf die Landsberger Zeit zurückblickte, in der er ihn prophezeit hatte, erinnerte er sich auch an seine zukunftsweisende Autobiographie. »Ohne die Haftzeit«, monologisierte der Feldherr 1942 in der Wolfsschanze, »wäre ›Mein Kampf‹ nicht entstanden, und ich darf sagen, in dieser Zeit bin ich begrifflich über viele Dinge, die ich vorher mehr aus Ahnung vertreten hatte, im dauernden Nachdenken erst zu voller Klarheit gelangt.«[38] Vor allem über sich selbst: Das schmeichelhafte Selbstporträt, das er ahnungsvoll in sich getragen hatte, seit er sich in Linz zum Volkstribunen berufen fühlte, nahm nun von seinem ganzen Lebenslauf Besitz. Alles, was ihm je widerfahren war, so entdeckte er nun, hatte als unverzichtbare Entwicklungsstufe seines Heldentums gedient; jeder Widerstand, der diesen Aufstieg gebremst hatte, gehörte zu den Bedingungen seiner Selbstwerdung. Was ihm bisher, in nüchterner Selbsteinschätzung, als schamhaft verborgene Stationen eines banalen Überlebenskampfes erschienen war, erwies sich nun, aus der Höhe des verklärenden Überblicks, als die Taten, durch die sich seine Ausnahmestellung offenbarte. Nur durch Taten, das wußte er, wird der Mensch zum Helden, und sein Leben, dem Einerlei der bloßen Selbsterhaltung enthoben, bewährt sich nur im ewigen Kampf. Auch dies gehörte zu der Erleuchtung, deren Konsequenzen er später einer ganzen Nation aufzwingen sollte.

Als Zentralereignis seiner fünfunddreißig Jahre aber erkannte er die Auseinandersetzung mit dem Widersacher alles aufstrebenden Heldentums, dem Judentum. Mit hinterhältigen Mitteln drohte diese Rasse das schöpferische Germanentum niederzuringen; den Konsequenzen dieses Vernichtungsversuchs, dem Massenelend der Donaumetropole wie dem Massensterben des Weltkriegs, war er selbst nur mit knapper Not entronnen. Nach der »Dolchstoß«-Tragödie war dann das »Novemberverbrechen« über den zukünftigen Autobiographen hereingebrochen, jene jüdisch-marxistische Gewaltherrschaft, die auch, als Drahtzieher im Hintergrund, seinen verzweifelten Erhebungsversuch im Blut erstickte. Wer das Leben als Kampf mit dem Weltübel durchschaut hatte, war zum Helden prädestiniert; wer aber siegreich aus diesem mörderischen Ringen hervorging, offenbarte sich damit als Heiland der reinen Menschheit. Als bloßes »Dasein« betrachtet, war Hitlers armseliges Balancieren am Rande des Existenzminimums kaum der Rede wert; seine rasante Parteikarriere ausgenommen, spottete es der Beschreibung. Dargestellt aber als »Mein Kampf«, bot es den alten Heldengesang vom Drachentöter »neu und verjüngt«, in dem noch das winzigste Detail, wie etwa die unvergeßliche Mäusefütterung, mythische Bedeutsamkeit erlangte.

Auch in der grandios-verlogenen Umdeutung, mit der er seine Bayreuther Bestimmung autobiographisch abfederte, folgte Hitler nur dem erhabenen Vorbild: Der »Kampf« als Lebensprinzip gehörte zu Richard Wagners ureigenstem Ideenarsenal – »Kampf«, so lautete des Meisters Devise gegen das Judentum. »O Himmel«, rief er 1865 seinem Mitrevolutionär Röckel zu, »begreift doch, um was es sich hier handelt, um welch ungeheuren Kampf«[39]; fünf Jahre später ließ er seine Mitstreiterin Cosima dem designierten Bayreuth-Propagandisten Nietzsche vor Augen führen, welch »grauenhafter Kampf«[40] ihm beim gemeinsamen Feldzug bevorstehe. Daß Hitler sich als Kreuzritter in diese Wagner-Streitmacht eingereiht hatte, scheint zumindest sein ergebenes Sprachrohr Goebbels geahnt zu haben. »Viele Jahre mußten vergehen«, schrieb dieser 1933, »bis ein ganzes Volk den Weg zu Richard Wagner zurückfand. Sein Kampf war mit seinem Tode nicht ausgekämpft«.[41] Sein Kampf aber war »Mein Kampf«. Angestachelt hatte den Autobiographen der große Hasser Chamberlain in seinen »Grundlagen«, in denen der entscheidende Abschnitt unter dem Titel »Der Kampf« die Schöpfer- gegen die Parasitenrasse im Kampf um der »Welt Erbe« zeigt. Wie die Anregung zum Buch könnte demnach auch der Titel aus Bayreuth gekommen sein. Denn nicht Hitlers ereignisarmer Lebenslauf, sondern jener von Chamberlain beschriebene Rassenkrieg um die Weltherrschaft bildet, gespiegelt in Hitlers Zufallsexistenz, den eigentlichen Gegenstand von dessen Autobiographie.

Bis zu seinem Ende blieb er auch Hitlers entscheidender Lebensinhalt. Selbst seine späteren militärischen Gewaltaktionen, mit denen er jeglichen generalstabsmäßigen wie moralischen Rahmen sprengte, wirken wie zunehmend spektakulärere Neuinszenierungen dieses alten Prinzips, von dem der Regisseur »fest überzeugt« war, »daß dieser Kampf« – der von ihm entfesselte europäische Krieg – »um kein Haar anders ausgehen wird, als der Kampf, *den ich einst im Inneren ausfocht*!«[42] Schließlich handelte es sich um dasselbe Stück, dessen Uraufführung der Welt als »Mein Kampf« vorgestellt worden war. Und noch im Februar 1945 beteuerte Hitler zur letzten »Parteigründungsfeier« der Geschichte, daß diese »schweren Zeiten« lediglich eine »schaurige Wiederholung des einstigen innerdeutschen Vorganges in der gewaltigen weltpolitischen Ebene« darstellten, weshalb »am Ende auch hier, und zwar noch in diesem Jahre, die geschichtliche Wende«[43] eintreten würde. Mochte die Wirklichkeit ihm dafür hohnsprechen – für Hitler behielt sein Mythos das letzte Wort. Solange er lebte und, wer weiß, vielleicht noch über seinen heroischen Untergang hinaus, war seine Rolle als Welterlöser nicht ausgespielt.

Gut zwanzig Jahre früher hatte er mit dieser Rolle das literarische Parkett betreten. »Mein Kampf«, das signalisierte erwähltes Einzelgängertum; ein Dürerscher Ritter, so mochte man vermuten, der zwischen Tod und Teufel den schicksalhaft vorgezeichneten Weg nimmt. Ermuntert von der Bayreuther Mythenschmiede, verwandelte sich ein Arbeitslosenleben in die Abenteuergeschichte eines Wagnerhelden, dem in der Wirklichkeit widerfuhr, was sonst nur auf der Bühne geboten wurde. Im selben Jahr, in dem Hitler sich in seiner autobiographischen Neudeutung den Wotanssöhnen Siegmund und Siegfried brüderlich beigesellte, bot auch Bayreuth eine aktualisierte Interpretation des Nibelungen-»Ring«. Denn Wagner, das betonte der offizielle Festspielführer, erwies sich als zeitgemäßer denn je; seine »emsige Abwehr alles Fremden«, der er sich in seinen antisemitischen Schriften gewidmet hatte, stand im »innersten Zusammenhang mit dem deutsch-nordischen Wesen seiner Schöpfungen«.[44] Während der Landsberger Autor seine Lebenstrümmer in die »Ring«-Form einschmolz, erklärte Bayreuth das Nibelungen-Lehrstück zur mythischen Vorwegnahme von Hitlers Selbstverständnis. Im Festspielführer von 1924 setzte Hans Alfred Grunsky die Nibelungen unmißverständlich mit den Juden gleich, die in Hitlers Buch ebenfalls als Wagnersche Nachtalben vorgeführt wurden.

»Haß und Zersetzung«, so Grunsky, gehörten zum Wesen dieses unterweltlichen Volkes, gegen dessen Repräsentanten der Lichtheld Siegfried »unwillkürlich die heftigste rassische Abneigung« verspürt, wie auch Zwerg Mime »die Rassenfrage nicht gut verträgt«. Gegen diese im Nibelungen-Theater zur Schau gestellte plastische Verkörperung des »lieblosen und unwürdigen Jagens nach Gold und Besitz, nach Macht und Genuß« führt Ariergott Wotan nun seinen schöpferischen Gegenentwurf ins Feld. »Heldentum«, so das offizielle Bayreuther Brevier, »will er setzen gegen Geldsucht, Tatenlust gegen Machtgier.« Nur ein Held und Tatmensch könne die Welt vom Fluch des »nächtlichen Heeres« befreien. »Durch die lichte Reinheit eines herrlichen, dem Untergang geweihten Menschen«, eines »furchtlosen, freien Helden, den Wotan ersehnt hatte«, so »Ring«-Exeget Grunsky, würde das Werk vollbracht: »In der Gestalt Siegfrieds hatte der nordische Mensch sich selbst sein Idealbild geschaffen, die wunderbarste Verkörperung des heldischen Gedankens erdichtet.« Und als wolle der Autor überleiten zu jener gottgesandten Siegfried-Verkörperung, der bei den kommenden Festspielen mit Heilrufen gehuldigt werden sollte, fügte er erläuternd hinzu: »Ein Siegfried kennt und versteht nur offenen, ehrlichen Kampf.«[45]

»Kampf« war das Ziel, das Hitlers planlosem Leben überraschenden Sinn verlieh, und es war der Titel seiner literarischen

Selbstvergewisserung, die in zwei Bänden 1925 und 1926 erschien. Weder sein sentimental geschönter Lebenslauf im ersten noch die umständliche Parteichronik im zweiten Teil bildeten das eigentliche Thema des Buches. Dem Autor ging es von der ersten Zeile an um die Darstellung der Welt als Wagner-Drama, mit Entscheidungskrisen und Katastrophenausgang, in dem ihm die Rolle des Helden zugefallen war. Vor dem drohenden Tragödienschluß welthistorischen Ausmaßes, der vom »Zusammenbruch der menschlichen Kultur« zur endgültigen »Verödung der Welt« führt, »blieb als letzte Rettung noch der Kampf, der Kampf mit allen Waffen«.[46]

Nur auf diesem Wege würde sich der Linzer Waisenknabe, der, »einen Koffer mit Kleidern und Wäsche in den Händen«, ahnungslos dem Wiener »Rassenchaos« entgegenfuhr, als Welterlöser bewähren können – auf daß die von Wagner erschaute »Götterdämmerung«, der Untergang Wotans und seines Wälsungengeschlechts, in deren Triumph und strahlende Auferstehung umkorrigiert würde. War der unversöhnliche Gegensatz zwischen der gottgezeugten Arierrasse und den Ausgeburten »der Nacht und des Todes« als Schlüsselkonflikt des Welttheaters erst einmal durchschaut, dann ließ sich auch die politische Gegenwart, in die Hitler hineingeworfen war, als Phase derselben Auseinandersetzung begreifen. Diesen Zusammenhang erkennen und den Kampf aufnehmen, war für Hitler eines. Doch erst, wenn es darüber hinaus gelang, das Volk zur Fahne zu rufen, ihm im eigenen Überlebenskampf wie in der metaphysischen Tragödie seinen Ort zuzuweisen, konnte der Endsieg errungen werden. Als Held war er erwählt, das Schwert voranzutragen, und durfte sich zugleich, als Verfasser seiner autobiographischen Weltgeschichte, wie der Regisseur vorkommen, der das alte Stück vom Endkampf der Rassen in neuer Inszenierung und überraschender Besetzung der Hauptrolle anbot.

Es sei in Wien gewesen, so erzählt der Held die Geschichte seiner Erweckung, wo ihm »das Auge geöffnet« wurde »für die zwei Gefahren, die ich vordem kaum dem Namen nach kannte«, geschweige denn deren »entsetzliche Bedeutung für die Existenz des deutschen Volkes«. Während er selbst, mittellos und ohne Zukunftsperspektive, um die nackte Existenz fürchten mußte, habe er, gleichsam durch plötzliche Erleuchtung, das ganze Volk der Deutsch-Österreicher in derselben bedrohlichen Lage gesehen.

»Marxismus und Judentum«[47], so hießen die Feinde, die jene Krise ausgelöst hatten, unter der auch Hitler nun leiden mußte – nicht persönlich allerdings, sondern gleichsam stellvertretend für die im privaten Elend versinkenden Massen: Hatte er auch fünf Jahre Hunger gelitten, so nahm er das doch gerne auf sich, um mittels Lektüre und dem »seltenen, vom Munde abgesparten Besuch der Oper« seine politische Bewußtwerdung voranzutreiben »wie nie zuvor«.

Hierbei bildete sich die »Weltanschauung«, die zum »granitenen Fundament meines derzeitigen Handelns wurde«. Wer dem Traumtänzer, etwa bei seinem Putschdebakel, mangelnden Realitätssinn vorwarf, erhielt hier die nachträgliche Bestätigung: Hitlers »Taten« folgten nicht den Erfordernissen einer gegebenen Situation, sondern sie folgten seiner Deutung der Wirklichkeit, wie sie sich aus jenem »granitenen Fundament« ergab. Was er sich zu Anfang des Jahrhunderts durch intensiven Opern- und Bibliotheksbesuch angeeignet hatte, lieferte ihm ein Verständnismuster für die Gesellschaft, der er, bis zu seinem Tod 1945, niemals die Macht einräumen sollte, das frühe Welterklärungsschema auch nur in Frage zu stellen. »Ich habe zu dem, was ich mir so einst schuf«, schrieb der Häftling 1924 im Bewußtsein seiner ideologischen Unangreifbarkeit, »nur weniges hinzulernen müssen, zu ändern brauchte ich nichts.«[48]

Unbestreitbar hat dieser Jünger einer unbekannten Religion in seiner Wiener Prägungsphase alles gelesen, was seiner frühen Wagner-Identifikation Nahrung lieferte. Zu den bleibenden »Grundlagen« seines Wissens, »von denen ich auch heute noch zehre«, zählten, neben der längst verinnerlichten Lektüre der »Gesammelten Schriften« des Meisters, vor allem Chamberlains »Grundlagen des Neunzehnten Jahrhunderts«. Den Verdacht, er könnte sich auch an abstrusen »antisemitischen Broschüren« – etwa den »Ostara«-Heften des Hochstaplers Jörg Lanz von Liebenfels – gebildet haben, wies der Chamberlain-Protegé mit der Schroffheit des Ertappten von sich. Deren »Tonart« wie auch die »zum Teil so flache und außerordentlich unwissenschaftliche Beweisführung«[49] hätten ihn zeitweise sogar an der Richtigkeit des ganzen Antisemitismus zweifeln lassen. Wirklich verbindlich, da »wissenschaftlich« begründet, schienen ihm nur die »Erkenntnisse eines Houston Stewart Chamberlain«, an denen, wie der zukünftige Staatenlenker beklagt, »die offiziellen Stellen der Regierung ... gleichgültig« vorübergegangen seien, »zu dumm ... und zu eingebildet, von anderen das Nötige zu lernen«[50]. Dieses »Nötige« aber – für den Häftling Hitler offenbar Grundlage einer allgemeinen Gesetzgebung – bestand für Chamberlain im unerbittlichen Kampf gegen den Menschheitsfeind; als Auslöser dieser Volksbefreiung wiederum hatte Richard Wagner die »Not« erkannt, die das »Nötige« von selbst bewirkt.

»Das Volk also wird die Erlösung vollbringen«, so hatte der Meister in seinem »Kunstwerk der Zukunft« prophezeit, indem es »seine eigenen Feinde erlöst«, will sagen: indem es das »Nichtgewollte durch die Kraft seiner Not ... zu einem Nichtseienden« macht, sich also zum nötigen Entschluß durchringt, »das Vernichtungswerte zu vernichten«[51]. Diese Empfehlung, ausgesprochen im Revolutionsjahr 1849 und von Chamberlain nach einem halben Jahrhundert des Vergessens »wissenschaftlich« untermauert, verwandelte sich, weitere fünfundzwanzig Jahre später, in den Schlachtruf von »Mein Kampf«: Die Zeit der Erfüllung ist nahe herbeigekommen, denn der Messias ist erschienen.

Nicht Erfahrungen hatten Hitler aus dem Schlaf der Ahnungslosigkeit gerissen, sondern die Erkenntnisse seiner Vorläufer, die ihm für die entscheidenden »Erfahrungen« erst die Augen öffneten. Das Volk dagegen, das dem Meister zufolge eigentlich »instinktiv« gegen den Erzfeind hätte aufbegehren müssen, war in Unwissenheit gehalten worden über den globalen Kampf, in dem sich seine Zukunft entschied. Man litt, ohne zu wissen woran, und fühlte eine Not, von der keiner auch nur ahnte, daß sie allen gemeinsam war. Wenn das Deutsche Reich, so Hitlers Einsicht weiter, den Weltkrieg verlor, dann nur, weil es über den wahren Krieg, in den es seit Jahrhunderten verwickelt war, im Dunkeln gelassen wurde. Das »Nichterkennen des Rasseproblems und besonders der jüdischen Gefahr«, so der Warner aus Landsberg, sei Hauptursache »des deutschen Zusammenbruchs«[52] gewesen. Nicht an Taten habe es gefehlt, sondern an Wissen. Und deshalb beginnt der Autobiograph, der über sich selbst nichts Nennenswertes zu berichten hat, jenes fehlende Wissensfundament nachzuliefern, das den blinden Deutschen endlich ihr »Erkenne dich selbst« ermöglicht. Hatte

Wagner mit seiner judenfeindlichen Hetzschrift gleichen Titels zur Erkenntnis des Hauptfeindes, eben des »plastischen Dämons des Verfalls der Menschheit« aufgerufen, so nimmt »Mein Kampf« die Anregung auf und setzt das begriffsstutzige Volk ins Bild.

Daß Hitler sich dabei Wagnerscher Kulissen bediente, lag an seiner Linzer und Wiener Lehrzeit. Und da er aus seiner Lebensbilanz als kampfbereiter Wotanssohn hervorgehen wollte, geriet ihm auch das Porträt seiner Widersacher so nibelungenhaft, als hätte er es im Stehparkett der Hofoper skizziert. Als Paradefall des »Juden« diente ihm dabei Wagners Mime, der tückische Zwerg. Ohne ihn beim Namen zu nennen, übertrug Hitler gewissenhaft alle abstoßenden Eigenschaften, die Wagner seinem Mime in die Wiege gelegt hatte, auf die plastischen Verfallsdämonen, die sich im normalen Leben wie normale Menschen benahmen. Doch, und das eben zeigte das Beispiel Mimes, sie heucheln es nur. Sie geben sich bieder, selbst wohlwollend, um dahinter nur ihren schmutzigen Egoismus zu verbergen; sie dienen sich kriecherisch an, weil sie nur so ihr heimliches Ziel erreichen können, für das ihnen kein Mittel zu gemein erscheint.

Wagners Spottfigur zieht den Waisenknaben Siegfried nur deshalb auf, weil der ihm, sobald er stark genug ist, das heißersehnte Nibelungengold erkämpfen soll. Hat sein blonder Ziehsohn den schatzhütenden Drachen erst erschlagen, plant Mime, ihn mit Gift zu lähmen und mit Schwert Nothung zu enthaupten. Natürlich verstellt sich der Meuchler gegenüber dem Ahnungslosen, umgarnt ihn mit Lügengeschichten und verspricht Liebe, wo er nur Haß brütet. Denn nichts haßt das ängstliche Monstrum mehr als den hochgewachsenen Recken, der das Fürchten nicht kennt. Erst als der Lichtheld auf die Stimme der Natur hört, bemerkt er die Doppelzüngigkeit des Ziehvaters und hört hinter jeder blenderischen Phrase das eigentlich gemeinte Gegenteil. Als Mime ihn schließlich, nach der Tötung des Drachens, umbringen will, versucht er ihn mit Flötentönen einzulullen. »Er bemüht sich, den zärtlichsten Ton anzunehmen«, lautet Wagners Regieanweisung zu Mimes Satz, dessen wahrer Sinn von Siegfried wohl verstanden wird: »Ich will dem Kind nur den Kopf abhau'n!« Der vom Dichter geforderte »Ausdruck herzlicher Besorgtheit für Siegfrieds Gesundheit« demaskiert den todbringenden Lügner endgültig; seinem rechtzeitig zur Erkenntnis gekommenen Opfer Siegfried bleibt nur noch, ihm »in einer Anwandlung heftigen Ekels«[53] mit Nothung den Todesstreich zu versetzen. Womit die Not auch hier die rechte Befreiungstat eingegeben hätte. Wer wie Siegfried nicht den lebensgefährlichen Untermenschen in die Schlinge gehen wollte, mußte auf die Stimme der Natur hören und das »Vernichtungswerte vernichten«.

Das grausam lächerliche Zerrbild des Mime, mit dem Wagner die verhaßten Juden bis zur Kenntlichkeit entstellen wollte, wurde von seinem Landsberger Schüler für bare Münze genommen. »Unsauber und schamlos«[54], wie Hitler den Bayreuther Mime Hans Breuer in Wien erlebt hatte, sah er die Juden im »Schmutz und Unrat« ihrer Nibelungenhöhlen hausen. Wie beim stotternden Zwerg klang auch ihre Sprache durch »Laute eines fremden Volkes« entstellt, und so unheimlich deren Klang, so falsch erwies sich ihre Botschaft: Unaufhörlich wiederholt Mime gegenüber seinem Ziehsohn, mit welcher Hingabe er das »zullende Kind« aufgezogen habe; der Autobiograph wiederum weiß von den Juden zu berichten, ihr »Aufopferungssinn« sei »nur ein scheinbarer«.[55] Da »krassester Egoismus« sie antreibe, müßten sie sich in ihrer menschlichen Umgebung immer mehr verstellen; als Meister in der »Kunst der Lüge« benutzten sie ihre »Zungenfertigkeit« nur, um ihre »Gedanken zu verbergen oder mindestens zu verschleiern«.[56] Mit mimehaft »widerlicher Schmeichelei« schlichen sie sich dann ins Vertrauen der nichtsahnenden Menschen ein, drehten »kunstvoll die Dinge so«, als ob bisher nur ihnen »immer Unrecht zugefügt worden wäre«, und begännen endlich, wenn ihr Opfer erschöpft die Waffen streckt, »zu umklammern und zu umgarnen, zu leiten und zu schieben«.[57] Stießen sie dabei auf Widerstand, wie der Komplottschmied Mime beim erwachten Siegfried, so ließen sie »ein förmliches Trommelfeuer von Lügen und Verleumdungen ... losprasseln, so lange, bis die Nerven der Angegriffenen brechen«.[58]

Mimes höchstes Ziel, mittels des Goldschatzes zum »Walter des Alls«[59] aufzusteigen, wird auch von seinem Bruder geteilt, der ebenfalls nach »der Welt Erbe« giert. In Wagners rassischer Typenlehre, als deren Anhänger sich Hitler in »Mein Kampf« zu erkennen gibt, bildet Alberich zu Mimes tragikomischer Fratze das dämonisch-grauenhafte Pendant. Das wilde Gekeife, mit dem die beiden Brüder einander die Beute abjagen wollen, scheint auch Hitler bezeichnend für seinen Gegenstand: Sobald »gemeinsame Beute lockt«, werde aus dem »einigen Volk eine sich blutig bekämpfende Rotte von Ratten«.[60] Wagners Rattenkönig Alberich wiederum inspiriert den beschreibenden Ethnologen Hitler zu jenem anderen Judentypus, der an die Stelle von Mimes verstohlener Giftmischerei die offene Brutalität setzt. Zum Horrorkatalog des schwarzen »Nachtalben« gehört auch das abstoßend Ekelhafte. Ein »Rheingold«-Detail diente Hitler zur drastischen Verdeutlichung: Sagt Wagner seinem Alberich eine schleimige »Krötengestalt« nach, behauptet Judenkenner Hitler, sooft er einen »angegriffen« habe, »umschloß die Hand qualligen Schleim«.[61] Auch seine Alberiche »schänden« die »unerfahrenen, jungen blonden Mädchen«[62] und legen »die Hand an das höchste Ebenbild des Herrn«, die arische Rasse – für dieses »fluchwürdigste Verbrechen« trifft sie als Strafe die »Vertreibung aus dem Paradies«.[63]

Wie Goldräuber Alberich den Lichthelden Siegfried, als neuen Besitzer des Rings, durch Verschwörung aus der Welt schafft, so versuchte, laut Hitler, auch die »internationale jüdische Weltfinanz« ihren »langersehnten Plan einer Vernichtung« des deutschen Heldenvolkes mit konspirativer Heimtücke zu verwirklichen. Um einen Weltkrieg gegen das Reich zu entfesseln, beschloß sie, »eine Koalition zusammenzuschmieden, stark und mutig gemacht durch die reine Zahl der nun marschierenden Millionenheere, bereit, dem gehörnten Siegfried auf den Leib zu rücken«.[64] Wie im »Ring« Alberichs düsterer Sohn Hagen das »Verderben« des Helden plant, trachtet auch Hitlers mörderischer Jude, ganz »unerbittlicher Todfeind des Lichts«, nach dem »Verderben«[65] der Germanenrasse. Greift Hagen vor dem Mord an Siegfried zu einem Gifttrank, der das Gedächtnis des Helden lähmt, so strebt auch Hitlers Untermensch nach der »Einschläferung seiner Opfer«.[66] Dementsprechend beschreibt der Autobiograph, mit besonderer Vorliebe fürs Grausige, den befallenen »Volkskörper«, als ob »ein immerwährender Giftstrom bis in die äußersten Blutgefäße dieses einstigen Heldenleibes von einer geheimnisvollen Macht getrieben würde, um nun zu immer größeren Lähmungen ... zu führen«.[67]

Zwar gelingt Alberich der ferngelenkte Mord an Siegfried, doch scheitert er mit dem Versuch, den Ring wieder an sich zu reißen und die Welt in eine Sklavenhölle zu verwandeln. In der Wirklichkeit, so

Hitler, ist darüber noch längst nicht entschieden. Denn wie der Nachtalbe dank seiner Tarnkappe jede beliebige Gestalt annehmen kann, hat Hitlers Jude mit perfider Verstellungskunst die Maske des Marxismus aufgesetzt, um durch Vorspiegelung von Liebe und Völkerfreundschaft seine schleichende »Welteroberung«[68] zu vollenden. Dies kann ihm allerdings nur gelingen, wenn er sich zuvor der »Ausrottung« der »nationalen geistigen Welt« des Ariertums widmet. Zu diesem Zweck, so Hitler, hat der Nibelunge Marx, aufbauend auf der »längst vorhandenen weltanschauungsmäßigen Einstellung« seines Stammes, die »wesentlichen Giftstoffe« der niedergehenden Weltkultur gesammelt, »um sie, einem Schwarzkünstler gleich, in eine konzentrierte Lösung zur schnellen Vernichtung des unabhängigen Daseins freier Nationen auf dieser Erde zu bringen. Dies alles aber im Dienste seiner Rasse.« Will Alberich die Welt in einen kulturlosen Nibelungenstaat verwandeln, so führt der Marxismus »die Welt planmäßig in die Hand des Judentums«.[69]

Als Prophet des Schreckens sieht Hitler bereits »die große, letzte Revolution« am Horizont wetterleuchten. »Indem der Jude die politische Macht erringt«, so weissagt der »Ring«-Kenner, »wirft er die wenigen Hüllen, die er noch trägt, von sich. Aus dem demokratischen Volksjuden wird der Blutjude und Völkertyrann.« Während Alberich seine Sklaven mit Geißelhieben terrorisiert, wird durch den jüdischen Terror die ganze Welt »reif zum Sklavenlos einer dauernden Unterjochung«.[70] Das Grauen dieser von Hitler später als »Alberichs-Herrschaft« bezeichneten Kultur- und Menschheitsvernichtung hat ihn in »Mein Kampf« zu einer Vision von paranoider Grandiosität beflügelt. »Siegt der Jude mit Hilfe seines marxistischen Glaubensbekenntnisses über die Völker dieser Welt«, so der entrückte Seher, »dann wird seine Krone der Totentanz der Menschheit sein, dann wird dieser Planet wieder wie einst vor Jahrmillionen menschenleer durch den Äther ziehen.«[71]

Kaum hatte der apokalyptische Reitersmann sein Szenario vom Weltende entwickelt, hob er sein Visier und gab sich als Retter in höchster Not zu erkennen. Die »Götterdämmerung« konnte nämlich verhindert werden – vorausgesetzt, man vermied die Fehler, die Wotan und die Wälsungen auf dem Wagner-Theater begingen, und verfuhr statt dessen mit den Nibelungen, wie sie es verdienten. »So glaube ich heute im Sinne des allmächtigen Schöpfers zu handeln«, verkündete er seinen messianischen Universalanspruch aus der Landsberger Zelle: »Indem ich mich des Juden erwehre, kämpfe ich für das Werk des Herrn.«[72] Diese für einen angehenden Politiker ungewöhnliche Selbsteinschätzung, mit der sich Hitler den bleibenden Makel des Größenwahns zuzog, entsprach nicht nur seiner Bayreuther Sendung, sondern auch der polarisierenden Darstellung der Autobiographie. War, wie »Mein Kampf« unterstellte, das Judentum wirklich der »Vampir«[73], der das kostbare Blut der gottgleichen Schöpferrasse absaugte, so würde ein gewöhnlicher Staatsmann kaum erfolgversprechend dagegen auftreten können. Was nottat, war ein geweihter Gottesstreiter, der mit der überirdischen Kraft der Gralsritter dieses »Ungeheuer« unschädlich machte.

Weil seine Feinde in Wahrheit Nibelungen waren, mußte der Autor zum Siegfried werden. Gegen die Macht der Hölle half nur ein Heiland, der von oben kam. So entsprach Hitlers psychopathischer Anspruch nur der Größe der Herausforderung, der er sich stellen wollte. Der globalen Aufgabe mußte ein von der Vorsehung erwählter Erlöser entgegentreten. Denn die »Pestilenz, von der«, nach Hitler, »möglichst die Menschheit schnell die Erde befreien möge, da sonst gar leicht die Erde von der Menschheit frei werden könnte«[74], verlangte nach einer Radikalkur. Etwa, indem man lernte, wie Hitler gleich zu Beginn von »Mein Kampf« empfahl, »gegen Giftgas mit Giftgas zu kämpfen«.[75] Wo es um das »harte Entweder-Oder«[76] ging, heiligte der Zweck jedes Mittel. Hätte man während des Weltkriegs schon die Weitsicht besessen, so Schützengrabenveteran Hitler, und einige zehntausend »dieser hebräischen Volksverderber so unter Giftgas gehalten«, dann wäre »vielleicht einer Million ordentlicher, für die Zukunft wertvoller Deutschen das Leben gerettet«[77] worden. Die Maßnahmen, die deshalb nötig waren, um die gesamte arische Schöpferrasse vor ihrer sicheren »Ausrottung« zu bewahren, würde der Mann der Vorsehung zu gegebener Zeit ergreifen. Und um dieser Jahrtausendtat, dieses »harten Entweder-Oder« des rassischen Entscheidungskampfes willen habe er beschlossen, »Politiker zu werden«.[78]

Auch dieser Schlüsselsatz, der die Berufung zum Erlöser mit dem freien Entschluß zur politischen Gewalttat gleichsetzt, spielt, nur für Eingeweihte erkennbar, auf die Wagner-Tradition an. In derselben Schrift, in der – von Hitler effektvoll vor Gericht zitiert – der Meister seines tränenseligen Treueschwurs gegenüber dem »deutschen Vaterlande« gedachte, taucht auch jener Satz auf, der sich seinem Verehrer ebenso nachhaltig eingeprägt hatte: Nachdem Wagner als junger Musikenthusiast, so die »Autobiographische Skizze« des Komponisten, auf eigene Faust die Tonkunst hatte erlernen wollen, mußte er bemerken, daß sein dilettantischer Versuch »nicht so schnelle Früchte« tragen sollte; trotzdem habe er sein Selbststudium nicht aufgegeben, denn die »Schwierigkeiten desselben reizten und fesselten mich: ich beschloß, Musiker zu werden«.[79] Wagners Botschaft vom Selfmademan, der sich durch Widerstände zu Höchstleistungen aufreizen läßt, hat Hitler, vermutlich tief erschüttert, in seine eigene Bekenntnisschrift aufgenommen. War er »Politiker« geworden, dann nur, weil die schier übermenschlichen Schwierigkeiten des »harten Entweder-Oder« ihn dazu herausgefordert hatten.

Zum deutschen Heiland aber war er durch die Vorsehung bestimmt, und den Kriterien zufolge, die Rassenlehrer Wagner im »Ring« aufgestellt hatte, konnte der Autobiograph sein wenig heroisches Vorleben als ideale Einübung ins Heldendasein präsentieren. Elternlos wie Siegmund, der Wälsung, war auch der junge Adolf ins feindliche Leben getreten und hatte erfahren müssen, wovon der Wotanssohn bitter zu künden weiß, die »starke Not«.[80] Denn die »Not«, mit der Hitler das düstere Leitmotiv von »Mein Kampf« anstimmt, gehört auch zu Siegmunds Lieblingsvokabeln. Klagt der Geächtete über die »herbe Not«, die ihm seine Feinde bereiteten, bevor er in »höchster«, ja »sehrender Not« im Schwert Nothung den wahren Nothelfer entdeckt, berichtet auch Heldenschüler Hitler von immer neuer »Not und harter Wirklichkeit«[81], die ihn niederzuzwingen versuchten.

Wie Gott Wotan seinen Sohn durch Entbehrungen stählt, bevor er ihn des Siegschwerts für würdig erachtet, setzte auch die »Weisheit der Vorsehung« den jungen Linzer der »Härte des Schicksals« im Wiener Rassenbabel aus. Doch gerade »indem mich die Göttin der Not in ihre Arme nahm«, so der Autobiograph im verklärenden Rückblick, »und mich so oft zu zerbrechen drohte, wuchs der Wille zum Widerstand, und endlich blieb der Wille Sieger«.[82] Auch diese grimmige Gottheit, die man in mythologischen Lexika vergeblich sucht, entsprang der Phantasie des Meisters. »Ein langes, langes Menschenleiden«, so hatte der Revolutionär Wagner 1849 über die »Not« gedichtet, »brennt heiß in unserer Brust, es sengt uns seit der Väter Zeiten, verzehrt uns jede Lust: daran laß' deine Fackel zünden und ihren Schein den Schächern künden: wir halten dein Gebot, du strenge Gottheit, Not!«[83] Wie Wagner, für den die Rebellion aus der Not geboren wird, weiß auch sein Schüler, daß alle »Volksbewegungen« als »Vulkanausbrüche menschlicher Leidenschaften ... entweder durch die grausame Göttin der Not oder durch die Brandfackel des unter die Masse geschleuderten Wortes«[84] entzündet werden.

Anders als Siegmund, dem die Not das Schwert zerbricht, bevor er selbst den Heldentod erleidet, besteht sein Nachfolger den Härtetest. Hitler darf sich auch als Verkörperung von Siegmunds Sohn Siegfried fühlen, der jener dumpfen Not, die auch ihm das Leben verleidet, auf den Grund geht und, mit Wagnerscher Instinktsicherheit, das Rassenproblem entdeckt. Wie Hitler, dem die Augen geöffnet wurden, als er dem schwarzgelockten Kaftanträger begegnet war, erkennt auch Siegfried, daß sein Lebensverdruß durch die abstoßende Andersartigkeit Mimes bewirkt wird. Der rassenfremde Zwerg, den er als »garstig, griesig und grau, klein und krumm, höckrig und hinkend, mit hängenden Ohren, triefigen Augen« beschreibt, löst bei ihm unüberwindlichen Ekel aus, der sich in den Worten Luft macht: »Fort mit dem Alp! – Ich mag ihn nicht mehr sehn!«[85] Deshalb wächst in ihm auch der Wunsch nach einer radikalen Lösung: »Beim Genick möcht ich den Nicker pakken, den Garaus geben dem garst'gen Zwicker!« Wie neu geboren fühlt sich der Wotanssproß, als er entdeckt, »daß der mein Vater nicht ist«[86] – dem neuen Siegfried, hellsichtig gemacht durchs Wiener Stehparkett, war es ebenso ergangen: Seine naive »menschliche Toleranz«[87] gegenüber den Juden wich, nach der Instinkterleuchtung auf nächtlicher Gasse, einem Wagnerschen Ekel, der die letzten schwächlichen Rücksichten hinwegfegte. »Daß der Jude kein Deutscher war«, so variierte er Siegfrieds beglückende Entdeckung, »wußte ich zu meiner inneren glücklichen Zufriedenheit schon endgültig.«[88]

Blieb nur noch die Frage, wie man die »Nicker« beim »Genick« zu packen bekam, um ihnen den »Garaus« zu machen. Siegfried antwortet mit Taten: Er setzte die Trümmer des zerschlagenen Vaterschwertes wieder zusammen und ließ, nach Enttarnung von Mimes Mordkomplott, den Wotansstahl »Neides Zoll zahlen; dazu durft ich ihn schmieden«.[89] Auch Hitler riet zum Schwert. Denn die Enthauptung, die Mime an seinem betäubten Opfer vornehmen wollte, fand nach Hitlers Überzeugung tagtäglich unbemerkt auf der großen politischen Weltbühne statt. »Der unerbittliche Weltjude«, so offenbarte der neue Siegfried mit Entdeckerstolz, »kämpft für seine Herrschaft über die Völker. Kein Volk entfernt diese Faust anders von seiner Gurgel als durch das Schwert. Nur die gesammelte konzentrierte Stärke einer kraftvoll sich aufbäumenden nationalen Leidenschaft vermag der internationalen Völkerversklavung zu trotzen.« Und wie in Erinnerung an Siegfrieds Befreiungsschlag, der Mime tötete, fügte er erläuternd hinzu: »Ein solcher Vorgang ist und bleibt aber ein blutiger.«[90]

Mit der schauderhaften Kälte, die bereits vorwegnahm, was zwanzig Jahre später mit diesem Schwert blutig angerichtet wurde, lieferte Hitler die Philosophie des Massakers gleich mit. »Kann man denn geistige Ideen überhaupt mit dem Schwert ausrotten?« fragt er und gibt die mörderische Antwort, daß Gewalt niemals allein »zur Vernichtung einer Idee und deren Verbreitung« führen könne – es sei denn »in Form einer restlosen Ausrottung aber auch des letzten Trägers und der Zerstörung der letzten Überlieferung«.[91] Auch Wagners »Ring« legte diese Lehre nahe: Mime zu erschlagen hatte nicht genügt. Wer das Nibelungenhafte selbst aus der Welt schaffen wollte, mußte auch die anderen Unterweltskreaturen vernichten – bevor ein zweiter Hagen mit dem Speer gegen einen neuen Siegfried ausholen konnte. Nur das Schwert konnte hier blutige Abhilfe schaffen. Dann aber, so weissagte der Landsberger Zukunftsplaner, würde die Waffe »selber als Träger, Verkünder und Verbreiter einer neuen geistigen Lehre«[92] auftreten.

Die Ausrottung des Judentums, dies die klare und unmißverständliche Botschaft von »Mein Kampf«, mußte kommen. Vielleicht war sie zu klar, um verstanden, zu drastisch, um ernst genommen zu werden. Wurde Hitlers Buch, dieses beliebteste Fest- und Feiertagsgeschenk des Dritten Reiches, zwar millionenfach gekauft, doch nicht millionenfach gelesen? Stand es unbenutzt in jedem Bücherschrank, jeder Bibliothek, jeder Behörde? Weigerte man sich, das angekündigte Blutvergießen im Maßstab eines Völkermordes zur Kenntnis zu nehmen? Je mehr die Bewegung zum alles mit sich reißenden Strom anschwoll, um so dringlicher mußte sich die Frage stellen, wohin die rauschende Fahrt ging. Rückblikkend läßt sich zweifelsfrei feststellen, daß »Mein Kampf«, kaum verschlüsselt, den Fahrplan lieferte und auch das unaussprechliche Endziel nicht verschwieg. Während Hitlers Werk zum unerreichten Bestseller der deutschen Sprache aufstieg, beruhigte man sich mit der Gewißheit, daß dieses Kursbuch der zwanziger Jahre längst seine politische Gültigkeit verloren habe. Und Hitler, von der autobiographischen Kunstfigur zum realen Reichskanzler avanciert, vermied es bis zum Kriegsbeginn, den Deutschen diese Illusion zu nehmen.

In Bayreuth dagegen wußte man, woran man war. Hatte Wahnfried möglicherweise die Anregung und nachweislich das Schreibmaterial zu Hitlers Buch geliefert, so wurde man auch über den Fortgang der Drucklegung auf dem laufenden gehalten. Den Kontakt zwischen den Wagner-Erben und dem Münchner Verlag könnte jener Hitler-Förderer Joseph Stolzing-Czerny gehalten haben, der als leitender Redakteur des »Völkischen Beobachters« auch mit der Bearbeitung der Bekenntnisschrift betraut war; sein Briefwechsel mit Eva Chamberlain belegt den regen Meinungsaustausch zwischen dem NS-Propagandazentrum in München und Wahnfried.

Wie eng sich die Zusammenarbeit gestaltete, wurde von dem in Wagner-Kreisen verkehrenden und mit Hitler bestens bekannten Historiker Karl Alexander von Müller überliefert. »Hier ist vielleicht der Ort, einiges Tatsächliche festzuhalten«, schrieb er in seinen Lebenserinnerungen aus den zwanziger Jahren, »was ich im Zusammenhang mit Hitler in diesen Jahren von Frau und Herrn Bruckmann erzählen hörte und dem ich sonst im Schrifttum nicht begegnet bin.« Von den beiden glaubwürdigen Zeugen – Elsa Bruckmann habe er »nie anders als persönlich wahrhaftig erlebt« – erfuhr er Erstaunliches: »Houston Stewart Chamberlain und seine Frau Eva Wagner sollen die Druckfahnen« des Hitler-Buches »korrigierend mitgelesen haben – einige Strecken auch die greise Cosima. Die Erzählung«, so von Müller, dem die Ungeheuerlichkeit der Behauptung wohl bewußt war, »ist mir deutlich gegenwärtig, weil sie mir bei dem schwer erträglichen Stil des Buches kaum glaubhaft schien, aber sie wurde mehrmals wiederholt.«[93] Hitlers schriftliches Versprechen, die Judenfrage mit dem Schwert zu lösen, war offenbar mit dem Bayreuther Segen in die Welt gekommen.

XIV.
Der Blut-Orden

Auf daß erfüllt werde, was geschrieben stand, hatte Adolf Hitler, der sich in Wien hochstaplerisch als »Schriftsteller«[1] ausgab, fünfzehn Jahre später tatsächlich ein Buch geschrieben. Auf Erfüllung drängte auch, was sich ihm schon damals als wichtigste Botschaft eingeprägt hatte: die Endlösung der »Judenfrage«. Munitioniert mit altvertrauten Lesefrüchten und angestachelt von seinen Bayreuther Patronen, hatte der Erwählte beschrieben, was seine Ausnahmestellung als kommender Tatmensch rechtfertigen sollte. Seinem »Weg vom schwächlichen Weltbürger zum fanatischen Antisemiten«, so gab er in »Mein Kampf« zu verstehen, stand die letzte Stufe der Erfüllung noch bevor.

Hatte Hitler damit, im Überschwang seiner von höchster Stelle bestätigten Mission, einen Anfängerfehler begangen? War er nicht, auf schnelles Losschlagen versessen, dem falschen Beispiel Nietzsches gefolgt, der 1870, wie Cosima tadelte, den »grauenhaften Kampf« vor der Zeit vom Zaun gebrochen hatte? War es klug gewesen, sein mit allen Schwächen übereifrigen Anfängertums behaftetes Textbuch offenzulegen, bevor die Bühne für seine Inszenierung bereitstand? Jahre später hatte der ungeduldige Weltanschauungskrieger begriffen, »daß man in der Politik nie vorher sagen darf, *was* man macht oder machen will. Erst wenn es nicht mehr anders geht«, so vertraute er 1932 dem Wirtschaftsexperten Otto Wagener an, könne man damit herausrücken. »Aber auch dann soll man es nur denjenigen eröffnen, die es unbedingt wissen müssen, und man sollte auch ihnen nur so viel sagen, als unbedingt notwendig ist.« Wageners Einwand, dann hätte er »Mein Kampf« nicht schreiben dürfen, fand Hitlers Zustimmung. »Das bereue ich auch häufig«, meinte der Mann, der sich anschickte, Reichskanzler zu werden. »Ich würde es heute überhaupt nicht mehr schreiben!« fügte er dann hinzu; seine »geheimsten Pläne und Absichten« würden von der Welt doch mißverstanden. Aber, so versicherte er, »ich habe daraus gelernt«.[2]

Ein Aspekt seines Buches weckte besondere Zweifel an der Zweckmäßigkeit der Veröffentlichung: das Gebiet der Volkshygiene, auf das sich der Autor hartnäckig versteifte. Was der Leser bei seiner antisemitischen Grundthese als marktschreierische Verschärfung eines verbreiteten Ressentiments hinnehmen mochte, wirkte bei seinen Auslassungen über Prostitution, Syphilis und »Rassenschande« wie eine persönliche Obsession. Der Anspruch auf politische Führerschaft ließ sich damit jedenfalls nicht untermauern, und die unübersehbare Faszination des Grauens, die ihn beim Thema »Paarungstrieb« übermannte, paßte schlecht zur Selbstoffenbarung eines Welterlösers.

Die Schuld an der in »Mein Kampf« diagnostizierten »Verpestung unseres Sexuallebens«[3] konnten für Hitler nur die Juden tragen. Versklavten sie die Welt mit ihrem Alberichs-Gold und ruinierten die Hochkultur durch Geistzersetzung, so galt ihr verheerendster Anschlag der Zukunft: Wer diesen Planeten erst von der arischen Schöpferrasse und dann vom gesamten Menschengeschlecht befreien wollte, der mußte bei der Fortpflanzung ansetzen. Nicht allein die bereits bestehende Gesellschaft war also bedroht, sondern der Träger ihrer rassischen Identität – das »Blut«. Seit Jahrtausenden hatte es die geheiligten Erbinformationen des Ariertums bewahrt und tradiert; nun stand ihm durch das Judentum unmittelbare Vernichtung bevor. »Die Sünde wider Blut und Rasse«, so der Autobiograph im biblischen Verkündigungston, »ist die Erbsünde dieser Welt und das Ende einer sich ergebenden Menschheit.«[4]

Mit satanischer List, so Hitler, habe sich der Jude den gesunden Fortpflanzungsdrang nutzbar gemacht, um die Männer in sklavische Abhängigkeit von Prostituierten zu bringen. Statt sich der Zeugung der nachfolgenden Generation zu widmen, ließen sich die Junggermanen »von dem erstickenden Parfüm unserer modernen Erotik«[5] benebeln. Gefangen im Zaubergarten der Sünde, fielen sie, längst der »Verjudung unseres Seelenlebens« ausgesetzt, endgültig der »Mammonisierung unseres Paarungstriebes«[6] zum Opfer. Um

»unseren gesamten Nachwuchs zu verderben«, habe der Versucher das System der Prostitution perfektioniert und sich zum »eisig kalten wie schamlos geschäftstüchtigen Dirigenten dieses empörenden Lasterbetriebes«[7] aufgeschwungen.

Im »Treibhaus sexueller Vorstellungen und Reize«[8] aber erblühe die Giftpflanze der rassischen Degeneration, die »parallel« der »sittlichen und moralischen Verseuchung des Volkes« seit langem schon »eine nicht minder entsetzliche gesundheitliche Vergiftung des Volkskörpers« herbeiführe, die »Syphilis«.[9] In ihr sieht der Autor das »entsetzlichste Unglück«, das eine Gesellschaft treffen kann; und »um dieser Pest ernstlich an den Leib zu rücken, sind ungeheure Opfer und ebenso große Arbeiten nötig«. Denn von der »Lösung dieser Frage«, so der Mann für die kollektiven Lösungen, hänge »eben alles« ab, »Zukunft oder Untergang«.[10]

Mochten Hitlers Leserschaft diese Gefahren, wenn auch nicht deren Ursache, hinlänglich vertraut sein, so entzog sich die entscheidende Bedrohung, vom Autor in den Mittelpunkt seiner Zukunftsschau gerückt, vernunftmäßigem Nachvollzug. Denn seine, an die Zeiten der Scheiterhaufen erinnernde Lehre von der »Rassenschande« sah das »Blut« der Schöpferrasse nicht erst durch die Erzeugung von »Bastarden« verdorben, sondern bereits durch einmaligen Intimkontakt. Die »Erbsünde« dieser schleichenden Erbgutentwertung geschieht, laut Hitler, tagtäglich vor aller Augen: »Der schwarzhaarige Judenjunge lauert stundenlang, satanische Freude in seinem Gesicht, auf das ahnungslose Mädchen, das er mit seinem Blute schändet und damit seinem, des Mädchens, Volke raubt.«[11] Sein Ziel, die »rassischen Grundlagen des zu unterjochenden Volkes zu verderben«, erreicht er durch einen, der Wissenschaft bisher verborgen gebliebenen, biologischen Vorgang, den der Rassenexperte Julius Streicher später so beschrieb: »Der männliche Same wird bei der Begattung ganz oder teilweise von dem weiblichen Mutterboden aufgesaugt und geht so in das Blut über. Ein einziger Beischlaf eines Juden bei einer arischen Frau genügt«, so der Nürnberger »Stürmer«-Publizist, »um deren Blut für immer zu vergiften.«[12]

Diese nach psychiatrischer Deutung verlangende Theorie einer bleibenden »Blutvergiftung« durch multikulturelles Paarungsverhalten bildete das granitene Fundament von Hitlers Rassenparanoia. Was sein Drittes Reich an diskriminierenden Gesetzen gegen die jüdischen Mitbürger erließ, basierte auf dieser pathologischen Zwangsvorstellung. Wenn die »Nürnberger Gesetze« zum »Schutze des deutschen Blutes und der deutschen Ehre« nicht nur Ehen zwischen Juden und Ariern, sondern auch jeglichen »außerehelichen Verkehr« zwischen ihnen sowie die Beschäftigung von Germaninnen »unter 45 Jahren« in jüdischen Haushalten unter Strafe stellten, dann wohl deshalb, um jenem Verderb des »Mutterbodens« vorzubauen.

Die Rassengesetze von 1935, deren Bedeutung laut Hitler »erst nach vielen Jahrhunderten im ganzen Umfang erkannt werden wird«[13], folgen, bis in die beklemmende Lächerlichkeit der Formulierungen, den Blut-Hypothesen des Landsberger Häftlings von 1924: »Es gibt nur ein heiligstes Menschenrecht«, nämlich »dafür zu sorgen, daß das Blut rein erhalten bleibt.« Ein Rassenstaat, wie Hitler ihn errichten wollte, werde »in erster Linie die Ehe aus dem Niveau einer dauernden Rassenschande herauszuheben haben«. Denn ihre höchste »Weihe« erhalte die Geschlechterbeziehung allein durch die Bestimmung, »Ebenbilder des Herrn zu zeugen und nicht Mißgeburten zwischen Mensch und Affe«.[14]

Der mythische Bereich, in dem sich erwählte Menschen und Gottes Ebenbilder tummeln, gehörte zur imaginären »Regenerations«-Welt Richard Wagners und deren theatralischer Umsetzung »Parsifal«. Paradoxerweise waren es gerade die esoterischen Dogmen des Bayreuther Meisters und das als Gottesdienst zelebrierte »Bühnenweihfestspiel«, die den Wagnerianer Hitler zu seinem Rassengallimathias inspiriert hatten. Zwar konnte man vom »blutschänderischen Verbrechen«[15] des »Völkerchaos« auch bei Chamberlain lesen, und Graf Gobineau hatte schon vor Wagner die »Aufsaugung« des arischen Blutes durch Untermenschen beklagt, was Hitler zu der Bemerkung veranlaßte, »über Rassenfragen sollte nur reden, wer vorher Gobineau und Chamberlain gelesen hat«[16]; doch die eigentliche Lehre vom Blut als höchstem Heiligtum fand sich in den Spätschriften Wagners, ihr tönender Universalanspruch im »Parsifal«.

Im Passionsstück um den Gral entdeckte Hitler den Heldentyp, der über die todgeweihten Wotanssöhne Siegmund und Siegfried hinauswies und ihm den Weg zeigte, »im Sinne des allmächtigen

Schöpfers«[17] die Welt zu erlösen. Hatten die unglückseligen Wälsungen die Vorlage zur mythischen Neudeutung seines eigenen Vorlebens geliefert und auch das Schwert geführt, das aus der Not eine mörderische Tugend macht, so waren sie am Ende doch tückischen Mächten zum Opfer gefallen. Sie hatten den Heldentod erlitten, ohne die ersehnte Erlösung vom Übel gebracht zu haben. Der »Ring des Nibelungen« endete tragisch, der Befreiungskampf der reinen Menschheit führte zur Apokalypse der »Götterdämmerung«.

Parsifal dagegen überlebte. Er war der erste Held, der dem Untergang entging, weil er der teuflischen Intrige widerstand und der Verführung zur Blutschande, tückisch eingefädelt wie Hagens Mordkomplott, dank seiner Reinheit und Willensstärke entging. Im Zeichen des Heilands vernichtete er das Lügengespinst des Bösen, auf daß die geläuterte Erde nur noch von »Ebenbildern des Herrn« bevölkert sei. Wie zuvor in den tragischen Wagnerhelden, erkannte sich Hitler auch im siegreichen Parsifal wieder. Hatte ihm die Identifikation mit den Wälsungen den Weg zur Schmiedung des Schwertes und zur Vernichtung der Widersacher gewiesen – allein im gottgesandten Parsifal lag der Neuanfang, die Begründung eines Geschlechts rassenreiner Kreuzritter, die Verwandlung einer verödeten Welt in das Gottesreich auf Erden.

Natürlich eigneten sich derlei metaphysische Botschaften nicht für die Opernbühne. Weder konnte Wagner, so kompromißlos er in seinen Schriften auftrumpfte, den Rassengedanken unverändert in die Theaterwelt übertragen, noch ließen sich singende Dramenfiguren als »Arier« oder »Juden« kennzeichnen. Seine revolutionäre Lehre, seit »Rienzi« die Hauptquelle seines Schaffens, verlangte nach immer neuer Umsetzung, dichterischer Überhöhung und schließlich auch religiöser Verklärung. Doch die grundlegende unversöhnliche Polarität zwischen dem zeugenden Licht- und dem verschlingenden Nachtprinzip blieb in all seinen Werken, seien es schriftstellerische oder musikalische, bestimmend; auch das tragische Wissen um den herzzerbrechenden Untergang, auf den, jenseits des Todes und der Trennungsqualen, die Verklärung folgt. Vor allem aber, alles durchdringend, die Sehnsucht nach Erlösung, die, wenn nicht vom Gott oder der Vorsehung gewährt, vom Menschen selbst in die Hand genommen werden muß. Wagner hat diesen Helden geschaffen, der die Wirklichkeit, mit Gott oder gegen ihn, umstürzt und das Reich Gottes auf Erden errichtet, das Reich der Liebe und jenes Menschentyps, der sich als Ebenbild Gottes erkennt. Und der all jene Ebenbilder des Satans, die plastischen Dämonen der Weltzerstörung also, die Schurken, Verräter und nibelungischen Meuchelmörder, jenem Nichts zuführt, dem sie einst, als dem grausen »Schoß der Nacht und des Todes«, entkeimten.

Das tragische Menschheitsgeschick wollte es, daß all die Rienzis und Siegfriede, die Lohengrins und Tristans an der Macht scheiterten, die stets verneint, an den Neidischen und Gierigen, den Herrschsüchtigen und Hinterhältigen. Nur einer dieser kämpfenden Helden und Übermenschen, sieht man von Walther von Stolzing in den »Meistersingern« ab, erringt den Sieg und vernichtet die Widersacher, ohne selbst dabei zugrunde zu gehen. Dieser Parsifal, von Wagner als seine »letzte Karte« ausgespielt, tritt in die Welt als Waisenkind, das nicht einmal den eigenen Namen kennt, widersteht der teuflischen Versuchung, besiegt den Dämon der Sünde und wird zum Gottkönig der regenerierten Menschheit.

Mit der Idee zur Erlöserfigur, an der die Macht des Bösen zerbricht, trug sich Wagner seit seinen Dresdner Tagen, in denen er, Jahre vor der Revolution, über ein von allen jüdischen Zusätzen gereinigtes Christentum nachgedacht hatte. Dessen Zentralfigur, so verriet er in den »Wibelungen«, war niemand anderes als Siegfried. Mit dem biblischen Gottessohn wies der Drachentöter »die entscheidende Ähnlichkeit« auf, daß auch dieser unsterbliche Lichtheld »gestorben war, beklagt und gerächt wurde – wie wir noch heute an den Juden Christus rächen«.[18] So Kapellmeister Wagner im Jahr der Menschheitsbefreiung 1848. Für ihn ist Jesus nur eine Verkörperung des Wotanssohnes; die »herrlichste Tat«, um derentwillen beide »den Tod erlitten«, war der Sieg über die Mächte des Dunkels. In der Siegfried-Sage wird dieser Triumph mit der Erringung des Nibelungenhortes gleichgesetzt. Doch der Schatz, der dem reinen Helden Weltherrschaft verleiht, so der »Wibelungen«-Autor, ging verloren, die Kaiserkrone wurde dem Siegfried-Geschlecht der Staufer von Kirche und Judentum vom Kopf gerissen. Seitdem, weiß Mythendeuter Wagner, habe der Hort im »deutschen Bewußtsein« einen entscheidenden Wandel erlebt:

Der verlorene Goldschatz des gemeuchelten Lichthelden lebte als mythische Vorstellung vom Gralskelch weiter, der das Blut des ermordeten Gottessohnes aufbewahrt. Das »Streben nach dem Grale« löste »nun das Ringen nach dem Nibelungenhorte«[19] ab.

Wie die Deutschen, laut Wagner, in Jesus eigentlich ihren Helden Siegfried verehrten, sei dieser in Gestalt des Staufers Barbarossa in die Geschichte eingetreten, um auf einem Kreuzzug ins Heilige Land den verlorenen Gral wiederzufinden. Wenn Wagner am Schluß seiner »Wibelungen«-Phantasie ausruft, »wann kommst du wieder, Friedrich, du herrlicher Siegfried!«, und die Hoffnung ausdrückt, daß er »den bösen nagenden Wurm der Menschheit« erschlägt, so meint er zugleich den wiederkehrenden Christus, der Gericht hält über seine Mörder, und den wiederkehrenden Helden Siegfried, der als Barbarossa die Nibelungenherrschaft im Deutschen Reich blutig beendet. Ein anderer Name für diesen messianischen Sieger lautet Parsifal: Er ist rein wie Christus, heroisch wie Siegfried und sucht, wie Barbarossa, das verlorene »Heiltum«.

Doch Parsifal vermeidet den entscheidenden Fehler, der dem biblischen Heiland zum Verhängnis wurde: die übergroße Milde. Da nicht nur die unterdrückte Menschheit, sondern die ganze Natur Erlösung vom Übel ersehnt, ist Wagner überzeugt, daß sie sich, »mit Darwin zu reden, die Starken aussucht, um diese Erlösung zu vollbringen«.[20] Der Wagnerheld erweist sich als stark genug, der Verlockung zur Blutvermischung zu widerstehen und auch die »trügende Pracht« des Versuchers »in Trauer und Trümmer«[21] zu stürzen. »Parsifal's Erscheinung«, so kommentierte eine schwärmerische Cosima die Schöpfung ihres Mannes, sei »kindlich heroisch siegreich, glänzend rein und stark wie Stahl«; worauf der Meister mit Genugtuung ergänzte: »Den konnten sie nicht fangen, nicht wie Siegfried, die Fliege war zu groß.«[22]

Dabei scheint die Oper das Gegenteil einer »stahlharten« Heldenideologie zu bieten. Selbst das Töten von Tieren gilt der vegetarischen Gralsrittergemeinde als schlimme »Sündentat«, für die Parsifal, der nichtsahnend einen Schwan erlegt, schwer getadelt wird. Tierisches Blut zu vergießen, ist im Orden tabu; und kämpfen dürfen die Brüder nur, wenn sie, wie Wagners früher Gralsbote Lohengrin, zur Abwehr des »Unschuld würgenden Dämons« entsandt werden. Seit sich der König jedoch bei einem »Sündenfall« an fremdem Blut infiziert hat, bedarf der Weltrettungsverein selbst eines Erlösers. Laut Weissagung wird der nicht als Krieger, sondern als ahnungsloser Waisenknabe auftreten, der erst lernen muß, welche Tat zur Rettung not tut.

Der »reine Tor«, der Erlösung bringt, wird nur »durch Mitleid wissend«.[23] Doch dieses Mitleid hat nichts gemeinsam mit dem christlichen Gebot der Nächstenliebe. Wie die Prophezeiung, durch Christi Blut selbst verkündet, dem siechen König verraten hat, ist dies »Mitleid« kein moralischer Selbstzweck, sondern Hilfsmittel zur Erleuchtung. Nur wenn diese Gefühlsaufwallung, dies die »Parsifal«-Lehre, dem Helden schier das Herz zerreißt, gewinnt er die Hellsichtigkeit, die zur Befreiungstat führt. Was Wagner »Mitleid« nennt, jene Tugend also, die das Christentum angeblich vor dem Judentum auszeichnet, meint in Wahrheit jene aus Revolutionstagen bekannte »Not«, die die Wende bringt. Nur durch die Not des Mitleids gelangt Parsifal zu der Erkenntnis, die ihn zur erlösenden Tat befähigt. Wie Wagner in der Not das eigentliche Bewußtsein des Volkes begreift, das es von den Feinden unterscheidet und zugleich deren Vernichtung herbeiführt, so wird Parsifal im entscheidenden Augenblick nicht von Mitleid, sondern von äußerster Seelennot befallen – und wie für Siegfried das Schwert Nothung, wird für Parsifal der Gralsspeer zur heiligen, unwiderstehlichen Waffe.

Im entscheidenden Augenblick des Dramas, in dem die Verführerin ihn küßt, fühlt Parsifal die Not der Gralsgemeinschaft, vor allem aber die Leiden des an verdorbenem Blut dahinsiechenden Gralskönigs, als wären es seine eigenen; die Amfortas-Wunde, aus der das »Sündenblut« quillt, brennt nun, wie er wehklagend ausruft, in seinem eigenen Herzen; und während er, wie Wagners Regieanweisung fordert, »seine Hände gewaltsam gegen das Herz« stemmt, »wie um einen zerreißenden Schmerz zu bewältigen«, erlebt er am eigenen Leib, was des »sündigen Blutes Gewell«[24] in der Gralsgemeinschaft anrichtet: Statt des sanften, allernährenden Heilandsblutes, das der Welt den Segen göttlicher Liebe spendet, schäumt das Sündenblut in wilder Gier, ergießt sich, wie Amfortas klagt, »in die Welt der Sündensucht«, um ewig neu aus des unstillbaren »Sehnens Quelle« emporzusteigen. Die Qualen des verdorbenen Blutes erlebt der reine Held Parsifal an sich selbst, erleidet die Not der Gemeinschaft mit und wird erleuchtet. Wissend geworden, widersteht er der Versucherin, die auch sein Blut mit der Weltpest infizieren will, und vernichtet den ganzen Höllenspuk. »Vergeh', unseliges Weib«[25], ruft er Klingsors Dirne Kundry zu, und auf ein Zeichen des heiligen Speeres, den er dadurch zurückgewonnen hat, versinkt das Reich der blutschänderischen Begierden »wie durch ein Erdbeben«.

Wagners irreführender Gebrauch des Wortes »Mitleid«, das kaum auf Parsifals Notlage zutrifft und, wenn überhaupt, dann nur der Gralsbrüderschaft, nicht aber deren todgeweihten Feinden gilt, fiel einem Kritiker schon bei der Uraufführung der Oper 1882 auf. »Durch Mitleid«, so berichtete er in der »Preußischen Kreuzzeitung«, »und zwar Mitleid sehr sonderbarer Art erlöst Parsifal den Amfortas, erlöst er sich selbst (›Erlösung dem Erlöser‹), erlöst er die Kundry und schließlich erlöst er mit dem Gralsheiligtume, das unter dem Fluch gelegen, die ganze Menschheit.«[26] Die Frage, wovon sie alle erlöst werden müssen, läßt sich nach christlicher Tradition eindeutig beantworten: »vom Übel«. Aber Wagner will es genauer wissen, und so läßt er in seinem Stück den Heiligen Gral selbst enthüllen, welch furchtbarer Fluch über der Menschheit liegt.

»Erlöse«, so »rief die Gottesklage furchtbar laut« dem Helden »in die Seele«, »rette mich aus schuldbefleckten Händen.«[27] Nicht Mitleid fordert diese mystische Stimme, die aus dem vergossenen Heilandsblut dringt, sondern tatkräftige Befreiung aus der Not. Denn das reine Blut des Gottessohnes wird, gräßliches Sakrileg, von einem König gehütet, dessen eigenes Blut verdorben ist. Von seiner einstigen Gottesebenbildlichkeit wurde der Gralsherr herabgestürzt durch einmaligen Intimverkehr mit jener Teufelsbraut, die, im Auftrag des Zauberers Klingsor, auch den neuen Siegfried Parsifal zu Fall bringen soll. Doch der, zu gemeinsamer Not mit seiner Blutsgemeinschaft erweckt, widersteht, vernichtet die Satansbrut und bringt den blutenden Speer, den Klingsor dem geschändeten Amfortas geraubt hatte, ins Heiligtum zurück. Nicht christliches Mitleid führte den Triumph herbei, sondern die entschlossene Vernichtungsaktion des stahlharten Helden. Nur weil er kein Mitleid fühlte mit der Versucherin und ihrem Meister, konnte er die Zukunft des bedrohten Erbgutes sicherstellen.

In der Gralsburg kann jetzt das Wunder der Schöpfung neu

beginnen: Sobald das Blut, das von der Speerspitze tropft, auf jenes Blut trifft, das ihm aus dem Kelch entgegenquillt, reines Blut mit reinem Blut verschmilzt, erblüht neues Leben, und das vom Fluch der Unfruchtbarkeit befreite Gralsreich wird die schmachtende Welt mit neuen Ebenbildern Gottes erfüllen. Das Geheimnis des Grals besteht nicht in irgendwelchen dunklen Glaubensinhalten, sondern in der Fortpflanzung der arischen Rasse. Nicht biblisches Mitleid trieb den Dichter zu seinem genetischen Zukunftsmodell »Parsifal«, sondern die Angst um das von jüdischem Blutverderb bedrohte Deutschtum.

Nicht lange, nachdem Wagner den Prosaentwurf seiner Rätseldichtung für Bayernkönig Ludwig II. aufgesetzt hatte, verriet sein engster Mitarbeiter Hans von Bülow die wahren Motive seines Meisters. Um einen bayerischen Kirchenvertreter 1866 für Wagners Weltsicht einzunehmen, verwies der Vertraute nicht etwa auf dessen spirituelle Affinität zu »Mitleid« und »Abendmahl«, wie es der neueste Opernentwurf eigentlich nahegelegt hätte, sondern auf Handfesteres. »Die Kunsttendenzen Richard Wagners«, so erklärte er »Hochwürden« Birle, seien »ausschließlich Geistes- und Herzensangelegenheit, Quasi-Religion« für ihn und seine Freunde. Läßt Bülows Wort von den Kunsttendenzen nun rein ästhetische Prinzipien erwarten, so erklärt der Jünger statt dessen, diese seien »so echt deutsch, antijüdisch und antimaterialistisch«, daß sie durchaus die Gunst der politisch aktiven Katholiken »verdienten«.[28]

Auch das war irreführend. Denn der Meister, der sich anschickte, eine eigene Quasi-Religion zu stiften, haßte die Kirche des Papstes nicht weniger als seine von dessen Bannfluch getroffenen Helden Rienzi und Tannhäuser. »Die katholische Kirche«, so erklärte Wagner einmal seiner katholisch erzogenen Frau, sei »die Pest der Welt«[29]; es sei »ein Skandal«, daß sie überhaupt »noch besteht«.[30] Denn statt wie Glaubensgründer Jesus den entschiedenen Kampf gegen den alten Jehovaglauben mit seinen Geldwechslern und Pharisäern aufzunehmen, habe man dem Judentum zum Sieg über die Germanenvölker verholfen und ein Jahrhunderte überdauerndes Unterdrückungssystem errichtet, das auf Terror und Heuchelei basierte. Das »Gräßlichste in der Geschichte«, so Wagner zu Cosima, der Tochter des frommen Abbé Liszt, sei die Kirche und der durch sie bewirkte »Sieg des Judaismus über alles«.[31] Denn es seien gerade nicht die reinen Jünger des Herrn gewesen, wie er sie schon 1843 in seinem »Liebesmahl der Apostel« andeutungsweise als Opfer jüdischer Verfolgung geschildert hatte, die diese Kirche errichteten, sondern die Juden und Judengenossen – »sie haben das Christentum entweiht, das heißt für diese Welt zugerichtet«.[32]

Was Wagner seiner Frau und wenigen Eingeweihten offenbarte, war nicht für die Öffentlichkeit bestimmt. Erst durch Cosimas Tagebücher, die bis 1976 unter Verschluß lagen, wurden seine kirchenfeindlichen Ausfälle bekannt. Dagegen herrschte in den Schriften und offiziellen Verlautbarungen, die Bülow spöttisch als »Enzykliken« bezeichnete, die Andeutung vor. Alles Entscheidende wurde verschlüsselt, das rechte Verständnis konnte man getrost kommenden Geschlechtern überlassen. Als der Antisemit und Bayreuthianer Bernhard Förster, der mit Nietzsches Schwester Elisabeth verheiratet war, das Geheimwissen über die »entstellte Form«[33] des Christentums in den »Bayreuther Blättern« publik machen wollte, sah sich der Meister zum Einschreiten veranlaßt.

Wenn »wir«, so der Reformator zum Parteigänger, »Kirche, Priestertum, ja die ganze Erscheinung des Christus in der Geschichte schonungslos darangeben«, also verwerfen, so nur »um jenes Christus willen«, den »wir in seiner vollen Reinheit ... uns erhalten wollen«. Was »wir daher gern der vollsten Schonungslosigkeit preisgeben, ist, was uns diesen Heiland schädigt und entstellt«; was dagegen als neues Glaubensideal angebetet werden soll, ist der »von aller alexandrinisch-judaisch-römisch-despotischen Verunstaltung gereinigte und erlöste, unvergleichlich erhaben einfache Erlöser«. Bereits im Revolutionsjahr 1849 hatte Wagner diesem idealen Jesus, jenseits von Judentum und Kirchengeschichte, einen Dramenentwurf gewidmet, in dem der Gesellschaftsbefreier die jüdischen Händler aus dem Tempel treibt.

Dreißig Jahre später begann Wagner die Partiturreinschrift jener Oper, in der sein von den Juden gemordeter Gottessohn im wundersam bewahrten Blut, der unsterblichen Botschaft des Erbgutes, gegenwärtig ist. Ob Wagner sich dabei eher vom Gedanken der Transsubstantiation oder dem der Auferstehung des Fleisches hatte leiten lassen, ist ungewiß; daß er mit dem Blutkelch das Allerheiligste seines persönlichen Mysterienkultes geschaffen und musikalisch zum Leben erweckt hatte, wurde zum Dogma für die Gläubigen.

Um dieses Geheimnisses willen, das es vor Profanierung zu bewahren galt, bat der Meister seinen Jünger Förster, der 1886 in Paraguay eine von Wagner inspirierte Kolonie des reinen Blutes gründen sollte, »um feinfühlige Besonnenheit im Ausdruck, um nicht mit den Juden und für die Juden zu arbeiten«.[34]

Auch dank der Kirche, so sagte Wagner 1876 dem Märchenkönig, den er in Briefen gern als Gralskönig titulierte, herrsche das dämonische Fremdvolk über die Deutschen. Und in der Hoffnung, den Monarchen in sein arisch-christliches Evangelium einweihen zu können, öffnete er ihm darüber die Augen, wie die »Jesuiten den Juden unsere Welt in die Hände geliefert haben«, weshalb »alles verloren«[35] sei – ein Gedanke, den in seiner ganzen Absurdität Wagners Sohn Siegfried[36] nach dem gescheiterten Hitlerputsch wiederholen sollte. Damals hatte sich bereits zum mächtigen Kult entwickelt, was zu Wagners Zeiten noch auf den Kreis der Jünger beschränkt gewesen war.

Zum wichtigsten Propagandamedium des neuen Glaubens entwickelte sich das Bayreuther »Bühnenweihfestspiel«, das als heilige Handlung nicht in gewöhnlichen Opernhäusern gespielt werden sollte. »Parsifal« gehörte nicht aufs Theater – die Wirklichkeit selbst stand in diesem Mysterium auf dem Spiel: Der Glaube an die bevorstehende Regeneration wurde verkündigt; die Taufe, jenes von der Erbsünde reinwaschende »Lavacrum regenerationis«[37], wurde aus der Kirche in den Bayreuther Gralstempel verlegt und der wahre Sinn der Transsubstantiation durch den rot erglühenden Gralskelch vor Augen geführt.

Das pseudoreligiöse Ereignis auf höchstem musikalischen Niveau, von Wagners Schwiegervater Liszt als »reinster christlicher Mystizismus«[38] mißverstanden, bildete in Wahrheit den Übergang von Wagners esoterisch versponnenen Bluttheorien zu deren öffentlicher Anbetung. Beim »Parsifal«, so Wagners Sprachrohr Wolzogen, liege das Schwergewicht nicht auf dem »Stoff«, sondern dem »Geist«; »und das ist derselbe Geist, der zur Zeit der Vollendung des Parsifal auch in den Aufsätzen Wagners ›Religion und Kunst‹ und ›Heldentum und Christentum‹ sich zum Ausdruck gebracht hat. Dies ist gar nicht von einander zu trennen.«[39] Wolzogen meinte jenen Geist, der die Wiederherstellung des irdischen Paradieses vom Untergang des »Dämons der leidenden Menschheit«[40]

und der Erkenntnis des wahren »Blutes Jesu« als Heiligtum der Schöpferrasse abhängig machte.

Hatte man, mit dem Bayreuther Magier, das Blut nicht nur als metaphorischen, sondern als wirklichen Träger des Erbgutes erkannt, so verstand man auch, weshalb sich die Zerstörerrasse mit solcher Verbissenheit auf diese Quelle des Ariertums stürzte, um sie durch Mischung mit dem eigenen Lebenssaft oder brutales Blutvergießen zu schwächen und endlich zum Versiegen zu bringen. Statt daß, wie Wotanssproß Siegmund gehofft hatte, das »Wälsungenblut blühte«, mußten er und sein Sohn Siegfried ihr eigenes vor der Zeit vergießen, traten auch die anderen Freiheitshelden kinderlos von der Wagnerbühne ab, durch Verrat, Intrige und Meuchelmord zugrunde gerichtet.

Wie die Verkörperung all dieser unselig Gescheiterten erscheint der sieche Gralskönig Amfortas, der an einer unheilbaren Wunde verblutet und zugleich die unstillbaren Höllenqualen der Blutvergiftung, jener »Erbsünde« des Rassenglaubens, erdulden muß. Die drastisch geschilderten Leidenszustände fassen alle Heldenklagen von Rienzi bis Siegfried zusammen. Nur läßt sich im Fall dieses todessüchtigen Opfers der wahre Täter unschwer ausmachen: Er gehört zu jenem verfluchten Stamm, der seit Jahrtausenden unablässig nach dem Blut der reinen Menschheit trachtet. Das deutsche Volk, so der »Parsifal«-Dichter, war in seiner Geschichte »dem Eindringen der Juden wehrlos ausgesetzt«[41], habe sich nichtsahnend der Blutvermischung ergeben und, da bei aller Rassenkreuzung immer »ein Jude wieder zutage« kommt, den Verderb »unserer ganzen Zivilisation«[42] bewirkt. Wagner, der Deutschlands Amfortas-Leiden darstellte, war überzeugt, mit dieser Diagnose als erster auf die Ursachen der zivilisatorischen Entartung gestoßen zu sein. »Mir ist es«, schrieb er 1880 mit Entdeckerstolz an seinen königlichen Schüler Ludwig II., »als ob ich der Welt ... noch ein großes Heil zuführen könnte. Es dünkt mich nämlich, daß ich der elend entartenden Menschheit den Grund ihrer Entartung und ihren Erlöser Christus deutlich machen könnte.«[43]

Erlösung vom Rassenverderb, aus dem Wagner wiederum die Neigung zu Fleischgenuß, Blutvergießen und Tierquälerei ableitete, biete nur das sündlose Heilandsblut, das sich im Gralskelch »lebendig und göttlich belebend« erhalten hat. Wer es »erblickt«, so die vom Meister übernommene Legende, »kann nicht sterben« – das Erbgut, durch Generationen tradiert, verspricht dessen Träger ewiges Leben. Doch nur, »wer vor den Verlockungen der Sinnenlust sich bewahrt« und mit Wagner der blutschänderischen Versuchung durch den Satan, der »der Welt Erbe« an sich reißen will, widersteht, »erhält sich die Kraft des Grales«.[44] Jesus, dieser Inbegriff der todesmutigen Heldennatur, habe »sein eigenes Blut und Fleisch« gegeben, um als »höchstes Sühnungsopfer für alles sündhaft vergossene Blut und geschlachtete Fleisch«[45] die Erlösung zu bringen. Das Herrenblut teile sich beim Abendmahl seiner Gemeinde mit und pflanze sich in ihr fort. Nur durch diese mystische Bluttransfusion könne das bereits angekränkelte Erbgut »zu göttlichster Reinigung« geführt werden.

Die »Verderbnis unseres Blutes«, so predigt Blutreiniger Wagner, sei allein »durch degenerierende Vermischung« mit jenen Mitmenschen entstanden, die er, übermannt von tiefsitzendem Haß, als »zu handelskundigen Geschäftsführern unserer Gesellschaft erzogene, ehemalige Menschenfresser«[46] entlarvt. Die Juden seien also, unter dürftigem Kulturfirnis, Menschenfresser. Dem beflissenen Wagner-Leser Hitler, der sich schon in der Jugend die Werke des Meisters angeeignet hatte, als sei dieser »Teil seines eigenen Wesens«[47], scheinen diese pathologischen Passagen der »Regenerationsschriften« gleichsam in Fleisch und Blut übergegangen zu sein: In »Mein Kampf« gehen Wagners mutierte Anthropophagen nach wie vor ihrem rassenvernichtenden Geschäft nach, betreiben systematische »Blutschande«[48], saugen als »ewige Blutegel«[49] den wehrlosen »Volkskörper« aus und entpuppen sich, zur Macht gelangt, als tatsächlich menschenfressende »Blutjuden«[50], die die Welt in ein kommunistisches Schlachthaus verwandeln.

In »Parsifal« verwandelt Wagner diese schaurige Welt aus Blut und Wunden in ein Passionsspiel mit welterlösendem Ausgang. Das gängige Mißverständnis vom »Parsifal« als humanistischem Mitleidslehrstück, auch von Wieland Wagner[51] nach dem Krieg propagiert, war schon von dessen Großvater mit dem Hinweis widerlegt worden, in diesem Drama sei »durch das überall hereinragende Bild des blutenden Heilands am Kreuze alles jäh und schroff«.[52] Die verbreitete Vorstellung, daß dieser »von Juden gemordete« Welterlöser zum Stamm seiner Verfolger gehört habe, sein Vater also dessen Gott Jehova sei, hielt Wagner für »eine der schrecklichsten Verwirrungen der Weltgeschichte«.[53]

Im elektrisch beleuchteten Gralskelch, das ahnten schon die Gäste der Bayreuther Uraufführung 1882, erglühte kein Judenblut. Dem neunzehnten Jahrhundert, das »keinen christlich-*semitischen* Heiland mehr gebrauchen könne«, schrieb damals der Wiener Kritiker Max Kalbeck, sei nun ein »christlich-*germanischer* Erlöser« präsentiert worden; »und die Herren Antisemiten von reichswegen, welche der unbequemen evangelischen Toleranz und Nächstenliebe überdrüssig geworden sind, mögen sich bei Wagner für diesen blonden Christus bedanken«.[54] Mochten auch viele der Bayreuth-Pilger im »Parsifal« ein frommes Märchen bestaunen – wer Ohren hatte, zu hören, dürfte begriffen haben, daß hier ein neues Christentum seinen Ausgang nehmen sollte.

Hatte sich im »Parsifal« tatsächlich, wie Kalbeck schrieb, der wiedergekehrte Heiland als arischer Heilsbringer offenbart? Er war es nicht von Anfang, aber er wurde es. Von Geburt ein »reiner Tor«, gleichsam der menschliche Prototyp vor dem Sündenfall, widersteht er wie jener der Versuchung des Satans und kann deshalb die »Heilandsklage« erhören und den Erlöser »aus schuldbefleckten Händen« befreien. Wer aber den Messias rettet, in Wagners Worten: »Erlösung dem Erlöser« bringt, muß über eine größere Macht als dieser verfügen – nicht Christus, sondern seine Reinkarnation Parsifal, der nicht länger duldet, sondern vernichtet, erweist sich als wahrer Menschheitsbefreier. Wie dieser welthistorische Vorgang genau zu verstehen sei, hat der Dichter im mystischen Dunkel gelassen. So leicht sich der Untergang des Bösen nachvollziehen läßt, dessen Macht an der Reinheit des Helden zerbricht, so rätselhaft bleibt die Rettung der Welt durch »Erlösung« des heiligen Blutes. Wie »erlöst« man das in »schuldbefleckten Händen« dahinsiechende Erbgut?

Die Antwort, obzwar befremdlich klingend im Männerbund, lautet: durch Fortpflanzung. Reines Blut muß mit reinem Blut neues Leben zeugen. Da dies, biologisch betrachtet, zwei gegensätzliche Geschlechter voraussetzt – Blut »blüht« nicht von selbst –, hat Wagner dem weiblichen Gralsgefäß eine Reliquie von komplementärer Beschaffenheit beigesellt. Zum periodisch blutenden Kelch gehört der durch einen »Blutstropfen« an der Spitze zeugungsfähige Gralsspeer. Er hat einst, laut Wagner, aus »dem Schenkel des Heilands«[55] jenes Blut fließen lassen, das im Gralsgefäß aufgefangen wurde.

Zu Beginn der Oper schwebt das Reliquienpaar in höchster Gefahr: Während der Kelch in den schuldbefleckten Händen des sündigen Amfortas schmachtet, schwingt der böse Zauberer Klingsor dessen männliches Pendant als Mordwaffe gegen die Gralsritter. Sein erklärtes Ziel besteht in der Vernichtung ihres »Stammes«[56] und dem Raub des Kelchs. »Bald«, so prophezeit der Satan angesichts der Manneschwäche des Tempelordens, »hüt ich mir selbst den Gral.«[57] Dem im Blut lebendigen Weltheiland, der Erbsubstanz des schöpferischen, gottähnlichen Menschentums, droht damit das endgültige Verlöschen. Solange die »sich ergänzenden« Geschlechtssymbole Kelch und Speer, die der Dichter wie zur Verdeutlichung als »Zeugengüter«[58] bezeichnet, auseinandergerissen bleiben, kann sich die reine Menschheit nicht fortpflanzen; bringt Klingsor gar beide Genträger in seine Hand, so ist die heilige Quelle auf ewig verdorben.

Der Weg, auf dem Parsifal sich vom Toren zum Welterlöser entwickelt, gleicht jenem, den der Landsberger Häftling seinem mythischen Lebenslauf unterlegt hat: Auch Parsifal, der die Not des Königs nicht versteht, wird durch die Begegnung mit der fremden Rasse zum Wissenden. In Klingsors Wahnwelt reizt eine Schar von »Teufelinnen«, recht erfolgreich, die Ritter vom heiligen Blut zur sündigen Vermischung. Wenn »Mein Kampf« in der Donaumetropole ein »Treibhaus sexueller Vorstellungen und Reize«[59] entdeckt, dann dürfte seinem Autor der Klingsorsche »Wonnegarten« dafür die Augen geschärft haben, in dem der Satan die losen Geschöpfe als »Blumen« züchtet. Selbst der schneidende Ton des Zauberers, mit dem sich das Lustidyll als tückische Falle entpuppt, taucht in Hitlers Wiener Sittengemälde wieder auf. Im »ebenso eisig kalten wie schamlos geschäftstüchtigen Dirigenten dieses empörenden Lasterbetriebs«[60] hat Hitler Parsifals Gegenspieler, der im Lustgarten die Einsätze gibt, präzise beschrieben. Doch alle Dirigierkünste Klingsors, der seit der Uraufführung nach Wagners Wunsch im Rabbinerkostüm [61] mit schlangenverziertem Zaubergerät hantierte, versagen vor der Reinheit Parsifals.

Obwohl der Hexer seine erfahrenste Sünderin auf den Helden

ansetzt – Dame Kundry hat bereits, »ähnlich dem ›Ewigen Juden‹«[62], den leidenden Christus verhöhnt –, verweigert ihr der Held den erhofften Blutaustausch, weil er diesen, in spontaner Erleuchtung, als Ziel ihrer Passion durchschaut.

Statt sich mit Kundrys blutsbedingter Sündengier zu infizieren, gerät Parsifal in »völlige Entrücktheit«, erblickt in einer göttlichen Vision das »Heilsgefäß«, in dem das »heil'ge Blut erglüht«, und stößt die plastische Dämonin des Verfalls von sich: »Verderberin! Weiche von mir!«[63] Klingsor, der alarmiert herbeieilt, um den Lustverweigerer, wie einst Hagen den Helden Siegfried, mit der Lanze zu durchbohren, wird vom neuen Erlöser, der sie mittels Wunderkraft im Fluge auffängt, der verdienten Vernichtung zugeführt: Während Parsifal mit dem Eisen, an dem einst Christus verblutete, das Kreuzzeichen in die Luft zeichnet, versinkt der Satanspriester zusammen mit seinem Treibhaus der Triebe im Abgrund. Ahasver geht unter. Erst jetzt ist der Kreuzestod Christi, wie Wagner es in den »Wibelungen« ausdrückte, »an den Juden gerächt«; auch Kundry, die den Gottessohn verhöhnt hatte, wird ihre »Erlösung« durch Parsifal nicht überleben.

Die damit vollbrachte Aufhebung der Erbsünde und »Lösung« des großen Menschheitsdilemmas, so bekräftigt deren geistiger Urheber Wagner, sei gerade nicht durch die »Frage des Mitleids« erreicht worden, sondern durch die »Tat« des Helden, nämlich »den ganz plastischen Vorgang der Wiedergewinnung der geraubten Lanze«.[64] Diese wiederum treibe es wie ein lebendiges Organ zur Verschmelzung mit dem passenden Kelch. »Sehnsucht erfaßt sie«, in Wagners Worten, »nach dem verwandten heiligen Balsam.«[65] Wenn dann endlich die »Zeugengüter« zusammenkommen, der »in Purpur leuchtende« Kelch mit der »nun ganz rot glühenden«[66] Speerspitze verschmilzt, dann »heilt die Wunde, die er schlug«; dann wandelt sich der Tod des Heilands in neues Leben.

Als Schlußbild der Oper schwebt, Symbol des Geistes und der nie versiegenden Fruchtbarkeit, eine »weiße Taube« aus der Kuppel des Gralstempels herab »und verweilt über Parsifals Haupte«. Die Mär vom keuschen Helden, der dem Fleischlichen entsagt, um im Orden ein Mönchsleben zu führen, wurde von Wagner selbst bereits zu »Lohengrin«-Zeiten widerlegt. »Dem Könige der Templer Schar allein«, so schrieb er 1845, »ist ein reines Weib erlaubt, damit sein erhabenes Geschlecht sich ewig ungemischt fortpflanze.«[67] Den berühmtesten Beleg für Parsifals Zeugungsfähigkeit lieferte sein Sohn Lohengrin, mit dessen Erscheinen im Schwanennachen dem staunenden Wagner-Publikum, darunter den Gralsfanatikern Ludwig II. und Adolf Hitler, die Wunderkraft des mystischen Kelchs vor Augen geführt wurde.

Wie die Verschmelzung des blutigen Reliquienpaars, mit der Wagner die Fortpflanzung des Ariertums symbolisierte, den Höhepunkt des »Parsifal« auf der Bayreuther Bühne bildete, so wurde das Festspiel, als Inbegriff des geheimen Erlösungswissens, zum Mittelpunkt des Kults der Wagnerschen Gralsritterschaft. War schon in den antiken Mysterien das Obszöne verschlüsselt in Szene gesetzt worden, so hatte Wagner mit seinem Rätselwerk »Parsifal« den Mysterienkult des kommenden Deutschland begründet – samt Weiheritualen und Blutopfern. Wenn Leopold von Schroeder, ein Freund Chamberlains, von der »Vollendung des arischen Mysteriums in Bayreuth«, sprach, so folgte er nur dem geheimen Selbstverständnis des Wagner-Kreises. Auf dem Hügel, den Cosima mit der Gralsburg »Monsalvat« gleichsetzte, wurde die Blutoper häufiger gespielt als alle anderen Wagner-Heldenstücke zusammen, den »Ring« ausgenommen. Die Faszination des Stücks, das auch Nichteingeweihten zu religiöser Verzückung verhalf, hing mit der unausgesprochenen Mysterienbotschaft zusammen. Auch wer nicht begriff, ahnte zumindest, daß unerhört Heiliges sich im Tempel ereignete, und die hypnotische Musik tat ein übriges, die heilige Blutwallung zum sinnlichen Ereignis zu steigern.

Der ebenfalls nur ahnende Wiener Musikkritiker Eduard Hanslick führte die allgemeine Ergriffenheit nach der Uraufführung auf die »falschen Prätensionen« zurück, »daß dem ein unergründlich tiefer, heiliger Sinn zugrunde liege«. Mit »wachsendem Staunen« habe er registrieren müssen, »wie sich im Verlauf des Stückes ein immer größerer Heiligenschein um das Haupt des reinen Toren wölbt, bis dieser unter Wagners Händen förmlich zum Erlöser der Menschheit emporwächst«; offenbar habe Wagner dabei »etwas von der Einrichtung des Oberammergauer Passionsspiels«[68] vorgeschwebt.

Daß es sich bei Wagners letzter Oper keineswegs um eine neue Form des rituellen Musiktheaters, sondern um Bayreuther Glaubenspropaganda handelte, bemerkte auch die Brahms-Schülerin Elisabeth von Herzogenberg. Über die eingefleischten Wagnerianer schrieb sie 1889, sie gingen in den »Parsifal« wie »die Katholiken am Karfreitag zu den heiligen Gräbern, es ist ihnen ein Gottesdienst geworden«, der sie »in einen unnatürlich gesteigerten, hysterisch verzückten Zustand« versetze.

Das Opernhaus, von der Pianistin als Tempel eines ekstatischen Kultes durchschaut, röche dabei »schlecht wie die Kirche, die nie gelüftet worden, oder wie eine Fleischbank im Sommer; eine Blutrünstigkeit und Weihrauchmuffelei, eine schwüle Sinnlichkeit mit heilig ernsthaften Gebärden ... brütet und lastet da und benimmt einem den Atem«.[69] Die hellsichtige Schilderung klingt wie eine Vorahnung von Hitlerschen Ergriffenheitsritualen unter qualmenden Feuerbecken mit Massenschwüren und nächtlichen Blutfahnen-Messen. Denn was am Nationalsozialismus Religion war, folgte größtenteils der Bayreuther »Parsifal«-Dramaturgie. Sprach man vom »Blut«, hatte man den Gral im Sinn; dessen Ritterschaft diente den schwarzgekleideten Helden künftiger Vernichtungskriege zum Vorbild, und noch in den Lichtdomen, von Flakscheinwerfern in den Nachthimmel projiziert, kehrte der säulenumstandene Altarraum des Gralstempels wieder.

Die Urgemeinde dieser Festspiel-Religion, die sich in heiligen Feiern für den Endkampf rüstete, hatte sich nicht erst 1919 im Münchner »Sterneckerbräu« versammelt, sondern war seit den achtziger Jahren zu Cosimas Monsalvat geströmt. Wagners Doktrin, in den »Bayreuther Blättern« für Eingeweihte dargestellt, hatte im »Parsifal« ihren populär-mystischen Ausdruck gefunden, der nicht begriffen, sondern geglaubt sein wollte. Kein Publikum sollte der erhabenen Handlung folgen, sondern eine Gemeinde, und Abendmahlsrührung verbot profanen Applaus. Schon 1879, drei Jahre vor der Uraufführung, hatte Ludwig Schemann in seinem ersten Aufsatz für die Wagner-Blätter die »unabschätzbare Rolle des Parsifal für die deutsche Wiedererweckung«[70] hervorgehoben; und der Wagnerianer Hans Herrig betonte 1882 in seiner Premierenbesprechung, daß nun »Deutschtum und Christentum sich aufs neue zu einer Kulturentwicklung vereinigen werden, die alles Fremde ... von sich ausscheidet«. Eine dem »Christlich-Germanischen« verpflichtete »Politik« habe deshalb, so Herrig im »Deutschen Tageblatt«, der Wagnerschen Kunst »für ein Unterpfand jener Hoffnungen zu danken«.[71]

Daß diese Politik, wie der Meister sie zeitlebens verfolgt hatte, sich nun, bei unveränderter Zielrichtung, im Gewande des Gottesdienstes darbot, bemerkten nur wenige – daß man im »Parsifal« dem Hochamt einer geheimen Religion beiwohnte, dürfte dagegen kaum einem entgangen sein. »Eine tiefe Ergriffenheit bemächtigte sich meiner«, bekannte Wagners jüdischer Impresario Angelo Neumann, der mit einer »Ring«-Tournee Wagners leere Kassen füllte, »und ich hatte das Gefühl, einem weihevollen Gottesdienste beigewohnt zu haben.«[72] Ähnliche Anwandlungen überkamen am selben Weiheort auch den Hitlerianer Goebbels. »Vier Stunden Gottesdienst«, notierte er sich 1928 berauscht ins Tagebuch, das auch die Begegnungen mit Winifred und »Frau Chamberlain, dieser zarten Witwe des großen Denkers«, festhielt; »ich bin am Ende ganz benommen«.[73]

Im selben Jahr konnte der NS-Kampfprediger im Festspielführer nachlesen, was Wagners Gral für die Bewegung des erwachenden Deutschland bedeutete. Das heilige Blutgefäß, so der angesehene Germanist Professor Wolfgang Golther, der im Führer die »Erfüllung«[74] der Bayreuther Hoffnungen sah, sei das »von einer wehrhaften Ritterschaft behütete Kleinod des grunddeutschen Heilandglaubens«[75]; und schon bald, so versicherte der Dichter Friedrich Lienhard bayreuthgläubig, werde Wagners Mysterium zum Allerheiligsten einer neuen völkischen Religion erhoben. »Dann brausen in edelster Sitte die Chöre der Ritter im Saal«, reimte er 1927 in einem »Parsifal«-Gedicht, »und in der deutschen Mitte glüht wieder der Heilige Gral!«[76] Was Wagners Operngestalt für die Hitler-Revolution so attraktiv machte, war ihr offensichtlicher Messiascharakter. Im Gegensatz zum jungen Siegfried konnte er beim Töten nicht nur das gute Gewissen der Selbstverteidigung vorweisen, sondern es mit der Glorie seiner religiösen Sendung versehen. Während der Wälsung mit dem Schwert Gewalt ausübt, vernichtet sein Nachfolger allein durch Gesten – ein Kreuzzeichen, und der böse Feind versinkt wie Rumpelstilzchen; ein Blick aus seinen Heilandsaugen, und die reumütige Versucherin sinkt »entseelt«[77] zu Boden.

Als entscheidend für die Übernahme Parsifals in Hitlers mythisches »Mein Kampf«-Porträt sollte sich aber sein Amt als Gralskönig erweisen. Weil er der Versuchung zur Blutschande widerstanden hatte, durfte er das blutende Mysterium des Grals enthüllen. Damit schuf er, nach Jahren des Siechtums und allgemeinen Niedergangs, die biologische Voraussetzung für die neue gottgleiche Menschenrasse, mit der die alte Helden- und Heilandspracht wiedergeboren wird. So trat Parsifal nicht allein als Glaubensreformator, sondern als Menschheitsschöpfer ein in die Wagnersche Heldengalerie, aus der sich Hitlers Vorbilder rekrutierten. Hart wie Stahl war Parsifal, doch zugleich gelassener Glaubensmann, der unbeirrbar das einmal gesteckte Ziel verfolgt. So sanft, wie er die tobende Satanswelt zur ewigen Ruhe gebettet hatte, nahm er auch, kraft eigener Souveränität, die Königswürde an sich, als wäre sie nur für ihn geschaffen worden. Parsifals Apotheose aber, die durch Engelschöre und Sphärenklänge verklärte Schlußszene, dürfte Hitler wie die prophetische Vision seiner eigenen Erlöserzukunft erschienen sein: Nachdem die Lanze bei Annäherung an den Gral »heiliges Blut« ausgeströmt hat und der Kelch, in ungeduldiger Erwartung ihrer Berührung, in leuchtenden Wellen überzufließen begann, erhob der neue Gralskönig, bei »zunehmender Dämmerung in der Tiefe und wachsendem Lichtscheine aus der Höhe«, das erlöste Heiligtum über die kniende Gemeinde, während himmlische Stimmen »höchsten Heiles Wunder«[78] verkündeten und die Taube segnend einschwebte.

Der sieche Houston Stewart Chamberlain erkannte den neuen Gralskönig als erster. Mußte er sich selbst wie der todkranke Amfortas fühlen, den der Weltkrieg, von Juden dem Vaterland aufgezwungen, mit Lähmung geschlagen hatte, so erfüllte sein junger Gast aus München alle Kriterien, die man an einen »reinen Toren« anlegte. Lückenhaft gebildet und von dreister Selbstüberschätzung, schien er sich doch vor nichts zu fürchten und zu allem bereit – vor allem zur entscheidenden Tat, Klingsors Lügenreich zu vernichten. Für Wagners Schwiegersohn bildete die Begegnung mit dem radikalen Parteichef die Erfüllung seiner mythischen Träume.

Als der völkisch engagierte Inhaber der Firma »Kaffee Hag«, Ludwig Roselius, den kranken Philosophen besuchte und ihm vom Hoffnungsträger Hitler erzählte, belebten sich die Züge des Gelähmten, und »eine Verklärung« zog über sein Gesicht. Während

Chamberlains blaue Augen die des Kaffeerösters »bannten«, formten seine Lippen einen Namen. »Das Wort, als Antwort in Schmerzen geboren, hieß ›Parsifal‹.«[79] Selbst diese Szene, von Roselius überliefert, folgte dem mythischen Vorbild: Als in der Wagner-Oper der Held mit seinem Speer die Wunde des siechen Königs berührt, leuchtet dessen Miene »in heiliger Entzückung« auf, bevor er zu Füßen seines Nachfolgers niedersinkt. Genauso sah Chamberlain seine eigene Rolle; mit dem Auftreten des Erlösers konnte er »billig einschlafen und hätte auch nicht nötig gehabt, wieder zu erwachen«.

Schon Wagner hatte sich eine politische Verwirklichung seiner Bühnen-Befreier erträumt. Nicht nur in seinen Schriften, in denen er von Barbarossas Wiederkehr fabelte, und seinen Opern, in denen sich ein Held nach dem anderen der übermenschlichen Aufgabe einer Erlösung vom Bösen widmete, sondern auch in seinen gesellschaftsverändernden Geheimplänen suchte er die gefährdete Nation der Obhut eines gottgesandten Führers anzuvertrauen. Die Hoffnung verfolgte ihn bis in den Schlaf. Einmal habe er im Traum, so Cosima 1878, zwischen »Abgründen« gestanden, die sich plötzlich in einen Saal verwandelten, »wo einer rief, das einzige, was uns helfen kann, ist ein Herrscher-Genie. Richard gab ihm recht.« Und dabei habe er das Gefühl gehabt, als würden auf diese Weise »die Klüfte... überbrückt«.[80] Welchen Abgrund Wagner im Traum gemeint haben könnte, der sich nur durch einen begnadeten Führer schließen ließ, läßt sich vielleicht aus einer Bemerkung von 1879 schließen, in der er das »Übergewicht Israels« in Deutschland beklagt. »Das ist der wahre Abgrund der Hölle«, sagte er zu seiner Frau, »und wer wäre da, um dagegen anzukämpfen?«[81]

Wagners Erben dürften gewußt haben, daß ein Drachentöter für diese Aufgabe nicht genügen würde, schon weil ihm selbst der tragische Sturz in den Abgrund schicksalhaft vorgezeichnet war. Mit dem Schwert mußte der Befreiungsschlag geführt werden, gewiß; aber um das Neue Reich zu stiften, bedurfte es eines Heilands, der den Erzfeind vernichten und damit die Zukunft der Schöpferrasse sichern würde. In Hitler, der sich als kampflustiger Siegfried bewährt hatte, war dem Bayreuther Kreis auch der ersehnte Parsifal beschert worden. Er würde als das erahnte »Herrscher-Genie« jenen »wahren Abgrund der Hölle« einebnen, in den das deutsche Volk zu stürzen drohte.

Bayreuths Starthilfe für Hitler, der im Dezember 1924 aus der Haft entlassen wurde und schon zwei Monate später in München – gemeinsam mit Winifred – die Neugründung seiner Partei feiern konnte, beschränkte sich nicht auf heimliche finanzielle und logistische Hilfe. Man bot ihm sogar an, als Mitbewohner in die Villa Wahnfried einzuziehen.[82]

Im selben Jahr 1925, in dem der NS-Chef erstmals die Bayreuther Festspiele besuchte und die Stadt »in schimmernder Schönheit« unter sich ausgebreitet sah – dank Winifred hing der Himmel über ihm »voller Geigen«[83] –, konnte er im Begleitheft des Festivals sein verschlüsseltes Porträt als neuer Parsifal entdecken. Es handelte von Wagners Bühnenfigur – und schien doch nur von Hitler zu sprechen. Dieser Held, so las man aus der Feder des Chamberlain-Vertrauten Hans Alfred Grunsky, sei ein »genial veranlagter Mensch«, der sich zur »überragenden religiösen Persönlichkeit« entwickle. »Große Willenskraft«, »heldischer Geist« und eine »ungewöhnlich starke seelische Eindrucksfähigkeit« trügen dazu bei, »daß er einst Großes wird vollbringen können«. Der Held, dessen wahrer Name doch unerwähnt blieb, »erkennt die Sünde als eine Entweihung und Schändung des Göttlichen in uns und dessen was heilig ist in der Welt«. Als sein »zukünftiges Lebensziel« bestimme er die »selbstlose Hingabe im Leiden für das Gute und Kampf gegen das Böse«. Die angestrebte »Erlösung des Heiligtums« erreiche dieser »von Gott Erkorene« allein durch die »Macht des reinen starken Willens, der, unbekümmert um alles Äußere, im rechten Augenblick seine Bestimmung erfaßt«. Bei einem Sieg über die »Werkzeuge des Bösen« bliebe dem Gotteskämpfer sogar jene »unerbittliche Tragik« erspart, der die anderen Wagnerhelden verfallen: »Nicht Untergang ist es, was der Held unserer Dichtung erreicht«, triumphiert Grunsky, »sondern höchstes Königtum.«[84]

Festspielgast Hitler, der sich in diesem Spiegel erkennen konnte, mochte sich erneut in seiner mythischen Selbstdeutung bestätigt gesehen haben: Die »Erlösung des Heiligtums«, die in der Oper dem Toren Parsifal aufgetragen war, stand nun ihm als höchste Aufgabe bevor. Ob er bemerkt hat, daß die kaum verhüllte Führer-Hymne zweimal abgedruckt worden war – zuerst 1924, als er in Landsberg einsaß, und dann im Jahr darauf, als die Bechsteins und die Wagners ihm Bayreuth zu Füßen legten? Die ungewöhnliche

Wiederholung jedenfalls ließ annehmen, daß der Befestigungsappell vom Vorjahr nun als Willkommensgruß für den neuen Erlöser gemeint war.

Auch der bekannte Musikwissenschaftler Alfred Lorenz versuchte sich in einem späteren Festspielband an einem versteckten Porträt des Führers als junger Parsifal. Der Bühnenheld sei, so Lorenz 1931, kein christlicher Schwächling, sondern harter Willensmensch, dessen »Handlungsweise« sich bis zur »Grausamkeit« steigern könne. »Siegfrieds Taten sind groß, kühn, rücksichtslos«, weiß der Ästhet Lorenz, »aber nicht hart, weil er nicht weiß, wie der andere leidet. Erst ein Held«, so der Münchner Professor im besten Weltanschauungston, »der das Leid mitempfindend kennt und trotzdem in seinem kraftvollen Handeln fortfährt, ist ›hart‹.« Gerade weil er mit der darbenden Gralsgemeinde Mitleid empfinde, lasse er deren Verführerin, so Lorenz, »rücksichtslos weiterleiden«, was allerdings »verstandesmäßigem Einblick« verschlossen bleibe. Wer verstehen wolle, was Wagner wirklich damit meinte, brauche nur dessen »Gesammelte Schriften« und »vor allem die Aufsätze ›Erkenne dich selbst‹ und ›Heldentum und Christentum‹« in die Hand zu nehmen. Dann werde er schon merken, »daß dies alles innig mit dem Regenerationsgedanken der Wagnerschen Altersperiode zusammenhängt, deren Umsetzung in der Tat unserem Volke herzlich not tut«. Was Deutschland offenbar brauche, sei ein »bewußter Regenerator der Gralsreligion«, der im Gegensatz zu Amfortas, den Lorenz politisch als »ersten Diener des Staates« charakterisiert, ein gänzlich »anderes Königtum«[85] an die Macht bringe – charismatisch und rücksichtslos regenerierend.

Der heroische Weg von der »realen Republik« zum »idealen Reich«[86], auf dem Hitler »im größten Eroberungsfeldzug der Weltgeschichte« das ganze Volk »erobern«[87] wollte, würde dabei ohne das Christentum auskommen. Trotz seines scheinbar so frommen Vorbilds Parsifal und der religiösen Assoziationen, die seine Erwekkungsbewegung auslöste, teilte Hitler Wagners radikale Ansichten über den Christenglauben. Schonte er die Kirche auch in »Mein Kampf« und vermied aus taktischen Gründen die vorzeitige Konfrontation, so machte er in privaten Gesprächen kein Hehl aus seinem Abscheu, der sich oft »in zotigen Ausdrücken« entlud. Die »Lehre« der Bibel, so erinnerte sich seine Sekretärin, habe er mit

»heftigem Zynismus«[88] abgelehnt. Auf Christa Schroeders Frage, ob er der Kirche den Krieg erklären wolle, antwortete er, die »ideale Lösung sei, die Kirche auf Aussterbe-Etat zu setzen«. Wie der Meister, der das Christentum durch jüdisches Blut verdorben sah, und Chamberlain, der in ihm »jüdischen Willen« am Werk sah, erklärte der Religionsphilosoph Hitler, daß der Bolschewismus »der uneheliche Sohn«[89] des Christentums sei, mithin also beide »eine Ausgeburt des Juden«. Tausend Jahre lang habe das Christentum, als eine Art »Vor-Bolschewismus«, das »Aufblühen der germanischen Welt niedergehalten« – und gerade jetzt, »während es abstirbt, will der Jude nun wieder mit dem Urchristentum, dem Bolschewismus, beginnen«.[90] Selbst Chamberlains Versuch, aus der Konkursmasse des Bibelglaubens die »Worte Christi« zu retten, lehnte Hitler schroff ab. »Ob nun Altes Testament oder Neues«, verriet er Hermann Rauschning, »ob bloß Jesusworte wie der Houston Stewart Chamberlain will: all das ist doch nur derselbe jüdische Schwindel. Es ist alles eins und macht uns nicht frei.«[91]

Freiheit, das lehrte Wagners Welterlöser Parsifal, konnte nur durch Tatkraft errungen werden. Dabei genügte es nicht, den Urheber allen Übels, den Hohenpriester Klingsor, auszuschalten; auch der von ihm infizierte Gralskönig Amfortas, der das jüdische Gift in die christliche Gralsburg eingeschleppt hatte, mußte abgeschafft werden. »Für unser Volk aber«, so der neue Parsifal, »ist es entscheidend, ob sie den jüdischen Christenglauben und seine weichliche Mitleidsmoral haben oder einen starken heldenhaften Glauben an Gott ... im eigenen Blute.« Der Gott im Blute aber ist die göttliche Rasse im Gralskelch. Bleibt nur noch, in Hitlers Worten, »das Christentum in Deutschland auszurotten«, und zwar »mit Stumpf und Stiel«.[92] Dem todkranken Gralspriester Amfortas aber, der im »Parsifal« in den flehenden Ruf ausbricht, »die schreckliche Wunde, das Gift, ersterbe«[93], verspricht der deutsche Heiland 1934, »es sei jetzt die Zeit gekommen, da die christliche Vergiftung ihrem Ende entgegengehe«.[94]

Der Haß auf die Kirche vertrug sich offenbar problemlos mit Hitlers unverhohlener Faszination an deren ritueller Prachtentfaltung: Die suggestiv arrangierten Aufzüge und Festveranstaltungen mit Kostümzauber und himmlischen Gesängen lieferten ihm, auch vermittelt durch das Theatergenie Wagner, Anregungen zu seinen eigenen Kultinszenierungen. Doch was bleibe von dieser »organisierten Lüge« der Kirche samt ihren frommen Spektakeln übrig, so fragte er 1941, sobald man es mit dem Kunstwunder Bayreuth vergleiche. »Da hat man einen Richard Wagner auf der Erde gehabt«, zürnte er über den christlichen Jenseitskult, »und drüben hört man Halleluja und sieht nichts als Palmwedel.«[95] Mit dem Machtantritt des arischen Jesus im Bayreuther Heiligtum sollte die alte Erlöserkirche endgültig von ihrer jüdischen Vergiftung geheilt werden. Statt Palmwedel wurden nun blutrote Fahnen geschwenkt. In Deutschland herrschte seit 1933 Parsifal.

Wenn Hitler, wie so häufig, von Christus sprach, hatte er nicht den Guten Hirten im Sinn, an den sein Publikum denken mochte. »Christus war ein Arier«[96], behauptete er mit Wagner, und diese Welterlösung mußte am Kreuz enden, weil ihm die nötige Härte fehlte. Weder sein vorbildliches Leben noch seine humanistischen Lehren konnten das Erlösungswunder wirken, dessen die Welt harrte. »Mein christliches Gefühl«, verkündete Hitler im Jahr vor seiner Wahnfried-Weihe, »weist mich hin auf meinen Herrn und Heiland als Kämpfer ..., der einst einsam, nur von wenigen Anhängern umgeben, diese Juden erkannte und zum Kampf gegen sie aufrief.« Worauf der von der historischen Parallele bewegte Prediger gestand, wie sehr ihn die Vorstellung mitriß, daß »der Herr sich endlich aufraffte und zur Peitsche griff, um die Wucherer, das Nattern- und Otterngezücht, hinauszutreiben aus dem Tempel!«[97]

Dieser von »Tatwillen« durchdrungene Heiland war natürlich er selbst, und die Welt, die er erlebte, formte sich ihm nach dem apokalyptischen Bild. Wie der Ariermessias Parsifal im gleißnerischen Wonnegarten dessen Meister Klingsor durchschaute, empfand Hitler im Sündenbabel Berlin dieselbe satanische Macht am Werk. »Als ich vor ein paar Wochen nach Berlin kam«, so der Parteiführer, »war ich von dem Luxus, von den Perversitäten, der Schlechtigkeit, dem Protzentum und dem jüdischen Materialismus so durch und durch angeekelt, daß ich außer mir war. Ich kam mir beinahe wie Jesus Christus vor, als er zum Tempel Gottvaters kam und ihn von den Geldwechslern besetzt fand. Ich kann mir wohl vorstellen, was er gefühlt haben muß, als er nach einer Peitsche griff und sie hinausjagte.«[98] Und dabei, so berichtete Ernst Hanfstaengl, »schlug er heftig mit seiner Peitsche umher«.

Mit den Schlägen der Hundepeitsche, die er als messianisches Accessoire immer bei sich trug, war es nicht getan. Während Vertreibung das Problem verlagerte, bot endgültige Abhilfe nur die Parsifal-Lösung. Hatte Jesus, wie Hitler betonte, für »seinen ungeheuren Kampf ... gegen das jüdische Gift« am »Kreuze verbluten«[99] müssen, durchschaute seine arische Reinkarnation Parsifal das Geheimnis der bedrohten Heilandsart und griff zum Speer. Der Nationalsozialismus, so versprach der Führer 1928 bei einer Parteiweihnachtsfeier, wolle »die Ideale von Christus zur Tat werden lassen. Das Werk, welches Christus angefangen hatte, aber nicht beenden konnte, werde er«, Adolf Hitler, »zu Ende führen«.[100] Und noch in seiner berüchtigten Marathonrede zum sechsten Jahrestag der Machtergreifung am 30. Januar 1939, in der er die Vollendung seines »Christus«-Werks ankündigte, spielte er auf ein entscheidendes theologisches Motiv aus dem »Parsifal« an, mit dem er seinen geplanten Massenmord in die mythische Tradition einfügte.

Hatte Hitler in der Krolloper gleich zu Anfang darauf hingewiesen, »wieviel Blut« für die Einheit des Reiches »umsonst geflossen« sei und »wieviele Millionen deutscher Männer ... im Dienst dieser Zielsetzung seit mehr als tausend Jahren den bitteren Weg in den raschen oder schmerzvollen Tod gegangen«[101] seien, so kam er bald auf die Möglichkeit zu sprechen, daß der Spieß auch umgedreht werden könnte: Jenes Volk, das für diese sinnlosen Blutopfer, gleichsam die Kreuzigung Deutschlands, verantwortlich sei, könnte »früher oder später einer Krise von unvorstellbarem Ausmaße erliegen«.[102] Im kleinen war diese Untergangskrise auf der »Parsifal«-Bühne vorweggenommen worden, als die Klingsorwelt blitzschnell »zu einer Einöde verdorrte« und vom Erdboden verschwand; Kundry wiederum wurde erst im Gralstempel erlöst, wo sie den sanften Tod zu Parsifals Füßen sterben durfte. Ihre schwere Schuld, die damit gesühnt war, hatte sie einst im Heiligen Land auf sich geladen: Da sie den leidenden Heiland verlachte, strafte er sie mit dem Fluch, als weiblicher Ahasver in wechselnden Inkarnationen durch die Geschichte zu irren. Auf ihrem unseligen Weg trat sie als Würgerin des Täufers Johannes auf, als zum Krieg treibende Walküre, aber auch als Verführerin, die das reine Blut der Gralsritter verdirbt. Kundry, als das tragische Sinnbild ihres Stammes, wird erst durch den reinen Heiland Parsifal von ihrem zwanghaften Sündigen, das heißt aber auch von ihrem Leben, befreit. Erst mit ihrem Tod ist der Untergang der Ahasver-Welt auf Wagners Bühne vollendet und die Schuld gesühnt, die das Judentum auf sich lud, als es den Gottessohn verlachte und tötete.

Vor dem »Großdeutschen Reichstag« in der Krolloper kam Hitler am 30. Januar 1939 auf diesen jahrhundertealten mythischen Fluch zu sprechen, den Wagner in seinem »Bühnenweihfestspiel« wiederbelebt und einer Endlösung zugeführt hatte. »In der Zeit meines Kampfes«, so verkündete er den 885 Abgeordneten und einer beklommen lauschenden Weltöffentlichkeit, »war es in erster Linie das jüdische Volk, das nur mit Gelächter meine Prophezeiungen hinnahm, ich würde einmal in Deutschland die Führung des Staates und damit des ganzen Volkes übernehmen und dann unter vielen anderen auch das jüdische Problem zur Lösung bringen.« An das »Gelächter«, das angeblich auf Hitlers Prophezeiungen erfolgt sei, dürften sich seine Zuhörer kaum erinnert haben; es erscholl nämlich nicht in der Wirklichkeit, sondern nur in der Ahasverlegende und deren moderner Adaption »Parsifal«; und auch die Weissagung einer Lösung des jüdischen Problems ließ sich am ehesten bei Wagner finden, der in »Erkenne dich selbst« den Deutschen die »große Lösung« ans Herz legt.

Hatte der Bayreuther Meister das Wie einer technischen Durchführbarkeit noch offenlassen müssen, so konnte sein Vollstrecker, ein Dreivierteljahr vor Beginn seines rassischen Vernichtungskrieges, dessen Prophezeiung präzisieren. »Ich glaube«, sagte Hitler mit historischer Eiseskälte, »daß dieses damalige schallende Gelächter dem Judentum in Deutschland unterdes wohl schon in der Kehle erstickt ist«[103] – womit er nicht nur die grauenhafte Todesart des Erstickens durch Blausäuregase, sondern auch »die Vernichtung der jüdischen Rasse in Europa« vorausgesagt hatte. Vermutlich weil dieser entsetzliche Vorgang erst mit dem Kriegsausbruch beginnen konnte – und mit den Massenerschießungen[104] polnischer Juden auch begann –, verlegte der sonst datensichere Hitler den Tag dieser Prophezeiung, den 30. Januar 1939, wenn er später auf ihn zu sprechen kam, auf den 1. September 1939.

Wagners Mysterienspiel von der lachenden »Höllenrose« Kundry und dem Blutverderber Klingsor, dem todwunden König Amfortas und dessen »hartem« Erlöser gehörte zum mythischen Universum Hitlers, mit dem er sich die Wirklichkeit zurechtdeutete. Daß solchen Einsichten entsprechende Taten folgen mußten, hatte ihn Chamberlain gelehrt. Zu seinen Aufgaben als Messias der Bayreuther Religion gehörte vor allem anderen die »Erfüllung« der »Parsifal«-Weissagungen: Kein Heiltum sollte mehr in »schuldbefleckten Händen« schmachten, kein arischer Heiland mehr von seinen Todfeinden verlacht werden.

Den ersten Teil dieser Ankündigung konnte er schon im Jahr seiner Machtergreifung in die Tat umsetzen. Hatte er 1923 am Grab des Meisters versprochen, dessen heiligen Willen zu erfüllen und den »Parsifal« aus den »schuldbefleckten Händen« des gemeinen Opernbetriebs zu befreien, um ihn nach Bayreuth zurückzubringen, so ordnete er zehn Jahre später die triumphale Rückkehr des Weihespiels ins Festspielhaus an – und zwar ausgestattet nach seinen Vorstellungen. »Das beabsichtigte große Geschenk an Bayreuth, die Rückgabe des Parsifal«, schrieb Wolfgang Golther 1933 an Eva Chamberlain, »knüpfte Hitler an die Bedingung einer völligen Neuausstattung des Werkes.«[105] Fünfzig Jahre nach Wagners Tod sollte die »Parsifal«-Inszenierung von 1882, die fast unverändert überdauert hatte, durch eine Hitlersche ersetzt werden – so wünschte es der neue Herr auf dem Hügel. Der Mann vom Stehparkett fühlte sich reif, das große Erbe anzutreten.

Einen »Parsifal« nach Hitlers Geschmack würde am ehesten jener Bühnenbildner entwerfen können, der ein Vierteljahrhundert zuvor diesen Geschmack geprägt hatte: Alfred Roller. Mit seiner Hilfe hoffte der Reichskanzler, seine einstigen Hofopfernekstasen, nun für alle nachvollziehbar, auf der Bayreuther Bühne wiederholen zu können. Den Roller-»Parsifal«, der ihm in Wien versagt geblieben war, wollte er jetzt, ergänzt durch eigene Ideen, an geweihter Stätte nachholen. Hatte er das Reich als neuer Parsifal erobert, so sollte nun auch Bayreuth mit seinem neuen »Parsifal« erobert werden.

Als der Führer am 22. Juli 1934, zwischen dem fast siebzigjährigen Roller und der Schwiegertochter Wagners in der Fürstenloge sitzend, die Premiere seiner Neufassung erlebte – Richard Strauss dirigierte, und Startenor Helge Roswaenge sang die Titelrolle –, muß ihm dies wie die Erfüllung seiner kühnsten Wagner-Träume erschienen sein. Angesichts des vielen fließenden Blutes könnte ihn vielleicht aber auch eine weniger erhebende Erinnerung überkommen haben: Das erste systematische Massaker seiner Karriere lag kaum einen Monat zurück. Die tückisch eingefädelte Mordaktion gegen seine eigenen Gefolgsleute um Ernst Röhm rechtfertigte er damit, daß sich das »Gift« der sexuellen Perversion »in immer größeren Kreisen auszubreiten begann« und, wie in einer geheimen »Sekte«, den »Kern einer Verschwörung«[106] gegen den Staat bildete. Mit der nötigen Härte des Erlösers befahl der neue Parsifal, die »Geschwüre unserer inneren Brunnenvergiftung und der Vergiftung des Auslandes auszubrennen bis aufs rohe Fleisch«.[107]

Eine ähnliche Radikalbehandlung erfleht im »Parsifal« der an »Blutschande« dahinsiechende König. Auch er ist vergiftet und droht durch seinen Blutverderb, die ganze Gemeinschaft in den Untergang zu treiben. »Hier bin ich«, fleht er seine Gralsritter an, »die off'ne Wunde hier! Das mich vergiftet, hier fließt mein Blut: heraus die Waffe! Taucht eure Schwerte tief, tief – bis ans Heft! – Auf! Ihr Helden: tötet den Sünder mit seiner Qual, von selbst dann leuchtet euch wohl der Gral!«[108] Die Massenerschießung von SA-Führern blieb nicht die einzige Bluttat, die in die Zeit von Hitlers »Parsifal«-Reform fiel: Kaum hatte der Führer, nach der feierlichen Gralsenthüllung, seinen Freunden in Wahnfried »geschworen, es seien nur siebenundsiebzig Menschen hingerichtet worden«[109], wurde neues Blutvergießen seiner SS-Ritter gemeldet.

Während der »Rheingold«-Premiere am 25. Juli 1934 traf im Festspielhaus die Nachricht ein, daß der österreichische Bundeskanzler Engelbert Dollfuß, ein Intimfeind des Führers, von dessen Männern bei einem Putschversuch ermordet worden war; laut Hermann Rauschning hatte Hitler schon im Vorjahr angekündigt, er werde Dollfuß und seine Leute »eiskalt als Verräter hinrichten lassen«.[110] Die Botschaft vom qualvoll verbluteten Kanzler konnte Hitlers Festspielfreude indes nicht verderben. »Obwohl er kaum den entzückten Ausdruck aus seinem Gesicht bannen konnte«, so berichtete Friedelind Wagner später über den »Rheingold«-Ehrengast, habe er sich, als wäre nichts geschehen, im Restaurant einen Teller Leberknödel reichen lassen. »Ich muß eine Stunde hier aushalten und mich sehen lassen«, habe er der Wagner-Enkelin erklärt, »sonst könnten die Leute glauben, ich hätte etwas mit der Sache zu tun.«[111]

Der Aufbau einer Gralsreligion verlangte auch in der Wirklichkeit nach einem unübersehbaren Symbol, an dem sich der Universalanspruch der Erlösungsbewegung ablesen ließ. Dem »Heiltum« des reinen Blutes mußte ein »Heiligtum« errichtet werden, dessen Schrein das Mysterium der rassischen Unsterblichkeit barg. Schon Ludwig II. hatte, angesteckt von Wagnerschen Visionen, mit Schloß Neuschwanstein den »Gralstempel« und dazu die »Einsiedlerhütte« aus dem dritten Akt erbauen lassen, »wo Parcifal«, so ein schwärmender Ludwig, »des wahren, echten Königtums Weihe empfing, das durch Demut und Vernichtung des Bösen im Inneren erworben wird«.[112] Zwar hatte der Träumer im goldschimmernden »Thronsaal« des Schlosses das Innere des Grals-Heiligtums nachbauen lassen, doch wies die Gesamtanlage keinerlei Ähnlichkeit mit Parsifals »Monsalvat« auf.

Wie dieses weltentrückte Bauwerk nach der mittelalterlichen Beschreibung Albrecht von Scharfenbergs im »Jüngeren Titurel« auszusehen hatte, war schon zu Anfang des letzten Jahrhunderts von Sulpiz Boisserée rekonstruiert worden. Der Tempel dieser Geheimreligion bestand aus einer »riesigen Rotunde mit einem Durchmesser von etwa 180 Metern«, die überragt wurde von einem gotischen Gebirge aus Kapellen und Türmchen mit »ins Phantastische gesteigerten Ausmaßen«.[113] Zwei Jahre nach der Uraufführung des Wagnerschen Passionsspiels hatte der Maler Jakob von Steinle 1884 dem populären Heilsbringer einen Bildzyklus gewidmet, in dessen Mittelteil die monumentale Gralsrotunde überirdisch leuchtend zum Himmel aufstieg; darüber schwebten ein Kelch und eine weiße Taube. Kaum fertiggestellt, wurde das heilige Stück durch die Firma Hanfstaengl, die sich auf die Massenproduktion von Wagner-Ikonen spezialisiert hatte, als Mappe herausgegeben. Bei einem Besuch in der Familie der Wagner-Vervielfältiger könnte Hausfreund Hitler, laut »Putzi« Hanfstaengl dem Wagnermappen-Studium eifrig ergeben, durch Steinles Tempel durchaus zu eigenen architektonischen Ausschweifungen angeregt worden sein.

Im selben Jahr, in dem Hitler zum ersten Mal den »Parsifal« in Bayreuth erlebte – noch in der Wolfsschanze schwärmte er von der »fabelhaften Gestalt und Stimme«[114] des Heldentenors Carl Clewing –, entwarf er den angemessenen Sakralbau dazu: ein fensterloser Schrein von gewaltigen Dimensionen mit vorgesetztem Säulenportikus nach Opernhausart, das Ganze überwölbt von einer hoch aufragenden Kuppel.[115] Das Innere dieses bedrohlichen Heiligtums, auf das sich, in Hitlers Zeichnung, ameisenhaft Marschkolonnen zubewegen, dürfte dem Gralsraum der Bayreuther »Parsifal«-Inszenierung geglichen haben. Selbst das Oberlicht, das bei Wagner aus der Kuppel herabfällt und das Erlöserblut zum Erglühen bringt, übernahm Hitler in seine Planung von 1925.

Als der Reichskanzler Hitler sein neues Germanien zu erbauen begann, zog er auch den bunkerartigen Kuppelentwurf wieder hervor, um ihn als kultischen Mittelpunkt seines großdeutschen Imperiums, dereinst wohl auch der ganzen Welt, zu errichten. Der Architektur-Träumer von 1925 konnte nun seinen Chefplaner Speer beauftragen, einen Gralstempel nach der alten Vorlage zu entwerfen, wobei er die Proportionen verändern durfte, aber unbedingt an den Dimensionen festhalten mußte: Der neue Gralstempel inmitten der Reichshauptstadt sollte sämtliche Bauwerke der Welt in den Schatten stellen. Der gigantomanische Exzeß, in dem eine Handvoll Petersdome bequem Platz gefunden hätten, würde einer Gemeinde von 150 000 Gläubigen zur arischen Andacht dienen, während das Licht aus einer Kuppelöffnung in 290 Meter Höhe die Szene bühnenweihfestspielhaft beleuchten würde. Dort oben sollte, statt Taube und Kelch, ein dreißig Meter hoher Adler thronen, der die Weltkugel in den Fängen hielt. »Hitler glaubte, wenn die Jahrhunderte vergingen, würde seine riesige Versammlungshalle ... zu einem Heiligen Schrein werden«, erinnerte sich Albert Speer. »Ein solcher Kult war die Wurzel des ganzen Plans ... ein Mittel, seine Weltanschauung zu verewigen.«[116]

Die monströse Kultstätte blieb allerdings Führerphantasie. Für den deutschen Gralstempel, den der in Superlative verliebte Kanzler als »teuersten Bau der Welt«[117] ankündigte, fehlte das Geld, und so blieben dem von seiner Idee »besessenen« Planer einstweilen nur das schöne Gipsmodell und die Hoffnung, die monströse Kuppel nach dem Endsieg doch noch errichten zu können.

Auch ohne »Germaniens Dom« hatte sich Deutschland zur Hitler-Religion bekehrt. Die Etappen seines Triumphzugs, vom »Tag von Potsdam« im März 1933 über das Ermächtigungsgesetz, den Judenboykott im April, die Bücherverbrennung im Mai, den

»Reichsparteitag des Sieges« im September und die Grundsteinlegung zum »Haus der deutschen Kunst« im Oktober bis zu Röhm-Massaker und Roller-»Parsifal«, zählten für Hitler nicht allein als politische Ereignisse – es waren die Anfangsstationen eines Heilsweges, an dessen Ende der Untergang des Weltsatans und, als Folge, der Anbruch des germanischen Gottesreiches stand. »So wie der Held auf sein Leben Verzicht leistet, um im Pantheon der Geschichte weiterzuleben«, kündigte er zur Parteitagseröffnung 1933 seinen Erlösungsplan an, »so muß eine wirklich große Bewegung in der Richtigkeit ihrer Idee, in der Wahrhaftigkeit ihres Handelns den Talisman sehen, der sie sicherlich hinüberführt aus einer vergänglichen Gegenwart in eine unsterbliche Zukunft.«[118]

Wahre Unsterblichkeit aber, so lehrte Wagners »Parsifal«, verlieh nur der Gral, das ewig quellende, nie alternde Erbgut der Rasse. Wer die Botschaft des Blutes, von hohen Ahnen übernommen, unverfälscht an die Zukunft weitergab, hatte Anteil am ewigen Leben seines Volkes; und wer das Geheimnis dieser Gralslehre begriffen hatte, war damit dem eitel-vergänglichen Allerweltstreiben der Gegenwart enthoben. Er durfte sich jener Adelsschicht zurechnen, die vom wahren Heiland über die Stauferkaiser bis zum offenbarten Rassenführer Adolf Hitler führte. »Indem wir uns so der Pflege des uns vom Schicksal anvertrauten eigenen Blutes hingeben«, verriet der Erwählte zum Abschluß des Parteitags, als spräche er bereits zur verschworenen Ritterschaft von Monsalvat, »helfen wir am besten mit, auch andere Völker vor Krankheiten zu bewahren, die von Rasse auf Rasse, von Volk auf Volk überspringen.« Dadurch aber, daß das neue Deutschland den Kampf gegen das »Gift« des Bolschewismus »auf sich genommen hat, erfüllt es nur, wie schon so oft in seiner Geschichte, eine wahrhaft europäische Mission«.[119]

Auch als der Triumphzug sich sechs Jahre später als Kreuzzug entpuppte, der nicht in den Gralstempel, sondern ins Massengrab führte, hielt Hitler an dieser Mission fest – und auch daran, sowohl ihre Ursprünge wie ihre letzten Ziele im mystischen Dunkel seines inneren Monsalvat zu belassen. Wie es der Heiligkeit seiner Sendung entsprach, beschränkte er sich selbst Vertrauten gegenüber auf Andeutungen. »Nur in kleinen Dosierungen«, schrieb Max Domarus, gab er »einige ›Geheimnisse‹ preis ... Wirkliche Geheimnisse behielt Hitler meist für sich und machte auch bei seinen engsten Mitarbeitern gar keinen Hehl daraus.« Dabei umgab er sich »mit einem geheimnisvollen Nimbus und brach das Gespräch mit ähnlichen Worten ab«, so Domarus, »wie sie Christus seinen Jüngern gegenüber gebraucht hatte: ›Noch vieles hätte ich euch zu sagen, aber ihr könntet es nicht ertragen.‹«[120]

Schwer erträglich in der Tat und zudem kaum nachvollziehbar mutet die Blut- und Rassenlehre an, die den Kern seines Regenerationsglaubens bildete. Das, wovon Hitler sich, dank Wagners Autorität und Chamberlains Wissenschaftlichkeit, ohne weiteres hatte überzeugen lassen, erwies sich als schwerfällige Doktrin, die auf die wirklichen Fragen der Zeit keine Antwort gab. Statt Probleme der Gesellschaft zu lösen, schuf sie eine Vielzahl neuer, und endlich jenes eine unbewältigbare, das sich zu einer Jahrtausendkatastrophe auswuchs. Wer sich vom Rassenglauben mitreißen ließ, folgte nicht der Vernunft oder gar der Erfahrung, sondern allein der Liebe zum göttlichen Führer. Woher dieser allerdings seine Weisheit bezogen hatte, blieb außer Betracht. Das Dilemma der nationalsozialistischen Weltanschauung bestand in diesem abgeleiteten Charakter: Sie bot nur Ahnung, nicht Wissen; und wo sie, wie im Fall der Rassenlehre, etwas für ein naturwissenschaftliches Faktum ausgab, was sich allein haarsträubender Spekulation verdankte, überschritt sie die Grenze zur Lächerlichkeit.

Die »Rassenkunde« des Dritten Reichs, der Hauptpfeiler der staatstragenden Ideologie, gab als Erfahrung aus, was gerade der Erfahrung widersprach, und propagierte einen Glauben, der seine Überzeugungskraft einzig dem Umstand verdankte, daß der Führer ihn teilte. Denn sowenig die jüdischen Mitbürger etwas mit dem nationalsozialistischen »Juden« gemein hatten, sowenig konnten sich die nichtjüdischen Mitbürger, wie meist schon der Blick in den Spiegel verriet, im »Arier« skandinavischen Zuschnitts wiedererkennen. Aber Hitler sprach von kaum etwas anderem, und wer es ihm nachredete, stand unter dem Schutz seiner Wahrheit. Blieb die Frage, ob dieser einzige Maßstab des rechten Glaubens, der Führer Adolf Hitler, auch selbst glaubte, was er sagte; und ob er alles sagte, was er dachte. Und ob er nicht das Entscheidende unausgesprochen ließ. Worin Hitlers innere Wahrheit bestand, wußte keiner – das allerdings hatte seine Umgebung schnell begriffen. Wenn also – was viele spürten, doch ohne es je auszusprechen – die Lehre des Führers nur das Profane wiedergab, das »Gleichnis« also, das den Kern unberührt ließ, worin bestand dann die Innenseite dieses Glaubens, der Altarraum seines Geheimnisses? Und warum enthielt er das entscheidende Wissen seinem arischen Heldenvolk vor?

Hitler war kein Politiker, der ein Programm vor sich hertrug und seine Taten gegenüber dem Volk zu rechtfertigen hatte, sondern die Erlöserfigur eines esoterischen Kultes, der sich die Aufgabe gestellt hatte, die Welt vom Judentum zu befreien. Hitler verkörperte nicht das Volk, das ihm zujubelte, sondern das Programm, das er zu vollstrecken hatte; nicht den Menschen, die an ihn glaubten, sondern den Idolen seines heimlichen Glaubens fühlte er sich verantwortlich. Und da die Deutschen ihm nur als Mittel zum Zweck dienten, eine Kunstwelt des reinen Blutes zu errichten, mußten sie nicht mehr wissen, als nötig war, um die Bedingungen dafür zu schaffen.

Strenggenommen mußten die Deutschen überhaupt nichts wissen. Sie sollten nur glauben. Auch deshalb sprach Hitler fast immer in mythischen Bildern, die er mit Zahlen und Fakten anfüllte, um seine Vision mit der Gegenwart zu verknüpfen. Neue Konstellationen wurden sogleich in die alten Kulissen gerückt, jedes auftauchende Problem mit den vertrauten Kunstfiguren gelöst. Siegfried, ob namentlich genannt oder nur als Ideal beschworen, erwies sich als einprägsamstes, von Hitler in unzähligen Variationen dargebotenes Rassenvorbild. Sobald die Rede auf den blonden, blauäugigen Germanen kam, der im Reich bekanntlich ein Minoritätendasein fristete, ließ sich ohne weiteres auf den sympathischen Drachentöter verweisen. Dessen Heldenkampf allerdings war, mangels Vorsicht und rassischer Aufklärung, an der Tücke des Untermenschentums gescheitert.

Parsifal dagegen, der Triumphator, eignete sich nicht zum nationalen Symbol. Der Mythenbereich des Grals entzog sich jeder Profanierung. Ein »reiner Tor«, der sich als Lustverweigerer erweist, um statt dessen ein blutendes Gefäß mit einem Speer zu »erlösen«, schien eher einem bizarren Märchen entsprungen. Und doch gehörte das musikalische Mysterienspiel zu den entscheidenden Vorbildern des Dritten Reiches. Es prägte den Glauben wie das sakrale Erscheinungsbild des Führer-Staates. Und Hitler, der das

Allerheiligste des Bayreuther Geheimkultes als Staatsmann repräsentierte, indem er es verschwieg, sah in seinem neuen Reich jene Gralsritterwelt, die nur vom Blutverderb befreit werden mußte, um sich in den Gottesstaat auf Erden zu verwandeln. Blut und Rasse, Reinigung und Fortpflanzung, so lehrte Wagners »Parsifal«, ließen sich nicht bereden, sondern nur in erhabenen Symbolen darstellen, in strengen Riten verkörpern. Ein Ziel, das mit gewöhnlichen Worten nicht zu fassen war, verlangte nach Prophetensprache; eine Zukunft, die nur über unsägliche Greuel zu erreichen war, beließ man am besten im Nebel der Ungewißheit.

»Wer den Nationalsozialismus nur als politische Bewegung versteht«, sagte Hitler, »weiß fast nichts von ihm. Er ist mehr noch als Religion: Er ist der Wille zur neuen Menschenschöpfung.«[121] Keiner fragte, was genau er damit meinte. Offenbar hütete er ein Geheimnis, an das er mit »granitener« Unbeirrbarkeit glaubte. Und alle glaubten mit ihm an dieses Geheimnis, das außer ihm fast keiner kannte. Als er sich dann auf kläglich profane Art aus der Welt geschafft hatte, versicherte man, daß es nie ein Geheimnis gegeben habe und man folglich auch nicht daran habe glauben können. Aber gerade dieses Unausgesprochene der Hitlerschen Sendung behaftete sein Drittes Reich mit einer Magie und einem Grauen, das es tatsächlich über jede »politische Bewegung«, aber auch über jede Form von menschlicher Gemeinschaft hinaushob.

Hitler war sich des Dilemmas zwischen geheimem Auftrag und öffentlicher Rede bewußt: Wieweit durfte er preisgeben, was ihn »im Innersten zusammenhielt«, ohne den Nimbus der Einzigartigkeit einzubüßen? Stellten nicht das abgründige Wissen, das ihm durch Wagner vermittelt, der schaurige Auftrag, der ihm von Chamberlain erteilt worden war, eine religiöse Verschlußsache dar, deren Veröffentlichung gefährliche Mißverständnisse nach sich ziehen mußte, von den Gegenmaßnahmen, die sie heraufbeschwören konnte, zu schweigen? Wenn Hitler also unablässig zum »Glauben« aufrief, dann forderte er damit nichts weniger als die freiwillige geistige Selbstbeschränkung seines Volkes. Die Rassenlehre, in aller Plattheit verkündet, mußte als »Dogma« hingenommen und befolgt werden; Reflexion blieb angesichts der fabulösen Inhalte ausgeschlossen, und schon die Frage, was denn genau unter der allgegenwärtigen Chiffre »Blut« zu verstehen sei, grenzte an Blasphemie. »Das deutsche Volk«, so vertraute Hitler Anfang der dreißiger Jahre seinem Parteigänger Otto Wagener an, »würde durch die Aufrührung der Rassenprobleme nur noch weiter zerspalten... Ich habe es deshalb schon mehrfach verboten..., daß über Rassenlehre und Rassenprobleme überhaupt gesprochen und auch geschrieben wird.« Für den nationalsozialistischen Führungskreis dagegen sei das Wissen vom Blut, so Hitler, »ein Schlüssel und Wegweiser. Aber für die Allgemeinheit ist es Gift!«[122]

Wie aber kann etwas als Gift wirken, das den Kern einer Heilslehre ausmacht? Darf man jene in Unwissenheit halten, denen doch, angeblich, die ganze Erlösungsanstrengung gilt? Hitler selbst ließ nie einen Zweifel am Vorrang des Regenerationsgedankens. Gerade das aber, was er bewußt im Zwischenbereich gläubiger Ahnung hielt, erschien ihm später als wichtigste Errungenschaft seiner gesellschaftlichen Revolution. »Wenn ich mein Werk bewerten will«, erklärte er 1941 seinem Vertrauten Heinrich Himmler im Meister-Ton, »so muß ich herausstellen als erstes: daß es mir gelungen ist, dem Rasse-Gedanken als der Grundlage des Lebens gegen eine Welt von Unverstand zum Sieg verholfen zu haben.« Und ganz Vollender des Wagnerschen »Kunstwerks der Zukunft«, führte er als zweitwichtigstes Ergebnis seines Wirkens an, »daß ich die Kultur zur tragenden Kraft der deutschen Herrschaft mache«.[123] Zuvor aber würde jener Schritt nötig sein, ohne den die beiden Haupterrungenschaften auf Dauer sinnlos blieben – die Vernichtung des Judentums. »Wenn wir diese Pest ausrotten«, hatte Hitler am Tag zuvor – es war während des Vormarsches auf Moskau – prophezeit, »so vollbringen wir eine Tat für die Menschheit, von deren Bedeutung sich unsere Männer draußen noch gar keine Vorstellung machen können.«[124] Was auch besagte, daß diese Männer töteten und starben, ohne zu wissen, wofür.

Und die Gefolgsleute jubelten, ohne zu wissen, warum. Sie gerieten außer sich, wenn Hitler den Einsatz gab, und glaubten an seine Unfehlbarkeit, weil er es forderte. Da seine Erfolge ihm recht zu geben schienen, heiligten seine Zwecke alle Mittel. Man ahnte, daß man ihm einfach glauben mußte; aber woher wußte man, daß die Ahnung nicht trog? Wer sagte, daß man sich selbst hingeben mußte, wenn nur hingebungsvoll genug gepredigt wurde? »Denn das ist das große Geheimnis unserer Bewegung«, beschrieb ein fanatisierter Gregor Strasser 1927 die eigentliche Inhaltsleere des Hitler-Glaubens, »die innerliche Hingabe an die Idee des Nationalsozialismus, der glühende Glaube an die sieghafte Kraft dieser Befreiungs-, dieser Erlösungslehre« und die »tiefe Liebe zu der Person unseres Führers, der der leuchtende Herzog ist der neuen Freiheitskämpfer.« Worauf er von »dessen metallenem Ton« zu schwärmen begann, »der mit brutaler Härte die Dinge beim Namen nennt und diesen Dingen Kampf ansagt, schonungslosen Kampf bis zur Vernichtung!«[125]

Über die Natur dieser zu vernichtenden »Dinge« schwieg der als »treu bis in den Tod« unterzeichnende Strasser – sieben Jahre später fiel er selbst der gepriesenen Hitler-Härte zum Opfer, wurde im Zug des Röhm-Massakers auf Führerbefehl aus dem Hinterhalt erschossen. So vage wegen der prinzipiellen Geheimhaltung die Inhalte blieben, so handgreiflich drängten sich die Folgen auf. Als der 1946 in Nürnberg gehenkte Hans Frank 1937 sein Bekenntnis zu Deutschland einen »Gottesdienst« nannte, fiel ihm zur Erläuterung des frommen Vergleichs lediglich ein, daß »Christus«, wenn er »heute erschiene, Deutscher wäre« und daß die Deutschen »in Wahrheit Gottes Werkzeug zur Vernichtung des Schlechten« seien: »Wir streiten in Gottes Namen gegen den Juden und Bolschewismus. Gott schütze uns!«[126]

Doch der Führer, der ihm das eingeredet haben mochte, glaubte gar nicht an Gott, bekannte sich »lachend« zu seinem Heidentum. Was also stimmte? Hans Frank beispielsweise, der am Novemberputsch teilgenommen hatte, glaubte zu wissen; dies gilt ebenso für den Putschveteranen Gregor Strasser; doch schienen beide, und mit ihnen Millionen frommer Mitmarschierer, übersehen zu haben, daß es hier eigentlich nichts zu »wissen« gab. Für Hitler waren sie alle ebenso willfährige wie ahnungslose Vollstrecker. »Ich verzichte auf Treuekundgebungen, sie haben für mich gar keinen Wert«, sagte er 1931. »Ich wünsche nur Disziplin.«[127] Nicht das Wissen, ja nicht einmal der Glaube zählte, sondern allein Gehorsam und Selbstverleugnung. Denn entscheidend war die Tat, die es zu vollbringen galt. Das Denken konnte man getrost dem Führer überlassen.

Je mehr die Bewegung anschwoll, um so weniger taugte sie dem Erwählten zur Partei. Denn die Masse, die sich um den Magneten zusammenballte, widersprach seinem Bild vom Elitekorps ebenso wie die Parteibonzen, die sich in ihren Maßanzügen um ihn drängten, seiner asketischen Kreuzritterschar, die den Heiland in die letzte Schlacht begleitet. Die Tat, die es auszuführen galt, wenn die ganze Anstrengung einen Sinn erhalten sollte, war nicht vom gemeinen Mann und schon gar nicht in millionenfacher Vervielfältigung zu erwarten. Was not tat, war eine verschworene Gemeinschaft von Erwählten. Die für die Tat erforderliche Kraftkonzentration, gepaart mit einer blindgläubigen Ergebenheit, die nicht militärischem Kadavergehorsam, sondern der Liebe zum Führer entspringen sollte, würde nur ein Orden bieten.

Wie Hitlers Bewegung als konspirative Zelle begonnen hatte, sollte sie nun, da ihr braunes Elitekleid zum erdigen Grundton der ganzen Nation geworden war, zur Verschwörergemeinschaft mit geheimem Auftrag zurückkehren. Das alte Ziel einer Vernichtung der »Judenrepublik« konnte dann zu globalen Dimensionen erweitert, die Erlösung Deutschlands als Vorspiel zur Befreiung des ganzen Erdballs verstanden werden. Auch hier bot sich Wagners »Parsifal« als mythisches Vorbild an: Im heiligen Bezirk von Monsalvat lebt in religiöser Inbrunst und kriegerischer Entschlossenheit jene erwählte Schar, die jederzeit ihr Blut zu vergießen bereit ist sowie auch, mit reinem Gewissen, das ihrer Feinde. Man opfert sein Leben in der Gewißheit, im ewig quellenden Blut des Heiligen Grals wiedergeboren zu werden. Derlei mystische Visionen konnten dem Moloch NSDAP nicht vermittelt, geschweige denn durch ihn verwirklicht werden.

Kaum hatte die Partei die Macht im Staat unter sich aufgeteilt, wurde sie unbequem für den, der sie ihr verschafft hatte. Nicht zufällig gehörten die Freunde in Wahnfried zu den ersten, denen der Führer 1933, als die Braunhemden im Erfolgstaumel lagen, zu verstehen gab, er »werde eine neue Partei gründen, ich mag die alte nicht mehr«.[128] Denn gerade Bayreuth hatte jahrzehntelang – und schließlich erfolgreich – als elitärer Orden seine geheimen Ziele verfolgt; mit dem gemeinen Volk hatte man sich dabei nie gemein machen müssen. Wagners verschworene Gemeinde, deren »Gralsboten« im ganzen Reich wirkten, hatte mehr erreicht als ganze Heere offener Parteigänger.

In jenem auf Hitler gemünzten »Parsifal«-Text, der in den Festspielführern zweimal abgedruckt wurde, findet sich auch Bayreuths Idealvorstellung einer Erlöser-Partei, weit entfernt von der Ruppigkeit der damaligen Nationalsozialisten. »Das ist überhaupt das Wunderbare an dieser streng abgeschlossenen, durch und durch aristokratischen Gemeinschaft«, schrieb Hans Alfred Grunsky über die Gralsritter, »daß hier neben die Innerlichkeit des Mystikers, neben den Drang zum Jenseitigen, zur Gemeinschaft mit Gott, unmittelbar daraus erwachsend und innig damit zusammenhängend, der heldische Wille zu rastlos selbstloser Betätigung in diesem Leben tritt, ›zu wirken des Heilands Werke‹, ›zu kämpfen mit seligem Mute‹. Keine Weltverbesserer sind diese Ritter, sondern mutige Streiter fürs Rechte und Gute.« Und damit habe der Meister »das fast ideal religiöse Leben einer Gemeinschaft hochgesinnter Menschen dargestellt«.[129] Genau so sah sich der Wagner-Kreis mit dem Gottesstreiter Chamberlain an der Spitze, und an diesem Vorbild sollte sich die neue Heils-Partei ausrichten, die man mit aller Macht unterstützte. Schließlich standen nicht weltlich-politische, sondern metaphysische Entscheidungen auf dem Spiel.

Der neue Parsifal, von der Heiligkeit seiner Mission überzeugt, wußte wohl, daß mit Heiligen die Macht nicht zu erringen war. Und doch konnten seine stuhlbeinschwingenden Rabauken samt hündisch ergebener Vasallenschar, die er, laut Wolfgang Wagner, in Wahnfried als »devote Befehlsempfänger«[130] abkanzelte, schwerlich die angemessene Antwort auf Wagners Zukunftsperspektiven bieten. Die einzige Lösung bot das »Parsifal«-Modell: Hitler mußte einen Orden gründen, der das Bewußtsein von seiner erhabenen Sendung mit der Bereitschaft zu deren blutiger Durchsetzung verband. Im Jahr der Röhm-Morde bezeichnete es Hitler vor seinen versammelten Gauleitern als »akute Hauptaufgabe«, eine »Auslese der Menschen« durchzuführen, »die einerseits fähig sind, andrerseits in blindem Gehorsam die Maßnahmen der Regierung durchsetzten. Die Partei müsse als Orden die notwendige Stabilität für die ganze deutsche Zukunft bringen« und deshalb »unerhört verschworen sein«.[131] So wie die gelackte Bonzenschar Hitlers Vorstellungen einer Heldenauslese schwerlich entsprochen haben dürfte, würde auch die Massenpartei niemals einen Orden verschworener Einzelkämpfer bilden können. Denn in diesem kam es nicht auf die rechte Gesinnung, sondern auf die Reinheit des Blutes, den Adel der

Rasse und des Körpers an. Man trat dem Orden nicht bei, sondern wurde zu seinem Dienst berufen. Was der Führer seinen Gauleitern sagte, war eigentlich für ganz andere Ohren bestimmt.

»Die Idee eines Ordensstaates«, so verriet Hitler in seinem ersten Bayreuther »Parsifal«-Jahr 1925 dem Wagnerianer Hans Severus Ziegler, »die vielleicht romanhaft anmutet, den ich aber realpolitisch für möglich halte, schwebt mir schon lange vor.«[132] Vielleicht seit seinem Linzer »Rienzi« 1906, in dem der Volkstribun seine »Ritter vom heiligen Geist« zusammenruft, oder seit der legendären Münchner »Parsifal«-Erstaufführung am Prinzregententheater zu Wagners Geburtstag im Jahr des Kriegsausbruchs 1914? Oder seit er das Bayreuther Programmheft von 1924 gelesen hatte, in dem das Ideal einer Gralsritterpartei angepriesen wurde? Auch im »Lohengrin« hatte er schon früh von jener Ritterschaft in schimmernder Rüstung erfahren, die »dem Gral zu dienen ist erkoren« und deshalb dessen dunkle Widersacher mit dem Schwert »tot zu Boden streckt«.[133] Und er hatte den Aufmarsch des waffenblinkenden, fahnenschwingenden deutschen Heeres gesehen, das den aus »fernem Land« entsandten Lohengrin als neuen Führer bejubelt – »des Führers harren deine Mannen!« –, bevor es in Richtung Osten zum Krieg aufbricht.

»Aus Parsifal«, so erklärte Hitler 1936 nach Anhören des »Parsifal«-Vorspiels auf dem Grammophon – es war gerade seine Lieblingsaufnahme mit dem Bayreuther Dirigenten Karl Muck erklungen –, »baue ich mir meine Religion.« Wie das Musikstück choralhafte Strenge mit dem überirdischen Flirren einer mystischen Vision verbindet, sollte auch Hitlers Zukunftsorden heldische Zucht mit sakraler Weihe verbinden. »Gottesdienst in feierlicher Form« sei sein Ziel, »ohne Demutstheater ... Im Heldengewand allein kann man Gott dienen.«[134]

Was Hitler mit dieser neuen »Parsifal«-Religion meinte, hat er, auch mangels geeigneter Gesprächspartner, nur selten ausgesprochen. Ohne gründliche Wagner-Kenntnis blieb der esoterische Charakter der Zukunftsbrüderschaft letztlich unbegreiflich, deren Zielsetzung eine schaurige Utopie fern aller Realität. Einer der wenigen, die Hitler in sein Geheimprojekt einweihte – und der es noch vor Kriegsausbruch an die Öffentlichkeit brachte –, war Hermann Rauschning. Auch wenn der einstige Danziger Senatspräsident in seine »Gespräche mit Hitler«[135] weit mehr Führerzitate einflocht, als er selbst bei seinen Begegnungen gehört haben konnte – in Sachen Wagner muß er einen idealen Gesprächspartner abgegeben haben: Parteigenosse Rauschning, klassisch gebildet und wortgewandt, hatte in München Musik studiert, dort die Wagner-»Epigonen« kennengelernt und auch die Bayreuther Festspiele besucht. Da sich bei Hitler, sobald er auf Wagner-Kenner traf, die Schleusen öffneten, darf man annehmen, daß er den als Fachmann ausgewiesenen Parteifreund der Einweihung in seinen Gralsbezirk für würdig erachtete. Und es ist unwahrscheinlich, daß das, was Rauschning sich im Anschluß notierte, seiner Phantasie entsprungen war – entsprach es doch genau der Geheimlehre des inneren Bayreuth-Zirkels.

Über die Partei, so habe ihm der Führer erklärt, hege er keinerlei Illusionen mehr; er wisse, »daß diese Männer zu einem höheren Schwung der Ideen nicht zu gewinnen waren«. Ihre Gedanken, so habe er gespottet, »reichten nicht über die einmal gelernte ›Weltanschauung‹ des Nationalsozialismus hinaus«, weshalb die alte Garde »erst einmal verbraucht werden« müsse. Dann jedoch könne »aus der Partei das neue fremdartige Gebilde eines weltlichen Priesterstaates« herauswachsen. Und damit, so Rauschning, meinte der Vortragende nichts Geringeres als eine »neue Menschheitsreligion, die Schaffung einer neuen Menschheit«.[136]

Darin aber bestand das mystische Geheimnis des »Parsifal«-Kults: Als Held, der den Erzfeind des Ordens und der reinen Menschheit besiegt, wird Wagners »reiner Tor« zugleich zum Hohenpriester des Blut-Tempels und weltlichen König seiner Ritterschaft geweiht. Als Herrscher regiert er über die Gralswelt, als Erlöser führt er die »Zeugengüter« Speer und Kelch zukunftsträchtig zusammen und sorgt für eine neue Generation des reinen Blutes. Diese übermenschlichen Heilstaten, die der Held auf Wagners Mysterienbühne in wenigen Stunden absolviert, beanspruchen in der Wirklichkeit ungeheure Zeiträume. Würde ein Menschenleben überhaupt ausreichen für die Vernichtung der Klingsorwelt und die endgültige »Erlösung des Erlösers«? Wohl auch deshalb spürte Rauschning während der Gespräche »die verzehrende Ungeduld«, mit der Hitler »endlich zu seinem eigentlichen Gebiet« kommen wollte, »dem des schöpferischen Staatsmannes und Gesetzgebers, des wegweisenden Künstlers und Städtebauers, dem des Propheten und Religionsstifters«.[137]

»Ich will Ihnen ein Geheimnis sagen«, kündigte Hitler seinem Danziger Gast bei anderer Gelegenheit an. »Ich gründe einen Orden.«[138] Und der sollte, wie anders, Wagnersche Züge tragen. Keiner wisse heute mehr, so Hitler, »was Wagner wirklich sei. Er meine nicht bloß die Musik, sondern die ganze umstürzende Kulturlehre.« Mit ihr habe sich der Meister als »die größte Prophetengestalt« erwiesen, »die das deutsche Volk besessen habe. Er, Hitler, sei durch Zufall oder Schickung früh auf Wagner gestoßen. Er hätte mit einer geradezu hysterischen Erregung gefunden, daß alles, was er von diesem großen Geist las, seiner innersten, unbewußten, schlummernden Anschauung entsprochen habe.« Dann sei er, laut Rauschning, auf jene Frage zu sprechen gekommen, die zwar jedem gläubigen Nationalsozialisten geläufig war, aber durchaus nicht im Zusammenhang mit dem Bayreuther Meister. »Das Problem ist«, so Hitler, »wie kann man den Rassenverfall aufhalten?« Etwa, indem man auf die breite Masse Einfluß zu nehmen sucht? Eher doch, indem man, nach »Parsifal«-Vorbild, eine »erlesene Schar von wirklich Wissenden« bildet, vergleichbar dem Orden »um den heiligen Gral des reinen Blutes«.[139]

Mit diesem Stichwort war Hitler bei einer Wagner-Deutung angelangt, die, als Geheimlehre des Bayreuther Kreises, so gut wie unbekannt war und die, was der Protokollant ebensowenig wissen konnte, das Herzstück von Hitlers Weltanschauung bildete. »Sie müssen übrigens den Parsifal ganz anders verstehen, als er so gemeinhin interpretiert wird, wie etwa von dem Flachkopf Wolzogen«, begann Hitler seine Enthüllung, indem er sich von der »Mitleids«-Deutung des Wagner-Jüngers absetzte. »Hinter der abgeschmackten, christlich aufgeputzten äußeren Fabel mit ihrem Karfreitagszauber«, so Hitler, »erscheint etwas ganz anderes als der eigentliche Gegenstand dieses tiefsinnigen Dramas. Nicht die christlich-Schopenhauersche Mitleidsreligion wird verherrlicht«, sagte Hitler, »sondern das reine, adlige Blut, das in seiner Reinheit zu hüten und zu verherrlichen sich die Bruderschaft der Wissenden zusammengefunden hat.« Und damit hatte der Wagner-Vollstrekker auch den verborgenen Sinn des Bühnenweihfestspiels »Parsifal« offenbart.

»Da leidet der König an dem unheilbaren Siechtum, dem verdorbenen Blut«, fuhr Hitler in seiner Interpretation fort, »da wird der unwissende, aber reine Mensch in die Versuchung gestellt« – eine nicht nur Wagner-Hörern, sondern auch »Mein Kampf«-Lesern vertraute Versuchung –, »sich in dem Zaubergarten Klingsors der Lust und dem Rausch der verdorbenen Zivilisation hinzugeben« oder »sich zu der Auslese von Rittern zu gesellen, die das Geheimnis des Lebens hüten, das reine Blut«. Obwohl Hitler, glaubt man dem Referenten, das Stichwort »Judentum« vermied, ging es um nichts anderes – die unvorstellbaren Dimensionen, die Hitlers Blutphilosophie nach Kriegsausbruch annehmen sollte, waren zur Zeit von Rauschnings Niederschrift kaum voraussehbar. »Wir alle«, so Hitler weiter, »leiden an dem Siechtum des gemischten, verdorbenen Blutes. Wie können wir uns reinigen und sühnen?«[140]

Hitlers Antwort, die zukünftige Mordaktionen rechtfertigen sollte, klang zur Zeit des Monologs wie ein mythologisches Gedankenspiel: Man müsse eben »den Kranken sterben lassen. Das ewige Leben, das der Gral verleiht, gilt nur den wirklich Reinen, Adligen!« Hier wies Hitler eigens darauf hin, daß ihm »die Gedankengänge Wagners aufs Innigste vertraut« seien. Ziehe man die dichterische Überhöhung von Wagners Werk ab, »so zeigt sich, daß es nur in der fortgesetzten Anspannung eines dauernden Kampfes eine Auslese und Erneuerung gibt«. Daß Hitler mit diesem Kampf nicht, wie Rauschnings Protokoll nahelegt, den allgemeinen Darwinschen Auslesekampf meinte, sondern die metaphysische Auseinandersetzung mit dem Judentum, die er einst im messianischen Hochgefühl »Mein Kampf« genannt hatte, verschwieg Hitler seinem Gesprächspartner.

Dafür erklärte er Rauschning, wie er sich den Parsifalschen Geheimorden der Zukunft vorstellte. »In meinen Ordensburgen wird eine Jugend heranwachsen«, so Hitler, »vor der sich die Welt erschrecken wird. Eine gewalttätige, herrische, unerschrockene, grausame Jugend will ich.« Doch diese spartanische Kriegergeneration bilde nicht das Endziel – durch die Härte sollten nur die Folgen von »Tausenden von Jahren der menschlichen Domestikation« ausgemerzt werden. Erst durch diese natürliche Auslese werde aus der Jugend »die Stufe des Freien« emporsteigen und damit das Zeitalter jenes Typus, »der Maß und Mitte der Welt ist, des schaffenden Menschen, des Gottmenschen. In meinen Ordensburgen«, so der praktische Visionär, »wird der schöne, sich selbst gebietende Gottmensch als kultisches Bild stehen.«

Irgendwann scheint Hitler die Ahnung beschlichen zu haben, daß er dem aufmerksam lauschenden Danziger bereits zuviel preisgegeben hatte. Er »könne darüber nicht weiter reden, brach Hitler ab. Es gäbe noch Stufen, von denen er nicht sprechen dürfe, auch er nicht. Und im übrigen denke er dies erst als sein Geheimnis weiterzureichen, wenn er nicht mehr am Leben sei.«[141] Welche Stufen mochte er gemeint haben? Etwa jene der Welteroberung, die dem universalen Menschheits-Kunstwerk vorausgehen mußte? Oder jene abgründige, deren Geheimnis er tatsächlich erst nach seinem Tod gelüftet wissen wollte, wenn sein Testament eröffnet würde?

Das als Kunstwerk inszenierte »Großdeutsche Reich« lag damals, wie das Millionenmassaker an unschuldigen Menschen, in unausdenkbarer Ferne. Aber zu Anfang seiner Kanzlerschaft, als er sich vor Rauschning noch risikolos ausphantasieren konnte, hat er es angekündigt. Dies und nichts anderes war sein Ziel. Und deshalb durfte er keine Zeit verlieren. Die Aufgabe, die ihm gestellt war und die Rauschning nicht einmal ahnen konnte, überstieg seine Kräfte und auch seine Lebensspanne. »Mir bleibt nur wenig Zeit. Mir bleibt zu wenig Zeit!« wiederholte er und sagte, man wisse »nur das Geringste von ihm«. Selbst seine »intimsten Parteigenossen ahnten nicht, was er im Sinne habe und wenigstens im Fundament begründen müsse«. Und dabei glaubte Rauschning, in Hitler eine »furchtbar nervöse Angst« zu verspüren, »nicht mehr zum Ziel zu kommen«.[142]

Die Angst war berechtigt. Hitlers Versuch, Wagners Bühnenweihfestspiel in die Wirklichkeit des zwanzigsten Jahrhunderts zu übertragen und die Welt in eine Bühne für Wagners Regenerationslehre zu verwandeln, scheiterte. Gescheitert war schon das weit weniger ehrgeizige Projekt, seine Wiener Wagner-Träume mit Rollers Hilfe in Bayreuth zu verwirklichen – der »Parsifal« Hitlers verschwand nach drei Jahren in der Requisitenkammer. Gescheitert war auch der Plan, einen monströsen Gralstempel in Berlin als kultischen Weltmittelpunkt zu errichten; die Idee, das Wagnersche Festspielhaus mit einem monumentalen Tempelgehäuse zu überbauen, hatte er schon bei Kriegsbeginn fallengelassen. Und die

Hoffnung, nach Kriegsende den »Parsifal« als Höhepunkt der weltweiten Siegesfeiern aufführen zu lassen, zerschlug sich spätestens im Berliner Tiefbunker.

Nur einem Ziel war Hitler bedrohlich nahe gekommen – jenem Aspekt seines Blutreinigungswahnes, den er bis zum Schluß im mystischen Dunkel gehalten hatte. Sein Millionenmord an den europäischen Juden wurde zur bleibenden Spur, die Wagners »Parsifal« in der Geschichte hinterlassen hat.

XV.
Der Meistersinger-Staat

Der unaufhaltsame Aufstieg des Adolf Hitler glich einer Theaterkarriere: Hatte er als Wagnerheld begonnen und, dank überzeugender Darstellung und tatkräftiger Nachhilfe, die Nation zu seinem treuen Publikum gewonnen, beeilte er sich, sobald ihm die Regie zugefallen war, das Reich in die passende Bühne zu verwandeln: »Die Politik«, so erkannte Goebbels 1933, begann dank Hitler ein »Volksdrama«[1] zu schreiben. Deutschland wurde zur Wagner-Oper. Den Rahmen würden, nach dem Plan des Bühnenbildners Hitler, die Städte bieten, die einem gigantischen Umbauprogramm unterzogen werden sollten. An die Stelle prosaischer Nutzbauten sollten erhabene Tempel treten, die noch als Ruinen ihre Grandiosität bewahren würden, von Glockentürmen überragte Aufmarschplätze und Bahnhöfe als Pantheons des Weltverkehrs. »Seine Pläne für die monumentalen Bauten«, schrieb Albert Speer, »bildeten die Kulissen für das von ihm zu inszenierende Weltgeschehen.« Denn »Theater«, so der Mann, der für die Verwirklichung der Luftschlösser zuständig war, »blieb immer Leitlinie seines Lebens«.[2]

Der alte Name für Hitlers neues Theater lautete »Kunstwerk der Zukunft«: Bei Wagner hatte er gelernt, daß das Drama, im Unterschied zum gewöhnlichen Opernamüsement, eine höhere Wirklichkeit darstellt, die sich nicht auf die Bühne beschränkt, sondern, wie im alten Griechenland, ins Leben des Volkes hineinwirkt. In ihren Tragödien erkannten sich die Athener wie in einem Spiegel wieder – die Taten und Leiden des Helden erzählen die eigene Geschichte, sein Tod führt zur Wiedergeburt in den Herzen der Gläubigen, sein Blut, tragisch vergossen, kreist unsterblich in den Adern des Volkes. Wie die Vergänglichkeit des Helden in die Ewigkeit der Rasse mündet, so nimmt der Alltag, in dessen Belanglosigkeit der Mensch sich verliert, als Menschheitsdrama betrachtet, die Züge eines zeitentrückten Weihespiels an. Jeder einzelne entdeckt sich selbst im gottgleichen Helden wieder, und die einst gesichtslose Masse, dank höherer Regie in eine homogene Gemeinschaft verwandelt, gewinnt in den großen Heldenfeiern ihr kollektives Bewußtsein.

In dem an erhabenen wie entsetzlichen Höhepunkten so reichen Bühnenweihfestspiel des Dritten Reiches nahm der 9. November die Stelle des Karfreitags ein. An diesem »weihevollsten Tag des nationalsozialistischen Feierjahres«[3] zelebrierte Hitler den Tod seiner Mitstreiter als Blutopfer für die Erlösung des Vaterlandes, den vorübergehenden Untergang seiner Heilsbewegung als Mysterium von Tod und Wiedergeburt. Wichtige Anregungen für das alljährlich aufgeführte Stück, das Hans-Jochen Gamm mit einem »Passionsspiel«[4] verglich, lieferte Wagners Karfreitagszauberoper »Parsifal«. Auch beim rituellen Gedächtnismarsch der »alten Kämpfer« vom »Bürgerbräukeller« zur Feldherrnhalle, an dem nicht nur die »Hauptstadt der Bewegung«, sondern ganz Deutschland tiefbewegten Anteil nahm, ging es hauptsächlich um Blut. Die Opfer des Putsch-Massakers wurden zu »Blutzeugen«: 1935 exhumierte man sie und brachte sie in ihren Särgen zum Ort der Bluttat zurück.

So ziehen, im »Parsifal«, die Gralsritter mit der Leiche Titurels in die Gralshalle ein, singen, bei »düsterer Beleuchtung«: »es birgt den Helden der Trauerschrein, er birgt die heilige Kraft«, und stellen den Sarg vor dem Gralstisch ab; als sie ihn öffnen, »bricht alles in einen jähen Wehruf aus«.[5] Wie in Bayreuth, so standen die Särge der »Blutzeugen« aufgebahrt in der schwarzdrapierten Feldherrnhalle, während sich der Trauerzug vom »Bürgerbräukeller« her auf sie zubewegte – an der Spitze die Träger des von Hitler gestifteten »Blutordens« und die »Führergruppe« mit der »Blutfahne«. Vorbei an zweihundertvierzig Pylonen mit qualmenden Feuerbecken, deren jede den Namen eines Märtyrers der Parteigeschichte trug – beim Passieren des Zuges wurde er aufgerufen –, gelangte die düstere Prozession zum Heiligtum. Sechzehn Kanonenschüsse fielen, die sechzehn Namen der beim Putsch Getöteten wurden aufgerufen. Wieder erschollen krachende Salven, läuteten die Glocken, bewegte sich der Zug zu den neuerbauten »Ehrentempeln« am Königsplatz, in denen die Blutzeugen zur Ruhe gebettet werden sollten. Wieder wurden sie einzeln angerufen wie Heilige, und jedesmal antwortete die Hitlerjugend im Chor mit einem brausenden »Hier!« Das einst vergossene Blut, so der Regieeinfall, lebte in diesen jungen Menschen weiter, der Tod der wenigen hatte vielen ein neues Leben geschenkt. »Für uns sind sie nicht tot«, verkündete Hitler am 9. November 1935 auf dem Königsplatz. »Diese Tempel sind keine Grüfte, sondern eine *Ewige Wache*. Hier stehen sie für Deutschland und wachen für unser Volk.«[6] Jene aber, die nicht ruhen würden, bis das Blut gerächt war, trafen sich um Mitternacht wieder vor der Feldherrnhalle, unter flammenden Feuern, bei dumpfem Trommelwirbel – ein verschworener Orden, dem Blut geweiht, hatte Aufstellung für die Zukunft genommen: SS-Verfügungstruppen, SS-Totenkopfverbände und SS-Junkerschulen sprachen ihren Eid auf den Führer.

Den mystischen Mittelpunkt der Zeremonien zum Gedenken an den Putsch bildete die »Blutfahne«. Verkörperte Hitler den neuen Gralskönig Parsifal, so vertrat die makabre Reliquie, die mit dem Blut der Märtyrer getränkt war, die Stelle des Grals. Wie das Wundergefäß in Monsalvat einmal im Jahr von der Himmelstaube neue »Wunderkraft« erhält, die von Zeit zu Zeit auf die Ritterschaft überströmt, so wurde auch das »Heiligtum der Bewegung«[7], wie Baldur von Schirach es nannte, nur zweimal im Jahr enthüllt. Schenkte Wagners Gral, der das Blut des gemordeten Heilands enthielt, dem Gralsgeschlecht neue Zeugungskraft, so floß von der Fahne der erschossenen »Zeugen« das Fluidum des Ursprungs auf alle neuen Parteifahnen über. Nur einer, der Altparteigenosse Grimminger, durfte das Heilssymbol tragen, und nur der Führer konnte die Energie durch Berührung der Stoffzipfel zum Fließen bringen. »Selig reinster Glaube«, so hatte schon Lohengrin verraten, »erteilt« sich den Gläubigen durch das Gefäß; und wer »ihm zu dienen ist erkoren, den rüstet er mit überirdischer Macht«.[8] Das Blut der Toten transformiert sich in die Lebenssubstanz der neuen Generation; aber auch in jenen Racheschwur, den Rienzi einst ausstieß, als er seine »Hand tief in das Blut« tauchte, »das aus dem Herzen meines Bruders quoll«. Der Volkstribun schwur damals einen »Eid! – Weh dem, der mir ein verwandtes Blut vergossen hat!«[9]

Haß und Rachsucht raubten Hitlers theatralisch nachempfundener Religiosität auch den letzten Hauch von Menschlichkeit. Selbst die Massenerschütterungen seiner Versammlungen, in denen die Grenzen der Individualität aufgehoben wurden, ließen Versöhnung mit dem »Feind« nicht zu. Glaube und Haß waren für Hitler nicht zu trennen, im Ruf des Blutes klang immer schon der Schrei nach Blut mit. Die Weihe seiner blutroten Fahnen und Standarten bildete für ihn von Anfang an den Höhepunkt seiner Massenfeiern. Schon beim ersten NSDAP-Parteitag in München 1923, zu dem die »Rienzi«-Ouvertüre[10] die Einstimmung geliefert hatte, waren die von Hitler selbst entworfenen Legionszeichen mit dem »Deutschland erwache«-Appell zu heiligen Symbolen erhoben worden. »Wie eine eherne Mauer«, schwärmte der »Völkische Beobachter«, »zogen über zwei Brigaden besten deutschen Blutes mit dem Banner durch Münchens Straßen, das einmal das Heilszeichen des kommenden Deutschland sein wird«[11] – und das Unglückszeichen für jene, die in Hitlers kultischem Drama den Part der Todgeweihten zu übernehmen hatten.

»Die Geschichte des deutschen Volkes«, so predigte er auf dem ersten Parteitag, »darf nicht berichten, ... daß dieses deutsche Volk *alles* vergaß und seinen Todfeinden schmählich verzieh. Vielmehr muß es einmal heißen, daß alle diese Halunken einmal zur Verantwortung gezogen wurden, und daß ein Gericht über sie hereinbrach, an welches noch Jahrhunderte dachten.«[12] Nie sollte Hitler von seiner gnadenlosen Prophezeiung abgehen, und er versäumte nicht, sie an den höchsten Feiertagen seines Festkalenders, dem Marsch zur Feldherrnhalle und dem Parteitag, in wechselnden Metaphern zu wiederholen. Diese Unbeirrbarkeit im Haß ließ Hitler selbst seinen Getreuen als Dämon erscheinen – ein Mensch, den nichts Menschliches rühren konnte.

»Hitler war ein von völkischen Wahnvorstellungen besessener Dämon«[13], resümierte nach der Katastrophe sein langjähriger Pressechef Otto Dietrich; beim Parteitag 1935 hatte er sich noch in flammenden Worten zu Hitlers »verschworener Gemeinschaft der dem Volke Geweihten«[14] bekannt. »Der aus völkischen Wahnvorstellungen«, so Dietrich über seinen einstigen Arbeitgeber, »erwachsende unnatürliche und irreale Begriff der Nation« erklärte auch die »unmenschlichen Untaten, die er zu begehen sich nicht scheute ... Diese unwirkliche, fast transzendente Vorstellung von der Nation – wie wir sie aus Hitlers Nürnberger Reden kennen –, die in Jahrtausenden dachte, die er empfand, wenn er in inbrünstiger Andacht in Bayreuth Richard Wagners ›Götterdämmerung‹« erlebte, »wirft vielleicht auch ein Licht auf letzte persönliche Hintergründe seines Wesens«.[15]

Tatsächlich bot die reale Nation – gegenüber der transzendenten des »Blutes« – nur die Masse, aus der ihr Führer sein Ideal zu formen suchte. Und da er diesem nicht in der Wirklichkeit, sondern in Wagners Werken begegnet war, mußte er zur Erfüllung seiner Mission die Wirklichkeit jenem idealen Raum anpassen, den er im Dunkel des Theaters erfahren hatte. Hitler inszenierte diese überhöhte Wirklichkeit, die sich auf das rohe Volk herabsenkte wie die Taube auf den Gral, am spektakulärsten beim »Reichsparteitag«. Er allein hatte, als übermenschlicher Regisseur, das Zeremoniell und die Dimensionen des Spektakels minuziös festgelegt, jene Abfolge von Feiern, Aufmärschen, Tagungen und nächtlichen Messen, in denen der einzelne im Bewegungs- und Jubelchor hunderttausender Statisten unterging – und sich zugleich, dank Identifikation mit dem Führer, als Mittelpunkt des Geschehens fühlen konnte.

Das Marathonereignis, das, wie Hitler betonte, »der Stadt für zehn Tage die Atmosphäre Olympischer Spiele in früheren Zeiten zu geben«[16] vermochte, sollte auch Wagners Urvorstellung vom »Kunstwerk der Zukunft« nahekommen, das dieser in der Antike entdeckt hatte: Wenn der Grieche zum Tragödientheater aufbrach, so der Revolutionär 1849 in Zürich, und »alle Triebe seines schönen Leibes... zur Wiedergeburt seines eigenen Wesens durch den idealen Ausdruck der Kunst hindrängten; wenn die Stimme, voll und tönend, zum Chorgesang sich erhob« und wenn er, als Architekt, »auf harmonisch geordneten Säulen das edle Dach wölbte, die weiten Halbkreise des Amphitheaters übereinander reihte und die sinnigen Anordnungen der Schaubühne entwarf« – dann, so Wagner in »Die Kunst und die Revolution«, war die Welt bereit, »das höchste erdenkliche Kunstwerk, das *Drama,* hervorzubringen«.[17]

Schon der Dresdner Kapellmeister hatte von der Wiedergeburt der Antike geträumt, und das nationale Tragödientheater eines Aischylos oder Sophokles sollte in seinem Bayreuther »Gesamtkunstwerk« auferstehen. Auch Hitlers Nürnberger Gesamtkunstwerke, in denen jeder Aspekt des Künstlerischen, von der Musik über die Architektur bis zu Dichtung und Tanz, berücksichtigt wurde, schlossen an diese romantische Sicht des klassischen Altertums an. Während Wagners 1867 in »Deutsche Kunst und deutsche Politik« für König Ludwig geprägter Begriff von der »Entartung, in welche« die »Kunst verfallen«[18], im Dritten Reich zur nationalen Kriegserklärung gegen die »Entartete Kunst« führte, sah Hitler die klassische Seite des Wagnerschen Ideals auch dank seiner Massenaufmärsche in größte Nähe gerückt: »Niemals war die Menschheit in Aussehen und in ihrer Empfindung der Antike näher als heute«, meinte er 1937 in seinem »Haus der Deutschen Kunst«: »Ein leuchtend schöner Menschentyp wächst heran.«[19]

Die Kultfeier dieses neuen Geschöpfs fand alljährlich in Nürnberg statt. Die alte Kaiserstadt, unweit Bayreuths gelegen, hatte eine kerndeutsche Tradition vorzuweisen: Als erste Reichsstadt war sie zum lutherischen Glauben übergetreten und hatte sich über Jahrhunderte erfolgreich gegen die Ansiedelung von Juden gesperrt. Der wackeren Stadt, die Wagner symbolisch »in Deutschlands Mitten« ausmachte, hatte der Komponist auch deshalb seine Oper »Die Meistersinger von Nürnberg« gewidmet – für Hitler ein Grund mehr, die Stadt von Hans Sachs und Albrecht Dürer zum Schauplatz seines Volksfestspiels zu erwählen. Waren beim ersten Nürnberger Parteitreffen im Jahr 1927, dem »Tag des Erwachens«, 160 000 Genossen zusammengeströmt, so nahmen am »Reichsparteitag des Sieges« 1933 bereits 400 000 teil. Fünf Jahre später drängten sich 950 000 Hitlerianer auf dem völkischen Aufmarschfeld, und Hitler gab, in Erwartung ungebremsten Zulaufs, »Anweisung ..., den Schauplatz des Treffens so zu vergrößern, daß er in Zukunft mindestens zwei Millionen Teilnehmern Platz bietet«.[20] Ideal wäre es gewesen, man hätte das ganze Volk in Nürnberg versammeln und, nach Hitlers Vorgabe, das »Kunstwerk der Zukunft« aufführen können, und das am besten ganzjährig. Doch der Traum von einer solchen dramatischen Massenregie beweglicher Millionenheere erfüllte sich erst, als am 1. September 1939 nicht, wie zu diesem Zeitpunkt gewohnt, der Nürnberger Reichsparteitag mit Glockenläuten, sondern der Zweite Weltkrieg mit Geschützdonner eröffnet wurde. Und eben dafür, sagte Hitler später, hätten die Reichsparteitage »wertvolle Vorbereitungsarbeit«[21] geleistet.

Was Wagner sich für seinen Bayreuther Hügel erträumt hatte, nämlich daß das Volk wie in ein nationales Heiligtum strömt, war durch den Führer zuerst in Nürnberg auf der Zeppelinwiese und dem Luitpoldfeld verwirklicht worden; dort wollte er auch, als Zeichen für eine staunende Menschheit, die »größte Arena der Welt«, die »riesigste Kongreßhalle« und das »gewaltigste Sportstadion der Welt«[22] errichten. Daß es der Traum Richard Wagners war, der hier gefeiert wurde, hat Hitler nicht verheimlicht: Hier marschierte das »deutscheste Deutschland« auf, das es je gegeben hatte, um sich der Kunst und der Schönheit zu weihen. Kein Parteitag ohne den Triumphmarsch des Volkstribunen Rienzi, keine festliche Eröffnungszeremonie ohne die »Meistersinger von Nürnberg«. Was Wagner für sein Theater der Zukunft geplant hatte, in dem das ganze Volk sich selbst erkennen sollte, wollte Hitler am Rand der Kaiserstadt verwirklichen. Die »Stätten«, hatte Hitler 1920 in seiner Rede »Warum sind wir Antisemiten?« gesagt, »die ein Richard Wagner einst verfinstert haben wollte, um den letzten Grad von Weihe und Ernst zu erzeugen, in denen er Werke aufführen wollte, bei denen er sich schämte, sie Schauspiel zu heißen, die er Weihespiele nannte« – jene Stätten des nationalen Gottesdienstes also sollten »die letzte Erhebung« bieten, »die Loslösung des einzelnen von all dem Jammer und Elend, aber auch von all dem Faulen, das uns sonst im Leben leider Gottes unterkommt ...«[23] Wagners Vision, so wie Hitler sie nachempfand, bildete die Liturgie seiner Reichsparteitage.

Hatte Hitler 1933 die Kongreßtagung mit dem »Meistersinger«-Vorspiel eröffnen lassen, verkündete er vor dem »Kampfbund für deutsche Kultur« eine weitere Erfüllung Wagnerscher Hoffnungen: Es sollte Nichtariern in Zukunft nicht gestattet sein, so versprach er getreu dem »Judentum in der Musik«, sich in Deutschland künstlerisch zu betätigen.[24] Gleichzeitig erinnerte Goebbels daran, daß der Meister diese unkünstlerischen Nichtarier als »Dämonen des Verfalls«[25] gebrandmarkt hätte, und lieferte damit jenen eine Motivationshilfe, die sich zur Blockade jüdischer Geschäfte in die Dürerstadt begaben.

Beim »Parteitag der Einheit und Stärke« 1934 griff Hitler in seinen üblichen Haßtiraden auf Wagners abwegige Theorie zurück, die jüdischen Intellektuellen hätten sich seit dem Mittelalter in Europa eingenistet, geistige Verwirrung in die Kultur gebracht und die klassische Kunst geplündert – ein Gedanke, den Wagner seinen

»Meistersingern« zugrunde gelegt hatte. »Nur eine reine Rasse«, so Hitler, »kann hohe Kunst hervorbringen.«[26]

Der »Reichsparteitag der Freiheit« von 1935 ging als Vorfeier der »Nürnberger Gesetze« in die Geschichte ein. Man hätte ihn ebensogut nach Richard Wagner benennen können, denn die ganze Woche stand im Bann seiner Musik und seiner Gedanken. Schon als der Führer, vom Läuten sämtlicher Kirchtürme Nürnbergs begrüßt, im Rathaus eintraf, um eine Replik des alten Reichsschwertes entgegenzunehmen, wurde der »Wach auf«-Chor aus den »Meistersingern« angestimmt. Am Abend hatte Hitler zu einer Galavorstellung der Wagner-Oper mit Bayreuther Starbesetzung und Deutschlands führendem Dirigenten Wilhelm Furtwängler geladen. Zwischen Winifred Wagner und »Frankenführer« Julius Streicher sitzend, erlebte er den Sieg des arischen Naturgesangs über jüdisches Kunstplagiat. »Ich beglückwünsche Sie von Herzen, Herr Staatsrat«, sagte er zu Furtwängler nach der Vorstellung, »zu diesen herrlichen ›Meistersingern‹, unserer eigentlichen deutschen Volksoper.«[27]

Mit Totenehrung und Fahnenweihe erreichte das Massenfest – eine überlebensgroß in die Wirklichkeit versetzte »Meistersinger«-Festwiese – am nächsten Tag seinen »weihevollen Höhepunkt«.[28] Begleitet von Choralmusik, die an die Lutherklänge in der Hans-Sachs-Oper erinnerte, schritt der Führer zwischen langen Spalieren seiner SS und SA auf dem breiten Mittelweg der Luitpoldarena von der Tribüne zum Ehrenmal, dicht gefolgt von der blutroten Reliquie der Novembermärtyrer. Zum Totengedenken verharrte er stumm, während alle Fahnen sich senkten, und schritt dann denselben Weg zurück, diesmal zu den kriegerischen Klängen des Badenweiler Marsches. Auch dieses signalhafte Musikstück gehörte zu den exklusiven Begleiterscheinungen, die dem Führer zugeordnet blieben, so wie das Wagnersche Siegfried-Motiv dem Drachentöter. Wurde mit der Blutfahne die Erinnerung an den Revolutionsversuch lebendig gehalten, dem Hitler mit knapper Not entkommen war, so repräsentierte der Badenweiler Marsch von 1914 das Erlebnis der heldenhaften Weltkriegsschlachten, die Hitler ebenfalls glücklich überlebt hatte. In der Dramaturgie der Hitler-Oper wurden Fahne und Marsch zu unverwechselbaren Leitmotiven des Helden.

Deren weltanschauliches Gegenstück, der Judenhaß, prägte die folgenden Tage des Massenfests. Bitter beklagte sich Hitler über das Judentum, das einen »unterirdischen Angriff« plane und das »Gift rassischer Zersetzung«[29] verbreite, um, wie Alfred Rosenberg ergänzte, »eine Ausrottung des stets gehaßten deutschen Blutes planmäßig durchzuführen«[30]. Um endlich dem »Juden als Rassenzerstörer«[31], wie Göring es ausdrückte, das Handwerk zu legen, erließ man das »Gesetz zum Schutze des deutschen Blutes und der deutschen Ehre« – in dem bekanntlich auch der Einsatz von Haushaltshilfen und das Hissen von Fahnen geregelt wurde –, worauf das Fest nach einer Woche angestrengten Deutschtums mit »Nibelungenmarsch« und »Rienzi«-Ouvertüre[32] beschlossen wurde. Die »New York Times« meldete damals, daß offenbar »eine neue deutsche Religion gestiftet« worden sei, »mit einem Gott, der sich in einer unbesiegbaren deutschen Nation manifestierte, und mit Adolf Hitler als seinem modernen Propheten«.[33]

So effektvoll wie Wagner seine Helden die Bühne betreten ließ, inszenierte auch der Festspielregisseur Hitler seine Auftritte. Die Höhe seiner schicksalhaften Sendung drückte sich in der unerreichbaren Distanz aus, die er zur lebenden Architektur aus Menschenblöcken und Marschsäulen hielt; sein heldenhaft einsamer Lebenslauf wiederholte sich bildhaft in den langen Märschen, die er zwischen Wällen uniformierter Leiber zurücklegte. Seine Stunde war die Abenddämmerung, wenn der Sonnenuntergang die Fahnenwälder erglühen ließ. Dann herrschte Zwielicht in den Arenen, und die Scheinwerfer konnten die allgemeine Aufmerksamkeit nach Belieben dirigieren.

»Um 20.30 Uhr meldete ein Fanfarenstoß Hitlers Ankunft«, berichtete eine faszinierte »New York Times« im September 1936 von der Zeppelinwiese, wo 140 000 Funktionäre dem Erscheinen des Führers entgegenharrten. »Dann erschien er am entferntesten Ende des Stadions, eine einsame Figur auf den ausladenden Stufen am Auslaufpunkt der breiten Straße ... Bei seinem Erscheinen blitzten aus einem verborgenen Halbkreis hinter den Tribünen 150 Flakscheinwerfer auf und zielten mit ihren Strahlenbündeln auf diesen einzigen Punkt oberhalb der Treppe ... In blendendes Licht getaucht, schritt Hitler die Stufen hinab und durch die angetretenen Formationen ... Er stieg zur Tribüne hinauf und stand dort oben, wartend, bis vollkommenes Schweigen sich über den Platz gelegt hatte. Dann näherte sich plötzlich aus weiter Entfernung ein Meer von wogendem Rot. Es waren die 25 000 Fahnen der Ortsgruppen aus allen Teilen Deutschlands.« In dieser überwältigenden Szenerie, die wie aus Rollers Zeiten in die Gegenwart projiziert schien, »entstand der Eindruck, als wälze sich eine karmesinrote Flut durch die Gassen zwischen den Blöcken einheitlichen Brauns. Gleichzeitig schwenkten die kleineren Scheinwerfer ... hinunter auf das Paradefeld und erhellten die vergoldeten Adler auf den Standarten, so daß die rote Flut mit goldenen Tupfern übersät schien.«[34]

Auf den Farbrausch folgte die mystische Vision: Sämtliche 130 Scheinwerfer – dies war die korrekte Zahl – richteten ihre Lichtsäulen senkrecht in den Himmel, so daß das weite menschengefüllte Rund wie der Altarraum der Bayreuther »Parsifal«-Inszenierung wirkte, der als »Lichtdom«[35] in den dunklen Raum emporstieg. Selbst ein Rauhbein wie der Chef der Arbeitsfront, Robert Ley, der 1945 in Nürnberg Selbstmord begehen sollte, verfiel angesichts des überirdischen Schauspiels in Sehersprache und pries die »Feierstunde, wo ein unendlicher Dom sich über uns wölbt, der in die Unendlichkeit geht«[36]. Für die stumm staunenden Funktionärsmassen legte dann ein Sprechchor von fünfhundert Junkerschülern der Ordensburg »Vogelsang« einen heiligen Eid ab. Die jungen Gralsritter, die in der Eifel zum selbstverleugnenden Dienst an der Rasse und Haß[37] auf das Judentum erzogen wurden, waren mit der blutig-mystischen Seite der Hitler-Religion längst vertraut: Im Turm ihrer Arierschmiede befand sich ein Kultraum mit den flaggengeschmückten Namenstafeln der »Blutzeugen« und einer nackten Heldengestalt[38], wie Hitler sie Hermann Rauschning beschrieben hatte: »In meinen Ordensburgen«, so die Ankündigung des Ordensgründers, »wird der schöne, sich selbst gebietende Gottmensch als kultisches Bild stehen.«[39] Die Reichsparteitage aber sahen ihn leibhaftig, im Abenddämmer, umwogt vom Blutmeer seiner Weihefahnen, grell angestrahlt von den Lichtbündeln der Scheinwerfer, die wenige Jahre später den Himmel über dem brennenden Nürnberg nach alliierten Bombern absuchen würden.

Daß schon zehn Jahre nach dem »Parteitag der Freiheit« die

Kaiserstadt in ein Ruinenfeld verwandelt war, die Kultanlagen verödeten und im Nürnberger Prozeß die Vasallen des Führers, soweit sie sich nicht selbst getötet hatten, als Verbrecher abgeurteilt wurden, hatte der Prophet nicht vorausgesehen. Wohl aber die Vernichtung des Judentums. Im November 1941, als sein Vorstoß nach Moskau in Schlamm und Frost steckengeblieben war und, nach der systematischen Erschießung von hunderttausenden Juden, die Sicherheitspolizei ratlos meldete, »daß damit eine Lösung des Judenproblems nicht möglich sein wird«[40], erging sich Hitler in einem langen Monolog über die Erfüllung seiner Vision. »Das Ende des Krieges«, so prophezeite er, »ist ein Himmelssturz: der Sturz des Juden.«[41] Wie jene Engel, die sich an Gott versündigt hatten, in den Abgrund gestürzt wurden, so sollten auch die Juden – dies wohl der Sinn des biblischen Vergleichs – zum Untergang verdammt werden, nachdem sie es gewagt hatten, die Gottesebenbildlichkeit der arischen Rasse anzutasten.

Zum jüdischen Sündenregister, das der Monologist zur Begründung seines Todesurteils aufführte, gehörten der traditionelle »Egoismus«, die »unvorstellbare Gabe im Verstellen« und die Mime-Eigenschaft, mit Worten »zu verschleiern, was er denkt ... Er lügt«, so der Wahrheitsfanatiker Hitler, »mit einer Rücksichtslosigkeit, die einmalig ist«. Zu den todeswürdigen Verbrechen wollte Hitler auch die frevelhafte Einstellung der Juden zur Kunst gerechnet wissen. »Sie haben weder Kunstverständnis noch Herzensbildung«, befand er, »sie haben nicht einen wirklichen Musiker, Denker, keine Kunst, nichts, gar nichts.« Und in diesem Zusammenhang kam der Feldherr in der Wolfsschanze auf die Stadt der Reichsparteitage zu sprechen. »Nürnberg hatte vierhundert Jahre lang – bis 1838 – keine Juden«, so belegte er seine Wagnersche These von deren kunstzersetzendem Einfluß; »eine dominierende Stellung im deutschen Kulturleben war die Folge.« Das Kunstwerk aber, in dessen Mittelpunkt diese »historische Wahrheit« steht und das den Triumph der deutschen Kunst an die Vertreibung der jüdischen Kunstdiebe geknüpft sieht, ist Wagners Oper »Die Meistersinger von Nürnberg«. Und wenn Hitler im November 1941 den Untergang dieser »Lügner, Fälscher, Betrüger« heraufbeschwört, dann klingt es, als hätte er dabei den »Meistersinger«-Juden Sixtus Beckmesser im Sinn, der als Lügner, Fälscher, Betrüger entlarvt und zum Teufel gejagt wird. »Ich habe immer gesagt«, versicherte Hitler, »die Juden sind die dümmsten Teufel, die es gibt«; ihr »ganzes Gebäude fällt ein«, wenn man ihnen »die Gefolgschaft verweigert: Mit einem Moment« – auch dies eine Lehre aus Wagners Nürnberg-Opus – »ist alles zu Ende.«[42]

Er habe Wagners »komische Oper« hundertmal gehört, betonte Hitler. Konnte ihm sein Hauspianist »Putzi« Hanfstaengl Depressionen durch die Darbietung der Ouvertüre vertreiben, deren leitmotivisches »Verwobensein«[43] Hanfstaengl in den Hitlerschen Reden wiederfand, so überraschte der strenge Führer seinen Pressechef Otto Dietrich mit einer varietéreifen Wagner-Darbietung: »Er war sehr musikalisch, und ich bemerkte mit Erstaunen«, so Dietrich nach dem Krieg, »daß er beispielsweise imstande war, die ›Meistersinger von Nürnberg‹, die er wohl mehr als hundertmal gehört hat, ganz aus dem Gedächtnis klanglich in allen Motiven summend oder pfeifend wiederzugeben.«[44] Als »einer der musikalischsten Leute der Welt«[45], wie sich Hitler dem englischen Journalisten Ward Price gegenüber zu erkennen gab, fand der virtuose Pfeifer, dem die Beherrschung eines Instruments versagt geblieben war, im Motiv- und Melodienschatz der Volksoper ein reiches Betätigungsfeld.

Auch als Redner schmückte er sich gern mit Zitaten aus der »Meistersinger«-Dichtung, rief den »deutschen Arbeitern« 1934 zum Autobahnbau das »Fanget an!«[46] aus dem dritten Aufzug zu – in Stein gehauen, erinnerte es bei München an den ersten Spatenstich[47] – oder zitierte Hans Sachs 1938 im »Haus der deutschen Kunst«, das er als Bollwerk gegen die jüdische Kunstentartung hatte errichten lassen. Auf die germanischen Edelwerke, »die bestimmt sind, nicht Jahrzehnten, sondern Jahrhunderten den Stempel aufzuprägen!«, rief er den Segen des Schusterpoeten herab. »In diesem Augenblick soll über sie jene Weihe kommen«, sagte er anspielungsreich, »die in den ›Meistersingern‹ so schön empfunden ist: ›Ein Kind ward hier geboren.‹«[48] Der Wagner-Kenner zitierte jene Schlüsselstelle aus dem dritten Aufzug, in der das arischer Schöpferlust entsprungene Lied des Ritters Walther von Stolzing von seinem Mentor Sachs getauft wird, unterlegt mit einem feierlichen »pseudolutherischen Choral«[49] – die Kunst, so Wagners Botschaft, von

Hitler effektvoll in seine Rede eingefügt, gehört zum lebendigen Leib des Volkes, der sich schon durch die »Taufe« von allem Volksfremden unterscheidet.

Als populärstes Stück der »volkstümlichen« Oper erwies sich der »Wach auf«-Chor, mit dem der wirkliche Hans Sachs Luthers Reformation begrüßt hatte; die Formel prangte seit Dietrich Ekkarts Zeiten als Kampfruf der Hitler-Bewegung auf jeder blutfahnengeweihten Standarte. Der feierliche Operngesang, der zu einer Erkennungsmelodie des Dritten Reiches avancierte, bekräftigte den Heilsanspruch der rassischen Weltanschauung. »Beim großen ›Wacht auf!‹-Chor«, so notierte Goebbels 1932 in Bayreuth, »läuft es einem eiskalt den Rücken herunter... Wir müssen jetzt an die Macht.«[50] Und noch im Dezember 1942, als die Berliner Staatsoper mit den »Meistersingern« wiedereröffnet wurde, erhob sich, von Hitler angeführt, das ganze Haus beim »Festwiesen-Chor«[51], wie einst die verbotene Partei im Bayreuther Festspielhaus 1924. In solchen Augenblicken, so berichtete der Hans-Sachs-Darsteller Rudolf Bockelmann, sei es regelmäßig zum »Jubelorkan«[52] des von Wagner und Hitler gleichermaßen berauschten Publikums gekommen – das Volk stand auf, der Sturm brach los. In Hitlers Zukunftsplanung sollte das wahre Erwachen erst nach dem Endsieg kommen. »Wenn dieser Krieg abgeschlossen sein wird«, so verriet er Berliner Rüstungsarbeitern 1940, »dann soll in Deutschland ein großes Schaffen beginnen, dann wird ein großes ›Wacht auf‹ durch die deutschen Lande ertönen«, und endlich »wird aus dieser Arbeit jenes große deutsche Reich erstehen, von dem einst ein großer Dichter träumte.«[53] Womit er, was vermutlich keiner seiner Zuhörer ahnte, den Dichter des »Wach auf«-Chorals meinte.

Schon der »Tag von Potsdam« 1933, der einen Vorgeschmack auf die Theaterseligkeit der Hitler-Dekade bot, stand ganz im Zeichen der opernhaften Arrangements, die jedem Ereignis den berühmten »Stempel der Ewigkeit aufprägen« sollten. Man hatte mit dem 21. März den Frühlingsanfang gewählt, den Wagners sangesfrohe Lichthelden von Siegmund bis Walther als Wiederkehr der Zeugungskraft feierten; auch im »Parsifal« war der Karfreitagszauber der Auferstehungsfreude der Natur gewidmet. Der feierliche Akt der Reichstagseröffnung begann jedenfalls symbolträchtig über den hakenkreuzgeschmückten Gräbern der Preußenkönige, die im neuen Führer auferstanden waren. »Jede Phase, jeden Gang der Zeremonie«, schrieb Joachim C. Fest, »legte Goebbels in einem von Hitler begutachteten Regieplan fest.«[54]

Einer der Gäste in der Staatsoper unter den Linden, der Wagner-Biograph Curt von Westernhagen, ließ sich durch die von Furtwängler dirigierte Aufführung zu seinem Buch »Richard Wagners Kampf gegen seelische Fremdherrschaft« anregen. »Der Ursprung dieses Buches«, so schrieb er bekenntnishaft, »ist ein Nachhall der ›Meistersinger‹-Aufführung am Tage von Potsdam, jenes seltenen Augenblicks im Leben eines Volkes, wo ein großes geschichtliches Ereignis und ein großes künstlerisches Erlebnis zusammentreffen. Der Zusammenhang war Gleichnis des deutschen Wesens, das in seiner Fülle den Willen zur Tat mit der Tiefe der Besinnung vereint«[55] – und das zu zeigen, war Hitlers Absicht gewesen. Denn daß die Kunst und die befreiende Tat zusammengehören, daß erst mit dem Sieg über den Feind die neue Volkskultur zu blühen beginnt, war die Lehre der »Meistersinger«, wie Hitler sie verstand.

Auch die Bayreuther Festspiele 1933, die unter dem »Weihespruch ›Wacht auf! Es nahet gen dem Tag!‹«[56] standen, begannen mit der Hans-Sachs-Oper, und diesmal erhielt Goebbels Gelegenheit, als Sprachrohr seines Herrn zu erklären, warum gerade das Nürnberger Reformations-Stück zur Festoper des Hitler-Reiches prädestiniert sei. »Es gibt wohl kein Werk«, so erklärte der Propagandist in der Pause der Rundfunkübertragung aus Bayreuth, »das unserer Zeit und ihren seelischen und geistigen Spannungen so nahestände wie Richard Wagners ›Meistersinger‹. Wie oft in den vergangenen Jahren ist ihr aufrüttelnder Massenchor ›Wacht auf, es nahet gen dem Tag‹ von sehnsuchterfüllten, gläubigen deutschen Menschen als greifbares Symbol des Wiedererwachens des deutschen Volkes aus der tiefen politischen und seelischen Narkose des Novembers 1918 empfunden worden.«[57]

Das lag, nach Goebbels Meinung, nicht zuletzt daran, daß dieses Werk unter allen Musikdramen »als das deutscheste« hervorragte: Es sei »die Inkarnation unseres Deutschtums schlechthin«, in ihm sei »alles enthalten, was die deutsche Kulturseele bedingt und erfüllt«. Worauf Goebbels im Hochgefühl, sich »über den Äther dem ganzen Volke und weit über Deutschlands Grenzen hinaus der Kulturwelt« offenbaren zu können, bereits das ganze Reich im

Wagner-Lager versammelt sieht: »Viele Jahrzehnte mußten vergehen, bis ein ganzes Volk den Weg zu Richard Wagner zurückfand.«[58] Erst vier Jahre später ergänzte Goebbels, was er in seinem Bayreuther Radiovortrag über die Bedeutung des »Meistersinger«-Komponisten noch zurückgehalten hatte. »Was der Jude ist«, schrieb er im »Völkischen Beobachter«, »hat uns Richard Wagner gelehrt. Hören wir auf ihn, die wir uns aus der Knechtschaft der Untermenschen durch das Wort und die Tat Adolf Hitlers endlich befreit haben. Er sagt uns alles: durch seine Schriften und durch seine Musik, in der jeder Ton deutsches, reines Wesen atmet!«[59]

Den Inbegriff dieses unverfälschten Deutschtums bildete die alte Kaiserstadt Nürnberg. In ihr war, nach Hitlers Überzeugung, die »volksverbundene« Kunst eines Albrecht Dürer oder Hans Sachs ebenso lebendig geblieben wie die Erinnerung an die Symbole des Heiligen Römischen Reiches, die, vor ihrer »Entführung« in die Wiener Hofburg, jahrhundertelang in Nürnberg aufbewahrt wurden. Schon im Jahr der Machtergreifung beeilte Hitler sich, an diese Traditionen anzuknüpfen, und ließ sich zum »Reichsparteitag des Sieges« im Rathaus Dürers Kupferstich vom »Ritter, Tod und Teufel« überreichen, dieses Urbild eines gegen satanische Versuchung gewappneten Helden, der seinen Weg finster entschlossen bis zum Ziel durchreitet. Im Jahr darauf wurden die Reichsinsignien Karls des Großen mit Zepter, Reichsapfel und Kaiserkrone – in Kopien, die Wilhelm II. hatte anfertigen lassen – in die »Meistersinger«-Stadt gebracht. Zum »Parteitag der Freiheit« 1935 wurde dem Führer eine Replik des alten »Reichsschwertes« übergeben; 1938 kamen die Kopien der österreichischen Kronjuwelen hinzu. Den Höhepunkt dieser historischen Transaktionen aber bildete, nach dem Anschluß Österreichs, die Überführung der Reichskleinodien aus Wien in die Stadt der Reichsparteitage. Krone, Zepter, Schwert und die aus »Parsifal« bekannte »heilige Lanze« wurden in der Meistersinger-Kirche ausgestellt – womit der Held, wie in der Oper, den geraubten Hort in sein angestammtes Heiligtum zurückgebracht hatte.

Der »Kampf« gegen das Judentum, mit dem Wagner das Reich von »seelischer Fremdherrschaft« befreien wollte, hatte auch an der Pegnitz stattgefunden. Bevor durch Hitlers Rassengesetze, wie eine offizielle »Meistersinger«-Festschrift 1938 verkündete, »die weltanschaulichen Lebensziele Richard Wagners« in der »Metropole des Weltkampfes gegen das Judentum ... eine herrliche Erfüllung«[60] finden konnten, war es in Nürnberg zu einer erbitterten Auseinandersetzung um die neue Weltanschauung gekommen. Nachdem sich Mitte des neunzehnten Jahrhunderts in Nürnberg wieder Juden angesiedelt hatten, wurde am Ufer der Pegnitz eine Synagoge[61] errichtet, die im September 1874 ihre Weihe erhielt. Der im »maurischen Stil« erbaute Tempel – auch Wagners Klingsor-Welt im »Parsifal« wurde als maurisch beschrieben – erboste die völkischen Geister um so mehr, als er seinen Schatten über den altdeutschen Hans-Sachs-Platz warf. So errichtete man im selben Jahr in unmittelbarer Nähe ein Denkmal des Schusterpoeten, den man bei der mit nationalem Pomp und Jubelumzug begangenen Einweihung als »Prophet des neuen deutschen Reiches«[62] bezeichnete. Richard Wagner, der sich damals längst mit seiner Opernfigur identifiziert hatte und gern mit »Sachs« unterschrieb, bot »als Beisteuer zu den Kosten der Errichtung jenes Monumentes« die Einnahmen der ersten Nürnberger »Meistersinger«-Aufführung an – auch er empört über jene dem Volkskünstler gegenübergestellte »Synagoge reinsten orientalischen Stiles«[63], wie er angewidert bemerkte.

Als er 1877 mit Familie die fränkische Stadt besuchte, wurde, so Cosima, seine aufgeräumte »Meistersinger-Stimmung ... leider auf dem Hans-Sachs-Platz sehr gestört durch die Synagoge«, deren Anblick ihn als »insolent protzig«[64] beleidigte. Erst durch Hitler sollte auch in diesem Fall Wagners heimlicher Wunsch erfüllt werden: Im August 1938 wurde das anstoßerregende Gotteshaus bei einem »großen Fest der Partei« abgerissen. Den Befehl dazu hatte Julius Streicher mit den »Meistersinger«-Worten »Fanget an!«[65] gegeben. Doch die spektakuläre Schleifung stellte Hitler nicht zufrieden. Beim Parteitag im September habe er, so berichtet Max Domarus, dem Gauleiter Streicher »Vorwürfe« gemacht, daß es »in Nürnberg immer noch Synagogen gebe«.[66] Bald konnte der Gerügte seinem Führer Vollzug melden. In der Nacht des 9. November 1938, genau fünfzehn Jahre nach dem mißglückten Hitler-Putsch, brannten in Deutschland die Synagogen, und Baldur von Schirach, auf der Autobahn aus Richtung München unterwegs, entdeckte »in der Gegend von Nürnberg ... den ersten Feuerschein«.[67]

Knapp hundert Jahre zuvor hatte die Wagnerisierung Nürnbergs von einem böhmischen Heilbad ihren Ausgang genommen. Bei einem Marienbader Kuraufenthalt im Sommer 1845 war Wagner auf die Idee verfallen, dem Handwerker-Dichter als »letzter Erscheinung des künstlerisch produktiven Volksgeistes«[68] eine Oper zu widmen, in der die Schöpferkraft des Deutschtums über ihre entstellende Nachahmung triumphieren sollte. Sein »schnell erfundener und entworfener Plan« allerdings, über den er 1851 in einer »Mitteilung an meine Freunde« berichtete, folgte größtenteils einer von ihm verschwiegenen Vorlage, der Oper »Hans Sachs« von Albert Lortzing, deren Handlung er, wenn auch mit unverkennbar Wagnerischer Originalität, nachahmte.

Neben dem Inhalt dieser harmlosen Komödie, die er vermutlich durch den Verlag seines Schwagers Brockhaus kennenlernte, dürften auch die Umstände ihrer Uraufführung dem Dresdner Volksbefreier auf die Sprünge geholfen haben: Lortzing hatte seine »Fest-Oper« zum vierhundertjährigen Jubiläum der Buchdruckerkunst komponiert, das 1840 in Wagners Heimatstadt Leipzig mit einem Volksfest begangen wurde: Vierzigtausend Menschen, so heißt es, hätten die Feierlichkeiten zur »Demonstration für Freiheit, Konstitution und nationale Einheit«[69] genutzt. Das Motto, mit dem Lortzing seine Deutschland-Oper überschrieb, hätte Wagner auch seinen »Meistersingern« voranstellen können: »Als ich des Busens Drang verstand«, so erklärt Lortzings Hauptfigur das Geheimnis völkischen Kunstschaffens, »ich auch der Lieder Quelle fand: Der Liebe Glück, das Vaterland!«[70]

Als Wagner, ein Vierteljahrhundert nach Lortzings Leipziger »Hans Sachs«-Demonstration mit ihrem Schlußgesang »Hoch leb das Vaterland«, an die Fertigstellung seiner »Meistersinger« ging, fühlte er sich selbst als der neue Hans Sachs,[71] der für den kommenden Reichsheiland Ludwig II. den Weg zum nationalen Triumph bereiten wollte. »Wer ein Herz hat«, so schrieb er dem Wagnerianer auf dem Bayernthron, »begreift heute, was es mit diesen ›Meistersingern von Nürnberg‹ für ein Bewenden hatte, die ihr Schöpfer in schlimmster Zeit deutschen Verrates entwarf, und mit denen er nun den einzigen deutschen Fürsten begrüßt, der ihn und in ihm den deutschen Geist begreift«; worauf Wagner seinem »Einzigen« versichert: »Hier meine Hand: Wir siegen!«[72] Das heimliche »Bewenden«, das es mit der angeblich so humorig-arglosen Sachs-Oper hatte, bezog sich für ihren »Schöpfer« darauf, daß er »mit dieser Arbeit ein dem deutschen Publikum bisher nur stümperhaft vorgeführtes Abbild seiner eigenen wahren Natur«[73] vor Augen führen wollte.

Dazu gehörte aber auch das Gegenbild, der Feind dieser Natur, der ihre schöpferische Entfaltung zu verhindern sucht – für Wagner konnte dies, in der Wirklichkeit wie in der Kunst, nur das Judentum sein, das er von Anfang an für die »Entartung« der Kunst und die Unterdrückung seiner eigenen Werke verantwortlich machte. »Niemand«, so vertraute er Ludwig II. an, könne sich »einen Begriff davon machen«, was die »Meistersinger« für ihn selbst bedeuteten. »In ihnen lächle ich meinen törigen Feinden höchste Verachtung zu«, schrieb er, nachdem er Sachs' Widersacher zeitweise mit dem »jüdischen« Musikkritiker Eduard Hanslick gleichgesetzt hatte; außerdem rette er mit der Oper »das Edelste aus der Gemeinheit« und »baue auf Trümmern eine neue Welt deutscher Herrlichkeit«.[74] Als idealen Ort dafür hatte er Nürnberg ausersehen. Vor dem Bayernkönig pries er die Lebkuchenmetropole als »Stätte des ›Kunstwerkes der Zukunft‹« und damit als den »Archimedespunkt, auf welchem wir die träge Welt des versumpften deutschen Geistes aus der Achse heben wollen!«[75]

Dem König, der ihm Fertigstellung und Uraufführung der Oper 1868 finanzierte, lieferte Wagner in Tagebuchaufzeichnungen den ideologischen Hintergrund mit – schließlich sollte ihm Ludwig über dem Sumpf der Gegenwart die »neue Welt deutscher Herrlichkeit« errichten helfen. »Die Hauptgefahr«, so erklärte er dem königlichen Adressaten, liege darin, daß »die deutschen Fürsten das deutsche Volk und seinen wahrhaften Geist zu verstehen verlernt haben«[76]; seinem Sachs legt Wagner in der Oper die Worte in den Mund, daß »kein Fürst bald mehr sein Volk versteht«, weil »sie«, die Widersacher nämlich, mittels »welschem Tand«, den Produkten ihrer Unnatur, ins »deutsche Land« ihren »welschen Dunst ... pflanzen«.[77] Das Bewußtsein des Volkes, will Wagner damit sagen, wird umnebelt, seine naturwüchsige Verbindung zum gottgegebenen Herrscher zerstört. Fürst und Untertanen, von Dunstschleiern falscher Ideologie verwirrt, treten als verfeindete Lager auseinander, Revolte droht und Chaos.

Wem diese Sprachverwirrung zu verdanken sei, hat Wagner nicht verschwiegen. Dank seiner Belehrungen erfuhr Ludwig, wer sich hinter den »welschen« Dunstmachern verbarg, die das ganze »heil'ge röm'sche Reich« hinter Nebelschwaden verschwinden ließen. »Deutsch« jedenfalls, das gab Wagner deutlich zu verstehen, waren sie nicht, da das Deutsche, seiner Definition zufolge, nichts anderes bedeutete, als »was uns *deutlich* ist, somit das Vertraute, uns Gewohnte, von den Vätern Vererbte«.[78] Seit dem Dreißigjährigen Krieg, so Wagner, hätten die deutschen Fürsten »fast gänzlich diesen Geist zu verstehen verlernt«. Denn damals habe etwas höchst Fatales für die Nation begonnen, jene »sonderbare Erscheinung des Eindringens eines allerfremdartigsten Elementes in das deutsche Wesen« – »der Jude fand sich ein«.[79] Und wenn dieses »sonderbare Menschengeschlecht« sogleich über den deutschen Volkskörper herfallen und »schmarotzen« konnte, dann nur, weil die »deutschen Fürsten den Geist des deutschen Volkes zu verstehen verlernten« und den welschen Vampiren die Tür öffneten. Seitdem befinde sich das deutsche Wesen in der ernsten Gefahr, daß mit ihm »eine der schönsten Anlagen des menschlichen Geschlechtes vielleicht für immer ertötet«[80] werde. Denn an seine Stelle rücke, parasitisch triumphierend, das Judentum: Nicht nur alle Gebiete des öffentlichen Lebens seien von ihm befallen, sondern, so der abgründige Gedanke des Musikreformators Wagner, das innerste Wesen »des deutschen Geistes, seine innigste musikalische Empfindung«, werde heute »dem Volke in der Entstellung des spekulativen Judenjargons vorgetragen«.[81]

Von diesem Gegensatzpaar der wahren schöpferischen »Empfindung« und ihrer Entstellung durch den »Judenjargon« handeln die »Meistersinger von Nürnberg«. Doch nicht nur die Zukunft der Kunst steht hier auf dem Spiel – auch die der deutschen Menschenart selbst. Es geht, wie in fast allen Wagner-Opern, um die schlichte Frage, wer die Frau bekommt. Wer, wenn überall schon »welscher Dunst gepflanzt« wird, darf das Blut fortpflanzen? Die germanische Braut der Zukunft, die in den »Meistersingern« den Namen der Urmutter Eva trägt, wird als Preis beim Wettsingen ausgelobt, der Sieger im schöpferischen Streit zum Gatten der Nürnberger Muse bestimmt. Nur zwei Bewerber treten an, die sich mit dem Goldschmiedetöchterlein vermählen wollen: der kerndeutsche Ritter Walther von Stolzing, der Letzte eines uralten Adelsgeschlechts, der die Taten seiner großen Ahnen besingt; in einer Vorfassung trug er den Namen des letzten Hohenstaufen, Konrad.[82] Ihm tritt als Nebenbuhler Sixtus Beckmesser entgegen, Stadtschreiber seines Zeichens, den Wagner mit allen abstoßenden, dem Opernfreund bereits durch die Nibelungen vertrauten Eigenschaften ausstattet, um ihn, unübersehbar und unüberhörbar, als »Musikjuden« vorzuführen. Die Anspielung wurde von Zeitgenossen sofort bemerkt, in Wien versah man die Oper mit dem satirischen Untertitel »Die Meistersinger oder das Judentum in der Musik«.[83] In einer Prosafassung hatte Wagner dem jämmerlichen Schreiber den Namen des verhaßten Eduard Hanslick gegeben – bei ihm »Hanslich« geschrieben –, der noch im NS-»Wörterbuch der Musik« 1941 als »jüdischer Mischling«[84] geführt wurde. Wenn Hitler 1933 seine Pressezensur mit dem Hinweis auf die »fehlerhaften Zeitungsurteile über Richard Wagner«[85] rechtfertigte und später wegen der angeblichen »Unterdrückung so vieler Genies ... durch die Pressekritik«[86] jegliche kritische Kunstbesprechung durch Goebbels verbieten ließ, dann vor allem wegen Wagners verhaßtem »Beckmesser« Eduard Hanslick.

Der Volksdichter Hans Sachs, bei Lortzing noch die Hauptperson, übernimmt in den »Meistersingern« die Rolle des »Täufers« und »Vorläufers« Johannes, der den kommenden Messias ankündigt, ihm beim Verfassen seines Preisliedes hilft und dessen teuflisch lächerlichen Kontrahenten in eine vernichtende Falle lockt. Die komische Auseinandersetzung zwischen dem jugendlichen Schönsänger aus bestem Blut und dem ältlichen Reimeklopfer fragwürdigster Herkunft – Wagner hütet sich natürlich, die Abstammung preiszugeben – wird von Hans Sachs ins rechte Geleise gebracht und mit welthistorischen Kommentaren versehen – denn im Kampf um die Kunst entscheidet sich auch der Kampf ums Blut. In seinem »Wahnmonolog« erklärt Sachs jegliches Blutvergießen, von der Straßenkeilerei bis zum Weltenbrand, damit, daß gleiches Blut an der Fortpflanzung gehindert werde. Da, so Sachs' Metapher, der »Glühwurm sein Weibchen«[87] nicht finde, stürze die Gesellschaft in Aufruhr, verwirrt begännen alle aufeinander einzuschlagen, »und will's der Wahn gesegnen«, so Wagners gekünsteltes Altdeutsch, »nun muß es Prügel regnen, mit Hieben, Stoß' und Dreschen den Weltenbrand zu löschen«.[88] So die Erstfassung des »Wahn«-Gedichts von 1862.

Ausgelöst wurde der nächtliche Bürgerkrieg, der zu den Höhepunkten der Oper zählt, durch den Fremdkörper Beckmesser. Der wirkt wie das »Ferment der Dekomposition«, als das Theodor Mommsen das Wesen der Juden bezeichnet hat. Beckmesser bringt Nürnberg zur Gärung, stört seine Ruhe, verwirrt seine Bürger. Hans Sachs' Schlußgesang, der die Lehre aus dem Sängerkrieg wie dem nächtlichen Straßenkampf zieht, warnt ausdrücklich vor den »welschen« Eindringlingen. Es dürfte kein Zufall sein, daß er dafür die Drohung Alberichs verwendet, der die Nibelungenherrschaft mit einem »Habt Acht! Habt Acht vor dem nächtlichen Heer«[89] ankündigte. »Habt Acht!«, so mahnt der Schuster die versammelte Bürgerschaft, »uns drohen üble Streich«; und er zeichnet das Bild eines Deutschland, das, von »welscher« Falschheit überrumpelt, sich selbst verliert. Doch selbst wenn das Reich im »welschen Dunst« zerginge, so tröstet der Johannes von der Pegnitz, »bliebe gleich die heil'ge deutsche Kunst!«[90] Denn in ihr, so hatte schon der Revolutionär Wagner verkündigt, offenbare sich die wahre Natur, das »rein Menschliche«, die ewige Botschaft des Blutes. Reiche können vergehen – die innerste Substanz der Schöpferrasse, ihre Gottesebenbildlichkeit, bleibt bestehen. Und dies zu zeigen, eben darin besteht das »Heilige« der »deutschen Kunst«.

Das fratzenhafte Gegenbild hat Wagner im Stadtschreiber Beckmesser dargestellt. Zwar betont ein moderner Wagner-Exeget wie Dieter Borchmeyer im Bayreuther Festspielführer 1996, von der »Hypothese, Beckmesser sei eine Judenkarikatur«, bleibe bei genauerer Betrachtung »nichts übrig«[91], doch bezieht diese Spottfigur ihre ganze drastische Präsenz aus dem Frevel, den sie an der wahren Kunst begeht. Und diese verderberische Rolle hat der Meister nun einmal den Juden zugedacht: Beckmesser führt auf der Bühne beklemmend vor Augen, wie sich sein Dichter jenen Menschentyp vorstellte, der im »Volk« nur Ekel auslöst; ihn läßt er jenen üblen »welschen Dunst« verbreiten, den ein anderer Patron des Judenhasses, Arthur Schopenhauer, als »foetor Iudaicus« bezeichnete, einen Gestank, der die Macht besitze, so der Philosoph, die Sinne der Menschen gleichsam zu »chloroformieren«.[92] Die instinktive Abneigung des Wälsungen Siegfried gegen den »garstigen Zwerg« Mime findet sich deshalb auch in Walthers spontaner Reaktion auf den meckernden Beckmesser wieder. »Mit höhnendem Nicken« sieht er ihn »frech« auf sich blicken, so wie der Drachentöter seinen Ziehvater, den er am liebsten »beim Genick packen« wollte, um ihm »den Garaus« zu machen; Walther, Siegfrieds Nachfolger in Sachen Jähzorn, erhitzt sich über den »Meisterbuhlen«, der »näselnd und kreischend« die Braut umwirbt, und es drängt ihn, »gradaus tüchtig drein zu schlagen«. »Den Lung'rer«, so droht er mit gezücktem Schwert, »mach ich kalt.«[93]

Giert Mime nach dem Goldschatz, so verrät Beckmesser, daß er mit Eva »des Goldschmieds reiches Erbe«[94] gewinnen möchte. Wagner selbst hat schon in der Prosafassung von 1861 das nibelungenhaft Groteske des häßlichen Freiers betont, und für den Gesangspart schien dem Komponisten der »kreischende Sprachton« entscheidend, »in welchem das meiste herauszubringen ist«. Von »eigentlichem ›Gesang‹«, für Wagner Merkmal der Schöpferrasse, könne bei Beckmesser »nur wenig die Rede sein, da diese Rolle durchaus einen grellen, heftigen Akzent nur erfordert«.[95] Sein belcantistischer Lichtheld Walther sieht sich durch Beckmessers Stimme an »der Raben heis'ren Chor« erinnert, der, wie Alberichs Nibelungenschar in »nächt'gem Heer zu Hauf«, die Welt mit »Kreischen« und »Krächzen« erfüllt. Als der kunsttötende Pedant sich gar zum Richter über Walthers Minnelied aufschwingt, vergleicht dieser ihn mit dem lebentötenden Winter, der, »in einer Dornenhecken von Neid und Gram verzehrt«, nur danach trachte, »wie er das frohe Singen« des kommenden Frühlings »zu Schaden könnte bringen«.[96] Daß Walther den verhüllten Richtstuhl des »Merkers« mit einer Dornenhecke vergleicht, erinnerte auch Thomas Mann an ein bekanntes antisemitisches Märchen der Brüder Grimm, weshalb er vom »›Juden im Dorn‹ Beckmesser«[97] sprach – vermutlich war dies auch Wagner bewußt, der das Ende des Grimmschen Juden – »der Schuft wurde am Galgen gehängt«[98] – auch für Walthers Todfeind in Aussicht stellt. »Bald«, so frohlockt das Volk instinktsicher auf der Nürnberger Festwiese, »hängt er am Galgen! Man sieht ihn schon!«[99]

Gehenkt wird der »Jude im Dorn« im Grimmschen Märchen, weil er, wie der Aberglaube seinem »Stamm« nachsagt, gestohlen hat. Auch Beckmesser wird von Wagner als Dieb vorgeführt. Da er, dem »Judentum in der Musik« zufolge, zu schöpferischer Tätigkeit unfähig ist, muß er sich, um für den Wettstreit gerüstet zu sein, beim Volksdichter Sachs bedienen. Wohl wissend, daß es Beckmesser kaum nutzen kann, überläßt Sachs ihm ein Gedicht aus Walthers Feder. Wie schon bei den Nibelungen hat Wagner auch bei der Beckmesser-Figur im Fortgang der Arbeit den Negativcharakter immer stärker betont, so daß sich aus einem an sich schon lächerlichen Nebenbuhler ein verächtlicher Schuft entwickelte. Geschah »das Einstecken des auf dem Tisch liegenden Gedichtes des Junkers« in der Erstfassung von 1845 »mehr aus Verlegenheit als mit Absicht«[100], so der Wagner-Biograph Carl Friedrich Glasenapp, und bot Sachs den Text in einer späteren Fassung[101] gar von sich aus an, so rafft Beckmesser in der Endfassung »das Papier eilig in die Tasche« und zieht es erst wieder heraus, nachdem Sachs ihn mit den demütigenden Worten gestellt hat: »Stecktet Ihr's ein?«[102]

Doch nicht nur Beckmessers Charakter verschlechtert sich zusehends, auch seine Darbietung des gestohlenen Liedes nimmt mit jedem neuen Entwurf an bizarrer Lächerlichkeit zu. In den ersten Fassungen hatte sich seine »Entstellung« der Kunst darauf beschränkt, daß er das Gedicht zu einer »lächerlich wirkenden Weise«[103] sang. Gemäß Wagners Theorie, wonach nur der wahrhaft deutsche Künstler die in den Worten liegende Musik heraushören könne, verhält sich Beckmesser wie Meyerbeer, der laut Wagner in seinen Machwerken einem schlechten Text eine noch schlechtere Melodie aufpfropfe. Nur der rein menschliche Künstler könne die Einheit beider hervorbringen – Meyerbeer dagegen »entstellt« die Musik, und nichts anderes behauptet Sachs vom mißlungenen Preislied des Plagiators: »daß Freund Beckmesser es entstellt«[104].

Hatte sich der Widersacher Walthers anfangs nur in der Melodie vergriffen, so ließ ihn Wagner ab 1861 auch dessen Worte verballhornen. Da Beckmesser offenbar das Gefühl für die deutsche Sprache abgeht, verdreht er die Worte auf eine haarsträubende Weise, die nahelegt, Wagner habe seine Fremdartigkeit eigens betonen wollen. Tatsächlich verwandelt sich Walthers hübsches Liebeslied unterm Reptilienblick des Pedanten in ein Werk von abstoßender Häßlichkeit – für Hitler später ein Kennzeichen aller »entarteten Kunst«. Aber Beckmesser »entstellt« die gestohlenen Worte nicht nur, er formt sie auch unfreiwillig in ein Eingeständnis seiner Frevelhaftigkeit um. Wie Mimes freundliche Worte vom hellhörigen Siegfried als verschlüsseltes Mordkomplott entlarvt werden, so richtet sich auch Beckmessers Kunstraub, bei genauem Hinhören, selbst. Das nachgeäffte Minnelied klingt in den Ohren des Volkes wie ein symbolisches Todesurteil.

»Morgenlich leuchtend in rosigem Schein«, so hatte der verliebte Ritter geschrieben, habe ein Paradiesgarten ihn eingeladen, während die Luft ihn, »von Blüt und Duft geschwellt«[105], umwehte – der Dieb, der wahre Poesie nicht begreifen kann, entdeckt nur sich selbst im Vers: »Morgen ich leuchte in rosigem Schein«[106], hofft der Hagestolz auf Freiersfüßen und fühlt sich bereits »von Blut und Duft« – dem jungen Blut seiner hold duftenden Braut vermutlich – »geschnellt in d'Luft«[107], womit er in der Urschrift wohl einen Luftsprung ausdrücken will. In der Endfassung milderte Wagner das in die absurden Zeilen ab: »von Blut und Duft geht schnell die Luft«. Hatte Beckmesser im Verlauf seiner Gesangsdarbietung – zur wachsenden Erheiterung des Publikums – Walthers »ein Garten lud mich ein, Gast ihm zu sein« zu einem »im Garten lud ich ein Mastvieh und Schwein« entstellt und damit – für die Bühne wohl allzu deutlich – den Charakter seines Viehhandel treibenden Stammes hervorgehoben, so schwächte Wagner in der Endfassung zum läppischen »im Garten lud ich ein garstig und fein« ab. Beschreibt die Ritterhymne den prangenden Lebensbaum etwas umständlich als »wonnig entragend dem seligen Raum«, so mißdeutet der Kunstzersetzer dies als ein auf sein Volk zutreffendes Eingeständnis: »wohn ich erträglich im selbigen Raum«, wie die echten Deutschen nämlich; bot Walthers Lebensbaum »goldne Frucht«, so »holt« sich Beckmesser, wie könnte es anders sein, »Geld und Frucht«. Worauf er in der gestelzten Vision des Ritters, dem an »duft'ger Zweige Saum« eine Frucht »mit holdem Prangen« von einem Baum »herrlich« dargeboten wird, sein eigenes Todesurteil abliest: »Mich holt am Pranger der Verlanger, auf luft'ger Steige kaum, häng ich am Baum«[108] – was die freudig spontane Zustimmung der Festgemeinde findet.

Der angedeutete Tod des Kunstfrevlers durch Erhängen hatte Tradition. Jener Wagner-Konkurrent Meyerbeer, der in den »Meistersingern« neben dem Kritiker Hanslick als Kunstverhunzer in der Beckmesser-Figur aufgespießt wurde, war schon 1836 von einem erbitterten Konkurrenten einer kritischen Vernichtung unterzogen worden. Es war der Romantiker Robert Schumann, der dem Publikumserfolg von Meyerbeers »Hugenotten« einen gehässigen Verriß mit Todeswunsch hinterherschickte, in dem Wagners spätere Perfidien ansatzweise vorweggenommen waren. »Mit leichter Mühe«, schrieb Schumann, »kann man Rossini, Mozart« und andere Vorbilder in Meyerbeers Musik »nachweisen. Was ihm aber durchaus angehört, ist jener berühmte, fatal meckernde unanständige Rhythmus, der fast in allen Themen der Oper durchgeht ... Gemeinheit, Verzerrtheit, Unnatur, Unsittlichkeit, Un-Musik« entdeckt der arme Schumann im Werk des wohlhabenden Komponisten und faßt seinen Ekel in dem Satz zusammen: »Es kann nicht ärger kommen, man müßte denn die Bühne zu einem Galgen machen, und dem äußersten Angstschrei eines von der Zeit gequälten Talentes folgt im Augenblicke die Hoffnung, daß es besser werden muß.«[109] Was, entschlüsselt, nichts anderes besagen wollte als der Schluß von Wagners »Judentum«: Nur Ahasvers Tod bringt allen Erlösung.

Auch Hitler teilte diese Ansicht. Seine rassenorientierte »Meistersinger«-Interpretation hat er zuerst seiner heldenhaften Selbstdarstellung »Mein Kampf« anvertraut. Stellt Wagner seinen Beckmesser als pedantischen Schreiber vor, so behauptet Hitler, im Ersten Weltkrieg sei »fast jeder Schreiber ein Jude und jeder Jude ein Schreiber«[110] gewesen – was, wie er selbst wußte, eine Lüge war; aber es paßte eben in den gewünschten mythischen Zusammenhang. Die Art, wie Beckmesser, der geistlos-schlaue Skribent, mit Walthers poetischem Genieblitz umgeht, entspricht laut »Mein Kampf« der Einstellung der gesamten zersetzenden Rasse: Was das Judentum »auf dem Gebiete der Kunst leistet, ist entweder Verballhornung oder geistiger Diebstahl«.[111] Und selbst die Worte von Hans Sachs, wonach auch die Handwerkskunst nicht »verachtet« werden dürfe – zumal in Zeiten, da Deutschland durch »welschen Dunst« vernebelt werde –, erscheinen in Hitlers Selbstdarstellung als Frucht eigener Gedankenarbeit: »Die innere Verjudung des Volkes«, so seine Diagnose, »kann man an der geringen Achtung, wenn nicht schon Verachtung ersehen, die man der Handarbeit an sich zollt. Deutsch ist dies nicht.« Versieht Wagner in der

Sachs-Oper das Undeutsche mit dem ungewohnten Schmuckwort »welsch«, so weiß sein Schüler, daß dies lediglich einer opernbedingten Sprachregelung folgt. »Erst die Verwelschung unseres Lebens«, so Hitler als hellsichtiger Exeget seines Meisters, »die aber in Wahrheit eine Verjudung war, wandelte die einstige Achtung vor dem Handwerk in eine gewisse Verachtung.«[112] Oder wie Hans Sachs es ausdrückte: »Verachtet mir die Meister nicht!«[113]

In keinem anderen Werk Wagners verschwindet die unbarmherzige Botschaft so vollständig hinter derbem Spaß und Festwiesenseligkeit. Selbst ein der Lächerlichkeit preisgegebener Beckmesser kommt glimpflich davon, darf sich »unter dem Volk ... verlieren«. Er verdunstet gleichsam in der erhitzten Jubelatmosphäre um Hans Sachs, dem Wegbereiter des kommenden Deutschland, verschwindet spurlos in jenem Glückstaumel, der mit seinen, so Wagner, »aufgepflanzten Fahnen«, »Trompeten und Trommeln« und der »blumen- und bändergeschmückten«[114] Festgemeinde das Vorbild abgab für die Nürnberger NS-Saturnalien. Hinter Aufmarschprunk und deutschem Fliederduft, der nächtens durch die Gassen zieht, während das Mondlicht zwischen den spitzgiebeligen Dächern spitzweghaft aufs Kopfsteinpflaster fällt, verbirgt sich ein unergründlicher Haß auf alles Fremde, der in plötzlichen Prügeleien zum Ausbruch kommt oder, auf der bunten Wiese, im Hohngelächter über den Sprachverdreher.

Der Galgen, der in den »Meistersingern« nur angedeutet wurde, blieb auch in Hitlers »Meistersinger«-Staat im Hintergrund, verdeckt von handwerklich-biederer Alltags- und hochdramatischer Festkulisse. Wer als Jude aushielt, wurde, wie Beckmesser, vorläufig nicht umgebracht, sondern so lange der Ächtung preisgegeben, bis er sich irgendwann im Exil verlor oder nach Osten abtransportiert wurde. Nicht anders als in der deutschen Volksoper ging das Schicksal der Gebrandmarkten unter im Lärm der sich überschlagenden Parademusiken aufmarschierender Fahnenkolonnen. Die »Schreiber« wurden als »Kritikaster« verboten, die »entartete Kunst« verspottet und vernichtet, die unter die Beckmesser-Rubrik fallenden Mitbürger gezeichnet und ausgesondert. Ungestört wollte Hitler seine Festwiesen-Feste feiern und der »heiligen deutschen Kunst« zum Durchbruch verhelfen.

Wies Hans Sachs, angesichts der allgemeinen »Verwelschung«,

tröstend darauf hin, daß der zeitweilige Verlust des Reiches durch die Kunst aufgefangen werde, so wollte Sachs-Verehrer Hitler sich damit nicht begnügen: Er wollte das Reich *und* die Kunst. Und wenn sich seine Mitarbeiter, als das Reich tatsächlich in Dunst aufging, darüber entsetzten, wieviel Zeit ihr oberster Feldherr mit der Planung zukünftiger Kulturstätten verbrachte und über Stadtmodellen, Kunstgalerien und Bayreuther Bühnenbildern brütete, während die wirklichen Städte, Museen und Opernhäuser im Bombenhagel untergingen, dann hatten sie vermutlich die Botschaft der »Meistersinger« vergessen: »Zerging in Dunst das heil'ge röm'sche Reich, uns bliebe gleich die heil'ge deutsche Kunst!«[115]

Nicht als bloßer Kunstliebhaber wollte Hitler in die Geschichte eingehen, sondern als Kunstverwirklicher. Opernbesuche, die ihm wie Gottesdienste erschienen, bildeten zugleich eine Herausforderung an seine gestalterische Phantasie. Bevor er daranging, die Wirklichkeit zu verändern, griff er in die Theaterinszenierungen ein. »Wenn ich in Bayreuth Gelegenheit hatte, mit Adolf Hitler vertraulich zu sprechen«, sagte der Generalintendant der Preußischen Staatstheater, Heinz Tietjen, ein Freund Winifred Wagners, »so habe ich immer mit Erstaunen festgestellt, wie gut Hitler die Wagnerschen Partituren kennt. Es ist einmal vorgekommen, daß Adolf Hitler nach Schluß des Spiels zu mir kam und sagte, die Oboe hat aber nicht ganz gestimmt. Ich mußte dies bestätigen.«[116] Häufig kritisierte er Aufführungen und glänzte dabei mit seinen Kenntnissen – als oberstes Gebot galt ihm dabei immer die wahre, nur ihm offenbarte Absicht des Komponisten. Bei einem Weimarer »Lohengrin« etwa ließ er den Oberspielleiter schon nach dem ersten Akt in den Salon seiner Staatsloge bitten, um ihm auseinanderzusetzen, »daß das Gefolge der Frauen um Elsa von Brabant auf der weiten Bühne zu sehr auseinandergezogen sei, und daß er es für glücklicher hielte, die angsterfüllten Frauen so eng wie möglich um Elsa zu scharen« – womit er, wie Wagner-Kenner Hans Severus Ziegler bestätigte, »ins Schwarze« getroffen hatte, wie im übrigen »Dutzende von Malen«[117] zuvor.

»Schon in den härtesten Krisenzeiten der Kampfjahre«, so schreibt Ziegler, der Initiator der Ausstellung »Entartete Musik« von 1936, in seinem Erlebnisbericht weiter, »bedurfte Hitler häufigeren Theaterbesuches«, was bei ihm wohl nur eines bedeuten konnte: Sperrte sich die politische Bühne dagegen, im Wagnerschen Sinn verwandelt zu werden, so mußte sich wenigstens die Wagnerbühne gefallen lassen, nach Hitlers Sinn umgestaltet zu werden. Nach einer tiefen Frustration – Hindenburg hatte ihm am 13. August 1932 die erwünschte Machtübergabe abgeschlagen – bedurfte Hitler dringend eines Theaterbesuches. Bei einem Abendspaziergang auf dem Obersalzberg schlug er Ziegler vor, zu den Wagner-Festspielen im Münchner Prinzregententheater zu fahren. Wie aufs Stichwort erschien der »Vollmond« über den Bergen, und während sein »Licht über die grünen Matten flutete«, so erinnerte sich Ziegler, »fragte mich Hitler plötzlich, indem er stehenblieb: ›Ziegler, welche Farbe, meinen Sie, zeigt Mondlicht – denken Sie an die Meistersinger, Schluß des zweiten Aktes. Was für Licht muß der Beleuchter verwenden?‹ Ich antwortete: ›Weißes.‹ – ›Gott sei Dank, ja, weißes! Man sieht nämlich mitunter grünliches oder bläuliches, und das ist falsch, und außerdem Kitschromantik.‹«[118]

Das Theater, in dem die beiden Spaziergänger bald darauf »in einer mittleren Parkettreihe« Platz nahmen, lag vor Hitlers Haustür, und gewiß hatte diese Nähe bei der Wahl der Neunzimmerwohnung am Prinzregentenplatz 16 eine wichtige Rolle gespielt. Von kaum geringerem Einfluß dürfte gewesen sein, daß das vornehme Domizil über einschlägige Wagner-Tradition verfügte: Hier hatte, wie der Wagner-Kenner Hartmut Zelinsky[119] weiß, die erste Tochter des Meisters, Isolde Beidler, mit ihrer Familie gelebt. Hier stand, seit Hitlers Einzug 1929, eine mächtige Wagnerbüste, und hier lebte, bis zu ihrem Selbstmord, seine Nichte Geli Raubal, die Onkel Alf, koste es, was es wolle, zur Wagner-Sängerin[120] ausbilden lassen wollte.

Gegenüber lockte der Meister selbst: Seit 1901 bot das Prinzregententheater mit seinem im »mystischen Abgrund« versenkten Orchester eine Bayreuth-getreue Wiedergabe der Werke Wagners – sehr zum Verdruß der Witwe, die den Intendanten Hans von Possart und den Dirigenten Hermann Levi wegen ihrer jüdischen Herkunft mit den Nibelungen Alberich und Mime verglich, die »affenartig«[121] nach dem Hort griffen. Tatsächlich war man beim Bau des Festspielhauses Wagnerschen Ideen gefolgt, der sein Sempersches Monumentaltheater in der Nähe hatte errichten wollen. Hier konnte Hitler seine ersten Münchner Wagner-Erfahrungen sammeln, da fast alle Opern des Meisters bei den alljährlichen Festspielen auf dem Programm standen. Über dem Eingang dürfte er, zu seiner Befriedigung, das befremdliche Motto »Der deutschen Kunst« entdeckt haben und im Bedarfsfall zum Wagnerdenkmal nebenan gepilgert sein, um Andacht zu halten. Als das Münchner Bayreuth-Theater, wenige Wochen nach Hitlers »Meistersinger«-Besuch, wegen Geldmangels geschlossen wurde, setzte er es auf seine Agenda für die Zeit nach der Machtergreifung.

Schon im April 1933 wurde es mit der Regenerations-Oper »Parsifal« wiedereröffnet, auf die bis Ende August sämtliche Wagner-Werke folgten. Am 9. November 1933, dem braunen Karfreitag, fand in Hitlers Haustheater eine Gedenkveranstaltung für die zehn Jahre zuvor gefallenen Märtyrer statt, und 1934 übernahm die NS-Organisation »Kraft durch Freude« den Theaterbau als »Kulturstätte des deutschen Arbeiters«. Es entsprach vermutlich dem persönlichen Wunsch des Führers, daß am Vorabend einer großen »Gedenkfeier« für Dietrich Eckart dessen vergessenes Stück »Heinrich der Hohenstaufe« in Auszügen aufgeführt wurde; auch sein früher Förderer Josef Stolzing-Czerny kam mit einem ebenfalls unbekannten Stück, »Friedrich Friesen«, zum Zug, und an einem Rezitationsabend wurde die berühmte Thule-Sammlung des Verlegers Eugen Diederichs mit Auszügen aus der »Edda« vorgestellt. Damit war das Prinzregententheater zu einer Hausbühne der Partei avanciert, die nebenbei auch Hans-Sachs-Stücke und sämtliche Wagner-Opern aufführte; doch die Blüte endete bereits 1936: Winifred Wagner erzwang bei Freund Wolf, daß im Prinzregententheater nur noch jene Wagner-Stücke gezeigt werden durften, die in Bayreuth gerade nicht auf dem Programm standen.[122] Von da an schrumpfte das einst komplette Repertoire, bis es 1939 mit der Heldenpracht ein Ende hatte. Da auch Salzburg als Wagner-Festspielort in Ungnade fiel – »Wiener Kitsch!«[123] schimpfte Goebbels 1938 –, war das vom Meister selbst begründete Festival ab 1939 weltweit konkurrenzlos.

Die Legende will es, daß Hitler seit seinem »Auftauchen« in Wahnfried 1923 die Bayreuther Festspiele für seine Propaganda »mißbrauchte« und ab 1940, als letzte Konsequenz dieser Vergewaltigung, »Kriegsfestspiele« abhielt, die, wie schon im Fall Prinzregententheater, mit ausgewählten Besuchern beschickt wurden.

»Als der Krieg ausbrach«, so beklagte sich Winifred vor der Spruchkammer 1946, wollte sie »das Festspielhaus schließen. Hitler jedoch ordnete die Durchführung von sogenannten Kriegsfestspielen an.«[124] In Wahrheit hatte er von Anfang an nur die Stelle eingenommen, die man ihm anbot. Er kam als Erlöser nach Wahnfried, und deshalb stand ihm auch von Anfang an das Allerheiligste offen. Er konnte verfügen und verwerfen nach Belieben; und als »Onkel«, der auch privat die Nachfolge von »Onkel Chamberlain«[125], wie Wolfgang Wagner ihn noch 1994 nannte, angetreten hatte, gehörte er zur Familie. Die Hausherrin himmelte ihn an; »den vier Enkelkindern Richard Wagners, die er von früher Jugend an kannte«, so berichtet sein Pressechef Dietrich, »war er seit dem Tode ihres Vaters Siegfried fast väterlich zugetan«; überhaupt sei Wahnfried »der einzige familiäre Konnex« gewesen, »den Hitler pflegte«.[126]

Spätestens ab 1933 wurde die Bayreuther Wagner-Bühne zur Hitler-Bühne. »Im Mittelpunkt steht Herr Hitler«, schrieb der »Manchester Guardian« im Jahr der Machtergreifung. »›Mein Kampf‹ hat in den Läden ›Mein Leben‹ verdrängt ... Es ist ein Hitler-Festival ... Und wenn Herr Hitler dienstlich in Berlin aufgehalten wird, dann müssen zweitausend Besucher im Festspielhaus eineinhalb Stunden lang auf ihre Oper warten, bis er seinen Sitz eingenommen hat.«[127] Erst wenn der Führer neben ihr saß, gab Winifred das Zeichen zum Vorspiel. Was auf dem Programm stand, war ebenso abgesprochen wie das, was auf der Bühne oder im Orchestergraben passierte. Nach jeder Aufführung wurde bis in die Morgendämmerung Manöverkritik gehalten, bei der Hitler das letzte Wort blieb.

Die Erbin des Festspielunternehmens unterwarf sich dem Österreicher wie Elsa dem Gralsboten Lohengrin. Die wenigen Briefe an den »lieben, lieben Freund und Führer«, die bekannt wurden, klingen so jungmädchenhaft eifrig, als spräche nicht Wagners Schwiegertochter, sondern eine verliebte BDM-Maid. Als Hitler ihr 1934 sein Porträt zuschickte, schrieb sie ihm zurück, sie sei »rein aus dem Häuschen vor Freude und Glück und Dankbarkeit und Du mußt dieses Gestammel statt eines vernünftigen Briefes gelten lassen!« Und sie schließt ihre Hymne auf das »Wundergeschenk«, das »nun mein Häuschen mit der Weihe Deiner ständigen Gegenwart beschenkt!«, mit dem »Fidelio«-Zitat: »hab' unendlichen Dank, Du Spender solch' namenloser Freude!«[128] Als Hitler 1942 die Spiele längst zu seinen eigenen erklärt hat und neben dem Programm auch das Publikum bestimmt – Kriegsinvaliden und Ritterkreuzträger, Krankenschwestern und Rüstungsarbeiter –, klingt ihr Brief an den Führer wie die Ergebenheitsadresse einer Befehlsempfängerin. »Die Tatsache, daß auch in diesem Sommer das Festspielhaus auf Deinen Befehl hin seine Pforten wieder öffnen kann«, schrieb sie, »erfüllt uns mit Stolz und Dankbarkeit.« Die »Auswahl« der zu spielenden Stücke möchte sie selbstverständlich in »Deine Hände legen«. Mit der Hoffnung auf seine baldige »Entscheidung« verbleibt, »mit den herzlichsten Grüßen von Wieland, Gertrud, Wolfgang, Verena«, die »dankbar-getreue«[129] Hitler-Funktionärin. Jene »erhebliche Distanzierung meiner Mutter zu Adolf Hitler«[130], die ihr Sohn Wolfgang seit Kriegsausbruch bemerkt zu haben glaubte, läßt sich aus ihrer Korrespondenz jedenfalls nicht ableiten. Sowohl Winifred wie auch der heutige Festspielchef nahmen das Jahresende 1944 zum Anlaß, ihrem Führer das »Haus Wahnfried« mit eingeschriebenen Briefen[131] in Erinnerung zu bringen.

Wenn sich seit Kriegsbeginn jemand von Bayreuth distanziert hatte, dann war es Adolf Hitler. Nach einem letzten Besuch der »Götterdämmerung«[132] im Jahr 1940 mußten die Festspiele ohne Führerpräsenz auskommen – nicht jedoch, weil er von dem Auftrag abgewichen wäre, der schließlich seine Identität verbürgte, sondern weil er ihn, im Gegenteil, jetzt erst wirklich »erfüllen« konnte. Hitler tauschte die Bühnen- und Reichsparteitagsregie gegen die Leitung des großen Kriegstheaters ein. Und weil er, der die Entscheidungsschlacht mit dem Weltdämon suchte, als Feldherr Wagners Prophezeiungen vollstreckte, durfte er sich ihm in der Wolfsschanze näher fühlen als am Kamin in Wahnfried. Wo Hitler weilte, war Bayreuth. Indem er den Krieg gegen den »geborenen Feind der reinen Menschheit« aufnahm, verwirklichte er seinen Abgott mehr als durch jede Aufführung, die die Krise nur beschwor, deren Endlösung er sich vorgenommen hatte. Noch bevor die Grundlagen dafür geschaffen waren, Wagner auch in der politischen Realität durchzusetzen, war er selbst in dessen weltanschauliche Rolle geschlüpft und hatte Wagners existentielle Eigenheiten zu unumstößlichen Koordinaten einer zukünftigen Menschheit bestimmt.

So war Hitler »hauptsächlich wegen Wagner«[133] zum Vegetarier geworden und missionierte seine Umgebung lebenslang mit dem Speisegesetz, dem der Meister selbst, als begeisterter Beefsteakesser regelmäßig untreu geworden war. Weil Wagner sich mit Hunden umgab – noch sein Grab war von kleinen Hundegedenksteinen umrahmt –, erwählte sich auch sein Nachahmer die Vierbeiner zu seinen liebsten Lebensgefährten. Weil der Meister vehement für Tierschutz und gegen »Vivisektion«, also Tierversuche, plädierte, sprach auch Hitler, laut Otto Dietrich, »fast leidenschaftlich für Tierschutz und Antivivisektion«.[134] Was der Führer von seinem Abgott übernommen hatte, erhob er, kraft Amtes, zum allgemeinen Gesetz. Sein Staat, der gegen Menschenversuche nichts einzuwenden hatte, ächtete Experimente mit Tieren; der Mann, der im »Parsifal« das Mitleid mit der leidenden Kreatur gelernt hatte und deshalb die Jagd verachtete, gab mit Kriegsbeginn die Menschen, denen er sein Mitleid versagte, zur Jagd frei. Vom sentimentalen Detail der vaterländischen Träne am Rhein bis zur paranoiden Angst vor der jüdischen Weltverschwörung läßt sich im Hintergrund fast aller Hitlerschen Lebensäußerungen das Idol ausmachen, dunkel aufragend zuerst, gelegentlich beleuchtet vom Fackelschein kultischer Umzüge oder brennender Synagogen. Eine Ahnung dieses Zusammenhangs scheint den Pressemann Dietrich bei einer nächtlichen Kamingesellschaft auf dem Berghof beschlichen zu haben. Während die Lauschenden »im Feuerschein der lodernden Scheite« um Hitler gruppiert saßen, beobachtete Dietrich, wie sich die Kulissen durch die zuckenden Lichtreflexe belebten und die »Meeresnixen aus Böcklins ›Spiel der Wellen‹ in den gespenstischen Kreis« herabblickten, »während im Dunkel des Raumes die Bronzebüste Richard Wagners zu leben schien«.[135]

Hitler verwirklichte sich nicht nur selbst in der Wagner-Nachfolge, er suchte auch, im Kleinen wie im Großen, dessen Wünsche zu erfüllen. Sein Plan, das Bayreuther Festspielhaus mit einem riesigen Tempelgehäuse zu überbauen, an dem die Wagner-Enkel Wieland und Wolfgang besonderen Gefallen fanden, stammte vom Meister selbst. Der hatte 1872, im Jahr der Grundsteinlegung, erklärt, das Theater sei »durchaus nur als *provisorisches*« aufzufassen; »wir geben mit diesem Bau nur den Schattenriß der Idee, und übergeben diesen der *Nation zur Ausführung* als monumentales Gebäude«.[136]

Im Gegensatz zur Bayreuther Akropolis, die nie ausgeführt wurde, fand ein Plan Houston Stewart Chamberlains dank Hitler zur Verwirklichung. Um Wagners »göttliches Denken, Streben und Schaffen« in die »Seele des Volkes« zu pflanzen, »gibt es nur das eine«, hatte der Brite an Wolzogen geschrieben, »Hunderte und Tausende von echt deutschen *Lehrern* hinzuschicken nach Bayreuth«.[137] So entstand im Schatten des Festspielhauses das »Haus der deutschen Erzieher« und schmückte, wie Bayerns Kultusminister Hans Schemm, ein Freund des Hauses Wahnfried, betonte, jene Stadt, »in der Richard Wagner und Houston Stewart Chamberlain, die beiden großen Erzieher im höchsten, weltanschaulichen Sinn, wirkten«.[138]

Als Hitler im Juni 1940 das eroberte Paris besuchte, scheint ihn auch die heimliche Absicht geleitet zu haben, die seinem Idol genau hundert Jahre zuvor angetane Schmach in einen Triumph zu verwandeln. Hatte Wagner damals, wie es seine legendenhafte Selbstdarstellung will, um einen Hungerlohn für jüdische Ausbeuter arbeiten müssen, während ihm sein »Fliegender Holländer«-Text für ein Spottgeld abgenommen wurde, so konnte Hitler nun als Herr jenes großen Opernhauses auftreten, von dem der arme Komponist nur hatte träumen können. Tatsächlich ließ sich Hitler, als könnte er die Wiedergutmachung kaum erwarten, bei seiner Ankunft an der Seine zuerst in die Oper chauffieren, deren Vorgängerin die rauschenden Erfolge Meyerbeers und das Pfeifkonzert gegen Wagners »Tannhäuser« erlebt hatte. Nun spazierte der Führer besitzergreifend durch die Gänge und kam zu einem abschätzigen Urteil. »Die prachtvolle Außenfront habe Außerordentliches versprochen«, mäkelte er später; »als er dann aber die ärmlichen, lediglich durch die Buntheit der Farben auffallenden Bühnendekorationen gesehen habe«, sei ihm aufgegangen, wie schnell eine »Kulturmetropole wie die Pariser Oper absacken«[139] konnte. Als wäre er vom Schicksal zu Wagners Rächer bestimmt, setzte er gerade den »Fliegenden Holländer«[140], dessen Komposition Paris verschmäht hatte, als Krönung der Siegesfeier an. Zwar blies Hitler – angeblich aus »politisch-völkischem Taktgefühl« – Parade und Operngala ab, doch hinderte ihn dies nicht, im folgenden Jahr eine »Tristan und Isolde«-Aufführung unter Herbert von Karajan mit dem »Horst-Wessel-Lied«[141] einleiten zu lassen. Die wahre Degradierung des Pariser Kunsttempels fand dagegen nur in Hitlers Zeichenblock statt: Nach Abschluß des Frankreichfeldzugs entwarf er für München ein neues, eines Wagner würdiges Opernhaus, in dem die Opéra dreimal Platz gefunden hätte.

Daß Hitler die Wagner-Festspiele »dem Volk« öffnete, hielt er sicherlich für sein größtes Verdienst um Bayreuths Theater. Mit den Kriegsfestspielen, so sagte er 1942, »habe ich das verwirklichen können, was Wagner sich gewünscht hat: Ausgesuchten Menschen aus dem Volk« den »Besuch der Festspiele unentgeltlich zu ermöglichen!«[142] Dabei hatte er bereits 1933 dafür gesorgt, daß »dieser Wunsch« Wagners, wie ihm der Festspielführer nachrühmte, »in Erfüllung gegangen ist«: Zehntausend Karten wurden damals »unentgeltlich« abgegeben, »an solche, die es wert waren, sich hier an deutscher Kunst und Art zu erbauen, und Adolf Hitler müßte nicht selber ein so dankbarer Bewunderer Richard Wagners sein, wenn er nicht immer neue Mittel und Wege geschaffen hätte, vielen Tausenden seiner Volksgenossen das ›Wunder von Bayreuth‹ spürbar zu machen«.[143]

Daß Hitler schon im Jahr der Machtergreifung das Theater mit seinen »Gästen« füllte, lag vor allem am Wegbleiben des ausländischen Publikums. Daniela Thode klagte damals gegenüber Goebbels, es sei eine »katastrophale Lage für Bayreuth« entstanden, die Festspiele, die »bisher 98 Prozent ausverkauft«[144] waren, seien jetzt nur zu fünfzig Prozent ausgelastet. Fortan ließ der Führer die Finanzierungslücken durch Massenaufkäufe von Karten schließen, bis er ab 1940, wie der amerikanische Bayreuth-Spezialist Frederic Spotts schrieb, die Festspiele ganz »unter seine persönliche Leitung«[145] brachte. Die einzige Oper, die er 1943 und 1944 noch spielen ließ, waren die »Meistersinger«.

»Wenn für die Kriegsfestspiele 1943 gerade ›die Meistersinger‹ ausgewählt wurden«, so setzte die 46jährige Winifred handschriftlich dem offiziellen Begleitbuch voran, »so hat das eine tiefe und symbolische Bedeutung. Zeigt uns doch dieses Werk in eindrucksvollster Form den schaffenden deutschen Menschen in seinem völkisch bedingten Schöpferwillen, dem der Meister in der Gestalt des Nürnberger Schuhmachers und Volksdichters Hans Sachs eine unsterbliche Verkörperung gegeben hat und der im gegenwärtigen Ringen der abendländischen Kulturwelt mit dem destruktiven

Geist des plutokratisch-bolschewistischen Weltkomplotts unseren Soldaten die unüberwindliche Kampfkraft und den fanatischen Glauben an den Sieg unserer Waffen verleiht.«[146] Joseph Goebbels hätte es nicht schöner sagen können.

Über dreißigtausend Soldaten, Krankenschwestern, Rüstungsarbeiter, die an allen Fronten gegen das jüdische Weltkomplott ankämpften, erlebten die Nürnberger Prügelidylle wie eine nostalgische Erinnerung an ferne Reichsparteitagsräusche. Hatte Hitler seit 1935 darauf bestanden, daß das Schlußbild der Festwiese auf allen Bühnen des Reiches als eine Art ausgeflaggtes Zeppelinfeld zu erkennen war – womit die Wirklichkeit auf jene Bühne zurückkehrte, von der sie ihren Ausgang genommen hatte –, so wurden nun die singenden und tanzenden Volksmassen mit SS-Truppen verstärkt, die auch, in Uniform und mit Stahlhelm auf dem Kopf, die Pausenfanfaren[147] bliesen. Bei den Vorstellungen, deren Publikum teilweise direkt aus den Lazaretten kam, entwickelte sich denn auch eine Deutschland-Euphorie mit Jubelstürmen und Erschütterung, wie sie seit Kriegsbeginn aus dem Reich verschwunden war. »Ich gestehe offen«, schrieb ein Obergefreiter aus Königsberg, »daß mir beim ›Wach auf‹-Chor die Tränen heruntergelaufen sind wie einem Kind. Ich weiß aus Gesprächen mit Kameraden, daß ich nicht der einzige gewesen bin, der derart erschüttert war.«[148]

Damit auch die weltanschauliche Bedeutung von Wagners Volksoper nicht verlorenging, bot der Festspielführer die nötige Handreichung. »Dieses urdeutsche Werk«, so erfuhren die Soldaten, von denen viele am folgenden Tag an die Vernichtungsfront zurückbefördert wurden, sei »vom Tag seiner Uraufführung an vom Judentum und seinen Trabanten auf das erbittertste und schmutzigste bekämpft« worden, eine zwangsläufige Folge des »dieser wurzellosen Rasse anhaftenden Hasses gegen jedes völkische Eigenleben und Schaffen.« Ziel dieses Kulturkrieges gegen Deutschlands erhabensten Künstler sei es gewesen, »die vielen jüdischen Eindringlinge in das abendländische Musikleben« – all jene Beckmesser-Figuren also, denen auf der Bühne heimgeleuchtet wurde – »zu fördern« und zugleich den »großen Judengegner, als der sich Richard Wagner in Wort und Schrift mutig bekannte und der diesen Parasiten am nationalen Kulturleben der Völker rücksichtlos die Maske vom Gesicht riß«, zu »vernichten«.[149]

Wem angesichts der Mordaktionen im Osten Bedenken gekommen sein sollten, konnte sich nun, inmitten der von Wilhelm Furtwängler entfachten Musik- und Vaterlandsbegeisterung, mit der Erkenntnis beruhigen, daß damit nur jene dem deutschen Geist zugedachte Vernichtung auf ihre Urheber zurückgeschlagen war. »Als bescheidenen Dank« gelobte ein Grenadier aus Straßburg der Festspielleitung, »stets alles einzusetzen, um den Feinden deutscher Art und deutschen Denkens gerecht zu werden, auf daß es ihnen nie gelingen solle, die Werke und den Geist deutscher Meister zu untergraben.«[150] Wer die Dreistigkeit besessen hatte, die »Meistersinger« auf das »erbittertste und schmutzigste« zu bekämpfen, der mußte sich nicht wundern, wenn ihm selbst nun, in ungleich gewaltigerem Maßstab, dieselbe Behandlung zuteil wurde.

Hitler selbst, der Veranstalter der Festspiele, ließ sich regelmäßig über die Aufführungen berichten und ging noch im Dezember 1944 davon aus, daß die prekäre Kriegslage auf das Bayreuther Kunstwerk ohne Einfluß bleiben würde. »Du wirst erstaunt sein«, schrieb Tietjen damals an Winifred, »daß ich die Frage des Führers, ob im Sommer 1945 in Bayreuth gespielt werden kann, was die künstlerische und technische Durchführung anbelangt, ohne Bedenken mit ›Ja‹ beantworten kann. Es wären dazu nicht mehr Führerbefehle nötig als bisher.«[151]

XVI.
»Barbarossas Wiederkehr« und »Ahasvers Untergang«

Mit seinem Vernichtungsangriff auf das »jüdisch-bolschewistische System«, der traditionell, aber wirklichkeitsfremd in die beiden getrennten Bereiche »Rußlandfeldzug« und »Holocaust« aufgeteilt wird, diente Hitler weder den Interessen seines Volkes, noch folgte er überhaupt einer vernunftmäßig nachvollziehbaren Zielsetzung. So irrational der gedankliche Ansatz war, so wahnwitzig dessen Ausführung: Schon nach wenigen Monaten hatte sich die Realität dieses »Krieges« aufgrund der eigenen verschwiegenen Verluste, wie der nicht weniger verheimlichten Massaker[1] am Erzfeind, zu einer nationalen Katastrophe ausgewachsen, die im Debakel vor Moskau ihren sinnfälligen Ausdruck fand.

Das blutig-irre Welttheater vom Endkampf zwischen einer Schöpferrasse und einer ihr entgegengesetzten Zerstörerrasse war weder Ausdruck einer Zeittendenz noch des deutschen Volkscharakters, und der Initiator erfüllte damit auch nicht einen heimlichen Wunsch, der sich angeblich durch die gesamte deutsche Geschichte zog. Hitler erfüllte einen Auftrag, an den er glaubte, weil er an jene glaubte, von denen er ihn empfangen hatte. Er paßte sich nicht den politischen Gegebenheiten an, weil sie ihn im Zweifel nicht interessierten, sondern diese, soweit es ihm möglich war, seinen eigenen Vorstellungen. Er sah sich nicht als Politiker, der innerhalb eines gegebenen Rahmens gegebene Ziele mit Ausdauer und Geschick verfolgt, sondern als Instrument der Vorsehung, das diesen Rahmen zu zerstören und durch einen neuen zu ersetzen hatte.

Für Hitler gab es nichts anzuerkennen, weder Gesetze noch Grenzen oder moralische Werte: All das gehörte einer Welt an, die dem Untergang geweiht war. Er hatte ihn nur zu besiegeln, hatte das, was sich als unumstößliche Wirklichkeit gebärdete, in ein höheres System einzuordnen, das nur ihm offenbart war. Hitler wollte diese Wirklichkeit, diese Geschichte, dieses in der Wurzel verdorbene Abendland nicht. Und er wollte es nicht, weil man es ihn so geheißen hatte. »In seinem Verhältnis zu den Marxisten«, hatte Chamberlain seinem Erwählten 1924 prophetisch nachgesagt, »da kennt er nur Vernichtungskrieg.«[2]

Hitler führte nur aus. Nicht er hatte entschieden, daß diese Welt zum Untergang reif war, sondern jene, nach deren Vorbild er sein Leben gestaltete. »Ich habe auch die Überzeugung und das sichere Gefühl, daß mir nichts zustoßen kann«, sagte Hitler im Jahr vor der Machtergreifung, »weil ich weiß, daß ich von der Vorsehung zur Erfüllung meiner Aufgabe bestimmt bin.«[3] Mit »traumwandlerischer Sicherheit«, so erklärte er vier Jahre später, gehe er »den Weg, den mich die Vorsehung gehen heißt«; und noch unter dem Eindruck des Stalingrad-Desasters hielt er daran fest, er habe »ein Recht zu glauben, daß mich die Vorsehung bestimmt hat, diese Aufgabe zu erfüllen«. Von der könne ihn, wie er bei seiner letzten Rundfunkansprache im Januar 1945 versicherte, »nur *der* entbinden, der mich dazu berufen hat«.

Nun bestand Hitlers »Aufgabe« gewiß nicht darin, Politik zu machen, sich also mit der Wirklichkeit im Interesse der Nation, deren Kanzler er war, zu arrangieren. Seine Wirklichkeit bestand in der Aufgabe, die Welt in ein Wagner-Theater zu verwandeln; und dazu gehörte der Haß auf jene, die dies angeblich schon zu Wagners Zeiten zu verhindern gesucht hatten – und doch zugleich Teil dieses Theaters waren. Der »Judenhaß«, so Albert Speer nach dem Krieg, war »Motor und Zentralpunkt Hitlers«; »ja mitunter kommt es mir heute sogar so vor«, schrieb der Manager der Massenmobilisierung weiter, »als sei alles andere nur Verbrämung dieses eigentlich bewegenden Elements gewesen«.[4]

Dieser Kern von Hitlers Existenz war Wagnersches Erbe. Und auch das Selbstbewußtsein, mit dem Hitler die Welt verblüffte, einschüchterte, terrorisierte, folgte dem vom Großdramatiker übernommenen majestätischen Anspruch, besser zu sein als die Wirklichkeit. Hitler vertrat keinen bei Wagner durch Opernbesuch und Lektüre aufgeschnappten Anspruch – er *war* dieser Anspruch. Er lebte aus der Spannung zwischen der eigenen künstlerisch-rassischen Grandiosität und der weltbedrohenden rassischen Destruktivität seiner Feinde. Er lebte aus dem Haß. Aber Haß ist kein Zustand, sondern eine rastlose Beschäftigung, die auf Vernichtung ihres Gegenstandes drängt. »Mit allen Kräften meiner Seele hasse ich es und hasse es und hasse es!«[5] hatte Chamberlain über das Judentum geschrieben. Und diese Obsession, nichts anderes, war die Aufgabe, die sich durch Hitler hindurch verwirklichte.

Indem der Bayreuther Philosoph von dem NS-Führer vorauseilend behauptete, er wage es als einziger, aus seinem Wissen um den »todbringenden Einfluß des Judentums« die »Konsequenz« auf sein »Handeln«[6] zu ziehen, hatte er Hitler programmiert. Der Erwählte war zum Instrument geworden, zur Maske, aus der eine verborgene Stimme sprach. Solange er diesem Auftrag folge, das wußte er, würde ihn die Vorsehung leiten.

Den christlichen Begriff der Vorsehung hatte Hitler nicht zufällig gewählt: Er fühlte sich als der Heiland, der den vor zweitausend Jahren verlorenen Kampf gegen das Judentum wiederaufnahm, um ihn dieses Mal siegreich zu Ende zu führen. »Was sich heute anbahnt«, hatte er schon 1923 prophezeit, »wird größer sein als der Weltkrieg. Es wird ausgefochten werden auf deutschem Boden für die ganze Welt! Es gibt nur zwei Möglichkeiten: Wir werden Opferlamm oder Sieger!«[7]

Hitler sprach nie offen über seinen Auftraggeber. In seinen Äußerungen stand der Name »Wagner« für eine persönliche Vorliebe oder die große deutsche Kulturrevolution; daß der Musiker und Denker das Zentrum seiner Existenz, den umfassenden Horizont seiner Erfahrung, die Quelle seines Selbstbewußtseins und den einzigen Gegenstand seiner Liebe darstellte, die sich in nichts von seiner stets verleugneten Eigenliebe unterschied, hat er wie ein Mysterium verschwiegen. So war im Bayreuther Kreis die Lehre des Meisters vor Profanierung geschützt worden, bis die Wirklichkeit reif war. Und Hitler mußte nur dessen Worten folgen. Die Worte aber schrien nach Taten, und das Gesetz, mit dem diese Umsetzung unwiderruflich programmiert war, die Entelechie, die diese metaphysische Zeitbombe irgendwann zur Explosion bringen würde, hieß für Hitler die »Vorsehung«. Er hätte auch »Wagner« sagen können, doch niemand hätte es verstanden – so sagte er »Vorsehung«, und man glaubte wenigstens zu verstehen.

Bezeichnete »Vorsehung« die sich selbst verwirklichende Schicksalsmacht des Weltgenies Wagner, so schwang in dem Wort auch eine konkrete Erfahrung seines Vollstreckers Hitler mit: Wer mit des Meisters Auge in die Welt schaute, konnte alles vorhersehen. Jede Konstellation, die er in seinem individuellen Dasein zwischen Leonding und München durchlebt hatte, erwies sich in der Wagner-Optik als Gleichnis für gesellschaftliche Ereignisse, die, auf monumentaler Ebene, nach denselben Mechanismen abliefen. Der Vorsehung folgen, das bedeutete für Hitler auch: vorhersehen, was geschehen wird und muß. Wer zum Instrument der Vorsehung berufen ist, verfügt auch über ein Auge, das die Zukunft sieht, und einen Willen, der »schlafwandlerisch« das Gesehene verwirklicht. Als Hitler in der Wirklichkeit das wiederentdeckte, was er im Linzer Landestheater und der Wiener Hofoper erlebt hatte – Rienzis Triumph wie Alberichs Vernichtungslust –, mußte es ihm wie Vor-Sehung erscheinen; als er das Dolchstoßmartyrium des siegreichen Siegfried-Heeres miterlitt, hatte sich eine weitere Prophezeiung erfüllt; daß die Juden dann, wie Hagen nach seinem Mord am Drachentöter, den »Ring« der Herrschaft an sich rissen, konnte ihn nicht mehr überraschen. Alles stand geschrieben.

Wie sie den Leib Christi, diese Reinkarnation Siegfrieds, ans Kreuz genagelt hatten, so brachten sie nun das Fleisch und Blut der germanischen Nation, den heiligen Volkskörper, in ihre Gewalt. »Im November 1918«, sagte der Mann, der dank Wagner alle Gesetzmäßigkeiten durchschaut zu haben glaubte, »hat der Marxismus in einer verfluchten Revolte ... das alte Reich überfallen und vernichtet.«[8] Aber das vergossene Blut, im Gralskelch Bayreuths bewahrt, kehrte »neu und verjüngt« ins Leben zurück. Der Heiland kam. Die Machtergreifung des Antichrist, die zur Ausrottung der Schöpferrasse und damit auch zum Ende der Schöpfung führen konnte, endete wie vorhergesagt. »Wir Nationalsozialisten«, so verkündete Hitler 1937, haben den Feind »geistig, weltanschaulich und tatsächlich in Deutschland vernichtet.«[9]

Vorhersehbar auch, daß sich Hitlers Karriere, »Mein Kampf« wie »Mein Sieg«, im großen Weltmaßstab wiederholen würde. Das Stück war bekannt, es lief nur auf einer anderen Bühne. »Die Gegner, die ich vor mir sehe«, so sagte Hitler, während seine Truppen vor Moskau im Frost lagen, »sind die bekannten Feinde, seit über zwanzig Jahren ... So wie wir mitleidlos hart gewesen sind im Kampf um die Macht, werden wir genau so mitleidlos und hart sein im Kampf um die Erhaltung unseres Volkes.«[10] Hitlers Gegner waren die Juden, die damals – so seine Überzeugung – nicht nur in Deutschland, sondern auch in Rußland die Macht an sich gerissen hatten: Was sich 1917 dort abgespielt hatte, sei zum Vorbild für das Novemberverbrechen in Deutschland geworden. Unter der Maske von Menschlichkeit und Friedensliebe, Freiheit und Brüderlichkeit, so Hitler, hätte man im Osten die herrschende Arierschicht gestürzt und ausgerottet, um sich an deren Stelle zu setzen. Was sich Revolution nannte, bedeute in Wahrheit die blutige Usurpation der Macht durch ein fremdes Volk, das sich nicht im offenen Kampf, sondern durch Täuschung und Tücke, Volksverhetzung und Mordlust ein anderes unterwirft. Wobei, wie ein Jahr später in Deutschland, eine Handvoll Juden genügt hätten, um über den hilflosen Machtkoloß die »Alberichs-Herrschaft«[11] zu errichten.

Die Oktoberrevolution war nach Hitlers Überzeugung nicht die Befreiungstat einer unterdrückten Klasse, sondern der erste Schritt des Judentums zur endgültigen Welteroberung. Mit Lügen täuschte man die arglose Menschheit darüber hinweg und plante, den Brand auf die Nachbarländer, endlich über den ganzen Planeten auszubreiten. Der Heiland aber, der diesen Kampf aufnehmen mußte, würde sich desselben Instrumentariums bedienen, würde lügen, täuschen, Verträge brechen und Freunde meucheln, um diesen Gegner mit seinen eigenen Waffen zu schlagen.

Die jüdisch-bolschewistische Revolution in Rußland konnte nur gelingen, weil keiner dort über die »wissenschaftlichen Erkenntnisse« der Bayreuther Schule verfügte. Hitler, gewitzigt, hatte den »Spuk« der Weimarer »Judenrepublik«, wie er sagte, »vernichtet«. Bereits sein Putschversuch 1923 – diese ehrliche Revolution im Zeichen des Menschlichen im Gegensatz zur jüdischen Machterschleichung – war ein erstes Aufbäumen gegen die Einsaugung des Reiches in Alberichs Machtimperium gewesen. Er mußte scheitern, weil er, wie Held Siegfried, den offenen Kampf gesucht hatte, wo Verrat und Heimtücke regierten. Wenn er tatsächlich, einige Jahre später, die Weimarer Republik aus den Angeln heben konnte, dann weil er aus dem Martyrium vor der Feldherrnhalle gelernt hatte.

Im selben Jahr, in dem Hitler seine Armeen zur Generalabrechnung mit dem Weltjudentum in Richtung Osten marschieren ließ, offenbarte er am Putschgedenktag 1941 die welthistorischen Parallelen. Mit bewährtem Predigergestus verkündete er vor seinen Kampfgenossen im Münchner »Löwenbräukeller«, daß wie einst hinter dem verlorenen Weltkrieg und dem Novemberverbrechen nun auch »hinter diesem Krieg als letzter derjenige Brandstifter zu suchen ist, der immer von den Händeln der Nationen gelebt hat: der internationale Jude«.[12] Auch dies ein Wagnerianern vertrauter Gedanke: »Als Ergebnis dieser Kultur«, so hatte der Meister acht Jahre vor Hitlers Geburt in »Erkenne dich selbst« verraten, »stellt sich dem die letzte Rechnung ziehenden Juden die Notwendigkeit, Kriege zu führen.«[13] Hitler habe »durch so viele Jahre« die Spuren des internationalen Kriegstreibers verfolgt und »wohl zum erstenmal in diesem Reich wissenschaftlich planmäßig dieses Problem für alle Zeiten geklärt«.

Daß Deutschland zu diesem das Weltjudentum endgültig entlarvenden Wissensvorsprung gelangen konnte, verdankte es dem Nationalsozialismus. »Wir haben diese Gefahr als die treibende Kraft in unserem inneren Kampfe einst kennengelernt«, so beschwor er angesichts einer halben Million gefallener, verwundeter oder vermißter Rußlandkämpfer[14] die alte Siegesgewißheit herauf, »wir sind mit dieser Koalition im Innern in einem harten Kampf restlos fertig geworden. Nun steht dieser Feind im Äußern genau so vor uns, er ist ja der Inspirator der Weltkoalition gegen das deutsche Volk und gegen das Deutsche Reich.« Und deshalb sei Hitlers heimtückischer Überfall, der mit perfidem Vertragsbruch begann und sogleich zur Aufhebung sämtlicher humaner Grundprinzipien überging, in Wahrheit nur Selbstverteidigung gewesen – ein Präventivkrieg zwar nicht im konkreten Sinn, als wäre Hitler nur einem von Stalin geplanten Überfall zuvorgekommen, sehr wohl aber auf metaphysischer Ebene, auf der Deutschland sich, nach Bayreuther Überzeugung, längst in der Umklammerung des Weltjudentums befand. Deshalb konnte Hitler der alten Garde versichern, daß das scheinbare Vabanquespiel mit seinem nach wenigen Monaten bereits um fünfzehn Prozent dezimierten Millionenheer in Wahrheit nur schicksalhafter Notwendigkeit folgte: dem Überlebenskampf der arischen Rasse.

Er habe vorausgesehen, so versicherte Hitler an diesem Schauplatz einstiger Predigerekstasen, »daß eines Tages auch die Macht gegen uns antreten würde, die diesen jüdischen Geist als klarsten Herrscher besitzt: die Sowjetunion, die nun einmal der größte Diener des Judentums ist«. Mit der Genugtuung des Propheten fügte er dann hinzu, daß »die Zeit« selbst »bestätigt« habe, »was wir Nationalsozialisten viele Jahre hindurch behauptet hatten; es ist wirklich ein Staat, in dem die gesamte nationale Intelligenz abgeschlachtet worden war und ein geistloses, mit Gewalt proletarisiertes Untermenschentum übrigblieb, über dem sich eine riesige Organisation jüdischer Kommissare – das heißt in Wirklichkeit – Sklavenhalter erhebt«.[15]

Zwanzig Jahre zuvor hatte er als der charismatische Anführer einer Kleinpartei zu einer »Riesenkundgebung« in den Münchner Zirkus-Krone-Bau eingeladen, um zur Rettung von »Sowjet-Rußland« aufzurufen. »Drei Jahre sind kaum vergangen«, so verkündete er auf dem Werbeplakat für seine Rede am 4. August 1921, »seit die jüdischen Apostel des Zukunftsstaates in Rußland den Menschen das Paradies auf revolutionärem Wege zu bringen versprachen.« Statt dessen sei das Land »zur Wüste geworden! Es kann nun nicht mehr länger verheimlicht werden, daß der größte Agrarstaat der Welt zum größten Friedhof der Menschen wurde.« Deshalb forderte der Massenerwecker zur Befreiung des »sterbenden Sowjet-Rußland« auf – »durch die Beseitigung seiner heutigen Verderber. Wer heute für Rußland spendet«, warnte er, »gibt nicht für den russischen Arbeiter, sondern für seinen Ausbeuter, den jüdischen Kommissär.«[16] Der Mann, der Hitler in dieser Überzeugung bestärkt hatte, der deutsch-baltische Chamberlain-Verehrer Alfred Rosenberg, sollte von ihm 1941 zum Reichsminister für die »besetzten Ostgebiete« ernannt werden; die »Kommissäre« wurden durch Hitlers Kommissarbefehl vom 6. Juni 1941 kollektiv zum Tode verurteilt. Sie seien, wie die haßbedingte Sprachentgleisung des Befehls es wollte, »grundsätzlich sofort mit der Waffe zu erledigen«.[17]

Was nach außen wie ein Staat aussah, mit dem man Freundschaftsverträge schließen konnte, betrieb im Inneren die Fortsetzung der jüdischen Rassenreligion mit anderen Mitteln; deren Priester in der Offiziersuniform galt es deshalb auszurotten, deren heimliche Kulthochburgen – für Hitler war Stalingrad das »Heiligtum«[18] des Kommunismus, Leningrad eine »Weltanschauungsfestung«[19] – dem Erdboden gleichzumachen. Die Abrechnung mit dieser Trutzburg des Antichrist, von der die Zukunft des Planeten abhing, würde nicht als gewöhnliche »bewaffnete Auseinandersetzung« durchzuführen sein, sondern als Kreuzzug; keine normalen Soldaten würden die mörderischen Glaubensakte vollbringen, sondern Polizeibataillone und die schwarzen Ordensmänner mit dem Totenkopf an der Mütze. Hier sollte nicht, nach altem Kriegsbrauch, dem Unterlegenen der Wille des Stärkeren aufgezwungen werden, sondern, wie Wagner suggeriert hatte, das Vernichtenswerte vernichtet werden. Und wie die jüdisch-bolschewistischen Alberiche sich als klassenkämpferische Menschheitsbefreier tarnten, so erklärte Hitler seinen Ausrottungskrieg zum Präventivschlag; die Massenabschlachtung wehrloser Männer, Frauen, Kinder, Greise wurde als »Erschießung von Plünderern«, »Bandenkrieg« oder »Partisanenbekämpfung«, der millionenfache Blausäureanschlag auf die Ärmsten der Armen, die entrechteten, gedemütigten, längst zum Tod im Leben verdammten »Rassenfeinde«, als »Transport« oder »Umsiedlung« ausgegeben.

Nicht allein Raumgewinn und Unterwerfung standen auf dem Programm, sondern nicht weniger als »der Welt Erbe«. Das konnte nur einem zufallen, der andere mußte zugrunde gehen. Das Judentum, obzwar über die ganze Welt verteilt und angeblich überall gegen Deutschland hetzend, hatte seinen ersten ausbaufähigen Brückenkopf in Rußland errichtet – ihn zerschlagen hieß, das Judentum nicht nur als Rasse und Rassenweltanschauung, sondern auch als Territorialmacht zu stürzen. »Stalin«, so sagte Hitler vor Beginn seines verheerenden Rußland-Einfalls, wolle »das Erbe des verarmten Europas antreten«[20] – nicht jedoch, um es zu neuer Blüte, sondern endgültig in eine gigantische Alberich-Sklaverei zu führen. Dies zu verhindern, habe die Vorsehung Hitler bestellt: Er werde nicht nur der Bolschewisierung der ganzen Welt einen Riegel vorschieben, sondern den Mordspieß umdrehen und die Träger dieser globalen Vergiftung von der Erde entfernen, den Seuchenherd gleichsam chemisch reinigen, die Pestbeulen aufstechen, die Parasiten ausbrennen, die Welt von den saugenden Vampiren befreien, ein für allemal. Dann aber werde er das befreite Land als künftigen Lebensraum des nun wieder erblühenden Ariertums in Besitz nehmen. Dann würden bolschewistische Winterstürme dem germanischen Wonnemond weichen, und dort, wo eben noch Hölle gewesen sei, »müssen wir«, so der Rußland-Befreier, »einen Garten Eden machen«.[21] So hatte Hitler in »Mein Kampf« geträumt, und so wiederholte er es unmißverständlich im Jahr der Machtergreifung: »Der Bolschewismus ruiniert Rußland. Eines Tages werden wir als die Erben auftreten.«[22]

Der Tag seines waffenschimmernden Auftritts auf dieser schon bereiten Bühne rückte mit jedem Jahr seiner Machtfestigung und Rüstungsmaximierung näher. Da die herrschende Schicht ohnehin schon ausgerottet war, ging es im Grunde nur noch darum, wer die unübersehbaren Sklavenmassen führen würde: die jüdischen Bolschewisten, die sie zur Welteroberung anstachelten, oder die Schöpferrasse, die ihnen Gelegenheit bieten würde, am Aufbau einer der monumentalen Schönheit gewidmeten Hochkultur teilzuhaben – nicht als Menschen zwar, sondern, wie die Sklaven des antiken Griechenland[23], als lebendige Maschinen, aber doch gerechtfertigt durch das Kunstwerk der Zukunft, an dem sie, wenn auch ahnungslos, mitwirken durften.

Schon 1936, als mit der Berliner Olympiade antiker Geist beschworen wurde, übersandte der führende Eisenindustrielle des Saargebiets, Hermann Röchling, ein Geheimpapier an Hitler, in dem er sich »Gedanken über die Vorbereitung zum Kriege und seine Durchführung« machte. Da Deutschland, so der Waffenschmied, »mit seinem Antisemitismus dem in Rußland absolut herrschenden Judentum und dem Judentum der Welt, dem einflußreichsten Vorkämpfer des Bolschewismus, den schärfsten Kampf angesagt« habe, werde gerade im Osten die Kriegsgefahr »immer drohender«.[24] Die »Gedanken« des Geheimrats, der noch 1942 in der Wolfsschanze[25] mit Hitler konferieren sollte, scheinen Eingang in eine geheime Denkschrift Hitlers gefunden zu haben, in der er, drei Jahre vor seinem ersten Vorstoß nach Osten – jener als »Polenfeldzug« verharmlosten Mordbrennerei zur Vorbereitung auf den Rußland-Angriff –, sich ganz als Instrument der Vorsehung fühlte.

Er beabsichtige zwar nicht, so schrieb er in dem vertraulichen Papier, »die Zeit zu prophezeien, in der die unhaltbare Lage in Europa zur offenen Krise werden wird«; doch wolle er immerhin seine »Überzeugung niederlegen, daß diese Krise nicht ausbleiben kann und nicht ausbleiben wird, und daß Deutschland die Pflicht besitzt, seine eigene Existenz dieser Katastrophe gegenüber mit allen Mitteln zu sichern und sich vor ihr zu schützen, und daß sich aus diesem Zwang eine Reihe von Folgerungen ergeben, die die wichtigsten Aufgaben betreffen, die unserem Volk jemals gestellt worden sind« – jene Aufgaben wohl, von denen er 1945 in seinem Testament andeuten wird, derartige seien »noch keinem Sterblichen gestellt worden«.

In der Denkschrift von 1936 scheint ihm durchaus schon bewußt gewesen zu sein, welche Entschlüsse er, als Bevollmächtigter der Vorsehung, zu fassen hatte: Der »*Sieg des Bolschewismus über Deutschland*« würde »*zu einer endgültigen Vernichtung, ja Ausrottung des deutschen Volkes*« führen. Um diese ganz Europa drohende »grauenhafteste Völkerkatastrophe« abzuwenden, »die seit dem Verlöschen der antiken Staaten die Menschheit heimgesucht hat«, seien Entschlüsse nötig, die den Rahmen der bisherigen geschichtlichen Erfahrung sprengen; in Hitlers Worten: »*Gegenüber der Notwendigkeit der Abwehr dieser Gefahr haben alle anderen Erwägungen als gänzlich belanglos in den Hintergrund zu treten!*« Die anschließenden Forderungen Hitlers, »die deutsche Armee muß in vier Jahren einsatzfähig sein« und »die deutsche Wirtschaft muß in vier Jahren kriegsfähig sein«[26], werden die Adressaten des Geheimdossiers kaum mehr überrascht haben; und sie dürften sich auch im klaren darüber gewesen sein, daß der Einsatz dieser Armee und dieser Wirtschaft keinem anderen Zweck dienen würde als der »Abwehr« der jüdisch-bolschewistischen Bedrohung, gegenüber der, wohlgemerkt, »alle anderen Erwägungen«, will sagen: politische, ökonomische, moralische Rücksichten, »als gänzlich belanglos in den Hintergrund zu treten« hätten.

Auch auf dem Parteikongreß im September 1937 beschwor der Führer die »Größe dieser Weltgefahr« als einen »gigantischen weltgeschichtlichen Vorgang«, mithin die »größte Gefahr«, die der »Kultur und Zivilisation der Menschheit seit dem Zusammenbruch der antiken Staaten jemals gedroht hat«.[27] Dieser wiederholte Hinweis auf die Blütezeit der klassischen Kultur, den sein Massenpublikum in der Nürnberger Kongreßhalle schwerlich verstanden haben dürfte, entstammte bester Bayreuth-Tradition. Schon Wagner hatte im Untergang des klassischen Griechenland den eigentlichen Bruch der Menschheitsentwicklung ausgemacht und die Wiedergeburt der ersten Kunstblüte des Abendlandes mit dem »Kunstwerk der Zukunft« verknüpft. Auch der seit 1869 der Wagner-Philosophie ergebene Friedrich Nietzsche hatte das Verwelken der alten Hochkultur mit dem Auftauchen des »jüdischen« Geistes in Verbindung gebracht und Abhilfe nur von einer kultischen Verehrung der Wagnerschen Musikdramen erwartet. Aus dem Geiste von Wagners Gesamtkunstwerk sollte im deutschen Reich die antike Tragödie[28] samt der athenischen Gesellschaft wiedergeboren werden. Daß jegliche Kulturentartung mit dem Eindringen des jüdischen Elementes zusammenhängt, war dann von Houston Stewart Chamberlain zum Dogma erhoben worden: »Wie ein Katarakt«, so der Denker, »stürzt das fremde Blut in das fast entvölkerte Rom, und alsbald haben die Römer aufgehört zu sein« – worauf, auch dank des Christentums, »ein einziges winziges Völkchen zu einer die Welt umspannenden Macht geworden«[29] sei.

Die Folgen dieser Blutvergiftung – »Völkerchaos« und »Kulturentartung« – hatte auch Hitler angesichts seines Nürnberger Parteitags-Gesamtkunstwerks 1937 im Sinn, als er vom »Aufruhr« sprach, der die ganze Welt zu erfassen drohe. Verbreitet werde er, wie vor zweitausend Jahren, vom Spaltpilz Judentum, der sich in den »Machthabern des jüdischen Bolschewismus in Moskau« manifestiere. »Wenn ich dieses Problem«, so Hitler in der Kongreßhalle, »so bewußt als jüdisches hinstelle«, dann weil es »der jüdischen Minorität« dort gelungen sei, »die bisherige gesellschaftliche und staatliche Führung nicht nur aus ihrer Stellung zu verdrängen, sondern kurzerhand auszurotten«[30]. Dasselbe versuche das Judentum nun mit der deutschen Führung. Als 1936 der NS-Landesgruppenleiter Wilhelm Gustloff in der Schweiz von einem Juden ermordet worden war, hatte der Führer an der Bahre das Versprechen abgelegt: »So ist unser Parteigenosse denn von der Macht gefällt worden, die einen fanatischen Kampf nicht nur gegen unser deutsches Volk, sondern gegen jedes freie, selbständige und unabhängige Volk führt. Wir begreifen die Kampfansage, und wir nehmen sie auf!«[31]

Im Propagandakrieg, der den Vernichtungsoperationen vorausging, bediente man sich eines Vokabulars, das, wie der gesamte antisemitische Komplex, den Menschen der dreißiger Jahre reichlich antiquiert erscheinen mußte. Wagners altdeutsche Schlagworte, notdürftig für seine »Blätter« entstaubt, drangen aus dem Volksempfänger wie Grüße aus dem Mittelalter. Wenn Goebbels bei seiner Reichsparteitagsrede 1937 das Judentum mit den drei Standardvorwürfen des Dritten Reiches bedachte, es sei der »Sohn des Chaos«, das »Ferment der Dekomposition« und der »plastische Dämon des Verfalls der Menschheit«[32], so wollte er damit an die geheiligten Worte der Glaubensväter anschließen: Erwies er mit dem Chaos-Zitat dem Bayreuther Chamberlain, mit dem »plastischen Dämon« dem Meister selbst die Reverenz, so rief er mit dem »Ferment der Dekomposition« den Historiker Theodor Mommsen als Gewährsmann auf. Zwar hatte sich der liberale Mommsen, was Goebbels nicht weiter störte, vehement gegen den Antisemitismus ausgesprochen, doch war er mit seinem gefährlichen Vergleich, der die Juden in Beziehung zu Gärung, Fäulnis und Zerfall setzte, zum Ideenlieferanten der Gegenseite geworden. Der spätere Nobelpreisträger behauptete, daß die Juden »wie einst im römischen Staat ein Element der nationalen Dekomposition so in Deutschland ein Element der Dekomposition der Stämme«[33] seien. Doch verstand er dies als positiven Beitrag zur Bildung eines einigen Reichs; die Antisemiten dagegen entdeckten in Mommsens chemischer Zersetzungsmetapher ein wissenschaftlich klingendes Argument, das sich im Dritten Reich zum Totschlagwort entwickelte.

Selten hat Hitler seine Wagnersche Weltsicht mit ihren abstrusen Prämissen und entsetzlichen Konsequenzen klarer dargestellt als bei seiner Einstimmungspredigt in den kommenden Weltkrieg, die er im Februar 1939 in der Berliner Krolloper vor sämtlichen Truppenkommandeuren des Heeres hielt; ausdrücklich wies er darauf hin, er wolle damit »die nationalsozialistischen Grundgedanken vor den Spitzen der deutschen Wehrmacht so erörtern, wie man das aus verständlichen Gründen vor der Öffentlichkeit nicht tun kann«.[34] In Wahrheit, so offenbarte er seinen Offizieren, sei »Nationalsozialismus« nur ein beliebiges, »einst aus taktischen Gründen« gewähltes Wort; es handle sich dabei also nicht um eine Partei oder ein politisches Programm im üblichen Sinn, sondern um eine Philosophie, genauer: eine »Erkenntniswelt«. Deren entscheidende Einsicht wiederum, für die »Nationalsozialismus« eben nur ein Ausdruck sei – »im Worte liegt an sich hier gar nichts« –, stelle »eine der epochalsten und revolutionärsten und umstürzendsten

Erkenntnisse« dar: die Bedeutung des Blutes für die Zukunft der Menschheit. Das Volk, die Grundlage des menschlichen Daseins, sei eigentlich »eine lebendige Substanz aus Fleisch und Blut« – kein abstrakter Begriff, unter dem sich Millionen individueller Staatsbürger zusammenfassen ließen, sondern ein einheitlicher Organismus, der durch seine »blutmäßige Zusammensetzung« bestimmt sei.

Diese »Substanz« wird von Hitler nun nicht, wie man erwarten durfte, biologisch dargestellt, als Großlebewesen etwa, das sich in einem darwinistischen Artenkampf durchsetzen muß, sondern – was gerade die Phalanx seiner hochspezialisierten Kriegstechniker erstaunen mußte – als mystische Vision, wie Wagner sie in seinem Gral verkörpert hatte. »Diese Substanz also«, so der Mann, der sich anschickte, die Welt in Brand zu stecken, »ist das Ewige und das Bleibende, das Seiende und das Kommende und das Künftige. Alles andere ist vergänglich.« Der »Zielsetzung« des Staates, der im Wissen um diese heilige Grals-Substanz aufgebaut wird, kommt deshalb »Ewigkeitsausmaß« zu. Und deshalb, so Hitler, zum Kern seiner Botschaft kommend, werde der »nächste große Krieg«, den er hiermit angekündigt hat, keine Auseinandersetzung um Territorien oder Ideologien sein, sondern ein Krieg, bei dem es um die – und an die – Substanz geht: Schöpferblut gegen Rassenseuche. »Der nächste Kampf«, prophezeite der Führer, »wird ein reiner Weltanschauungskrieg sein, das heißt bewußt ein Volks- und ein Rassenkrieg sein.« Die versammelte strategische Intelligenz der Wehrmacht staunte und schwieg. Hitler hatte ihr Handwerk, das, als »Fortsetzung der Politik mit anderen Mitteln«, dem politischen Augenmaß verpflichtet war, umfunktioniert und im Handstreich zu einer Art Glaubenskrieg erklärt, für den keine Haager Landkriegsordnung zählte, sondern allein der Wille jener Gottheit, als die Hitler die »Substanz« der Blutsgemeinschaft enthüllt hatte.

Diese tatsächlich revolutionäre Umdeutung des Krieges zum Blutgottesdienst blieb von den überrumpelten Offizieren unwidersprochen. Man war auf einen Kreuzzug eingeschworen worden, bevor noch der erste Schuß gefallen war. Erst nach seiner taktischen Meisterleistung offenbarte Hitler das Ziel des kommenden »großen Krieges«: »Ich habe mir vorgenommen, die deutsche Frage zu lösen, das heißt, das deutsche Raumproblem zu lösen.« Auch dies war ein raffinierter Schachzug, der die uniformierten Besserwisser, als die der Weltkriegsgefreite sein ranghohes Publikum einschätzte, matt setzte. Hitlers List bestand darin, daß er den, wohl erwarteten, Hinweis auf die Bedrohung aus dem Osten, die einen Präventivkrieg nötig machen würde, fallenließ, da er Fachleute damit ohnehin nicht hätte überzeugen können.

Statt des leidigen Judenproblems, das bei Militärs ungute Vorahnungen wecken mochte, appellierte er an deren Patriotismus, indem er das »deutsche Raumproblem« beschwor. Das klang vertraut für Befehlshaberohren, der Raum war ihr Metier und territoriale Auseinandersetzung eine gewohnte Vorstellung. Doch schon Hitlers folgende Ausführungen hoben den Anschein des Konventionellen wieder auf. Sein Stück folgte einer anderen Dramaturgie: Es ging nicht um abstrakten Raum, sondern genau jenen, den das Judentum annektiert hatte, um von dort aus Deutschland und die Welt zu unterjochen. Dieser Raum sei seit der Ausrottung seiner Herrenschicht eigentlich herrenlos gewesen – die Usurpatoren, geborene Lügner und Täuscher, würden einem offenen Angriff des deutschen Siegfried-Heeres nicht standhalten können; und einen neuerlichen Dolchstoß in den Rücken würde man zu verhindern wissen.

Der gewaltige Raum, der sich vom »verjudeten« Polen bis in die mythischen Fernen Asiens erstreckte, verlangte nach machtbewußter Kolonisation. Entfernte man das »Ferment der Dekomposition«, also die Blutvergiftung, die den gesamten Osten ergriffen hatte, so blieb nur ein kopfloses Völkerchaos übrig, das sich als Helotenmasse für den Aufbau eines neuen Staates verwenden ließ. Hitlers »deutsche Frage« lautete also nicht: Wir brauchen mehr Raum, um gedeihen zu können, sondern: Wir müssen erst die jüdisch-bolschewistische Frage lösen, bevor die Zukunft des deutschen Blutes und damit die Zukunft der wahren Menschheit gesichert werden kann. Der Riesenraum im Osten würde der Schöpferrasse als ihr von der Vorsehung zugesprochenes Erbe zufallen. Man mußte nur den Mut haben, aufzubrechen und das herrenlose Land in Besitz nehmen.

Bis dorthin aber blieben noch gewisse Unwägbarkeiten und Härten, die Hitler seinen gehorsamen Vollstreckern nicht verschweigen wollte – ohne sie doch im Detail auszuplaudern. »Nehmen Sie es zur Kenntnis«, sagte er mit einer Anmaßung, die signalisierte, daß hier niemand mitzureden habe, »daß solange ich lebe, daß dieser Gedanke mein ganzes Dasein beherrschen wird. Seien Sie weiter der Überzeugung, daß, sowie ich glaube, in irgendeinem Augenblick hier vorwärts zu kommen, daß ich dann augenblicklich immer handeln werde«; worauf jene Drohung folgte, die seine Truppenkommandeure zu eben den Befehlsempfängern degradierte, als die sie sich durch ihr Schweigen längst zu erkennen gegeben hatten: »daß ich dabei auch vor dem Äußersten nie zurückschrecken werde, weil ich der Überzeugung bin, daß so oder so diese Frage gelöst werden muß und weil ich mich nicht damit abfinden will, zu sagen: Gott, das müssen eben dann Leute hinter uns machen«.

Jeder Anwesende muß begriffen haben, daß Hitler hier nicht vom Krieg sprach. Für Militärs war Krieg keineswegs das »Äußerste« und Hitler kaum der Mann, der eigens betonen mußte, davor nicht zurückzuschrecken. Jeder Regimentschef mußte zudem wissen, daß er selbst ganz persönlich von Hitler zu diesem »Äußersten« in die Pflicht genommen werden würde – der Führer würde es wohl kaum selbst ausführen. Und um dies seinem Offizierskorps unmißverständlich einzuprägen, stellte Hitler gegen Ende seiner Ausführungen noch einmal klar: Er sei nicht nur »Oberster Befehlshaber der Deutschen Wehrmacht«, sondern »Sie müssen in mir auch sehen Ihren obersten weltanschaulichen Führer, dem Sie ebenfalls auf Gedeih und Verderb verpflichtet sind«. Der einstige Gefreite schien die Demütigung seiner einstigen Vorgesetzten bis zum letzten auskosten zu wollen. »Auf Gedeih und Verderb«, das war Entmündigung, nichts weniger. Aber man zog es vor, zu schweigen. Tapferkeit vor dem Feind war eines, Tapferkeit vor dem Vorgesetzten ein anderes. »Ich muß auch in Ihnen sehen«, so krönte Hitler seine Umdeutung des Militärs, »eine Elitetruppe der weltanschaulichen Führung unseres deutschen Volkes.«

Schweigend hatte man der Ankündigung zugestimmt, daß Dinge geschehen würden, vor denen jeder, der nicht Adolf Hitler hieß, zurückschrecken mußte. Und hatte sich vermutlich damit beruhigt, daß das Wort »Judentum«, dieser heimliche Hauptgegenstand seiner Krollopern-Arie, kein einziges Mal gefallen war. Zum Schluß beschwor der schlaue Führer erneut, alle Motive zusammenfassend, »die ewige Substanz, für die wir diesen Einsatz zu vollziehen haben: das deutsche Volk, die Substanz von Fleisch und Blut, der wir verpflichtet sind«.[35] In diesem Augenblick, und nicht erst, als die Genickschüsse knallten, war die deutsche Wehrmacht zum Komplizen eines Massenmörders geworden. Und sagte kein einziges Wort.

Hitler plante den großen Vernichtungszug nicht aus Vernichtungslust, sondern weil er der gesalbte Heiland war. Er allein hatte den Kampf gegen den jüdischen Antichrist aufzunehmen und die Schlange vom Erdboden zu vertilgen. Erst dann konnte das Reich des neuen Menschen anbrechen, dessen Gottesebenbildlichkeit sich in den gewaltigen Monumenten seiner Kunst widerspiegeln würde. Mit Hitlers Erscheinen als Erlöser der Deutschen hatte sich eine neue Zeit angekündigt, deren Erfüllung erst nach Durchschreiten des Tales der Tränen, eben jener Vernichtung des Widersachers, erreicht werden konnte. Hitler selbst hatte damals, als ihm die Macht zugefallen war und die Fackelkolonnen singend durchs Brandenburger Tor zogen, an eine radikale Umwälzung gedacht, die das Jahr 1933 für alle Zeiten als den Beginn einer neuen Epoche kennzeichnen würde. »Zur Zeit der Machtübernahme war es für mich ein entscheidendes Moment«, sinnierte er im Kriegswinter 1941: »Will man bei der Zeitrechnung bleiben? Oder haben wir die neue Weltordnung als das Zeichen zum Beginn einer neuen Zeitrechnung zu nehmen? Ich sagte mir, das Jahr 1933 ist nichts anderes als die Erneuerung eines tausendjährigen Zustandes.«[36]

Um dieses Tausendjährige Reich Wirklichkeit werden zu lassen, mußte erst die Hauptbedingung erfüllt werden: die Auslöschung seines Todfeindes, der sich in der jüdischen Rasse und ihrem Machtmonopol über Rußland verkörperte. »Es wird für Europa eine wahre Erlösung sein«, prophezeite er im November 1941, wenn »diese Gefahr verschwindet ... Wir dürfen keinen Zweifel darüber haben, daß in dieser Zeit jetzt das Schicksal Europas für die nächsten tausend Jahre entschieden wird.«[37] Schon 1933, als Hitler sich gezwungen sah, seine erste Judenaktion vor dem Ausland zu rechtfertigen, wies er auf sein visionäres Ziel hin: »Man wird mir noch in tausend Jahren für die Maßnahmen gegen die Juden danken«[38], hatte er damals einem verwunderten König von Schweden eröffnet.

Die alte Utopie vom Tausendjährigen Reich des Heils, das schon der Volkstribun Rienzi[39] verwirklichen wollte, war untrennbar verknüpft mit der »Endschlacht« gegen den Antichrist. Nur der in neuer Gestalt wiederkehrende Heiland konnte den Widersacher besiegen. In vielen religiösen Traktaten führte deshalb der Weg ins Friedensreich über »Gemetzel und Terror«[40] – ein neues Kreuzritterheer, angeführt vom sagenhaften Kaiser Friedrich, so versprachen die Weissagungen, werde ein »Blutbad« unter der Judenschaft, diesem menschgewordenen Antichrist[41], anrichten, das »zur Reinigung der Welt am Vorabend des Tausendjährigen Reiches«[42] diene. Eine Prophezeiung aus dem sechzehnten Jahrhundert verriet sogar den Ort, an dem diese apokalyptische Abrechnung stattfinden würde: Das Walserfeld im Westen von Salzburg am Fuße des zwischen Berchtesgaden und der Stadt gelegenen Untersberges sollte der Schlachtort sein. Dort würde »alles Volckh (an)einander erschlagen und erwürgen in grossen Grimmen, das das Feldt weith und breith mit erschlagen, erschossen, zertrettnen Menschen und Vich ligen würd und auch mit Bluet yberrunnen bis an die Enckhel der Füess«; und dann würde Kaiser Friedrich mit den Helden vom Untersberg, so das Volksbuch von 1523, »hinauskhommen zu der Schlacht, die unglaubigen, verstockhten und gottlosen Leuth helffen ausreuthen«.[43]

Der Kreuzzügler aus dem Untersberg hatte es schon Richard Wagner angetan. Im Revolutionsjahr 1848 las er seinem Freund Eduard Devrient, wie dieser in sein Tagebuch notierte, »eine geschichtsphilosophische Arbeit vor«, in der er »die erhabene Begeisterung für die Weltherrschaft aus den frühesten Sagenquellen entwickelte. Friedrich I. stieg als der gewaltigste Träger des ganzen Inhalts dieser Idee, von riesengroßer, wundervoller Schönheit auf.«[44] Barbarossa, der legendäre Stauferkaiser, der auf einem Kreuzzug ertrunken war, kehrte also in dieser Wagner-Schrift – es handelte sich um die phantasmagorischen »Wibelungen« – als Deutschlands Zukunftshoffnung zurück. Er sei es gewesen, der die Idee der »Weltherrschaft«, diesen »Erbgedanken im erhabensten Sinne«[45], in den Mittelpunkt seines Wirkens gestellt habe. Die Vorstellung, die den »Wibelungen« Friedrich in Wagners Interpretation dabei erfüllte, übertraf in ihrer ausschweifenden Phantastik selbst die Allmachtsträume des »Wibelungen«-Lesers Hitler: »Im deutschen Volke hat sich das älteste urberechtigte Königsgeschlecht der Welt erhalten: es stammt von einem Sohne Gottes her, der seinem nächsten Geschlechte selbst *Siegfried*, den übrigen Völkern der Erde aber Christus heißt« – wodurch der herrschende Fürst der Deutschen, schon vom Blute her, in die Nachfolge des arischen Messias trete. Seine Aufgabe bestehe darin, die Germanenwelt vom Übel zu erlösen. Da zu Barbarossas Zeiten die heiligen Stätten vom Antichrist usurpiert gewesen seien, habe den Kaiser der »Hilferuf zur Rettung des Heiligen Grabes« erreicht. »Mächtig zog es ihn nach Asien, nach der Urheimat der Völker ... Wundervolle Sagen vernahm er von einem herrlichen Lande tief in Asien, im fernsten Indien«, wo er den »heiligen Gral«[46] zu finden hoffte – ein Plan, wie ihn auch Hitler hegte: Nach Niederwerfung des Moskauer Antichrist wollte er mit seiner Heeresmacht nach Indien ziehen.

Kaum war Barbarossa mit seinen Kreuzrittern dem Heiligen Land nahe gekommen, »brach er«, so sein Geschichtsschreiber Wagner, »in stürmischer Schlacht die Macht der Sarazenen, unbestritten lag ihm das gelobte Land offen«; doch bevor er das Erbe endgültig in Besitz nehmen konnte, verschwand er von der Weltbühne – und sitzt nun, so die Legende, in einem tiefen Berg[47], dem Kyffhäuser oder dem Untersberg, wo er, umgeben von seinen Helden, auf den Tag der Endschlacht wartet. Dann werde seine Wiedergeburt aus der Gruft des Todes mit der Vernichtung des Weltsatans besiegelt. Denn ihm zur Seite stehe, Wagner betont es, »das scharfe Schwert, das einst den grimmigen Drachen schlug«. Und da Wagner die ganze Mär nur berichtete, um seinen Dresdner Mitverschwörern den mythologischen Rahmen ihrer geplanten Revolution zu liefern, mündet die Schrift in den Kampfappell: »Wann kommst du wieder, Friedrich, du herrlicher Siegfried! und schlägst den bösen nagenden Wurm der Menschheit?«[48]

Versuchsweise ließ Wagner ihn selbst aus der Grabkammer der Geschichte aufsteigen. Schon 1846 hatte er einen Plan für eine »Barbarossa«-Oper entworfen, den er zwei Jahre später weiterführte, ohne ihn jedoch zu vollenden – Held Siegfried sollte an Barbarossas Stelle treten. 1869, als Wagner sein antisemitisches Pamphlet vom »Judentum in der Musik« wiederauflegen ließ, ging ihm erneut ein Stück über den Staufer durch den Kopf. 1871, dem Jahr des Sieges über Frankreich und der Reichsgründung, dachte er »eigentlich doch immer noch an Friedrich Barbarossa« mit seiner

»großartigen, barbarischen, erhabenen, ja göttlichen Unwissenheit«[49], womit Wagner weniger dessen naiven Dünkel von der Weltherrschaft als jenen Charakterzug heldischer Unbefangenheit gemeint haben dürfte, der schon seine Rassenheilande Siegfried und Parsifal ausgezeichnet hatte. Dem Mythomanen waren indes nicht nur künstlerische Konzepte durch den Sinn gegangen, wenn er über die »barbarischen« Möglichkeiten des Weltherrschaftsanspruchs meditierte. Als er 1879 in Wahnfried mit Cosima und Heinrich von Stein, dem Erzieher seines Sohnes Siegfried, zusammensaß, kam ihm der Gedanke, »daß wir uns des Reichtums der Erde bemächtigen sollten in großen Kulturzügen«. Steins staunender Kommentar: »Wagner tatet Ideen.«[50]

Und Hitler ließ sie, samt den Kulturraubzügen, zur Wirklichkeit werden. Schon in »Mein Kampf« hatte er davon geträumt, wieder dort anzusetzen, »wo man vor sechs Jahrhunderten endete«. Damals hatte sich ein Bayernkönig namens Ludwig noch nach Rom begeben müssen, um 1328 zum deutschen Kaiser gekrönt zu werden, und zwanzig Jahre später war Rienzi an die Spitze des römischen Volkes getreten, um die antike Cäsarenherrlichkeit wiederaufzurichten – auch er, so wollte es die Legende, ein später Staufersproß. Doch nicht in Rom, so Hitler in seinem Buch, lag die Zukunft des neuen Reichs. »Wir stoppen«, so wahrsagte er, »den ewigen Germanenzug nach dem Süden und Westen Europas und weisen den Blick nach dem Land im Osten«[51] – in Wagners »Wibelungen« hatte Hitler dasselbe lesen können: »Nach Morgen hin wandte Friedrich seinen Blick.«[52] Das Bild vom waffenstarrenden Kreuzzug unter knatternden Bannern hatte sich Hitler eingeprägt. Immer wieder verglich er die politisch-militärischen Gewaltkampagnen seiner Bewegung mit dem zwanghaften Heerestourismus des Mittelalters. »Andere Generationen«, so sagte er 1935, lernen »von Heldenzügen. Wir haben diese Sage gelebt und sind mit im Zug marschiert.«[53] Als sein bis dahin ungebremster Durchmarsch bereits aus den Weiten Rußlands zurückgedrängt wurde, richtete er 1942 im Berliner Sportpalast zehntausend Offiziersanwärter mit der historischen Parallele auf, einst seien »deutsche Kaiser und Reiter zu Roß die gleichen Wege geritten. Sie sind bis in das Gelobte Land, bis Palästina« gekommen. »Was wir tun, ist nichts Einmaliges in der Geschichte. Unsere Vorfahren haben es genauso getan!«[54]

Mit dem Hinweis auf Palästina brachte der Prediger, wenn auch ungenannt, den Stauferkaiser Barbarossa ins Spiel, dessen Wiederkehr zur Endabrechnung rund hundert Jahre zuvor Richard Wagner »ersehnt« hatte. Hitler hatte sich von dieser Sehnsucht anstekken lassen. Seit er als »Wolf« beim Stauferverehrer Dietrich Eckart am Obersalzberg untergekrochen war, um später mit Hilfe von Winifred Wagner und Helene Bechstein dort seine Führerresidenz zu errichten, war er nicht nur jenem Walserfeld nahe gerückt, auf dem die letzte Schlacht vor Anbruch des Friedensreiches stattfinden sollte – das Blut würde, wie man lesen konnte, bis in Knöchelhöhe stehen –, sondern er überblickte auch den Berg[55], in dessen Tiefe Barbarossa seit 750 Jahren saß und der Rückkehr harrte. Hitlers »Berghof« lag dem sagenhaften Ort genau gegenüber; die »Große Halle«, in der er seine Kaminmonologe zu halten pflegte, war mit einer riesigen, versenkbaren Panoramascheibe[56] – der »größten der Welt«, hieß es – ausgestattet worden, so daß das Untersbergmassiv zu Hitlers Innenarchitektur zu gehören schien.

Fast jeder Gast schwärmte, wie Leibfotograf Heinrich Hoffmann, von der »wundervollen Aussicht auf das wilde Massiv des Untersbergs, wo, der Sage nach, Kaiser Friedrich Barbarossa saß«[57] und auf seine Wiederkehr wartete. »Das ist kein Zufall«, so erklärte Hitler einmal die auffällige Lage seines Privatsitzes, »ich erkenne darin eine Berufung.«[58] Als dann, Anfang 1941, die Zeit für jenen Aufmarsch gekommen war, der, wie der oberste Heerführer später bemerken sollte, »in Ausdehnung und Umfang der größte ist, den die Welt bisher gesehen hat«[59], scheint er auch der mythischen Dimension gedacht zu haben, die ihm durch das blutgetränkte Walserfeld und den aus dem Untersberg aufsteigenden »Kayser Friderich« vorgegeben war.

An einem Nachmittag auf dem Berghof, »etwa im Februar 1941«, so erzählte Hermann Giesler, hatte Hitler seine Generale zu einer militärischen Besprechung um sich versammelt, nach der man, wie der abseits wartende Architekt bemerkte, vor das große Fenster gegenüber dem Untersberg getreten war. Fritz Todt, Hitlers Straßenbauer und Waffenminister, der an der Strategiekonferenz teilgenommen hatte, kam zu Giesler herüber, »deutete auf die Szene vor uns und sagte leise: Sie wissen um die Entscheidung – Rußland. Es wird hart werden ... Aber sehen Sie, – da steht der Führer, gesammelt und ruhig, und im Hintergrund liegt der Untersberg. Sie kennen die Sage, – seit einem Jahrtausend verbindet sich mit diesem Berg die Hoffnung der Deutschen. – Ist das nicht seltsam?«

»Am Abend saßen wir um das Kaminfeuer«, fuhr Giesler in seinem Hofbericht fort, »Adolf Hitler war schweigsam, in sich verschlossen. Um Mitternacht richtete er eine Frage und Bitte an Bormann. Dann drangen – völlig überraschend für mich – die wuchtigen, schicksalhaften Klänge aus ›Les Préludes‹ von Liszt in den großen Raum, der nur durch die flackernden Flammen des Kaminfeuers erhellt war.«[60] Es handelte sich um das von Cosimas Vater komponierte martialische Geschmetter, das als sogenannte »Rußland-Fanfare« die Rundfunk-Sondermeldungen von der Ostfront ankündigen sollte. Noch bevor der Vorhang zu seinem Drama aufging, hatte Hitler das musikalische Leitmotiv dafür gefunden. Auch der Titel der welterschütternden Tragödie stand schon lange fest. In seiner »Weisung Nr. 21« vom 18. Dezember 1940 nannte Hitler die historische Entscheidungsschlacht, zum »schnellen Feldzug« heruntergespielt, den »Fall Barbarossa«:[61] der Fall, in dem der Überwinder des Antichrist aus dem Untersberg emporsteigen würde. »Wenn Barbarossa steigt«, so weissagte Hitler im Legendenton am 3. Februar 1941, »hält die Welt den Atem an ...«[62]

Auch für den zur Vernichtung bestimmten Teil der Bevölkerung hatte Hitler das passende mythische Bild parat: Bei einer der »üblichen Kaffeestunden, die er täglich in unserem Zimmer verbringt«, so erzählte seine Sekretärin Christa Schroeder, habe Hitler betont, daß der Angriff auf Rußland schon deshalb sein »schwerster Entschluß« sei, »weil man so gar nichts über Rußland wisse« – ihm käme das Land »unheimlich vor, so ungefähr wie das Gespensterschiff im ›Fliegenden Holländer‹«.[63] Die Wagner-Anspielung, die er auch gegenüber einem Adjutanten geäußert haben soll, drückte einerseits das Phantomhafte seiner Vorstellungen vom bolschewistischen »Koloß« aus – sein Rußlandbild folgte ja einer abstrusen Konstruktion, die mit der Wirklichkeit wenig gemein hatte. Andererseits traf der Vergleich den Kern seines Gedankengebäudes: Für Wagner war der »Fliegende Holländer« nichts als eine Erscheinungsform des »Ewigen Juden«[64], weshalb er ihn auch »Ahasverus des Ozeans«[65] nannte – ein Verfluchter, der, wie die Mannschaft seines Schiffes, nicht sterben kann und nichts sehnlicher herbeiwünscht als »ew'ge Vernichtung«. Ähnlich wie Alberich ist der gespenstische Seemann »verflucht, in alle Ewigkeit auf der Meereswüste nach Schätzen zu jagen«[66]. Seinen verzweifelten Schrei nach Erlösung wiederholen die Matrosen, deren dumpfer Notruf aus der Tiefe des Schiffsbauches dringt: »Ew'ge Vernichtung, nimm uns auf!«[67] Dem Mann, der die Erlösung der Welt auf seine Schultern genommen hatte, muß der Schrei in den Ohren geklungen haben. Was sie erflehten, sollten sie bekommen. Absurdes Theater, das Millionen in den Todesstrudel riß.

»Jedenfalls«, so der Historiker Eberhard Jäckel, »gab es nicht die geringste militärische Notwendigkeit für einen Angriff auf die Sowjetunion.«[68] Stalin hatte andere Probleme, als sich auf ein Kriegsabenteuer mit einem hochgerüsteten, durch Blitzsiege selbstbewußt gewordenen Gegner einzulassen. Zudem gab es bindende Freundschafts-, Nichtangriffs- und Grenzverträge jüngsten Datums; man hatte sich komplizenhaft das polnische Glacis geteilt, und Hitler befand sich bereits mit einem anderen Gegner in Kriegszustand. Aus realpolitischen Gründen waren militärische Operationen sinnlos, und das heißt, daß die These vom Präventivkrieg, so Roland Foerster, »nach begründeter Auffassung einer überwältigenden Mehrzahl von Historikern des In- und Auslandes«[69] absurd ist. Hitler zog nicht deshalb nach Osten, weil es dafür einen äußeren Grund gegeben hätte – sogar er selbst sagte 1940, »daß die Russen in hundert Jahren nicht angreifen würden«[70] –, sondern weil dies, wie Joachim C. Fest es ausdrückte, »sein eigentliches Lebensziel« darstellte, »für das alles andere nur ein Umweg gewesen war«.[71]

»Barbarossa« war Hitlers vorläufiges Lebensziel, weil dieser Vernichtungsfeldzug es ihm ermöglichen sollte, sein eigentliches Lebensziel, die Wagner-Welt des Zukunfts-Kunstwerks, zu erreichen. Im Jahr des Kriegsausbruchs hatte sein Luftwaffenadjutant Nicolaus von Below Gelegenheit, Hitlers Gedankenbildung zu verfolgen. Man war, an einem Sommerabend vor dem Angriff auf Polen, auf dem Berghof zusammengetroffen, und der Hausherr hatte sich, das mahnende Untersbergmassiv vor Augen, »seinem ständigen Grübeln nach Wegen zur Verwirklichung seiner politischen Vorhaben« hingegeben. Er ging dann, begleitet von Albert Speer und dem Adjutanten, in der großen Halle auf und ab und ließ »seinen Gedanken freien Lauf« – was ihm um so leichter fiel, als er im Architekten eine verwandte Seele erkannt zu haben glaubte. »Aus seinen Worten«, so Below, »klang der Wunsch, so schnell wie möglich die Basis für seine ihm vorschwebende Friedensarbeit schaffen zu müssen.« Und Hitler entwickelte in knappen Zügen die Vision, die ihn seit Beginn seiner politischen Laufbahn in ihrem Bann gehalten hatte: Die Basis für diese »Friedensarbeit« genannte künstlerische Aufrüstung Europas zur Bühne eines kommenden Heldengeschlechts »sollte ein großdeutsches Reich sein, unangefochten und anerkannt unter den Völkern Europas und der Welt«. Below hatte den Eindruck, »daß die territoriale Ausdehnung dabei nicht die entscheidende Rolle spielen sollte, auch wenn er hier und da übertrieben lautende Vorstellungen von Ausdehnungen im Osten andeutete. Im Grunde ging es ihm vornehmlich darum, den ›jüdischen Bolschewismus‹ als die größte Gefahr für Deutschland und Europa zu vernichten«[72] – womit Hitler den »Fall Barbarossa« bereits im Sommer 1939 seinem Intimus Speer offengelegt hatte; und wie er ihn im August 1940, ebenfalls auf dem Obersalzberg, in Anwesenheit seines Heeresadjutanten Gerhard Engel wiederholte, als er über die Judäo-Bolschewisten sagte: »Wenn man sie nur vernichten könnte.«[73] Hitler war nun endgültig zum deutschen Siegfried geworden, der sich anschickte, den »bösen nagenden Wurm der Menschheit« zu erschlagen. Und er wußte sich als der von Chamberlain entsandte Messias, der den Ruf des Wagnerschen Gespensterschiffs erhören sollte: »Ew'ge Vernichtung, nimm uns auf!«

Die Vernichtung, auf die es abgesehen war, begann nicht erst mit der Errichtung von Gaskammern und fand nicht nur an den Erschießungsgruben hinter der Front statt: Die Feuerwalze des Angriffs, vorgetragen von rund drei Millionen Mann, 3500 Panzern und 2700 Flugzeugen auf einer Breite von 1600 Kilometern[74], brachte Verwüstung und Massentod vom ersten Tag an; die Millionen in Kesselschlachten zusammengetriebenen »Bolschewisten« wurden der langsamen Vernichtung durch Hunger, Schwerarbeit, Seuchen ausgesetzt; die vier Einsatzgruppen, die nach System jüdische Männer, Frauen, Kinder, Greise ermordeten, bewiesen bei ihren Menschenvernichtungsaktionen, die laut Eberhard Jäckel »mit dem Tage des Einmarsches begannen«[75], auch dank der Kooperation der ahnungslosen Opfer eine grauenhafte Effektivität:

»Aus den Ereignismeldungen UdSSR geht hervor«, so ist bei Andreas Hillgruber nachzulesen, »daß von der ›Einsatzgruppe A‹ (hinter dem Nordabschnitt der Ostfront) bis zum 25. November 1941 136 421 Juden exekutiert wurden (im übrigen ›nur‹ 1064 Kommunisten, 56 Partisanen, 653 Geisteskranke, 44 Polen, 28 Kriegsgefangene, 5 Zigeuner, 1 Armenier) – bis 1. Februar 1942 stieg die Zahl auf 229 052; von der ›Einsatzgruppe B‹ (hinter der Heeresgruppe Mitte) bis 14. November 1941 45 467; von der ›Einsatzgruppe C‹ (hinter der Heeresgruppe Süd) bis Anfang Dezember 1941 95 600; von der ›Einsatzgruppe D‹ (am südlichsten Abschnitt der Ostfront) bis 8. April 1942 92 000 Juden. Von August bis November 1942 folgte in einer zweiten großen Ausrottungs-›Welle‹ in der Ukraine, im sonstigen Südrußland und im Bezirk Bialystok die Erschießung von weiteren 363 211 Juden. Dies ergibt bis November 1942 eine Zahl von über 824 000.«[76]

Die Meuchelmorde an wehrlosen Menschen fanden »zumeist an abgelegenen Plätzen, in Wäldern, Moor- oder Sumpfgebieten« statt, so die Dokumentation »Dimension des Völkermords«, »um die Bevölkerung nicht aufmerksam werden zu lassen«. Nachdem die Menschen, die Hitler dem »Untergang Ahasvers« geweiht hatte, zu den Gruben, in denen sie verschwinden sollten, gebracht waren, wurden sie »gezwungen, ihre Kleidung abzulegen – teilweise durften sie ihre Leibwäsche noch anbehalten, zum größten Teil aber, und dies scheint sehr bald allgemein geworden zu sein, mußten sie sich völlig entkleiden und so, Männer, Frauen und Kinder zusammen, nackt auf ihre Ermordung warten ... Sie wurden dann in kleineren Gruppen zur Grube befohlen« und »mit Handfeuerwaffen – in der Regel Karabiner oder Maschinenpistolen, auch Maschinengewehre sollen eingesetzt worden sein – erschossen«.[77] »Säuglinge«, so berichtete eine Gestapo-Mitarbeiterin aus Smolensk, sollen »durch Genickschuß getötet«[78] worden sein.

Die Einführung der Vernichtungslager ab 1942 brachte einen bedeutenden Fortschritt: Vorher mußten die Mörder zu ihren Opfern gehen – nun kamen die Opfer zu ihren Mördern, herangebracht aus allen Teilen Europas, die Hitler besetzt hatte oder, wie im Fall einer halben Million[79] zu vergasender ungarischer Juden, aus diesem Grund 1944 besetzen ließ. In den sechs Todeslagern auf polnischem Boden betrug die Zahl der Juden, die zu ihren Mördern gefahren wurden, in drei Jahren drei Millionen. Diese Tötungszentralen arbeiteten »rasch und wirkungsvoll: Ein Mensch«, so Raul Hilberg im Standardwerk »Die Vernichtung der europäischen Juden«, »stieg am Morgen aus dem Zug, am Abend war sein Leichnam verbrannt, seine Kleidung für den Transport nach Deutschland verpackt.«[80]

Über ihren Tod in den Kammern wurden die Opfer belogen. »An der Ecke« des Vorraumes, so erzählte SS-Obersturmführer Kurt Gerstein über den Massenmord mit Dieselauspuffgasen, »steht ein starker SS-Mann, der mit pastoraler Stimme zu den Armen sagt: ›Es passiert euch nicht das Geringste! Ihr müßt nur in den Kammern tief Atem holen, das weitet die Lungen, diese Inhalation ist notwendig wegen der Krankheiten und Seuchen.‹«[81] Die Vergasungsanlage von Auschwitz, die mit Blausäure arbeitete, »war einfach und raffiniert«, schreibt Eugen Kogon. »Die Einrichtung sah wie ein Bad aus und wurde vor den Opfern auch als ein solches bezeichnet. In einem Auskleideraum stand in den europäischen Hauptsprachen angeschrieben, daß man die Kleider geordnet hinlegen und die Schuhe zusammenbinden solle, damit sie nicht verlorengingen; nach dem Bad werde es heißen Kaffee geben.«[82] Sobald die Türen geschlossen waren, drang das tödliche Gas aus den Duschen. Als mörderische Höchstleistung für einen einzigen Tag gibt Eugen Kogon 34 000 Menschen an. Die meisten Mordkammern, so auch Raul Hilberg, waren als »Duschen getarnt«; ein großes Vergasungsgebäude mit mehreren Kammern zu beiden Seiten eines Korridors wurde als Synagoge ausgegeben: »Die Vorderwand des Gasbaus von Treblinka war unterhalb des Giebels mit einem Davidstern verziert; am Eingang hing ein schwerer, dunkler Vorhang, der aus einer Synagoge stammte, auf dem in hebräischer Schrift geschrieben stand: ›Dies ist das Tor, durch das die Gerechten schreiten.‹«[83]

Über allem stand die Lüge. Wie man die Opfer, nach Demütigung, Quälerei und Verhöhnung, noch im Tod hinters Licht führte, so speiste man auch das Volk, auf dessen Rechnung das Vernichtungsunternehmen ging, mit Andeutungen ab. Gewiß, man hatte in Kauf genommen, daß Hitler ein besonders rabiater Antisemit war – aber geliebt hatte man ihn, weil er, mit dem dramaturgisch-szenografischen Raffinement des Wagner-Theaters, den Erlöser spielte;

verschwiegen hatte er, daß dessen entscheidende Erlösungstat in der »Endlösung« bestehen würde. Die Gelegenheit, sich als die mörderischen Antisemiten zu erweisen, die mancher Historiker in den Deutschen sieht, wurde ihnen von ihrem Führer nicht geboten. Die Unmenschlichkeit, die für diese Taten gefordert war, traute er ihnen nicht zu.

Mehrmals hatte er vor dem Krieg den Versuch unternommen, den deutschen »Volksinstinkt« zu wecken, den Wagner im »Judentum in der Musik« so überzeugend beschrieben hatte. Doch der große Boykott jüdischer Geschäfte gleich nach der Machtergreifung hatte nur Befremden ausgelöst und war kleinlaut eingestellt worden. Beim erneuten Boykottversuch während des Reichsparteitages 1933, als die Knüppelgarde direkt vom Zeppelinfeld vor die jüdischen Läden zog, verdarb es den Mitbürgern die Festtagsstimmung. »Der gewöhnliche Nürnberger«, schrieb die »New York Times«, »hat keine Vorurteile und möchte die jüdischen Läden unterstützen, aber der Grad der Einschüchterung ... hat nun sehr stark zugenommen.«[84] Nicht anders verlief, fünf Jahre später, die »Reichskristallnacht«, in der, am Märtyrerabend des 9. November, Mord und Brandstifung befohlen wurden – die SA führte aus, viele »Arier« waren kaum weniger verunsichert als ihre jüdischen Mitbürger. »Die brutalen Maßnahmen gegen die Juden«, so ein Geheimbericht, »haben große Entrüstung in der Bevölkerung ausgelöst«, und »im ganzen Gebiet herrscht große Empörung über diesen Vandalismus« – aber »im Volke bewirkte diese Aktion doch eine große Einschüchterung.«[85] Nach offizieller Einschätzung ließen die Gewaltakte »in Stadt und Land Mitleid mit den Juden aufkommen«.[86]

Über den »Tag, als der gelbe Stern eingeführt wurde«, berichtete der amerikanische Korrespondent Howard K. Smith, die Berliner hätten ihre Betroffenheit stumm zum Ausdruck gebracht. »Wenn Deutsche an diesem ersten Tag auf der Straße einem Juden mit seinem leuchtend gelben Stern begegneten, dann senkten sie – es war wirklich eine bemerkenswert einheitliche Reaktion – ihre Köpfe; zum Teil aus Scham, zum Teil auch, um den Juden das erniedrigende Gefühl des Angestarrtwerdens zu ersparen.«[87] Zu einem ähnlichen Ergebnis kam Franz Neumann, ein deutscher Mitarbeiter des US-Geheimdienstes OSS, der die Lage im Reich beobachtete und 1944 schrieb, daß es »trotz der unaufhörlichen Propaganda, der das deutsche Volk seit vielen Jahren ausgesetzt ist, keine einzige nachweisbare spontane antijüdische Aktion von Personen, die nicht der NSDAP angehören, gegeben hat«. Und er zog das Resümee: »Nach meiner persönlichen Überzeugung ist das deutsche Volk, so paradox das auch scheinen mag, noch das am wenigsten antisemitische.«[88]

Hitler scheint diese Überzeugung geteilt zu haben. Wären die Deutschen wirklich die begeisterten Judenhasser gewesen, dann hätte er sich nicht zwanzig Jahre lang die Kehle heiser predigen müssen. Mochten sie auch von einem durch Neid, Fremdenscheu und Aberglauben geprägten Ressentiment nicht frei sein, so war ihnen doch die Bayreuther Variante, die auf radikale Lösung drängte, fremd. Für Hitler wiederum zählte der volkstümlich-primitive Antisemitismus nicht – entscheidend war seine »wissenschaftliche« Ausformung, die aus dem »todbringenden Einfluß« des Judentums die zwingenden Schlüsse zog. Wenn Hitler, der den Auftrag dazu erhalten hatte, unablässig den Haß predigte, dann nicht, weil er damit einer deutschen Vorliebe nach dem Munde redete, sondern umgekehrt, weil er sein Publikum in Rassenfragen unentschlossen wußte. Vor Hitler war die Einstellung zum Judentum nicht auf der Tagesordnung gestanden, die »Judenfrage«, wie er selbst bestätigte, 1918 »kaum da«[89] gewesen. Die Drachensaat der nationalsozialistischen Indoktrination ging denn auch weniger im Volk als in der nationalsozialistischen Partei auf – die braunen und schwarzen Garden hätten sich ihrem Führer zuliebe in Stücke gerissen, und sie taten es, als er es von ihnen verlangte, mit seinen Feinden. Nicht »die Deutschen« waren Hitlers willfährige Vollstrecker, sondern nur jene, die sich von ihm in willfährige Vollstrekker verwandeln ließen.

Als Hitler zu seinem Mordzug gen Osten aufbrach, der den Deutschen als eine Art bewaffneter Reichsparteitags-Aufmarsch mit Fanfaren und Geschützdonner schmackhaft gemacht werden sollte, blieb das Hauptziel einer umfassenden Vernichtung unausgesprochen. Mehrmals deutete er es in Prophetensprache an, aber immer nur, wie Sebastian Haffner schrieb, »in allgemeinen Wendungen. Die Einzelheiten hat er in Deutschland soweit wie möglich geheimhalten lassen, und zwar offenbar deswegen, weil er keine

Billigung erwarten konnte.«[90] Dem Volk, das angeblich nichts sehnlicher wünschte als die Ausrottung seines Erzfeindes, wurde die »Endlösung« verschwiegen. Und Hitler, für den die Deutschen in Weltanschauungsfragen unsichere Kantonisten waren, beklagte sich immer wieder über deren allzu weiche Haltung. »Um eben denselben Juden«, so monologisierte er 1942, »der damals diesen Dolchstoß geführt habe, lamentiere heute unser sogenanntes Bürgertum, wenn er nach dem Osten abgeschoben werde«, und er spottete über jeden Deutschen, »der seine Krokodilstränen hinter einem nach dem Osten abtransportierten Juden herweine«.[91] Den Grund für diese lasche, in seinen Augen zudem unwissenschaftliche Haltung glaubte Hitler in mangelnder Charakterfestigkeit ausgemacht zu haben. »Unter der Decke«, erklärte er laut Henry Picker, »sei der Antisemitismus bei den Anglo-Amerikanern wesentlich stärker als beim Deutschen, der sich trotz aller negativen Erfahrungen in seiner Gefühlsduselei von der Phrase vom ›anständigen Juden‹ nicht frei machen könne.« Und das gehöre schon zur Tradition. »Es sei ja ausgerechnet ein deutscher Dichter«, so Hitler, »der den Juden als ›Nathan den Weisen‹ glorifiziere.«[92]

Darüber hatte sich schon sein Idol Wagner empört. Bei einer »neulichen Aufführung des ›Nathan‹«, so erzählte er im Dezember 1881 seiner Frau in Wahnfried, habe »bei der Stelle ›Christus war auch ein Jude‹ ein Israelit im Parterre bravo gerufen.« Cosima hielt den Ärger ihres Mannes im Tagebuch fest: »er wirft Lessing diese Fadheit sehr vor.« Das Gespräch wandte sich dann jener Feuerkatastrophe im Wiener Ringtheater zu, bei der zehn Tage zuvor über vierhundert Menschen qualvoll verbrannt waren. Den Meister faszinierte dabei besonders die Vorstellung, daß vor allem »Juden im Theater« gewesen waren, wie er spottete, »vierhundert ungetaufte und wahrscheinlich fünfhundert getaufte«. Worauf ihm ein gespenstischer Einfall kam: »Er sagt im heftigen Scherz«, so Cosima, »es sollten alle Juden in einer Aufführung des ›Nathan‹ verbrennen.«[93]

Mit keinem Wort hat Hitler jemals verraten, daß er das größte Autodafé der Menschheitsgeschichte plante. Wie in Wagners »Götterdämmerung« sollte der reinigende Weltenbrand die untergangsgeweihte Welt erfassen. Doch statt der arischen Helden und Götter, die im »Ring« auf der Bühne von den Flammen verzehrt werden, sollte es nun die andere Seite treffen. Wenn Hitler, der über zwanzig

Jahre lang an diesem Scheiterhaufen baute, hartnäckig über seine Holocaust-Inszenierung auf der Weltbühne schwieg, so stellte er sie als Schauspieler doch gelegentlich dar – ein Schamane, der den großen Exorzismus probt. »Hitler atmet stoßweise«, beschrieb sein Stimmlehrer Paul Devrient 1932 dessen Auftritte, »gewissermaßen explosiv, ähnlich wie beim Kommandoton. Durch die falsche Führung wird seine Stimme zusätzlich forciert, und die Summe gewaltsamer Anspannungen von Halsmuskeln und Stimmbändern äußert sich immer mehr in einer fast blauroten Verfärbung seines Gesichts.«[94] Sobald seine Stimmkraft nachlasse, versuche er, sie durch Gebärden auszugleichen, »die er bis zum Exzeß steigert: ein geradezu besessenes sich Hin- und Herbewegen, Händefuchteln, Augenrollen«. Dann springe er, »als sei er von Furien gejagt«, auf dem Podium herum, »faßt sich mit beiden Händen an den Kopf und windet sich buchstäblich vor Anstrengung«[95]; oder er werfe den »Kopf, ja den ganzen Körper vor und zurück wie bei einem verzückten (fast hätte ich ›verrückten‹ gesagt!) Tanz!« Einem »Kabarettisten gleichend« demonstriere der Entfesselte bei seiner »Brandrede«, wie Devrient die Judenhaßtiraden nennt, »mehrmals ›Judennasen‹ und ›Judenohren‹« mit grotesken Gesten. Das Publikum, von seinem Veitstanz berauscht, »rast, schreit, ist haßerfüllt! Kurz, es frißt ihm aus der Hand. ›Der Jude ist unser Unglück‹, schließt Hitler und ballt beide Fäuste drohend, zuerst gen Himmel gereckt und dann wie in eine Grube zum Boden weisend.«[96] Es war die Pantomime der »Endlösung«.

Daß Hitler seine Zentralidee ebensowenig wie seine Berufung zum Bayreuther Drachentöter in Schriftform hinterließ, hat bis heute Verwirrung über seine wahren Motive gestiftet. Daß noch Jahrzehnte nach seinem Selbstmord Hitlers Alleinverantwortung für die jahrelangen Vernichtungsaktionen bestritten wird; daß dem von ihm verwirklichten Bayreuther Wahnsystem durch den Vergleich mit anderen »totalitären Systemen« eine Art höherer Geschichtsvernunft attestiert wird; daß die erzwungene Auswanderung der Juden, mit der die gefürchtete Blutvermischung unterbunden werden sollte, solange man die Träger des Blutgiftes nicht vernichten konnte, als mildernder Umstand gewertet wird; daß die Judenvernichtung als Betriebsunfall der Geschichte, als ein Resultat von Platzmangel, kriegsbedingter Verrohung oder jenem »Zugzwang« dargestellt wird, in den Hitler sich durch seine nicht gar so ernst gemeinte »Propaganda« selbst gebracht hätte; daß schließlich ein ganzes Volk in den Verdacht gebracht wird, es habe Hitler erst zum Vollstrecker seiner mörderischen Sehnsüchte erwählt, um sich dann willfährig kollektiven Vernichtungslüsten hinzugeben – in all dem beweist sich das Fortwirken des Hitler-Theaters.

Mit Hilfe einer Verschleierungs- und Verschlüsselungstaktik, bewährt seit Wagners Bayreuther Gründungstagen, täuschte er sowohl das Volk, dessen Zukunft er gestalten wollte, wie das Volk, dem er die Zukunft stahl. Er täuschte auch jene, die noch heute seine Worte für bare Münze nehmen: Hatte er nicht im Oktober 1939, einen Monat vor dem Einfall in Polen, gönnerhaft über die Zukunft der Juden gesagt, sie könnten in Ghettos unter »Selbstverwaltung« leben, »sogar mit eigener Polizei«, und man bräuchte sie dafür nicht einmal mit »Abzeichen«[97] zu versehen? Hatte er nicht im Februar 1941, gleichsam händeringend, nach einer humanen Umsiedlungsmöglichkeit gesucht? »Er werde an Frankreich herantreten und die Franzosen auffordern«, so hörte Adjutant Engel ihn sagen, »auf der Insel Madagaskar Raum für eine Umsiedlung zur Verfügung zu stellen.« Auf Bormanns erstaunte Frage, wie er denn den Millionentransport, noch dazu in Kriegszeiten, abwickeln wolle, antwortete Hitler, »das müßte man überlegen. Am liebsten stelle er seine ganze KdF-Flotte zur Verfügung.«[98] Wer den Hasser Hitler und seine Sendung nicht kennt, wird allerdings auch den eisigen Hohn dieser Worte überhören, hinter denen sich, wie Max Domarus schon vor dreißig Jahren wußte, Hitlers »Massakerabsichten«[99] verbargen.

Nicht nur Tarnung hatte Hitler dabei im Sinn. Er folgte auch dem sektiererischen Brauch, alles Geheimwissen gegenüber Außenstehenden zu verschlüsseln. Gerade in Bayreuth hatte man, dank Wagners Neigung zur Sprachverrätselung, diese Fertigkeit zur hohen Kunst entwickelt, und die Aufspaltung der Botschaft in profane Appelle und esoterische Verkündigung spiegelte die Teilung der Welt in gewöhnliches Volk und Eingeweihte wider. Waren Cosimas Gralsritter, die auf den »grauenhaften Kampf« gegen das jüdische »Wespennest«[100] vorbereitet wurden, zu strengstem Stillschweigen über Bayreuths wahre Ziele verpflichtet, so übten sich auch Hitlers Mordknechte, wie Joachim C. Fest etwa über Heinrich Himmler sagte, in einer »Heimlichkeit«, mit der sie »das angebliche

Rettungswerk in der Mördergrube des eigenen Herzens versenkten«.[101] Selbst innerhalb der »Mordbürokratie« verständigte man sich mit Tarnbezeichnungen wie »Sonderbehandlung«, »Säuberung«, »Bandenbekämpfung« und entwickelte eine Geheimsprache mit operativen, nur scheinbar militärischem Tarnbedürfnis folgenden Decknamen.

Als Himmler 1943 in Posen erstmals vor Reichs- und Gauleitern das Geheimnis seines schwarzen Todesordens, die »Ausrottung des jüdischen Volkes«, enthüllte, bemerkte er plötzlich, wie Fest schreibt, »daß eine Tür zu der nebenliegenden Küche offenstand«. Abrupt brach er seine Ausführungen ab »und befahl erregt, den Durchgang augenblicklich zu schließen; im Flüsterton fuhr er anschließend fort, niemand dürfe erfahren, wovon er gerade gesprochen habe. Er und die SS verrichteten das schreckliche Werk und nähmen ›das Geheimnis mit ins Grab‹«.[102]

Ein Geheimnis war die SS schon lange, bevor sie ihre eigentliche Aufgabe ausführen konnte. Gegründet als Hitlers schwarze Leibgarde, schlüpfte sie schnell in die durch Wagners »Parsifal« vorgegebene Rolle des Blut-Ordens, dessen Ritterelite ihren Gralskönig beschützt, das Übel der Welt ausrottet und den gottähnlichen Menschen der Zukunft züchtet. Als eine »neue Art religiöser Sekte«[103], wie der SS-Hauptsturmführer Dieter Wisliceny den Orden charakterisierte, deutete diese grausame Gralsbrüderschaft die Welt nicht politisch, sondern nach der Geheimlehre ihres Glaubens. Im Mittelpunkt des Ordens, der Hitlers Blutfahne hütete, stand, treu wagnerisch, das reine Blut, das durch jüdische Vergiftung bedroht ist. Als Gralstempel Monsalvat hatte Himmler sich die Wewelsburg bei Paderborn erwählt, deren geplantes »pseudoreligiöses Kultzentrum«[104] mit Weihegruft, Säulenrotunde und Kuppel an den Bayreuther Gralstempel in »Parsifal« erinnerte. Die Hauptaufgabe des schwarzen Gralsheeres unter Himmlers Führung, das sich zum Terrorstoßtrupp von Hitlers Weltanschauung entwickelte, bestand, laut Heinz Höhne, darin, »den Rassen-Wahn des NS-Regimes in schaurige Tat umzusetzen«.[105] Was auf Bayreuths Festspielbühne als feierlicher Männerchor im Templergewand begonnen hatte, trat ein halbes Jahrhundert später als »plastischer Dämon« der Vernichtung der Menschheit in die Geschichte ein.

Dabei folgte diese wie ein Alptraum über die Wirklichkeit gekommene Götterdämmerungstruppe nur Hitlers Regieeinfällen. Alles an der SS, vom Gardemaß ihrer Heldengestalten, den Uniformen und Aufmärschen bis zu ihren finsteren Ritualen und Symbolen, folgte den theatralischen Prinzipien des Mannes, dem sie sich verschworen hatte, und bewirkte, noch bevor die Mordmaschinerie zu arbeiten begann, die vollkommene Einschüchterung der Wirklichkeit. Wo die Stiefel und Pistolen der »Schutz-Staffel« des Heilands knallten, war nicht nur alles Leben bedroht, sondern es begannen gleichsam die Festen des menschlichen Daseins zu wanken: Der Rahmen des Zusammenlebens war gesprengt; als wahr galt nur noch, was der Terror diktierte. Im Rhythmus der Marschkolonnen, zum klingenden Spiel der Musikkapellen zog die kostümierte Weltanschauung ein und begann ihr Vernichtungswerk.

Der Mann, der Hitlers Traum eines Gralsordens zur Verteidigung des arischen Blutes organisierte, wirkte denn auch leblos-fade wie eine Marionette, auf die das Tageslicht fällt, eine Hülse in Uniform, von fremden Inhalten geschwellt. »Himmler«, so sagte Pressechef Dietrich, »war Hitler geistig hörig.«[106] Auch er schon früh von Wagners und Chamberlains Rassenvorstellungen geprägt, hatte im Bayreuther Messias seinen Herrn und Meister gefunden. Fortan bewährte er sich, so Eugen Kogon, als »Diener des Führers«[107] und sprach, nachdem der Todesapparat in Gang gesetzt war, 1942 nicht ohne Stolz über die »schwierige Aufgabe, die mir der Führer anvertraut hat ... jedenfalls nehme ich die Last der Verantwortung allein auf meine Schultern«.[108] Und wie in einem späten Reflex von Chamberlains Auftrag an Hitler, seine Gedanken »zu Ende« zu denken und »furchtlos seine Folgerungen daraus« zu ziehen, bekannte Himmler 1943 in jener Posener Bekenntnisrede, die »Verantwortung«, die er und seine SS mit dem Judenmord auf sich genommen hätten, sei »die Verantwortung für eine Tat, nicht nur für eine Idee«.[109]

Deren Ausführung, davon war auch Heinrich Himmler überzeugt, überstieg die Belastbarkeit der Deutschen; sie kamen weder als Mittäter noch als Mitwisser in Frage. »Ich wage zu behaupten«, höhnte er in Posen über deren Weichheit, »daß es nach der Anzahl der (Gnaden-) Gesuche« für bedrohte Juden und »der Anzahl der Meinungen in Deutschland mehr anständige Juden gegeben hat als überhaupt nominell vorhanden waren.«[110] Und Tage zuvor hatte er gespottet, »dann kommen sie alle an, die braven achtzig Millionen Deutschen, und jeder hat seinen anständigen Juden«.[111] Die Tat aber, die sie, obwohl über ihre Köpfe hinweg begangen, doch auf ihren Buckel nehmen mußten, bestand in Himmlers nüchternen Worten darin, die Juden »von der Erde verschwinden zu lassen«.[112] Da Hitler sich dieses welthistorischen Verdienstes nicht vorzeitig zu berühmen wünschte, erklärte sein Vollstrecker schon zu Beginn der Massaker, die »Person des Führers darf aber auf keinen Fall damit in Zusammenhang gebracht werden. Die volle Verantwortung übernehme ich.«[113]

Im Gegensatz zu Hitler blieb sein Ideengeber Wagner bis heute von diesem abgründigen Zusammenhang verschont. Hatte er auch den Untergang Ahasvers als dessen wünschenswerte Erlösung in Aussicht gestellt und jene große Lösung, nach der es keine Juden mehr gibt, angemahnt; war er im »Ring« zum eigentlichen Schöpfer der Judenzerrbilder geworden, die von Hitler der Welt als Wahrheit aufgezwungen wurden, und hatte im »Parsifal« der fixen Idee vom reinen Blut musikdramatische Glaubwürdigkeit verliehen; hatte er zudem, als führende Kunstautorität seiner Zeit, durch seinen offenen Aufruf zu Judenhaß und -ekel dem primitiven Ressentiment die künstlerisch-religiöse Weihe verliehen und durch Gründung seines konspirativen Antisemiten-Kreises mit eigenem Kampfblatt ein organisatorisches Vorbild für Hitlers Partei geliefert – man wollte dennoch bis heute den Schritt von der Idee zur Tat und vom »zu Ende gedachten Gedanken« zur »furchtlos gezogenen Folgerung« nicht wahrhaben.

Schon das Eingeständnis, es habe Hitlers Wagner gegeben, jenen angeblich von der Nazipropaganda mißbrauchten, gänzlich unpolitischen Musiker und Theatergründer, fiel den Kulturgläubigen der Nachkriegsära schwer genug; die Möglichkeit, daß der Mann, der Europa in die Katastrophe gestürzt hatte, Wagners Hitler gewesen war, blieb jenseits der Denkbarkeit. Undenkbar bislang auch, daß Hitlers Judenhaß mit den unter dieser Rubrik eingeordneten Menschen gar nichts zu tun hatte: In Wahrheit kannte er sie kaum, hatte zudem mit einigen von ihnen nachweislich gute Erfahrungen gemacht. Hitlers historisch gewordener Vernichtungsfeldzug gegen die Juden war Teil seiner Wagner-Liebe: Er mußte die Juden hassen, weil er den Mann liebte, der die Juden haßte. Und es gab hier auch keinen Lernprozeß, keine vermittelnde Anpassung an die Wirklichkeit, da Wagners Werk abgeschlossen war und damit unabänderlich feststand. Es galt nur noch, den Auftrag zu vollstrekken.

Manchem Zeitgenossen war Hitlers mythische Identität nicht verborgen geblieben. »Er war nicht nur von Wagners Musik begeistert, er hielt Wagner auch für einen Propheten des Nationalsozialismus; er lebte in seinem Werk. Er hielt sich selbst für einen Helden aus der Welt Wagners«, schrieb der französische Botschafter in Berlin, André François-Poncet, und »sah sich als Lohengrin, Siegfried, Walther von Stolzing, vor allem Parsifal, der die blutende Wunde des getroffenen Amfortas heilt und dem Gral seine Wunderkraft zurückgibt.«[114] Deshalb ließen sich auch, für nüchterne Beobachter, die Phänomene, mit denen der Führer die Welt anhaltend in seinen Bann schlug, auf Wagner zurückführen – auf seine Weltanschauung und seine Bühnenspektakel, seinen Größenwahn und seine gnadenlose Radikalität in der Vernichtung eingebildeter Feinde. Hitler war »Wagnerianer in mehr als nur musikalischer und ästhetischer Hinsicht ... Seine Denkart und Lebensanschauung«, schrieb der vor Hitler nach England geflohene Sebastian Haffner, »waren voll und ganz von Wagner und dessen Anhängern vorweggenommen«.[115]

Und wurden voll und ganz von Hitlers Anhängern ausgeführt. Noch in der Erbärmlichkeit von Himmlers subalternem Haß läßt sich die Nähe des Bayreuther Meisters nachweisen. »Mit dem Antisemitismus ist es genauso wie mit der Entlausung«, hatte der SS-Führer 1943 über den millionenfachen Tod seiner Opfer gescherzt. »Es ist keine Weltanschauungsfrage, daß man die Läuse entfernt. Das ist eine Reinlichkeitsangelegenheit.«[116] In dieser Art von Mordbubenhumor hatte sich schon Wagner gefallen. Bei einem Gespräch mit Ernst Schmeitzner, dem Verleger der »Bayreuther Blätter«, bemerkte er 1878 über die Juden, »es gibt Wanzen, es gibt Läuse. Gut, sie sind da! Aber die brennt man aus! Die Leute, die das nicht tun, sind *Schweine*!«[117]

Das millionenfache Ausbrennen hat Hitler bis zum Ende seines Lebens den Deutschen verschwiegen. Noch in seiner letzten Ansprache, die er zum Jahrestag der Machtergreifung, am 30. Januar 1945, über Rundfunk an sein Volk richtete, erwähnte er das andauernde Massaker mit keinem Wort; drehte gar, mit Hinweis auf die eigenen Verluste, die Wahrheit um, indem er behauptete, die Volksgenossen, die im Osten ein »grauenhaftes Schicksal ... zu Zehntausenden und Hunderttausenden ausrottet«, seien »Opfer dieser jüdisch-internationalen Verschwörung geworden«.[118]

Doch die verdrehte Wahrheit war von Anfang an Hitlers Wahrheit gewesen. Nicht die Wirklichkeit zählte, sondern das Regiebuch, nach dem sie inszeniert werden mußte. Darin war die Welt zum Schauplatz einer apokalyptischen Entscheidungsschlacht bestimmt, den die göttliche Schöpferrasse, von Wagner einst »Wälsungen« getauft, mit jener »dem Schoß der Nacht und des Todes« entkeimten Vernichterrasse, den »Nibelungen«, auszufechten hatte. Dieses Drama galt es herbeizuführen, zur Entscheidung zu bringen und in einer Apotheose des Wagnerschen Menschheitskunstwerks gipfeln zu lassen. Und auf den Leichen von Millionen würde das »Seid umschlungen, Millionen« triumphierend erklingen.

Nur indem Hitler, so seine Überzeugung, das durch Dolchstoß gefällte Volk als den Helden dieses Kampfes wiederauferstehen ließ, gab er dessen Dasein metaphysischen Sinn. »Wenn einmal nach dem Abklingen dieses gewaltigen Weltdramas«, so versprach er am 30. Januar 1945 über Volksempfänger, »die Friedensglocken läuten werden, wird man erst erkennen, was das deutsche Volk dieser seelischen Wiedergeburt«, will sagen: der Rolle, die Hitler ihm zudiktiert hatte, »verdankt: Es ist nicht weniger als sein Dasein auf dieser Welt.« Doch auch er selbst, der als Verwirklicher der »größten Prophetengestalt« dieser an Größe kaum nachzustehen glaubte, hatte sich der Menschheitsgeschichte unauslöschlich eingeschrieben. Er wollte sich, als gesalbter Heiland, wie er Hermann Rauschning verriet, »dem Letzten, Höchsten widmen, der Prophetie, der Verkündung des neuen Glaubens, mit dem er erst sein Werk vollenden würde. Denn wenn dem christlichen Zeitalter nun die Jahrtausende des künftigen Hitlerschen Zeitalters folgen sollen, so geschieht dies nicht um einer äußeren, politischen Ordnung willen, sondern aus der Verkündigung der neuen Heilslehre, auf die die Menschheit wartet.«[119]

Hitler hatte hoch gezielt und am Ende einen Kontinent in Trümmer gelegt und das europäische Judentum nahezu ausgerottet.

Doch das, so sein Glaube nach einem sechsundfünfzigjährigen Leben zwischen Stehparkett und Führerbunker, gehörte zur großen Welttragödie, die, von seinem Idol als »Götterdämmerung« bezeichnet, dem Helden Wiedergeburt versprach. »Ich möchte an diesem Tag aber auch über etwas anderes keinen Zweifel lassen«, erklärte er bei seinem Rundfunk-Abschied mit festem Blick auf die eigene Unvergänglichkeit: »Einer ganzen feindlichen Umwelt zum Trotz habe ich einst im Innern meinen Weg gewählt und bin ihn als Unbekannter, Namenloser gewandert bis zum endgültigen Erfolg. Oftmals totgesagt und jederzeit totgewünscht, abschließend doch als Sieger!«[120]

Solange man sein Theater nicht durchschaut, könnte er damit recht behalten.

ANHANG

Anmerkungen

I. Ein Heldenleben

1 Henry Picker, Hitlers Tischgespräche im Führerhauptquartier, Stuttgart 1976, S.94 (Äußerung in der Wolfsschanze vom 25./26.1.1942)

2 Guido Knopp, Hitler, Berlin 1995, S.249 (Äußerung vom Oktober 1941)

3 Richard Wagner, Das Braune Buch. Tagebuchaufzeichnungen 1865 bis 1882, hrsg. von Joachim Bergfeld, München 1988, S.86 (Äußerung vom 11.9.1865: »Ich bin der deutscheste Mensch, ich bin der deutsche Geist.«)

4 König Ludwig II. und Richard Wagner, Briefwechsel, 3. Band, hrsg. vom Wittelsbacher Ausgleichsfonds und Winifred Wagner, bearb. von Otto Strobel, Karlsruhe 1936, S.230 (Brief Wagners vom 22.11.1881: »daß ich die jüdische Race für den geborenen Feind der reinen Menschheit und alles Edlen halte«)

5 Eberhard Jäckel, Hitlers Herrschaft. Vollzug einer Weltanschauung, Stuttgart 1986, S.122 (Äußerung vom 2.4.1945)

6 Max Domarus, Hitler. Reden und Proklamationen 1932–1945, 2. Band, Würzburg 1963 (Testament vom 29.4.1945)

7 Guido Knopp, a.a.O., S.163 (Äußerung von 1941: »Wer die Reichskanzlei betritt, muß das Gefühl haben, vor den Herrn der Welt zu treten.«)

8 Uwe Bahnsen/James P. O'Donnell, Die Katakombe. Das Ende der Reichskanzlei, Bergisch Gladbach 1981, S.22 (Äußerung von Hauptsturmführer Helmut Neermann, der zum »Führerbegleitkommando« gehörte: »Man kam sich in diesem unterirdischen Betonklotz vor wie... lebendig eingesargt in einem verlassenen Leichenschauhaus.«)

9 Richard Wagner, Dichtungen und Schriften, hrsg. von Dieter Borchmeyer, 2. Band, Frankfurt 1983, S.274 (in: »Der Nibelungen-Mythus, als Entwurf zu einem Drama« von 1848)

10 Uwe Bahnsen/James P. O'Donnell, a.a.O., S.37

11 Uwe Bahnsen/James P. O'Donnell, a.a.O., S.67 (Albert Speer: »Das Drama, das in jenem unfertigen und elenden Bunker in Berlin endete, begann wirklich mit Hitlers Entschluß, den Krieg von den Betonkatakomben aus zu führen, die er sich erbauen ließ – eine seiner vielen Donquichotterien und dazu eine Entscheidung, die sachlich so offenkundig falsch war.«)

12 Joseph Goebbels, Tagebücher 1945, Bergisch Gladbach 1980, S.211 (Eintrag vom 12.3.1945)

13 Joseph Goebbels, a.a.O., S.414 (Eintrag vom 28.3.1945: »als lebte er in den Wolken. Aber er ist ja schon oft wie ein Deus ex machina aus den Wolken herniedergestiegen«)

14 Uwe Bahnsen/James P. O'Donnell, a.a.O., S.107 (Albert Speer: »Ich glaube heute, im Innersten, das Herz und Gemüt beherbergt, war Hitler hohl, leer.«)
15 Joachim C. Fest, Hitler. Eine Biographie, Berlin 1973, S.684 (Äußerung von 1936, bei der Hitler das »herrliche Mysterium des sterbenden Heros« Siegfried mit dem Wiener »Judendreck« verglich)
16 Max Domarus, a.a.O., 2. Band, S.2237 (Hitler im Testament: »wird in der deutschen Geschichte so oder so einmal wieder der Same aufgehen zur strahlenden Wiedergeburt«)
17 Joseph Goebbels, a.a.O., S.540 (Zusatz zum Testament Adolf Hitlers vom 29.4.1945: »In dem Delirium von Verrat, das in diesen kritischen Tagen des Krieges den Führer umgibt«)
18 Hermann Giesler, Ein anderer Hitler, Leoni am Starnberger See 1977, S.402
19 Nicolaus von Below, Als Hitlers Adjutant 1937–1945, Mainz 1980, S.398 (»Er sprach davon, sich jetzt das Leben zu nehmen.«)
20 Max Domarus, a.a.O., 2. Band, S.2245 (Äußerung von Chefpilot Hans Baur)
21 Max Domarus, a.a.O., 2. Band, S.2245 (Äußerung von Chefpilot Hans Baur)
22 Cosima Wagner, Die Tagebücher, 2. Band, hrsg. von Martin Gregor-Dellin und Dietrich Mack, München 1982, S.722 (Äußerung vom 4.9.1873 gegenüber dem Franzosen Edouard Schuré, dem er sagte, »Deutscher sein und sein zu wollen«, heiße, »eine Sehnsucht empfinden, die nicht in romanischen Ländern erfüllt werden kann«)
23 Max Domarus, a.a.O., 2. Band, S.2237
24 Joseph Goebbels, a.a.O., S.448 (Äußerung vom 31.3.1945)
25 Joseph Goebbels, a.a.O., S.450 (Äußerung vom 31.1.1945)
26 Joseph Goebbels, a.a.O., S.239 (Äußerung vom 14.3.1945)
27 Uwe Bahnsen/James P. O'Donnell, a.a.O., S.42
28 Max Domarus, a.a.O., 1. Band, S.9 (»die Schultern sanken etwas ein, die schon immer vorhandene Anlage zum ›Buckel‹ wurde deutlicher«)
29 Joachim C. Fest, a.a.O., S.1000 (Eintrag von Goebbels – laut Fest herrschte bei der Nachricht von Roosevelts Tod am 12.4.1945 »im Bunker eine lärmende Hochstimmung«)
30 Uwe Bahnsen/James P. O'Donnell, a.a.O., S.53 (Bericht des SS-Oberscharführers Rochus Misch, der als Telefonist im Bunker arbeitete)
31 Brigitte Hamann, Hitlers Wien. Lehrjahre eines Diktators, München 1996, S.11
32 Adolf Hitler, Monologe im Führerhauptquartier 1941–1944. Die Aufzeichnungen Heinrich Heims, hrsg. von Werner Jochmann, München 1982, S.153 (Äußerung vom 17.12.1941)
33 Zu den Partituren gehörten laut Wieland Wagner: Originalpartitur »Die Feen«, Originalpartitur »Das Liebesverbot«, Originalpartitur »Rienzi«, Orchesterskizze »Fliegender Holländer«, originale Partiturreinschrift »Das Rheingold«, originale Partiturreinschrift »Die Walküre«, originale Reinschrift der Orchesterskizze Vorspiel und I. Akt »Götterdämmerung«. Eine Liste Winifred Wagners, von der Albert Speer berichtet, weicht im letzten Punkt von der ihres Sohnes ab: »Abschrift der Orchesterskizze der ›Götterdämmerung‹, von Richard Wagner, Hans Richter und mehreren Kopisten gefertigt« – Albert Speer, Spandauer Tagebücher, Berlin 1975, S.157
34 Hans Jürgen Syberberg, in: »Zeit Magazin« vom 30.4.1976 (»Von den Wittelsbachern für 800 000 RM verkauft. Sie haben dann gesagt: gezwungenermaßen, veranlaßt durch Bayreuth. Eisberge unter Wasser, die sich hinter den Worten der Winifred Wagner verbergen.«)

35 Albert Speer, Spandauer Tagebücher, Berlin 1975, S.157 (»Besonders erregte ihn die Orchesterskizze zur ›Götterdämmerung‹, die er den Anwesenden Blatt für Blatt, mit kennerischen Kommentaren, vorzeigte.«)
36 Hans Jürgen Syberberg, »Winifred Wagner und die Geschichte des Hauses Wahnfried 1914–1975«, Filminterview 1975
37 Hans Severus Ziegler, Adolf Hitler aus dem Erleben dargestellt, Göttingen 1964, S.132
38 Joseph Goebbels, a. a. O., S.410 (Eintrag vom 28.3.1945, wo er auch notiert, der »Führer befindet sich in einer Raserei diesem Verrat gegenüber«, womit der Zusammenbruch im Westen gemeint war.)
39 Hartmut Zelinsky, Richard Wagner. Ein deutsches Thema, Neuauflage 1983, S.169 (Brief Chamberlains an Hitler vom 7.10.1923. Zelinskys zuerst 1976 erschienenes Werk stellt die wichtigste Dokumentensammlung zum Zusammenhang von Bayreuth und Nationalsozialismus dar.)
40 Theodor Heuss, Hitlers Weg. Eine Schrift aus dem Jahre 1932, neu herausgegeben und mit einer Einleitung versehen von Eberhard Jäckel, Tübingen 1968, S.28
41 Wolfgang Wagner, Lebens-Akte. Autobiographie, München 1994, S.46 (Das Buch dokumentiert das Fortwirken der Bayreuth-Tradition im Umgang mit der historischen Wahrheit.)
42 Hartmur Zelinsky, a. a. O., S.170 (Chamberlain-Flugblatt zum 1.1.1924)
43 Winfried Schüler, Der Bayreuther Kreis. Wagnerkult und Kulturreform im Geiste völkischer Weltanschauung, Münster 1971, S.126 (Über Hitlers Freude berichtete der Musikkritiker und Schriftleiter beim »Völkischen Beobachter«, Josef Stolzing-Czerny, in einem Brief an Eva Chamberlain vom 17.10.1923.)
44 Gerhard Boldt, Die letzten Tage der Reichskanzlei, Hamburg 1947, S.80 (Mit dem 28.4.1945, so der Autor, habe ein »nicht mehr endendes Trommelfeuer« eingesetzt.)
45 Max Domarus, a. a. O., 2. Band, S.2239
46 Richard Wagner, Gesammelte Schriften und Dichtungen, 5. Band, hrsg. von Richard Wagner, Leipzig, o.J., S.85 (»Das Judentum in der Musik« aus dem Jahre 1850, das mit den Worten endet: »Aber bedenkt, daß nur eines eure Erlösung von dem auf euch lastenden Fluche sein kann: die Erlösung Ahasvers, – der *Untergang*!«)
47 Max Domarus, a. a. O., 2. Band, S.2237
48 Richard Wagner, Dichtungen und Schriften, a. a. O., 2. Band, S.274 (In seinem »Nibelungen-Mythus« nennt Wagner die Unterwelt den »Schoß der Nacht und des Todes«, aus dem die »Nibelungen«, so sein Ausdruck, »entkeimen.«)
49 Max Domarus, a. a. O., 2. Band, S.2236
50 Joseph Goebbels, a. a. O., S.404 (Eintrag vom 28.3.1945: »In der militärischen Umgebung des Führers herrscht eine Art von Untergangsstimmung.«)
51 Uwe Bahnsen/James P. O'Donnell, a. a. O., S.273
52 Franz Liszt – Richard Wagner, Briefwechsel, hrsg. von Hanjo Kesting, Frankfurt 1988, S.267 (Brief Wagners vom 11.2.1853, in dem er sein »Ring«-Poem andeutungsweise mit dem Untergang der Juden in Verbindung bringt: »Ja – im Brande Walhalls möchte ich untergehen! – Beachte wohl meine Dichtung – sie enthält der Welt Anfang und Untergang! – Ich muß es nächstens doch für die Frankfurter und Leipziger Juden komponieren – es ist ganz für sie gemacht!«)
53 Nicolaus von Below, a. a. O., S.409 (»Dieser 12. April brachte mir selbst noch ein unvergeßliches Erlebnis. Speer hatte für den Mittag dieses Tages das Ab-

schiedskonzert der Berliner Philharmoniker ermöglicht... hörten wir das Finale aus der ›Götterdämmerung‹ von Richard Wagner«.)

54 »Der Spiegel« vom 10.4.1995, »Hitlers Höllenfahrt«

55 Joachim C. Fest, a.a.O.. S.1021

56 Uwe Bahnsen/James P. O'Donnell, a.a.O., S.269 (»Nachdem ›Blondi‹ getötet war, erschoß Feldwebel Tornow die fünf Welpen, die das Tier im März geworfen hatte, die Hunde von Eva Braun, von Hitlers Sekretärin (Gerda) Christian und auch seinen eigenen.«)

57 Joachim C. Fest, a.a.O., S.993

58 Max Domarus, a.a.O., 2. Band, S.2227 (Hitler, so Domarus, erklärte den Krieg für verloren und kündigte seinen Selbstmord an. Über die dramatische Lagebesprechung am 22.4.1945 berichtete General Eckhard Christian. »Am 23. April«, so Domarus weiter, »hatte sich Hitler wieder von seiner Depression erholt. Vielleicht war alles nur eine letzte Prüfung, ein ›Hammerschlag der Vorsehung‹.«)

59 Christa Schroeder, Er war mein Chef. Aus dem Nachlaß der Sekretärin von Adolf Hitler, hrsg. von Anton Joachimsthaler, München 1985, S.134 (In einem Gespräch vom 12.3.1944 auf dem Obersalzberg mit Heinrich Hoffmann sprach Hitler über seine Skizzen und Bilder aus der Vor-NSDAP-Zeit: »Man darf ja nicht vergessen, daß alle meine Gedanken von heute, meine architektonischen Planungen auf das zurückgehen, was ich mir damals in diesen Jahren in nächtelanger Arbeit angeeignet habe.«)

60 Richard Wagner, Die Musikdramen, München 1978, S.813 (»Götterdämmerung«, III. Aufzug, 3. Szene: »Mein Erbe nun nehm ich zu eigen. – Verfluchter Reif! Furchtbarer Ring! Dein Gold faß ich, und geb es nun fort.«)

61 Hans Mayer, Richard Wagner in Bayreuth. 1876–1976, Frankfurt 1978, S.125 (Brief von Heinz Tietjen an Winifred Wagner vom 17.12.1944: »Du wirst erstaunt sein, daß ich die Frage des Führers, ob im Sommer 1945 in Bayreuth gespielt werden kann ... ohne Bedenken mit ›Ja‹ beantworten kann. Es wären dazu nicht mehr Führerbefehle nötig als bisher.«)

62 Michael Karbaum, Studien zur Geschichte der Bayreuther Festspiele (1876–1976), Regensburg 1976, 1. Teil, S.91 (»Am 13.1.1945 teilte Wieland Wagner dem Leiter der Forschungsstelle Otto Strobel mit, er habe – weil ›jetzt die einmalige Gelegenheit gegeben wäre‹ – Hitler erläuterndes Material für dieses Projekt vorgelegt und um Entscheidung gebeten, zumal – wie er einräumen mußte –, ›ohne einen Führerbefehl unter den jetzigen Schwierigkeiten die große Aufgabe nicht durchzuführen‹ sei.« Die Begegnung hatte laut Wielands Witwe Gertrud Wagner noch 1944 stattgefunden. – Karbaums Buch stellt die wichtigste Dokumentensammlung zur Geschichte d. Bayreuther Festspiele dar.)

63 Hans Jürgen Syberberg, Filminterview 1975

64 Gertrud Wagner im Gespräch mit dem Autor 1996

65 Hans Jürgen Syberberg, in: »Zeit Magazin«, a.a.O.

66 Michael Karbaum, a.a.O., 2. Teil, S.69 (Hans Conrad, »Der Führer und Bayreuth«, in: Bayerische Ostmark, Sonderbeilage 25./26.7.1936)

67 Gertrud Wagner 1996. Der von Winifred und Wolfgang Wagner verbreiteten Version, wonach Wieland Wagner im April 1945 in Hitlers Bunker wegen der Freigabe der Partituren vorgesprochen habe, widerspricht Wieland Wagners Witwe Gertrud. »Wieland hat nur einmal mit Hitler über die Handschriften Wagners gesprochen, und zwar 1944 bei einem Abendessen in der Reichskanzlei, zu dem neben meinem Mann und mir auch Wielands Schwester Verena und

ihr Mann Bodo Lafferentz eingeladen waren. Ich erinnere mich, wie Hitler, dessen linker Arm zitterte, unablässig die ›Blondi‹ streichelte. Nachdem Hitler auf Wielands Bitte ablehnend geantwortet hatte, versuchten mein Mann und Bodo Lafferentz 1945 erneut, zu Hitler nach Berlin zu gelangen. Doch auf den verstopften Autobahnen war mit ihrem Holzvergaser-Automobil kein Durchkommen und sie kehrten unverrichteter Dinge zurück. Wolfgangs Darstellung, sie seien bis zu Hitlers Adjutanten vorgedrungen, ist falsch. Sie kamen nicht einmal bis nach Berlin.« Wolfgang Wagners Bericht in »Lebens-Akte«, a.a.O., S.118: »Am 6. April fuhren Wieland und Bodo Lafferentz ... nach Berlin, um den Versuch zu unternehmen, die Wagner-Partituren, die Adolf Hitler vom Hauptverband der deutschen Industriellen zum 50. Geburtstag geschenkt bekommen hatte, nach Bayreuth zu holen ... nun lagerten sie im Bunker der Reichskanzlei. Bis zu Hitler ... konnten die beiden nicht mehr vordringen, nur bis zu seinem Adjutanten gelangten sie, der ihnen kundtat, die Partituren lägen nirgends sicherer als in diesem Bunker.«

68 Anton Joachimsthaler, Korrektur einer Biographie. Adolf Hitler 1908–1920, München 1989, S.262 (»Am 23.4.1945 ist Schaub von Berlin nach München geflogen und hat im Auftrag Hitlers den Panzerschrank in seiner Wohnung am Prinzregentenplatz 16 und anschließend den in Hitlers Arbeitszimmer am Berghof ausgeräumt und den Inhalt vernichtet.«)

69 Max Domarus, a.a.O., 2. Band, S.2227 (Bericht von General Eckhard Christian am 22.4.1945 um 20.45 Uhr)

70 Uwe Bahnsen/James P. O'Donnell, a.a.O., S.198 (Äußerung von SS-Oberscharführer Rochus Misch)

71 Uwe Bahnsen/James P. O'Donnell, a.a.O., S.160 (Äußerung Hitlers zu Chefpilot Hans Baur)

72 Uwe Bahnsen/James P. O'Donnell, a.a.O., S.198 (Äußerung von SS-Oberscharführer Rochus Misch, der seine Informationen am Vermittlungsschrank der Telefonzentrale sammelte.)

73 Wolfgang Wagner, a.a.O., S.127 (»wie auch jene im Berliner Führerbunker liegenden Partituren seither verschollen blieben«)

74 Houston Stewart Chamberlain, Richard Wagner, München 1901, S.4

75 H. St. Chamberlain, a.a.O., S.501

76 H. St. Chamberlain, a.a.O., S.505

77 H. St. Chamberlain, a.a.O., S.161 (»Wagner ist ein Deutscher im ausschließenden Sinn des Wortes und er ist zugleich Allmensch nach dem Vorbild Jesu Christi.« Es gehörte seit Wagner zu den Kunststücken Bayreuths, christliches Mitleid und Welterlösung zu predigen, die Juden davon aber ausdrücklich auszuschließen.)

78 H. St. Chamberlain, a.a.O., S.216

79 H. St. Chamberlain, a.a.O., S.224

80 H. St. Chamberlain, a.a.O., S.61

81 H. St. Chamberlain, a.a.O., S.120

82 Richard Wagner, Die Musikdramen, a.a.O., S.369 (»Tristan und Isolde«, III. Aufzug, 1. Szene)

83 Max Domarus, a.a.O., 2. Band, S.2234 (»Goebbels hatte einen zugelassenen Standesbeamten und Stadtrat von Berlin, den Gauamtsleiter Walter Wagner, rufen lassen.«)

84 Max Domarus, a.a.O., 2. Band, S.2240

85 Hugh Trevor-Roper, in: »Frankfurter Allgemeine Zeitung« vom 14.9.1988

(»Er legte die Zeremonie seines eigenen Begräbnisses fest, und in Bombenhagel und Geschützfeuer wurde sie Punkt für Punkt durchgeführt.« Selbst den Zeitpunkt seines Todes hatte er, wie sich der Arzt Dr. Ernst Günther Schenck erinnerte, genau geplant und bekanntgegeben. Nach einem Besuch bei Hitler teilte ihm Prof. Dr. Werner Haase mit: »Heute um 15 Uhr wird der Führer aus dem Leben scheiden!« – eine »Bemerkung, die mir wegen ihrer feierlichen Form unauslöschbar in Erinnerung blieb«. Der Selbstmord, so Schenck, »war Hitlers letzter Staatsakt«. In: Ernst Günther Schenck, Das Notlazarett unter der Reichskanzlei. Ein Arzt erlebt Hitlers Ende in Berlin, Neuried 1995)

86 Uwe Bahnsen/James P. O'Donnell, a.a.O., S.296

87 Christa Schroeder, a.a.O., S.189

II. Der letzte der Tribunen

1 Thomas Mann, Politische Schriften und Reden, 3. Band, Frankfurt 1968, S.53 (Der Artikel »Bruder Hitler« war erstmals 1939 in Paris erschienen.)

2 Thomas Mann, Wagner und unsere Zeit. Aufsätze, Betrachtungen, Briefe, hrsg. von Erika Mann, Frankfurt 1983, S.16 (Aus »Versuch über das Theater« von 1908, in dem Mann bereits den Übergang von der Kunst zum Kult festhielt: »Symbolik und Zeremoniell, – einen Schritt weiter noch, oder kaum noch einen Schritt, und wir haben die szenische Handlung an dem Punkte, wo sie rituell und weihehaft wird, wir haben das Theater auf seinem Gipfel – nämlich auf dem Hügel von Bayreuth, wir haben das Schauspiel dort, wo es ›Parsifal‹ heißt... Denkt man seine Gedanken zu Ende, so scheint es einem nicht mehr unmöglich, daß in irgendeiner Zukunft« das Theater »die Erbschaft der Kirche antreten und dann allen Ernstes ein Tempel sein könnte.«)

3 Thomas Mann, Wagner und seine Zeit, a.a.O., S.31 (in: »Betrachtungen eines Unpolitischen« von 1918)

4 Thomas Mann, Wagner und seine Zeit, a.a.O., S.37 (in: »Betrachtungen eines Unpolitischen« von 1918)

5 Thomas Mann, Wagner und seine Zeit, a.a.O., S.31 (in: »Betrachtungen eines Unpolitischen« von 1918)

6 Ludwig II. von Bayern in Augenzeugenberichten, hrsg. von Rupert Hacker, München 1972, S.33 (Der fünfzehnjährige Kronprinz sah die Gralsoper erstmals am 2.2.1861. Sofort lernte er, wie sein Biograph Gottfried von Böhm berichtete, »das Textbuch und die übrigen Dramen Wagners auswendig und las ›mit brennender Begier‹ auch die Prosaschriften Wagners«.)

7 Adolf Hitler, Mein Kampf, 763.–767. Auflage, München 1942, S.15. Eine der wenigen direkten Erwähnungen Wagners in Hitlers Autobiographie; im Register taucht er nur ein einziges Mal auf.

8 Joachim C. Fest, a.a.O., S.38

9 Werner Maser, Adolf Hitler. Legende, Mythos, Wirklichkeit, München 1974, S.67 (Äußerung von Prof. Dr. Eduard Huemer über seinen ehemaligen Schüler während des Putsch-Prozesses 1924; hier auch: »Hitler war entschieden begabt, wenn auch einseitig, hatte sich aber wenig in der Gewalt.«)

10 Hitler, Sämtliche Aufzeichnungen 1905–1924, hrsg. von Eberhard Jäckel und Axel Kuhn, Stuttgart 1980, S.1233 (Brief vom 5.5.1924 aus der Haftanstalt Landsberg an Siegfried Wagner in Wahnfried)

11 Adolf Hitler, Mein Kampf, a.a.O., S.15

12 Thomas Mann, Wagner und unsere Zeit, a.a.O., S.30 (Brief an Julius Bab vom 14.9.1911: »dieser schnupfende Gnom aus Sachsen mit dem Bombentalent und dem schäbigen Charakter«)
13 John Toland, Adolf Hitler, Bergisch Gladbach 1977, S.42 (Brief vom 7.5.1906 an August Kubizek)
14 Adolf Hitler, Monologe, a.a.O., S.288 (Äußerung vom 20./21.2.1942; kurz zuvor meinte Hitler, »eigentlich müßte die Menschheit ein Genie wie Richard Wagner auf den Händen haben tragen wollen!«)
15 Walter C. Langer, Das Adolf-Hitler-Psychogramm, Wien 1973, S.110 (»Für mich«, so Hitler gegenüber dem amerikanischen Journalisten Frederick Oechsner, »ist Wagner etwas Göttliches, seine Musik ist meine Religion. Ich gehe zu seinen Aufführungen wie andere in die Kirche.«)
16 August Kubizek, Adolf Hitler. Mein Jugendfreund, Graz 1953, S.138
17 Adolf Hitler, Mein Kampf, a.a.O., S.14
18 August Kubizek, a.a.O., S.140
19 Die Rückseite des Hakenkreuzes. Absonderliches aus den Akten des Dritten Reiches, hrsg. von Beatrice und Helmut Heiber, München 1993, S.72 (Brief vom 21.7.1939, in dem Kubizek auch erwähnt, wie in jenen »glühenden Jünglingsträumen ... immer wieder Bayreuth als strahlender Stern am Himmel deutscher Kunstgestaltung aufleuchtete«)
20 August Kubizek, a.a.O., S.141
21 Albert Speer, a.a.O., S.136 (Äußerung bei den Bayreuther Festspielen 1938 im Salon des »Führerbaus«)
22 Henry Picker, a.a.O., S.53
23 Henry Picker, a.a.O., S.95
24 August Kubizek, a.a.O., S.341
25 August Kubizek, a.a.O., S.142 (Bevor Hitler sich von Kubizek verabschiedete, führte er den Jugendfreund durch Haus Wahnfried, als wäre es sein Eigentum: »Während der junge Wieland die einzelnen Räume aufschloß, erläuterte mir der Kanzler die Denkwürdigkeiten. Zuerst wurde ich durch den Altbau geführt ... Im Musikzimmer stand der Flügel, an dem der Meister komponiert hatte, offen, eine Geste, die mich im Innersten bewegte.« S.342)
26 Otto Wagener, Hitler aus nächster Nähe. Aufzeichnungen eines Vertrauten 1929–1932, hrsg. von Henry A. Turner, Kiel 1987, S.352
27 Guido Knopp, a.a.O., S.117
28 Otto Strasser, Mein Kampf, Frankfurt 1969, S.98
29 Richard Wagner, Die Musikdramen, a.a.O., S.153 (»Rienzi«, II. Akt)
30 Joachim C. Fest, a.a.O., S.546
31 Richard Wagner, Die Musikdramen, a.a.O., S.154 (»Rienzi«, II. Akt: »seiner Milde Himmelslicht«, für das die Römer tatsächlich kein Verständnis haben)
32 Otto Wagener, a.a.O., S.353
33 Richard Wagner, Die Musikdramen, a.a.O., S.153 (»Rienzi«, II. Akt)
34 Richard Wagner, Die Musikdramen, a.a.O., S.174 (»Rienzi«, III. Akt: »Verflucht, vertilgt sei diese Stadt! Vermodre und verdorre, Rom! So will es dein entartet Volk!« sind die letzten Worte des Tribuns, bevor er in den Flammen verschwindet.)
35 Richard Wagner, Die Musikdramen, a.a.O., S.170 (»Rienzi«, V. Akt)
36 Otto Wagener, a.a.O., S.99 (Der Heiratsverweigerung fügte Hitler sogar noch das Zölibatsversprechen an, »wenn ich dazu berufen sein sollte, Deutschland aus der Not herauszuführen, wenn es mir gelingen sollte, ein Heros des deut-

schen Volkes zu werden, dann soll das Volk nicht mit einem Sohn von mir belastet sein... Was würde Siegfried Wagner geworden sein, wenn er nicht außer dem Sohn seines Vaters auch noch der Erbe Bayreuths gewesen wäre und seine Mutter Cosima sowie seine ebenso bedeutende Lebensgefährtin Winifred bei sich gehabt hätte?«)

37 Richard Wagner, Die Musikdramen, a.a.O., S.140 (»Rienzi«, I. Akt.)

38 Richard Wagner, Die Musikdramen, a.a.O., S.141 (»Rienzi«, I. Akt.)

39 Reichstagung in Nürnberg 1935. Der Parteitag der Freiheit, hrsg. von Hanns Kerrl, Berlin 1936, S.418

40 Albert Speer, a.a.O., S.136 (Robert Ley, Organisationschef der Partei, hatte neue Eröffnungsstücke komponieren lassen, die sich Hitler in der leeren Luitpold-Halle anhörte, um dann doch bei seinem Lieblingsstück aus »Rienzi« zu bleiben.)

41 Max Domarus, a.a.O., 2. Band, S.2139 (Hitler in der Wolfsschanze am 4.8.1944 zu den dort versammelten Reichs- und Gauleitern)

42 Richard Wagner, Die Musikdramen, a.a.O., S.136 (»Rienzi«, I. Akt)

43 Hermann Giesler, a.a.O., S.99 (»An diesen Felswänden kletterte ich in meiner Jugend«, so Hitler über den Linzer Freinberg, »über diesen Felswänden bauen Sie mir den Alterssitz!«)

44 Hermann Giesler, a.a.O., S.406

45 Albert Speer, a.a.O., S.255

46 Albert Speer, a.a.O., S.136

47 Joachim C. Fest, a.a.O., S.65

48 Richard Wagner, Sämtliche Briefe, 1. Band, 1830–1842, hrsg. von Gertrud Strobel und Werner Wolf, Leipzig 1967, S.507 (Brief vom 6. oder 7.9.1841)

49 Die Sarazenin, Oper in fünf Akten, konzipiert 1841: In ihrem Mittelpunkt steht der Stauferprinz Manfred, Sohn Friedrichs II.

50 Richard Wagner, Mein Leben, Vollständige Ausgabe, 1. Band, hrsg. von Eike Middell, Leipzig 1985, S.16

51 Ernest Newman, The Life of Richard Wagner, 2. Band, 1848–1860, New York 1937, S.614 (Brief von Chamberlain vom 12.12.1913 an Hellmunth)

52 Goethe-Jahrbuch, 106. Band, hrsg. von Karl-Heinz Hahn, Weimar 1989, S.250 (Der Historiker Volker L. Sigismund belegt dies in seinem Artikel »Ein unbehauster Prinz – Constantin von Sachsen-Weimar 1758–1793«, S.269.)

53 Richard Wagner, Sämtliche Briefe, a.a.O., 1. Band, S.97 (Die berühmte, von Hitler variierte Bemerkung, findet sich in der »Autobiographischen Skizze«.)

54 Wagner-Enzyklopädie. Haupterscheinungen der Kunst- und Kulturgeschichte im Lichte der Anschauung Richard Wagners, hrsg. von C. Fr. Glasenapp, 2. Band, Leipzig 1891, S.103

55 Richard Wagner, Leben und Werk in zeitgenössischen Bildern und Dokumenten, hrsg. von Herbert Barth, Dietrich Mack, Egon Voss, München 1982, S.303 (In Berlioz' fünftem Brief über seine »Erste Reise nach Deutschland«)

56 Heinrich Heine, Werke, 3. Band, »Schriften über Frankreich«, Frankfurt 1978, S.504 (Die Bemerkung findet sich im zweiten Teil der »Lutezia«.)

57 Richard Wagner, Sämtliche Briefe, a.a.O., 1. Band, S.112 (Schlußsatz der »Autobiographischen Skizze«, der Hitler nachhaltig beeindruckte)

58 Richard Wagner, Die Musikdramen, a.a.O., S.133 (»Rienzi«, I. Akt)

59 Richard Wagner, Die Musikdramen, a.a.O., S.149 (»Rienzi«, II. Akt)

60 Richard Wagner, Die Musikdramen, a.a.O., S.158 (»Rienzi«, III. Akt)

61 Richard Wagner, Die Musikdramen, a.a.O., S.138 (»Rienzi«, I. Akt)

62 Richard Wagner, Mein Leben, a.a.O., 1. Band, S.159
63 Wagner Werk Verzeichnis, hrsg. von John Deathridge, Martin Geck, Egon Voss, Mainz 1986, S.163
64 Richard Wagner, Dichtungen und Schriften, a.a.O., 1. Band, S.103 (Das Stück, geplant als »komische Oper in zwei Akten«, heißt mit vollständigem Titel: »Männerlist größer als Frauenlist oder Die glückliche Bärenfamilie«.)
65 Richard Wagner, Dichtungen und Schriften, a.a.O., 1. Band, S.110
66 Richard Wagner, Gesammelte Schriften und Dichtungen, a.a.O., 5. Band, S.74 und 85
67 Richard Wagner, Dichtungen und Schriften, a.a.O., 1. Band, S.117
68 Richard Wagner, Dichtungen und Schriften, a.a.O., 1. Band, S.129
69 Richard Wagner, Leben und Werk, a.a.O., S. 299 (Brief Meyerbeers vom 18.3.1841 an den Generalintendanten Wolf von Lüttichau)
70 Richard Wagner, Sämtliche Briefe, a.a.O., 1. Band, S.98 (»Autobiographische Skizze«)
71 Eckart Kröplin, Richard Wagner. Theatralisches Leben und lebendiges Theater, Leipzig 1989, S.15 (Heinrich Dorn 1837 in der »Neuen Zeitschrift für Musik«)
72 Richard Wagner, Leben und Werk, a.a.O., S.301 (Brief des Dresdner Kostümmalers und »Rienzi«-Ausstatters Ferdinand Heine, dem Urgroßvater von Hitlers Anhänger Ernst Hanfstaengl)
73 Robert Schumann, Tagebücher, 2. Band, 1836–1854, hrsg. von Gerd Nauhaus, Leipzig 1987, S.257 (Claras Tagebucheintrag vom Februar 1843: »D. 12ten sah ich endlich 2 Acte von dem großen Rienzi, der ganz Dresden verrückt macht... Mein ganzes Empfinden war Mißfallen.«)
74 Familienbriefe von Richard Wagner 1832–1874, hrsg. von C. Fr. Glasenapp, Berlin 1907, S.75 (Brief an Eduard und Cäcilie Avenarius vom 21.10.1842)
75 Richard Wagner, Sämtliche Briefe, a.a.O., 2. Band, S.182 (Brief vom 30.11.1842 an Samuel Schmidt, in dem er sich selbst diesen »Styl« attestiert)
76 Familienbriefe, a.a.O., S.81 (Brief vom 6.11.1842 an Eduard und Cäcilie Avenarius)
77 Richard Wagner, Leben und Werk, a.a.O., S.302
78 Richard Wagner, Sämtliche Briefe, a.a.O., 2. Band, S.223 (Brief vom 25.2.1843, in dem er auch sagt, die Nähe, in die man ihn zu Meyerbeer bringe, wäre »ein Todesurteil über meine Produktions-Kraft«)
79 Das alte Dresden. Bilder und Dokumente aus zwei Jahrhunderten, hrsg. von Erich Haenel und Eugen Kalckschmidt, Bindlach 1995, S.384 (Zitat aus Beusts Lebenserinnerungen »Aus drei Vierteljahrhunderten«)
80 Nicolaus von Below, a.a.O., S.76 (Below ergänzt den »Rienzi«-Gedanken mit den Worten: »Doch die Anlagen und Eigenschaften eines Künstlers legte er nicht ab.«)

III. Dresdner Weltenbrand

1 Richard Wagner, Sämtliche Briefe, a.a.O., 2. Band, S.586 (Brief vom 4.1.1848 an Johann Kittl, dem er sein Opernlibretto verkauft hatte)
2 Eckart Kröplin, a.a.O., S.53 (»Leipziger Reibeisen« vom 24.7.1849)
3 Lutz Heydick, Leipzig. Historischer Führer zu Stadt und Land, S.57
4 Hans-Ulrich Wehler, Deutsche Gesellschaftsgeschichte, 2. Band, München 1987, S.352

5 Richard Wagner, Mein Leben, a.a.O., 1. Band, S.49
6 Richard Wagner, Mein Leben, a.a.O., 1. Band, S.51
7 Richard Wagner, Mein Leben, a.a.O., 1. Band, S.53
8 Lutz Heydick, a.a.O., S.58
9 Richard Wagner, Mein Leben, a.a.O., 1. Band, S.50
10 Jörg von Uthmann, Attentat. Mord mit gutem Gewissen, Berlin 1996, S.70
11 Hans-Joachim Bauer, Richard-Wagner-Lexikon, Bergisch Gladbach 1988, S.168 (»Freudenfeuer« war sein Pseudonym für Artikel in der Wochenzeitschrift »Europa« von August Lewald.)
12 Friedrich Schiller, Sämtliche Werke, 1. Band, hrsg. von Gerhard Fricke und Herbert G. Göpfert, München 1958, S.135
13 Heinz Schirmag, Albert Lortzing. Glanz und Elend eines Künstlerlebens, Berlin 1995, S.170
14 Heinz Schirmag, a.a.O., S.174
15 Heinz Schirmag, a.a.O., S.107
16 Eduard Hanslick, Aus meinem Leben, 1. Band, Berlin 1894, S.134
17 Richard Wagner, Dichtungen und Schriften, a.a.O., 9. Band, S.13 (»Bericht über die Aufführung der Neunten Symphonie von Beethoven im Jahre 1846 in Dresden«)
18 Richard Wagner, Dichtungen und Schriften, a.a.O., 9. Band, S.14
19 Richard Wagner, Dichtungen und Schriften, a.a.O., 9. Band, S.26
20 Heinrich Reimann, Aus Hans von Bülows Lehrzeit, Berlin o.J., S.125
21 Heinrich Reimann, a.a.O., S.127
22 Richard Wagner, Mein Leben, a.a.O., 1. Band, S.459
23 Richard Wagner, Das Braune Buch, a.a.O., S.115
24 Ernest Newman, a.a.O., 2. Band, S.100
25 Eckart Kröplin, a.a.O., S.52 (»Kleine Musikzeitung« vom 20.5.1849)
26 Richard Wagner, Sämtliche Briefe, a.a.O., 2. Band, S.232 (Brief vom 7.4.1843 an Samuel Lehrs)
27 Richard Wagner, Ein Lebens- und Charakterbild. In Dokumenten und zeitgenössischen Darstellungen, hrsg. von Werner Otto, Berlin 1990, S.179 (Prinzessin Marie Wittgenstein, Tochter der Geliebten von Franz Liszt und zeitweiliger Schwarm Wagners, schreibt im Herbst 1856 über ihn, der »Glaube an sich, an seinen reformatorischen Beruf war in ihm zur höchsten Exaltation herangewachsen. Kein Mahomet, kein Johann von Leyden konnten sich mehr als Prophet des Herrn fühlen ... es genügte ihm nicht mehr, Reformator der Oper zu sein, seine Kunst sollte eine Art Religion vorstellen.« In: Marie Fürstin zu Hohenlohe, Erinnerungen an Richard Wagner, Weimar 1938)
28 Eduard Devrient, Aus seinen Tagebüchern, Berlin–Dresden 1836–1852, hrsg. von Rolf Kabel, Weimar 1964, S.465 (Eintrag vom 26.1.1849: »Dann sagte er mir, daß es ihm unbegreiflich sei, wie ich so viel von Richard Wagner halten könne; er haßt ihn erbittert.«)
29 Eduard Devrient, a.a.O., S.451 (Eintrag vom 21.10.1848)
30 Richard Wagner, Die Musikdramen, a.a.O., S.274 (»Lohengrin«, I. Akt, 3. Szene: »Der Nachen, vom Schwan gezogen, erreicht in der Mitte des Hintergrunds das Ufer; Lohengrin in glänzender Silberrüstung, den Helm auf dem Haupte, den Schild im Rücken, ein kleines goldenes Horn zur Seite, steht, auf sein Schwert gelehnt, darin« – die Urszene des deutschen Messias.)
31 Richard Wagner, Sämtliche Schriften und Dichtungen, 12. Band, hrsg. von Richard Sternfeld, Leipzig, S.225 (»Wie verhalten sich republikanische Bestre-

bungen dem Königtume gegenüber?«, Rede gehalten am 14.6.1848 vor dem Vaterlandsverein)

32 Ernest Newman, a.a.O., 2. Band, S.11

33 Richard Wagner, Sämtliche Schriften und Dichtungen, a.a.O., 12. Band, S.221

34 Richard Wagner, Sämtliche Schriften und Dichtungen, a.a.O., 12. Band, S.222

35 Richard Wagner. Wie antisemitisch darf ein Künstler sein?, Musik-Konzepte 5, hrsg. von Heinz-Klaus Metzger und Rainer Riehn, München 1981, S.77 (Brief vom 21.6.1848 an Friedrich August II. von Sachsen, persönlich überreicht von Eduard Devrient)

36 Richard Wagner, Sämtliche Schriften und Dichtungen, a.a.O., 12. Band, S.243 (»Die Revolution«, 1849)

37 Richard Wagner, Sämtliche Schriften und Dichtungen, a.a.O., 12. Band, S.246

38 Richard Wagner, Sämtliche Schriften und Dichtungen, a.a.O., 12. Band, S.358 (»Die Not«, 1849)

39 Cosima Wagner, Die Tagebücher, a.a.O., 1. Band, S.272 (Eintrag vom 18.8.1870: »R. sagt, er hoffe, daß Paris, ›diese femme entretenue der Welt‹, verbrannt würde... Der Brand von Paris würde das Symbol der endlichen Befreiung der Welt von dem Druck alles Schlechten... R. möchte an Bismarck schreiben, um ihn zu bitten, Paris niederzuschießen.«)

40 Ernest Newman, a.a.O., 4. Band, S.599 (Äußerung von 1880 gegenüber Paul von Joukowski, seinem späteren »Parsifal«-Bühnenbildner. Die Vernichtung von Leningrad gehörte auch zu Hitlers Kriegszielen.)

41 Richard Wagner. Wie antisemitisch darf ein Künstler sein?, a.a.O., S.93 (Aufsatz von Hartmut Zelinsky, »Die ›Feuerkur‹ des Richard Wagner«, in dem er dessen Brief vom 22.10.1850 an Theodor Uhlig zitiert; vollständig abgedruckt in: Richard Wagner, Sämtliche Briefe, a.a.O., 3. Band, S.452. Hier sagt Wagner über die Revolution, diese »Feuerkur«, an der die Wirklichkeit genesen soll: »Unser Erlöser zerstört rasend schnell, was uns im Wege steht.« S.461)

42 Joachim Fest, Fremdheit und Nähe. Von der Gegenwart des Gewesenen, Stuttgart 1996, S.297 (Fests Vortrag »Um einen Wagner von außen bittend« war am 5.6.1995 in der »FAZ« erschienen. Sein Fazit: »Ich denke, es ist an der Zeit, Wagner von der so lange vernachlässigten Außenperspektive zu betrachten. Und auch dies nicht nur mit den Augen einer einzigen Disziplin, sondern philologisch, politisch, gesellschaftlich, kulturhistorisch, ideologiegeschichtlich.«)

43 Richard Wagner. Ein Lebens- und Charakterbild, a.a.O., S.178 (Marie Wittgenstein, spätere Fürstin zu Hohenlohe)

44 Ernest Newman, a.a.O., 2. Band, S.95

45 Martin Gregor-Dellin, Richard Wagner. Sein Leben, sein Werk, sein Jahrhundert, München 1983, S.201

46 Martin Gregor-Dellin, a.a.O., S.249

47 Dresden zwischen Wiener Kongreß und Maiaufstand, hrsg. von Günter Jäckel, Berlin 1989, S.245 (Julius Schladebach, Leiter des Dresdner Gesangvereins: »Wagner, der damals allmächtige Günstling des Intendanten ... Röckel ist ein braver Klavierspieler ... darum aber noch kein tüchtiger Dirigent ... Seine Anstellung ... von Jahr zu Jahr erneuert wahrscheinlich durch Wagners Einfluß, dem er sich unbedingt angeschlossen und der ihn, wie es scheint, als treuen Bannerträger benutzen kann.«)

48 Martin Gregor-Dellin, a.a.O., S.249

49 Woldemar Lippert, Richard Wagners Verbannung und Rückkehr 1849–1862, Dresden 1927, S.215

50 Woldemar Lippert, a.a.O., S.18
51 Richard Wagner, Mein Leben, a.a.O., 1. Band, S.440
52 Woldemar Lippert, a.a.O., S.185 (Brief an den Dresdner Advokaten Franz Adolf Schmidt vom 20.2.1863)
53 Das alte Dresden, a.a.O., S.387 (Bericht von Staatsminister Friedrich Ferdinand Graf Beust, der seit 1849 Sachsens Politik bestimmte)
54 Ernest Newman, a.a.O., 2.Band, S.75 (Brief von Schwender an Köchly vom 14.6.1849; Schwender, der 1901 als angesehener Kaufmann in Dresden starb, hat des öfteren bestätigt, daß Wagner als »Anführer der Männer« aufgetreten sei.)
55 Richard Wagner, Mein Leben, a.a.O., 1. Band, S.458
56 Hermann Heckmann, Matthäus Daniel Pöppelmann und die Barockkunst in Dresden, Stuttgart 1986, S.106
57 Woldemar Lippert, a.a.O., S.239
58 Woldemar Lippert, a.a.O., S.152 (Brief Albin Leo von Seebachs an Graf Beust vom 1.7.1860)
59 König Ludwig II. und Richard Wagner, Briefwechsel, a.a.O., 4.Band, S.177 (Brief Wagners an August Röckel vom 29.1.1867)
60 Das alte Dresden, a.a.O., S.363
61 Richard Wagner, Sämtliche Briefe, a.a.O., 3.Band, S.532 (Brief vom 15.3.1851 an Röckels Bruder Eduard)
62 Richard Wagner, Mein Leben, a.a.O., 1.Band, S.449
63 Ernest Newman, a.a.O., 2.Band, S.80 (Äußerung der Tochter Alexander Müllers, der in Zürich enge Kontakte zu Wagner unterhielt)
64 Ernest Newman, a.a.O., 2.Band, S.85 (»Neue Zeitschrift für Musik« vom 21.6.1849)
65 Eckart Kröplin, a.a.O., S.52 (»Leipziger Zeitung« vom 20.5.1849)
66 Ernest Newman, a.a.O., 2.Band, S.93
67 Ernst Kreowski und Eduard Fuchs, Richard Wagner in der Karikatur, Berlin 1907, S.41 (Wagner »hält Rekognoszierungen vom Kreuzturm aus, berauscht sich hier am Geheul der Sturmglocken, die er nach Mitteilung des Oberleutnants Grafen Waldersee, der in den Tagen des 4. bis 9. Mai in Dresden die preußischen Hilfstruppen befehligte, geläutet haben soll.«)
68 Ernest Newman, a.a.O., 2.Band, S.80
69 Richard Wagner, Mein Leben, a.a.O., 1.Band, S.453
70 Das alte Dresden, a.a.O., S.384
71 Werner Maser, Der Sturm auf die Republik. Frühgeschichte der NSDAP, Stuttgart 1973, S.71 (Handschriftlicher Bericht von Reinhold Hanisch, »Meine Begegnung mit Hitler«)
72 Werner Maser, Der Sturm auf die Republik, a.a.O., S.477
73 Joachim Fest, Fremdheit und Nähe, a.a.O., S.290
74 Richard Wagner, Sämtliche Briefe, a.a.O., 3.Band, S.197 (Brief vom 27.12.1849 an Theodor Uhlig)
75 Hans Severus Ziegler, a.a.O., S.125
76 Brigitte Hamann, a.a.O., S.162
77 Richard Wagner, Sämtliche Briefe, a.a.O., 2.Band, S.653 (Brief vom 14.5.1849 an Minna Wagner)
78 Richard Wagner, Sämtliche Briefe, a.a.O., 2.Band, S.662 (Brief vom 17.5.1849 an Eduard Devrient)
79 Richard Wagner, Sämtliche Briefe, a.a.O., 2.Band, S.669 (Seinem Tagebuch

vertraute Devrient an, er habe »den ganzen Tag« mit der »Abfassung der Antwort an Wagner« zugebracht; er habe von Freunden die »Bestätigung von Wagners unleugbarer Beteiligung an der Leitung des Aufstandes« erhalten.)

80 Cosima Wagner, Die Tagebücher, a.a.O., 1. Band, S.540 (Eintrag vom 27.6.1872; die Französin Cosima schreibt »Emmerlinge«.)

81 Cosima Wagner, a.a.O., 3. Band, S.105 (Eintrag vom 3.6.1878)

IV. »Ring«-Lektionen

1 Robert G. L. Waite, The Psychopathic God Adolf Hitler, New York 1977, S.7

2 Richard Wagner, Die Musikdramen, a.a.O., S.713 (»Siegfried«, II. Aufzug, 3. Szene)

3 August Kubizek, a.a.O., S.188

4 August Kubizek, a.a.O., S.233 (»Wagner zu hören, war für ihn nicht das, was man einen Theaterbesuch nannte, sondern eine Möglichkeit, sich in jenen außergewöhnlichen Zustand zu versetzen, in den er beim Anhören der Musik Wagners geriet, in jenes Sichselbstvergessen, jenes in ein mystisches Traumland Entschweben, dessen er bedurfte, um die ungeheuren Spannungen seines eruptiven Wesens zu ertragen.«)

5 August Kubizek, a.a.O., S.237

6 Werner Maser, Adolf Hitler, a.a.O., S.84

7 Brigitte Hamann, a.a.O., S.60

8 Brigitte Hamann, a.a.O., S.61

9 Brigitte Hamann, a.a.O., S.88

10 Karl-Josef Müller, Mahler. Leben – Werke – Dokumente, Mainz 1988, S.538 (Opernfachmann Oscar Bie, 1910)

11 Karl-Josef Müller, a.a.O., S.254

12 Gustav Mahler in Wien, Zürich, 1976, S.86

13 Hans Severus Ziegler, a.a.O., S.125

14 Brigitte Hamann, a.a.O., S.89

15 Brigitte Hamann, a.a.O., S.567

16 Joachim C. Fest, a.a.O., S.1049 (Fest erwähnt hier, der amerikanische Autor W. A. Jenks habe ausgerechnet, »daß während der Wiener Jahre Hitlers Richard Wagner der unbestritten populärste Opernkomponist war und allein in der Hofoper an insgesamt mindestens 426 Abenden gespielt wurde«.)

17 Friedelind Wagner, Nacht über Bayreuth. Die Geschichte der Enkelin Richard Wagners, Köln 1994, S.223 (Erstausgabe 1944 unter dem Titel »Heritage of Fire« in Amerika 1944, als »Nacht über Bayreuth« 1945 in der Schweiz veröffentlicht)

18 Oswald Georg Bauer, Richard Wagner. Die Bühnenwerke von der Uraufführung bis heute, Frankfurt 1982, S.139 (Es handelte sich um die »Tristan«-Aufführung zum Neujahrstag 1943 in der Staatsoper, bei der Furtwängler erstmals Regie führte.)

19 Hans Severus Ziegler, a.a.O., S.70 (»Wie intensiv er sich mit dem ›Tristan‹ beschäftigt hatte«, so ergänzt Ziegler, »bewiesen mir später seine in Aquarell ausgeführten Bühnenbildentwürfe zu diesem Musikdrama, die mir der Reichsbühnenbildner Benno von Arent eines Tages in seiner Villa am Kleinen Wannsee vorlegte.«)

20 Hitler. Sämtliche Aufzeichnungen 1905–1924, a.a.O., S.1060 (Brief vom

10.1.1924 aus Landsberg an Herrn Vogel: »Sonst träume ich von Tristan und ähnlichem.«)

21 Hans-Jürgen Eitner, Hitler. Ein Psychogramm, Berlin 1994, S.86 (Tischgespräch 24./25.1.1942)

22 Hitler privat. Erlebnisbericht seiner Geheimsekretärin, hrsg. von Albert Zoller, Düsseldorf 1949, S.47 (»Wagners musikalische Sprache klang in seinen Ohren wie eine göttliche Offenbarung«, sagte Christa Schroeder, die sich durchaus nicht als die im Titel apostrophierte »Geheimsekretärin« verstand – sie war eine von Hitlers Sekretärinnen. Zollers Buch liegen Vernehmungsprotokolle zugrunde, die er als »Interrogator« der 7. US-Armee bei Verhören der Hitler-Sekretärin anfertigen ließ.)

23 Brigitte Hamann, a.a.O., S.344 (Erklärtes Ziel des Vereins: »die deutsche Kunst aus Verfälschung und Verjudung zu befreien« – dies Wagners erstmals 1850 im »Judentum in der Musik« verkündete Vision, die mit der Befreiung der Menschheit vom Judentum enden sollte.)

24 Brigitte Hamann, a.a.O., S.364

25 Henry Picker, Hitlers Tischgespräche, a.a.O., S.95

26 Adolf Hitler. Monologe, a.a.O., S.234

27 Joachim C. Fest, Hitler, a.a.O., S.683

28 Adolf Hitler, Mein Kampf, a.a.O., S.59

29 Adolf Hitler, Mein Kampf, a.a.O., S.61

30 Richard Wagner, Sämtliche Briefe, a.a.O., 3. Band, S.166 (Brief von Ende November 1849 an Theodor Uhlig – an seine Erkenntnis, daß nur noch »auszurotten« sei, schließt Wagner den nicht minder radikalen Gedanken an: »Halten wir uns an die Jugend, – das Alter laßt verrecken, an dem ist nichts zu holen!«)

31 Karl-Heinz Kröplin, Richard Wagner 1813–1883. Eine Chronik, Leipzig 1986, S.61 (Laut Eduard Devrient erzählte Wagner von diesem Plan am 1.4.1848.)

32 Karl-Heinz Kröplin, Richard Wagner 1813–1883, a.a.O., S.63

33 Richard Wagner, Sämtliche Briefe, a.a.O., 3. Band, S.166 (Brief von Ende November 1849 an Theodor Uhlig)

34 Richard Wagner, Sämtliche Briefe, a.a.O., 4. Band, S.176 (Brief vom 12.11.1851 an Theodor Uhlig: »Die nächste Revolution muß notwendig unserer ganzen Theaterwirtschaft das Ende bringen... Aus den Trümmern rufe ich mir dann zusammen, was ich brauche... Am Rheine schlage ich dann ein Theater auf und lade zu einem großen dramatischen Feste ein: nach einem Jahr Vorbereitung führe ich dann im Laufe von vier Tagen mein ganzes Werk auf.«)

35 Richard Wagner, Mein Leben, a.a.O., 1. Band, S.394 (Angeregt wurde er durch die Lektüre von Gustav Droysens »Didaskalien«, einem Anhang zu den Werken des Aischylos.)

36 Familienbriefe von Richard Wagner, a.a.O., S.211 (Brief vom 12.3.1854 an seine Nichte Clara Brockhaus. Immer wieder kamen Wagner Brandphantasien in Zusammenhang mit seinen »Nibelungen«, und noch nach den ersten Festspielen 1876 meinte er mehrmals, am besten sollte das Festspielhaus samt »Ring«-Kulissen abbrennen.)

37 Richard Wagner, Sämtliche Briefe, a.a.O., 4. Band, S.176 (Brief vom 12.11.1851 an Theodor Uhlig. »Dieses Publikum«, so Wagner über die revolutionäre Masse, »wird mich verstehen: das jetzige kann es nicht.«)

38 Richard Wagner, Die Musikdramen, a.a.O., S.765 (»Götterdämmerung«, I. Aufzug, 2. Szene. »Nicht Land noch Leute biete ich, noch Vaters Haus und Hof: einzig erbt ich den eig'nen Leib – lebend zehrt ich den auf.«)

39 Franz Liszt – Richard Wagner, Briefwechsel, a.a.O., S.267 (»Beachte wohl meine neue Dichtung«, so erläutert Wagner den Brand Walhalls, »sie enthält der Welt Anfang und Untergang.«)
40 Cosima Wagner, Die Tagebücher, a.a.O., 3. Band, S.624 (Eintrag vom 21.11.1880: »Von sich sagt R.: Ich bin der Plenipotentiarius des Unterganges [diesen sieht er unaufhaltsam].«)
41 Richard Wagner, Sämtliche Briefe, a.a.O., 5. Band, S.118 (Brief vom 18.11.1852 an Theodor Uhlig, unterzeichnet mit: »Dein Nibelungenfürst Alberich«)
42 Richard Wagner, Sämtliche Briefe, a.a.O., 4. Band, S.385 (kurz vor Abschluß der Dichtung 1852 an Theodor Uhlig)
43 Richard Wagner, Die Musikdramen, a.a.O., S.603 (»Die Walküre«, I. Aufzug, 3. Szene)
44 In den Trümmern der eignen Welt. Richard Wagners »Ring des Nibelungen«, hrsg. von Udo Bermbach, Hamburg 1989, S.205 (Brief Wagners vom 17.5.1881 an Ludwig II.; zitiert nach: Hartmut Zelinsky, »Die deutsche Losung Siegfried«)
45 Richard Wagner, Briefe, hrsg. von Hanjo Kesting, München 1983, S.530 (Brief vom 19.3.1866 an Constantin Frantz)
46 Richard Wagner, Sämtliche Schriften und Dichtungen, 10. Band, Leipzig, S.274 (»Erkenne dich selbst«)
47 August Kubizek, a.a.O., S.101
48 August Kubizek, a.a.O., S.102
49 Eduard Devrient, a.a.O., S.457 (Tagebucheintrag vom 2.12.1848: »wir... kamen natürlich auch auf den Staat, wo er wieder sein Steckenpferd, die Vernichtung des Kapitals, bestieg.«)
50 Richard Wagner, Briefe 1830–1883, hrsg. von Werner Otto, Berlin 1986, S.427 (Brief vom 14.8.1879 an Ernst von Weber)
51 Graf Arthur Gobineau, Stuttgart 1907, S.24 (Cosimas Nachruf in den »Bayreuther Blättern« 1882 wurde von Ludwig Schemann nachgedruckt.)
52 Offizieller Bayreuther Festspielführer 1924, hrsg. von Karl Grunsky, Bayreuth 1924, S.105 (Hans Alfred Grunsky, »Der Ring des Nibelungen«)
53 Richard Wagner, Die Musikdramen, a.a.O., S.533 (»Das Rheingold«, Vorspiel und 1. Szene)
54 Richard Wagner, Dichtungen und Schriften, a.a.O., S.274 (»Der Nibelungen-Mythos«, 1848: die »Nibelungen; in unsteter, rastloser Regsamkeit durchwühlen sie [gleich Würmern im toten Körper] die Eingeweide der Erde«)
55 Richard Wagner, Gesammelte Schriften und Dichtungen, a.a.O., 5. Band, S.84 (»Das Judentum in der Musik«)
56 Richard Wagner, Die Musikdramen, a.a.O., S.535 (»Das Rheingold«, Vorspiel und 1. Szene)
57 Richard Wagner, Sämtliche Schriften und Dichtungen, a.a.O., 10. Band, S.268 (»Erkenne dich selbst«: »Erscheint hier das Gold als der Unschuld würgende Dämon der Menschheit...«)
58 Cosima Wagner, Die Tagebücher, 2. Band, München 1982, S.1052 (Tagebucheintrag vom 25.5.1877)
59 Cosima Wagner, Die Tagebücher, a.a.O., 4. Band, S.692 (Tagebucheintrag vom 15.2.1881: »In diesen Tagen freute sich R., im Ring des Nibelungen das vollständige Bild des Fluches der Geld-Gier gegeben zu haben und des Unterganges, welcher daran geknüpft ist.« Kurz zuvor hatte Wagner seinen »Tannhäuser« zum Tod Felix Mendelssohn-Bartholdys in eigenartige Beziehung gesetzt:

Er habe, so Cosima, »angedeutet, wie der Eindruck des Tannhäuser ihn wohl hätte würgen können, er sei nicht lange darauf gestorben«.)

60 Richard Wagner, Gesammelte Schriften und Dichtungen, a.a.O., 5. Band, S.66

61 Richard Wagner, Gesammelte Schriften und Dichtungen, a.a.O., 5. Band, S.85

62 Richard Wagner, Gesammelte Schriften und Dichtungen, a.a.O., 5. Band, S.68

63 Richard Wagner, Die Musikdramen, a.a.O., S.534 (»Das Rheingold«, 2. Szene)

64 Richard Wagner, Die Musikdramen, a.a.O., S.558 (»Das Rheingold«, 3. Szene)

65 Richard Wagner, Die Musikdramen, a.a.O., S.567 (»Das Rheingold«, 4. Szene)

66 Jacob Grimm, Deutsche Mythologie, 1. Band, Frankfurt 1981, S.308 (»Auf Siegfried fällt in den Liedern so großer Glanz, daß man weit ausholen darf; seine ganze Natur hat deutliche Spuren des Übermenschlichen an sich... Durch Siegfried knüpfen die fränkischen Welsunge sich an die burgundischen Gibichunge, und Nibelunge heißen sodann beide.«)

67 König Ludwig II. und Richard Wagner, Briefwechsel, a.a.O., 2. Band, S.258 (Brief Wagners vom 24.2.1869)

68 Richard Wagner, Die Musikdramen, a.a.O., S.780 (»Götterdämmerung«, II. Aufzug, 1. Szene)

69 Richard Wagner, Die Musikdramen, a.a.O., S.779 (»Götterdämmerung«, II. Aufzug, 1. Szene)

70 Richard Wagner, Die Musikdramen, a.a.O., S.815 (»Götterdämmerung«, III. Aufzug, 3. Szene)

71 Brigitte Hamann, a.a.O., S.97

V. Beruf: Drachentöter

1 Hartmut Zelinsky, Richard Wagner, a.a.O., S.50

2 Hartmut Zelinsky, a.a.O., S.51 (Theodor Herzl am 7.3.1883 an die Burschenschaft »Albia«, die zu den Veranstaltern des »Trauer-Commers« gehörte. »Als inaktiver Bursch komme ich um Auflösung meines Verhältnisses zum Couleur ein.«)

3 Hartmut Zelinsky, a.a.O., S.51 (Brief Bahrs vom 13.3.1883 an seinen Vater. Hermann Bahr wurde wegen seiner Hetzrede von der Wiener Universität verwiesen.)

4 Joachim C. Fest, Hitler, a.a.O., S.66

5 Marlis Steinert, Hitler, München 1994, S.43

6 Peter G. J. Pulzer, Die Entstehung des politischen Antisemitismus in Deutschland und Österreich 1867–1914, Gütersloh 1966, S.127 (Das Manifest stammt aus dem Jahr 1881; 1885 wurde der berüchtigte Paragraph hinzugefügt, »zur Durchführung der angestrebten Reformen ist es unerläßlich, den jüdischen Einfluß auf allen Gebieten des öffentlichen Lebens zu beseitigen«.)

7 Marcel Prawy, »Nun sei bedankt ...«. Mein Richard-Wagner-Buch, München 1983, S.58 (Bei Wagner-Kenner Prawy findet sich der Satz: »Hitler war einer der wenigen, die Wagners Schriften wirklich gelesen haben, deren merkwürdige Pseudowissenschaftlichkeit ihn wahrscheinlich beeindruckt hat.«)

8 Joachim C. Fest, Hitler, a.a.O., S.65 (Das »deutschbürgerliche Wien der Jahrhundertwende«, so Fest, stand »politisch unter dem Eindruck Georg Ritter von Schönerers und Karl Luegers; im eigentümlich illuminierten Zwischenfeld von Politik und Kunst dagegen, das für den Weg Hitlers von so bestimmender Bedeutung geworden ist, dominierte übermächtig Richard Wagner«.)

9 Jubiläumsausstellung 100 Jahre Wiener Oper am Ring, Wien 1969, S.59
10 Adolf Hitler, Mein Kampf, a.a.O., S.107
11 Joachim C. Fest, Hitler, a.a.O., S.65
12 Konrad Heiden, Adolf Hitler, a.a.O., S.26
13 Brigitte Hamann, a.a.O., S.498
14 John Toland, a.a.O., S.72 (Auskunft von Helene Hanfstaengl, 1971)
15 Konrad Heiden, a.a.O., S.342 (»Die Vorliebe, ja geistige Hörigkeit Hitlers Richard Wagner gegenüber ist äußerst aufschlußreich. Richard Wagner war als Mensch ein charakterloses Chamäleon.«)
16 Konrad Heiden, a.a.O., S.6
17 Konrad Heiden, a.a.O., S.343
18 Karl-Josef Müller, a.a.O., S.179 (Rede vor dem österreichischen Abgeordnetenhaus vom 28.4.1887: »... und zwar muß dies bald geschehen, bevor es zu spät wird und bevor das von den Juden, von den semitischen Ausbeutern bedrückte Volk zur Selbsthilfe zu greifen gezwungen ist«.)
19 Winfried Schüler, Der Bayreuther Kreis von seiner Entstehung bis zum Ausgang der Wilhelminischen Ära. Wagnerkult und Kulturreform im Geiste völkischer Weltanschauung, Münster 1971, S.128 (Cosima Wagner zum Stilbildner und Judenhasser Kniese: »Ihre Mitarbeiterschaft an unserem Werk betrachte ich nicht nur als eine der größten Errungenschaften, sondern als grundlegend für dasselbe.«)
20 Frithjof Haas, Zwischen Brahms und Wagner. Der Dirigent Hermann Levi, Zürich 1995, S.282 (Kniese, der 1883 als Levis Assistent arbeitete, »legte den Keim zu gefährlichen Kontroversen«. Er drang darauf, Levis Befugnisse »einzuschränken, um dessen ›verderblichen jüdischen Einfluß‹ auszuschalten«.)
21 Sinn und Form. Beiträge zur Literatur, Jahrgang 1955, Reprint Nördlingen 1988, S.52 (Romain Rolland beschreibt in »Vier Tage in Bayreuth« seine Eindrücke vom Festspielbesuch im Sommer 1896. Am 11. August erlebt er in »Siegfried« Hans Breuers Mime: »Ich sehe ihn noch das Gift für Siegfried bereiten, indem er die Eier zerschlägt, die er mit dem Finger leerwischt, und sich nachher an Lumpen abtrocknet.«)
22 Wendelin Weißheimer, Erlebnisse mit Richard Wagner, Franz Liszt und vielen anderen Zeitgenossen, nebst deren Briefen, Stuttgart 1898, S.119 (»Wagner exzellierte wahrhaft in dieser Rolle: er bückte sich, verdrehte sich und entwikkelte ein so himmelschreiendes Falsett, daß Stein und Bein erweichen mochte. Dabei wußte er ein Gesicht zu machen, als sähe man deutlich den häßlichen Zwerg mit seinen triefenden Augen vor sich.«)
23 Hans Bélart, Gesangsdramatische Wagnerkunst (nach Richard Wagners Tradition), Dresden, 1915, S.131
24 Brigitte Hamann, a.a.O., S.92
25 Herbert Killian, Gustav Mahler in den Erinnerungen von Natalie Bauer-Lechner, Hamburg 1984, S.122
26 Richard Wagner, Dichtungen und Schriften, a.a.O., 2. Band, S.289
27 Richard Wagner, Die Musikdramen, a.a.O., S.712 (»Siegfried«, II. Aufzug, 3. Szene)
28 Joachim C. Fest, Hitler, a.a.O., S.632
29 Richard Wagner, Die Musikdramen, a.a.O., S. 687 (»Siegfried«, I. Aufzug, 3. Szene)
30 Adolf Hitler, Monologe, a.a.O., S.280 (Äußerung vom 17.2.1942)
31 Konrad Heiden, a.a.O., S.25

32 Richard Wagner, Die Musikdramen, a.a.O., S.666 (»Siegfried«, I. Aufzug, 1. Szene)
33 Adolf Hitler, Monologe, a.a.O., S.263 (Äußerung vom 3./4.2.1942)
34 Richard Wagner, Die Musikdramen, a.a.O., S.714 (»Siegfried«, II. Aufzug, 3. Szene)
35 Adolf Hitler, Monologe, a.a.O., S.263 (Äußerung vom 3./4.2.1942)
36 Richard Wagner, Die Musikdramen, a.a.O., S.701 (»Siegfried«, II. Aufzug, 2. Szene)
37 Richard Wagner, Sämtliche Schriften und Dichtungen, a.a.O., 12. Band, S.221 (»Wie verhalten sich republikanische Bestrebungen dem Königtume gegenüber?«)
38 Guido Knopp, a.a.O., S.31
39 Richard Wagner, Die Musikdramen, a.a.O., S.559 (»Das Rheingold«, 3. Szene)
40 Hitler. Reden, Schriften, Anordnungen, Februar 1925 bis Januar 1933, 3. Band, hrsg. von Klaus A. Lankheit, München 1994, S.124 (Artikel »Politik der Woche« im »Illustrierten Beobachter« vom 30.3.1929: Der Aufsatz, der außerdem von »Parlamentszwergen«, »marxistischen Giften« und der »Golddiktatur« handelt, endet mit der »Götterdämmerungs«-Ankündigung für jene »Roten«, die Deutschlands Bürgertum den »roten Hahn aufs Dach« setzen wollen. »Es wird die Stunde kommen, da das rote Feuer die Anstifter selbst verzehrt.«)
41 Richard Wagner, Die Musikdramen, a.a.O., S.558 (»Das Rheingold«, 3. Szene)
42 Otto Wagener, a.a.O., S.319
43 Christa Schroeder, Er war mein Chef. Aus dem Nachlaß der Sekretärin von Adolf Hitler, hrsg. von Anton Joachimsthaler, München 1985, S.149 (Nach dem Attentat vom 20.7.1944 sagte Hitler beim Nachmittagstee: »Diese Verbrecher, die mich beseitigen wollen, ahnen nicht, was dem deutschen Volke passiert wäre. Sie kennen nicht die Pläne unserer Feinde, die Deutschland so vernichten wollen, daß es niemals mehr auferstehen kann.«)
44 Konrad Heiden, Geschichte des Nationalsozialismus. Die Karriere einer Idee, Berlin 1933, S.20
45 Joachim C. Fest, Hitler, a.a.O., S.165
46 Theodor Heuss, a.a.O., S.90
47 Ralph Giordano, Wenn Hitler den Krieg gewonnen hätte. Die Pläne der Nazis nach dem Endsieg, Hamburg 1989
48 Henry Picker, a.a.O., S.499 (Geheimrede vor dem »Militärischen Führernachwuchs« vom 30.5.1942)
49 Richard Wagner, Die Musikdramen, a.a.O., S.765 (»Götterdämmerung«, I. Aufzug, 2. Szene)
50 Otto Wagener, a.a.O., S.323 (Hitler nach der Preisgabe des Goldstandards durch England im September 1931)
51 Max Domarus, a.a.O., 2. Band, S.1829 (Rede vom 30. Januar 1942 im Berliner Sportpalast. Daß die »Vernichtung des Judentums« parallel zu den militärischen Operationen verlief, deutete er mit dem dunklen Satz an: »Und je weiter sich diese Kämpfe ausweiten, umso mehr wird sich – das mag sich das Weltjudentum gesagt sein lassen – der Antisemitismus verbreiten.«)
52 Christa Schroeder, a.a.O., S.9
53 Eva Mendgen, Franz von Stuck 1863–1928. »Ein Fürst im Reich der Kunst«, Köln 1994, S.17 (In Bahrs »Studien zur Kritik der Moderne«, 1894)
54 Eva Mendgen, a.a.O., S.16 (Hier wird das gespenstische Bild unter dem Titel »Wilde Jagd [›Mein erstes Oelgemälde‹]« geführt.)

55 Jacob Grimm, Deutsche Mythologie, a. a. O., 1. Band, S.341
56 Konrad Heiden, Hitler, a. a. O., S.341
57 Max Domarus, a. a. O., 1. Band, S.712 (Rede vom 31.7.1937 in Breslau bei einer Weihestunde des Deutschen Sängerbundfestes vor angeblich einer halben Million Menschen. Über Hitlers »Gott« meint Domarus, es habe sich da wohl um »einen für Deutschland zuständigen Spezialgott« gehandelt.)
58 Carl J. Burckhardt, Briefe 1908–1974, Frankfurt 1986, S.157 (Brief vom 7.11.1935 an Max Huber. Burckhardt nennt die Hitler-Worte »frevelhaft«.)
59 Konrad Heiden, Hitler, a. a. O., S.34 (Aus seinem Lebensbericht vor dem Richter des Putschprozesses)
60 Konrad Heiden, Hitler, a. a. O., S.34
61 Richard Wagner – »Der Ring des Nibelungen«, hrsg. von Udo Bermbach und Dieter Borchmeyer, Stuttgart 1995, S.165 (In: Herfried Münkler, »Die Nibelungen in der Weimarer Republik«)
62 Richard Wagner – »Der Ring des Nibelungen«, a. a. O., S.165
63 Richard Wagner – »Der Ring des Nibelungen«, a. a. O., S.165
64 Otto Wagener, a. a. O., S.363
65 Hartmut Zelinsky, Sieg oder Untergang: Sieg und Untergang. Kaiser Wilhelm II., die Werk-Idee Richard Wagners und der »Weltkampf«, München 1990, S.91 (Walther Rathenau, Schriften aus Kriegs- und Nachkriegszeit, Berlin 1929, S.171; Wagners Omnipräsenz: »Es ist immer jemand da, Lohengrin, Walther, Siegfried, Wotan, der alles kann und alles schlägt, die leidende Tugend erlöst, das Laster züchtigt und allgemeines Heil bringt, und zwar in einer weitausholenden Pose, mit Fanfarenklängen, Beleuchtungseffekten und Tableau.« Rathenau wurde am 24.6.1922 ermordet, weil er Jude war.)
66 Richard Wagner, Sämtliche Schriften und Dichtungen, a. a. O., 12. Band, S.360
67 Richard Wagner – »Der Ring des Nibelungen«, a. a. O., S.166
68 Lutz Köpnick, Nothungs Modernität. Wagners »Ring« und die Poesie der Macht, München 1994, S.170 (»Die Inszenierungen dieser Wiedereröffnung waren nichts anderes als ein ›Kampfappell der Alten Kameraden‹.«)
69 Michael Karbaum, Studien zur Geschichte der Bayreuther Festspiele, a. a. O., S.66 (Brief vom 5.5.1924 an Siegfried Wagner)
70 Lutz Köpnick, a. a. O., S.178
71 Richard Wagner, Die Musikdramen, a. a. O., S.687 (»Siegfried«, I. Aufzug, 3. Szene)
72 August Kubizek, a. a. O., S.125
73 Otto Wagener, a. a. O., S.351
74 Hermann Rauschning, a. a. O., S.11

VI. Die Zukunft als Kunstwerk

1 Joseph Goebbels, Tagebücher 1945, a. a. O., S.58
2 Houston Stewart Chamberlain, Richard Wagner, a. a. O., S.496
3 Cosima Wagner, Die Tagebücher, a. a. O., 4. Band, S.899
4 Richard Wagner, Gesammelte Schriften und Dichtungen, a. a. O., 3. Band, S.1
5 Richard Wagner, Gesammelte Schriften und Dichtungen, a. a. O., 3. Band, S.2
6 Richard Wagner, Gesammelte Schriften und Dichtungen, a. a. O., 3. Band, S.7
7 Henry Picker, Tischgespräche, a. a. O., S.495 (Adolf Hitlers Geheimrede vor dem »Militärischen Führernachwuchs« vom 30.5.1942)

8 August Kubizek, a.a.O., S.101 (Kubizek, der nicht allzuviel von den Vorträgen verstanden haben will, freute sich immer schon auf deren Schluß, »der immer der gleiche war. ›Siehst du‹, hieß es dann, ›auch Richard Wagner ist es so ergangen wie mir.‹«)
9 August Kubizek, a.a.O., S.238
10 August Kubizek, a.a.O., S.120 (»...oftmals, zum Beispiel beim Plan für die neue Donaubrücke, so im einzelnen getreu, als lägen nicht Jahrzehnte, sondern nur wenige Wochen zwischen Plan und Ausführung«)
11 Richard Wagner, Gesammelte Schriften und Dichtungen, a.a.O., 3. Band, S.50
12 Richard Wagner, Gesammelte Schriften und Dichtungen, a.a.O., 2. Band, S.144
13 Richard Wagner, Gesammelte Schriften und Dichtungen, a.a.O., 2. Band, S.115
14 Richard Wagner, Gesammelte Schriften und Dichtungen, a.a.O., 2. Band, S.155 (In der letzten Ausgabe endeten die »Wibelungen« mit dem Satz: »Dort, im Kyffhäuser, sitzt er nun, der alte ›Rotbart‹ Friedrich; um ihn die Schätze der Nibelungen, zur Seite ihm das scharfe Schwert, das einst den grimmigen Drachen schlug.« Dagegen lautete die Schlußfrage der Erstausgabe von 1848: »›Wann kommst du wieder, Friedrich, du herrlicher Siegfried! und schlägst den bösen nagenden Wurm der Menschheit?‹ Worauf Barbarossa antwortete: »›Zwei Raben fliegen um meinen Berg, – sie mästeten sich fett vom Raube des Reiches! Von Südost hackt der eine, von Nordost hackt der andere: – verjagt die Raben und der Hort ist euer! – Mich aber laßt ruhig in meinem Götterberge!‹« In: Richard Wagner, Sämtliche Schriften und Dichtungen, a.a.O., 12. Band, S.227. Schon für Wagners Barbarossa kam also alles Übel aus dem Osten.)
15 Richard Wagner, Gesammelte Schriften und Dichtungen, a.a.O., 3. Band, S.131
16 Richard Wagner, Gesammelte Schriften und Dichtungen, a.a.O., 3. Band, S.49
17 Richard Wagner, Gesammelte Schriften und Dichtungen, a.a.O., 3. Band, S.54 (Alles »Reformieren« sei »zweck- und fruchtlos«, sagt Wagner, solange die Volksfeinde »ihren Lebenssaft aus der vergeudeten Kraft des Volkes saugen, solange sie – selbst zeugungsunfähig – die Zeugungsfähigkeit des Volkes nutzlos in ihrem egoistischen Bestehen aufzehren«. Da helfe nur, das »Vernichtungswerte zu vernichten«.)
18 Richard Wagner, Gesammelte Schriften und Dichtungen, a.a.O., 3. Band, S.123
19 Richard Wagner, Gesammelte Schriften und Dichtungen, a.a.O., 5. Band, S.67
20 Richard Wagner, Sämtliche Schriften und Dichtungen, a.a.O., 10. Band, S.272 (»Erkenne dich selbst«)
21 Richard Wagner, Gesammelte Schriften und Dichtungen, a.a.O., 5. Band, S.75 (Da die Juden, so Wagner, keine Not empfinden, kann ihre Kunst auch nicht notwendig, sondern nur »luxuriös« sein. Was die »größten Genies« ausgesprochen haben, werde von den Juden »nachgeplappert« und zwar »ganz peinlich genau und täuschend ähnlich, wie Papageien menschliche Wörter und Reden nachpapeln«.)
22 Adolf Hitler, Mein Kampf, a.a.O., S.332 (»Nein, der Jude besitzt keine irgendwie kulturbildende Kraft... daher wird sein Intellekt niemals aufbauend wirken, sondern zerstörend.«)
23 Richard Wagner, Gesammelte Schriften und Dichtungen, a.a.O., 5. Band, S.69
24 Richard Wagner, Gesammelte Schriften und Dichtungen, a.a.O., 5. Band, S.71

25 Richard Wagner, Gesammelte Schriften und Dichtungen, a.a.O., 5. Band, S.76
26 Richard Wagner, Gesammelte Schriften und Dichtungen, a.a.O., 5. Band, S.84
27 Richard Wagner, Gesammelte Schriften und Dichtungen, a.a.O., 5. Band, S.85
28 Richard Wagner, Gesammelte Schriften und Dichtungen, a.a.O., 5. Band, S.85
29 Peter Adam, Kunst im Dritten Reich, Hamburg 1992, S.11
30 Richard Wagner, Gesammelte Schriften und Dichtungen, a.a.O., 3. Band, S.131
31 Richard Wagner, Gesammelte Schriften und Dichtungen, a.a.O., 3. Band, S.35
32 Richard Wagner, Gesammelte Schriften und Dichtungen, a.a.O., 3. Band, S.96
33 Richard Wagner, Gesammelte Schriften und Dichtungen, a.a.O., 3. Band, S.174
34 Hartmut Zelinsky, Richard Wagner, a.a.O., S.215
35 Joachim C. Fest, Hitler, a.a.O., S.215
36 Richard Wagner, Gesammelte Schriften und Dichtungen, a.a.O., 3. Band, S.175
37 Richard Wagner, Gesammelte Schriften und Dichtungen, a.a.O., 3. Band, S.176
38 Richard Wagner, Sämtliche Briefe, a.a.O., 3. Band, S. 194 (Brief vom 27.12. 1849 an Theodor Uhlig. Zur Verbreitung seines Revolutionsgedankens wollte Wagner schon damals eine Zeitschrift »Für Kunst und Leben« gründen – S.169 –, die den großen Kulturkampf, wie später die »Bayreuther Blätter«, aufnehmen sollte. »Jedes solches Heft«, so Wagner 1849, »müßte allemal eine volle Kanonenladung enthalten, die auf irgend einen morschen Turm losgelassen würde: ist der umgestürzt, so geht es das nächste Mal auf einen andern los, und so fort. Die Kanonade dauert so lange als Munition da ist.«)
39 August Kubizek, a.a.O., S.240
40 August Kubizek, a.a.O., S.196
41 Richard Wagner, Die Musikdramen, a.a.O., S.785 (»Götterdämmerung«, II. Aufzug, 3. Szene)
42 August Kubizek, a.a.O., S.245
43 Joachim C. Fest, Hitler, a.a.O., S.229 (»Kein intellektuelles oder künstlerisches Ereignis, kein Buch und kein Gedanke, die nach der Jahrhundertwende liegen, haben ihn je erreicht oder gar geprägt... keine persönliche Erfahrung, kein Entwicklungsprozeß spiegelt sich darin wider, unbewegt und wie versteinert bleibt er, der er einmal war.«)
44 Max Domarus, Hitler, a.a.O., 1. Band, S.24 (Rede in Nürnberg vom 14.9. 1936: Hier betont Hitler auch, er sei »stets entschlossen« gewesen, »einer einmal erkannten Notwendigkeit auch unter allen Umständen zu gehorchen«. Max Domarus: »Hitler hatte sich seine Ziele bereits im Jahre 1919 in den Kopf gesetzt.«)
45 Max Domarus, Hitler, a.a.O., 1. Band, S.620 (Domarus: »Im Grunde bestand die sogenannte ›nationalsozialistische Weltanschauung‹... im Glauben an Adolf Hitler.«)
46 Stephen H. Roberts, The House that Hitler Built, London 1937
47 Stephen H. Roberts, a.a.O., S.9 (»Er sieht sich als ein Kreuzritter; er denkt dabei an nichts anderes als die Rettung der Menschheit«, kommentiert Roberts in ironischem Unterton. »Deshalb erreicht er, sobald die Rede auf die Rettung der Welt vom Bolschewismus kommt, einen solchen Zustand mystischer Exaltiertheit. Das ist einmal mehr der alte Siegfried-Komplex.« Hitlers Leben kann, in Roberts' Deutung, verstanden werden als »Versuch, der Wirklichkeit zu

entfliehen und eine mehr oder weniger konstante Berauschung seiner Vorstellungskraft durch das freie Spiel seiner Phantasie.«, S.11)

48 Stephen H. Roberts, a.a.O., S.10, Fußnote

49 Richard Wagner. Wie antisemitisch darf ein Künstler sein?, a.a.O., S.16 (Peter Viereck, »Hitler und Wagner« 1939: »Zwar wurden seine in den offiziellen ›Bayreuther Blättern‹ erschienenen politischen Tiraden den Massen kaum bekannt. Doch seit seinem Tode 1883 speisten seine Ideen das Volk indirekt durch seine Popularisierer. Die Popularisierer seiner Ideen und der seines Busenfreundes Gobineau waren jene, die man den ›Wagner-Kreis‹ nannte ... Wagners Witwe Cosima, Wagners Schwiegersohn Houston Stewart Chamberlain und beider Freunde Alfred Rosenberg und Dietrich Eckart.« – Thomas Mann antwortete 1940 in einem Brief an den Herausgeber der Zeitschrift »Common Sense«: »Sie nehmen an, daß ich als eingestandener Bewunderer der Kunst Richard Wagners gegen diesen Aufsatz viel einzuwenden habe und gestimmt sein müsse, dagegen zu protestieren. Ich muß Sie enttäuschen. Das ist nicht der Fall. Ich habe Herrn Vierecks Arbeit mit fast unausgesetzter Zustimmung gelesen und halte sie für außerordentlich verdienstvoll.« Thomas Mann erklärte zudem, er »finde das nazistische Element nicht nur in Wagners fragwürdiger ›Literatur‹, ich finde es auch in seiner ›Musik‹, in seinem ebenso, wenn auch in einem erhabeneren Sinne, fragwürdigen Werk« S.32)

50 Michael Karbaum, a.a.O., 2. Teil, S.69

51 Marcel, Prawy, a.a.O., S.47

52 Hitler. Reden, Schriften, Anordnungen, a.a.O., 3. Band, S.528 (Rede vom 7.12.1929 im Münchner Zirkus Krone vor siebentausend Zuhörern. Der Titel laut Plakatankündigung: »Der letzte Schlag! Unser der Sieg!«)

53 Joachim C. Fest, Hitler, a.a.O., S.534

54 Joachim C. Fest, Hitler, a.a.O., S.525

55 Richard Wagner, Gesammelte Schriften und Dichtungen, a.a.O., 3. Band, S.177

56 Max Domarus, Hitler, a.a.O., 1. Band, S.175 (Rede vom 4.1.1933 in Detmold)

57 Max Domarus, Hitler, a.a.O., 2. Band, S.1628 (Rede vom 10.12.1940)

58 Hans Severus Ziegler, a.a.O., S.123

59 Peter Adam, a.a.O., S.21

60 Die Tagebücher von Joseph Goebbels. Sämtliche Fragmente, hrsg. von Elke Fröhlich, 1. Teil, München 1987, S.648 (Einträge vom 27. und 28.7.1936)

61 Henry Picker, Tischgespräche, a.a.O., S.85 (Äußerung vom 18.1.1942)

62 Henry Picker, Tischgespräche, a.a.O., S.463 (Äußerung vom 26.7.1942)

63 Peter Wapnewski, Der traurige Gott. Richard Wagner in seinen Helden, München 1978, S.299 (Brief Wagners vom 1.10.1874 an Ludwig II. Wapnewski kommentiert, diese Zukunftsschau bezeuge »einmal mehr, mit welch grandioser Naivität das Haus Wagner sich und die Seinen gleichsetzt mit den bewegenden Weltkräften«.)

1 König Ludwig II.-Museum Herrenchiemsee, hrsg. von Gerhard Hojer, München 1986, S.32 (Ludwig II. am 13.5.1868 an Wagner)
2 »Völkischer Beobachter«, Nr. 227, vom 15.8.1933
3 Hitler. Reden, Schriften, Anordnungen, a.a.O., 3. Band, S.129 (Rede vom 3.4. 1929 auf einer NSDAP-Versammlung in München)
4 Hitler. Reden, Schriften, Anordnungen, a.a.O., 3. Band, S.153
5 Richard Wagner, Gesammelte Schriften und Dichtungen, a.a.O., 8. Band, S.349 (»Deutsche Kunst und deutsche Politik«)
6 Ludwig II. von Bayern in Augenzeugenberichten, hrsg. von Rupert Hacker, München 1986, S.65 (Brief Ludwigs vom 5.5.1864 an Wagner: »Unbewußt waren Sie der einzige Quell meiner Freuden von meinem zarten Jünglingsalter an, mein Freund, der mir wie keiner zum Herzen sprach, mein bester Lehrer und Erzieher.« Ähnliches hätte auch Hitler ihm schreiben können.)
7 Ludwig II. von Bayern in Augenzeugenberichten, a.a.O., S.33
8 Verena Naegele, Parsifals Mission. Der Einfluß Richard Wagners auf Ludwig II. und seine Politik, Köln 1995, S.9
9 Ludwig II. von Bayern in Augenzeugenberichten, a.a.O., S.87
10 König Ludwig II. und Richard Wagner, Briefwechsel, a.a.O., 4. Band, S.28 (Tagebuchaufzeichnungen Wagners für Ludwig vom 25.9.1865)
11 König Ludwig II. und Richard Wagner, Briefwechsel, a.a.O., 1. Band, S.165 (Brief Wagners vom 26.8.1865)
12 Richard Wagner an Mathilde Maier (1862–1878), hrsg. von Hans Scholz, Leipzig 1930, S.208 (Brief Wagners vom 30.3.1865)
13 König Ludwig II. und Richard Wagner, Briefwechsel, a.a.O., 1. Band, S.30 (Brief Wagners vom 6.11.1864)
14 König Ludwig II. und Richard Wagner, Briefwechsel, a.a.O., 1. Band, S.31 (Brief Wagners vom 6.11.1864)
15 König Ludwig II. und Richard Wagner, Briefwechsel, a.a.O., 1. Band, S.187 (Brief Wagners vom 23.9.1865: »Ich singe«, so fährt Wagner fort, »das Lied der Erweckung dieser Braut. Es ist ein ernstes, feierliches Lied: und doch traut und innig. Es ist das sinnige Wort vom ›deutschen Geist‹.«)
16 Ludwig II. von Bayern in Augenzeugenberichten, a.a.O., S.64
17 Ludwig II. von Bayern in Augenzeugenberichten, a.a.O., S.67 (Bericht des Gesangslehrers Julius Hey nach einer Audienz bei Ludwig am 13.5.1864)
18 Verena Naegele, a.a.O., S.140
19 Friedrich Herzfeld, Königsfreundschaft. Ludwig II. und Richard Wagner, Leipzig 1939, S.134
20 Verena Naegele, a.a.O., S.136
21 Verena Naegele, a.a.O., S.114
22 Verena Naegele, a.a.O., S.136
23 König Ludwig II. und Richard Wagner, Briefwechsel, a.a.O., 4. Band, S.11 (Tagebuchaufzeichnung Wagners für Ludwig vom 15.9.1865)
24 König Ludwig II. und Richard Wagner, Briefwechsel, a.a.O., 4. Band, S.19 (Tagebuchaufzeichnung Wagners für Ludwig vom 21.9.1865: »In der Natur ist es so beschaffen, daß überall, wo es etwas zu schmarotzen gibt, der Parasit sich einstellt: ein sterbender Leib wird sofort von den Würmern gefunden, die ihn vollends zersetzen und sich assimilieren. Nichts anderes bedeutet im heutigen europäischen Kulturleben das Aufkommen der Juden.«)

25 König Ludwig II. und Richard Wagner, Briefwechsel, a.a.O., 4. Band, S.21 (Tagebuchaufzeichnung Wagners für Ludwig vom 22.9.1864. Wagner fährt fort: »Wie es vor solchem schmachvollen Untergange zu bewahren sei, haben wir aufzusuchen, und wir wollen uns deshalb hier vor allem recht deutlich das Charakteristische des eigentlich ›deutschen‹ Wesens klar machen.«)
26 König Ludwig II. und Richard Wagner, Briefwechsel, a.a.O., 3. Band, S.230 (Brief Wagners vom 22.11.1881)
27 König Ludwig II. und Richard Wagner, Briefwechsel, a.a.O., 1. Band, S.224 (Brief Wagners vom 25.11.1865)
28 Verena Naegele, a.a.O., S.350
29 König Ludwig II. und Richard Wagner, Briefwechsel, a.a.O., 1. Band, S.277 (Brief Wagners vom 8.1.1866)
30 Eduard Stemplinger, Richard Wagner in München (1864–1870). Legende und Wirklichkeit, München 1933, S.118
31 Die 1823 geborene Adelgunde von der Pfordten, die mit ihrem Mann drei Söhne und zwei Töchter hatte, verunglückte 1873 tödlich. Ludwig von der Pfordten starb 1880.
32 Ernest Newman, The Life of Richard Wagner, a.a.O., 4. Band, S.81
33 König Ludwig II. und Richard Wagner, Briefwechsel, a.a.O., 4. Band, S.68 (Brief Wagners vom 15.7.1865 an Röckel)
34 König Ludwig II. und Richard Wagner, Briefwechsel, a.a.O., 4. Band, S.99 (Brief Wagners vom 26.10.1865 an Röckel)
35 Nietzsche und Wagner. Stationen einer epochalen Begegnung, hrsg. von Dieter Borchmeyer und Jörg Salaquarda, 1. Band, Frankfurt 1994, S.52 (Brief Cosimas an Nietzsche vom 6.2.1870; es ist bezeichnend, daß diese Schlüsselstelle der Bayreuther Politik von den Herausgebern unkommentiert blieb.)
36 König Ludwig II. und Richard Wagner, Briefwechsel, a.a.O., 4. Band, S.134 (Wagner am 19.3.1866 an Constantin Frantz)
37 Verena Naegele, a.a.O., S.217 (Ein Gymnasialdirektor verdiente im Jahr 2200 Gulden; Wagner erhielt im Jahr 1865 vom König 179 600 Gulden.)
38 Verena Naegele, a.a.O., S.178
39 Verena Naegele, a.a.O., S.181
40 Verena Naegele, a.a.O., S.187 (Ludwig an Wagner am 16.9.1865)
41 Andrea Mork, Richard Wagner als politischer Schriftsteller. Weltanschauung und Wirkungsgeschichte, Frankfurt 1990, S.81
42 König Ludwig II. und Richard Wagner, Briefwechsel, a.a.O., 3. Band, S.226 (»... die Menschen sind ja im Grunde doch alle Brüder, trotz der konfessionellen Unterschiede«. Bereits 1866 hatte Ludwig II. klargestellt, daß er sich, wie sein Vater, für die Emanzipation der Juden einsetzen wollte.)
43 König Ludwig II. und Richard Wagner, Briefwechsel, a.a.O., 3. Band, S.231 (Brief Ludwigs an Wagner vom 24.1.1882)
44 Wege des Mythos in der Moderne. Richard Wagner »Der Ring des Nibelungen«, hrsg. von Dieter Borchmeyer, München 1987, S.173 (Hermann Bauer, »Wagner, der Mythos und die Schlösser Ludwigs II.«)
45 Eckart Kröplin, Richard Wagner, a.a.O., S.158 (Am 30.11.1866 übersandte er Wagner sein Gedicht »An Hans Sachs!«, dem er nachrühmt, sein »Odem fachet Flammen aus den Funken«, bevor er mit »Walther von Stolzing« unterzeichnet.)
46 König Ludwig II. und Richard Wagner, Briefwechsel, a.a.O., 2. Band, S.110 (Brief Wagners vom 11.12.1866)
47 Friedrich Nietzsche, Sämtliche Werke. Kritische Studienausgabe in 15 Bänden,

hrsg. von Giorgio Colli und Mazzino Montinari, München 1980, 1. Band, S.147 (»Die Geburt der Tragödie aus dem Geiste der Musik«)

48 Friedrich Nietzsche, Sämtliche Werke, a.a.O., 1. Band, S.149 (»Wir halten so viel von dem reinen und kräftigen Kerne des deutschen Wesens«, so der Bayreuth-Propagandist in seiner Tragödienschrift, »daß wir gerade von ihm jene Ausscheidung gewaltsam eingepflanzter Elemente zu erwarten wagen« – womit er Wagners Warnung aus den »Meistersingern« aufnimmt: »... und welschen Dunst mit welschem Tand sie pflanzen uns in deutsches Land«.)

49 Friedrich Nietzsche, Sämtliche Werke, a.a.O., 1. Band, S.154

50 Friedrich Nietzsche, Sämtliche Werke, a.a.O., 1. Band, S.507 (IV. Unzeitgemäße Betrachtung: »Richard Wagner in Bayreuth«)

51 Friedrich Nietzsche, Sämtliche Werke, a.a.O., 1. Band, S.451

52 Cosima Wagner, Die Tagebücher, a.a.O., 2. Band, S.720 (Eintrag vom 2.9.1873: »Das einzige, was wir haben«, fügt Wagner hinzu, »ist unsere Armee, unsere allgemeine Wehrpflicht, im Krieg zeigt sich unsere Zucht, alle unsere Tugenden.« Für die zeitgenössische Kultur hat Wagner sich dagegen nicht interessiert.)

53 Martin Gregor-Dellin, a.a.O., S.720 (Wagner meinte rückblickend, »daß so noch nie ein Künstler geehrt worden sei«.)

54 Cosima Wagner, Die Tagebücher, a.a.O., 1. Band, S.426 (Eintrag vom 11.8. 1871)

55 Cosima Wagner, Die Tagebücher, a.a.O., 1. Band, S.458 (Eintrag vom 12.11. 1871: »R. korrigiert die ›Wibelungen‹; er sagt, er denke eigentlich doch immer noch an Friedrich Barbarossa.«)

56 Richard Wagner, Sämtliche Schriften und Dichtungen, a.a.O., 10. Band, S.232 (Wagner in »Religion und Kunst«: »Uns wird es dagegen genügen, den Verderb der christlichen Religion von der Herbeiziehung des Judentums zur Ausbildung der Dogmen herzuleiten.«)

57 Richard Wagner, Sämtliche Schriften und Dichtungen, a.a.O., 10. Band, S.233

58 Richard Wagner, Sämtliche Schriften und Dichtungen, a.a.O., 10. Band, S.283 (»Heldentum und Christentum«)

59 Richard Wagner, Sämtliche Schriften und Dichtungen, a.a.O., 10. Band, S.231 (»Religion und Kunst«)

60 Richard Wagner, Sämtliche Schriften und Dichtungen, a.a.O., 10. Band, S.274

61 Hartmut Zelinsky, Richard Wagner, a.a.O., S.207 (Stuckenschmidts Aufsatz »Bayreuth« erschien in der Monatsschrift »Anbruch« im Januar 1933.)

62 Dieter David Scholz, Richard Wagners Antisemitismus, Würzburg 1993, S.196

63 Ernest Newman, The Life of Richard Wagner, a.a.O., 3. Band, S.284

64 Nietzsche und Wagner. Stationen einer epochalen Begegnung, a.a.O., 1. Band, S.52 (Brief vom 6.2.1870)

65 Joachim Köhler, Friedrich Nietzsche und Cosima Wagner, Berlin 1996. (In diesem Buch werden die Anfänge des Bayreuth-Kults und des verdrängten Nietzscheschen Antisemitismus dargestellt.)

66 Richard Wagner und Bayreuth, eingeleitet von Oscar Bie, Zürich 1931, S.4

67 Joachim Köhler, a.a.O., S.181

68 Richard Wagner, Die Musikdramen, a.a.O., S.834 (»Parsifal«, I. Aufzug)

69 Richard du Moulin Eckart, Die Herrin von Bayreuth, Berlin 1931, S.35

70 Cosima Wagner, Das zweite Leben. Briefe und Aufzeichnungen 1883–1930, hrsg. von Dietrich Mack, München 1980, S.570 (Brief an Bodo von dem Knesebeck vom 10.1.1901)

71 Michael Karbaum, a.a.O., S.55
72 Michael Karbaum, a.a.O., S.6
73 Michael Karbaum, a.a.O., S.55
74 Michael Karbaum, a.a.O., S.56
75 Cosima Wagner, Das zweite Leben, a.a.O., S.850
76 Cosima Wagner, Das zweite Leben, a.a.O., S.570 (Brief an Bodo von dem Knesebeck vom 10.1.1901)
77 Max Millenkovich-Morold, Cosima Wagner, Leipzig 1937, S.409
78 Houston Stewart Chamberlain, Lebenswege meines Denkens, München 1919, S.160 (»Die Sonne meines Lebens war und ist: Richard Wagner.«)
79 Hartmut Zelinsky, Richard Wagner a.a.O., S.111 (Brief Chamberlains vom 1.1.1912 an Kaiser Wilhelm II.)
80 Hartmut Zelinsky, Sieg oder Untergang: Sieg und Untergang a.a.O., S.108 (Brief Chamberlains vom 1.1.1912 an Kaiser Wilhelm II.)

VIII. Die »Zentralhexenküche«

1 Houston Stewart Chamberlain, Richard Wagner, a.a.O., S.224
2 Winfried Schüler, Der Bayreuther Kreis, a.a.O., S.118
3 Andrea Mork, a.a.O., S.165
4 Cosima Wagner, Briefe an Ludwig Schemann, hrsg. von Bertha Schemann, Regensburg 1937, S.37 (Brief Cosimas vom 8.1.1887)
5 Graf Arthur Gobineau, a.a.O., S.9
6 Winfried Schüler, a.a.O., S.63 (Brief Wolzogens vom 1.7.1877 an Schemann)
7 Cosima Wagner, Briefe an Ludwig Schemann, a.a.O., S.26 (Brief Cosimas vom Dezember 1881)
8 Cosima Wagner, Briefe an Ludwig Schemann, a.a.O., S.12 (Brief Cosimas vom 16.6.1881)
9 Cosima Wagners Briefe an ihre Tochter Daniela von Bülow 1866–1885, hrsg. von Max Freiherr von Waldberg, Stuttgart 1933, S.187 (Cosimas Brief vom 4.4.1881: »›Wagnerianer‹ ... Das Wort selbst hat die Bedeutung, welches jede Partei-Benennung hat ... darf man Wagnerianer diejenigen nennen, welche ihm überall folgen ... Daher kann es Wagnerianer geben, weil es eine Wagnersche Idee gibt, die diese zu verwirklichen suchen.« Wer sich dieser Idee nicht unterwirft und, wie der Kritiker Paul Lindau schrieb, »nicht auf die Worte des Meisters schwört«, zieht sich die Feindschaft der Bayreuth-Publizisten zu. »Das ist ja das Charakteristische in der Art Polemik«, so Paul Lindau weiter, »daß sie nicht die Klärung der Meinungen, sondern die Vernichtung aller entgegenstehenden Ansichten anstrebt.« In: Paul Lindau, Nüchterne Briefe aus Bayreuth, Breslau 1880, VI. Brief, S.16)
10 August Kubizek, a.a.O., S.102 (»Wir alle standen im erbittertsten Kampf.«)
11 Cosima Wagner, Das zweite Leben, a.a.O., S.465 (Nachruf auf Anton Seidl, 1898)
12 Cosima Wagner, Briefe an Ludwig Schemann, a.a.O., S.84
13 Andrea Mork, a.a.O., S.160 (»Bayreuther Blätter«, 1885)
14 Michael Karbaum, a.a.O., S.37
15 Die Grundlagen des Neunzehnten Jahrhunderts von Houston Stewart Chamberlain. Kritische Urteile, hrsg. vom Bruckmann Verlag, München 1901, S.92 (Ernst Freiherr von Wolzogen in »Das Literarische Echo« vom 1.2.1900)

16 Leopold von Schroeder, Die Vollendung des arischen Mysteriums in Bayreuth, München 1911
17 Winfried Schüler, a.a.O., S.219
18 Winfried Schüler, a.a.O., S.244
19 Michael Karbaum, a.a.O., 2. Teil, S.51 (Paul Bekker, »Bayreuth und seine Leute«, 1912)
20 Richard Wagner, Ein deutsches Ärgernis, hrsg. von Klaus Umbach, Hamburg 1982, S.163 (Schemann 1877 in seinem Vortrag »Richard Wagner in seinen künstlerischen Bestrebungen und seiner Bedeutung für eine nationale Kultur«)
21 Cosima Wagner, Briefe an Ludwig Schemann, a.a.O., S.24 (Brief Cosimas vom 29.10.1881: »Glücklicher Weise geht aus Bayreuth nicht eine Lehre bloß, sondern eine Weisung zur Tat, und zwar beinahe auf allen Gebieten, aus. Und der Heiland wußte es nicht anders, indem er sich opferte, als daß seine Jünger handelten.«)
22 Wolfgang Wagner, Lebens-Akte, a.a.O., S.38
23 Cosima Wagner, Die Tagebücher, a.a.O., 3. Band, S.424 (Eintrag vom 11.10. 1879. In diesem Zusammenhang notiert Cosima: »R. ist für völlige Ausweisung.«)
24 In den Trümmern der eignen Welt, a.a.O., S.245 (Jakob Wassermann, Mein Weg als Deutscher und Jude, Berlin 1921, S.117)
25 Cosima Wagner, Das zweite Leben, a.a.O., S.766 (Notiz von Eva Chamberlain am 30.3.1930, zwei Tage vor Cosimas Tod)
26 Houston Stewart Chamberlain, Lebenswege, a.a.O., S.196
27 H. St. Chamberlain, Lebenswege, a.a.O., S.197
28 H. St. Chamberlain, Lebenswege, a.a.O., S.204
29 H. St. Chamberlain, Lebenswege, a.a.O., S.205
30 H. St. Chamberlain, Lebenswege, a.a.O., S.241
31 Cosima Wagner und Houston Stewart Chamberlain im Briefwechsel 1888–1908, hrsg. von Paul Pretzsch, Leipzig 1934, S.627 (Brief Cosimas vom 15.2.1902: »Bei der Begegnung, welche wir mit S. Majestät hatten, sagte der Kaiser zu wiederholten Malen: ›Das meint Chamberlain auch.‹«)
32 H. St. Chamberlain, Lebenswege, a.a.O., S.242 (siehe Anm. 21 – Cosima spricht ebenfalls von Bayreuth als einer »Weisung zur Tat«.)
33 H. St. Chamberlain, Lebenswege, a.a.O., S.163
34 George R. Marek, Cosima Wagner. Ein Leben für ein Genie, Bayreuth 1981, S.350
35 Bayreuth: The Early Years. An Account of the Early Decades of the Wagner Festival as Seen by the Celebrated Visitors and Participants, hrsg. von Robert Hartford, Cambridge 1980, S.219 (Rollands Tagebuch »Vier Tage in Bayreuth«, 1896)
36 Richard du Moulin Eckart, Die Herrin von Bayreuth, a.a.O., S.839 (Seiner großen Cosima-Biographie hat du Moulin Eckart eine Widmung an H. St. Chamberlain vorangestellt.)
37 Cosima Wagner und H. St. Chamberlain, a.a.O., S.15 (Chamberlain am 14.6. 1888)
38 Cosima Wagner und H. St. Chamberlain, a.a.O., S.22 (Cosima am 17.9.1888)
39 Cosima Wagner und H. St. Chamberlain, a.a.O., S.19 (Chamberlain am 29.7. 1888)
40 Cosima Wagner und H. St. Chamberlain, a.a.O., S.29 (Cosima am 23.10. 1888)

41 Cosima Wagner und H. St. Chamberlain, a. a. O., S.141 (Cosima am 2.2.1890)
42 Cosima Wagner und H. St. Chamberlain, a. a. O., S.142 (Chamberlain am 4.2. 1890)
43 Cosima Wagner und H. St. Chamberlain, a. a. O., S.486 (Chamberlain am 25.9. 1896)
44 Cosima Wagner und H. St. Chamberlain, a. a. O., S.255 (Chamberlain am 30.11.1891)
45 Cosima Wagner und H. St. Chamberlain, a. a. O., S.507 (Cosima am 12.3.1897)
46 Cosima Wagner, Das zweite Leben, a. a. O., S.422 (Cosima am 31.7.1896 an den Vorstand des Allgemeinen Richard-Wagner-Vereins)
47 John Toland, Adolf Hitler, a. a. O., S.182
48 H. St. Chamberlain, Richard Wagner, a. a. O., S.35 (»Richard Wagner, dieser deutscheste aller Künstler«)
49 H. St. Chamberlain, Richard Wagner, a. a. O., S.62
50 H. St. Chamberlain, Richard Wagner, a. a. O., S.504
51 Cosima Wagner und H. St. Chamberlain, a. a. O., S.445 (Cosima am 22.2. 1896)
52 Cosima Wagner und H. St. Chamberlain, a. a. O., S.500 (Chamberlain am 1.1. 1897)
53 Cosima Wagner und H. St. Chamberlain, a. a. O., S.569 (Cosima am 25.5. 1899)
54 Cosima Wagner, Das zweite Leben, a. a. O., S.487 (Cosima am 15.11.1899 an Glasenapp)
55 Erich Kloss, Wagnertum in Vergangenheit und Gegenwart, Berlin 1909, S.123
56 Cosima Wagner und H. St. Chamberlain, a. a. O., S.607 (Chamberlain am 5.2. 1901)
57 Cosima Wagner und H. St. Chamberlain, a. a. O., S.627 (Cosima am 15.2. 1902)
58 Claus-Ekkehard Bärsch, Erlösung und Vernichtung. Dr. phil. Joseph Goebbels. Zur Psyche und Ideologie eines jungen Nationalsozialisten 1923–1927, München 1987, S.344 (Hermann Graf Kayserling: »Nun gibt es wohl kein Buch der Neuzeit, das in so hohem Maße den Anforderungen eines Kunstwerks genügte.«)
59 Die Grundlagen des Neunzehnten Jahrhunderts. Kritische Urteile, a. a. O., S.64 (Prof. Dr. Karl Joël in der »Allgemeinen Schweizer Zeitung«: »ein Einbruch der frischen Kraft in ein sich zersetzendes Reich«)
60 Die Grundlagen des Neunzehnten Jahrhunderts. Kritische Urteile, a. a. O., S.75
61 Claus-Ekkehard Bärsch, a. a. O., S.359 (Brief Kaiser Wilhelms II. an Chamberlain vom 31.12.1901: »Das Gefühl, für eine absolut gute, göttliche Sache zu streiten, bringt die Gewähr des Sieges!«)
62 Hartmut Zelinsky, Richard Wagner, a. a. O., S.170 (Brief Chamberlains vom 1.1.1924 an Hitler)
63 Die Grundlagen des Neunzehnten Jahrhunderts. Kritische Urteile, a. a. O., S.54 (Wolfgang Golther in den »Bayreuther Blättern«, Jahrgang 1900)
64 Winfried Schüler, a. a. O., S.117 (Henry Thode im »Literarischen Zentralblatt« am 10.3.1900: »Die Erkenntnis jener Probleme verdankt Chamberlain Richard Wagner.«)
65 H. St. Chamberlain, Die Grundlagen des Neunzehnten Jahrhunderts, 1. Band, 28. Auflage, München 1942, S.5
66 Richard Wagner, Sämtliche Schriften und Dichtungen, a. a. O., 10. Band, S.272

67 H. St. Chamberlain, Grundlagen, a.a.O., 1. Band, S.550
68 H. St. Chamberlain, Grundlagen, a.a.O., 2. Band, S.859
69 H. St. Chamberlain, Grundlagen, a.a.O., 2. Band, S.864
70 H. St. Chamberlain, Grundlagen, a.a.O., 1. Band, S.28 (».. wäre das phönizische Volk« – »Semiten« für Chamberlain – »nicht ausgerottet, wären seine Überreste nicht durch die spurlose Vertilgung seiner letzten Hauptstadt eines Vereinigungspunktes beraubt« worden, »so hätte die Menschheit dieses 19. Jahrhundert... niemals erlebt«. Auch Hitler plante, die Hauptstädte des jüdischen Bolschewismus spurlos zu vertilgen, ihre Bevölkerung auszurotten.)
71 H. St. Chamberlain, Grundlagen, a.a.O., 1. Band, S.406
72 H. St. Chamberlain, Grundlagen, a.a.O., 1. Band, S.294
73 Carl Maria Cornelius, Peter Cornelius. Der Wort- und Tondichter, 2. Band, Regensburg 1925, S.250 (Die Briefe, so schrieb Cosima an C. M. Cornelius, »von Pusinelli, Röckel, Heine, Berlioz, Herwegh, Herrn und Frau Wesendonck, Semper, Gasperini, Baudelaire, Bülow, Nietzsche, Gobineau, Stein« – und auch Peter Cornelius – »wurden bis auf einzelne wenige Blätter (bei vielen gar keine) vernichtet.« Den Bücherverbrennungen waren die Briefverbrennungen vorausgegangen.)
74 George R. Marek, a.a.O., S.72
75 Ernest Newman, The Life of Richard Wagner, 2. Band, S.614
76 Friedrich Herzfeld, Königsfreundschaft, a.a.O., S.53
77 Wolfgang Wagner, Lebens-Akte, a.a.O., S.52
78 Cosima Wagner, Die Tagebücher, a.a.O., 1. Band, S.8
79 Michael Karbaum, a.a.O., S.53
80 Wagners Werk und Wirkung. Festspielnachrichten Beiträge 1957–1982, S.83 (Herbert Conrad, »Der Beidler-Konflikt«)
81 Bayreuther Festspielführer 1928, hrsg. von Paul Pretzsch, Bayreuth 1928, S.217
82 Offizieller Bayreuther Festspielführer 1924, hrsg. von Karl Grunsky, Bayreuth 1924, S.91
83 Cosima Wagner und H. St. Chamberlain, a.a.O., S.620 (Chamberlain am 31.10.1901)
84 Birgit Marschall, Reisen und Regieren. Die Nordlandfahrten Kaiser Wilhelm II., Hamburg 1991, S.77
85 Hartmut Zelinsky, Sieg oder Untergang: Sieg und Untergang, a.a.O., S.5 (Kaiser Wilhelm II. an Generalfeldmarschall August von Mackensen am 2.12.1919)
86 Birgit Marschall, a.a.O., S.79
87 John C. G. Röhl, »Wilhelm II.: ›Das Beste wäre Gas!‹«, in: »Die Zeit«, Nr. 48 vom 25.11.1994, S.15 (Äußerung gegenüber Sir Edward Grey. Wilhelms radikalster Satz steht in einem Brief an Poultney Bigelow vom 15.8.1929: »Jews and Mosquitoes are a nuisance that humanity must get rid of in some way or other. I believe the best would be gas!«)
88 John C. G. Röhl, a.a.O., S.14
89 Richard Voß, Aus einem phantastischen Leben. Erinnerungen, Stuttgart 1923, S.366
90 Hartmut Zelinsky, Sieg oder Untergang: Sieg und Untergang, a.a.O., S.16 (Kaiser Wilhelm II. am 15.1.1917)
91 Briefwechsel zwischen Cosima Wagner und Fürst Ernst zu Hohenlohe-Langenburg, hrsg. von Ernst Fürst zu Hohenlohe, Stuttgart 1937, S.332 (Hohenlohe am 9.8.1914)
92 Briefwechsel zwischen Cosima Wagner und Fürst Ernst zu Hohenlohe-Langenburg, a.a.O., S.337 (Hohenlohe am 16.12.1914)

93 Cosima Wagner, Die Tagebücher, a.a.O., 1. Band, S.272 (Eintrag vom 18.8. 1870)
94 Briefwechsel zwischen Cosima Wagner und Fürst Ernst zu Hohenlohe-Langenburg, a.a.O., S.334 (Hohenlohe am 11.10.1914 über Chamberlains Kriegsaufsätze)
95 H. St. Chamberlain, Kriegsaufsätze, a.a.O., S.67
96 H. St. Chamberlain, Kriegsaufsätze, a.a.O., S.76
97 Hartmut Zelinsky, Sieg oder Untergang: Sieg und Untergang, a.a.O., S.16
98 H. St. Chamberlain, Kriegsaufsätze, a.a.O., S.59
99 H. St. Chamberlain, Kriegsaufsätze, a.a.O., S.39
100 Sigurd von Ilsemann, Der Kaiser in Holland, München 1967, S.191
101 Cosima Wagner, Das zweite Leben, a.a.O., S.730 (Cosima am Neujahrstag 1915 an Hohenlohe)
102 Der Aufstieg der NSDAP in Augenzeugenberichten, hrsg. von Ernst Deuerlein, München 1974, S.114 (Äußerungen Adolf Hitlers in einer Versammlung am 17.4.1920, kritisch referiert vom USP-Blatt »Der Kampf«)
103 Der Aufstieg der NSDAP, a.a.O., S.167 (Hitler in einer Versammlung am 12.4.1922 in München)
104 Max Millenkovich-Morold, a.a.O., S.469
105 Cosima Wagner, Das zweite Leben, a.a.O., S.761 (Äußerung vom 21.5. 1929)
106 Richard du Moulin Eckart, Die Herrin von Bayreuth, a.a.O., S.888
107 Hartmut Zelinsky, Richard Wagner, a.a.O., S.169 (Chamberlain am 7.10. 1923 an Hitler)
108 Richard Voß, Aus einem phantastischen Leben, a.a.O., S.364 (Eva Chamberlain an Richard Voß)
109 Briefwechsel zwischen Cosima Wagner und Fürst Ernst zu Hohenlohe-Langenburg, a.a.O., S.353 (Chamberlain am 3.8.1916 an Hohenlohe: »Wie recht haben Sie mit dem ›Mann aus dem Schützengraben‹. Es wirkte auf mich wie eine Offenbarung; gewiß kommt der Erlöser daher!«)

IX. Ein »tödliches Thema«

1 Hans Jürgen Syberberg, Filminterview 1975, a.a.O.
2 Wolfgang Wagner, a.a.O., S.47
3 Wolfgang Wagner, a.a.O., S.49
4 Friedelind Wagner, a.a.O., S.333 (Winifred im Februar 1940 in Zürich: »Wenn du nicht zustimmst, wird man dich mit Gewalt holen.«)
5 Hans Jürgen Syberberg, Filminterview 1975, a.a.O.
6 Andrea Mork, a.a.O., S.243 (Brief anläßlich der Veröffentlichung von Zieglers Memoirenband »Adolf Hitler aus dem Erleben dargestellt«, 1964)
7 Wolfgang Wagner, a.a.O., S.46 (Vom »Hausideologen Wahnfrieds, Houston Stewart Chamberlain ... sagte Hitler später, er habe das geistige Schwert geschmiedet, mit dem sie (die Nationalsozialisten) heute fechteten.« Originalzitat Hitler an Siegfried Wagner: »Stolze Freude faßte mich, als ich den völkischen Sieg gerade in der Stadt sah, in der, erst durch den Meister und dann durch Chamberlain, das geistige Schwert geschmiedet wurde mit dem wir heute fechten.« In: Karbaum, a.a.O., S.66)
8 Wolfgang Wagner, a.a.O., S.52

9 Michael Karbaum, a. a. O., 2. Band, S.84

10 Michael Karbaum, a. a. O., 2. Band, S.127 (Franz Wilhelm Beidler, in: Das literarische Deutschland. Zeitung der deutschen Akademie für Sprache und Dichtung, 20.8.1951. Beidler verglich das Dritte Reich hier mit einer »freilich im Gangsterstil aus der theatralischen Illusion auf den Schauplatz der Wirklichkeit projizierten Götterdämmerung«. Bayreuth sei von Anfang an »weit weniger eine Stätte reiner Kunstübung... als *eine Kultstätte mit weltanschaulicher Mission* gewesen«, wo »der angelsächsische Hexenmeister Houston Stewart Chamberlain... kleinere und kleinste Geister« um sich »geschart« habe.)

11 »Frankfurter Rundschau«, 24.6.1968 (Äußerung bei einer Probe des Festspielorchesters)

12 Wolfgang Wagner, a. a. O., S.74 (»Gegenüber meiner Mutter zeigte er immer tadellose Umgangsformen... Er küßte, sich verneigend, ihr die Hand.«)

13 Andrea Mork, a. a. O., S.243

14 Wolfgang Wagner, a. a. O., S.76

15 Wolfgang Wagner, a. a. O., S.102 (Der Ärger des Festspielchefs gilt hier der Dokumentation von Michael Karbaum, »Studien zur Geschichte der Bayreuther Festspiele (1876–1976)«, deren Material von der damaligen Archivverwalterin Gertrud Strobel »ohne Nachfrage bei meiner Mutter oder mir« dem Wissenschaftler »in angemaßter Eigenmächtigkeit« übergeben worden sei.)

16 Der Aufstieg der NSDAP in Augenzeugenberichten, a. a. O., S.23

17 Der Aufstieg der NSDAP in Augenzeugenberichten, a. a. O., S.190

18 Hermann Rauschning, Die Revolution des Nihilismus. Kulisse und Wirklichkeit im Dritten Reich, Zürich 1938, S.39

19 Walter C. Langer, Das Adolf-Hitler-Psychogramm. Eine Analyse seiner Person und seines Verhaltens, verfaßt 1943 für die psychologische Kriegführung der USA, Wien 1973, S.110 (Frederick Oechsner schrieb im »Collier's«-Magazin Nr. 110, 1942 über »Portable Lair: Führerhauptquartier« und im selben Jahr das Buch »This is the Enemy«. Oechsner beobachtete Hitler beim Wagner-Hören: »Grimassen von Schmerz und Freude verzerrten sein Gesicht, seine Stirn faltete sich, seine Augen waren geschlossen, seine Lippen eng gespannt.«)

20 Hitler privat, a. a. O., S.57

21 Brigitte Hamann, a. a. O., S.243 (Hanisch: Hitler »war sehr begeistert von Wagner und sagte manchmal, daß Oper wirklich der beste Gottesdienst sei«.)

22 Max Domarus, a. a. O., 1. Band, S.369 (Rede vom 6.3.1934)

23 Der Festspielhügel. Richard Wagners Werk in Bayreuth 1876–1976, hrsg. von Herbert Barth, München 1976 (»Völkischer Beobachter«, 14.7.1936)

24 Anton Joachimsthaler, a. a. O., S.186 (In: »I Was Hitler's Boss. By a Former Officer of the Reichswehr«, Current History, November 1941, S.193)

25 Richard Wagner, Sämtliche Schriften und Dichtungen, a. a. O., 10. Band, S.136

26 Adolf Hitler, Mein Kampf, a. a. O., S.226 (»... zu einer vorübergehenden Judenherrschaft, wie sie ursprünglich den Urhebern der ganzen Revolution als Ziel vor Augen schwebte«)

27 Anton Joachimsthaler, a. a. O., S.194

28 Ernst Hanfstaengl, Zwischen Weißem und Braunem Haus. Memoiren eines politischen Außenseiters, München 1970, S.55

29 Konrad Heiden, Adolf Hitler, a. a. O., S.101

30 Der Aufstieg der NSDAP in Augenzeugenberichten, a. a. O., S.259 (Bericht der »Hamburger Nachrichten« über eine Hitler-Rede zum 1. Mai 1926 in Hamburg)

31 Karl Alexander Müller, Mars und Venus. Erinnerungen 1914–1919, Stuttgart 1954, S.338
32 Ernst Hanfstaengl, a. a. O., S.84
33 Ernst Hanfstaengl, a. a. O., S.95 (»Und der Gewinn, den seine Zuhörer nach Hause trugen, war die feste Zuversicht: Mit Hitler beginnt eine neue, eine glücklichere Zukunft.«)
34 Der Aufstieg der NSDAP in Augenzeugenberichten, a. a. O., S.137 (Bericht des Kriminalsekretärs Feil vom 25.7.1921)
35 Otto Wagener, Hitler aus nächster Nähe, a. a. O., S.251
36 Otto Wagener, a. a. O., S.XI (Als er seine Aufzeichnungen schrieb, so der Herausgeber Henry A. Turner, betrachtete sich Wagener als »Hüter des Grals, d. h. des neuen Evangeliums, das von Adolf Hitler verkündet, jedoch von boshaften Anhängern mißbraucht worden ist«.)
37 Der Aufstieg der NSDAP in Augenzeugenberichten, a. a. O., S.262 (Joseph Goebbels beim 2. Reichsparteitag der NSDAP in Weimar 3./4. Juli 1926: »Ich danke dem Schicksal, daß es uns diesen Mann gab.«)
38 Nike Wagner, Über Wagner, Stuttgart 1996, S.252
39 Cosima Wagner, Das zweite Leben, a. a. O., S.319 (Brief Cosimas vom 22.12. 1892 an Hohenlohe)
40 H. St. Chamberlain, Die Grundlagen des Neunzehnten Jahrhunderts, a. a. O., 1. Band, S.584
41 Richard du Moulin Eckart, Die Herrin von Bayreuth, a. a. O., S.443
42 Briefwechsel zwischen Cosima und Fürst Ernst zu Hohenlohe-Langenburg, a. a. O., S.368 (Brief Cosimas vom 14.2.1918)
43 Cosima Wagner, Das zweite Leben, a. a. O., S.747 (Brief Cosimas vom 11.9. 1919 an Hohenlohe)
44 Offizieller Bayreuther Festspielführer 1924, a. a. O., S.272
45 Winfried Schüler, a. a. O., S.226 (»Bayreuther Blätter«, 1910)
46 Cosima Wagner, Das zweite Leben, a. a. O., S.871
47 James & Suzanne Pool, Hitlers Wegbereiter zur Macht. Die geheimen deutschen und internationalen Geldquellen, die Hitlers Aufstieg zur Macht ermöglichten, München 1979, S.111 (»Siegfried habe die Auffassungen seines Vaters über die Juden voll geteilt«)
48 Hans Jürgen Syberberg, Filminterview 1975, a. a. O.
49 Hartmut Zelinsky, Richard Wagner, a. a. O., S.279
50 Hartmut Zelinsky, Richard Wagner, a. a. O., S.213 (Paul Bülow, »Adolf Hitler und der Bayreuther Kulturkreis«)
51 Wolfgang Wagner, a. a. O., S.46

X. Die »Vorkämpfer«

1 Christa Schroeder, Er war mein Chef, a. a. O., S.82
2 André François-Poncet, Als Botschafter im »Dritten Reich«. Die Erinnerungen des französischen Botschafters in Berlin, September 1931 bis Oktober 1938, Berlin 1980, S.405 (»Der Besessene«)
3 Albrecht Tyrell, Vom »Trommler« zum »Führer«. Der Wandel von Hitlers Selbstverständnis zwischen 1919 und 1924 und die Entwicklung der NSDAP, München 1975, S.40 (Parteiversammlung vom 26.10.1920)
4 Konrad Heiden, Adolf Hitler, a. a. O., S.116

5 Friedrich Nietzsche, Sämtliche Werke, a. a. O., 6. Band, S.339 (»Ecce Homo«)
6 Anton Joachimsthaler, a. a. O., S.229 (Brief von Karl Mayr an Wolfgang Kapp vom 24.9.1920)
7 Der Aufstieg der NSDAP in Augenzeugenberichten, a. a. O., S.97
8 Kurt Gossweiler, Kapital, Reichswehr und NSDAP 1919–1924, Köln 1982, S.554 (Brief von Karl Mayr an Wolfgang Kapp vom 24.9.1920)
9 Anton Joachimsthaler, a. a. O., S.229
10 Anton Joachimsthaler, a. a. O., S.247 (Bericht des Oberleutnants Bendts vom 25.8.1919)
11 Der Aufstieg der NSDAP in Augenzeugenberichten, a. a. O., S.89 (Ernst Röhm 1928 über den »ehrgeizigen Offizier« Mayr, »der heute im marxistischen Reichsbanner eine führende Rolle einnimmt«)
12 Der Aufstieg der NSDAP in Augenzeugenberichten, a. a. O., S.91 (Aufsatz vom 16.9.1919, geschrieben in Mayrs Auftrag)
13 Richard Wagner, Sämtliche Schriften und Dichtungen, a. a. O., 10. Band, S.271 (»Erkenne dich selbst«)
14 Der Aufstieg der NSDAP in Augenzeugenberichten, a. a. O., S.93
15 Richard Wagner, Sämtliche Schriften und Dichtungen, a. a. O., 10. Band, S.268 (»Erkenne dich selbst«: »Der verhängnisvolle Ring des Nibelungen, als Börsenportefeuille, dürfte das schauerliche Bild des gespenstigen Weltbeherrschers zur Vollendung bringen.«)
16 Richard Wagner, Sämtliche Schriften und Dichtungen, a. a. O., 10. Band, S.274 (»Erkenne dich selbst«)
17 Der Aufstieg der NSDAP in Augenzeugenberichten, a. a. O., S.130
18 Richard Wagner, Die Musikdramen, a. a. O., S.738 (»Siegfried«, III. Aufzug, 3. Szene)
19 Martin Sabrow, Der Rathenaumord. Rekonstruktion einer Verschwörung gegen die Republik von Weimar, München 1994, S.45 (»Der Germanenorden« operierte nicht »im Zwielicht zwischen Tarnung und kalkulierter Öffentlichkeit«, sondern »gänzlich klandestin. Sein Wirken ist aus den Quellen nur so unscharf zu erschließen, daß seine bloße Existenz bis heute umstritten ist.« Doch es gab ihn, und er zählte rund 1500, meist einflußreiche Mitglieder. Sein »leitendes Prinzip war die Bekämpfung des angeblichen jüdischen Einflusses auf das deutsche Volk«.)
20 Karlheinz Weißmann, Schwarze Fahnen, Runenzeichen, Köln 1991, Tafelteil
21 Nicholas Goodrick-Clarke, Die okkulten Wurzeln des Nationalsozialismus, Graz-Stuttgart 1997, S. 117. Dem Buch liegt die 1985 erschienene Oxforder Dissertation Goodrick-Clarkes zugrunde.
22 Martin Sabrow, a. a. O., S.45
23 Karlheinz Weißmann, a. a. O., Tafelteil
24 Karlheinz Weißmann, a. a. O., S.70 (Das Hakenkreuz als Abzeichen verwendete der »Germanenorden« seit 1912. Im Jahr darauf erschien es als Symbol auf dem Band »Die deutsche Kulturbewegung im Jahre 1913«, verlegt von Eugen Diederichs in Jena.)
25 Martin Sabrow, a. a. O., S.46
26 München – »Hauptstadt der Bewegung«. Bayerns Metropole und der Nationalsozialismus, hrsg. von Richard Bauer u. a., S.54
27 Robert G. L. Waite, a. a. O., S.205
28 Cosima Wagner, Das zweite Leben, a. a. O., S.744 (Brief Cosimas vom 27.2.1919 an Hohenlohe)

29 Kurt Gossweiler, a. a. O., S.143 (Bei einer »Thule«-Versammlung unmittelbar nach dem Sturz der Monarchie, am 9.11.1918, verkündete Sebottendorf, »an Stelle unserer blutsverwandten Fürsten herrscht unser Todfeind: Juda«.)
30 Max Domarus, a. a. O., 1. Band, S.574 (Rede vom 12.2.1936 an der Bahre des »Märtyrers« Wilhelm Gustloff)
31 J. & S. Pool, a. a. O., S.15
32 Kurt Gossweiler, a. a. O., S.149 (Am 5.1.1919 wurden »Richtlinien« bekanntgegeben, die den Kernsatz brachten: »Die DAP will die Adelung des deutschen Arbeiters.«)
33 Kurt Gossweiler, a. a. O., S.205 (»Thule«-Flugblatt vom Juni 1919: »Wenn das Feld bearbeitet ist, wird er uns erscheinen. Das ist unser Glaube.«)
34 James & Suzanne Pool, a. a. O., S.14
35 Kurt Gossweiler, a. a. O., S.146
36 Christa Schroeder, a. a. O., S.65
37 Kurt Gossweiler, a. a. O., S.554 (In Mayrs Brief vom 24.9.1920 an Wolfgang Kapp: ». . . ein gutdeutscher Mann, wenn auch etwas blindwütiger Antisemit«)
38 Richard Wagner. Wie antisemitisch darf ein Künstler sein?, a. a. O., S.17
39 Christa Schroeder, a. a. O., S.65
40 Albert Zoller, a. a. O., S.117 (»Man wird sich fragen, wie Hitler nach dem ersten Weltkrieg Zutritt zu den Kreisen erlangen konnte, die ihm, dem kleinen Gefreiten, normalerweise hätten verschlossen sein müssen. Nun, er machte 1920 die Bekanntschaft des Dichters Eckart.«)
41 Adolf Hitler, a. a. O., S.781
42 Joachim C. Fest, Hitler, a. a. O., S.558
43 Max Domarus, a. a. O., 2. Band, S.1990 (Rede vom 24.2.1943)
44 Richard Wagner, Die Musikdramen, a. a. O., S.717 (»Siegfried«, III. Aufzug, 1. Szene: »Der Weckrufer bin ich, und Weisen üb ich, daß weithin wache, was fester Schlaf verschließt.«)
45 Bausteine zum Dritten Reich. Lehr- und Lesebuch des Reichsarbeitsdienstes, hrsg. von Hermann Kretzschmann, Leipzig 1933, S.587
46 Richard Wagner, Die Musikdramen, a. a. O., S.487 (»Die Meistersinger von Nürnberg«, III. Aufzug, 5. Szene)
47 Der Aufstieg der NSDAP in Augenzeugenberichten, a. a. O., S.104
48 Die Tagebücher des Joseph Goebbels, hrsg. von Elke Fröhlich, 2. Teil, München 1993/94, S.289 (Eintrag vom 13.5.1943, in dem Goebbels Hitler mit dem Satz zitiert: »Es bleibt also den modernen Völkern nichts anderes übrig, als die Juden auszurotten.«)
49 Richard Wagner. Wie antisemitisch darf ein Künstler sein?, a. a. O., S.17 (Peter Viereck, 1939)
50 Margarete Plewnia, Auf dem Weg zu Hitler. Der »völkische« Publizist Dietrich Eckart, Bremen 1970, S.14
51 Nicolaus von Below, a. a. O., S.22 (»Ich ahnte bis zu diesem Tage nicht«, berichtete Hitlers Adjutant, »welche enge Beziehung Hitler zur Musik hatte. Er schwärmte an diesem Abend von Bayreuth, Wagner und Dietrich Eckart.«)
52 Adolf Hitler, Monologe, a. a. O., S.308 (Äußerung vom 28.2./1.3.1942)
53 Margarete Plewnia, a. a. O., S.25
54 Margarete Plewnia, a. a. O., S.31 (Flugblatt vom 6.4.1919: Die »Massen« sollten »ihren jüdischen Führern entzogen« werden.)
55 Margarete Plewnia, a. a. O., S.37 (Wenige Monate nach Eckarts Tod erschien im Hoheneichen-Verlag Eckarts unvollendete Schrift »Der Bolschewismus von

Moses bis Lenin. Zwiegespräch zwischen Adolf Hitler und mir«, das heißt Dietrich Eckart. Obwohl die Authentizität der Hitler-Äußerungen – er wird im Dialog als »Er« bezeichnet – zweifelhaft ist, folgen sie streng der Chamberlain-Doktrin, die für Eckart wie Hitler bindend war. »Es ist wohl so«, sagt »Er«, »wie du einmal geschrieben hast: man kann den Juden nur verstehen, wenn man weiß, wohin es letzten Endes drängt. Über die Weltherrschaft hinaus, zur *Vernichtung* der Welt... Wenn ihm nicht Einhalt geboten wird, vernichtet er sie.« s. S.49)

56 Kurt Gossweiler, a. a. O., S.554 (Brief von Mayr an Kapp vom 24.9.1920)

57 Kurt Gossweiler, a. a. O., S.317 (Gedicht »Unser Führer Adolf Hitler«, zu dessen Geburtstag 1923)

58 Konrad Heiden, Adolf Hitler, a. a. O., S.58

59 Christa Schroeder, a. a. O., S.65 (Hitler erzählte, »daß diese Freundschaft zu dem Schönsten gehörte, was ihm in den Zwanziger Jahren zuteil geworden war!«)

60 Konrad Heiden, a. a. O., S.250 (»Völkischer Beobachter«, 1922)

61 Hans Kohn, Karl Kraus. Arthur Schnitzler. Otto Weininger. Aus dem jüdischen Wien der Jahrhundertwende, Tübingen 1962, S.30

62 Otto Weininger, Geschlecht und Charakter. Eine prinzipielle Untersuchung, Wien 1905, S.600

63 Margarete Plewnia, a. a. O., S.44

64 Henry Picker, a. a. O., S.79 (Äußerung vom 1.12.1941)

65 George L. Mosse, Die Geschichte des Rassismus in Europa, Frankfurt 1990, S.132 (»Adolf Hitler kannte Weiningers Buch und benutzte es, um seinen Haß gegen die Juden zu untermauern.«)

66 München – »Hauptstadt der Bewegung«, a. a. O., S.56

67 J. & S. Pool, a. a. O., S.108

68 Ernst Hanfstaengl, a. a. O., S.105

69 John Dornberg, Der Hitlerputsch. München, 8. und 9. November 1923, Berlin 1989, S.125

70 München – »Hauptstadt der Bewegung«, a. a. O., S.123

71 München – »Hauptstadt der Bewegung«, a. a. O., S.123

72 Christa Schroeder, a. a. O., S.67

73 Ernst Hanfstaengl, a. a. O., S.48

74 Bausteine zum Dritten Reich, a. a. O., S.588

75 Ernst Hanfstaengl, a. a. O., S.109

76 Bausteine zum Dritten Reich, a. a. O., S.589

77 John Toland, Adolf Hitler, a. a. O., S.143

78 Friedelind Wagner, a. a. O., S.20

79 Ernst Hanfstaengl, a. a. O., S.49 (Über die Provenienz der Hitlerschen Hundepeitsche wird gestritten: Laut Baldur von Schirach – Ich glaubte an Hitler, Hamburg 1967, S.66 – behauptete Hitler, Dame Helene sei die Geberin gewesen; doch das bestritt Frau Bruckmann »lebhaft: Sie selbst habe sie ihm doch geschenkt.« Schirach löste das Dilemma: »Nähere Nachforschungen haben dann ergeben, daß Hitler nicht nur zwei, sondern drei Hundepeitschen besaß.«)

80 Joseph Wulf, Musik im Dritten Reich, Berlin 1989, S.91 (Tagebucheintrag Goebbels' vom 28.11.1925)

81 Kurt Gossweiler, a. a. O., S.247

82 Konrad Heiden, Adolf Hitler, a. a. O., S.130

83 J. & S. Pool, a. a. O., S.422

84 John Toland, a. a. O., Bildteil nach S.232

85 Margarete Klinkerfuß, Aufklänge aus vergangener Zeit, Urach 1948, S.229

86 Richard du Moulin Eckart, a. a. O., S.882 (Der Autor schreibt versehentlich »Erwin Bechstein«.)

87 Friedelind Wagner, a. a. O., S.20

XI. Ein Auftrag wird erteilt

1 Friedelind Wagner, a. a. O., S.159 (»Eine von Hitlers Lieblingsbemerkungen«)

2 Erich Ebermayer, Magisches Bayreuth. Legende und Wirklichkeit, Stuttgart 1951, S.173

3 Friedelind Wagner, a. a. O., S.20

4 Berta Geißmar, Taktstock und Schaftstiefel. Erinnerungen an Wilhelm Furtwängler, Köln 1996, S.239 (Die Originalausgabe erschien unter dem Titel »The Baton and the Jackboot« 1944 in London; die erste deutsche Fassung erschien im Jahr darauf in Zürich.)

5 Ernst Hanfstaengl, a. a. O., S.77

6 Wolfgang Wagner, a. a. O., S.45

7 Friedelind Wagner, a. a. O., S.51

8 Michael Karbaum, a. a. O., 2. Teil, S.114

9 Michael Karbaum, a. a. O., 2. Teil, S.69 (Äußerung vom Juli 1925, als er auch sagte, »es gibt keine herrlichere Äußerung des deutschen Geistes als die unsterblichen Werke des Meisters selbst«.)

10 Michael Karbaum, a. a. O., 2. Teil, S.127 (»Bedenken gegen Bayreuth«, 1951)

11 Erich Ebermayer, a. a. O., S.172

12 Michael Georg Conrad, Wagners Geist und Kunst in Bayreuth, München 1906, S.8

13 Michael Georg Conrad, a. a. O., S.99 (Kurze Formel seines Glaubens: »Für oder gegen Bayreuth? Ein Mittleres gibts nicht.«)

14 Bayreuther Festspielführer 1927, hrsg. von Paul Pretzsch, Bayreuth 1927, S.21

15 Nationalsozialismus und Entartete Kunst, hrsg. von Peter-Klaus Schuster, München 1987, S.270

16 Michael Karbaum, a. a. O., 2. Teil, S.66 (Brief Hitlers vom 5.5.1924)

17 Michael Karbaum, a. a. O., 2. Teil, S.68

18 Michael Karbaum, a. a. O., 2. Teil, S.67

19 Joachim Fest, Fremdheit und Nähe, a. a. O., S.288 (»Um einen Wagner von außen bittend«)

20 Richard Wagner, Sämtliche Schriften und Dichtungen, a. a. O., 10. Band, S.274

21 Friedelind Wagner, a. a. O., S.14

22 Ernst Hanfstaengl, a. a. O., S.77

23 Joachim C. Fest, Hitler, a. a. O., S.223

24 John Toland, a. a. O., S.147

25 Kurt Gossweiler, a. a. O., S.316 (Max Maurenbrecher, Chefredakteur der »Deutschen Zeitung« des Alldeutschen Verbandes, über ein Gespräch mit Hitler im Mai 1922)

26 Albrecht Tyrell, a. a. O., S.272 (Äußerung Hitlers gegenüber Georg Schott, in: Das Volksbuch vom Hitler, München 1924, S.53)

27 Richard Wagner, Die Musikdramen, a. a. O., S.460 (»Die Meistersinger von Nürnberg«, III. Aufzug, 1. Szene)

28 Carl Friedrich Glasenapp, Wagner-Enzyklopädie, a. a. O., S.311 (Stichwort: »Jesus«)

29 Karl Alexander von Müller, Im Wandel einer Welt. Erinnerungen, 3. Band, hrsg. von Otto Alexander von Müller, München 1966, S.144

30 Der Aufstieg der NSDAP in Augenzeugenberichten, a. a. O., S.181 (Das Staatspolizeiamt Nürnberg-Fürth über den »Deutschen Tag« am 1./2.9.1923)

31 München – »Hauptstadt der Bewegung«, a. a. O., S.82 (Wehrverbandsführer Hauptmann Adolf Heiß über das Ziel des Kampfbundes)

32 Albrecht Tyrell, a. a. «., S.157 (Äußerung vom Mai 1923)

33 Karl Alexander von Müller, Im Wandel einer Welt, a. a. O., S.149

34 Houston Stewart Chamberlain, Richard Wagner, a. a. O., S.504 (Hier zitiert der Autor sogar Nietzsche, damals längst verfeindet mit Bayreuth, weil er als erster dessen Kampfauftrag hervorgehoben hatte: »Für uns bedeutet Bayreuth die Morgenweihe am Tage des Kampfes!«)

35 Jordi Mota und Maria Infiesta, Das Werk Richard Wagners im Spiegel der Kunst, Tübingen 1995, Tafel 105 (Die Stassen-Formel scheint Hitler beeindruckt zu haben. Über das Hakenkreuz sagte er einmal laut Baldur von Schirach, [»Ich glaubte an Hitler«, S.315], daß »das alte Heilszeichen der germanischen Völker in Deutschland *neu und verjüngt* Symbol des Dritten Reiches wurde«.)

36 Michael Karbaum, a. a. O., 2. Teil, S.68

37 Friedelind Wagner, a. a. O., S.68

38 Erich Ebermayer, a. a. O., S.170

39 Michael Karbaum, a. a. O., S.68 (Hans Conrad, »Der Führer und Bayreuth«, 1936)

40 Theodor Heuss, a. a. O., S.27

41 Erich Kuby, Richard Wagner & Co. Zum 150. Geburtstag des Meisters, Hamburg 1963, S.148 (»Sie schreiben mir: ›Je schlimmer der Jude, um so größer muß unsere Liebe sein...‹, ich begreife aber nicht die Aufforderung, das Schlechte, das Schändliche, das Gemeine, dasjenige, was alle Tage auf allen Gebieten alles, was mir hoch und heilig ist, beschmutzt, vergiftet, niederreißt, damit alles Edle aus unserm lieben armen großen Europa rettungslos dem Untergang weihend – ich begreife nicht die Aufforderung, es zu lieben; mit allen Kräften meiner Seele hasse ich es und hasse es und hasse es!« Hitler konnte das nicht mehr übertreffen – nur in die Tat umsetzen.)

42 Houston Stewart Chamberlain, Grundlagen, a. a. O., 2. Band, S.443 (»Ihr Dasein ist ein Verbrechen gegen die heiligen Gesetze des Lebens... das ganze Volk müßte rein gewaschen werden, doch nicht von einem bewußt, sondern von einem unbewußt begangenen Vergehen.«)

43 Hitler. Sämtliche Aufzeichnungen 1905–1924, a. a. O., S.1231 (Hitler am 5.5. 1924 an Siegfried Wagner)

44 Hitler. Sämtliche Aufzeichnungen, a. a. O., S.1232

45 H. F. Peters, Zarathustras Schwester. Fritz und Lieschen Nietzsche – ein deutsches Trauerspiel, München 1983, S.298 (Am 17.2.1933 traf man sich gar bei »Tristan und Isolde« im Weimarer Theater.)

46 Hans Severus Ziegler, a. a. O., S.12

47 Joachim C. Fest, Hitler, a. a. O., S.259

48 Die Tagebücher von Joseph Goebbels, a. a. O., 2. Band, S.450 (Eintrag vom 24.7.1933 in Wahnfried)

49 Hartmut Zelinsky, Richard Wagner, a. a. O., S.169 (Brief Chamberlains vom 7.10.1923 an Hitler)

50 Houston Stewart Chamberlain, der Seher des Dritten Reiches, hrsg. von Georg Schott, München 1934, S.6
51 Konrad Heiden, Adolf Hitler, a. a. O., S.114
52 Hartmut Zelinsky, Richard Wagner, a. a. O., S.170
53 Offizieller Bayreuther Festspielführer 1924, a. a. O., S.230 (Friedrich von Schoen, »Eine Erinnerung an Richard Wagner«)
54 Hartmut Zelinsky, Sieg oder Untergang: Sieg und Untergang, a. a. O., S.12
55 König Ludwig II. und Richard Wagner, Briefwechsel, a. a. O., 3. Band, S.230 (Brief Wagners vom 22.11.1881)
56 Hartmut Zelinsky, Richard Wagner, a. a. O., S.170
57 Michael Karbaum, a. a. O., 2. Teil, S.67 (Tagebucheintrag vom 8.5.1926)
58 Winfried Schüler, a. a. O., S.85 (Aus einem Gespräch des Autors mit Winifred Wagner am 21.6.1961)
59 Friedelind Wagner, a. a. O., S.20
60 Hans Jürgen Syberberg, Filminterview 1975, a. a. O.
61 Adolf Hitler, Monologe, a. a. O., S.224 (24./25.1.1942)
62 Erich Ebermayer, a. a. O., S.174
63 Hans Severus Ziegler, a. a. O., S.154
64 Friedelind Wagner, a. a. O., S.20
65 Albrecht Tyrell, Vom »Trommler« zum »Führer«, a. a. O., S.162
66 Albrecht Tyrell, a. a. O., S.163
67 Albrecht Tyrell, »Führer befiehl...« Selbstzeugnisse aus der ›Kampfzeit‹ der NSDAP, Düsseldorf 1969, S.56 (Aussage von General von Lossow am 10.4.1924 im Hitler-Prozeß)
68 Joachim C. Fest, Hitler, a. a. O., S.253 (In: Ernst Boepple, Adolf Hitlers Reden, München 1933, S.87)

XII. Der verratene Heiland

1 Friedelind Wagner, a. a. O., S.27 (»Deutschland ist ein Schweinestall geworden.«)
2 Michael Karbaum, a. a. O., 2. Teil, S.65 (Brief an Alexander Spring vor dem 9.11.1923)
3 Hans Jürgen Syberberg, Filminterview 1975, a. a. O.
4 Peter P. Pachl, Siegfried Wagner. Genie im Schatten, München 1988, S.325
5 Peter P. Pachl, a. a. O., S.327
6 Hitler. Sämtliche Aufzeichnungen, a. a. O., S.1232 (Hitlers Brief vom 5.5.1924 an Siegfried Wagner)
7 Joachim C. Fest, Hitler, a. a. O., S.260
8 Der Aufstieg der NSDAP in Augenzeugenberichten, a. a. O., S.193 (Bericht des Augenzeugen Karl Alexander von Müller)
9 Der Aufstieg der NSDAP in Augenzeugenberichten, a. a. O., S.126 (Äußerung vom 18.10.1920)
10 Richard du Moulin Eckart, Wahnfried, Leipzig 1925, S.37
11 Der Aufstieg der NSDAP in Augenzeugenberichten, a. a. O., S.193 (Bericht von Karl Alexander von Müller)
12 John Dornberg, a. a. O., S.139 (Tagebucheintrag der »Völkischer Beobachter«-Sekretärin Paula Schlier vom Abend des 8.11.1923: »Die Redakteure gebärdeten sich, als seien sie völlig verrückt geworden.«)

13 Der Aufstieg der NSDAP in Augenzeugenberichten, a. a. O., S.157 (Äußerung vom 25.10.1922 in München)

14 Der Aufstieg der NSDAP in Augenzeugenberichten, a. a. O., S.196 (Bericht Karl Alexander von Müllers)

15 Winfried Schüler, a. a. O., S.127 (Brief Josef Stolzing-Czernys vom 17.10.1923 an Eva Chamberlain, in dem er ihr mitteilt, daß Hitler »sich über das Schreiben... wie ein Kind gefreut hat« – das Schreiben: Chamberlains Einsetzungsbrief vom 7.10.1923)

16 Friedelind Wagner, a. a. O., S.52 (»So spät es auch war, er versäumte nie, ins Kinderzimmer zu kommen und uns grausige Geschichten von seinen Abenteuern zu erzählen. Wir vier hockten im Halblicht auf unseren Kissen und lauschten, von Gänsehaut überlaufen. Er zeigte uns seinen Revolver, den er, natürlich unerlaubterweise, trug – eine kleine Waffe, die, obwohl er sie mit der Handfläche bedecken konnte, zwanzig Schuß enthielt.«)

17 John Toland, a. a. O., S.1148 (Beobachtung von Max von Gruber, Professor für »Rassenhygiene« an der Universität München. Über Hitlers genetische Anlagen meinte er: »schlechte Rasse, Mischling. Niedrige, fliehende Stirn, häßliche Nase, breite Backenknochen, kleine Augen, dunkles Haar«.)

18 Karl Alexander von Müller, Im Wandel einer Welt, a. a. O., S.162

19 John Toland, a. a. O., S.213

20 John Toland, a. a. O., S.214 (In: Bayerisches Staatsdokument, H. 72, Allgemeines Staatsarchiv, München)

21 Der Aufstieg der NSDAP in Augenzeugenberichten, a. a. O., S.200 (Bericht von Paula Schlier)

22 Karl Alexander von Müller, Im Wandel einer Welt, a. a. O., S.166

23 Der Aufstieg der NSDAP in Augenzeugenberichten, a. a. O., S.199 (Bericht des Polizeioberleutnants Michel Freiherr von Godin)

24 Karl Alexander von Müller, Im Wandel einer Welt, a. a. O., S.167

25 Joachim C. Fest, Hitler, a. a. O., S.274

26 Der Aufstieg der NSDAP in Augenzeugenberichten, a. a. O., S.202 (Stefan Zweig, »Die Welt von gestern. Erinnerungen eines Europäers«, Stockholm 1942)

27 Karl Alexander von Müller, Im Wandel einer Welt, a. a. O., S.168

28 John Toland, a. a. O., S.244 (Bayerisches Hauptstaatsarchiv, Generalstaatskommissariat, 575)

29 Erich Ebermayer, a. a. O., S.176

30 Erich Ebermayer, a. a. O., S.177

31 Friedelind Wagner, a. a. O., S.28

32 Michael Karbaum, a. a. O., 2. Teil, S.68 (Hans Conrad, »Der Führer und Bayreuth«, 1936)

33 Bayreuth im Dritten Reich. Richard Wagners politische Erben. Eine Dokumentation, hrsg. von Berndt W. Wessling, Weinheim 1983, S.187 (Siegfried Scheffler, »Herrschaft und Dienst. Winifred Wagner über Bayreuths Zukunft«, 1933: Winifred sagte über Hitler, er »erkennt in Wagner die erziehende und segnende Kraft, die der ideellen Entwicklung Deutschlands den entscheidenden Antrieb gibt. Er erkennt in ihm die beispielhafte Persönlichkeit des Kampfes und der Selbstbefreiung.«)

34 Hartmut Zelinsky, Richard Wagner, a. a. O., S.169 (Offener Brief Winifred Wagners vom 14.11.1923)

35 Erich Ebermayer, a. a. O., S.178

36 Hartmut Zelinsky, Richard Wagner, a. a. O., S.169
37 Hartmut Zelinsky, Richard Wagner, a. a. O., S.217
38 Michael Karbaum, a. a. O., 2. Teil, S.68 (Eingabe an die bayerische Staatsregierung von Anfang Juli 1924)
39 Otto Wagener, a. a. O., S.230
40 Frederic Spotts, Bayreuth. A History of the Wagner Festival, New Haven 1994, S.139
41 Hitler. Sämtliche Aufzeichnungen, a. a. O., S. 1233 (Brief Hitlers vom 5.5.1924 an Siegfried Wagner)
42 Michael Karbaum, a. a. O., 2. Teil, S.65 (Brief Siegfried Wagners von Weihnachten 1923 an Rosa Eidam, eine Altwagnerianerin)
43 Karl Alexander von Müller, Im Wandel einer Welt, a. a. O., S.180
44 Hans Severus Ziegler, a. a. O., S.157 (»Wenn sich Siegfried Wagner«, so der Bayreuth-Intimus, »später etwas reserviert verhielt, so hat Hitler ihn vollkommen verstanden, da ja in der Tat politische Vorsicht geboten war. Von Schwäche oder politischer Abneigung konnte bei dem sehr urwüchsig denkenden und empfindenden Sohn des Meisters nicht die Rede sein.«)
45 Adolf Hitler, Monologe, a. a. O., S. 224 (Äußerung vom 24./25.1.1942 in der Wolfsschanze: »Ich liebe diese Menschen und Wahnfried!«)
46 Hitler. Sämtliche Aufzeichnungen, a. a. O., S.1059 (Brief Hitlers vom 4.1.1924 an Kurt Lüdecke: »Indem ich Ihnen zunächst für Ihre Vertretung der Bewegung in Italien meinen herzlichsten Dank ausspreche ...«)
47 Ernst Hanfstaengl, a. a. O., S.46
48 J. & S. Pool, a. a. O., S.110
49 J. & S. Pool, a. a. O., S.114
50 Peter P. Pachl, a. a. O., S.336
51 Cosima Wagner, Das zweite Leben, a. a. O., S.750 (Brief Cosimas vom Juli 1923 an Hohenlohe)
52 John Toland, a. a. O., S.166
53 Joachim C. Fest, Hitler, a. a. O., S.276 (»und seine Gefolgschaft ... bezeichnet ihn als den deutschen Messias«)
54 Der Aufstieg der NSDAP in Augenzeugenberichten, a. a. O., S.207 (Äußerung Hitlers vom 26.2.1924, dem ersten Verhandlungstag)
55 Der Aufstieg der NSDAP in Augenzeugenberichten, a. a. O., S.214 (Äußerung Hitlers vom 28.2.1924)
56 Hitler. Sämtliche Aufzeichnungen, a. a. O., S.1199 (Hitlers Schlußwort vom 27.3.1924)
57 Hitler. Sämtliche Aufzeichnungen, a. a. O., S.1208
58 Henry Picker, a. a. O., S.78 (Äußerung vom 1.12.1942)
59 Hitler. Sämtliche Aufzeichnungen, a. a. O., S.1210 (Hitlers Schlußwort vom 27.3.1924. Die Bemerkung, seine »Aufgabe« bestehe darin, »Zerbrecher des Marxismus«, also des Judentums, zu werden – »und ich werde sie *lösen*« –, fiel unmittelbar vor der Grab-Szene im Wahnfried-Garten.)
60 Hitler. Sämtliche Aufzeichnungen, a. a. O., S.1215 (Hitlers Schlußwort vom 27.3.1924)
61 Richard Wagner, Sämtliche Briefe, a. a. O., 1. Band, S.192 (»Autobiographische Skizze«, erschienen in der »Zeitung für die elegante Welt« am 1. und 8.2.1843; mit dem Text wollte sich der Paris-Heimkehrer Wagner den Deutschen in Erinnerung bringen.)

1 Offizieller Bayreuther Festspielführer 1924, hrsg. von Karl Grunsky, Bayreuth 1924
2 Offizieller Bayreuther Festspielführer 1924, a.a.O., S.237 (Hans Schüler, »Die Politik der Liebe«)
3 Richard Wagner, Sämtliche Schriften und Dichtungen, a.a.O., 10. Band, S.274 (»Erkenne dich selbst«)
4 Offizieller Bayreuther Festspielführer 1924, a.a.O., S.239 (Hans Schüler, »Die Politik der Liebe«)
5 Michael Karbaum, a.a.O., 2. Teil, S.69 (Hans Conrad, »Der Führer und Bayreuth«, 1936)
6 Michael Karbaum, a.a.O., 2. Teil, S.127 (Franz Wilhelm Beidler, »Bedenken gegen Bayreuth«, 1951)
7 Michael Karbaum, a.a.O., 2. Teil, S.111 (Heinz Tietjen, Ansprache zum »Betriebsappell der Preußischen Staatstheater« am 30.1.1936)
8 Max Domarus, a.a.O., 2. Band, S.291 (»Völkischer Beobachter« vom 31.7.1933)
9 Peter P. Pachl, a.a.O., S.337 (»Es sei zwar nicht die Zeit für Festspiele, er betrachte sie aber als ›Befestigungsspiele des deutschen Geistes‹. Er kenne nur eine Sünde, das sei die ›Sünde wider den Geist‹.« Der aber war, wie seine Zuhörer wohl wußten, auf Hitler herabgekommen; gegen ihn hatte man gesündigt, als Hitler verraten und eingesperrt wurde.)
10 Peter P. Pachl, a.a.O., S.337
11 Michael Karbaum, a.a.O., 2. Teil, S.66 (Brief Hitlers vom 5.5.1924 an Siegfried Wagner)
12 Richard Wagner, Die Musikdramen, a.a.O., S.492 (»Die Meistersinger von Nürnberg«, III. Aufzug, 5. Szene)
13 Rosa Eidam, Bayreuther Festspielzeiten 1883–1924. Persönliche Erinnerungen, Ansbach 1925, S.31
14 Andrea Mork, a.a.O., S.254 (»Frankfurter Zeitung« vom 3.8.1924)
15 Michael Karbaum, a.a.O., 2. Teil, S.91 (E. Müller, »Zur Abwehr der gegen Richard Wagner angezettelten Lügenhetze«, 1933)
16 Bayreuther Festspielführer 1933. Ein Gedenkbuch zum Richard-Wagner-Jahr, hrsg. von Otto Strobel, Bayreuth 1933, S.182 (Karl Alfons Meyer, »Ein ›Meistersinger‹-Problem«)
17 Martin Gregor-Dellin, a.a.O., S.722
18 Richard Wagner. Ein Lebens- und Charakterbild, hrsg. von Werner Otto, a.a.O., S.558 (Max Kalbeck, »Das Bühnenfestspiel zu Bayreuth«, Breslau 1877)
19 Bayreuther Festspielführer 1925, hrsg. von Karl Grunsky, Bayreuth 1925, S.6 (»Gedenkspruch auf die Festspiele von 1924«, mit dem Schlußvers: »Heiltum bleibt im Heiligtum verborgen, Sonne leuchtet hinter allem Dunst, alter Glaube lebt in jungen Morgen, denn uns bleibt die heil'ge deutsche Kunst!«)
20 Michael Karbaum, a.a.O., S.70
21 Henry Picker, a.a.O., S.116 (Äußerung vom 28.2./1.3.1942 in der Wolfsschanze)
22 Die Tagebücher von Joseph Goebbels, a.a.O.. 2. Teil, S.408 (Eintrag vom 30.5.1942)
23 Michael Karbaum, a.a.O., 2. Teil, S.67 (In Goebbels' Tagebucheintrag vom

9.5.1926 findet sich auch der Satz: »Wagners Tannhäuser hat meine Jugend erweckt.«
24 Albert Zoller, a.a.O., S.57
25 Der Aufstieg der NSDAP in Augenzeugenberichten, a.a.O., S.363 (Der US-Journalist H.R. Knickerbocker über eine Hitler-Versammlung)
26 Offizieller Festspielführer 1924, a.a.O., S.175 (Schlußsatz des Aufsatzes »Richard Wagner und der Staat« von Erwin Geck)
27 Ernst Hanfstaengl, a.a.O., S.158
28 Adolf Hitler, Monologe, a.a.O., S.288 (Äußerung vom 20./21.2.1942)
29 John Toland, a.a.O., Bildteil nach S.232 (Brief Winifred Wagners vom 9.12.1923 an Adolf Hitler)
30 Peter P. Pachl, a.a.O., S.391
31 Michael Karbaum, a.a.O., 2. Teil, S.65 (Brief Hitlers vom 5.5.1924 an Siegfried Wagner)
32 Peter P. Pachl, a.a.O., S.336 (Friedelind Wagner: »Auf ihrem Papier und mit ihrer Tinte und ihren Federn schrieb er den ersten Band seines ›Mein Kampf‹.«)
33 Albrecht Tyrell, Vom »Trommler« zum »Führer«, a.a.O., S.165
34 H.F. Peters, a.a.O., S.301 (Auf die Nietzsche-Schwester machte Hitler »mehr den Eindruck eines religiös als politisch bedeutenden Menschen«; jedenfalls war sie sicher, »Fritz wäre entzückt gewesen von diesem Mann« – Brief vom 31.10.1935)
35 Konrad Heiden, Geschichte des Nationalsozialismus. Die Karriere einer Idee, Berlin 1933, S.64
36 Hermann Rauschning, Die Revolution des Nihilismus. Kulisse und Wirklichkeit im Dritten Reich, Zürich 1938, S.39
37 Henry Picker, a.a.O., S.409 (Äußerung vom 4.7.1942)
38 Adolf Hitler. Monologe, a.a.O., S.262 (Äußerung vom 3./4.2.1942)
39 König Ludwig II. und Richard Wagner, Briefwechsel, a.a.O., 4. Band, S.99 (Brief Wagners vom 26.10.1865 an Röckel)
40 Nietzsche und Wagner. Stationen einer epochalen Begegnung, a.a.O., S.52 (Brief Cosimas vom 6.2.1870 an Nietzsche)
41 Michael Karbaum, a.a.O., 2. Teil, S.91 (Joseph Goebbels, »Richard Wagner und das Kunstempfinden unserer Zeit«, im »Völkischen Beobachter« vom 8.8.1933)
42 Max Domarus, a.a.O., 2. Band, S.1603
43 Max Domarus, a.a.O., 2. Band, S.2205 (Proklamation zum Parteigründungstag am 24.2.1945)
44 Bayreuther Festspielführer 1934, hrsg. von Otto Strobel, Bayreuth 1934, S.124 (Karl Grunsky, »Wege zu Wagner«)
45 Offizieller Bayreuther Festspielführer 1924, a.a.O., S.99 (Hans Alfred Grunsky, »Der Ring des Nibelungen«)
46 Adolf Hitler, Mein Kampf, 763.–767. Auflage 1942, S.68
47 Adolf Hitler, Mein Kampf, a.a.O., S.20
48 Adolf Hitler, Mein Kampf, a.a.O., S.21
49 Adolf Hitler, Mein Kampf, a.a.O., S.59
50 Adolf Hitler, Mein Kampf, a.a.O., S.296
51 Richard Wagner, Gesammelte Schriften und Dichtungen, a.a.O., 3. Band, S.53
52 Adolf Hitler, Mein Kampf, a.a.O.. S.359
53 Richard Wagner, Die Musikdramen, a.a.O., S.712 (»Siegfried«, II. Aufzug, 3. Szene)

54 Adolf Hitler, Mein Kampf, a.a.O., S.61
55 Adolf Hitler, Mein Kampf, a.a.O., S.330
56 Adolf Hitler, Mein Kampf, a.a.O., S.68
57 Adolf Hitler, Mein Kampf, a.a.O., S.345
58 Adolf Hitler, Mein Kampf, a.a.O., S.45
59 Richard Wagner, Die Musikdramen, a.a.O., S.691 (»Siegfried«, I. Aufzug, 3. Szene)
60 Adolf Hitler, Mein Kampf, a.a.O., S.331
61 Adolf Hitler, Mein Kampf, a.a.O., S.67 (»Wo immer man so einen Apostel angriff, umschloß die Hand qualligen Schleim; das quoll einem geteilt durch die Finger, um sich im nächsten Moment schon wieder zusammenzuschließen.«)
62 Adolf Hitler, Mein Kampf, a.a.O., S.630
63 Adolf Hitler, Mein Kampf, a.a.O., S.421
64 Adolf Hitler, Mein Kampf, a.a.O., S.163
65 Adolf Hitler, Mein Kampf, a.a.O., S.346
66 Adolf Hitler, Mein Kampf, a.a.O., S.346
67 Adolf Hitler, Mein Kampf, a.a.O., S.169
68 Adolf Hitler, Mein Kampf, a.a.O., S.413
69 Adolf Hitler, Mein Kampf, a.a.O., S.420
70 Adolf Hitler, Mein Kampf, a.a.O., S.358
71 Adolf Hitler, Mein Kampf, a.a.O., S.69
72 Adolf Hitler, Mein Kampf, a.a.O., S.70
73 Adolf Hitler, Mein Kampf, a.a.O., S.358 (»Nach dem Tode des Opfers stirbt auch früher oder später der Vampir.«)
74 Adolf Hitler, Mein Kampf, a.a.O., S.40
75 Adolf Hitler, Mein Kampf, a.a.O., S.46 (»... gegen Giftgas mit Giftgas zu kämpfen. Schwächlichen Naturen muß dabei gesagt werden, daß es sich hierbei eben um Sein oder Nichtsein handelt.«)
76 Adolf Hitler, Mein Kampf, a.a.O., S.225 (»Mit den Juden gibt es kein Paktieren, sondern nur das harte Entweder-Oder« – will sagen: Nur eine der beiden Rassen wird am Leben bleiben können. »Ich aber beschloß, Politiker zu werden.«)
77 Adolf Hitler, Mein Kampf, a.a.O., S.772 (Laut Hitler hätte es genügt, »zwölf- oder fünfzehntausend« der hebräischen Volksverderber zu vergasen.)
78 Adolf Hitler, Mein Kampf, a.a.O., S.225
79 Richard Wagner, Sämtliche Briefe, a.a.O., 1. Band, S.97
80 Richard Wagner, Die Musikdramen, a.a.O., S.589 (»Die Walküre«, I. Aufzug, 2. Szene); weitere »Not«-Stellen Siegmunds auf S.590 (»herbe Not«) und S.602 (»Heiligster Minne höchste Not, sehnender Liebe sehrende Not«)
81 Adolf Hitler, Mein Kampf, a.a.O., S.16
82 Adolf Hitler, Mein Kampf, a.a.O., S.20
83 Richard Wagner, Sämtliche Schriften und Dichtungen, a.a.O., 12. Band, S.360 (»Die Not«)
84 Adolf Hitler, Mein Kampf, a.a.O., S.116
85 Richard Wagner, Die Musikdramen, a.a.O., S.701 (»Siegfried«, II. Aufzug, 2. Szene)
86 Richard Wagner, Die Musikdramen, a.a.O., S.700 (»Siegfried«, II. Aufzug, 2. Szene: »Daß der mein Vater nicht ist, wie fühl ich mich drob so froh ... nun erst lacht mir der lustige Tag, da der Garstige von mir schied und ich gar nicht ihn wiederseh!«)

87 Adolf Hitler, Mein Kampf, a.a.O., S.56
88 Adolf Hitler, Mein Kampf, a.a.O., S.66
89 Richard Wagner, Die Musikdramen, a.a.O., S.713
90 Adolf Hitler, Mein Kampf, a.a.O., S.738
91 Adolf Hitler, Mein Kampf, a.a.O., S.186
92 Adolf Hitler, Mein Kampf, a.a.O., S.189 (Das Schwert als »Träger, Verkünder und Verbreiter einer neuen geistigen Lehre« ist eben jenes »geistige Schwert« aus Bayreuth, »mit dem wir heute fechten« – Karbaum, II., S.66)
93 Karl Alexander von Müller, Im Wandel einer Welt, a.a.O., S.305

XIV. Der Blut-Orden

1 Anton Joachimsthaler, a.a.O., Bildteil nach S.64 (Im Spätsommer 1909 war Hitler im »Meldezettel« als »Schriftsteller« eingetragen.)
2 Otto Wagener, a.a.O., S.415
3 Adolf Hitler, Mein Kampf, a.a.O., S.271
4 Adolf Hitler, Mein Kampf, a.a.O., S.272
5 Adolf Hitler, Mein Kampf, a.a.O., S.278
6 Adolf Hitler, Mein Kampf, a.a.O., S.270
7 Adolf Hitler, Mein Kampf, a.a.O., S.64
8 Adolf Hitler, Mein Kampf, a.a.O., S.278
9 Adolf Hitler, Mein Kampf, a.a.O., S.269
10 Adolf Hitler, Mein Kampf, a.a.O., S.274
11 Adolf Hitler, Mein Kampf, a.a.O., S.357
12 Léon Poliakov/Joseph Wulf, Das Dritte Reich und seine Denker, Frankfurt 1983, S.424 (Julius Streicher in: »Deutsche Volksgesundheit aus Blut und Boden«, Nürnberg 1935, S.1. Streichers Resümee: »Wir wissen nun, warum der Jude mit allen Mitteln der Verführungskunst darauf ausgeht, deutsche Mädchen möglichst frühzeitig zu schänden... sie soll[en] niemals mehr deutsche Kinder gebären!«)
13 Max Domarus, a.a.O., 1. Band, S.538 (Hitlers »Schlußappell« vom 15.9. 1935)
14 Adolf Hitler, Mein Kampf, a.a.O., S.444
15 Houston Stewart Chamberlain, Die Grundlagen des Neunzehnten Jahrhunderts, a.a.O., S.441
16 Otto Wagener, a.a.O., S.341
17 Adolf Hitler, Mein Kampf, a.a.O., S.70
18 Richard Wagner, Gesammelte Schriften und Dichtungen, a.a.O., 2. Band, S.151
19 Richard Wagner, Gesammelte Schriften und Dichtungen, a.a.O., 2. Band, S.151
20 Cosima Wagner, Die Tagebücher, a.a.O., 3. Band, S.40 (Eintrag vom 24.1. 1878)
21 Richard Wagner, Die Musikdramen, a.a.O., S.854 (»Parsifal«, II. Aufzug)
22 Cosima Wagner, Die Tagebücher, a.a.O., 3. Band, S.68 (Eintrag vom 23.3. 1878)
23 Richard Wagner, Die Musikdramen, a.a.O., S.829 (»Parsifal«, I. Aufzug)
24 Richard Wagner, Die Musikdramen, a.a.O., S.836 (»Parsifal«, I. Aufzug)
25 Richard Wagner, Die Musikdramen, a.a.O., S.853 (»Parsifal«, II. Aufzug)

26 Susanna Großmann-Vendrey, Bayreuth in der deutschen Presse. Beiträge zur Rezeptionsgeschichte Richard Wagners und seiner Festspiele, 2. Band, Regensburg 1977, S.57 (Hermann Messner, »Richard Wagners ›Parsifal‹«, 1882)
27 Richard Wagner, Die Musikdramen, a.a.O., S.850 (»Parsifal«, II. Aufzug)
28 Marie von Bülow, Hans von Bülows Leben, dargestellt aus seinen Briefen, Leipzig 1921, S.203 (Brief vom 12.2.1866)
29 Cosima Wagner, Die Tagebücher, a.a.O., 3. Band, S.225 (Eintrag vom 11.11. 1878)
30 Cosima Wagner, Die Tagebücher, a.a.O., 3. Band, S.224 (Eintrag vom 10.11. 1878)
31 Cosima Wagner, Die Tagebücher, a.a.O., 3. Band, S.490 (Eintrag vom 10.2. 1880)
32 Cosima Wagner, Die Tagebücher, a.a.O., 4. Band, S.687 (Eintrag vom 10.2. 1881)
33 Carl Friedrich Glasenapp, Das Leben Richard Wagners in sechs Bänden, VI. Band (1877–1883), Leipzig 1911, S.298
34 Carl Friedrich Glasenapp, a.a.O., S.299
35 König Ludwig II. und Richard Wagner, Briefwechsel, a.a.O., 3. Band, S.74 (Brief Wagners vom 26.1.1876)
36 Michael Karbaum, a.a.O., 2. Teil, S.65 (Brief von Weihnachten 1923 an Rosa Eidam: »Jude und Jesuite gehen Arm in Arm, um das Deutschtum auszurotten!«)
37 Ludwig Feuerbach, Das Wesen des Christentums, Stuttgart 1969, S.354 (Der von Wagner hochgeschätzte Religionsphilosoph definiert das Taufwasser als »Lavacrum regenerationis«; es »reinigt den Menschen vom Schmutze der Erbsünde, treibt den angebornen Teufel aus, versöhnt mit Gott.« Nach der Ausgabe Leipzig 1849)
38 Richard Wagner, Parsifal, Programmheft der Bayerischen Staatsoper 1995, S.46 (Brief Franz Liszts vom 29.10.1872 an Carolyne Sayn-Wittgenstein)
39 Hans von Wolzogen, Bayreuth, Leipzig, o. J., S.42
40 Richard Wagner, Sämtliche Schriften und Dichtungen, a.a.O., 10. Band, S.274 (»Erkenne dich selbst«)
41 Richard Wagner, Sämtliche Schriften und Dichtungen, a.a.O., 10. Band, S.270 (»Erkenne dich selbst«)
42 Richard Wagner, Sämtliche Schriften und Dichtungen, a.a.O., 10. Band, S.280
43 Richard Wagner, Briefe, hrsg. von Hanjo Kesting, a.a.O., S.615 (Brief Wagners vom 31.3.1880 an Ludwig II.)
44 Richard Wagner, Dichtungen und Schriften, hrsg. von Dieter Borchmeyer, a.a.O., 4. Band, S.333 (Erster Prosaentwurf des »Parzival« vom 27.8.–30.8. 1865)
45 Richard Wagner, Sämtliche Schriften und Dichtungen, a.a.O., 10. Band, S.230 (»Religion und Kunst«)
46 Richard Wagner, Sämtliche Schriften und Dichtungen, a.a.O., 10. Band, S.284 (»Heldentum und Christentum«)
47 August Kubizek, a.a.O., S.101
48 Adolf Hitler, Mein Kampf, a.a.O., S.314
49 Adolf Hitler, Mein Kampf, a.a.O., S.339
50 Adolf Hitler, Mein Kampf, a.a.O., S.358
51 Hans-Joachim Bauer, Richard-Wagner-Lexikon, a.a.O., S.348 (Wieland Wagners »Parsifalkreuz« als »psychologisches« Erklärungsmodell)

52 Carl Friedrich Glasenapp, a.a.O., 4. Band, S.311
53 Richard Wagner, Parsifal, Programmheft der Bayerischen Staatsoper 1995, a.a.O., S.60
54 Susanna Großmann-Vendrey, a.a.O., S.183 (Max Kalbeck, »Das Bühnenweihfestspiel in Bayreuth«, »Wiener Allgemeine Zeitung« 1882)
55 Richard Wagner, Das Braune Buch, a.a.O., S.75 (Eintrag vom 2.9.1865)
56 Richard Wagner, Dichtungen und Schriften, a.a.O., 4. Band, S.365 (Zweiter Entwurf 1877; Klingsor: »Seinen Stamm vernichte ich nun.«)
57 Richard Wagner, Die Musikdramen, a.a.O., S.841 (»Parsifal«, II. Aufzug)
58 Richard Wagner, Die Musikdramen, a.a.O., S.828 (»Parsifal«, I. Aufzug: »der Zeugengüter höchstes Wundergut«)
59 Adolf Hitler, Mein Kampf, a.a.O., S.278
60 Adolf Hitler, Mein Kampf, a.a.O., S.64
61 Marc A. Weiner, Richard Wagner and the Anti-Semitic Imagination, Lincoln 1995, S.248
62 Richard Wagner, Das Braune Buch, a.a.O., S.62 (Eintrag vom 29.8.1865)
63 Richard Wagner, Die Musikdramen, a.a.O., S.850 (»Parsifal«, II. Aufzug)
64 Carl Friedrich Glasenapp, a.a.O., 5. Band, S.334 (»Über die Hauptschwierigkeit des Gegenstandes fühlte er sich hinausgehoben, seit es ihm, im Sinne dramatischer Gestaltung, mit einem Schlage klar geworden war, daß es sich zur schließlichen Lösung nicht um jene problematische, an Amfortas zu richtende bloße ›Frage‹ des Mitleids handle, sondern vielmehr um eine *Tat*, eine Handlung, um den ganz plastischen Vorgang der Wiedergewinnung der geraubten Lanze.«)
65 Richard Wagner, Dichtungen und Schriften, a.a.O., 4. Band, S.379 (Entwurf vom 23.2.1877)
66 Richard Wagner, Sämtliche Werke, Band 30. Dokumente zur Entstehung und ersten Aufführung des Bühnenweihfestspiels Parsifal, hrsg. von Martin Geck und Egon Voss, Mainz 1970, S.154 (Erinnerungsblätter an die erste und zweite Aufführung am 26. und 27.7.1882)
67 Richard Wagner, Lohengrin, hrsg. von Michael von Soden, Frankfurt 1980, S.156 (Prosaentwurf von 1845 in Marienbad)
68 Richard Wagner, Parsifal. Texte, Materialien, Kommentare, hrsg. von Attila Csampai und Dietmar Holland, Reinbek 1984, S.138
69 Adolf von Hildebrand und seine Welt. Briefe und Erinnerungen, hrsg. von der Bayerischen Akademie der Schönen Künste, München 1962, S.327 (Brief Elisabeth von Herzogenbergs vom 7.8.1889 an Adolf von Hildebrand)
70 Susanna Großmann-Vendrey, a.a.O., S.17 (Ludwig Schemann, »Die Bedeutung des Parsifal für unsere Zeit und unser Leben«, »Bayreuther Blätter« 1879)
71 Susanna Großmann-Vendrey, a.a.O., S.59 (Hans Herrig, »Richard Wagners Parsifal«, Deutsches Tageblatt, 26.7.1882)
72 Angelo Neumann, Erinnerungen an Richard Wagner, Leipzig 1907, S.238
73 Joseph Goebbels, Tagebücher 1924–1945, hrsg. von Ralf Georg Reuth, 1. Band, München 1992, S.311 (Eintrag vom 10.8.1928)
74 Michael Karbaum, a.a.O., 2. Teil, S.95 (Brief vom 11.9.1933 an Eva Chamberlain)
75 Bayreuther Festspielführer 1928, a.a.O., S.82 (Wolfgang Golther, »Der Gral in Gedichten des Mittelalters«)
76 Bayreuther Festspielführer 1927, a.a.O., S.60 (Paul Bülow, »Das Kunstwerk Richard Wagners in der Auffassung Friedrich Lienhards«)

77 Richard Wagner, Die Musikdramen, a.a.O., S. 865 (»Parsifal«, III. Aufzug)
78 Richard Wagner, Die Musikdramen, a.a.O., S.864 (»Parsifal«, III. Aufzug)
79 In den Trümmern der eignen Welt, a.a.O., S.224 (Hartmut Zelinsky, »Die deutsche Losung Siegfried«)
80 Cosima Wagner, Die Tagebücher, a.a.O., 3. Band, S.239 (Eintrag vom 25.11. 1878)
81 Cosima Wagner, Die Tagebücher, a.a.O., 3. Band, S.339 (Eintrag vom 30.4. 1879: »Und wer wäre da, um dagegen anzukämpfen? ›Constantin Frantz in Blasewitz, ich in Bayreuth; ach!‹«)
82 Michael Karbaum, a.a.O., 2. Teil, S.68 (Hans Conrad, »Der Führer und Bayreuth«, 1936: 1924 »bewährte Wahnfried seine Treue nun erst recht und wollte dem Führer nach seiner Entlassung aus der Festungshaft im Dezember 1924 sogar Heimat werden.«)
83 Adolf Hitler, Monologe, a.a.O., S.259 (Äußerung vom 3./4.2.1942)
84 Bayreuther Festspielführer 1925, a.a.O., S.138 (Hans Alfred Grunsky, »Parsifal«)
85 Bayreuther Festspielführer 1931, hrsg. vom Verlag der Hofbuchhandlung Georg Nierenheim, Bayreuth 1931, S.105 (Alfred Lorenz, »Das Heldische in Richard Wagners Parsifal«)
86 Adolf Hitler, Mein Kampf, a.a.O., S.487 (»Deshalb ist es aber erst recht notwendig, den Rechenmeistern der derzeitigen realen Republik den Glauben an ein ideales Reich gegenüberzustellen.«)
87 Max Domarus, a.a.O., 1. Band, S.546 (Rede in der Krolloper vom 8.10.1935)
88 Albert Zoller, a.a.O., S.188
89 Adolf Hitler, Monologe, a.a.O., S.41 (Äußerung vom 11./12.7.1941: »Der schwerste Schlag, der die Menschheit getroffen hat, ist das Christentum; der Bolschewismus ist der uneheliche Sohn des Christentums; beide sind Ausgeburten des Juden.«)
90 Adolf Hitler, Monologe, a.a.O., S.99 (Äußerung vom 21.10.1941)
91 Hermann Rauschning, Gespräche mit Hitler, Wien 1973, S.50
92 Hermann Rauschning, a.a.O., S.50
93 Richard Wagner, Die Musikdramen, a.a.O., S.863 (»Parsifal«, III. Aufzug)
94 Das politische Tagebuch Alfred Rosenbergs aus den Jahren 1934/35 und 1939/40, hrsg. von Hans-Günther Seraphim, Göttingen 1956, S.32 (Eintrag vom Juni 1934: »Er betonte lachend nun mehr als einmal, er sei von jeher Heide gewesen, es sei jetzt die Zeit gekommen, daß die christliche Vergiftung ihrem Ende entgegengehe.«)
95 Adolf Hitler, Monologe, a.a.O., S.150 (Eintrag vom 13.12.1941. Wagner kam immer wieder auf diese »Verfälschung« zurück. »Dann eifert er dagegen«, notierte Cosima am 27.11.1878 in ihr Tagebuch, »daß Jesus ein Jude war... wenn alle Kirchen werden vergangen sein, dann werden wir erst zum Heiland, von dem das Judentum uns trennt, kommen.« In: Cosima Wagner, Die Tagebücher, a.a.O., 3. Band, S.242)
96 Adolf Hitler, Monologe, a.a.O., S.150 (Eintrag vom 13.12.1941)
97 Claus-Ekkehard Bärsch, a.a.O., S.400 (Rede vom 12.4.1922, im »Völkischen Beobachter« Nr. 31 nachgedruckt)
98 Walter C. Langer, a.a.O., S.49
99 Claus-Ekkehard Bärsch, a.a.O., S.401 (Rede vom 12.4.1922)
100 Joachim C. Fest, Hitler, a.a.O., S.354 (Rede bei der Weihnachtsfeier der NSDAP am 18.12.1926)

101 Max Domarus, a.a.O., 2. Band, S.1047
102 Max Domarus, a.a.O., 2. Band, S.1057
103 Max Domarus, a.a.O., 2. Band, S.1058
104 Dimension des Völkermords. Die Zahl der jüdischen Opfer des Nationalsozialismus, hrsg. von Wolfgang Benz, München 1996, S. 419 (»Die Tötung polnischer Juden setzte bereits in den ersten Tagen nach dem Überfall auf Polen ein... So erschossen z.B. in Biala Podlaska SS-Leute etwa 600 polnisch-jüdische Gefangene.«)
105 Michael Karbaum, a.a.O., 2. Teil, S.95 (Wolfgang Golther am 20.12.1933 an Eva Chamberlain. Daß die Berufung Rollers allein auf Hitler zurückgeht, ergibt sich auch aus einem Lebensabriß Rollers von 1939: »Nach der Machtübernahme berief der Führer den Künstler nach Bayreuth und betraute ihn mit der Neuinszenierung des ›Parsifal‹.« In: Manfred Wagner, Alfred Roller und seine Zeit, Salzburg 1996)
106 Max Domarus, a.a.O., 1. Band, S.415 (Rechtfertigungsrede vor dem Reichstag am 13.7.1934, bei der sich Hitler von schwarzgekleideten SS-Wachen in Stahlhelm flankieren ließ)
107 Max Domarus, a.a.O., 1. Band, S.421
108 Richard Wagner, Die Musikdramen, a.a.O., S.863 (»Parsifal«, III. Aufzug)
109 Friedelind Wagner, a.a.O., S.158 (»Im Festspielhaus war jeder über das Blutbad entsetzt.«)
110 Hermann Rauschning, a.a.O., S.86
111 Friedelind Wagner, a.a.O., S.160
112 Der Gral. Artusromantik in der Kunst des 19. Jahrhunderts, hrsg. von Reinhold Baumstark und Michael Koch, Köln 1995, S.71 (Michael Petzet, »Die Gralswelt König Ludwigs II.«)
113 Der Gral, a.a.O., S.145
114 Adolf Hitler, Monologe, a.a.O., S.308 (Äußerung vom 28.2./1.3.1942; hier auch: »Ich wollte eigentlich nicht hin, ich sagte mir, die Schwierigkeiten würden für Siegfried Wagner dadurch noch größer werden, er war ein bißchen in der Hand der Juden.«)
115 Art and Power. Europa under the Dictators 1930–1945, hrsg. von Dawn Ades u.a., London 1995, S. 282
116 Hermann Giesler, a.a.O., S.324
117 Kunst im 3. Reich. Dokumente der Unterwerfung, hrsg. vom Frankfurter Kunstverein, a.a.O., S.64
118 Max Domarus, a.a.O., 1. Band, S.297 (Proklamation Hitlers vom 1.9.1933 in Nürnberg)
119 Max Domarus, a.a.O., 1. Band, S.299 (Schlußrede Hitlers vor dem Parteikongreß vom 3.9.1933)
120 Max Domarus, a.a.O., 1. Band, S.744
121 Joachim C. Fest, Hitler, a.a.O., S.734
122 Otto Wagener, a.a.O., S.349
123 Adolf Hitler, Monologe, a.a.O., S.101 (Äußerung vom 21./22.10.1941)
124 Adolf Hitler. Monologe, a.a.O., S.99 (Äußerung vom 21.10.1941)
125 Albrecht Tyrell, Führer befiehl, a.a.O., S.163 (Gregor Strasser in: »Der Nationale Sozialist für Sachsen« vom 9.1.1927)
126 Joachim C. Fest, Hitler, a.a.O., S.1096 (Tagebucheintrag Franks vom 10.2. 1937)
127 Baldur von Schirach, Ich glaubte an Hitler, a.a.O., S.92 (»Ich wehre mich

gegen die Schmälerung dieses Unfehlbarkeitsglaubens. Das ist nun einmal meine Krankheit, und sie muß in Kauf genommen werden.«)

128 Friedelind Wagner, a.a.O., S.128

129 Bayreuther Festspielführer 1925, a.a.O., S.150 (Hans Alfred Grunsky, »Parsifal«)

130 Wolfgang Wagner, a.a.O., S.76 (»...es sei im Grunde an der Zeit, eine ›Gegenpartei‹ zu gründen. Im gleichen Zuge räumte er ein, so wenige aufrichtige, ideenreiche Kontrahenten im eigenen Stab zu haben.«)

131 Joachim C. Fest, Hitler, a.a.O., S.625 (Ansprache vom 2.2.1934 vor seinen Gauleitern)

132 Hans Severus Ziegler, a.a.O., S.48

133 Richard Wagner, Die Musikdramen, a.a.O., S.302 (»Lohengrin«, III. Akt, 2. Szene)

134 Joachim C. Fest, Hitler, a.a.O., S.683 (Äußerung nach der Rheinlandbesetzung 1936)

135 Hermann Rauschning, Gespräche mit Hitler, a.a.O. (Das Buch basiert auf vermutlich dreizehn Begegnungen mit Hitler zwischen 1932 und 1934; in: »Die Zeit« vom 19.7.1985)

136 Hermann Rauschning, a.a.O., S.236

137 Hermann Rauschning, a.a.O., S.236

138 Hermann Rauschning, a.a.O., S.233

139 Hermann Rauschning, a.a.O., S.216

140 Hermann Rauschning, a.a.O., S.216

141 Hermann Rauschning, a.a.O., S.237

142 Hermann Rauschning, a.a.O., S.229

XV. Der Meistersinger-Staat

1 Deutsche Geschichte 1933–1945. Dokumente zur Innen- und Außenpolitik, hrsg. von Wolfgang Michalka, Frankfurt 1993, S.81 (Goebbels am 8.5.1933: »Im Augenblick..., in dem die Politik ein Volksdrama schreibt, eine Welt zusammenstürzt, alte Werte sinken und neue Werte steigen, in dem Augenblick kann der Künstler nicht erklären, das gehe ihn nichts an.«)

2 Guido Knopp, a.a.O., S.156 (Albert Speer: »Theater blieb immer Leitlinie seines Lebens und begleitete ihn bis zum Schlußeffekt der Vernichtung des eigenen Volkes.«)

3 Klaus Vondung, Magie und Manipulation. Ideologischer Kult und politische Religion des Nationalsozialismus, Göttingen 1971, S.83

4 Klaus Vondung, a.a.O., S.83

5 Richard Wagner, Die Musikdramen, a.a.O., S.862 (»Parsifal«, III. Aufzug)

6 Klaus Vondung, a.a.O., S.167

7 Baldur von Schirach, a.a.O., S.37 (»Die Fahnen und Standarten neu aufgestellter SA-Einheiten weihte Hitler, indem er das neue Tuch mit der Blutfahne berührte. Für uns junge Menschen war das ein sakraler Akt.«)

8 Richard Wagner, Die Musikdramen, a.a.O., S.306 (»Lohengrin«, III. Akt, 3. Szene)

9 Richard Wagner, Die Musikdramen, a.a.O., S.136 (»Rienzi«, I. Akt, 2. Szene)

10 Hamilton T. Burden, Die programmierte Nation. Die Nürnberger Reichsparteitage, Gütersloh 1970, S.34 (»Dabei ist interessant, daß man bereits während

dieses ersten Parteitages Wagnersche Klangwirkungen, deren man sich ja bei den späteren Kongressen so ausgiebig bediente, einspannte.«)

11 Hamilton T. Burden, a.a.O., S.38 (»Völkischer Beobachter« vom 31.1.1923)

12 Hamilton T. Burden, a.a.O., S.35 (Rede vom 29.1.1923)

13 Otto Dietrich, a.a.O., S.23

14 Reichstagung in Nürnberg 1935, a.a.O., S.24 (»Die Partei«, so Otto Dietrich, »ist der durch seine politische Leistung geadelte Orden der deutschen Nation.«)

15 Otto Dietrich, a.a.O., S.27

16 Hamilton T. Burden, a.a.O., S.17

17 Richard Wagner, Gesammelte Schriften und Dichtungen, a.a.O., 3. Band, S.11 (»Die Kunst und die Revolution«, 1849)

18 Richard Wagner, Gesammelte Schriften und Dichtungen, a.a.O., 8. Band, S.336 (»Deutsche Kunst und deutsche Politik«, 1867/68: »die Entartung, in welche namentlich die deutsche theatralische Kunst verfallen«. Klaus Backes wies in »Hitler und die bildenden Künste«, Köln 1988, S.48, darauf hin, daß »Entartung« als Kampfbegriff von Richard Wagner geprägt wurde.)

19 Nationalsozialismus und »entartete Kunst«, hrsg. von Peter-Klaus Schuster, München 1988, S.250

20 Hamilton T. Burden, a.a.O. (Die Besucherzahlen finden sich auf den Seiten 59, 95, 231 und 239.)

21 Henry Picker, a.a.O., S.425 (Äußerung vom 6.7.1942: »Der Parteitag sei aber nicht nur ein ganz unerhörtes Ereignis im Leben der NSDAP gewesen, sondern habe auch in mancher Hinsicht wertvolle Vorbereitungsarbeit für den Krieg geleistet.«)

22 Otto Dietrich, a.a.O., S.173

23 Adolf Hitler, Sämtliche Aufzeichnungen 1905–1924, a.a.O., S.197 (Rede vom 13.8.1920 im »Hofbräuhaus«)

24 Hamilton T. Burden, a.a.O., S.101

25 Hamilton T. Burden, a.a.O., S.104 (Joseph Goebbels, »Die Rassenfrage und Weltpropaganda«, 1933)

26 Hamilton T. Burden, a.a.O., S.119

27 Berndt W. Wessling, Furtwängler. Eine kritische Biographie, Stuttgart 1985, S.23

28 Klaus Vondung, a.a.O., S.82

29 Reichstagung in Nürnberg 1935, a.a.O., S.71

30 Reichstagung in Nürnberg 1935, a.a.O., S.103

31 Reichstagung in Nürnberg 1935, a.a.O., S.360 (Hermann Göring: »Das Hakenkreuz ist für uns ein heiliges Symbol geworden..., ein Zeichen des Kampfes gegen die Juden als Rassenzerstörer. Und deshalb ist es ganz selbstverständlich, daß, wenn in Zukunft diese Flagge über Deutschland wehen soll, kein Jude dieses heilige Zeichen hissen darf.«)

32 Reichstagung in Nürnberg 1935, a.a.O., S.418 (»Dann erklang Richard Wagners Rienzi-Ouvertüre, Rudolf Heß trat an das Pult: ›... es spricht der Führer.‹ Und nun erhob sich der Führer zu seiner gewaltigen Schlußansprache.«)

33 Hamilton T. Burden, a.a.O., S.151 (»Das Geschehen«, so die »New York Times«, »machte nur zu deutlich, wie sehr das allgemeine Begreifen langsam in religiösen Vorstellungen mündete.«)

34 Hamilton T. Burden, a.a.O., S.184 (»New York Times« vom 12.9.1936)

35 Albert Speer, Erinnerungen, Berlin 1969, S.71 (»Der Eindruck überbot bei weitem meine Phantasie«, schrieb Speer später. »Die 130 scharf umrissenen

Strahlen, in Abständen von nur zwölf Metern um das Feld gestellt, waren bis in sechs bis acht Kilometern Höhe sichtbar und verschwammen dort zu einer leuchtenden Fläche. So entstand der Eindruck eines riesigen Raumes, bei dem die einzelnen Strahlen wie gewaltige Pfeiler unendlich hoher Außenwände erschienen ... Ich nehme an, mit diesem ›Lichtdom‹ wurde die erste Lichtarchitektur dieser Art geschaffen.«)

36 Klaus Vondung, a. a. O., S.82

37 H.-Dieter Arntz, Ordensburg Vogelsang 1934–1945. Erziehung zur politischen Führung im Dritten Reich, Euskirchen 1986, S.124 (»daß auf den Ordensburgen ein auffallend antisemitischer Geist vorherrschte«. Auf dem Lehrplan stand »Rassenkunde« an erster Stelle, gefolgt von »Kunst und Kultur«.)

38 H.-Dieter Arntz, a. a. O., S.127 (Eine Abbildung zeigt den »Kultraum«, an dessen Ende der nackte Held wie auf einem Altar in der Pose des Auferstandenen seine Anbeter grüßt.)

39 Hermann Rauschning, Gespräche mit Hitler, a. a. O., S.237 (Das Kultbild sollte, so Hitler, »die Jugend auf die kommende Stufe der männlichen Reife vorbereiten« – durch die Darstellung eines »schönen« Mannes.)

40 Janusz Piekalkiewicz, Die Schlacht um Moskau. Die erfrorene Offensive, Bergisch Gladbach 1981, S.156 (Ereignismeldung UdSSR, Nr. 128, vom 3.11.1941: »Wenn auch (durch die ›Kommandos der Einsatzgruppe‹) auf diese Weise insgesamt 75 000 Juden liquidiert worden sind, so besteht doch schon heute Klarheit darüber, daß damit eine Lösung des Judenproblems nicht möglich sein wird.«)

41 Adolf Hitler, Monologe, a. a. O., S.130 (Äußerung vom 5.11.1941)

42 Adolf Hitler, Monologe, a. a. O., S.131 (Äußerung vom 5.11.1941)

43 Ernst Hanfstaengl, a. a. O., S.56 (»Ich möchte sogar behaupten, daß es zwischen dem Aufbau des Meistersinger-Vorspiels und seinen Reden ausgesprochene Parallelen gab. Hier wie dort das gleiche Verwobensein der Leitmotive, die Fülle der Verzierungen, die Kontrapunktik und schließlich der gewaltige Ausbruch, ähnlich dem Schall Wagnerscher Posaunen-Aktschlüsse und Lisztscher Rhapsodien-Finale.«)

44 Otto Dietrich, a. a. O., S.165 (Hitler schien nicht nur seine »Meistersinger«-Besuche zu zählen, sondern auch seine Erlebnisse mit einzelnen Sängern. Dem Baßbariton Wilhelm Rode etwa verriet er, er habe ihn dreiundvierzigmal als Hans Sachs gehört. In: Alan Jefferson, Elisabeth Schwarzkopf, London 1996, S.30. – Auch Hans Hotter berichtet von einer bemerkenswerten Gedächtnisleistung des »Meistersinger«-Fans Hitler: Nach der Uraufführung von Richard Strauss' Oper »Friedenstag« am 24.7.1938 wurde der Sänger dem Führer vorgestellt, der ihn, anders als erwartet, mit »Grüß Sie Gott, Herr Hotter«, ansprach und später, »zu meiner grenzenlosen Verblüffung ganz unvermittelt« sagte: »Am 29. Juni 1932, im Konzertsaal des Bayerischen Hofs, sind Sie in einem Opernschülerkonzert aufgetreten und haben die beiden Sachs-Monologe aus den ›Meistersingern‹ gesungen.« In: Hans Hotter, »Der Mai war mir gewogen...« Erinnerungen, München 1996, S.128)

45 Max Domarus, a. a. O., 1. Band, S.20 (in: Ward Price, Führer und Duce, wie ich sie kenne, Berlin 1939, S.27. Hitler »behauptete, Wagners ›Meistersinger von Nürnberg‹ hundertmal gehört zu haben«.)

46 Max Domarus, a. a. O., 1. Band, S.31 (Rede vom 21.3.1934 an einer Baustelle der neuen Autobahn München–Salzburg)

47 Otto Dietrich, a. a. O., S.209

48 Max Domarus, a.a.O., 1. Band, S.779 (Rede vom 22.1.1938 zur Eröffnung des »Hauses der deutschen Kunst«: »Es sind hier architektonische Leistungen, die in sich einen Ewigkeitswert tragen.«)
49 Marc A. Weiner, a.a.O., S.132 (»Sachs's statement ›A Child was born here‹ with the music of a pseudo-Lutheran chorale«)
50 Die Tagebücher des Joseph Goebbels. Sämtliche Fragmente, a.a.O., 2. Band, S.213 (Eintrag vom 1.8.1932 in Bayreuth: »Der Riese Wagner steht so erhöht über allen modernen Nichtskönnern, daß ein Vergleich mit ihnen für sein Genie schon beleidigend wirken muß.« Bei Wagner heißt die erste Zeile: »Wach' auf, es nahet gen dem Tag«.)
51 Berndt W. Wessling, a.a.O., S.353
52 Berndt W. Wessling, a.a.O., S.24 (»Man kann sich«, so »Hans Sachs«-Darsteller Rudolf Bockelmann, »keine stärkere Begeisterung vorstellen.«)
53 Max Domarus, a.a.O., 2. Band, S.1633 (Rede vom 10.12.1940)
54 Joachim C. Fest, Hitler, a.a.O., S.555
55 Bayreuth im Dritten Reich, a.a.O., S.240
56 Bayreuther Festspielführer 1933, a.a.O., S.7 (Hans von Wolzogen, »Ein Wagnerspruch zum Wagnerjahr«)
57 Richard Wagner, Die Meistersinger von Nürnberg, hrsg. von Attila Csampai und Dietmar Holland, a.a.O., S.194 (Joseph Goebbels, »Richard Wagner und das Kunstempfinden unserer Zeit«, 1933)
58 Richard Wagner, Die Meistersinger von Nürnberg, a.a.O., S.198
59 Bayreuth im Dritten Reich, a.a.O., S.13 (»Völkischer Beobachter« vom 24.7. 1937)
60 »Musik im Nationalsozialismus«, in: »Neue Zeitschrift für Musik«, September 1983, S.16 (Hartmut Zelinsky, »Das erschreckende ›Erwachen‹, und wie man Wagner von Hitler befreit«)
61 Harold Hammer-Schenk, Synagogen in Deutschland, Hamburg 1981, S.227
62 Die Meistersinger und Richard Wagner. Die Rezeptionsgeschichte einer Oper von 1868 bis heute, hrsg. vom Germanischen Nationalmuseum Nürnberg 1981, S.81 (Adolf Westermayer, »Hans Sachs, der Vorkämpfer der neuen Zeit«, Festrede zur Enthüllung des Hans-Sachs-Denkmals in Nürnberg, Nürnberg 1874, S.13)
63 Richard Wagner, Sämtliche Schriften und Dichtungen, a.a.O., 10. Band, S.120 (»Wollen wir hoffen?«, 1879)
64 Cosima Wagner, Die Tagebücher, a.a.O., 2. Band, S.1062 (Eintrag vom 22.7. 1877)
65 In den Trümmern der eignen Welt, a.a.O., S.249 (Hartmut Zelinsky, »Die deutsche Losung Siegfried«. Rückblickend höhnte der Wagner-Schriftsteller Richard Wilhelm Stock 1939, »frech und herausfordernd, wie der Jude im Volke«, sei die Synagoge »im orientalischen Prunkstil« errichtet worden.)
66 Max Domarus, a.a.O., 1. Band, S.971 (Äußerung von Gauleiter Otto Hellmuth am 10.9.1938)
67 Baldur von Schirach, a.a.O., S.245
68 Richard Wagner, Gesammelte Schriften und Dichtungen, a.a.O., 4. Band, S.284 (»Eine Mitteilung an meine Freunde«, 1851)
69 Heinz Schirmag, Albert Lortzing, a.a.O., S.163
70 Heinz Schirmag, a.a.O., S.169
71 Richard Wagner 1883–1983. Die Rezeption im 19. und 20. Jahrhundert. Gesammelte Beiträge des Salzburger Symposions, hrsg. von Ulrich Müller u.a.,

Stuttgart 1984, S.111 (Gerhard J. Winkler, »Hans Sachs und Palestrina«: »Die Beharrlichkeit mit der (Wagner) um diese Zeit in Briefen als Sachs unterschreibt, sich von Eingeweihten als Sachs apostrophieren läßt, ja sogar seine eigene Herkunft als Sachse in das mystizistische Spiel einbringt, zeigt, daß er sich gern nach Johannes dem Täufer und Hans Sachs an die dritte Stelle einreihen würde.«)

72 Die Meistersinger und Richard Wagner, a.a.O., S.65 (Brief Wagners vom 25.10.1866 an Ludwig II.)

73 Bayreuther Festspielführer 1927, a.a.O., S.46

74 König Ludwig II. und Richard Wagner. Briefwechsel, a.a.O., 2. Band, S.102 (Brief Wagners vom 5.9.1866)

75 König Ludwig II. und Richard Wagner, Briefwechsel, a.a.O., 2. Band, S.103 (Brief Wagners vom 22.11.1866)

76 König Ludwig II. und Richard Wagner, Briefwechsel, a.a.O., 4. Band, S.8 (Tagebucheintrag Wagners vom 15.9.1865)

77 Richard Wagner, Die Musikdramen, a.a.O., S.492 (»Die Meistersinger von Nürnberg«, III. Aufzug, 5. Szene)

78 König Ludwig II. und Richard Wagner, Briefwechsel, a.a.O., 4. Band, S.14 (Tagebucheintrag Wagners vom 18.9.1865)

79 König Ludwig II. und Richard Wagner, Briefwechsel, a.a.O., 4. Band, S.19 (Tagebucheintrag Wagners vom 21.9.1865)

80 König Ludwig II. und Richard Wagner, Briefwechsel, a.a.O., 4. Band, S.21 (Tagebucheintrag Wagners vom 22.9.1865)

81 König Ludwig II. und Richard Wagner, Briefwechsel, a.a.O., 4. Band, S.20 (Tagebucheintrag Wagners vom 21.9.1865: »Jüdische Stück- und Musikmacher versehen das Theater mit ihren Neuigkeiten, und jüdische Rezensenten liefern die Kritik unserer Kunstleistungen.« Das aber war nur möglich, so Wagner am folgenden Tag, weil die deutschen Fürsten ihr Volk nicht verstanden: »Die deutschen Fürsten lieferten den Mißverstand, die Juden beuteten ihn aus.«)

82 Richard Wagner, Die Meistersinger von Nürnberg, hrsg. von Michael von Soden, Frankfurt 1983, S.163 (Zweiter Prosaentwurf vom November 1861 in Wien: »Konrad ... der letzte Lebende seines Geschlechtes«)

83 Richard Wagner in der Karikatur, a.a.O., S.54 (Die Parodie stammte von Franz Bittong.)

84 Ernst Bücken, Wörterbuch der Musik, Leipzig 1941, S.173 (»Hanslick, Eduard, 1825–1904 ... Kritiker, den der von H. gehässig bekämpfte Wagner als Beckmesser ... verewigte.«)

85 Joachim C. Fest, Hitler, a.a.O., S.157

86 Otto Dietrich, a.a.O., S.157

87 Richard Wagner, Die Musikdramen, a.a.O., S.462 (»Die Meistersinger von Nürnberg«, III. Aufzug. 1. Szene: »Ein Glühwurm fand sein Weibchen nicht, der hat den Schaden angericht't.«)

88 Richard Wagner, Die Meistersinger von Nürnberg. Faksimile der Reinschrift des Textbuches von 1862, mit einem Aufsatz zur Entstehung des Werkes von Egon Voss, Mainz 1983, S.16 (Der »Weltenbrand« – Dresdner Angedenkens – von 1862 wurde in der Partitur von 1867 zum harmlosen »Wutesbrand«.)

89 Richard Wagner, Die Musikdramen, a.a.O., S.559 (»Das Rheingold«, 3. Szene)

90 Richard Wagner, Die Musikdramen, a.a.O., S.492 (»Die Meistersinger von Nürnberg«, III. Aufzug, 5. Szene)

91 Bayreuther Festspiele 1996, S.89 (Dieter Borchmeyer, »Beckmesser – der Jude im Dorn?« Borchmeyers Fazit: »Zum Sanctissimum seiner Kunst ist dem Antisemitismus jedenfalls der Zutritt verwehrt.«)

92 Arthur Schopenhauer, Sämtliche Werke, 3. Band, hrsg. von Wolfgang von Löhneysen, Frankfurt 1986, S.775 (»Über die Grundlage der Moral«, wo der Autor ebenso scharf gegen die Vivisektion wie gegen die Juden ins Feld zieht. In Europa gebe es so wenig »Mitleid« mit Menschen und Tieren, »woran allein der foetor Iudaicus schuld ist, der hier alles und alles durchzieht«; s. S.786)

93 Richard Wagner, Die Musikdramen, a. a. O., S.442 (»Die Meistersinger von Nürnberg«, II. Aufzug, 5. und 6. Szene)

94 Richard Wagner, Die Musikdramen, a. a. O., S.469 (»Die Meistersinger von Nürnberg«, III. Aufzug, 3. Szene)

95 Richard Wagner, Briefe 1830–1883, hrsg. von Werner Otto, Berlin 1986, S.309 (Brief Wagners vom 22.1.1868 an den Sänger Gustav Hölzel)

96 Richard Wagner, Die Musikdramen, a. a. O., S.422 (»Die Meistersinger von Nürnberg«, I. Aufzug, 3. Szene)

97 Thomas Mann, Wagner und unsere Zeit, a. a. O., S.168 (Brief Thomas Manns an den seit 1933 in Bayreuth wirkenden Bühnenbildner Emil Preetorius, in dem auch der Satz steht: »Es ist viel ›Hitler‹ in Wagner.«)

98 Kinder- und Hausmärchen der Brüder Grimm, 2. Band (1814), hrsg. von Peter Dettmering, Lindau 1985, S.98

99 Richard Wagner, Die Musikdramen, a. a. O., S.487 (»Die Meistersinger von Nürnberg«, III. Aufzug, 5. Szene: »schöner Werber! Der find't wohl seinen Lohn. Bald hängt er am Galgen! Man sieht ihn schon!«)

100 Carl Friedrich Glasenapp, Das Leben Richard Wagners, a. a. O., 2. Band, S.453

101 Richard Wagner, Sämtliche Schriften und Dichtungen, a. a. O., 9. Band, S.353 (»Die Meistersinger von Nürnberg«, III. Akt, Erster Entwurf vom 16.7.1845 in Marienbad)

102 Richard Wagner, Die Musikdramen, a. a. O., S.470 (»Die Meistersinger von Nürnberg«, III. Aufzug, 3. Szene)

103 Richard Wagner, Die Meistersinger von Nürnberg, a. a. O., S.176 (Zweiter Prosaentwurf vom November 1861)

104 Richard Wagner, Die Musikdramen, a. a. O., S.488 (»Die Meistersinger von Nürnberg«, III. Aufzug, 5. Szene: »Ich sag Euch Herrn, das Lied ist schön; nur ist's auf den ersten Blick zu ersehn, daß Freund Beckmesser es entstellt.«)

105 Richard Wagner, Die Musikdramen, a. a. O., S.465 (»Die Meistersinger von Nürnberg«, III. Aufzug, 2. Szene)

106 Richard Wagner, Die Musikdramen, a. a. O., S.487 (»Die Meistersinger von Nürnberg«, III. Aufzug, 5. Szene)

107 Bayreuther Festspielführer 1933, a. a. O., S.153 (Otto Strobel, »Morgenlich leuchtend in rosigem Schein. Wie Walthers Preislied entstand«, mit Faksimile-Tafel der Bleistift-Urschrift der Beckmesser-Version)

108 Richard Wagner, Die Musikdramen, a. a. O., S.487 (»Die Meistersinger von Nürnberg«, III. Aufzug, 5. Szene)

109 Robert Schumann, Schriften über Musik und Musiker, hrsg. von Josef Häusler, Stuttgart 1982, S.132 (»Fragmente aus Leipzig«, 1836/37)

110 Adolf Hitler, Mein Kampf, a. a. O., S.211

111 Adolf Hitler, Mein Kampf, a. a. O., S.332

112 Adolf Hitler, Mein Kampf, a. a. O., S.349

113 Richard Wagner, Die Musikdramen, a.a.O., S.492 (»Die Meistersinger von Nürnberg«, III. Aufzug, 5. Szene)
114 Richard Wagner, Die Musikdramen, a.a.O., S.481 (»Die Meistersinger von Nürnberg«, III. Aufzug, 5. Szene: »Diese stellt einen freien Wiesenplan dar, im ferneren Hintergrunde die Stadt Nürnberg.«)
115 Richard Wagner, Die Musikdramen, a.a.O., S.493 (»Die Meistersinger von Nürnberg«, III. Aufzug, 5. Szene)
116 Michael Karbaum, a.a.O., 2. Teil, S.111 (Heinz Tietjen beim »Betriebsappell« der Preußischen Staatstheater am 30.1.1936. Er ergänzte: »Als ich Richard Strauss darauf aufmerksam machte, erklärte dieser, ›das habe ich nicht gehört‹.« Strauss dirigierte den Bayreuther »Parsifal« 1933 und 1934.)
117 Hans Severus Ziegler, a.a.O., S.57
118 Hans Severus Ziegler, a.a.O., S.64
119 Geschichte und Kultur der Juden in Bayern, hrsg. von Manfred Treml und Josef Kirmeier, München 1988, S.423 (Hartmut Zelinsky, »Der Dirigent Hermann Levi«)
120 Joachim C. Fest, a.a.O., S.447
121 Cosima Wagner und Fürst Ernst zu Hohenlohe-Langenburg, Briefwechsel, a.a.O., S.65 (Brief Cosimas vom September 1893: »Worauf ich dann den Gedanken eines Monumental-Theaters, am Ausfluß des Maines in den Rhein, für gesamtnationale Spiele vorgelegt hätte. Diesem... Weg greifen affenartig Mime und Alberich (Anm. »Levi und Possart in München«) vor und verwandeln den großen Gedanken, den ich auszuführen nie aufgab, in eine schnöde Spekulation, so daß wir es handgreiflich vor uns haben, was das jüdische Unwesen dem deutschen Geiste ist.«)
122 Das Prinzregenten-Theater in München, hrsg. von Klaus Jürgen Seidel, Nürnberg 1984, S.29
123 Die Tagebücher von Joseph Goebbels, a.a.O., 3. Band, S.489 (Eintrag vom 24.7.1938: »Das ist richtiger Wiener Kitsch. Aber ich werde das abschaffen. Und zwar mit allen gebotenen Mitteln.« Eintrag vom folgenden Tag: »Haus Wahnfried... Der Führer ist schon da... Ich erzähle von den Festspielen in Salzburg. Dahin darf kein Wagner mehr.«)
124 Michael Karbaum, a.a.O., 2. Teil, S.116 (Winifred Wagner, »Denkschrift« für die Spruchkammer, 1946)
125 Wolfgang Wagner, a.a.O., S.63 (»Nach dem Tod meines Onkels Chamberlain 1927, erbte ich dessen Hühnerstall mitsamt der Einzäunung, weil Tante Eva ihn nicht mehr länger unterhalten wollte.«)
126 Otto Dietrich, a.a.O., S.166 (»Eine schwere Enttäuschung bereitete ihm schon vor dem Kriege die älteste Tochter [Friedelind], die Haus und Heimat verließ und im Auslande gegen ihn auftrat und Stellung nahm.«)
127 Bayreuth im Dritten Reich, a.a.O., S.189 (»Manchester Guardian« vom 15.8. 1933, »Featuring Hitler«)
128 Die Rückseite des Hakenkreuzes. Absonderliches aus den Akten des Dritten Reiches, hrsg. von Beatrice und Helmut Heiber, München 1993, S.14 (Brief Winifreds vom 26.12.1934 an Hitler)
129 Nike Wagner, Über Wagner, Stuttgart 1996, S.278 (Brief Winifreds vom 12.2. 1942 an Hitler)
130 Wolfgang Wagner a.a.O., S.104 (»Der Kriegsausbruch, meine gleich zu Beginn erlittene Verwundung und die Anordnung von ›Kriegsfestspielen‹... bewirkte eine erhebliche Distanzierung meiner Mutter zu Adolf Hitler. So ergab

sich, daß sie nicht mehr direkt mit dem Führer sprach.« Die Folge, laut Wolfgang Wagner, war »Entfremdung«.)

131 Die Rückseite des Hakenkreuzes, a.a.O., S.117 (In der Reichskanzlei gab es Ende 1944 Ärger, weil die beiden an den Führer gerichteten Privatbriefe aus Bayreuth, Absender »Haus Wahnfried«, versehentlich als Routinepost geöffnet worden waren. Die Beamten wurden dazu vernommen.)

132 Frederic Spotts, a.a.O., S.198 (Der Bayreuth-Forscher berichtet, Hitler habe 1944 ein letztes Mal Winifred in Wahnfried besucht.)

133 Robert G. L. Waite, a.a.O., S.26

134 Otto Dietrich, a.a.O., S.220 (»Für Tiere, denen er Denkvermögen zusprach, empfand er Mitleid.«)

135 Otto Dietrich, a.a.O., S.229

136 Richard Wagner, Bayreuther Briefe (1871–1883), hrsg. von Carl Friedrich von Glasenapp, Berlin 1912, S.78 (Brief Wagners vom 12.4.1872)

137 Michael Karbaum, a.a.O., 2. Band, S.50 (H. St. Chamberlain am 2.12.1891 an Hans von Wolzogen: »Die Patronisierung des Publikums! Sie wissen, verehrter Freund, daß dies stets mein einziges Ideal war.«)

138 Andrea Mork, a.a.O., S.218

139 Henry Picker, a.a.O., S.466 (Äußerung vom 26.7.1942 über seinen Besuch in Paris am 23.6.1940: »Da stehe Weimar doch auf einer ganz anderen Höhe.«)

140 Hans Severus Ziegler, a.a.O., S.90 (»... fragte er mich, ob es notfalls möglich sei, aus dem ... Personal des Weimarer Nationaltheaters das Ensemble für eine Aufführung des ›Fliegenden Holländers‹ in Paris abzuzweigen.«)

141 Alan Jefferson, a.a.O., S.40 (Die Aufführung fand im Mai 1941 mit der Bayreuther »Isolde« Germaine Lubin statt.)

142 Adolf Hitler, Monologe, a.a.O., S.225 (Äußerung vom 24./25.1.1943: »Die zehn Tage Bayreuth sind immer meine schönste Zeit gewesen, und wie freu' ich mich drauf, wenn wir zum ersten Mal wieder hinkommen!«)

143 Richard-Wagner-Festspiele Bayreuth 1941, Berlin 1941, S.13 (Hans Lebede, »Bayreuth«)

144 Michael Karbaum, a.a.O., 2. Teil, S.86 (Daniela Thodes Notizen von 1933 für eine Besprechung mit Joseph Goebbels)

145 Frederic Spotts, a.a.O., S.189

146 Richard Wilhelm Stock, Richard Wagner und seine Meistersinger. Eine Erinnerungsgabe zu den Bayreuther Kriegsfestspielen 1943, Nürnberg 1943, S.11

147 Frederic Spotts, a.a.O., S.194

148 Richard Wilhelm Stock, a.a.O., S.190

149 Richard Wilhelm Stock, a.a.O., S.105

150 Richard Wilhelm Stock, a.a.O., S.201

151 Michael Karbaum, a.a.O., 2. Teil, S.109 (Brief Heinz Tietjens vom 17.12. 1944 an Winifred Wagner)

XVI. »Barbarossas Wiederkehr« und »Ahasvers Untergang«

1 Eberhard Jäckel, Das deutsche Jahrhundert, Stuttgart 1996, S.206 (»Gleich nach Kriegsbeginn ließ er die Juden in Polen und seit 1941 mit besonderer Planmäßigkeit in der Sowjetunion erschießen.«)

2 Hartmut Zelinsky, Richard Wagner, a.a.O., S.170 (Brief Chamberlains vom Neujahrstag 1924 an Hitler)

3 Hans-Jürgen Eitner, a.a.O., S.161 (Hitlers Äußerungen zum Thema »Vorsehung« vom 7.9.1932, 14.3.1936, 24.2.1943 und 30.1.1945 ließen sich beliebig viele ähnliche hinzufügen.)

4 Brigitte Hamann, a.a.O., S.501

5 Erich Kuby, a.a.O., S.148

6 Hartmut Zelinsky, Richard Wagner, a.a.O., S.170 (Brief Chamberlains vom Neujahrstag 1924 an Hitler)

7 Joachim C. Fest, Hitler, a.a.O., S.219

8 Max Domarus, a.a.O., 1. Band, S.130 (Aufruf vom 23.8.1932)

9 Max Domarus, a.a.O., 2. Band, S.731 (Schlußrede vor dem Parteikongreß vom 13.9.1937)

10 Max Domarus, a.a.O., 2. Band, S.1810 (Reichstagsrede vom 11.12.1941, bei der er die Kriegserklärung an die USA verkündete)

11 Hitler. Reden, Schriften, Anordnungen, a.a.O., 3. Band, S.124 (Artikel vom 30.3.1929 im »Illustrierten Beobachter«: »Diese Alberichs-Herrschaft, die heute nur in Rußland restlos vollzogen ist, nunmehr auf die anderen Völker weiter auszudehnen, scheint den Juden möglich zu sein.«)

12 Max Domarus, a.a.O., 2. Band, S.1772 (Rede vom 8.11.1941 im »Löwenbräukeller«)

13 Richard Wagner, Sämtliche Schriften und Dichtungen, a.a.O., S.266 (»Erkenne dich selbst«)

14 Janusz Piekalkiewicz, a.a.O., S.286 (Die deutschen »Verluste betrugen vom 22.6.1941 bis zum Oktober 1941 564727 Mann, darunter 119464 Tote und 24793 Vermißte. In der Winterschlacht vom 11. 12. 1941 bis zum 31.3.1942 betrugen die Verluste insgesamt 332743 Mann.«)

15 Max Domarus, a.a.O., 2. Band, S.1773 (Rede vom 8.11.1941 im »Löwenbräukeller«)

16 Konrad Heiden, Adolf Hitler, a.a.O., 2. Band, Tafel V

17 Der deutsche Überfall auf die Sowjetunion. Unternehmen »Barbarossa« 1941, hrsg. von Gerd R. Ueberschär und Wolfram Wette, Frankfurt 1991, S.259 (»Richtlinien für die Behandlung politischer Kommissare«: »Die Truppe muß sich bewußt sein: 1. In diesem Kampfe ist Schonung und völkerrechtliche Rücksichtnahme diesen Elementen gegenüber falsch.«)

18 Heeresadjutant bei Hitler 1938–1943, Aufzeichnungen des Majors Engel, hrsg. von Hildegard von Kotze, Stuttgart 1974, S.130 (Eintrag vom 10.10.1942: »Stalingrad müßte herausgebrochen werden«, dann würde »der Kommunismus seines Heiligtums beraubt.«)

19 Heeresadjutant bei Hitler, a.a.O., S.93 (Eintrag Gerhard Engels vom 17.1. 1941: Nach Vortrag über »Barbarossa« spricht Hitler über die geplante »Zerstörung der Weltanschauungsfestung Leningrad«.)

20 Eberhard Jäckel, Hitlers Herrschaft. Vollzug einer Weltanschauung, Stuttgart 1986, S.87

21 Der deutsche Überfall auf die Sowjetunion, a.a.O., S.63 (Hitler am 16.7.1941 vor Rosenberg, Göring u.a.: »Aus den neugewonnenen Ostgebieten müssen wir einen Garten Eden machen... Kolonien spielen dagegen eine ganz untergeordnete Rolle.«)

22 Eberhard Jäckel, Hitlers Herrschaft, a.a.O., S.69 (Äußerung vom 6.7.1933 vor den Reichsstatthaltern)

23 Eugen Kogon, Der SS-Staat. Das System der deutschen Konzentrationslager, München 1988, S.42 (Äußerung eines SS-Führers von der Ordensburg Vogel-

sang im Spätherbst 1937: »Was wir Ausbilder des Führernachwuchses wollen... ein modernes Staatswesen nach dem Muster der hellenischen Stadtstaaten... mit ihrer breiten ökonomischen Helotenbasis.«)

24 Deutsche Geschichte 1933–1945, a.a.O., S.109 (Denkschrift Hermann Röchlings an Adolf Hitler, »Gedanken über die Vorbereitung zum Kriege und seine Durchführung«, vom 17.8.1936)

25 Henry Picker, a.a.O., S.311 (Am 18.5.1942 »erörtert der Chef dann das russische Transportproblem« mit »Geheimrat Röchling«; diesen charakterisiert Picker als »eine in ihrer Zurückhaltung und Abgeklärtheit besonders eindrucksvolle Industriellen-Persönlichkeit«.)

26 Deutsche Geschichte 1933–1945, a.a.O., S.110 (Hitlers geheime Denkschrift über den Vierjahresplan, August 1936)

27 Max Domarus, a.a.O., 2. Band, S.728 (Schlußrede vom 13.9.1937 vor dem Parteikongreß in Nürnberg)

28 Friedrich Nietzsche, Sämtliche Werke. Kritische Studienausgabe, a.a.O., 1. Band, S.131 (»Die Geburt der Tragödie aus dem Geiste der Musik«: »Möge uns niemand unsern Glauben an eine noch bevorstehende Wiedergeburt des hellenischen Altertums zu verkümmern suchen; denn in ihm finden wir allein unsre Hoffnung für eine Erneuerung und Läuterung des deutschen Geistes durch den Feuerzauber der Musik.«)

29 H. St. Chamberlain, Die Grundlagen des Neunzehnten Jahrhunderts, a.a.O., 1. Band, S.332 (Viertes Kapitel: »Das Völkerchaos«)

30 Max Domarus, a.a.O., 1. Band, S.728 (Schlußrede vom 13.9.1937 vor dem Parteikongreß in Nürnberg)

31 Max Domarus, a.a.O., 1. Band, S.575 (Hitler am 12.2.1936 an der Bahre Wilhelm Gustloffs: »Unsere Toten sind alle wieder lebend geworden.«)

32 Josef Ackermann, Heinrich Himmler als Ideologe, Göttingen 1970, S.162 (»Sehet, das ist der Feind der Welt, der Vernichter der Kulturen, der Sohn des Chaos, die Inkarnation des Bösen, das Ferment der Dekomposition, der plastische Dämon des Verfalls der Menschheit.«)

33 Wanda Kampmann, Deutsche und Juden. Die Geschichte der Juden in Deutschland vom Mittelalter bis zum Beginn des Ersten Weltkrieges, Frankfurt 1979, S.268 (In seiner Römischen Geschichte, 2. Band, S.550, sagt Mommsen: »Auch in der alten Welt war das Judentum ein wirksames Ferment des Kosmopolitismus und der nationalen Dekomposition.«)

34 Jost Dülffer/Jochen Thies/Josef Henke, Hitlers Städte. Baupolitik im Dritten Reich, Köln 1978, S.290 (Rede Hitlers vom 10.2.1939 in der Berliner Krolloper)

35 Jost Dülffer/Jochen Thies/Josef Henke, a.a.O., S.312 (Rede Hitlers vom 10.2.1939 in der Berliner Krolloper)

36 Adolf Hitler, Monologe, a.a.O., S.155 (Äußerung vom 17./18.12.1941: »Der Begriff des Reiches war damals fast ausgerottet.«)

37 Max Domarus, a.a.O., 2. Band, S.1779 (Rede vom 8.11.1941 im »Löwenbräukeller«. Auch am 10.5.1940 hatte Hitler gesagt: »Der heute beginnende Kampf entscheidet das Schicksal des deutschen Volkes für die nächsten tausend Jahre!«; s. S.1503)

38 Franz von Papen, Der Wahrheit eine Gasse, München 1952, S.322

39 Norman Cohn, Das neue irdische Paradies. Revolutionärer Millenarismus und mystischer Anarchismus im mittelalterlichen Europa, Reinbek 1988, S.120

40 Norman Cohn, a.a.O., S.131

41 Norman Cohn, a. a. O., S.80 (»In dem von Adso von Montier-en-Der im zehnten Jahrhundert verfaßten Kompendium der Antichrist-Literatur, das dem ganzen Mittelalter als Standardwerk diente, erscheint der Antichrist ... als Jude.«)
42 Norman Cohn, a. a. O., S.133
43 Historische Sagen, 2. Band. Ritter, Räuber und geistliche Herren, hrsg. von Leander Petzoldt, München 1977, S.20 (Die Sage vom Untersberg. »Die Prophezeyung, so im Undtersperg zu Reichenhall geschehen ist, im 1523. Jahr.«)
44 Eduard Devrient, Aus seinen Tagebüchern, a. a. O., S.470 (Eintrag vom 22.2. 1849)
45 Richard Wagner, Gesammelte Schriften und Dichtungen, a. a. O., 2. Band, S.146
46 Richard Wagner, Gesammelte Schriften und Dichtungen, a. a. O., 2. Band, S.150
47 Friedrich Weigend/Bodo M. Baumunck/Thomas Brune, Keine Ruhe im Kyffhäuser. Das Nachleben der Staufer, Stuttgart 1978, S.31
48 Richard Wagner, Sämtliche Schriften und Dichtungen, a. a. O., 12. Band, S.227
49 Cosima Wagner, Die Tagebücher, a. a. O., 1. Band, S.458 (Eintrag vom 12.11.1871: »›Und wie merkwürdig‹, fügt Richard hinzu, ›daß dieses deutsche Reich, das Unfaßlichste, was es gab, doch wahrscheinlich das ist, was die Monarchien alle überleben wird.‹«)
50 Heinrich von Stein, Idee und Welt. Das Werk des Philosophen und Dichters, hrsg. von Günter Ralfs, Stuttgart 1940, S.85 (Brief Steins vom 21.10.1879 an Paul Simon)
51 Adolf Hitler, a. a. O., S.742 (»Damit ziehen wir Nationalsozialisten bewußt einen Strich unter die außenpolitische Richtung unserer Vorkriegszeit. Wir setzen dort an, wo man vor sechs Jahrhunderten endete.«)
52 Richard Wagner, Gesammelte Schriften und Dichtungen, a. a. O., 2. Band, S.150 (»Die Wibelungen«)
53 Max Domarus, a. a. O., 1. Band, S.554 (Rede vom 8.11.1935 im »Bürgerbräukeller«)
54 Max Domarus, a. a. O., 2. Band, S.1842 (Rede vom 13.2.1942 vor Offiziersanwärtern im Berliner Sportpalast)
55 Handwörterbuch des deutschen Aberglaubens, hrsg. von Hanns Bächtold-Stäubli, 8. Band, Berlin 1987, S.1483 (»Der Untersberg ... gehört in die Reihe der alten Totenberge und der sogenannten ›Wodansberge‹. Die Sage ließ nationale Helden in den Berg entrückt werden ... An diese Kaiser, besonders an Barbarossa, knüpft sich dann die Sage«, daß er »aus dem Berg hervorkommen« wird, »und dann wird die letzte Schlacht gegen den Antichrist geschlagen werden.«)
56 Inszenierung der Macht. Ästhetische Faszination im Faschismus, hrsg. von der Neuen Gesellschaft für Bildende Kunst, Berlin 1987, S.152
57 Heinrich Hoffmann, Hitler Was My Friend, London 1955, S.185
58 Joachim C. Fest, Hitler, a. a. O., S.714 (»Nicht ohne Ergriffenheit sah Hitler in der Tatsache, daß sein privater Wohnsitz diesem Berg gegenüber lag, einen bedeutenden Fingerzeig.«)
59 Max Domarus, a. a. O., 2. Band, S.1731 (Hitlers »Proklamation an das deutsche Volk« vom 22.6.1941, dem ersten Tag des Unternehmens »Barbarossa«)
60 Hermann Giesler, a. a. O., S.422
61 Deutsche Geschichte 1933–1945, a. a. O., S.197 (Weisung Nr. 21, 18.12. 1940: »Die deutsche Wehrmacht muß darauf vorbereitet sein, auch vor Beendi-

gung des Krieges gegen England Sowjetrußland in einem schnellen Feldzug niederzuwerfen. [Fall Barbarossa].«)

62 Max Domarus, a.a.O., 2. Band, S.1664 (Äußerung vom 3.2.1941)

63 Christa Schroeder, a.a.O., S.113

64 Richard Wagner, Dichtungen und Schriften, a.a.O., 4. Band, S.238 (»Eine Mitteilung an meine Freunde«, 1851: der »›ewige Jude‹: diesem immer und ewig, zweck- und freudlos zu einem längst abgelebten Leben verdammten Wanderer blühte keine irdische Erlösung; ihm blieb als einziges Streben nur die Sehnsucht nach dem Tode, als einzige Hoffnung die Aussicht auf das Nichtmehrsein«.)

65 Richard Wagner, Sämtliche Briefe, a.a.O., 1. Band, S.109 (»Autobiographische Skizze«, 1843. Den Ausdruck »Ahasverus des Ozeans« konnte Hitler im selben Text finden, der die »hellen Tränen« und den Eid aufs Vaterland beschwört.)

66 Richard Wagner, Dichtungen und Schriften, a.a.O., 2. Band, S.41 (Wagner erläutert hier seine Ouvertüre zum »Fliegenden Holländer«, 1852.)

67 Richard Wagner, Die Musikdramen, a.a.O., S.186 (»Der Fliegende Holländer«, I. Aufzug)

68 Eberhard Jäckel, Das deutsche Jahrhundert. Eine historische Bilanz, Stuttgart 1996, S.200

69 »Unternehmen Barbarossa«. Zum historischen Ort der deutsch-sowjetischen Beziehungen von 1933 bis Herbst 1941, hrsg. von Roland G. Foerster, München 1993, S.10

70 Rolf-Dieter Müller, Hitlers Ostkrieg und die deutsche Siedlungspolitik. Die Zusammenarbeit von Wehrmacht, Wirtschaft und SS, Frankfurt 1991, S.21 (Äußerung vom 29.2.1940)

71 Joachim Fest, Fremdheit und Nähe, a.a.O., S.133

72 Nicolaus von Below, a.a.O., S.169

73 Heeresadjutant bei Hitler, a.a.O., S.86 (Eintrag Gerhard Engels vom 10.8.1940: »Wenn man diesen Koloß erst mal richtig anpackt, dann bricht er schneller zusammen, als die ganze Welt ahnt. Wenn man sie nur vernichten könnte.«)

74 Janusz Piekalkiewicz, a.a.O., S.74

75 »Unternehmen Barbarossa«, a.a.O., S.20 (Eberhard Jäckel, »Hitlers doppeltes Kernstück«. – Richard Breitman zeigt überzeugend, wie Hitler und Himmler die Vernichtung der Juden bereits 1939 zielstrebig in Angriff nahmen, wobei sie sich von Anfang an der Verschlüsselung bedienten; wer ihre Äußerungen für bare Münze nimmt und sie nicht an den gleichzeitigen Taten mißt, geht den Massenmördern auf den Leim. Dazu: Richard Breitman, Der Architekt der »Endlösung«: Himmler und die Vernichtung der europäischen Juden, Paderborn 1996)

76 Andreas Hillgruber, Die Zerstörung Europas. Beiträge zur Weltkriegsepoche 1914 bis 1945, Berlin 1988, S.322

77 Dimension des Völkermords. Die Zahl der jüdischen Opfer des Nationalsozialismus, hrsg. von Wolfgang Benz, München 1996, S.538 (Benz gibt in der Gesamtbilanz ein »Minimum von 5,29 Millionen und ein Maximum von knapp über sechs Millionen« jüdischen Mordopfern an; s. S.17)

78 Georg Lilienthal, Der »Lebensborn e. V.«. Ein Instrument nationalsozialistischer Rassenpolitik, Reinbek 1993, S.68

79 Dimension des Völkermords, a.a.O., S.351

80 Raul Hilberg, Die Vernichtung der europäischen Juden, 2. Band, Reinbek 1990, S.927

81 Josef Ackermann, a.a.O., S.169
82 Eugen Kogon, a.a.O., S.185
83 Raul Hilberg, a.a.O., 2. Band, S.942 (Der Autor berichtet, daß »die Konstruktion eines weiteren Vergasungsapparats ... in der Führerkanzlei, Hitlers persönlichem Amt, betrieben« wurde; s. S.934)
84 Hamilton T. Burden, a.a.O., S.108
85 Deutsche Geschichte 1933–1945, a.a.O., S.100 (Deutschlandberichte der Sopade, V. Band, 1938, S.1205)
86 Deutsche Geschichte 1933–1945, a.a.O., S.103 (Aus dem Monatsbericht des Regierungspräsidenten von Niederbayern und der Oberpfalz vom 8.12.1938)
87 Howard K. Smith, Feind schreibt mit. Ein amerikanischer Korrespondent erlebt Nazi-Deutschland, Berlin 1982, S.169 (»Völlig unorganisiert und ganz individuell begannen Deutsche, die gebrandmarkte Minderheit durch kleine Gesten ihr Mitgefühl spüren zu lassen.« Dazu Sebastian Haffner, Anmerkungen zu Hitler, S.175: »Die deutschen Massen« hatten »Mitleid mit den Juden, Verärgerung und Beschämung gezeigt – allerdings nicht mehr als das.«)
88 »Der Spiegel«, Nr. 21 vom 20.5.1996, S.55
89 Albrecht Tyrell, Führer befiehl, a.a.O., S.209 (Hitler 1928: »Als Idee wächst aber der Antisemitismus. Was vor zehn Jahren kaum da war, ist heute da: Die Judenfrage ist auf das Tapet gebracht, sie wird nicht mehr verschwinden, und wir werden dafür sorgen, daß sie zur internationalen Weltfrage wird, wir werden sie nie zur Ruhe kommen lassen, bis einmal die Frage gelöst wird. Den Tag glauben wir noch erleben zu können.«)
90 Sebastian Haffner, Anmerkungen zu Hitler, München 1978, S.175
91 Henry Picker, a.a.O., S.305 (Äußerung vom 15.5.1942)
92 Henry Picker, a.a.O., S.456 (Äußerung vom 24.7.1942)
93 Cosima Wagner, Die Tagebücher, a.a.O., 4. Band, S.852 (Eintrag vom 18.12. 1881)
94 Mein Schüler Hitler. Das Tagebuch seines Lehrers Paul Devrient, hrsg. von Werner Maser, Pfaffenhofen 1975, S.26
95 Mein Schüler Hitler, a.a.O., S.127
96 Mein Schüler Hitler, a.a.O., S.152
97 Heeresadjutant bei Hitler, a.a.O., S.65 (Eintrag vom 4.10.1939)
98 Heeresadjutant bei Hitler, a.a.O., S.94 (Eintrag vom 2.2.1941)
99 Max Domarus, a.a.O., 2. Band, S.1885 (Auch Eberhard Jäckel schreibt, »es gibt keinen Hinweis, daß Hitler« den Madagaskar-Plan »je ernsthaft ins Auge faßte«; in: Hitlers Herrschaft, a.a.O., S.99)
100 Nietzsche und Wagner. Stationen einer epochalen Begegnung, a.a.O., 1. Band, S.52 (Brief Cosima Wagners vom 6.2.1870 an Friedrich Nietzsche: Er solle ja vermeiden, »in das Wespennest zu stechen ... später, wenn Sie den grauenhaften Kampf aufnehmen wollen, in Gottes Namen«.)
101 Joachim Fest, Fremdheit und Nähe, a.a.O., S.154 (»Die andere Utopie. Eine Studie über Heinrich Himmler«)
102 Joachim Fest, Fremdheit und Nähe, a.a.O., S.155
103 Heinz Höhne, Der Orden unter dem Totenkopf. Die Geschichte der SS, Gütersloh 1967, S.7
104 Ralph Giordano, Wenn Hitler den Krieg gewonnen hätte. Die Pläne der Nazis nach dem Endsieg, Hamburg 1989, S.287. Abbildung in: Karl Hüser, Wewelsburg 1933–1945, Kult- und Terrorstätte der SS. Eine Dokumentation, hrsg. vom Kreis Paderborn, Paderborn 1987, S.243

105 Heinz Höhne, a.a.O., S.9
106 Otto Dietrich, a.a.O., S.259
107 Eugen Kogon, a.a.O., S.50
108 Michael Ley, Genozid und Heilserwartung. Zum nationalsozialistischen Mord am europäischen Judentum, Wien 1993, S.7 (Brief Himmlers vom 28.7.1942 an seinen Stabschef Gottlob Berger)
109 Heinrich Himmler, Geheimreden 1933–1945, hrsg. von Bradley F. Smith und Agnes F. Peterson, Berlin 1974, S.170 (Rede vom 6.10.1943 vor den Reichs- und Gauleitern in Posen: »Sie wissen nun Bescheid, und Sie behalten es für sich. Man wird vielleicht in ganz später Zeit sich einmal überlegen können, ob man dem deutschen Volke etwas mehr darüber sagt« – nach Himmler soll das erst kommenden Generationen offenbart werden, denn »wir – wir insgesamt – haben das für unser Volk getragen, haben die Verantwortung auf uns genommen [die Verantwortung für eine Tat, nicht nur für eine Idee] und nehmen dann das Geheimnis mit in unser Grab.«)
110 Heinrich Himmler, Geheimreden, a.a.O., S.169 (Rede vom 6.10.1943 in Posen: »In Deutschland haben wir nämlich so viele Millionen Menschen, die ihren einen berühmten anständigen Juden haben, daß diese Zahl bereits größer ist als die Zahl der Juden. Ich will das bloß deshalb anführen, weil Sie aus dem Lebensbereich Ihres eigenen Gaues bei achtbaren und anständigen nationalsozialistischen Menschen feststellen können, daß auch von ihnen jeder einen anständigen Juden kennt.«)
111 Deutsche Geschichte 1933–1945, a.a.O., S.278 (Rede Himmlers vom 4.10. 1943: »Es ist ja klar, die anderen sind Schweine, aber dieser ist ein prima Jude.«)
112 Heinrich Himmler, Geheimreden, a.a.O., S.169 (Rede vom 6.10.1943 in Posen)
113 Max Domarus, a.a.O., 2.Band, S.1400
114 André François-Poncet, a.a.O., S.409
115 Sebastian Haffner, Germany: Jekyll & Hyde. 1939 – Deutschland von innen betrachtet, Berlin 1996 (Die Originalausgabe erschien 1940 in London. Haffner: »Hitlers politischer Exhibitionismus, seine Vorliebe für theatralische Inszenierungen, billige Effekte, imposante Paraden und Feiern sowie für Monumentalbauten, wird von der Anti-Wagner-Minorität als abstoßend empfunden, übt aber auf die Wagner-Anhänger in Deutschland, die die Mehrheit bilden, eindeutig eine Anziehungskraft aus.«)
116 Heinrich Himmler, Geheimreden, a.a.O., S.200
117 Friedrich Nietzsche, Sämtliche Werke, a.a.O., 15.Band, S.85 (Gespräch Wagners vom Mai 1878 mit Ernst Schmeitzner, der danach über dessen »Schimpferei auf die Juden« berichtete. »Wolzogen und Frau Wagner merken sich natürlich solche Sentenzen«, so der Verleger der »Bayreuther Blätter«, »schreiben sie vielleicht gar auf und treiben Wagnerkultus damit.«)
118 Max Domarus, a.a.O., 2.Band, S.2195 (Rundfunkansprache vom 30.1.1945 aus der Reichskanzlei)
119 Hermann Rauschning, a.a.O., S.266
120 Max Domarus, a.a.O., 2.Band, S.2197

Bibliographie

1. Quellen und Lebenszeugnisse zu Richard Wagner und Adolf Hitler

Richard Wagner, Gesammelte Schriften und Dichtungen in zehn Bänden, hrsg. von Richard Wagner, Leipzig 1871–1883

Richard Wagner, Nachgelassene Schriften und Dichtungen, Leipzig 1895

Richard Wagner, Sämtliche Schriften und Dichtungen. Volksausgabe in sechzehn Bänden, Leipzig (1911–1914)

Richard Wagner, Dichtungen und Schriften, Jubiläumsausgabe in zehn Bänden, hrsg. von Dieter Borchmeyer, Frankfurt 1983

Richard Wagner, Mein Leben. Vollständige Ausgabe, hrsg. von Eike Middell, Leipzig 1986

Richard Wagner, Das Braune Buch. Tagebuchaufzeichnungen 1865–1882, hrsg. von Joachim Bergfeld, München 1988

Richard Wagner, Die Musikdramen, mit einem Vorwort von Joachim Kaiser, München 1978

Richard Wagner, Sämtliche Werke, 23. Bd., Dokumente und Texte zu »Rienzi, der Letzte der Tribunen«, hrsg. von Reinhard Strohm, Mainz 1976

Richard Wagner, Sämtliche Werke, 29. Bd., Dokumente zur Entstehungsgeschichte des Bühnenfestspiels »Der Ring des Nibelungen«, hrsg. von Werner Breig und Harmut Fladt, Mainz 1976

Richard Wagner, Sämtliche Werke, 30. Bd., Dokumente zur Entstehung und ersten Aufführung des Bühnenweihfestspiels Parsifal, hrsg. von Martin Geck und Egon Voss, Mainz 1970

Richard Wagner, Skizzen und Entwürfe zur Ring-Dichtung, hrsg. von Otto Strobel, München 1930

Richard Wagner, Schriften eines revolutionären Genies, hrsg. von Egon Voss, München 1976

Richard Wagner, Briefe in zwei Bänden, hrsg. von Wilhelm Altmann, Leipzig o. J.

Richard Wagner an Mathilde Wesendonck, Tagebuchblätter und Briefe 1853–1871, hrsg. von Wolfgang Golther, Berlin 1904

Richard Wagner, Familienbriefe 1832–1874, hrsg. von C. F. Glasenapp, Berlin 1907

Richard Wagner an Freunde und Zeitgenossen, hrsg. von Erich Kloss, Berlin 1909

Richard Wagner, Bayreuther Briefe (1871–1883), hrsg. von C. F. Glasenapp, Leipzig 1912

Richard Wagner, Briefe an Hans von Bülow, hrsg. von Daniela Thode, Jena 1916

Richard Wagner an Mathilde Maier (1862–1878), hrsg. von Hans Scholz, Leipzig 1930
Fünfzehn Briefe Richard Wagners mit Erinnerungen und Erläuterungen von Eliza Wille, geb. Sloman, München 1935
König Ludwig II. und Richard Wagner, Briefwechsel, hrsg. vom Wittelsbacher Ausgleichsfonds und Winifred Wagner, bearbeitet von Otto Strobel, vier Bände, Karlsruhe 1936/37
Richard Wagner, Briefe. Die Sammlung Burrell, hrsg. von John N. Burk, Frankfurt 1953
Richard Wagner, Sämtliche Briefe, hrsg. von Gertrud Strobel u. a., Leipzig 1967f. (Im ersten Band findet sich Wagners Tagebuchfragment »Die rote Brieftasche«.)
Richard Wagner, Briefe, hrsg. von Hanjo Kesting, München 1983
Richard Wagner, Briefe 1830–1883, hrsg. von Werner Otto, Berlin 1986
Franz Liszt – Richard Wagner, Briefwechsel, hrsg. von Hanjo Kesting, München 1988
Richard Wagner, Briefe, hrsg. von Hans-Joachim Bauer, Stuttgart 1995
Cosima Wagner, Die Tagebücher, 4 Bde., hrsg. von Martin Gregor-Dellin und Dietrich Mack, München 1982

Adolf Hitler, Mein Kampf, 763.–767. Auflage. München 1942 (Erstausgabe 1. Band 1925, 2. Band 1926)
Hitlers zweites Buch, hrsg. von Gerhard L. Weinberg, Stuttgart 1961
Hitler. Sämtliche Aufzeichnungen 1905–1924, hrsg. von Eberhard Jäckel und Axel Kuhn, Stuttgart 1980
Domarus, Max, Hitler. Reden und Proklamationen 1932–1945, kommentiert von einem deutschen Zeitgenossen, 2 Bde., Würzburg 1962
Hitler. Reden, Schriften, Anordnungen. Februar 1925 bis Januar 1933, drei Bände, hrsg. von Clemens Vollnhals u. a., München 1992f.
Adolf Hitler, Monologe im Führerhauptquartier 1941–1944. Die Aufzeichnungen Heinrich Heims, hrsg. von Werner Jochmann, München 1982
Picker, Henry, Hitlers Tischgespräche im Führerhauptquartier. Vollständig überarbeitete und erweiterte Neuausgabe mit bisher unbekannten Selbstzeugnissen Adolf Hitlers, Abbildungen, Augenzeugenberichten und Erläuterungen des Autors: Hitler, wie er wirklich war, Stuttgart 1976
Maser, Werner, Hitlers Briefe und Notizen. Sein Weltbild in handschriftlichen Dokumenten, Düsseldorf 1988
Below, Nicolaus von, Als Hitlers Adjutant 1937–1945, Mainz 1980
(Devrient, Paul), Mein Schüler Hitler. Das Tagebuch seines Lehrers Paul Devrient, hrsg. von Werner Maser, Pfaffenhofen 1975
Dietrich, Otto, 12 Jahre mit Hitler, München 1955
(Engel, Gerhard), Heeresadjutant bei Hitler, 1938–1943. Aufzeichnungen des Majors Engel, hrsg. von Hildegard von Kotze, Stuttgart 1974
(Giesler, Hermann), Ein anderer Hitler. Bericht seines Architekten Hermann Giesler. Erlebnisse, Gespräche, Reflexionen, Leoni am Starnberger See 1977
Hanfstaengl, Ernst, Zwischen Weißem und Braunem Haus. Memoiren eines politischen Außenseiters, München 1970
Hoffmann, Heinrich, Hitler Was My Friend, London 1955
Hoßbach, Friedrich, Zwischen Wehrmacht und Hitler 1934–1938, Wolfenbüttel 1949

Kubizek, August, Adolf Hitler. Mein Jugendfreund, Graz 1953
Rauschning, Hermann, Gespräche mit Hitler, Wien 1973
Schirach, Baldur von, Ich glaubte an Hitler, Hamburg 1967
Schroeder, Christa, Er war mein Chef. Aus dem Nachlaß der Sekretärin von Adolf Hitler, hrsg. von Anton Joachimsthaler, München 1985
Speer, Albert, Erinnerungen, Berlin 1972
Speer, Albert, Spandauer Tagebücher, Berlin 1975
Wagener, Otto, Hitler aus nächster Nähe. Aufzeichnungen eines Vertrauten 1929–1932, hrsg. von Henry A. Turner, Kiel 1987
Ziegler, Hans Severus, Adolf Hitler aus dem Erleben dargestellt, Göttingen 1964
Zoller, Albert, Hitler privat. Erlebnisbericht seiner Geheimsekretärin, Düsseldorf 1949

2. Weitere Quellen und Sekundärliteratur

Abshagen, Karl Heinz, Schuld und Verhängnis. Ein Vierteljahrhundert in Augenzeugenberichten, Stuttgart 1961
Ackermann, Joseph, Heinrich Himmler als Ideologe, Göttingen 1970
Adam, Peter, Kunst im Dritten Reich, Hamburg 1992
Adolf von Hildebrand und seine Welt. Briefe und Erinnerungen, besorgt von Bernhard Sattler, hrsg. von der Bayerischen Akademie der Schönen Künste, München 1962
Adorno, Theodor W., Versuch über Wagner, München 1964
Aly, Götz, »Endlösung«. Die Völkerverschiebung und der Mord an den europäischen Juden, Frankfurt 1995
Arntz, H.-Dieter, Ordensburg Vogelsang 1934–1945. Erziehung zur politischen Führung im Dritten Reich, Euskirchen 1986
Art and Power. Europe under the dictators 1930–1945, mit einem Vorwort von Eric Hobsbawm, London 1995
Augstein, Rudolf, Karl Dietrich Bracher u. a., Historikerstreit. Die Dokumentation der Kontroverse um die Einzigartigkeit der nationalsozialistischen Judenvernichtung, 69.–73. Tausend, München 1995

Bahnsen, Uwe und James P. O'Donnell, Die Katakombe. Das Ende in der Reichskanzlei, Bergisch Gladbach 1981
Bakunin, Michail, Philosophie der Tat, hrsg. von Rainer Beer, Köln 1968
Bärsch, Claus-Ekkehard, Erlösung und Vernichtung. Dr. phil. Joseph Goebbels. Zur Psyche und Ideologie eines jungen Nationalsozialisten 1923–1927, München 1987
Barth, Herbert (Hg.), Der Festspielhügel. Richard Wagners Werk in Bayreuth 1876–1976, München 1976
Barth, Herbert, Dietrich Mack, Egon Voss (Hg.), Richard Wagner, Leben und Werk in zeitgenössischen Bildern und Dokumenten, München 1982
Barth, Herbert (Hg.), Bayreuther Dramaturgie. Der Ring des Nibelungen, Stuttgart 1980
Batka, Richard, Richard Wagner, Berlin 1912
Bauer, Hans-Joachim, Richard-Wagner-Lexikon, Bergisch Gladbach 1988
Bauer, Oswald Georg, Richard Wagner. Die Bühnenwerke von der Uraufführung bis heute, Berlin 1982

Bauer, Richard (Hg.), München – »Hauptstadt der Bewegung«. Bayerns Metropole und der Nationalsozialismus, München 1993
Baumstark, Reinhold und Michael Koch (Hg.), Der Gral. Artusromantik in der Kunst des 19. Jahrhunderts, Köln 1995
Bayreuther Festspielführer, hrsg. von Karl Grunsky u. a., Bayreuth 1924f.
Bélart, Hans, Gesangsdramatische Wagnerkunst (nach Richard Wagners Tradition), Dresden 1915
Benz, Wolfgang (Hg.), Dimension des Völkermords. Die Zahl der jüdischen Opfer des Nationalsozialismus, München 1996
Bermbach, Udo (Hg.), In den Trümmern der eignen Welt. Richard Wagners »Ring des Nibelungen«, Berlin 1989
Bermbach, Udo und Dieter Borchmeyer (Hg.), Richard Wagner – »Der Ring des Nibelungen«. Ansichten eines Mythos, Stuttgart 1995
Bienert, Walther, Martin Luther und die Juden, Frankfurt 1982
Blasius, Dirk und Dan Diner (Hg.), Zerbrochene Geschichte. Leben und Selbstverständnis der Juden in Deutschland, Frankfurt 1991
Boldt, Gerhard, Die letzten Tage der Reichskanzlei, Hamburg 1947
Boog, Horst u. a., Der Angriff auf die Sowjetunion, Frankfurt 1991
Bookmann, Hartmut, Stauferzeit und spätes Mittelalter. Deutschland 1125–1517, Berlin 1987
Borchmeyer, Dieter, Beckmesser – der Jude im Dorn?, in: Bayreuther Programmbuch 1996, S. 89
Borchmeyer, Dieter, Das Theater Richard Wagners. Idee, Dichtung, Wirkung, Stuttgart 1982
Borchmeyer, Dieter (Hg.), Wege des Mythos in der Moderne. Richard Wagner »Der Ring des Nibelungen«, München 1987
Borchmeyer, Dieter und Jörg Salaquarda (Hg.), Nietzsche und Wagner. Stationen einer epochalen Begegnung, 2 Bde., Frankfurt 1994
Boulez, Pierre u. a., Histoire d'un Ring, Paris 1980
Bracher, Karl-Dietrich, Wolfgang Sauer, Gerhard Schultz, Die nationalsozialistische Machtergreifung, Köln 1962
Breitman, Richard, Der Architekt der »Endlösung«: Himmler und die Vernichtung der europäischen Juden, Paderborn 1996
Brinkmann, Reinhold, Drei Fragen stell' ich mir frei. Zur Wanderer-Szene im 1. Akt von Wagners »Siegfried«, in: Jahrbuch des Staatlichen Instituts für Musikforschung Preußischer Kulturbesitz, hrsg. von Dagmar Droysen, Berlin 1972
Bronnenmeyer, Walter, Vom Tempel zur Werkstatt. Geschichte der Bayreuther Festspiele, Bayreuth 1970
Broszat, Martin, Der Staat Hitlers. Grundlegung und Entwicklung seiner inneren Verfassung, München 1969
Bücken, Ernst, Wörterbuch der Musik, Leipzig 1941
Bullock, Alan, Hitler. Eine Studie über Tyrannei, Düsseldorf 1969
Bülow, Hans von, Briefe und Schriften, hrsg. von Marie von Bülow, 8 Bde., Leipzig 1895–1908
Bülow, Marie von, Hans von Bülows Leben dargestellt aus seinen Briefen, Leipzig 1921
Burckhardt, C. J., Briefe 1908–1974, Frankfurt 1986
Burckhardt, C. J., Meine Danziger Mission 1937–1939, Zürich 1960
Burden, Hamilton T., Die programmierte Nation. Die Nürnberger Reichsparteitage, Gütersloh 1970

Chamberlain, Houston Stewart, Richard Wagner, München 1901
Chamberlain, Houston Stewart, Politische Ideale, München 1915
Chamberlain, Houston Stewart, Die Grundlagen des Neunzehnten Jahrhunderts. Kritische Urteile, München 1901
Chamberlain, Houston Stewart, Die Grundlagen des Neunzehnten Jahrhunderts, 2 Bde., ungekürzte Volksausgabe, 28. Auflage, München 1942
Chamberlain, Houston Stewart, Lebenswege meines Denkens, München 1919
Chamberlain, Houston Stewart, Arische Weltanschauung, München 1916
Chamberlain, Houston Stewart, Kriegsaufsätze, München 1916
Chamberlain, Houston Stewart, Der Wille zum Sieg, München 1917
Chamberlain, Houston Stewart, Kriegsaufsätze, München 1914
Cohn, Norman, Das neue irdische Paradies. Revolutionärer Millenarismus und mystischer Anarchismus im mittelalterlichen Europa, Reinbek 1988
Conrad, Michael Georg, Wagners Geist und Kunst in Bayreuth, München 1906
Cornelius, Carl Maria, Peter Cornelius. Der Wort- und Tondichter, 2 Bde., Regensburg 1925
Cosima Wagner. Das zweite Leben. Briefe und Aufzeichnungen 1883–1930, hrsg. von Dietrich Mack, München 1980
Cosima Wagner und Houston Stewart Chamberlain, Briefwechsel 1888–1908, hrsg. von Paul Pretzsch, Leipzig 1934
Cosima Wagners Briefe an ihre Tochter Daniela von Bülow 1866–1885, hrsg. von Max Freiherr von Waldberg, Stuttgart 1933
Cosima Wagner, Briefe an Ludwig Schemann, hrsg. von Bertha Schemann, Regensburg 1937
Cosima Wagner und Fürst Ernst zu Hohenlohe-Langenburg, Briefwechsel, Stuttgart 1937
Cosima Wagner und Ludwig II. von Bayern, Briefe, hrsg. von Martha Schad, Bergisch Gladbach 1996
Csampai, Attila und Dietmar Holland (Hg.), Richard Wagner, Die Meistersinger von Nürnberg, Reinbek 1981
Csampai, Attila und Dietmar Holland (Hg.), Richard Wagner, Der fliegende Holländer, Reinbek 1982
Csampai, Attila und Dietmar Holland (Hg.), Richard Wagner, Parsifal, Reinbek 1984

Dahlhaus, Carl, Wagners Konzeption des musikalischen Dramas, Regensburg 1971
Dahlhaus, Carl und John Deathridge, Wagner, Stuttgart 1994
Dahlhaus, Carl und Egon Voss (Hg.), Wagnerliteratur – Wagnerforschung. Bericht über das Wagner-Symposium München 1983, Mainz o. J.
Daim, Wilfried, Der Mann, der Hitler die Ideen gab. Jörg Lanz von Liebenfels, Wien 1994
Das Bayreuther Festspielbuch 1951, hrsg. von der Festspielleitung, Bayreuth 1951
Das Buch der Nibelungen, hrsg. von Wolfgang Storch, München 1988
Das politische Tagebuch Alfred Rosenbergs aus den Jahren 1934/35 und 1939/40, hrsg. von Hans-Günther Seraphim, Göttingen 1956
Deathridge, John, Wagner's Rienzi. A reappraisal based on a study of the sketches and drafts, Oxford 1977
Deathridge, John, Martin Geck, Egon Voss, Wagner-Werk-Verzeichnis (WWV), Mainz 1986

Dettmering, Peter (Hg.), Die Kinder- und Hausmärchen der Brüder Grimm, Lindau 1985
Deuerlein, Ernst (Hg.), Der Aufstieg der NSDAP in Augenzeugenberichten, München 1974
Die Tagebücher von Joseph Goebbels. Sämtliche Fragmente, hrsg. von Elke Fröhlich, 4 Bde., München 1987
Die Tagebücher von Joseph Goebbels, hrsg. von Elke Fröhlich, Bd. 7–10, München 1993/94
Donington, Robert, Richard Wagners »Ring des Nibelungen« und seine Symbole. Musik und Mythos, Stuttgart 1976
Dornberg, John, Der Hitlerputsch. München, 8. und 9. November 1923, Berlin 1989
Dülffer, Jost, Jochen Thies, Josef Henke, Hitlers Städte. Baupolitik im Dritten Reich. Eine Dokumentation, Köln 1978
Du Moulin Eckart, Richard, Cosima Wagner. Ein Lebens- und Charakterbild, 2 Bde., Berlin 1929
Du Moulin Eckart, Richard, Wahnfried, Leipzig 1925
Du Moulin Eckart, Richard, Hans von Bülow, München 1921

Ebermayer, Erich, Magisches Bayreuth. Legende und Wirklichkeit, Stuttgart 1951
Eckart, Dietrich, Der Bolschewismus von Moses bis Lenin. Zwiegespräch zwischen Adolf Hitler und mir, München 1925
Eger, Manfred, »Wenn ich Wagnern den Krieg mache«. Der Fall Nietzsche und das Menschliche, Allzumenschliche, München 1991
Eidam, Rosa, Bayreuther Festspielzeiten 1883–1924. Persönliche Erinnerungen, Ansbach 1925
Eitner, Hans-Jürgen, Hitler. Das Psychogramm, Berlin 1994
Ezer, David, Das Judentum in dem »Ring«, in: Opera, Nr. 3, März 1995, S. 281

Fest, Joachim C., Hitler. Eine Biographie, Frankfurt 1973
Fest, Joachim, Fremdheit und Nähe. Von der Gegenwart des Gewesenen, Stuttgart 1996
Festspielproben vor hundert Jahren. Aus den Aufzeichnungen von Wagners »Tausendsappermenter« Richard Fricke, Bayreuth 1976
Feuerbach, Ludwig, Das Wesen des Christentums, Stuttgart 1969
Foerster, Roland G. (Hg.), »Unternehmen Barbarossa«. Zum historischen Ort der deutsch-sowjetischen Beziehungen von 1933 bis 1941, München 1993
Förster-Nietzsche, Elisabeth, Wagner und Nietzsche zur Zeit ihrer Freundschaft, München 1915
François-Poncet, André, Als Botschafter im »Dritten Reich«. Die Erinnerungen des französischen Botschafters in Berlin, September 1931 bis Oktober 1938, Mainz 1980
François-Poncet, André, Von Versailles bis Potsdam 1919–1945, Mainz 1949
Frank, Hans, Im Angesicht des Galgens, hrsg. von Oswald Schloffer, München 1953
Frank, Niklas, Der Vater. Eine Abrechnung, München 1987
Franke, Rainer, Richard Wagners Zürcher Kunstschriften. Politische und ästhetische Entwürfe auf seinem Weg zum »Ring des Nibelungen«, Dissertation, Hamburg 1983
Freigedank, K., Das Judentum in der Musik, in: Neue Zeitschrift für Musik, vom 3. und 6.9.1850

Furtwängler, Wilhelm, Gespräche über Musik, Zürich 1949
Furtwängler, Wilhelm, Aufsätze und Vorträge 1918 bis 1954, Wiesbaden 1955
Furtwängler, Wilhelm, Vermächtnis. Nachgelassene Schriften, Wiesbaden 1956

Gay, Peter, Freud, Juden und andere Deutsche. Herren und Opfer in der modernen Kultur, München 1989
Geissmar, Berta, Taktstock und Schaftstiefel. Erinnerungen an Wilhelm Furtwängler, Köln 1996
Germanisches Nationalmuseum (Hg.), Die Meistersinger und Richard Wagner. Die Rezeptionsgeschichte einer Oper von 1868 bis heute, Nürnberg 1981
Giordano, Ralph, Wenn Hitler den Krieg gewonnen hätte. Die Pläne der Nazis nach dem Endsieg, Hamburg 1989
Girard, René, Ausstoßung und Verfolgung. Eine historische Theorie des Sündenbocks, Frankfurt 1992
Glasenapp, C. F., Das Leben Richard Wagners in sechs Bänden, Leipzig 1904–1911
Gobineau, Graf Arthur, Ein Erinnerungsbild aus Wahnfried (von Cosima Wagner), Stuttgart 1907
Goebbels, Joseph, Tagebücher 1945, Hamburg 1977
Goebbels, Reden 1932–1945, 2 Bde., hrsg. von Helmut Heiber, Düsseldorf 1971
Golther, Wolfgang, Handbuch der germanischen Mythologie, 1895
Gossweiler, Kurt, Kapital, Reichswehr und NSDAP 1919–1924, Köln 1982
Gregor-Dellin, Martin, Richard Wagner. Sein Leben, sein Werk, sein Jahrhundert, München 1980
Gregor-Dellin, Martin, Richard Wagner – die Revolution als Oper, München 1973
Gregor-Dellin, Martin, Der Verrat. Richard Wagners Mutter – die Auflösung einer Legende, in: Süddeutsche Zeitung vom 27.7.1985
Grimm, Jacob, Deutsche Mythologie, 3 Bde., Frankfurt 1981
Große Deutsche Kunstausstellung 1941 im Haus der Deutschen Kunst zu München, Katalog, München 1941
Großmann-Vendrey, Susanna, Bayreuth in der deutschen Presse, 2. Bd.: Die Uraufführung des Parsifal (1882), Regensburg 1977
Günther, Gitta-Maria, Weimar. Eine Chronik, Leipzig 1996
Gustav Mahler in Wien, mit Texten von Pierre Boulez u. a., Redaktion Siegrid Wiesmann, Stuttgart 1976
Gutmann, Robert, Richard Wagner. Der Mensch, sein Werk, seine Zeit, München 1970

Haas, Frithjof, Zwischen Brahms und Wagner. Der Dirigent Hermann Levi, Zürich 1995
Hacker, Rupert (Hg.), Ludwig II. von Bayern in Augenzeugenberichten, München 1972
Haenel, Erich und Eugen Kalckschmidt (Hg.), Das alte Dresden. Bilder und Dokumente aus zwei Jahrhunderten, Bindlach 1995
Haffner, Sebastian, Anmerkungen zu Hitler, München 1978
Haffner, Sebastian, Germany: Jekyll & Hyde. 1939 – Deutschland von innen betrachtet, Berlin 1996
Hamann, Brigitte, Hitlers Wien. Lehrjahre eines Diktators, München 1996
Hammer-Schenk, Harold, Synagogen in Deutschland, Hamburg 1981
Handwörterbuch des deutschen Aberglaubens, 10 Bde., hrsg. von Hanns Bächtold-Stäubli, Berlin 1987

Hanslick, Eduard, Aus meinem Leben, Berlin 1894
Harpprecht, Klaus, Thomas Mann. Eine Biographie, Reinbek 1995
Hartford, Robert (Hg.), Bayreuth: The Early Decades of the Wagner Festival as Seen by the Celebrated Visitors & Participants, New York 1980
Heckel, Karl, Die Bühnenfestspiele in Bayreuth. Authentischer Beitrag zur Geschichte ihrer Entstehung und Entwicklung, Leipzig 1881
Heckmann, Hermann, Matthäus Daniel Pöppelmann und die Barockkunst in Dresden, Stuttgart 1986
Heer, Friedrich, Der Glaube des Adolf Hitler. Anatomie einer politischen Religiosität, München 1968
Heer, Hannes und Klaus Naumann (Hg.), Vernichtungskrieg. Verbrechen der Wehrmacht, Hamburg 1995
Heiber, Beatrice und Helmut (Hg.), Die Rückseite des Hakenkreuzes. Absonderliches aus den Akten des Dritten Reiches, München 1993
Heiden, Konrad, Adolf Hitler, 2 Bde., Zürich 1936
Heiden, Konrad, Geschichte des Nationalsozialismus. Die Karriere einer Idee, Berlin 1933
Heine, Heinrich, Werke, 3. Band, hrsg. von Eberhard Galley, Frankfurt 1968
Hermand, Jost, Der alte Traum vom neuen Reich. Völkische Utopien und Nationalsozialismus, Frankfurt 1988
Herz, Rudolf, Hoffmann & Hitler, Fotografie als Medium des Führer-Mythos, München 1994
Herzfeld, Friedrich, Königsfreundschaft. Ludwig II. und Richard Wagner, Leipzig 1939
Heuss, Theodor, Hitlers Weg. Eine Schrift aus dem Jahre 1932 neu herausgegeben und mit einer Einleitung versehen von Eberhard Jäckel, Tübingen 1968
Heydick, Lutz, Leipzig. Historischer Führer zu Stadt und Land, Leipzig o. J.
Hilberg, Raul, Die Vernichtung der europäischen Juden, 3 Bde., Frankfurt 1990
Hildebrand, Klaus, Das Dritte Reich, München 1987
Hillgruber, Andreas, Zweierlei Untergang. Die Zerschlagung des Deutschen Reiches und das Ende des europäischen Judentums, Berlin 1986
Hillgruber, Andreas, Die Zerstörung Europas. Beiträge zur Weltkriegsepoche 1914 bis 1945, Berlin 1988
Himmler, Heinrich, Geheimreden 1933–1945, hrsg. von Bradley F. Smith und Agnes F. Peterson, Berlin 1974
Hitlers Höllenfahrt, Serie in: Der Spiegel vom 3.–10. 4. 1995
Höhne, Heinz, Der Orden unter dem Totenkopf. Die Geschichte der SS, Gütersloh 1967
Höhne, Heinz, Die Machtergreifung. Deutschlands Weg in die Hitler-Diktatur, Hamburg 1983
Hopkirk, Peter, Östlich von Konstantinopel. Kaiser Wilhelms Heiliger Krieg und die Macht im Orient, Wien 1996
Hotter, Hans, »Der Mai war mir gewogen...« Erinnerungen, München 1996
Hübinger, Gangolf (Hg.), Versammlungsort moderner Geister. Der Eugen Diederichs-Verlag. Aufbruch ins Jahrhundert der Extreme, München 1996
Hundert Jahre Richard-Wagner-Festspiele, Bayreuth 1876–1976. Veranstaltungskatalog von Oswald Georg Bauer, München 1976
Hürlimann, Martin (Hg.), Richard Wagner, in Selbstzeugnissen und im Urteil der Zeitgenossen, Zürich 1988
Hüttl, Ludwig, Ludwig II., König von Bayern, München 1986

Ilsemann, Sigurd von, Der Kaiser in Holland, München 1967
Ingenschay-Goch, Dagmar, Richard Wagners erfundener Mythos, Bonn 1982

Jäckel, Eberhard, Das deutsche Jahrhundert. Eine historische Bilanz, Stuttgart 1996
Jäckel, Eberhard, Hitlers Herrschaft. Vollzug einer Weltanschauung, Stuttgart 1986
Jäckel, Eberhard, Hitlers Weltanschauung. Entwurf einer Herrschaft, Tübingen 1969
Jäckel, Eberhard und Jürgen Rohwer (Hg.), Der Mord an den europäischen Juden im Zweiten Weltkrieg, Frankfurt 1987
Jäckel, Günter (Hg.), Dresden zwischen Wiener Kongreß und Maiaufstand, Berlin 1989
Jäggi, Willy und Hans Oesch (Hg.), Der Fall Bayreuth, Basel 1962
Jefferson, Alan, Elisabeth Schwarzkopf, London 1996
Jetzinger, Franz, Hitlers Jugend. Phantasien, Lügen – und die Wahrheit, Wien 1956
Joachimsthaler, Anton, Korrektur einer Biographie, Adolf Hitler 1908–1920, München 1989
Jones, Sidney J., Hitlers Weg begann in Wien 1907–1913, Wiesbaden 1980
Joseph Goebbels, Tagebücher 1924–1945, hrsg. von Ralf Georg Reuth, 2 Bde., München 1992

Kabel, Rolf (Hg.), Eduard Devrient. Aus seinen Tagebüchern, Berlin–Dresden 1836–1852, Weimar 1964
Kampmann, Wanda, Deutsche und Juden. Die Geschichte der Juden in Deutschland vom Mittelalter bis zum Beginn des Ersten Weltkriegs, Frankfurt 1979
Kapp, Julius, Wagner. Eine Biographie, Berlin 1921
Karbaum, Michael, Studien zur Geschichte der Bayreuther Festspiele (1876–1976), 2. Bde., Regensburg 1976
Katz, Jacob, Richard Wagner, Vorbote des Antisemitismus, Königstein 1985
Kerrl, Hanns (Hg.), Reichstagung in Nürnberg 1935. Der Parteitag der Freiheit, Berlin 1936
Kershaw, Ian, Der Hitler-Mythos. Volksmeinung und Propaganda im Dritten Reich, Stuttgart 1980
Kershaw, Ian, Der NS-Staat – Geschichtsinterpretationen und Kontroversen im Überblick, Reinbek 1988
Killian, Herbert, Gustav Mahler in den Erinnerungen von Natalie Bauer-Lechner, Hamburg 1984
Kirchhoff, Jochen, Nietzsche, Hitler und die Deutschen. Die Perversion des Neuen Zeitalters. Vom unerlösten Schatten des Dritten Reiches, Berlin 1990
Kirchmeyer, Helmut, Das zeitgenössische Wagner-Bild, 1. Bd.: Wagner in Dresden; 2. Bd.: Dokumente 1842–1845; 3. Bd.: Dokumente 1846–1850, Regensburg 1967–1972
Kirchner, Bertram (Hg.), Das Buch vom Gral. Mythen, Legenden und Dichtungen um das größte Geheimnis des mittelalterlichen Abendlandes, München 1989
Klinckerfuß, Margarete, Aufklänge aus versunkener Zeit, Urach 1948
Kloss, Erich, Wagnertum in Vergangenheit und Gegenwart, Berlin 1909
Knopp, Guido, Hitler. Eine Bilanz, Berlin 1995
Kogon, Eugen, Der SS-Staat. Das System der deutschen Konzentrationslager, München 1988
Kohn, Hans, Karl Kraus. Arthur Schnitzler. Otto Weininger, Tübingen 1962
Köhler, Joachim, Friedrich Nietzsche und Cosima Wagner. Die Schule der Unterwerfung, Berlin 1996

Kohut, Adolph, Der Meister von Bayreuth. Neues und Intimes aus dem Leben und Schaffen Richard Wagners, Berlin 1905
König-Ludwig-II.-Museum Herrenchiemsee. Katalog, hrsg. von Gerhard Hojer, München 1986
Konzentrationslager. Dokument F 321 für den Internationalen Militärgerichtshof Nürnberg, hrsg. vom Französischen Büro des Informationsdienstes über Kriegsverbrechen 1945, Frankfurt 1988
Köpnick, Lutz, Nothungs Modernität. Wagners »Ring« und die Poesie der Macht im neunzehnten Jahrhundert, München 1994
Korotin, Ilse (Hg.), Die besten Geister der Nation. Philosophie und Nationalsozialismus, Wien 1994
Kreowski, Ernst und Eduard Fuchs, Richard Wagner in der Karikatur, Berlin 1907
Kretzschmann, Hermann (Hg.), Bausteine zum Dritten Reich. Lehr- und Lesebuch des Reichsarbeitsdienstes, Leipzig o. J.
Kröplin, Eckart, Richard Wagner. Theatralisches Leben und lebendiges Theater, Leipzig 1989
Kröplin, Karl-Heinz, Richard Wagner 1813–1883. Eine Chronik, Leipzig 1983
Kuby, Erich, Richard Wagner & Co. Zum 150. Geburtstag des Meisters, Hamburg 1963
Kunst im 3. Reich, Dokumente der Unterwerfung, hrsg. vom Frankfurter Kunstverein, Frankfurt 1974
Kunstblätter mit Darstellungen aus Musikdramen und Opern, Franz Hanfstaengl Kunstverlag, München

La Grange, Henry-Louis de, Gustav Mahler, 1. Bd., Paris 1973
Lange, Walter, Richard Wagner und seine Vaterstadt Leipzig, Leipzig 1921
Langer, Walter C., Das Adolf-Hitler-Psychogramm. Eine Analyse seiner Person und seines Verhaltens, verfaßt 1943 für die psychologische Kriegführung der USA, Wien 1973
Laroche, Bernd, Der fliegende Holländer. Wirkung und Wandlung eines Motivs, Frankfurt 1992
Ley, Michael, Genozid und Heilserwartung. Zum nationalsozialistischen Mord am europäischen Judentum, Wien 1993
Lilienthal, Georg, Die »Lebensborn e. V.«. Ein Instrument nationalsozialistischer Rassenpolitik, Frankfurt 1993
Lindau, Paul, Nüchterne Briefe aus Bayreuth, Breslau 1880
Lippert, Woldemar, Richard Wagners Verbannung und Rückkehr 1849–1862, Dresden 1927
Lochner, Louis P., Stets das Unerwartete. Erinnerungen aus Deutschland 1921–1953, Darmstadt 1955

Mack, Dietrich, Der Bayreuther Inszenierungsstil, München 1976
Mack, Dietrich und Egon Voss (Hg.), Richard Wagner, Leben und Werk in Daten und Bildern, Frankfurt 1978
Mann, Thomas, Das essayistische Werk. Politische Schriften und Reden in 3 Bdn., hrsg. von Hans Bürgin, Frankfurt 1968
Mann, Thomas, Wagner und unsere Zeit. Aufsätze, Betrachtungen, Briefe, hrsg. von Erika Mann, Frankfurt 1986
Marcuse, Ludwig, Das denkwürdige Leben des Richard Wagner, München 1963
Marek, George R., Cosima Wagner. Ein Leben für ein Genie, Bayreuth 1983

Marschall, Birgit, Reisen und Regieren. Die Nordlandfahrten Kaiser Wilhelm II., Hamburg 1991
Marsop, Paul, Studienblätter eines Musikers, Berlin 1903
Maser, Werner, Adolf Hitler. Legende, Mythos, Wirklichkeit, München 1974
Maser, Werner, Der Sturm auf die Republik, Stuttgart 1973
Mayer, Arno J., Der Krieg als Kreuzzug. Das Deutsche Reich, Hitlers Wehrmacht und die »Endlösung«, Reinbek 1989
Mayer, Hans, Richard Wagner, Reinbek 1959
Mayer, Hans, Richard Wagners geistige Entwicklung, in: Sinn und Form. Beiträge zur Literatur, hrsg. von der Deutschen Akademie für Bildende Künste, Berlin, 3./4. Heft 1953, S. 111
Meier-Gesees, Karl (Hg.), Wahnfried, Bayreuth 1928
Mendgen, Eva, Franz von Stuck 1863–1928, Köln 1994
Mey, Curt, Der Meistergesang in Geschichte und Kunst, Leipzig 1901
Meyer, Werner, Götterdämmerung. April 1945 in Bayreuth, Bayreuth 1975
Michalka, Wolfgang (Hg.), Deutsche Geschichte 1933–1945. Dokumente zur Innen- und Außenpolitik, Frankfurt 1993
Millenkovich-Morold, Max, Cosima Wagner. Ein Lebensbild, Leipzig 1937
Millenkovich-Morold, Max, Dreigestirn. Wagner, Liszt, Bülow, Berlin 1940
Millington, Barry (Hg.), Das Wagner-Kompendium. Sein Leben – seine Musik, München 1996
Mommsen, Hans, Die verspielte Freiheit. Der Weg der Republik von Weimar in den Untergang 1918–1933, Berlin 1989
Mork, Andrea, Richard Wagner als politischer Schriftsteller. Weltanschauung und Wirkungsgeschichte, Frankfurt 1990
Mosse, George L., Die Geschichte des Rassismus in Europa, Frankfurt 1990
Mosse, George L., Die völkische Revolution. Über die geistigen Wurzeln des Nationalsozialismus, Königstein 1991
Mota, Jordi und María Infiesta, Das Werk Richard Wagners im Spiegel der Kunst, Tübingen 1995
Müller, Karl Alexander von, Erinnerungen. 1. Bd.: Aus Gärten der Vergangenheit, Stuttgart 1951; 2. Bd.: Mars und Venus, Stuttgart 1954; 3. Bd.: Im Wandel einer Welt, München 1966
Müller, Karl-Josef, Mahler. Leben, Werke, Dokumente, Mainz 1988
Müller, Rolf-Dieter, Hitlers Ostkrieg und die deutsche Siedlungspolitik. Die Zusammenarbeit von Wehrmacht, Wirtschaft und SS, Frankfurt 1991
Müller, Ulrich und Peter Wapnewski (Hg.), Richard-Wagner-Handbuch, Stuttgart 1986

Naegele, Verena, Parsifals Mission. Der Einfluß Richard Wagners auf Ludwig II. und seine Politik, Köln 1995
Neumann, Angelo, Erinnerungen an Richard Wagner, Leipzig 1907
Neue Urkunden zur Lebensgeschichte Richard Wagners 1864–1882, Karlsruhe 1939
Newman, Ernest, The Life of Richard Wagner, 4 Bde., London 1933–1946
Newman, Ernest, The Wagner Operas, New York 1975
Nietzsche, Friedrich, Sämtliche Werke. Kritische Studienausgabe in 15 Bänden, hrsg. von Giorgio Colli und Mazzino Montinari, München 1980
Nolte, Ernst, Der Faschismus in seiner Epoche, München 1963

Olender, Maurice, Die Sprachen des Paradieses. Religion, Philologie und Rassentheorie im 19. Jahrhundert, Frankfurt 1995
Opitz, Reinhard, Faschismus und Neofaschismus, 1. Bd.: Der deutsche Faschismus bis 1945, Köln 1988
Otto, Werner (Hg.), Richard Wagner, Ein Lebens- und Charakterbild in Dokumenten und zeitgenössischen Darstellungen, Berlin 1990

Pachl, Peter P., Siegfried Wagner. Genie im Schatten, München 1988
Papen, Franz von, Der Wahrheit eine Gasse, München 1952
Parsifal, hrsg. von Ulrich Drüner, Taufkirchen 1990
Peters, H. F., Zarathustras Schwester. Fritz und Lieschen Nietzsche – ein deutsches Trauerspiel, München 1983
Petersen, Julius, Die Sehnsucht nach dem Dritten Reich in deutscher Sage und Dichtung, Stuttgart 1934
Petzet, Detta und Michael, Die Richard-Wagner-Bühne König Ludwigs II., München 1970
Petzoldt, Leander (Hg.), Historische Sagen, 2. Bd.: Ritter, Räuber und geistliche Herren, München 1977
Peuckert, Will-Erich, Die große Wende. Das apokalyptische Saeculum und Luther, Hamburg 1948
Pfordten, Hermann von der, Richard Wagners Bühnenwerke, Berlin 1922
Philippi, Felix, Münchener Bilderbogen, Berlin 1912
Piekalkiewicz, Janusz, Die Schlacht um Moskau. Die erfrorene Offensive, Bergisch Gladbach 1981
Plewnia, Margarete, Auf dem Weg zu Hitler. Der »völkische« Publizist Dietrich Eckart, Bremen 1970
Poliakov, Léon, Geschichte des Antisemitismus, 8 Bde., Worms, Frankfurt 1977–1988
Poliakov, Léon, Der arische Mythos. Zu den Quellen von Rassismus und Nationalismus, Hamburg 1993
Poliakov, Léon und Joseph Wulf, Das Dritte Reich und seine Denker, Berlin 1983
Pool, James und Suzanne, Hitlers Wegbereiter zur Macht. Die geheimen deutschen und internationalen Geldquellen, die Hitlers Aufstieg zur Macht ermöglichten, Wien 1979
Prawy, Marcel, »Nun sei bedankt…«. Mein Richard-Wagner-Buch, München 1983
Prieberg, Fred K., Musik im NS-Staat, Frankfurt 1982
Pulzer, Peter P. J., Die Entstehung des politischen Antisemitismus in Deutschland und Österreich 1867–1914, Gütersloh 1966

Rauschning, Hermann, Die Revolution des Nihilismus. Kulisse und Wirklichkeit im Dritten Reich, Zürich 1938
Reich-Ranicki, Marcel, Die Meistersinger von Nürnberg, in: Frankfurter Allgemeine Zeitung vom 19.6.1993
Reichel, Peter, Der schöne Schein des Dritten Reiches. Faszination und Gewalt des Faschismus, München 1991
Reimann, Heinrich, Hans von Bülow, Sein Leben und sein Wirken, Berlin o. J.
Richard Wagner. Wie antisemitisch darf ein Künstler sein? Musikkonzepte 5, hrsg. von Heinz-Klaus Metzger und Rainer Riehn, München 1981
Richard Wagner in Bayreuth, 84 Bilder eingeleitet von Prof. Oscar Bie, Zürich 1931

Richard Wagner 1883–1983. Die Rezeption im 19. und 20. Jahrhundert. Gesammelte Beiträge des Salzburger Symposions, Salzburg 1984
Richard Wagner, Parsifal, Programmheft des Nationaltheaters München, 1995
Richard-Wagner-Jahrbuch, hrsg. von Joseph Kürschner, Stuttgart 1886
Richard-Wagner-Jahrbücher, 5 Bde., 1906–1913
Richter, Karl, Richard Wagner. Visionen, Vilsbiburg 1993
Roberts, Stephen H., The House that Hitler Built, London 1937
Roch, Eckhard, Psychodrama. Richard Wagner im Symbol, Stuttgart 1995
Röhl, John C. G., Wilhelm II.: Das Beste wäre Gas!, in: Die Zeit, Nr. 48, vom 25.11. 1994
Rolland, Romain, Vier Tage in Bayreuth, in: Sinn und Form, Beiträge zur Literatur, 1955
Rose, Paul Lawrence, Wagner. Race and Revolution, New Haven 1992
Rosenberg, Alfred, Der Mythus des 20. Jahrhunderts. Eine Wertung der seelisch-geistigen Gestaltenkämpfe unserer Zeit, München 1940
Ruprecht, Erich, Der Mythos bei Wagner und Nietzsche. Seine Bedeutung als Lebens- und Gestaltungsproblem, Berlin 1938
Rützow, Sophie, Richard Wagner und Bayreuth. Ausschnitte und Erinnerungen, München 1941

Sabrow, Martin, Der Rathenaumord. Rekonstruktion einer Verschwörung gegen die Republik in Weimar, München 1994
Schenck, Ernst Günther, Das Notlazarett unter der Reichskanzlei. Ein Arzt erlebt Hitlers Ende in Berlin, Neuried 1995
Schickling, Dieter, Abschied von Walhall. Richard Wagners erotische Gesellschaft, München 1983
Schiller, Friedrich, Sämtliche Werke, hrsg. von Gerhard Fricke und Herbert G. Göpfert, München 1958
Schirmag, Heinz, Albert Lortzing. Glanz und Elend eines Künstlerlebens, Berlin 1995
Schmidt, Paul, Statist auf diplomatischer Bühne 1923–1945, Bonn 1951
Schneider, Rolf, Die Reise zu Richard Wagner, Wien 1989
Schnoor, Hans, Dresden. Vierhundert Jahre deutsche Musikkultur, Dresden 1848
Schoeps, Julius H. (Hg.), Ein Volk von Mördern? Die Dokumentation zur Goldhagen-Kontroverse um die Rolle der Deutschen im Holocaust, Hamburg 1996
Scholz, Dieter David, Richard Wagners Antisemitismus, Würzburg 1993
Schoenberner, Gerhard, Der gelbe Stern. Die Judenverfolgung in Europa 1933–1945, Frankfurt 1991
Schopenhauer, Arthur, Sämtliche Werke, 5 Bde., hrsg. von Wolfgang von Löhneysen, Frankfurt 1986
Schott, Georg (Hg.), Houston Stewart Chamberlain. Der Seher des Dritten Reiches, München 1939
Schroeder, Leopold von, Die Vollendung des arischen Mysteriums in Bayreuth, München 1911
Schüler, Winfried, Der Bayreuther Kreis von seiner Entstehung bis zum Ausgang der Wilhelminischen Ära. Wagnerkult und Kulturreform im Geiste völkischer Weltanschauung, Münster 1971
Schumann, Robert, Schriften über Musik und Musiker, Stuttgart 1982
Schumann, Robert, Tagebücher, 2. Bd., 1836–1854, hrsg. von Gerd Nauhaus, Leipzig 1987

Segnitz, Eugen, Richard Wagner und Leipzig (1813–1833), Liechtenstein 1976
Seidel, Klaus Jürgen (Hg.), Das Prinzregenten-Theater in München, Nürnberg 1984
Seidl, Arthur, Neue Wagneriana. Gesammelte Aufsätze und Studien, 3 Bde., Regensburg 1914
Shaw, Bernard, Ein Wagner-Brevier. Kommentar zum Ring des Nibelungen, Frankfurt 1989
Siegfried, Walther, Frau Cosima Wagner. Studie eines Lebens, Leipzig 1930
Sigismund, Volker, Ein unbehauster Prinz – Constantin von Sachsen-Weimar (1758–1793), der Bruder des Herzogs Carl August. Ein biographischer Essay, in: Goethe-Jahrbuch, im Auftrage des Vorstandes der Goethe-Gesellschaft, hrsg. von Karl-Heinz Hahn, Weimar 1989, S.250
Smith, Bradley F., Heinrich Himmler 1900–1926. Sein Weg in den deutschen Faschismus, München 1979
Smith, Howard K., Feind schreibt mit. Ein amerikanischer Korrespondent erlebt Nazi-Deutschland, Berlin 1982
Soden, Michael von (Hg.), Richard Wagner, Lohengrin, Frankfurt 1980
Söhnlein, Kurt, Erinnerungen an Siegfried Wagner und Bayreuth, hrsg. von Peter P. Pachl, Bayreuth 1980
Sokoloff, Alice, Cosima Wagner. Außergewöhnliche Tochter von Franz Liszt, Hamburg 1970
Spotts, Frederic, Bayreuth. A History of the Wagner Festival, New Haven 1994
Steiert, Thomas (Hg.), Der Fall Wagner. Ursprünge und Folgen von Nietzsches Wagner-Kritik, Laaber 1991
Stein, Heinrich von, Idee und Welt. Das Werk des Philosophen und Dichters, hrsg. von Günter Ralfs, Stuttgart 1940
Steinert, Marlis, Hitler, München 1994
Stemplinger, Eduard, Richard Wagner in München (1864–1870). Legende und Wirklichkeit, München 1933
Stock, Richard Wilhelm, Richard Wagner und seine Meistersinger. Eine Erinnerungsgabe zu den Bayreuther Kriegsfestspielen 1943, Nürnberg 1943
Strasser, Otto, Mein Kampf, Frankfurt 1969
Strauss, Richard, Betrachtungen und Erinnerungen, hrsg. von Willi Schuh, Mainz 1989
Strobel, Otto (Hg.), Neue Wagner-Forschungen, Erste Folge, Karlsruhe 1943
Syberberg, Hans Jürgen, Parsifal. Ein Filmessay, München 1982
Syberberg, Hans Jürgen, Winifred, Wahnfried und wir, Serie in: Zeit-Magazin vom 23.4.–21.5.1976
Syberberg, Hans Jürgen, Winifred Wagner und die Geschichte des Hauses Wahnfried 1914–1975, Filminterview mit Winifred Wagner, 1975

Taubes, Jacob, Abendländische Eschatologie, Bern 1947
Thule. Altnordische Dichtung und Prosa, 24 Bde., hrsg. von Felix Niedner und Gustav Neckel, Jena 1912–1930
Toland, John, Adolf Hitler, Bergisch Gladbach 1977
Trevor-Roper, Hugh, Hitlers letzte Tage – Rückblick auf Recherchen der ersten Stunde, in: Frankfurter Allgemeine Zeitung vom 14.9.1988
Tyrell, Albrecht, »Führer befiehl...« Selbstzeugnisse aus der ›Kampfzeit‹ der NSDAP, Düsseldorf 1969
Tyrell, Albrecht, Vom »Trommler« zum »Führer«. Der Wandel von Hitlers Selbstverständnis zwischen 1919 und 1924, München 1975

Ueberschär, Gerd R. und Wolfram Wette (Hg.), Der deutsche Überfall auf die Sowjetunion. »Unternehmen Barbarossa« 1941, Frankfurt 1991
Umbach, Klaus (Hg.), Richard Wagner. Ein deutsches Ärgernis, Reinbek 1982
Uthmann, Jörg von, Attentat. Mord mit gutem Gewissen, Berlin 1996

Voss, Egon, Die Dirigenten der Bayreuther Festspiele, Regensburg 1976
Voß, Richard, Aus einem phantastischen Leben, Stuttgart 1923

Wagner, Friedelind, Nacht über Bayreuth. Die Geschichte der Enkelin Richard Wagners, Köln 1994
Wagner, Manfred, Alfred Roller und seine Zeit, Salzburg 1996
Wagner, Nike, Das Unbehagen am »Parsifal«, in: Neue Zeitschrift für Musik vom 1.7.1992
Wagner, Nike, Künstler zwischen Anpassung und Widerstand. Wieland Wagner und die »Meistersinger« in Bayreuth, in: Neue Zürcher Zeitung vom 21.5.1992
Wagner, Nike, Über Wagner, Stuttgart 1996
Wagner, Nike, »Uns bliebe gleich die abendländ'sche Kunst«. Entsorgungsanlage Neubayreuth, Bayerischer Rundfunk, Juli 1990
Wagner, Richard, Die Meistersinger von Nürnberg. Faksimile der Reinschrift des Textbuches von 1862. Mit einem Aufsatz zur Entstehung des Werkes von Egon Voss, Mainz 1983
Wagner, Siegfried, Erinnerungen, Stuttgart 1922
Wagner, Wieland (Hg.), Richard Wagner und das neue Bayreuth, München 1962
Wagner, Wolfgang, Bayreuther Leitmotive, Freiburg 1992
Wagner, Wolfgang, Lebens-Akte, München 1994
Wagner, Wolf Siegfried, Die Geschichte unserer Familie in Bildern. Bayreuth 1876–1976, München 1976
Wallrath, Bertram (Hg.), Barbarossa. Sagen, Geschichten und Balladen um Kaiser Friedrich Rotbart und die Staufer, München 1989
Walter, Michael, Hitler in der Oper. Deutsches Musikleben 1919–1945, Stuttgart 1995
Wapnewski, Peter, Tristan, der Held Richard Wagners, Berlin 1981
Wapnewski, Peter, Richard Wagner. Die Szene und ihr Meister, München 1983
Wapnewski, Peter, Der traurige Gott. Richard Wagner in seinen Helden, München 1978
Wapnewski, Peter, Weißt du, wie das wird? Richard Wagner »Der Ring des Nibelungen«, München 1995
Wehler, Hans-Ulrich, Deutsche Gesellschaftsgeschichte, 2. Bd., München 1987
Weigend, Friedrich, Bodo M. Baumunk, Thomas Brune, Keine Ruhe im Kyffhäuser. Das Nachleben der Staufer, Stuttgart 1978
Weiner, Marc A., Richard Wagner and the Anti-Semitic Imagination, Lincoln 1995
Weininger, Otto, Geschlecht und Charakter. Eine prinzipielle Untersuchung, Wien 1905
Weinland, Helmuth, Richard Wagner. Zwischen Beethoven und Schönberg, Musikkonzepte 59, hrsg. von Heinz-Klaus Metzger und Rainer Riehn, München 1988
Weismüller, Christoph, Das Drama der Notation. Ein philosophischer Versuch zu Richard Wagners Ring des Nibelungen, Wien 1994
Weißheimer, Wendelin, Erlebnisse mit Richard Wagner, Franz Liszt und vielen anderen Zeitgenossen nebst deren Briefen, Stuttgart 1898
Weißmann, Karlheinz, Schwarze Fahnen, Runenzeichen. Die Entwicklung der poli-

tischen Symbolik der deutschen Rechten zwischen 1890 und 1945, Düsseldorf 1991
Weltdiskussion um Bayreuth. Ein Querschnitt durch die ersten Festspiele nach dem Kriege, Bayreuth 1952
Wessling, Berndt W., Furtwängler. Eine kritische Biographie, Stuttgart 1985
Wessling, Berndt W. (Hg.), Bayreuth im Dritten Reich. Richard Wagners politisches Erbe. Eine Dokumentation, Weinheim 1983
Wessling, Berndt W., Toscanini, München 1976
Westernhagen, Curt von, Die Entstehung des »Ring«, Zürich 1972
Westernhagen, Curt von, Wagner, Zürich 1979
Westernhagen, Curt von, Richard Wagner. Sein Werk, sein Wesen, seine Welt, Zürich 1956
Westernhagen, Curt von, Richard Wagners Dresdner Bibliothek 1842–1849, Wiesbaden 1966
Wilde, Harry, Die Reichskanzlei 1933–1945, Bergisch Gladbach 1978
Wolzogen, Hans von, Aus Richard Wagners Geisteswelt, Berlin 1908
Wolzogen, Hans von, Führer durch die Musik zu Richard Wagners Festspiel »Der Ring des Nibelungen«, Leipzig o. J.
Wolzogen, Hans von, Bayreuth, Leipzig o. J.
Wolzogen, Hans von, Lebensbilder, Regensburg 1923
Wolzogen, Hans von, Wagner und seine Werke, Regensburg 1924
Wolzogen, Hans von (Hg.), Heinrich von Steins Briefwechsel mit Hans von Wolzogen. Ein Beitrag zur Geschichte des Bayreuther Gedankens, Berlin 1914
Wulf, Joseph, Musik im Dritten Reich. Eine Dokumentation, Berlin 1989

Zelinsky, Hartmut, Sieg oder Untergang: Sieg und Untergang. Kaiser Wilhelm II., die Werk-Idee Richard Wagners und der »Weltkampf«, München 1990
Zelinsky, Hartmut, Richard Wagner. Ein deutsches Thema. Eine Dokumentation zur Wirkungsgeschichte Richard Wagners 1876–1976, Frankfurt 1976, Neuauflage Berlin 1983
Zelinsky, Hartmut, Der Plenipotentiarius des Untergangs, in: neohelicon IX, Amsterdam 1982
Zelinsky, Hartmut, Der Dirigent Hermann Levi. Anmerkungen zur verdrängten Geschichte des jüdischen Wagnerianers, in: Geschichte und Kultur der Juden in Bayern, hrsg. von Manfred Treml und Josef Kirmeier, München 1988

Personenregister

D

E

F

G

Briefe an Goldhagen

Eingeleitet und beantwortet
von Daniel Jonah Goldhagen

Daniel Jonah Goldhagens Buch »Hitlers willige Vollstrecker« hat eine Debatte ausgelöst, wie Deutschland sie seit Jahrzehnten nicht erlebt hat. Seit zwei Jahren wird in der Presse, in Radio und Fernsehen über Goldhagens Thesen öffentlich gestritten. Vom »Goldhagen-Effekt« ist die Rede, und mittlerweile wurde die Debatte selbst zum Gegenstand der Debatte.

256 Seiten
Broschur

im
Siedler
Verlag

Ein Thema war dabei immer wieder die angebliche Diskrepanz zwischen den Reaktionen der Wissenschaft und der breiten Öffentlichkeit. Doch was denken die Leser wirklich?

»Briefe an Goldhagen«, ein Band mit Hunderten von Zuschriften, die den Autor aufgrund seines Buches erreicht haben, gibt Aufschluß. Hier kommen die Leser zu Wort – zustimmend, zornig, abwägend. Die Fülle der Leserbriefe wirft ein Licht auf die entscheidende Frage, warum das Buch Deutschland und die Deutschen so bewegt.